KB051493

변증법적 상상력

변증법적 상상력
프랑크푸르트학파와 사회연구소의 역사, 1923~1950

초판 1쇄 펴낸날 2021년 2월 5일

지은이 마틴 제이
옮긴이 노명우
펴낸이 이건복
펴낸곳 도서출판 동녘

주간 곽종구
편집 구형민 정경윤 강혜란 박소연 김혜윤
마케팅 권지원
관리 서숙희 이주원

등록 제311-1980-01호 1980년 3월 25일
주소 (10881) 경기도 파주시 회동길 77-26
전화 영업 031-955-3000 편집 031-955-3005 **전송** 031-955-3009
블로그 www.dongnyok.com **전자우편** editor@dongnyok.com
인쇄·제본 영신사 **라미네이팅** 북웨어 **종이** 한서지업사

ISBN 978-89-7297-980-7 93300

• 잘못 만들어진 책은 바꿔드립니다.
• 책값은 뒤표지에 쓰여 있습니다.

프랑크푸르트학파와
사회연구소의 역사, 1923~1950

마틴 제이 지음
노명우 옮김

변증법적 상상력

A History of The Frankfurt School And
The Institute Of Social Research,
1923~1950

동녘

| 일러두기 |

1. 맞춤법과 띄어쓰기는 '한글 맞춤법'에 따랐다.
2. 외국 인명이나 지명, 작품명 등은 국립국어원의 <외래어 표기법>에 따라 표기함을 원칙으로 하되, 표기법과 다르지만 굳어져 많이 사용하는 단어는 관행을 따라 표기했다.
3. 필요한 경우 외국 인명이나 지명, 작품명 등의 원어를 병기했다.
4. 원서의 이탤릭체 강조는 고딕체로 강조했다.
5. 독자의 이해를 돕기 위해 옮긴이가 주를 단 경우, 이를 괄호( )를 사용하여 표기했다.
6. 본문에 사용한 기호의 쓰임새는 다음과 같다.
   《 》: 단행본, 〈 〉: 논문, 신문, 잡지 등

옮긴이의 말

이탈리아 작가 이탈로 칼비노는 "고전이란 사람들이 보통 '나는 ……을 다시 읽고 있어'라고 말하지, '나는 지금 ……을 읽고 있어'라고는 결코 이야기하지 않는 책"*이라 했다. 새로운 한국어 번역본으로 다시 출간되는《변증법적 상상력》이 내겐 칼비노적 의미에서 고전이라 할 수 있다.

내 기억이 맞다면 황재우 외의 번역으로 1979년에 한국어로 번역 출간된《변증법적 상상력》을 대학교 1학년이었던 1984년에 처음으로 읽었다. 읽기는 읽었지만 그 책의 내용을 제대로 파악했었다고 말할 자신은 없다. 당시 나는 책 읽는 기술을 아직 제대로 익히지 못한 상태였고,《변증법적 상상력》을 제대로 이해하기 위해 요구되는 배경지식은 터무니없이 부족한 대학교 1학년생이었다. 게다가 독서의 목적 자체가 정치적 의도에 사로잡혀 있었다는 점도《변증법적 상상력》을 입체적으로 읽어내지 못하게 만든 요인이었다. 마르크스주의를 소개하는 책이 금서였던 1980년대 초반, 당시의 대학생들은 우회로를 통해서라도 마르크스주의에 도달하는 방법을 찾고 있었는데 프랑크푸르트학파는 그 우회로 중의 하나였다. 오로지 무엇이 '정통'인가를 규명하는 데에만 정신이 팔려 있던 나는 이 책의 어떤 부분은 밑줄을 그어가며 열광적으로 받아들

* 이탈로 칼비노,《왜 고전을 읽는가》(민음사, 2008), 9쪽.

였지만 정신분석학과 대중문화 그리고 미학 이론에 관한 부분, 특히 변증법적 유물론적 해석과는 확연하게 다른 역사에 관한 철학에서는 강한 거부감을 느꼈었다.

이탈로 칼비노는 고전이란 또한 "다시 읽을 때마다 처음 읽는 것처럼 무언가를 발견한다는 느낌을 갖게 해주는 책"* 이라 했는데,《변증법적 상상》을 독일 유학 시절 1990년대 중반 두 번째로 읽게 되자 대학 1학년생의 눈에 보이지 않았던 이 책이 다루는 주제의 독특성이 눈에 들어오기 시작했다. 두 번째 독서에서 20대 초반 그저 수정주의 마르크스주의자 정도로 취급하며 눈길조차 주지 않았던 테오도어 아도르노를 재발견했고, 결국 아도르노의 음악 미학을 사회 이론으로 번역하는 주제로 박사 학위논문을 작성할 정도로《변증법적 상상력》의 두 번째 독서는 나를 바꾸어 놓았다. 두 번째 독서에서 나는 학제적 연구의 중요성을 배웠고, 학자가 자신이 속한 분과 학문의 전통을 금과옥조처럼 받아들이지 않고 그것을 의심할 때 형성되는 지적 탄력성이 발휘된 가장 찬란한 사례를 프랑크푸르트학파에서 찾아냈다.

그 사이에《변증법적 상상력》은 절판되었다. 더 이상 새로운 독자를 만날 수 없음을 아쉬워하던 나는 이 책을 다시 출간할 출판사를 기회가 있을 때마다 물색했는데, 도서출판 동녘이 기꺼이 이 책의 복간과 재번역 제안에 응했다. 번역을 위해 이 책을 세 번째로 읽는 동안 첫 번째, 두 번째 독서와는 다른 관점에서 이 책을 받아들이게 되었다. 타인의 텍스트를 읽는 독자, 누군가로부터 배우는 학생의 지위에서 첫 번째와 두 번째 독서를 했다면, 그사이에 나는 타인의 텍스트를 읽으면서 동시에 텍스트를 쓰는 사람이 되었고 가르치는 사람이 되었다. 세 번째 독서에서 나는 '직업으로서의 지식인'이 처한 사회적 운명이라는 관점에서《변증

---

* 이탈로 칼비노,《왜 고전을 읽는가》(민음사, 2008), 12쪽.

법적 상상력》을 읽었다.

*

그람시의 희망 혹은 판단처럼 모든 사람에겐 지식인이 될 수 있는 가능성이 있고, 비록 '직업으로서의 지식인'이 아니라 하더라도 '직업으로서의 지식인'이 행하는 지적 활동을 뛰어넘는 지적 활동을 수행하는 세속의 지식인은 곳곳에 널려 있다.

만약 어떤 사람이 지적 활동만으로도 생계를 해결할 수 있는 안정적인 '직업으로서의 지식인'이 되었다면, 그는 계층적으로 중산층 이상의 가정 출신일 가능성이 매우 높다. '직업으로서의 지식인'은 사실 지적 우월성이 아니라 계층의 표식이라 봐야 한다. '직업으로서의 지식인'보다 더 우월한 지적 잠재성을 갖고 있던 그 어떤 사람은 지적 우월성의 결여가 아니라, '직업으로서의 지식인'이 될 자격 조건인 학위를 마칠 때까지 소요되는 시간과 경비를 지원받지 못해 '직업으로서의 지식인' 자리를 얻지 못했을 수도 있다.

이러한 이유로 '직업으로서의 지식인'은 그 사람보다 더 뛰어난 지적 능력을 가진 누군가의 자리를 계층적인 특권적 경제력을 바탕으로 찬탈한 사람이라는 **의심**을 받는다. '직업으로서의 지식인'이 냉정한 분석을 토대로 엄격하며 정제되고 분석적인 언어로 자신의 해석을 표현하면, 그들의 엄격한 언어를 아무도 알아들을 수 없는 전문가들의 공허한 말잔치라고 **조롱**하며 자신은 지위를 찬탈한 '직업으로서의 지식인'과는 다른 민중적 지식인임을 자처하는 이른바 세속의 언어로 전달하는 대중 지식인은 사람들의 환심을 얻는다.

'직업으로서의 지식인'은 환영받지도 못한다. 프랑크푸르트학파의 학자들의 삶은 환영받지 못하는 존재로서의 '직업으로서의 지식인'의 운명을 극적으로 보여준다. 가난한 사람들의 눈에 '직업으로서의 지식인'은 알 수 없는 궤변을 늘어놓으면서 언제든 권력자의 앞잡이가 될 가능성이 농후한 믿을 수 없는 집단으로 보인다. 그 반대로 권력자는 '직업으로서의 지식인'을 언제든 가난한 사람의 편을 들지 모르는 위험한 존재로 간주한다. 물론 권력자는 자신이 민중의 편이 아니라 권력자 편임을 입증하는 '직업으로서의 지식인'에게는 자신의 권력의 일부를 내어줄 수 있다고 **유혹**한다. 그리하여 '직업으로서의 지식인' 중 일부는 기꺼이 어용 지식인이 되어 권력의 영광을 누린다. 이런 점을 반복적으로 목격한 가난한 사람들은 '직업으로서의 지식인'은 언제든 권력자와 한패를 구성할 수 있는 가능성이 있다고 경계한다. '직업으로서의 지식인'이 지적 활동을 계속한다는 것은 자신을 향한 의심의 눈초리, 어용 지식인이 되어달라는 유혹, 반지성주의적 선동으로 대중을 이끄는 자들의 조롱을 모두 견뎌내며 묵묵히 자신의 길을 걸어간다는 뜻이다. 프랑크푸르트학파를 구성하는 학자들은 그 길을 걸었다.

*

당대를 뛰어넘는 메타적 위치를 점유한 지식인은 없다. 프랑크푸르트학파의 멤버들처럼 당대의 현실에서 문제를 발견하고, 그 문제의 근원 규명을 지적 작업의 원천으로 삼고 있는 지식인이라면 더욱더 그렇다. 프랑크푸르트학파는 그들이 살아야 했던 시대의 흔적을 텍스트에 남겼다.

물론 살아내야 하는 시대에서 만족을 느끼는 사람보다 시대에서 불만족을 감지하는 사람이 더 많다. 시대와의 불화不和 그 자체는 프랑크푸르트학파의 독창적 표식이라 할 수 없다. 프랑크푸르트학파로부터 우리가 그들을 하나의 학파로 만들어주고 다른 학파로부터 구별되게 하는 공통의 요소를 찾아낸다면, 그것은 이른바 정통 마르크스주의처럼 합의된 혹은 강요된 정치적 목적이 아니라 시대와의 불화를 대하는 그들의 태도에 있을 것이다.

투덜거리기는 쉽다. 세상에 불만을 늘어놓기는 누구나 할 수 있다. 세상을 향한 찰진 욕과 비판이 다른 점이 있다면, 세상을 향해 저주를 퍼붓는 사람은 자신이 세상과 불화하는 근본 이유를 찾으려 하지 않는다는 점이다. 싸잡아 말하기도 쉽다. 세상엔 맘에 들지 않는 요소가 맘에 드는 요소보다 늘 더 많은 법이니까. 비판이란 투덜거리지 않으면서도 싸잡아 몰아세우지 않으면서도 세상과 불화하는 이유를 찾는 이론적 과정이다. 그렇기에 프랑크푸르트학파가 내세운 '비판 이론'이라는 지적 계획은 완수될 수 있는 프로젝트가 아니라, 지식인이라는 범주가 사라지지 않는 한 지식인이 완벽한 유토피아에 있지 않는 이상 혹은 자신이 거주하는 곳이 바로 그곳이라고 현혹되어 있지 않는 한 모습을 달리한 채 반복될 수밖에 없는 것이다.

《변증법적 상상력》은 한 어떤 지식인 집단이 겪은 시대와의 불화에 대한 상세한 기록이다. 프랑크푸르트학파는 '직업인으로서의 지식인'에 대한 위협과 의심과 조롱이 우리가 살고 있는 시대보다 더 강렬했던 시대를 살아내면서도 지식인으로서의 소명을 포기하지 않았던 그 어느 집단을 지칭하는 다른 이름이다. 이탈로 칼비노는 고전이란 "우리와 무관하게 존재할 수 없으며, 그 작품과 맺는 관계 안에서, 마침내는 그 작품과 대결하는 관계 안에서 우리가 스스로를 규정할 수 있도록 도와주는 책"* 이라 했는데, 이 책을 통해 프랑크푸르트학파의 지식인이 살아낸 삶 속에서 "우리가 스스로를 규정할 수 있도록 도와주는" 실마리를 찾아낼 수 있다면 이 책은 고전이면서도 동시에 현대성을 잃지 않는 가장 독특하

---

* 이탈로 칼비노, 《왜 고전을 읽는가》(민음사, 2008), 16쪽.

면서도 영광스러운 위치를 고수할 것이다.

2021년 1월

서귀포 소라의 성에서 바다를 바라보며, 그들을 따라 현존하는
세계와는 완전히 다른 세계ein ganz Anderes를 상상하며

나의 부모님 에드워드 제이Edward Jay와

새리 제이Sari Jay에게 바칩니다.

차례

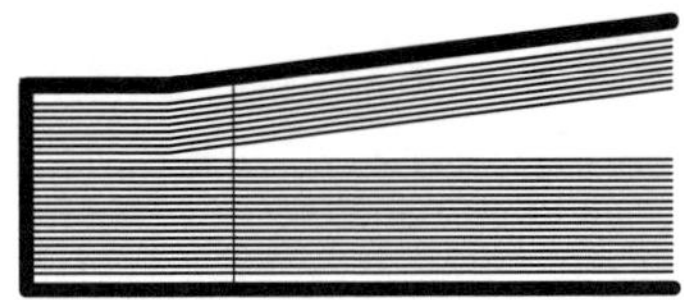

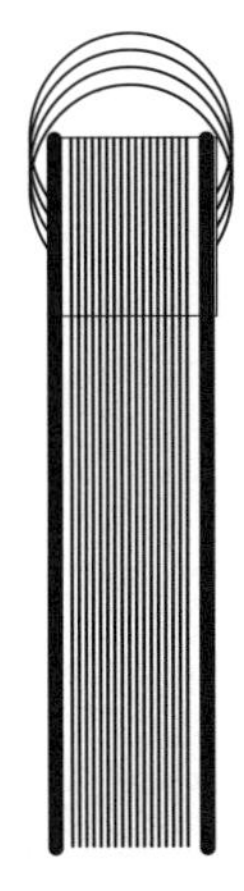

1996년판 서문

1968년 8월 겨우 스물네 살이던 나는 대학원생으로 버클리에 처음 도착했다. 레오 뢰벤탈Leo Löwenthal은 개인적으로 보관한 '사회연구소'에 관한 방대한 아카이브 자료를 열람할 수 있도록 나를 초대했다. 출판되지 않은 원고와 편지를 몇 시간 동안 뒤적이며 연구소의 여러 인물과 사건, 그들의 이념에 대해 많은 질문을 던지고 뢰벤탈이 일일이 끈기 있게 답하는 동안 바깥세상은 줄줄이 터지는 격변으로 흔들리고 있었다. 8월 21일 소비에트연방과 소비에트연방 동맹국의 탱크가 프라하로 덜컹거리며 진입했다. 이로써 1968년 이전부터 당시 비교조주의적 좌파를 사로잡은 '인간의 얼굴을 한 마르크스주의'라는 상상력 실험은 폭력적으로 끝났다. '전 세계가 이것을 지켜본' 지 불과 며칠 뒤, 시카고에서 열린 민주당 전당대회는 린든 존슨Lyndon Johnson 대통령의 베트남 정책과 이를 물려받은 민주당 대통령 후보자 휴버트 험프리Hubert Humphrey에 항의하는 사람들에 의해 방해받았다.

내 아파트에서 뢰벤탈의 사무실로 매일 오갈 때 텅 빈 채 버려져 있는 로버트 케네디Robert Kennedy의 버클리 캠페인 본부를 지나가곤 했다. 두 달 전에 벌어진 케네디의 암살은 근본적인 변화가 가능하다고 믿던 사람에게는 희망의 종말이자, 당시 사용된 캐치프레이즈처럼 혁명이 아니라 '체제 내에서 애쓰기working within the system'의 시작을 의미했다. 버클리

캠퍼스가 학생과 당국자의 대립이 증폭되는 현장이었다. 당시 주지사 로널드 레이건Ronald Reagan이 이끄는 주 정부는 대립을 부추겼다. 흑표범당Black Panther Party(블랙파워와 흑인의 자기방어를 주장하는 무장 조직—옮긴이)은 버클리 주변의 커뮤니티에 끈질기게 주둔하면서 마틴 루서 킹Martin Luther King Jr. 목사가 암살되고 게토에서 폭발한 뒤 여전히 금방이라도 터질 것 같은 인종 간 긴장을 지켜보고 있었다.

뢰벤탈이 친절하게도 내가 마음껏 사용할 수 있도록 해준 귀중한 자료를 뒤지는 동안, 긴박한 외부 상황에 따른 압박을 무시할 수 없었다. 프랑크푸르트학파가 미국과 해외 좌파의 공중 의식에 이론적 영감을 주기 시작한 참이었다. 어렴풋이 이해될 뿐이었지만. 학파의 영향력은 사실상 아카데미의 범위를 벗어나 점차 확대되고 있었다.[1] 내가 버클리에 도착했을 때 내가 말하고 싶은 핵심 주인공 중 하나인 헤르베르트 마르쿠제는 살해 위협을 피해 카멜 계곡Carmel Valley에 있는 뢰벤탈의 여름 별장에 숨어 있었다. 불과 몇 달 전 파리에서 5월의 그 '사건'이 벌어진 동안 시위에 참여한 **급진파enragés** 학생들은 '마르크스Karl Marx/마오毛澤東/마르쿠제'의 이름을 선명히 새긴 플래카드를 들었다. 한편으로 반공 우파는 마르쿠제와 맺은 계약을 해지하라고 캘리포니아대학교 샌디에이고 캠퍼스를 압박했다. 마르쿠제는 정통 좌파의 폭력적 공격의 대상이기도 했다. 그는 논란 많은 학생이자 공산당 지도자 앤절라 데이비스Angela Davis를 지도할 정도로 원칙적으로 좌파를 지지했음에도, 프롤레타리아

---

1 심지어 왕족까지 프랑크푸르트학파를 궁금해했다. 찰스Charles Windsor 황태자는 케임브리지 학생일 때 교사인 피터 래슬릿Peter Laslett에게 자신도 허버트 마르쿠제Herbert Marcuse의 《일차원적 인간One-Dimentional Man》을 읽었다고 말했다고 한다. 한 설명에 따르면 "찰스 황태자는 '아버지와 함께' 오스트레일리아를 순방하는 길에 《일차원적 인간》을 읽었다. 그들은 낮에는 군대 사열을 했고, 밤이 되면 부르주아 속임수에 대해 읽었다. ……찰스는 자신이 읽은 것에 대해 아무 논평도 하지 않았다". Bryan Appleyard, "King of a Fragile New Europe?," *The Sunday Times*(London, July 22, 1990), p.6.

트가 혁명의 대리인임을 포기했다고 공언했다. 마르쿠제의 노골적인 정치적 전투성이 위험하다고 생각한 예전 연구소 동료는 그 때문에 불편해하는 것을 나도 분명히 알아챌 수 있었다.

한 학기를 버클리에서 보내고 하버드로 돌아온 지 불과 몇 달 뒤, 나는 프랑크푸르트와 스위스 몬타뇰라Montagnola에서 조사하기 위해 유럽으로 갈 준비를 하고 있었다. 1969년 1월 유럽으로 떠나기 직전에 참석한 뉴욕의 한 파티에서 당시 컬럼비아 학생운동의 열혈 지도자 마크 루드Mark Rudd를 소개받았다. 그는 웨더언더그라운드Weather Underground(미국의 급진파 반정부 단체—옮긴이)라고 불린 절망적이고 자기 파괴적인 모험을 시작하려는 참이었다. 내가 박사 학위논문에 대해 이야기하자, 루드는 테오도어 비젠그룬트 아도르노Theodor Wiesengrund Adorno와 막스 호르크하이머Max Horkheimer는 혁명이라는 대의명분을 팔아먹은 비겁한 배신자라고 대꾸했다. 그는 아도르노가 유대 이름 비젠그룬트에서 아도르노로 바꾼 것이 비겁함을 상징한다며 으르렁거렸다.

2월 초순 프랑크푸르트에 도착했을 때, 이런 정서가 프랑크푸르트 전역에 감돌았다. 상당수 대학교 건물이 '적극적인 공격' 세력에 점거되어 마르크스주의 이론과 실천에 관한 즉흥 강의가 이어지고 있었다. 사회학과는 바이마르 시대 전투적 강경파의 이름을 따서 '스파르타쿠스 학과'라는 새로운 이름을 얻었다. 1월 31일 급진적인 학생들이 사회연구소도 점거하자, 이를 우려한 아도르노와 루트비히 폰 프리드부르크Ludwig von Friedburg 소장은 경찰에게 학생들을 내보내달라고 전화로 요청했다. 나중에 어처구니없게도 오해로 일어난 해프닝이었음이 드러났지만(학생들은 토론할 장소를 찾는 중이었다), 프랑크푸르트학파의 지도자와 프랑크푸르트학파의 달갑지 않은 후계자 사이의 골은 깊어갔다. 급진적 학생을 '좌파 파시즘'이라고 무모하게 비난했다가 집중포화에 시달리던 위르겐 하버마스Jürgen Habermas는 내게 학생들이 혹시라도 무단 침입해서 장거리전화를 거는 것을 막기 위해 시건장치가 된 전화기를 보여줄 정도로 양측의 대립은 분명했다. 아도르노도 '음성 지문'을 남기는 것을 두려워하며 대담을 녹음하자는 내 부탁을 신경질적으로 거부했다.

나는 독일 SDS 소속 몇몇 급진적인 여학생이 아도르노가 강의 중인 연단으로 뛰어올라 가슴을 드러내며 강의를 방해하는 사고가 일어나기 몇 주 전, 프랑크푸르트를 떠나 스위스로 갔다. 1969년 8월 아도르노가 심장마비로 사망할 것이라 예시라도 하는 것 같은 부친 살해를 상징하는 행동이었다. 호르크하이머와 프리드리히 폴록Friedrich Pollock은 버클리나 프랑크푸르트의 소란에서 벗어나, 몬타뇰라에 있는 루가노Lugano 근처의 아름다운 도시 티치노Ticino에서 편안한 은퇴 생활을 하고 있었다. 나는 이전에 한 번도 겪어보지 못한 차분한 분위기 속에서 그들을 심도 있게 인터뷰했고, 그들이 제공한 자료를 살펴봤다. 상대적으로 고립된 상태에서도 보편적인 세계정세는 급진적인 희망과 반동적인 위협으로 뒤섞였음을 감지할 수 있었다. 1년 뒤 박사 학위논문을 마무리하기 위해 미국으로 돌아왔을 때, 폴록이 내게 다음과 같은 편지를 보냈다.

> 멀리서 지켜보니 미국에서 일어나는 일은 애처롭게 보입니다. '위대한 사회'를 온통 분열로 몰아넣는 이 모든 증상은 대안이 없음과 남겨진 자유마저 상실되고, 무례한 '지도자'에 의해 편협한 유물론적 중산층이 휘둘리고 있음을 알려주는 것 같습니다.[2]

이런 묵시록적인 전망은 다행스럽게도 현실화되지 않았지만, 위에서 언급한 몇 가지 사건과 더불어 폴록의 경고는《변증법적 상상력》2판을 읽는 독자가 이 책이 쓰이고 수용된 최초의 배경을 이해할 수 있도록

2 폴록이 지은이에게 1970년 5월 13일 몬타뇰라에서 보낸 편지.

도울 것이다. 게오르크 빌헬름 프리드리히 헤겔Georg Wilhelm Friedrich Hegel이 《정신현상학Phänomenologie des Geistes》을 완성하도록 만든 1806년 예나 전투 시기처럼 결정적이지는 않았다 해도, 내겐 그 시절처럼 일상의 압력에서 벗어나 학문적 사변에 푹 빠지는 기회가 없었다.

1960년대 후반의 희망과 공포는 잠재적이었고 베트남전쟁이 2년간이나 지속된 1973년에 박사 학위논문을 수정해서 출판했을 때, 좌파는 여전히 힘을 잃지 않았다. 서구 마르크스주의라고 알려진 지적 전통은 1972년 미국 연감에서 '알려지지 않은 관점'[3]이라고 묘사됐다. 서구 마르크스주의는 현재와 미래를 위한 투쟁에서 유용한 아이디어를 제공해주리라 기대됐다. 서구 마르크스주의의 고전적 저작이 비로소 번역되기 시작했고(죄르지 루카치György Lukács의 《역사와 계급의식Geschichte und Klassenbewußtsein》은 1971년, 호르크하이머와 아도르노의 《계몽의 변증법Dialektik der Aufklärung》은 이듬해 번역됐다), 발굴돼야 할 지적인 보물은 그 외에도 많았다. 《뉴레프트리뷰New Left Review》, 《텔로스Telos》, 《뉴저먼크리틱New German Critique》 같은 학술지가 현 상황 전복을 도울 수 있는 아이디어를 설명하기 위해 경쟁하며 출간됐다.

그렇기에 《변증법적 상상력》에 대한 정치적인 논평자가 이 책 서문에 있는 프랑크푸르트학파의 역사는 '이제 되돌릴 수 없는 과거'가 됐다는 '비애에 가득 찬' 목소리를 견디지 못한 것은 놀랍지 않다. 그들은 루드와 같은 기회주의적 극단주의자의 사례를 제외하면 현재와 앞으로 투쟁에서 비판 이론이 풍부한 자원이 될 수 있다고 확신했다. 나는 이런 주장을 하는 지지자의 의심스러운 논거에 동조해본 적이 없다.[4] 나는 기질

---

3 Dick Howard and Karl E. Kare, eds., *The Unknown Dimension: European Marxism Since Lenin*(New York, 1972).

4 나는 1969년 9월에 열린 5차 사회주의자 연례 학술대회에서 '유토피아주의의 메타정치The Matapolitics of Utopianism'라는 강연을 했다. 이 강연은 편집자가 선택한 여러 가지 이름으로 다음 문헌에 수록됐다. *Radical America*, 4, 3(April, 1970); *Dissent*, 17, 4(July-August, 1970);

상 군사주의적 행동주의에 적합한 사람이 아니기에 신좌파New Left의 최대주의적 경향과 거리를 뒀고, '운동'의 어떤 분파에도 가입하기를 주저했다.

하지만 근본적으로 낯설고 도전적인 문서 뭉치를 발굴하고 선별하면서 느낀 생생한 희열과 희망을 전달하려는 기대를 품으며《변증법적 상상력》을 집필했다. 학파를 구성하는 핵심 인물의 정확한 역사적 계기는 과거가 됐지만(그들의 주요 저작은 과거에 쓰인 것이고 중요 인물이 이제 생존하지 않는다는 의미에서), 핵심 인물의 저작에 대한 수용과 평가는 여전히 미래의 일이라 생각한다. 이 책은 비판 이론이 많은 마르크스 이론의 특징인 무비판적인 교조주의가 됐으면 하는 기대가 아니라, 부분적으로 핵심 인물 저작의 수용과 평가 과정을 촉진할 수 있으리라는 기대로 쓰였다.

프랑크푸르트학파가 역사적 관심뿐만 아니라 강렬한 동시대적 관심의 대상이 됨으로써 거창한 판타지이던 나의 기대는 현실이 됐다. 8개 언어로 번역됐고, 중국어로 번역되는 과정에 있는《변증법적 상상력》은 프랑크푸르트학파를 세계의 독자에게 소개하는 소박한 역할을 했다. 특히 1976년의 독일어 번역판은 학문적인 설명 혹은 분리된 설명의 허용을 둘러싼 열띤 논쟁이 벌어지던 독일의 진지한 역사적 관심을 자극했다(마침 좌파의 테러리즘을 프랑크푸르트학파가 가르쳤다며 프랑크푸르트학파가 보수주의자의 희생양으로 작동하는 시점이었다).《변증법적 상상력》은 학파의 사상에 대한 사전 지식이 없는 외부자의 관점에서, 학파 구성원에 대한 개인적인 의존관계 없이[5] 무지의 미덕이 있는 것처럼 보였다. 무지의 미덕 덕분

Goerge Fischer, ed., *The Revival of American Socialism: Selected Papers of the Socialist Scholars Conference*(New York, 1971). 다음 문헌에 다시 수록되기도 했다. *Permanent Exiles: Essays on the Intellectual Migration From Germany to America*(New York, 1986). 이 문헌에서 나는 '위대한 거부'라는 마르쿠제의 총체화하는 개념을 다원주의의 중요성을 과소평가하는 일종의 미학적 메타정치라고 비판했다.

5 《변증법적 상상력》은 뢰벤탈이 버클리의 교수가 되기 전에 집필했기에 나는 뢰벤탈과 따듯하

에 학파의 친구와 적에게서 모두 가르침을 얻을 수 있었다.《변증법적 상상력》은 다소 환멸적이거나 폭로적인 논조를 띤 이후의 저작과 달리, 독일인이 **하인의 시선**Kammderdienerperspektive이라 부르는 더러운 리넨을 빨래하는 하인의 관점을 피할 수 있었다.

《변증법적 상상력》이 뒤늦게 주목받은 데는 1970년대에 되살아난 서구 마르크스주의에 대한 관심보다 비판 이론 수용이 오래 지속됐다는 점이 중요하다. 서구 마르크스주의가 관심을 끈 시대가 끝나면서 서구 마르크스주의 역사에서 중요한 인물인 카를 코르시Karl Korsch, 루이 알튀세르Louis Althusser, 뤼시앵 골드만Lucien Goldmann에 대한 관심도 급격히 줄었다. 하지만 비판 이론은 20세기 이론 풍경에서 장기적으로 지속되는 붙박이 가구 같았다. 단일한 학파로서 프랑크푸르트학파의 일관성은 내가 학파의 역사에 대해 서술해야겠다고 마음먹었을 때보다 다소 명확하지 않아 보이지만, 비판 이론에 따른 전반적 자극은 25년이 지난 뒤에도 확인된다. 비판 이론의 저작은 다른 이론적 경향과 섞이기도 하고 합쳐지기도 했다.

프랑크푸르트학파의 저작이 워낙 다양하고 내용이 풍부해서, 학파의 중요성은 유지될 수 있었다. 마르쿠제와 호르크하이머, 에리히 프롬Erich Fromm의 영향력은 내가 그들에 관해 연구한 때[6]보다 줄어든 듯해도, 아도르노와 발터 베냐민Walter Benjamin의 중요성은 오히려 커졌다. 그들의 저작이 새로 번역될 때마다 독자층은 점점 확대됐다. 주변적인 인물

고 친밀한 우정을 발전시키는 특전을 누렸다. 뢰벤탈의 유산에 대한 내 생각은 뢰벤탈 탄생 80주년을 기념하는《텔로스》특집호에 실린 다음 문헌을 참고하라. *Telos*, 45(Fall, 1980); "Leo Löwenthal: In Memoriam," *Telos*, 93(Fall, 1992).

6 그들은 결코 전적으로 무시되지는 않았다. 예를 들어 다음 문헌을 보라. *Erich Fromm und die Frankfurter Schule*, eds., Micahel Kessler and Rainer Funk(Tübingen, 1992); *On Max Horkheimer: New Perspectives*, eds., Seyla Benhabib, Wolfgang Bonß, and John McCole(Cambridge, Mass, 1993); *Marcuse: From the New Left to the Next Left*, eds., John Bokina and Timothy J. Lukes(Kansas, 1994).

이라고 간주되던 프란츠 노이만Franz Neumann과 오토 키르히하이머Otto Kirchheimer도 바이마르 시대의 법학과 법률적 문제에 관심이 높아지면서 새롭게 주목받을 기회를 얻었다. 이들에 대한 관심의 증가는 한편으로 좌파나 우파에게 모두 논쟁적인 법학자 카를 슈미트Carl Schmitt의 활발한 수용 덕분이기도 하다.[7]

프랑크푸르트학파는 유럽과 미국에 국한되지 않은 여러 학파 후계자의 탁월한 저작으로 지속적인 힘을 발휘할 수 있었다.[8] 독일에서는 통상 하버마스, 알프레트 슈미트Alfred Schmidt, 알브레히트 벨머Albrecht Wellmer 등을 묶어 프랑크푸르트학파 2세대라고 말한다. 악셀 호네트Axel Honneth, 페터 뷔르거Peter Bürger, 오스카 넥트Oskar Negt, 헬무트 두비엘Hemut Dubiel, 클라우스 오페Claus Offe, 알폰스 죌르너Alfons Söllner, 하우케 부른크호르스트Hauke Brunkhorst, 데틀레프 클라우센Detlev Claussen, 마르틴 뤼드케W. Martin Lüdke, 크리스토프 멘케Christoph Menke 등을 비판 이론 3세대라 부르기도 한다. 루카치는 '부다페스트학파'를, 갈바노 델라 볼페Galvano della Volpe와 알튀세르 주변에도 추종자가 많았지만 잠시뿐이었다. 《변증법적 상상력》에서 추적하기 위해 노력한 학파의 초기 역사를 되풀이하지 않고 열정적으로 자신을 갱신하는 데 성공한 사상의 전통은 비

---

7 특히 다음 문헌을 보라. William E. Scheuerman, *Between the Norm and the Exception: The Frankfurt School and the Rule of Law*(Cambridge, Mass., 1994). 비판 이론과 카를 슈미트의 관계에 관한 논쟁은 엘런 케네디Ellen Kennedy가 촉발했다. "Carl Schmidt and the Frankfurt School". 이에 대한 나의 반응은 다음 문헌을 보라. Martin Jay, "Reconciling the Irreconcilable? A Rejoinder to Kennedy," Alfons Söllner, "Beyond Carl Schmidt: Political Theory in the Frankfurt School," Ulrich K. Preuss, "The Critique of German Liberalism: A Reply to Kennedy," *Telos*, 71(Spring, 1987). 이런 반응에 대한 엘런 케네디의 응답은 다음을 참고하라. Ellen Kennedy, "Carl Schmidt and the Frankfurt School," *Telos*, 73(Fall, 1987).

8 라틴아메리카에서 학파의 중요성에 대해서는 다음을 참고하라. Martin Traine, "Die Sehnsucht nach dem ganz Anderen," *Die Frankfurter Schule und Lateinamerika*(Köln, 1994). 오스트레일리아에서는 1970년대에 그곳으로 이주한 부다페스트학파 구성원에 의해 프랑크푸르트학파에 관한 관심이 고무되었다. 《11개 테제Thesis Eleven》라는 잡지가 특히 비판 이론의 유산에 깊은 관심을 보였다. 일본에서는 최근에 출간된 《바토포스Ba-Topos》가 비슷한 역할을 하고 있다.

판 이론 외에 찾기 힘들다.

폭넓은 지적 패러다임인 서구 마르크스주의가 가속력을 잃은 뒤에도 비판 이론이 관심을 잃지 않은 까닭에 대해서는 또 다른 설명이 필요하다. 《변증법적 상상력》은 처음 출간됐을 때, 전혀 예상 못 한 새로운 시대의 관심과 우려에 맞아떨어졌다. 부르주아사회에 도전장을 내민 미국 좌파의 유럽 서구 마르크스주의 발견은 1973년에 정점을 찍었다. 1973년의 정점은 끝을 알 수 없는 대안적 이야기를 시작하는 것이 얼마나 중요한지 말해준다고도 할 수 있다.

1973년의 위기는 제2차세계대전 이후 첫 번째 위기였다. 석유수출국기구OPEC가 돌연 유가를 인상하자, 주유소에 늘어선 줄은 이 위기를 매우 극적이고 상징적으로 보여줬다. 다소 복잡한 과정을 단순화해보면 경제 위기는 세계 경제체계의 급진적인 재구조화라는 결과를 낳았다. 재구조화로 동유럽에서는 '현실 사회주의'가 파탄에 빠졌고, 서방에서는 케인스주의적·포드주의적 정책을 포기했다. 데이비드 하비David Harvey가 '유연적 축적'이라고 부른 새로운 시스템의 등장은 무능력한 국민국가에 대해 국제 금융자본의 중요성이 커짐을 의미했다. 노동시장의 세계화는 값싼 외국 노동 이주에 속도를 더하고, 노동조합운동의 약화도 유발했다. 기술혁신은 시간과 공간을 압축했고, 수요의 일시적이고 공간적인 전치를 통해 자본주의의 과잉 축적 경향은 둔화됐다.[9] 그런데도 시스템은 결코 부드럽고 안정적으로 작동할 수 없었기에 1973년 구체화되기 시작한 시스템은 의도적인 조정 메커니즘(예를 들어 국가의 재정·통화 정책)에 의해 통제될 수 없었고, 프롤레타리아트를 계승하는 시스템 내부에서 시스템에 도전하는 집합적인 행위자도 만들어낼 수 없었다.

얼핏 이런 변화는 사회연구소의 유산에 대한 지속적인 관심과 관련

9 David Harvey, *The Condition of Postmodernity: An Enquiry into Origins of Cultural Change* (Oxford, 1989).

없어 보인다. 헨리크 그로스만Henrik Grossmann이나 노이만의 독점자본주의와 지도 경제command economy를 섞은 개념과 전통적인 마르스크주의자의 자본주의 위기 이론도, 폴록의 국가자본주의론이나 '정치의 우위' 테제도 새로운 패러다임과 맞아떨어지는 것 같지 않았다. 하비의 다음과 같은 주장이 정당하다면 오페가 말년에 주장한 '탈조직화된 자본주의'론도 충분하지 않아 보였다. "자본주의는 점점 더 분산된 지리적 이동성을 **통해** 촘촘하게 조직되고 있다. 노동시장과 노동과정, 소비자 시장에 대한 유연한 반응은 급격하게 투여되는 제도적인 생산과 기술적 혁신과 함께 일어난다."[10]

사회연구소의 저작 중에서 1973년 이후 자본주의 재구조화를 규명하는 저작이 드물다는 점은 인정해야 한다.[11] 하지만 유연적 축적 시스템으로 구성된 포스트포디즘과 관련된 문화 현상을 설명하는 데 프랑크푸르트학파는 힘을 발휘한다. 하비가 맞는다면 포스트모더니즘은 1973년경부터 시작된 경제적 변화를 표현하거나 반영하기도 하고, 때로는 이에 저항하기도 하는 문화적 조건이다. 비판 이론은 서구 마르크스주의의 여러 분파와 달리 이런 새로운 환경에서 상대적으로 환영받았다. 특히 독일보다 미국에서 그랬는데, 미국에서는 포스트모더니스트와 비판 이론 2세대의 전투가 어느 곳보다 치열했기 때문이다. 정치경제학과 정치적 프락시스의 문제가 주변화될수록 문화와 미학적 영역의 문제는 중심에 서게 됐고, 문화와 미학에 대한 프랑크푸르트학파의 다양하고 폭넓은 설명은 새로운 관심과 논쟁을 불러일으켰다.[12]

10 *Ibid.*, p.159. 오페의 주장은 다음 문헌에서 확인할 수 있다. *Disorganized Capitalism: Contemporary Transformations of Work and Politics,* ed., John Keane(Cambridge, Mass., 1985).

11 전 지구적인 비판에 관해서는 다음 책을 참고하라. Moishe Postone, *Time, Labor and Social Domination: A Reinterpretation of Marx's Critical Theory*(Cambridge, 1993), chapter 3.

12 최근의 비판 이론 수용과 다른 학파의 사유와 관계에 대해서는 다음 문헌을 참고하라. Peter Uwe Hohendahl, *Reappraisals: Shifting Alignments in Postwar Critical Theory*(Ithaca, 1991). 아

비판 이론의 유산을 **간단하게tout court** 포스트모더니즘의 서론 정도로 여긴다면 잘못이다. 하지만 우리는 아주 골치 아픈 용어를 정의해야 한다. 하버마스의 완수되지 못한 모더니티 프로젝트에 대한 열정적인 방어,[13] '포스트-역사'와 같은 '비합리적이고 새로운 신화론적'인 개념에 대한 뢰벤탈의 마지막 경고,[14] 고급 예술과 저급 예술의 구별이 필요하다는 아도르노의 주장, 문화 산업의 하향 평준화 경향에 대항하기 위한 사뮈엘 베케트Samuel Beckett, 프란츠 카프카Franz Kafka, 아널드 쇤베르크Arnold Schönberg 같은 모더니스트와 아도르노의 협력, 이 모든 점은 프랑크푸르트학파가 포스트모더니즘의 선구자라고 간단하게 넘겨질 수 없음을 분명하게 보여준다. 프레드릭 제임슨Frederic Jameson이 지적했듯이, 진보적인 아도르노가 경탄한 쇤베르크의 혁신보다 아도르노가 경멸한 이고르 스트라빈스키Igor Stravinsky의 절충적 모방이 포스트모던의 핵심적 측면을 예견한다고 말할 수 있다.[15] 비판 이론이 수행하는 '이데올로기 비판'의 핵심 역할은 이데올로기 비판의 **근거지point d'appui**를 결여하거나 의도적으로 근거지의 가능성을 깔보는 대다수 포스트모더니즘 이론을 주변으로 밀어버리는 것이다. 이성 전체와 초월적인 위치를 신뢰할 수 없는 근본주의라 공격하고 유토피아주의는 본질적으로 잘못이라고 조롱하는 포스트모더니즘은 오히려 냉소적인 이성을 선호한다.[16]

도르노와 베냐민의 저작이 지극히 논쟁적인 미학에서 차지하는 위치에 대한 분석은 다음 책을 보라. Terry Eagleton, *The Ideology of the Aesthetic*(Cambridge, Mass., 1990).

13 하버마스의 입장에 대한 나의 평가는 다음을 보라. "Habermas and Modernism," "Habermas and Postmodernism," in *Fin-de-Siècle Socialism and Other Essay*(New York, 1988).

14 Leo Löwenthal, "Against Postmodernism," Interview with Emilio Galli Zugaro, in *An Unmastered Past: The Autobiographical Reflections of Leo Lowenthal*, ed., Martin Jay(Berkeley, 1987), p.262. 포스트모더니즘에 대한 뢰벤탈의 비판을 더 보려면 내가 쓴 다음을 참고하라. "Erfahrungen und/oder Experimentieren: Löwenthal und die Herausfordung der Postmoderne," in *Geschichte Denken: Ein Notizbuch für Leo Löwenthal*, ed., Frithjof Hager(Leipzig, 1992).

15 Fredric Jameson, *Postmodernism: Or, The Cultural Logic of Late Capitalism*(Durham, 1991), p.17.

16 이 주제에 대한 더 생생한 논쟁은 다음을 참고하라. David Couzens Hoy and Thomas

프랑크푸르트학파 1세대 어떤 구성원의 이론적 궤적은 포스트모던적 선회를 위한 기반을 마련했다고 할 수도 있다. 이로 인해 이들은 새로운 독자층을 확보했다. 계급투쟁에 따른 인류의 진보라는 단일한 이야기에 기반을 둔 인간 해방이라는 승리주의적인 개념의 폐기는 구원이라는 개념에서 정점에 이르는 메타서사를 포기하는 포스트모더니즘의 특징을 떠올리게 한다. 흥망성쇠가 반복된다는 프랑크푸르트학파의 덧없음에 관한 복합적인 서사는 종종 포스트모더니즘 사상가가 차용하고 모순적으로 적용하기도 했다. 그랬기에 도구적·기술적 합리성의 서구 전통에 대한 급진적인 비판, 특히《계몽의 변증법》에서 상세히 설명된 이성과 신화의 뒤섞임은 모든 이성을 의심하는 포스트모더니스트의 관점과 잠정적으로 일치하는 것으로 볼 수도 있다.[17] 프랑크푸르트학파 2세대 중 하버마스는 이런 측면을 간파했고, 포스트모더니스트와 유사성을 지적하는 결론을 받아들이지 않았다.[18]

아도르노의 '부정변증법'과 자크 데리다Jacques Derrida의 해체론은 종종 비교됐다. 두 사람은 동일성 철학의 총체화 경향, 제1원리와 기원에 대한 불신, 지양이라는 관념론의 이데올로기, 재현의 상징적 양태보다

McCarthy, *Critical Theory*(Cambridge, Mass., 1994).

17 이 이슈에 관한 논쟁은 다음 책을 참고하라. Andrew Benjamin, ed., *The Problems of Modernity: Adorno and Benjamin*(London, 1989). Harry Kunneman and Hent de Vries, eds., *Enlightenments: Encounters between Critical Theory and Contemporary French Thought*(Kampen, The Netherlands, 1993).

18 《계몽의 변증법》에 대한 하버마스의 비판은 그의 다음 책을 참고하라. *The Philosophical Discourse of Modernity: Twelve Lectures*, trans., Frederick Lawrence(Cambridge, Mass., 1987). 미국에서는 리처드 월린Richard Wolin의 저작에《계몽의 변증법》과 아도르노와 호르크하이머를 '니체주의자'라고 비판하는 하버마스를 상세히 다뤘다. 그의 다음 책을 보라. *The Terms of Cultural Criticism: The Frankfurt School, Existentialism, Poststructuralism*(New York, 1992). 미국 철학자 제이 번스타인Jay Bernstein이 하버마스의 아도르노 비판에 맞서 아도르노를 격렬히 옹호했다. 그의 다음 책을 보라. *The Fate of Art: Aesthetic Alienation from Kant to Derrida and Adorno*(University Park, Pal, 1992). *Recovering Ethical Life: Jürgen Habermas and the Future of Critical Theory*(London, 1995).

알레고리적 상징을 정상화하려 했다는 점에서 공통적이다. 단호한 유토피아주의자인 아도르노는 해체주의적 기질에 맞는 해결 없는 반복을 받아들이지 않지만,[19] 아도르노의 '멜랑콜리한 과학'은 데리다에게 나타나는 원리로 거부와 불과 몇 발자국 떨어지지 않은 듯 보였다. 비판 이론과 필리프 라쿠-라바르트Philippe Lacoue-Labarthe가 옹호한 다면적인 미메시스 개념은 자크 라캉Jacques Lacan의 자아심리학에 대한 비판과 유사성이 있다는 이유로 관심을 끌었다.[20]

미셸 푸코Michel Foucault의 신체의 역사에 관한 계보학, 규율과 정상화에 대한 적대감, 세부에 대한 미시적인 관심, 지식과 권력의 관계에 대한 매혹 등은 비판 이론의 관심사와 유사하기도 하다. 잘 알려진 것처럼 푸코는《성의 역사L'usage des plaisirs》에서 리비도의 현실화에 대한 초역사적인 규범을 가정했다는 이유로 마르쿠제의 프로이트-마르크스주의를 비판했다. 푸코와 마르쿠제는 정상적인 섹슈얼리티와 억압적 승화를 비판했다는 점에서 공통점을 보이기도 한다.[21] 푸코는 다음과 같이 인정했다. "젊은 시절에 프랑크푸르트학파를 접했다면 그들 저작을 논평하는 외에 아무것도 하지 않았으리라 생각할 정도로 그들에게 매혹됐을 것이다. 아쉽게도 지적인 '발견'을 기대할 수 없는 나이가 돼서야 그들의 저작에 관심이 생겼고, 프랑크푸르트학파에게서 뒤늦은 영향을 받았다."[22]

---

19 이런 비교를 검토하려면 번스타인의 다음 책을 보라. *The Fate of Art*.

20 미메시스에 대해서는 내가 쓴 다음 에세이를 참고하라. "Mimesis und Mimetology: Adorno und Lacoue-Labarthe," in Gertrud Koch, ed., *Auge und Affekt: Wahrnehmung und Interaktion*(Frankfurt, 1995). 라캉과의 비교는 다음 책을 보라. Peter Dews, *The Logics of Disintegration: Post-Structuralist Thought and the Claims of Critical Theory*(London, 1987). 최근의 재평가는 다음을 참고하라. Joel Whitebook, *Perversion and Utopia: A Study in Psychoanalysis and Critical Theory*(Cambridge, Mass., 1995).

21 예를 들어 다음을 보라. Paul Breines, "Revisiting Marcuse with Foucault: *An Essay on Liberation* meets *The History of Sexuality*" in Marcuse, eds., Bokina and Lukes. 이 책에 실린 다른 에세이는 마르쿠제를 포스트모더니즘 논쟁 속에 재위치시키려 시도한다.

22 Foucault, "Adorno, Horkheimer, and Marcuse: Who is a 'Negator of History?'," *Remarks on*

베냐민의 논쟁적인 유산에 대해 활발한 토론도 벌어졌다. 파울 드 만Paul de Man, 새뮤얼 웨버Samuel Weber, 라이너 네겔레Rainer Nägele와 베르너 함마허Werner Hammacher 같은 해체주의자는 베냐민을 해체주의 언어로 읽어냈다.[23] 데리다도 베냐민의 악명 높은 초기 저작 〈폭력 비판을 위하여Zur Kritik der Gewalt〉에 강한 호기심을 보였다. 데리다는 〈폭력 비판을 위하여〉의 신성한 정의라는 신비로운 개념에 대한 환기와 태곳적 폭력에 매혹됐다. 그는 이것을 균등주의적 평등화에 대한 인간의(그리고 인간주의적) 반작용이라 여겼다.[24] 베냐민은 프랑스 초현실주의에 복합적인 신세를 지고 있는데, 이 점은 조르주 바타유Georges Bataille 같은 포스트구조주의자의 중요성이 널리 인식되자 다시 상기되기도 했다.[25] 베냐민의 사유에서 발견되는 구원의 계기나 사물과 이름이 일치하는 아담 시절의 **근본 언어Ursprache**에 대한 믿음은 기원과 종점의 가능성을 의심하는 해체주의자와 조화를 이룰 수 없다. 베냐민이 남긴 매우 복잡한 텍스트를 이후에 등장한 사상가와 긴장된 짜임 관계의 관점에서 평가할 근거도 충분하다.

이 자리에서 비판 이론과 다양한 포스트모더니즘의 일치점과 차이를 진지하게 분석하고 싶지는 않다. 포스트-신좌파의 맥락에서 프랑크

Marx: Conversations with Duccio Trombadori, trans., R. James Goldstein and James Cascaito (New York, 1991), pp.119~120. 푸코는 내게 《변증법적 상상력》 1977년 프랑스어 번역판을 통해 자신과 비판 이론의 유사성을 의식하게 됐다고 말했다. 푸코와 프랑크푸르트학파 비교는 최근 종종 진행됐다. 예를 들어 다음을 참고하라. Axel Honneth, *Critique of Power: Reflective Stages in a Critical Social Theory*, tans., Kenneth Baynes(Cambridge, Mass., 1991). Michael Kelley, ed., *Critique and Power: Recasting the Foucault/Habermas Debate*(Cambridge, Mass., 1994).

23 예를 들어 다음 책에 실린 에세이를 보라. *Benjamin's Ground: New Readings of Walter Benjamin*, ed., Rainer Nägele(Detroit, 1988).

24 Derrida, "Force of Law: The 'Mystical Foundation of Authority'," in *Deconstruction and the Possibility of Justice*, ed., Drucilla Cornell et al.(New York, 1992).

25 예를 들어 다음을 보라. Margaret Cohen, *Profane Illumination: Walter Benjamin and the Paris of the Surrealist Revolution*(Berkeley, 1993).

푸르트학파의 어떤 유산은 환영받으며 지속적으로 수용됐음을 지적하는 것으로 충분할 것이다. 프랑크푸르트학파의 어떤 유산은 리처드 번스타인Richard J. Bernstein이 '새로운 국면'이라고 칭한 우리 시대의 사유에 강한 영향력을 행사하는 '스타'가 됐다.[26] 장 프랑수아 리오타르Jean-François Lyotard조차 다음과 같이 인정했다. "《미학 이론Ästhetische Theorie》, 《부정변증법Negative Dialektik》, 《미니마 모랄리아Minima Moralia》 같은 아도르노의 텍스트를 읽으면 자연스레 데리다, 미셸 세르Michel Serres, 푸코, 에마뉘엘 레비나스Emmanuel Lévinas와 질 들뢰즈Gilles Deleuze 같은 이름이 떠오를 것이다. 우리는 아도르노의 사유에서 포스트모더니즘을 예견하는 요소를 감지할 수 있다. 여전히 그 가능성이 잘 언급되지 않고 심지어 부인된다 하더라도."[27]

비판 이론은 어떤 이에게는 새로운 맥락에서 가장 염세적이고 상대적이면서도 반反계몽적인 포스트모던 이론에 맞서는 방어물이었음을 인정해야 한다. 앞을 내다본 듯한 아도르노의 포스트모더니즘 거절(리오타르가 인용한 문장에서 암시한)은 사회정의와 진리(궁극적으로 '참된 사회')의 문제, 그것을 실현할 수 있는 정치 수단 찾기를 결코 포기하지 않은 그의 태도에서 기인한다. 하버마스를 잇는 우리 시대 비판 이론의 대표자, 즉 새로운 저널《국면들Constellations》의 편집자 세일라 벤하비브Seyla Benhabib와 앤드루 아라토Andrew Aroto는 이런 목적에 도달할 방법으로 모더니티 프로젝트의 실행 가능성과 이 가치의 구원 가능성, 유토피아적 가능성을 여전히 유지하고 있다.

우리가 저항하는 포스트모더니즘과 순응적인 포스트모더니즘의 구

---

26 Richard J. Bernstein, *The New Constellation: The Ethical/Political Horizons of Modernity/Postmodernity*(Cambridge, 1991).

27 Jean-François Lyotard, "A Svelte Appendix to the Postmodern Questions," in *Political Writings*, tans. Bill Readings and Kevin Paul(Minneapolis, 1993), p.28.

별을 수용한다면, 저항하는 포스트모더니즘은 정통 마르크스주의자의 찌꺼기를 벗어던진 프랑크푸르트학파의 예상 못 한 파생물이라고 해도 틀리지 않을 것이다. 마르크스주의 지평에서 벗어나려 하지 않은 포스트모더니스트 제임슨도 아도르노를 다음과 같이 설명했다. "아도르노는 1990년대를 위한 변증법적 모델, 여전히 강력하고 저항적인 조류가 있다면 의심할 바 없이 그편에 가담할 것이다. 개인과 시스템의 관계가 불분명하고, 유동적이지 않으며, 새로운 지구적 질서의 다양한 차원과 불균형에 대한 설명이 필요한 상황이라면 아도르노의 통찰력 있고 성찰적인 변증법에서 많은 것을 얻을 수 있을 것이다."[28] 하버마스가 아도르노의 '동면 전략'이라 부른 것은 루드가 경멸하며 무시한, 한 세대 전에 끝이 보이지 않는 정치적 겨울 동안 급진적인 지식인이 선택한 생존 전략보다 비겁해 보이지 않는다.

이런 반추는 아카데미가 프랑크푸르트학파가 전형적인 본보기인 비판적 사유의 최후 도피처가 되었고, 비판적 사유가 실현될 가능성도 사라져버린 요즘엔 친숙하다. "제도를 관통하며 장기적으로 행진하라"는 1960년대의 희망찬 선언은 10년 뒤 중단됐고, 관심을 끌지 못하는 다른 곳으로 탈출할 수 있다는 전망 없는 체류로 변모했다. 아마도 이른바 '정치적 올바름'의 유령에 반대하는 신경질적인 캠페인을 부채질한 공포를 조장하는 우파가 '장기 행진' 프로젝트에서 역설적으로 대단한 '성공'을 거뒀다. 반대로 신좌파의 아카데미화는 정치적 탈진을 상징한다는 한탄이 나오기도 했다. 어떤 해석이 맞는지 상관없이[29] 비판 이론은 우리 시

---

28 Frederic Jameson, *Late Marxism: Adorno, Or, The Persistence of the Dialectic*(New York, 1990), pp.249~252.

29 이 주제에 관한 내 생각은 다음을 참고하라. "Class Struggle in the Classroom? The Myth of American 'Seminarmarxism'," *Salmagundi*, 85~86(Winter, Spring, 1990). 스티븐 레너드 Stephen T. Leonard는 비판 이론은 비판적 교육학, 페미니즘, 해방신학 등의 분야에서 의미 있는 실천적 효과를 산출했다고 한결같이 주장했다. 여기에 대해서는 그의 다음 책을 참고하라.

대 아카데미의 삶에서 핵심적인 이론적 추동력이라는 전혀 예상 못 한 지위를 얻었다.

오사카에 있는 내 동료가 미국의 프랑크푸르트학파 추종자를 일본 독자에게 소개하는 논문 모음집 두 권을 편집해달라고 요청했을 때, 비판 이론이 얼마나 중요한지 새삼 깨달았다. 이 논문집에 수록될 가능성이 있는 기고자 중 상당수가 하버드, 코넬, 스탠퍼드, 컬럼비아, 라이스, 노스웨스턴, 텍사스, 시카고 대학과 뉴스쿨, 기타 중요한 기관의 철학, 정치학, 역사학, 독문학, 사회학과의 종신 재직권이 있는 교수다. 독립 문화 비평가이자 아카데미에 대한 잔소리꾼인 러셀 자코비Russell Jacoby가 유일한 예외다. 이 책에 기록된 초창기 미국 시절의 고립된 비판 이론은 과거지사다. 전통적인 제도적 맥락에서 프랑크푸르트학파의 소외는 때로 고통스러웠지만, 프랑크푸르트학파를 생산적으로 만들어주기도 했다. 《변증법적 상상력》 출간 이후 쓴 에세이에서 추적하려 시도한[30] 학파의 고립은 이제 없다. 아도르노의 **병 속에 담긴 편지Flaschenpost**, 즉 그가 '야만성의 홍수로 넘칠 것 같은 유럽'에 메시지를 담아 띄운 병은 다행히 예전보다 덜 야만스러운 시대의 여러 해안가에 도착했다. 프랑크푸르트학파의 유산과 그 유산이 지금도 타당한지 탐색하는 것은 하버마스가 예전의 생명력이 사라져 종종 위험한 상태에 처했다고 우리에게 일깨워준 공론장이나, 최소한 우리가 학문 공동체라 부르는 공론장의 중요한 하위 영역에서 주목 여부에 따라 판명될 것이다. 학파의 '성공'이 자본주의의 문화적 기구가 발휘하는 지배적인 힘과 비교해보면 사소하다는 걸 부인할 수는 없다. 하지만 그 자체로, 그리고 유리한 주변 조건을 갖춘 장

Critical Theory in Political Practice(Princeton, 1990). 다음 논문 모음집도 참고하라. *Ciritcal Theory and Public Life*, ed., John Foster(Cambridge, Mass., 1985).

30 "Urban Flights: The Institute of Social Research between Frankfurt and New York," in *Force Fields: Between Intellectual History and Cultural Critique*(Berkeley, 1993).

점이 실패할 수도 있음을 알아채는 사람만이 주변성에서 어떤 장점을 취하는 법이다.

다양한 나라에서 많은 학자가 계속 연구·집필하는 프랑크푸르트학파의 역사도 동일하다고 말할 수 있다. 새로운 역사적 자료가 조명되고 마지막 생존 구성원이 사라져감에 따라 이 책에서 내가 전하고자 한 이야기는 점점 복합적이고 다채로워진다. 나치 독일에서 지식인의 망명, 서구 마르크스주의와 경쟁, 대안적인 20세기의 이론 전통 등에 관한 비교 연구는 점점 더 확실히 부각되고 있다. 수전 벅모스Susan Buck-Morss, 질리언 로즈Gillian Rose, 데이비드 헬드David Held, 헬무트 두비엘Helmut Dubiel, 울리케 미그달Ulrike Migdal, 알폰스 죌르너Alfons Söllner, 배리 카츠Barry Katz, 러셀 버만Russell Berman, 볼프강 본스Wolfgang Bonß, 더글러스 켈너Douglas Kellner, 리처드 월린, 미리암 한센Miriam Hansen, 로즈 로젠가드 수보트닉Rose Rosengard Subotnik, 빌렘 반 라이엔Willem van Reijen, 군젤린 슈미트 뇌르Gunzelin Schmid Noerr와 스티븐 에릭 브로너Stephen Erich Bronner 등 중요한 인물만 언급해도 이렇게 많은 학자가 프랑크푸르트학파의 이야기를 세부적으로 풍성하게 만들고, 새로운 전망을 제시하고 있다. 학파의 중요 인물과 그들의 삶을 담은 이미지로 구성된 고급스러운 '사진 자서전photobiography'도 등장했다.[31]

나는 이 책 원본에 사실 관련 수정을 넘어서 학파의 유산에 대한 새롭고 다양한 해석을 다루고, 최근에 발견된 새로운 정보를 통합하고 싶은 유혹을 이겨내야 했을 정도로 아직 다루지 않은 이야기가 많다. 다행히 롤프 비거하우스Rolf Wiggerhaus가 아도르노의 죽음에 이르는 시기까지 역사적 사실과 통합한 책(1986년 출간)을 이제 영어로도 읽을 수 있다.[32] 거

31 Willem van Reijen and Gunzelin Schmid Noerr, eds., *Grand Hotel Abgrund: Ein Photobiographie der Kritischen Theorie*(Hamburg, 1988).

32 Rolf Wiggerhaus, *The Frankfurter School: Its History, Theories, and Political Significance,* trans.,

의 800쪽이나 되는데도 책에서 언급한 인물과 그들의 생각을 완전히 다룰 수 없었다.《변증법적 상상력》의 빈틈을 다루고 싶을 때마다[33] 얼마나 벅찬 일인지 깨달았다.《변증법적 상상력》이 다시 출간돼 25년 전 초판이 나왔을 때 받은 관심을 다시 자극할 수 있기를 바란다. 프랑크푸르트학파가 본래 맥락을 넘어서 1960년대와 1980년대의 서로 다른 관심과 공명하고 놀랍게도 살아남아 우리가 세기말 사회주의라 부를 수 있는 불확실하고 사면초가에 몰린 구조물의 대들보가 될 수 있다면, 비판 이론에는 21세기를 앞둔 우리에게 가르침을 줄 예상 못 한 무엇이 여전히 있다고 할 수 있을 것이다.

1995년 6월, 버클리

Michael Robertson(Cambridge, Mass., 1994).

33 *Adorno*(Cambridge, Mass., 1984), 이 책에서 나는 아도르노의 학문적 이력을 개괄하려고 했다. 다음 책에서는 총체성 개념에 대한 비판 이론의 심사숙고를 서구 마르크스주의 역사 관점에서 다뤘다. *Marxism and Totality: The Adventures of a Concept from Lukács to Habermas*(Berkeley, 1984). 다음 책에서는 연구소의 역사에 관해 쓴 에세이를 한데 모았고, 지그프리트 크라카우어 Siegfried Kracauer 같은 다른 망명 지식인도 다뤘다. *Permanent Exiles: Essays on the Intellectual Migration from Germany to America*(New York, 1985). 다음 책은 뢰벤탈과 인터뷰한 내용과 그의 텍스트를 편집한 것이다. *An Unmastered Past: The Autobiographical Reflections of Leo Lowenthal*(Berkeley, 1987).

호르크하이머의 서문

존경하는 제이 교수에게.

본인은 프랑크푸르트 사회연구소의 역사에 관한 귀하의 저서에 서문을 써달라는 요청을 받았습니다. 귀하의 저서를 읽어보니 흥미로워서 도저히 이 청을 거절할 수 없었습니다. 그러나 좋지 않은 건강 상태로 유감스럽게도 짤막한 편지 형식으로 서문을 대신하고자 합니다. 우선 저서 곳곳에서 발견되는 세심함에 감사를 표해야겠습니다. 세심하게 묘사되지 않았다면 잊힐 수도 있던 많은 것이 귀하의 저서에서 보존됐습니다.

폴록의 《1917~1927년, 소련의 계획경제 실험Die planwirtschaftlichen Versuche in der Sowjetunion, 1917-1927》이나 그 후에 발간된 《권위와 가족에 관한 연구Studien über Autorität und Familie》(공저) 등 사회연구소가 독일에서 추방되기 전에 전념한 저작은 당시 독일의 공식적 교육체계의 저작과 비교해보면 매우 새로웠습니다. 사회연구소는 대학이 수행하지 못하는 연구를 연구소가 대신할 수 있음을 보여줬습니다. 이런 시도는 헤르만 바일Herman Weil의 도움과 그 아들 펠릭스 바일Felix Weil을 비롯한 여러 사람이 사회연구소에 참여했기에 가능했습니다. 이들은 학문적 배경이 다양하지만 모두 사회 이론에 관심 있었고, 대전환의 시기에는 학문적 경력을 쌓기보다 부정의 정신을 구체화하는 것이 의미 있다고 믿었다는 점에서 일치했습니다. 존재하는 사회에 대한 비판적 접근이 그들을 하나로 묶어주는 힘이었죠.

우리는 1920년대 말쯤에 1930년대 초반에는 나치가 승리할 가능성이 매우 높다고 확신했습니다. 오직 혁명적 행동으로 나치를 타도할 수 있다고 확신했지만, 혁명적 행동이 필연적으로 세계대전을 불러일으킨다는 것은 미처 생각지 못했습니다. 독일에서 반란을 일으킬 것을 염두에 뒀기에 마르크스주의는 우리에게 결정적인 의미가 있었지요. 우리는 제네바를 거쳐 미국으로 망명한 뒤에도 사회에서 일어나는 사건을 주로 마르크스주의 관점에서 해석했습니다. 교조적 유물론이 우리의 이론적 입장에서 결정적인 주제였음을 의미하는 것은 아닙니다. 우리는 정치체제에 대한 성찰을 통해 아도르노가 표현한 것처럼 "절대적인 것을 확실하다고 생각하지 않는 것, 확고하게 구상된 진리에 따라 모든 것을 연역하지 않는 것"이 필요하다는 가르침을 얻었습니다.

현존하는 세계와 **완전히 다른 세계**ein ganz Anderes에 대한 관심은 연구소의 가장 중요한 사회철학적 자극입니다. 이런 자극으로 연구소는 형이상학적 경향이라면 어떤 것이든 적극적으로 평가했습니다. 경험상 아도르노의 말처럼 "전체는 진리가 아니기" 때문입니다. 지상의 공포가 최후의 결정권을 갖지 않았으면 하는 희망은 단언컨대 과학적이지 않은 바람일 뿐입니다.

이전에 사회연구소와 연관된 사람 가운데 생존한 사람이라면 누구나 귀하의 저서에 자신의 사상이 소개되는 데 감사할 것입니다. 고인이 된 폴록, 아도르노, 베냐민, 노이만, 키르히하이머 등을 대신해 존경하는 제이 교수께 감사를 표합니다.

진심으로 감사드리며

1971년 11월 스위스 몬타뇰라에서, 막스 호르크하이머

머리말

현대사회에서 지식인은 흔히 사회에서 격리돼 불평을 늘어놓는 부적응자로 여겨진다. 지식인은 이런 이미지를 고민하기는커녕 자신을 아웃사이더나 주변인, 잔소리꾼으로 간주하는 데 익숙해졌다. 본래 심각한 형이상학적 불안이나 소화불량을 의미하는 '소외alienation'라는 말은 우리 시대를 상징하는 단어가 됐다. 분별력이 뛰어난 사람도 실제 모습과 꾸민 것을 쉽게 구별하지 못할 지경이다. 자신이 소외로 고통받는다고 주장하는 사람에게는 놀라운 일이겠지만, '소외'는 오늘날 문화 시장에서 매우 수익성 높은 상품임이 입증됐다. 불협화음과 고통이 특징인 모더니스트 예술이 걸신들린 문화 소비자 무리의 주식主食이 된 것도 한 가지 예일 것이다. 이 문화 소비자들은 모더니스트를 좋은 투자라고 생각한다. 이 용어를 그대로 사용해도 될지 의심스럽지만, 아방가르드는 우리 문화생활의 훌륭한 장식품이 됐다. 아방가르드는 이제 두려운 대상이 아니라 환대받기에 이르렀다. 하나 더 예를 들면, 한 세대 전만 해도 신선한 공기와 같던 실존주의는 손쉽게 조작되는 일련의 클리셰로, 지극히 공허한 제스처로 타락했다. 분석철학자가 실존주의의 범주가 무의미함을 규명했기 때문에 퇴조한 것이 아니다. 실존주의의 퇴조는 적대자마저 흡수·병합하는 우리 문화의 기괴한 흡인력이 낳은 결과다. 세 번째 예를 들면, 반문화counterculture가 출현하고 있다고 야단법석을 떤 지 불과

몇 년 만에, 신생 반문화는 교살되지도 않았는데 이전의 사상처럼 순하게 길들었다. 이는 특히 1972년에 뚜렷이 나타났다. 적대적인 것조차 흡입해 새로운 것으로 만드는 문화 메커니즘의 힘이 또다시 여실히 드러난 셈이다.

비판적 기능을 진지하게 생각하는 지식인은 자신보다 앞서 저항을 마비 상태로 만드는 문화의 능력에 도전하고자 했다. 문화적 극단주의로 미친 듯 탈주하는 것도 지식인이 대응한 방법이었다. 문화의 관용성을 그 한계까지 자극하고 충격을 주려는 요량이었다. 하지만 문화의 관용성은 생각보다 훨씬 탄력적임이 드러났다. 우리 시대 문화는 예전에 음담패설로 취급되던 것조차 진부한 이야기로 만들 정도로 탄력적이다. 이런 문화적 영역 내의 대응만으로 충분하지 않다고 생각한 비판적 지식인은 문화적 저항과 정치적 저항을 통합하려 했다. 현실에 불만을 품은 지식인에게 급진적인 정치 운동, 특히 좌파 정치 운동은 과거에 그랬듯이 매력적이었다. 하지만 지식인과 좌파 정치 운동의 연합은 순탄하지 못했다. 권력을 장악한 좌파 운동이 보여준 실상이 지식인이 못 본 체하기에 너무나 추악하다면 더욱 그랬다. 급진적인 지식인은 좌파 연합의 여기저기로 갔다가 떠나기를 반복할 수밖에 없었다. 이런 우왕좌왕은 현대 지식인의 역사에서 지속적으로 확인되는 주제다.

좌파 지식인은 이들이 처한 근본적 딜레마 때문에 이리저리 동요할 수밖에 없었다. 극단주의를 문화 영역으로 제한한 좌파 지식인은 엘리트주의자였기에 정치적 좌파와 결합을 거부했는데, 그러면서도 죄책감이 들지 않았다. 반면 정치적 개입을 선택한 급진적 지식인이라도 비판적 거리를 유지하려는 욕망은 특별한 문제를 일으키곤 했다. 비판적인 태도를 유지하는 사회뿐만 아니라 이런 사회와 싸우는 정치 운동과도 거리를 유지하려 했기에, 좌파 지식인의 삶에서 묘한 긴장감은 사라질 수 없었다. 최근 신좌파 사상의 특징인 엘리트주의의 잔재를 추방하기 위한 지식인의 자기비판은 이런 긴장이 지속됨을 보여주는 것이기도 하다. 자기비판은 최악의 경우 감상적인 **과거에 대한 노스탤지어**nostalgie de la boue를 자아낼 것이며, 최선의 경우 불완전한 세계에서 이론과 실제의 완벽한 통합 가능성을 지향하는 진지한 노력으로 이끌 것이다.

그러나 '행동파 지식인activist intellectual'이라는 말에 숨어 있는 모순된 의미를 제거하려는 희망 때문에 비록 특수한 의미지만 지식인은 그 자체가 행위자라는 사실이 종종 소홀히 다뤄진다. 지식인은 항상 자신의 사고를 여러 가지 방법으로 표출하려는 **상징적** 행위를 한다. '이념이 있는 사람'이라는 의미의 지식인은 자신의 이념이 어떤 방법으로든 다른 사람에게 전달될 때 비로소 가치가 있다. 지식인의 삶에 있어서 위험한 위기는 지식인이 사용하는 상징과 우리가 리얼리티라고 부르는 것 이외에는 다른 적합한 단어를 찾을 수 없는 것 사이의 간극에서 유래한다. 지식인이 이 간극을 메우는 대리인으로 변신하려고 하면 둘 사이에 간극이 있었기에 역설적으로 가능했던 비판적 시각을 상실하는 역설이 발생하기도 한다. 이 경우 지식인 저작이 한갓 프로파간다용으로 전락할 정도로 질이 훼손되는 일이 벌어지기도 한다. 비판적 지식인은 동료 지식인 집단이 공유하는 표준을 추종하지 않고 자기 결정에 따라 빨치산이 됐을 때 책임을 더 느낀다. 예이츠William Butler Yeats는 이 점을 상기시킨다. "인간의 지성은 / 삶의 완성과 일이 완성 사이에서 / 선택을 강요받네!"[1] 급진적 지식인이 상아탑에 안주하지 않고 일반적 변화 추세에 밀착하면 어떤 완벽성에도 도달할 수 없다. 지식인은 무조건인 단결과 완강한 독립성이라는 위험이 도사리고 있는 협곡을 지나면서 중도 노선을 개척해야 한다. 중도 노선을 개척하지 못할 경우 지식인은 어떤 완벽성에도 도달하지 못한다. 하지만 두 위험을 헤치고 나가는 중도 노선은 매우 불안

1 William Butler Yeats, "The Choice"(1932).

정하다. 우리가 이 책에 다루는 급진적 지식인의 상황에서 배워야 할 중요한 교훈 중 하나가 바로 이것이다.

사회연구소Institut für Sozialforschung*[2] 회원들로 구성된 프랑크푸르트학파는 20세기 좌파 지식인이 빠진 딜레마를 선명하게 보여준다. 그 시대 좌파 지식인 가운데 소수만이 지배 문화와 지배 문화에 대한 표면적인 반대자의 흡인력을 민감하게 알아챘다. 연구소 활동 기간, 특히 1923~1950년에 연구소 회원은 지배적 문화에 통합되거나 흡수될 수도 있다는 공포로 근심했다. 그들도 역사적 위기 상황이 빚어낸 1933년 **이후** 유럽 중앙에서 지식인 추방이라는 물결에 휩싸였지만, 외부 세계와 관계로 놓고 보면 그들은 공동 연구를 시작한 때부터 망명 상태에 있었다. 그들은 망명이라는 상황을 유감스럽게 생각하기는커녕, 자신들의 지적 역량이 발전하기 위한 **필수 조건**sine qua non이라 여겼다.

프랑크푸르트학파 학자들은 이론적 순수성을 타협의 대상으로 삼지 않으면서 자신들의 이념을 실현할 사회 기관을 설립하려고 했기 때문에, 사회참여를 주장하는 다음 세대 지식인을 괴롭힌 문제에 그들보다 먼저 직면했다. 프랑크푸르트학파 학자들이 공동으로 이룩한 연구물이 전후 유럽과 최근 미국의 신좌파 지식인의 상상력을 고조한 것도 이 때

---

* 이 책에서는 Institute of Social Research라는 영어 표기 대신 독일어 표기 Institut für Sozialforschung을 사용할 것이다. 사회연구소라는 명칭 외에 1933년 이후를 가리키기 위해서는 '프랑크푸르트학파'라는 표현도 사용한다. 하지만 연구소가 프랑크푸르트를 떠나도록 강제된 1933년 이전에는 학파라는 인식이 없었음을 잊지 말아야 한다. 실제로 프랑크푸르트학파라는 단어는 연구소가 독일로 귀환한 1950년 이후에야 쓰이기 시작했다. 1장에서 분명해지겠지만 바이마르 시절의 연구소는 마르크스주의에서도 다양한 경향을 포함했기에, 나와 같은 역사학자가 이후에 형성된 프랑크푸르트학파처럼 통일된 이론적 전망을 확인할 수도 없게 한다.—원주.

2 바이마르 시절의 연구소와 프랑크푸르트 학파를 제대로 구별하지 못해서 연구소의 역사에 대한 적절한 평가가 방해받기도 했다. 예를 들어 피터 게이Peter Gay는 바이마르 시절의 연구소가 '뼛속까지 좌파 헤겔주의자'라고 잘못 묘사하기도 했다. Peter Gay, *Weimar Culture: The Outsider as Insider*(New York, 1968).

문이다. 이들의 저작을 간절히 바라는 독일 학생운동원들은 절판된 저작을 해적판으로 돌려보기도 했다. 연구소가 1950년에 돌아오고 프랑크푸르트학파와 직접적인 접촉이 생기면서 독일 학생운동의 관심이 더 커졌다. 사회연구소의 기관지 《사회연구Zeitschrift für Sozialforschung, ZfS》지에 기고된 논문 재발간 요구가 드세지면서, 1960년대에는 마르쿠제의 《부정Negations》,[3] 호르크하이머의 《비판 이론Kritische Theorie》[4] 등이 재발간됐다. 아도르노, 뢰벤탈, 베냐민, 노이만[5] 등의 저술은 그전에 재발간됐다. 연구소가 독일로 귀환한 뒤의 활동에 대한 평가가 이 저작의 의도는 아니다. 최근 연구소가 다시 주목받는 것은 그동안 비교적 알려지지 않은 연구소 설립 이후 25년에 걸친 초기 저작이 재공개되면서 나타난 현상이다.

이 시기의 연구소 역사가 잘 다뤄지지 않은 이유는 어렵지 않게 설명할 수 있다. 프랑크푸르트학파의 저작이 워낙 광범위해서 각 분야를 명확하게 분석하려면 음악학부터 중국학까지 각 분야에 정통한 학자들이 필요하다. 간단히 말해서 이 작업을 수행하려면 또 다른 프랑크푸르트학파가 필요할 정도다. 한 역사가가 홀로 행하기에는 너무 위험한 일이

---

3 Herbert Marcuse, *Negations: Essays in Critical Theory*, trans., Jeremy J. Shapiro(Boston, 1968). 독일에서 *Kultur und Gesellschaft*(Frankfurt, 1965)로 출간됐으며, 많은 논문이 수록됐다.

4 Max Horkheimer, *Kritische Theorie*, ed., Alfred Schmidt(Frankfurt, 1968).

5 Walter Benjamln, *Schriften*, ed., Theodor W. Adorno and Gershom Scholem, 2 vols.(Frankfurt, 1955); Theodor W. Adorno, *Prismen*(Frankfurt, 1955), 영어로는 *Prisms*으로 번역됐다. *Prisms*, trans. Samuel and Shierry Weber(London, 1967); *Versuch über Wagner*(Frankfurt, 1952); *Dissonanzen: Musik der verwalteten Welt*(Frankfurt, 1956); Leo Löwenthal, *Literature and the Image of Man*(Boston, 1957); *Literature, Popular Culture, and Society*(Englewood Cllffs, N.J., 1961); Franz Neumann, *The Democratic and the Authoritarian State*, ed., Herbert Marcuse(New York, 1957). 프롬을 포함한 연구소 관련 인물의 저작에 관한 최신 모음집으로 다음과 같은 책이 있다. Erich Fromm, *The Crisis of Psychoanalysis*(New York, 1970); Otto Kirchheimer, *Politics, Law, and Social Change*, ed., Frederic S. Burin and Kurt L. Shell(New York, 1969); Leo Löwenthal, *Erzählkunst und Gesellschaft: Die Gesellschaftsproblematik in der deutschen Literature des 19. Jahrhunderts*(Neuwied and Berlin, 1971).

다. 내가 이 작업을 착수하기 전에 한참 주저한 것도 이 때문이다. 마침내 결정을 내리고 연구소에 관한 연구에 몰두하기 시작했을 때, 각 학문 분야에 대한 내 부족한 전문 지식을 이 연구에 사용한 포괄적인 접근이 보완해줄 수 있음을 깨달았다. 여러 분야에 걸친 프랑크푸르트학파의 사상에는 본질적인 일관성이 있기 때문이다. 프랑크푸르트학파의 거의 모든 저작을 관통하는 일관성이 있다. 예를 들어 새도마조히즘에 관한 프롬의 논의와 노르웨이 소설가 크누트 함순Knut Hamsun에 대한 뢰벤탈의 논의에는 일관된 맥락이 있으며, 스트라빈스키에 대한 아도르노의 비판과 막스 셸러Max Scheler의 철학적 인간학에 대한 호르크하이머의 반발은 긴밀하게 관련되고, 마르쿠제의 일차원적 사회 개념은 폴록의 국가자본주의 모델을 근거로 했다는 점 등이 있다. 프롬과 호르크하이머가 혹은 폴록과 노이만이 특정 논제에 대한 의견이 대립될 때도, 거의 같은 가정에서 출발해 같은 용어를 사용함으로써 분명하게 의사를 교환하며 토론하고 있음을 발견했다. 구체적인 문제를 피상적으로 취급했다 하더라도 연구소의 발전 과정 개관은 나름 의미 있는 작업이다.

이 작업은 시기적으로도 중요성이 있다고 본다. 노이만, 베냐민, 키르히하이머, 그로스만 등 중요한 학자는 작고했고, 그 밖에 많은 학자는 아직 정정한데 그들의 학문적 경력을 역사 기록으로 남길 때가 왔기 때문이다. 그들은 내가 연구소의 역사에 처음 관심을 표명했을 때 적극적으로 응했다. 내가 이들에게 얼마나 많은 도움을 받았는지는 감사의 말에서 언급할 것이다.

연구소의 과거를 재구성하려는 시도를 여러 사람이 도왔지만, 재구성의 결과는 '궁정의 역사'와 전혀 달라야 한다. 나는 상충하는 여러 사람의 견해를 접했으며, 연구소 내 동료 학자가 상대방의 업적을 다르게 평가하는 글을 읽고 어느 것을 타당한 것으로 선별해야 하는지 알 수 없는 일본 연극 〈라쇼몽Rashomon〉의 관찰자 같은 느낌을 받기도 했다. 이 책에서 내가 내린 최종 선택이 필요한 자료를 보내준 모든 사람에게 만족스럽지는 않을 것이다. 논란의 여지가 있는 문제를 가능한 한 비교 검토한 내 노력에는 그들도 만족하리라 생각한다. 연구소의 업적에 대한 나의 평가가, 연구소 학자들이 내리는 평가와 일치해야 한다고 생각하지도 않는다. 나는 그들의 업적을 대부분 존경하지만, 비판이 필요한 경우 주저하지 않고 비판했다. 이것이 연구소 회원들이 말하고 행동한 것을 의심 없이 받아들이는 것보다 프랑크푸르트학파의 비판 정신을 충실하게 따르는 길이라고 생각한다.

자료를 열람하는 데 한 차례 제한이 있었지만, 신중한 배려에 따른 제한이었다. 아직 생존한 당사자를 난처하게 할 수도 있다는 편지 교환 당사자 한 명의 우려 때문에 호르크하이머와 뢰벤탈이 주고받은 편지를 열람할 수 없었다. 이런 자료 열람 제한은 몇 번에 지나지 않았다. 내 연구가 생존한 사람을 다루기 때문에 피할 수 없는 유일한 불편한 점이었다. 역사가가 자신의 문제를 연구 대상으로 삼은 사람에게 직접 문의할 수 있는 경우는 드물다. 문서로 알 수 없는 사실을 대화로 이해할 수 있었으며, 연구소 학자들이 추방된 기간에 받은 충격과 그들의 생활을 있는 그대로 알 수 있었다. 이 책은 프랑크푸르트학파의 사상을 주로 다루지만, 그들의 사상과 체험의 관계도 명확히 밝히려고 노력했다. 옳건 그르건 그들의 체험은 이제는 불가역적으로 지나간 역사적 순간의 아주 예외적인 세대의 독특한 체험이기 때문이다.

감사의 말

이 책을 집필하는 동안 프랑크푸르트학파의 역사에서 중요한 역할을 한 많은 사람을 만난 점이 가장 즐거웠다. 이들 중 어떤 이는 프랑크푸르트학파에 대한 역사적이고 지적인 기록을 옹호했고, 어떤 이는 탐탁지 않게 여겼다. 이 기록이 논쟁의 불씨가 될 수도 있기 때문이다. 나는 두 부류 사람에게서 많은 것을 배웠으며, 이 자리를 빌려 그들에게 진 빚을 표현할 수 있어 기쁘다. 이 책을 준비하는 과정에서 여러모로 도움을 아끼지 않은 친구, 은사, 동료 학자에게도 감사를 전할 수 있어 다행이다.

막스 호르크하이머, 헤르베르트 마르쿠제, 1969년 사망하기 전에 인터뷰한 테오도르 아도르노, 에리히 프롬, 카를 아우구스트 비트포겔Karl August Wittfogel, 파울 마싱Paul Massing, 에른스트 샤흐텔Ernst Schachtel, 올가 랑Olga Lang, 게르하르트 마이어Gerhard Meyer, M. I. 핀리로, 요제프 마이어Joseph Maier, 알리스 마이어Alice Maier 등 연구소 초창기 인물들은 친절하게도 인터뷰에 응해줬다. 더구나 호르크하이머, 마르쿠제, 프롬, 비트포겔은 이 책이 하버드대학교 박사 학위논문(역사학) 원고로 완성된 뒤에도 여러 부분 논평까지 해주었다. 프랑크푸르트학파 학자 가운데 최근 세대에 속하는 위르겐 하버마스, 알프레트 슈미트, 알브레히트 벨머도 내 질문에 기꺼이 응해줬다. 연구소 창립에 중요한 역할을 한 펠릭스 바일을 직접 만나지 못했지만, 바일과 나는 창립에 결정적인 역할을 한 연구소의 여러 분야에 관해 포괄적이고 활발한 서신을 교환했다. 몇몇 쟁점의 해석을 둘러싸고 약간 이견도 있었지만, 내 원고에 대한 그의 논평은 대단히 귀중했다. 그레텔 아도르노Gretel Adorno와 글라디스 마이어Gladys Meyer도 여러모로 도움이 되는 편지를 보내줬다.

연구소의 약사를 저술하는 작업에는 세 사람이 참가했는데 이들의 협조는 기대 이상이었다. 프리드리히 폴록은 1969년 3월 스위스 몬타뇰라에서 많은 시간을 함께하며 그가 연구소와 보낸 약 50년을 회상했다. 내가 케임브리지로 돌아온 뒤에도 우리는 저술 진전 상황에 대해 수많은 서신을 교환했다. 그는 1970년 12월에 작고하기까지 검토를 부탁한 내 원고를 성심껏 논평해줬다. 연구소의 업적에 자부심이 강하던 폴록 교수에게 완성된 원고를 보여줄 수 없는 점이 매우 유감이다.

레오 뢰벤탈은 내가 이 연구를 시작하고 맨 처음 대화를 나눈 프랑크푸르트학파 학자다. 그는 1968년 여름 버클리에서 나를 위해 많은 시간을 할애했으며, 풍부한 자료를 제공했고, 그와 호르크하이머가 주고받은 서신에서 내가 미처 발견하지 못한 중요한 사항을 차근차근 설명했다. 뢰벤탈은 이후에도 내 작업에 관심을 놓치지 않았다. 폴록 교수처럼 초고의 여러 장章을 세심하고 날카롭게 논평해줬다. 뢰벤탈은 몇몇 쟁점에서 나와 이견을 보였지만, 결코 자신의 견해를 강요하지 않았다. 내가 버클리에 도착한 때부터 원고가 완성될 때까지 그는 조언과 도움을 아끼지 않았다. 이 작업을 추진하는 과정에서 내가 입은 은혜 가운데 그가 보여준 우정은 가장 값진 것이다.

마지막으로 폴 라자스펠드Paul Lazarsfeld는 원고가 완성되는 전 과정에 걸쳐서 끊임없이 용기를 북돋우고 현명한 조언을 해줬다. 그는 연구소에 소속된 학자는 아니지만, 1930년대 중반 이래 연구소의 작업에 관심이 있었고 연구소에 간접적으로 관여했다. 그는 자신이 보관하던 1930년 중반 이후 유관 문서와 서신을 열람할 수 있도록 아량을 베풀었다. 더

구나 그는 프랑크푸르트학파와 이론적으로 거리를 두고 있었기에, 나는 그를 통해 연구소의 작업에 대한 시각을 갖추는 데 도움을 받았다.

무엇보다 현재 생존한 연구소의 학자에게 막대한 빚을 지고 있다. 건강 상태가 극도로 좋지 않으면서도 기꺼이 서문을 써준 호르크하이머가 내가 그들에게 진 빚을 무엇보다 상징적으로 보여준다.

이 책을 집필하는 데 여러 가지로 도와준 다른 사람에게도 감사의 말을 전해야겠다. 학위 논문을 지도한 스튜어트 휴즈H. Stuart Hughes 선생님은 특별한 관심으로 내 작업 전 과정에 여러 가지 친절을 베풀어주셨다. 독일 지성사에 관심을 두게 환기했으며, 세심하고 신랄하게 초고를 비판해준 프리스 링어Frith K. Ringer에게도 감사드린다. 케임브리지에 있는 친구들에게 감사의 말을 반복하지 않을 수 없다. 폴 브레인즈Paul Breines, 마이클 티모 길모어Michael Timo Gilmore, 폴 와이즈먼Paul Weissman, 루이스 워가프트Lewis Wargaft는 내 글을 비판적 안목으로 읽고 학위 과정에 내 학구열을 북돋웠다. 내가 프랑크푸르트학파에 관심을 두면서 알게 된 마티아스 베커Matthias Becker, 에드워드 브레슬린Edward Breslin, 수잔 버크Susan Buck, 시드니 립샤이어Sidney Lipshires, 제레미 샤피로Jeremy J. Shapiro, 트렌트 슈로이어Trent Shroyer, 개리 울맨Gary Ulmen, 시에리 웨버Shierry Weber 같은 친구들이 조언해준 점에도 심심한 사의를 표한다. 프랑크푸르트학파의 업적에 관심 있는 노학자 에버렛 휴즈Everett C. Hughes, 게오르게 리히트하임George Lichtheim, 아돌프 뢰베Adolph Löwe, 쿠르트 볼프Kurt H. Wolff 등과 대화하면서 받은 도움도 빼놓을 수 없다.

버클리에서 새로 사귄 동료 학자는 얼마 되지 않는 교제 기간에도 거리감을 두지 않고 친절해, 학자들의 공동체라는 오래된 개념이 여전히 생명력을 유지하고 있음을 보여줬다. 이 책은 프라이어 캘훈Fryar Calhoun, 제럴드 펠드맨Gerald Feldman, 새뮤엘 하버Samuel Haber, 마틴 말리아Martin Malia, 니컬러스 랴자놉스키Nicholas Riasanovsky, 볼프강 사우어Wolfgang Sauer,

어윈 샤이너Irwin Scheiner의 논평에 힘입어 많이 개선됐다. 흔들리지 않는 정성과 편집상 예리한 시각을 아끼지 않은 윌리엄 필립스William Phillips에게도 감사의 말을 전해야겠다. 원고를 정리해준 나의 훌륭한 타이피스트 아네트 슬로콤Annette Slocombe, 버클리 국제문제연구소에 있는 보야노 리스티치Boyano Ristich와 그녀의 직원들, 찾아보기를 정리해준 보리스 프랑켈Boris Frankel에게 감사한다. 끝으로 대학원 기간 중 내게 물심양면으로 지원을 아끼지 않은 댄포스재단Danforth Foundation에 감사드린다.

감사의 말이 길어지기는 했지만, 결코 쓸데없이 길어졌다고 생각하지 말기 바란다.《변증법적 상상력》은 나 혼자가 아니라 많은 사람이 공동으로 작업했음을 밝히지 않을 수 없기 때문이다. 이 책에 담긴 훌륭한 내용은 많은 사람의 도움에 힘입은 것이나, 보잘것없는 내용은 애석하게도 모두 내 책임이다.

마틴 제이

01

사회연구소 창설과 연구소의 초기 프랑크푸르트 시절

제1차세계대전이 유발한, 특히 지식인에게 끼친 영향 중 하나는 사회주의의 중심이 동유럽으로 이동했다는 점이다. 지식인에게 이 변화에 따른 영향은 특별했다. 예상 못 한 볼셰비키 혁명의 성공, 그러나 볼셰비키 혁명을 따라 한 중유럽에서 혁명은 실패했기에 유럽 마르크스주의의 중심을 이루던 독일의 좌파 지식인은 곤경에 빠졌다. 이런 상황에서 그들에게는 대략 다음과 같은 선택이 있었다. 첫째, 온건한 사회주의자가 만든 바이마르공화국을 지지해서 혁명을 포기하고 러시아의 실험적인 혁명을 비난하는 것이다. 둘째, 모스크바의 주도권을 받아들이고 창당한 독일 공산당에 가입해 바이마르공화국의 부르주아적 타협안을 전복하는 것이다. 전쟁으로 그리고 온건한 사회주의 지도자들이 권력을 쥠에 따라 이 문제가 긴박하게 제기됐다지만, 사회주의자는 이 문제에 대한 선택을 둘러싼 논쟁을 수십 년 동안 계속해왔다. 셋째, 세계대전과 그 영향 때문에 마르크스주의 가정이 근본적으로 붕괴함에 따라 과거의 오류를 규명하고 미래의 새로운 행동을 강구하기 위해 마르크스 이론의 근본적인 토대를 재검토하는 것이다. 이에 따라 지금까지 조명되지 않은 마르크스의 철학적 과거로 거슬러 올라가는 과정이 불가피하게 시작됐다.

이후 분석 과정에서 제기된 이론과 실천의 관계가 중요한 문제로 떠올랐다. 중요한 문제로 떠오른 실천을 익숙한 마르크스주의 어록에 따라 **프락시스**praxis라고 표현할 수도 있다. **프락시스**는 거칠게 정의하면 외부의 통제로 강요된 행동과 구별되는 일종의 자기 창조적 행위를 의미하기 위해 사용되던 개념이다. 아리스토텔레스Aristoteles의 《형이상학Metaphysica》에서 처음 사용될 때는 명상적인 **이론**theoria에 대립하는 단어로 쓰였지만, 마르크스주의자는 **프락시스**를 이론과 변증법적 관계에 있다고 여겼다. 마르크스주의자는 자본주의가 지배적인 상황이라면 혁명적 행위의 목표는 직접적인 대립 관계를 이루는 이론과 **프락시스**의 통합이라 이해했다.

이런 목표가 심각한 문제를 내포하고 있음은 제1차세계대전 이후 권력을 장악한 사회주의국가가 생겨나자 명백해졌다. 소비에트 지도부는 사회주의적 목적 달성보다 전후 질서 속에 살아남는 것이 중요하다고 여겼다. 전후 상황에서 비현실적인 정세 판단이라 할 수 없었지만, 배반적인 혁명을 선택하느니 차라리 포기하겠다는 로자 룩셈부르크Rosa Luxemburg 같은 혁명가는 이해할 수 없는 정세 판단이었다. 칼 쇼르스케Carl Schorske가 설명했듯이[1] 제2제국(나치가 집권한 제3제국 이전을 의미—옮긴이)이 끝나기 전에 노동조합 지도층에 널리 침투된 노동조합 의식은 독일 사회를 혁명적으로 바꿀 기회를 놓친다는 의미였다. 바이마르공화국의 노동계급 운동은 볼셰비키적 공산당Kommunistische Partei Deutschlands, KPD과 비혁명적인 사회민주당Sozialdemokratische Partei Deutschlands, SPD으로 분열

1 Carl Schorske, *German Social Democracy, 1905-1917*(Cambridge, Mass. 1955).

됐다. 마르크스주의 이론의 순수성을 고수하는 사람들에게는 안타까운 상황이었다. 분파 간 화해적인 결합을 시도한 사람도 있었다. 1923년에 출간된《역사와 계급의식》으로 이후에 자아비판을 한 루카치의 사례가 보여주듯, 노동자계급 정당의 연대를 핑계로 지적인 통합이 희생되기도 했다.

하지만 지식인이 정당보다 이론에 헌신할 때, 심지어 이론과 **프락시스**의 통합을 잠시 유보할 때보다 생산적인 이론적 쇄신이 있었다. 사회연구소, 이른바 프랑크푸르트학파를 구성하는 학자는 난처한 상황에도 상대적으로 이론적 자율성을 유지했다. 이들은 이론적 자율성을 유지했기에 공동 작업으로 이론적 성취를 얻었음을 밝히는 것이 이 책의 중심 주제 중 하나다. 바이마르공화국에 직접적인 영향을 행사할 수 없었고, 망명 기간 역시 그랬다 해도 프랑크푸르트학파는 제1차세계대전 이후 서구 마르크스주의 재생에 기여한 집단이다. 게다가 1960년대 후반 미국에서 마르쿠제가 돌연 인기를 얻어, 프랑크푸르트학파의 **비판 이론**Kritische Theorie은 미국의 신좌파에게도 중대한 영향을 미쳤다.

프랑크푸르트학파는 초창기부터 이론을 혁신하고 사회 연구를 수월하게 하기 위해서는 독립성이 필수적인 전제 조건이라고 여겼다. 다행히 이들은 독립성 유지를 확보할 수단을 손에 쥘 수 있었다. 1922년 펠릭스 바일이 이론 혁신과 수월한 사회 연구라는 목표를 추구할 수 있도록 뒷받침해주는 제도적인 기틀을 생각해냈다.[2] 바일은 독일 태생 곡물상 헤르만 바일의 외아들로, 헤르만 바일은 1890년경 독일을 떠나 아르헨티나로 건너간 뒤 곡물을 유럽으로 수출해 상당한 돈을 벌었다. 펠릭스 바일은 1898년 부에노스아이레스에서 태어났고, 아홉 살 때 부모 뜻에 따라 괴테 김나지움Goethe Gymnasim에 입학하기 위해 프랑크푸르트로 와

2 바일의 약력은 1970~1971년 그가 내게 보낸 편지에 담긴 정보에 따른 것이다.

서 그곳에 새로 생긴 대학까지 다녔다. 그가 1918~1919년 튀빙겐대학교에서 보낸 시기는 매우 중요하다. 바일은 튀빙겐에서 처음으로 좌파 사상을 접했다. 튀빙겐대학교에 다닌 기간을 제외하고는 **우등**magna cum laude으로 정치학 박사 학위를 얻을 때까지 줄곧 프랑크푸르트에 있었다. 사회주의를 실현하는 실제적인 문제를 다룬 박사 학위논문은 카를 코르시가 편집한 단행본 시리즈로 출판됐다.[3] 바일은 코르시를 통해 마르크스주의에 관심이 생겼다. 바일은 아버지의 재산과 어머니에게 물려받은 상당한 자금을 기반으로 독일에서 일어나는 일련의 급진적인 활동을 지원했다.

그중 첫 번째가 1923년 여름 튀링겐 지방 일메나우Ilmenau에서 시작한 **1차 마르스크주의 연구주간**Erste Marxistische Arbeitwoche이다. 바일에 따르면 마르크스주의 연구주간은 "마르크스주의의 여러 분파가 충분히 토론해 '진정한' 혹은 '순수한' 마르크스주의에 도달할 수 있으리라는 희망"을 목표로 삼았다.[4] 일주일 동안 계속된 이 회의에 루카치, 코르시, 리하르트 조르게Richard Sorge, 폴록, 카를 아우구스트 비트포겔, 벨라 포가라지Bela Fogarasi, 카를 슈뮈클Karl Schmückle, 콘스탄틴 체트킨Konstatin Zetkin(사회주의 지도자로 알려진 클라라 체트킨Klara Zetkin의 둘째 아들), 헤데 굼페르츠Hede Gumperz(《붉은 깃발Rote Fahne》의 편집자 율리안 굼페르츠Julian Gumperz와 결혼했으며, 이후 게르하르트 아이슬러Gerhart Eisler, 파울 마싱과 결혼했음)[5] 등이 참가했다.

---

3 Felix Weil, *Sozialisierung: Versuch einer begrifflichen Grundlegung(Nebst einer Kritik der Sozialisierungspläne)*(Berlin-Fichtenau, 1921).

4 나는 처음에 마르크스주의 연구주간이 1923년 여름에 열렸다는 바일의 회고를 받아들였으나, 미그달은 《프랑크푸르트 사회연구소의 초기 역사Die Frühgeschichte des Frankfurter Instituts für Socialforschung》에서 마르크스주의 연구주간이 1922년 봄에 열렸다고 주장했다. 이 주장은 미카엘 버크밀러Michael Buckmiller가 마르크스주의 연구주간을 상세히 재구성한 *Grand Hotel Abgund: Eine Photobiographie der Frankfurter Schule*(p.144)에서 연구주간은 사회연구소가 설립된 1923년에 열렸다고 지적해 정정됐다. 이 주장이 올바른 것이라 수용한다.

5 헤데 마싱Hede Massing은 나중에 소비에트연방의 간첩이 됐으나, 1930년대 후반에 관계를 청산했다. 1948년 앨저 히스Alger Hiss 재판에서 증언했으며, 자신의 경험을 《이런 사기This

헤다 코르시Hedda Korsch, 로제 비트포겔Rose Wittfogel, 크리스티아네 조르게Christiane Sorge, 카테 바일Kate Weil 등 참가자의 배우자들도 연구주간에 참여했다. 아직 출간되지 않은 코르시의 《마르크스주의와 철학Marxismus und Philosophie》이라는 책의 원고에 따르면 연구주간의 시간이 대부분 토론에 할애됐다. 바일은 "1차 마르스크주의 연구주간은 지식인으로 구성된 완전히 비공식적인 회의"였으며, "어떤 파벌 형성도 의도하지 않았다"고 썼다.[6] 마르크스주의 연구주간을 대체하는 더 야심적인 방안이 등장함에 따라 **2차 마르크스주의 연구주간**은 추진되지 않았다.

마르크스주의 연구주간을 보내면서 바일은 상설 연구 기관 설립을 구상하고 있었는데, 프랑크푸르트대학교에서 만난 친구들의 격려로 이 구상이 분명해지기 시작했다. 마르크스주의 연구주간에서 토론에 참여한 폴록이 이 친구 중 한 명이다. 1894년 동화된 유대인 사업가의 아들로 태어난 폴록은 제1차세계대전이 발발하기 전에 상업 분야로 진출하기 위한 수련을 받았다. 전쟁이 끝나고 사업에 흥미를 느끼지 못한 그는 뮌헨, 프라이부르크, 프랑크푸르트 대학교에서 정치학과 경제학을 공부했다. 폴록은 프랑크푸르트대학교 경제학과에서 〈마르크스의 화폐 이론Marx' Geldtheorie〉이라는 논문을 제출해 **최우등summa cum laude**으로 박사 학위를 받았다. 폴록은 전쟁 전인 1911년에 호르크하이머와 친구가 됐다. 호르크하이머는 연구소 역사에 중요한 인물 중 한 사람이 됐으며, 당시 사회 연구를 위한 연구소 설립이라는 바일의 계획을 지지하는 폴록을 통해 자신의 의견을 전할 수 있었다.

호르크하이머는 1895년 슈투트가르트에서 태어났다. 그의 아버지

Deception》라는 책으로 출판했다(New York, 1951). 이 책에는 러시아를 위한 스파이 노릇에 대한 흥미로운 이야기뿐만 아니라 때로는 지나치게 낭만적으로 묘사하기는 했지만, 율리안 굼페르츠와 파울 마싱, 조르게 등 연구소의 여러 인물을 자세히 다뤘다. 마싱 여사는 1944~1945년 연구소가 미국에서 노동자의 반유대주의를 연구할 때 인터뷰를 맡기도 했다.

6 바일이 1971년 1월 10일 브레이네스에게 보낸 편지.

모리츠Moritz는 유대인이며 탁월한 공장 경영주였기에, 호르크하이머도 병역을 마치기 전에는 상업 분야 훈련을 받았다. 호르크하이머는 아버지의 충고에 따라 프랑스어와 영어를 배우기 위해서 1913~1914년 브뤼셀과 런던으로 여행했는데, 폴록도 함께했다. 호르크하이머의 관심은 사업에 국한되지 않았다. 출간되지 않았지만 호르크하이머가 이 기간에 쓴 소설이 이에 대한 확실한 증거일 것이다. 1918년 이후에는 폴록이 다닌 세 대학에서 철저한 지적 훈련을 했다. 초기에는 게슈탈트심리학자 아데마르 겔프Adhémar Gelb의 지도로 심리학을 공부했지만, 그가 관여하는 연구 계획을 다른 사람이 완성했다는 소식을 듣고 연구 분야를 바꿨다. 호르크하이머는 철학을 연구 분야로 택했고, 한스 코르넬리우스Hans Cornelius가 새로운 스승이었다.

코르넬리우스는 연구소와 직접적인 관련을 맺지 않았지만, 호르크하이머와 연구소 동료들에게 지대한 영향을 미쳤다. 그가 연구소에 미친 영향은 비판 이론의 요소를 다루는 2장에서 분명히 드러날 것이다. 호르크하이머는 1922년에 코르넬리우스의 지도를 받아 칸트Immanuel Kant에 대한 논문을 써서 **최우등**으로 박사 학위를 취득했다.[7] 그는 3년 뒤에 칸트의 연구에 대한 비판적인 글로 '교수자격을 얻었고habilitated'* 1925년

7 Max Horkheimer, "Zur Antinomie der teleologischen Urteilskraft"(1922년에 발표했으나 출판되지 않음).

* 1920년대 당시의 독일 학제에 대해 다음과 같이 설명해준 바일 박사에게 감사드린다. "**사강사Privatdozent**는 대학교수의 첫 단계로, 미국에서 조교수assistant professor에 해당한다. 박사 학위 취득 후 교수가 되려면 보통 정교수의 조교 혹은 학과장이나 세미나의 조교로 봉사하며 **교수자격 청구논문Habilitationsschrift**을 제출해야 하는데, 이 논문은 정교수 2명의 지도를 받아서 작성한다. 그다음에는 해당 학과의 모든 정교수로 구성된 **구술시험Distputation**을 통과해야 한다. (프랑크푸르트대학교에는 이런 학과가 5개 있다. 철학, 법학, 경제학과 사회과학, 의학, 자연과학.) 구술시험을 통과하면 강의할 수 있는 자격이 주어지지만, 그 자격은 특정 분야로 제한된다. **사강사**는 아직 **공무원Beamter**이 아니기에 월급이 없고 강사료만 받는다.

그다음 단계가 **부교수Ausserordentliche Professor**다. 이 직급부터 공무원으로 종신 재직권tenure이 주어지며, 월급을 받고 청강료도 배분받는다. **박사 학위 지원자Doktoranden**를 지도하고 시험에 참가한다. 해당 학과 회의에서 발언할 수 있지만, 투표권은 없다.

5월에 **사강사**로 칸트와 헤겔에 관한 강의를 시작했다.[8]

폴록과 호르크하이머의 친분 관계는 연구소를 떠받드는 초석 중 하나였다. 루트비히 마르쿠제Ludwig Marcuse의 자서전 한 구절로 두 사람의 관계를 간파할 수 있다. 루트비히 마르쿠제는 널리 알려진 헤르베르트 마르쿠제와 상관없는 인물로, 1920년대 프랑크푸르트 신문에 연극 평론을 썼다. 어느 날 코르넬리우스가 지도하는 학생 두 명을 루트비히 마르쿠제의 사무실로 데리고 왔다. "막스 호르크하이머는 사람의 마음을 휘어잡는 듯한 정열이 넘쳐흘렀으며, 그의 친구 프리츠 폴록은 말이 적고 무뚝뚝해 보여도 그 뒤에 다른 무엇을 간직한 듯했다."[9] 마르쿠제에 따르면, 폴록은 자신을 내세우기보다 호르크하이머를 전적으로 신뢰하는 편이었다. 이런 성품 덕분에 그들의 친구 관계가 1970년 폴록이 사망할 때까지 60여 년간 이어졌다. 두 사람은 짧은 시간 관계가 중단된 것을 제외하고, 성인기 내내 별 불화 없이 줄곧 가까이 지냈다. 폴록은 현실적이고 실용적인 일을 맡았고, 살아가는 데 필요한 잡다한 일을 처리해서 호르크하이머가 학문 연구에 전념할 수 있도록 도왔다. 폴록은 호르크하이머를 어린아이처럼 보호했고, 성인기에 접어들어서도 호르크하이머에게 거친 세상의 방패막이가 됐다. 주변 사람이 회고한 바에 따

마지막 단계로 **정교수Ordentliche Professor**는 부교수의 모든 권한은 물론, 해당 학과 회의에서 투표권이 있다. 부교수와 달리 본인이 원하면 분야와 과목에 상관없이 가르칠 수 있다(예를 들어 예술사를 전공한 정교수가 원하면 기체역학 강좌를 개설할 수 있다). 공무원으로서 종신 재직권이 주어지고, 상당한 월급과 청강료를 받으며, 대학에서 제공하는 조교의 도움을 받을 자격이 있다. 외국인 정교수라면 사전에 거부의 뜻을 제출하지 않는 한 정교수 취임 선서와 동시에 시민권이 주어진다(카를 그륀베르크Carl Grünberg는 오스트리아 국적을 유지하기 원했으며, 그보다 훨씬 나중이지만 호르크하이머는 미국 국적을 유지하기를 원했다). 출처: 바일이 1971년 6월 8일에 보낸 편지—원주).

8 호르크하이머의 **교수자격 청구논문**은 *Kants Kritik der Urteilskraft als Bindeglied zwischen theoretischer und praktischer Philosophie*(Stuttart, 1925)이다. 그의 첫 강의에 관해서는 다음 책을 보라. Madlen Lorei and Richard Kirn, *Frankfurt und die goldenen zwanziger Jahre*(Frankfurt, 1966), p.97.

9 Ludwig Marcuse, *Mein zwanzigstes Jahrhundert*(Munich, 1960), p.114.

르면[10] 호르크하이머는 기분파고 신경질적인 데 비해, 폴록은 안정적이고 심지어 강박적이었다고 한다. 이들의 상호 보완적인 성격은 연구소가 성공하는 밑거름이었다. 폴록은 학문 경력에 어느 정도 손해를 봤겠지만, 그런 희생을 기꺼이 감수했다. 두 사람의 관계가 1920년대에 결실을 맺으리라는 것을 예측하기란 어렵지 않다.

폴록과 호르크하이머, 바일은 각자 연구 분야에서 진전을 이뤘다. 그들은 엄격한 독일의 대학 체제에 맞추기 위해 폭넓은 학문적 관심을 한 가지 분야로 제한해야 했고, 기성의 학문 질서는 그들이 추구하는 급진적 경향에 결코 호의적이지 않았다. 코르넬리우스는 마르크스주의자가 아니었음에도 대학의 관행을 따르지 않았기 때문에 동료 사이에서 도드라지는 인물이었다. 사회 연구를 수행하는 독립적인 기관이라는 바일의 착상은 대학 풍토가 부과하는 그런 난관을 극복할 매우 좋은 방법이었다. 노동운동의 역사나 반유대주의의 기원 같은 연구 과제를 독일 전문 교육 기관의 교과 과목은 거의 무시했다. 그들은 이전에 시도되지 않던 방면의 연구를 철저하게 추진할 수 있었다.[11] 펠릭스 바일의 아버지 헤르만 바일은 이 계획에 설득돼, 1년에 12만 마르크(인플레이션이 종식된 뒤 약 3만 달러에 해당)의 수익을 기대할 수 있는 설립 기금을 제공하겠다고 동의했다. 폴록이 계산한 바에 따르면, 당시 연간 수입의 가치를 1970년 가치로 환산하면 4배가량 될 거라고 한다. 연구소에 근무하는 미혼 조교에게는 월 200마르크(50달러)를 지급했다. 얼마 지나지 않아 헤르만 바일이 추가 자금을 지원했고, 다른 곳의 지원도 연구소 설립 기금에 추가됐다. 내가 알기로, 나중에 이 연구소를 비난하는 사람들이 주장하는 것처럼 정치적인 기부자가 있었다거나 정치적 기부자가 연구소에 영향을 미쳤

10 1971년 7월 19일 메러디스Meredith에서의 게르하르트 마이어 인터뷰.

11 헤르만 바일에게 연구소에 기금을 희사하도록 설득할 때 이런 연구 계획이 제시됐다(1969년 3월 스위스 몬타뇰라에서 폴록과 인터뷰).

다는 증거는 없다. 헤르만 바일의 희사금이 막대한 금액은 아니었지만, 덕분에 연구소를 설립·유지할 수 있었다. 연구소의 재정적 독립이 커다란 장점이었음은 뒷날 역사가 증명한다.

연구소 창립자들은 재정적이고 지적인 독립성 유지를 목표로 삼았지만, 1914년에 개교한 신생 프랑크푸르트대학교와 유대 관계를 추구했다. 처음에는 마르크스주의연구소라고 부르려 했으나, 너무 도발적이라는 이유로 은근한 뜻이 있는 대안을 찾기 시작했다(프랑크푸르트학파 역사에서 이런 일은 드물지 않게 일어났다). 바일은 교육부 장관이 연구소 이름을 펠릭스바일사회과학연구소라고 붙이면 좋겠다고 한 제안을 거절했다. 바일은 "연구소가 알려지고 가능하다면 유명해지기를 원하지만, 설립자의 돈이 아니라 과학적 학문으로서 마르크스주의에 기여"[12]해 이름나기를 바랐기 때문이었다. 결국 사회연구소라고 부르기로 했다. 바일은 교수 자격을 취득하고 **사강사**가 되거나 학계로 진출해 연구소 지도자가 될 가능성을 모색하지 않았다. 바일은 "무수히 많은 사람이 교수 자격, 나아가 연구소 지도자 자리를 돈으로 샀다고 생각할 것"을 원치 않았기 때문이다.[13] 교육부 장관이 공식적으로 인정한 연구소의 지도자가 되려면 국가에서 봉급을 받는 정교수 자격을 갖춰야 했다. 바일은 아헨공과대학교의 경제학자 쿠르트 알베르트 게를라흐Kurt Albert Gerlach를 연구소 지도자로 추천했다. 바일은 연구소의 재정과 행정 모체인 사회연구협회Gesellschaft für Sozialforschung만 주재하기로 했다.

게를라흐는 연구소 창립자들과 마찬가지로 부르주아사회를 미학적·정치적으로 거부했다. 게를라흐는 슈테판 게오르게Stefan George 서클과 어울리면서 부르주아사회에 대한 미학적 거부감을, 영국에서 수년 동안 연구할 때 사귄 페비안 사회주의자들을 통해 정치적 거부감을 배

12 바일이 1971년 7월 19일 내게 보낸 편지.

13 *Ibid.*

양했다. 그는 정치적으로 완전히 좌파에 속했다. 폴록은 게를라흐가 무당파 사회주의자였다고 회고했지만,[14] 영국의 역사학자 프레데릭 윌리엄 디킨Frederick William Deakin과 조지 리처드 스토리George Richard Storry는 조르게에 관한 연구에서 "당시 게를라흐는 조르게와 같이 공산당원이었을 것이다"[15]라고 썼다. 게를라흐의 정치적 견해가 어떠했든 바일이 그를 연구소 지도자로 추대했을 때, 게를라흐는 경제학과 사회과학 교수였기에 교육부 장관의 승인에 따라 초대 연구소장으로 취임했다. 그는 1922년에 작성한 '사회연구소 창립 요강'[16]에서 연구소의 공익적 목표를 강조했다. 뒤이어 무정부주의와 사회주의, 마르크스주의에 대해 취임 강의를 하겠다고 발표했으나, 강의는 영원히 하지 못했다. 게를라흐는 36세에 갑작스레 당뇨병이 발병해 1922년 10월 사망했기 때문이다(그는 장서 8000여 권을 바일에게 물려줬으며, 바일은 이 책을 연구소로 넘겼다).

게를라흐의 계승자를 찾아야 했는데, 가급적이면 창립 회원 가운데 한 사람이 대학에서 정교수가 되어 연구소 지도자가 될 자격을 갖출 때까지 소장 역할을 해줄 나이 지긋한 사람이어야 했다. 첫 번째 물망에 오른 사람이 구스타프 마이어Gustav Mayer다. 그는 프리드리히 엥겔스Friedrich Engels의 전기를 집필한 사회주의 역사학자다. 마이어의 회고에 따르면, 바일이 연구소의 지적 활동에 대한 전반적인 통제권을 자신이 갖겠다는 조건[17]을 제시해 결렬됐다고 한다. 마이어는 나중에 폴록을 **귀족적 사회주의자Edelkommunist**라고 일축했다. 하지만 마이어의 회고가 사실이라면, 바일은 마이어에게 제시한 조건을 곧 철회했음이 분명하다. 그 자리를 차지한 다음 후보자는 자신이 통제권을 가져야 한다고 주장했기 때문이

14 1969년 3월 폴록과 진행한 인터뷰.

15 F. W. Deakin and G. R. Storry, *The Case of Richard Sorge*(London, 1966), p.32.

16 *Institut für Sozialforschung an der Universität Frankfurt am Main*(Frankfurt, 1925), p.13.

17 Gustav Mayer, *Erinnerungen*(Zürich and Wien, 1949), pp.340~341.

다. 지적인 문제에 대한 바일의 영향력은 그다지 크지 않았다.

게를라흐의 계승자로 카를 그륀베르크가 결정됐다. 당시 오스트리아 빈대학교의 법학과 정치학 교수로 재직하던 그에게 프랑크푸르트로 와달라고 요청했다.[18] 그륀베르크는 1861년 루마니아 폭샤니에서 태어났으며, 그의 부모는 유대인이다(그는 빈대학교에서 교수직을 얻느라 가톨릭으로 개종했다). 1881~1885년 빈에서 법학을 연구했고, 이후에는 교수와 법률가로 경력을 쌓았다. 1909년에 빈대학교 교수가 됐으며, 이듬해《그륀베르크 아카이브Grünbergs Archiv》로 알려진《사회주의와 노동운동의 아카이브Archiv für die Geschichte des Sozialismus und der Arbeiterbewegung》를 편집하기 시작했다.

그륀베르크는 정치적으로 명백한 마르크스주의자였다. 한 논평가는 그를 "오스트리아 마르크스주의의 아버지"라고 했다.[19] 오스트리아 마르크스주의를 연구하는 역사학자는 이 설명에 반론을 제기했다. "그가 빈대학교에서 가르친 제자들이 오스트리아 마르크스주의의 대표자가 됐지만, 그륀베르크는 오스트리아 마르크스주의자로 볼 수 없다. 그의 연구는 주로 역사적인 것에 국한됐을 뿐, 이론과 프락시스의 통합을 이루는 작업에는 별로 관여하지 않았기 때문이다."[20] 그륀베르크는 프랑크푸르트로 이주한 뒤에도 이론적인 문제에는 여전히 무관심했다. 그가 주관해서 발행한 잡지에 1923년 코르시의 논문 〈마르크스주의와 철학Marxismus und Philosophie〉과 3년 뒤 루가치의 헤스Moses Hess 비판[21] 같은 중

18 그륀베르크의 삶에 관해서는 다음 책을 보라. Österreiches Biographisches Lexicon, 1915-1950, vol. Ⅱ(Graz-Köln, 1957-1959).

19 Gustav Nenning, *Carl Grünberg und die Anfänge des Austromarxismus*(Graz, 1968), p.64.

20 Norbert Leser, *Zwischen Reformismus und Bolshewismus: Der Austromarxismus als Theorie und Praxis*(Wien, Frankfurt, and Zürich, 1968), p.177.

21 Georg Lukács, "Moses Hess und die Probleme der idealistischen Dialektik," *Grünbergs Archiv* XII (1926).

요한 이론적인 글이 실렸지만, 그의 잡지는 엥겔스-카우츠키 계통의 비교적 기계론적이고 비변증법적인 마르크스주의를 중심으로 한 역사적·경험적 연구에 치우쳤다. 바일의 이론적 관심도 크게 다르지 않았으며, 그륀베르크가 자본주의사회를 급진적으로 해부한다는 학제적인 연구소의 학술적인 목적에 동의했음이 틀림없다. 게를라흐의 뒤를 잇는 인물 선정은 연구소가 활동할 준비가 갖춰지는 시기가 무르익어 원만하게 해결됐다. 그륀베르크는 독일 대학에서 최초로 교수 자격을 얻은 공식적인 마르크스주의자다.

1923년 2월 3일 사회연구협회가 교육부와 협약을 맺고 교육부 장관 시행령이 공포돼 사회연구소가 정식 창립했다. 젠켄베르크국립과학박물관Senkenberg-Museum für Naturwissenscahft 프르츠 드레버만Frtz Drevermann 교수가 박물관 강당을 임시 연구소로 사용해도 좋다고 허락함에 따라 연구소는 즉각 움직이기 시작했다. 바일은 그 공간을 "책으로 가득 찬 상자가 사방에 널렸고, 거대한 고래와 공룡, 어룡의 뼈 밑에 판자로 만든 임시 책상이 놓인 곳"이라고 회고했다.[22]

1923년 3월 보켄하이머Bockenheimer 지방도가 구부러지는 지점 근처의 빅토리아 거리Victoria Alee 17번지에서 연구소 건물이 착공됐다. 바일은 프란츠 뢰클Franz Röckle을 연구소 건축가로 선정했다. 그는 당시 바이마르 아방가르드 진영에서 유행한 **신즉물주의**Neue Sachlichkeit(표현주의에 반대하는 예술운동으로, 객관성과 기능성을 중요하게 여긴다—옮긴이) 양식의 검소한 정육면체 5층 건물을 설계했다. 비판 이론이 줄곧 조롱하던[23] 엄격한 '객관성objectivity'의 정신을 반영한 건물에 연구소가 자리 잡았지만, 이 역

22 1971년 6월 8일 바일이 내게 보낸 편지.

23 예를 들면 다음 책을 보라. Heinrich Regius, "Die neue Sachlichkeit," *Dämmerung*(Zürich, 1934), p.216. 하인리히 레기우스Heinrich Regius는 호르크하이머가 독일에서 책 판매 허가를 얻기 위해 쓴 필명이다.

설이 이후 연구소 회원에게 영향을 미치진 않았다. 이 건물에는 36석을 갖춘 독서실, 작은 연구실 16개, 100석 규모 세미나실 4개, 장서 7만 5000권을 보관할 수 있는 도서관이 있었다. 새로 출발한 연구소치고 꽤 좋은 여건이었다.

1924년 6월 22일, 연구소가 정식으로 문을 열었다. 그륀베르크가 개관 기념 연설을 했다.[24] 그는 연설 첫머리에 학문 양성을 포기하고 교육만 지향하는 최근 독일 고등교육의 경향과 달리 연구를 지향하는 아카데미가 필요함을 역설했다. 연구소에서도 교육은 하지만, 현상 유지에 기여하는 '만다린mandarin'(특권적인 소수 엘리트층을 의미—옮긴이)[25]을 훈련하는 학교가 되지 않도록 노력하겠다고 강조했다. 그륀베르크는 독일 대학이 '만다린'을 위한 기관이 돼가는 경향을 지적하면서, 독일 역사에 스며든 고질적인 문제를 지적했다. 한 세기 전 카를 빌헬름 폰 훔볼트Karl Wilhelm von Humboldt는 순수 연구를 지향하는 '아카데미'와 실용적 훈련을 위한 '대학'을 구분하려고 했다.[26] 하지만 현실 적응 지향적인 대학이 독일 고등교육의 표본으로 등장함에 따라 비판적인 '아카데미'는 눈에 띄게 도태됐다. 사회연구소는 이런 경향에 제동을 걸기 위해 출발했다는 것이다.

그륀베르크는 이어 다른 연구 단체와는 다른 방식으로 운영될 것임을 언급했다. 최근 창설된 쾰른사회과학연구소Köln Forschungsinstitut für Sozialwissenschaften는 크리스티안 에케르트Christian Eckert, 레오폴트 폰 비제

---

24 Carl Grünberg, "Festrede gehalten zur Einweihung des Instituts für Sozialforschung an der Universität Frankfurt a.M. am 22 Juni 1924," *Frankfurter Universität-Reden* XX(Frankfurt, 1924).

25 한 가지 주의할 점을 덧붙이면, 그륀베르크는 이 단어의 의미를 프리츠 링거Fritz Ringer가 《독일 만다린의 몰락The Decline of the German Mandarins》(Cambridge, Mass, 1969)에서 사용한 것과 정반대로 사용한다.

26 Wilhelm von Humboldt, *Schriften,* ed.,W. Flemmer(Munich, 1964), p.307.

Leopold von Wiese, 막스 셸러, 휴고 린데만Hugo Lindemann이 공동으로 이끄는 방식이지만, 프랑크푸르트 연구소는 '전권'이 있는 대표 한 명이 이끌어 가는 체제를 갖출 것이라고 밝혔다. 연구소 회원의 자율성은 보장되지만, 대표가 연구소의 자원 분배와 집중 에너지 선정 등을 이끈다는 것이다. 이후 연구소 전 분야에서 호르크하이머의 독주는 피할 수 없었다. 호르크하이머의 개인적인 성품과 폭넓은 지적 역량이 독주의 원인이기도 했지만, 그의 권위는 연구소의 구조에 뿌리를 두고 있었다.

그륀베르크는 마르크스주의는 과학적 방법론이라는 견해를 분명히 밝히면서 기념 연설을 끝맺었다. 자유주의와 국가사회주의, 역사학파 등이 제도적인 근거지가 있듯이, 마르크스주의가 연구소의 지배적인 원리가 되리라는 것이다. 그는 유물론적 분석을 직설적으로 이해했다. 그륀베르크에 따르면 유물론적 분석은 "특히 귀납적이고, 그 결과가 시간과 공간적인 요소를 초월해서 타당성을 갖추지는 못하며, 상대적이고 역사적으로 제한된 의미가 있을 뿐이다".[27] 진정한 마르크스주의는 영구불변의 법칙을 찾는 교조주의가 아님을 분명하게 밝힌 것이다. 이런 주장은 나중에 개발되는 비판 이론과도 조화를 이뤘다.그륀베르크의 귀납적 인식론은 호르크하이머와 다른 젊은 회원의 동의를 얻지는 못했지만, 연구소 초기 몇 년은 그의 연구 방식이 지배적이었다.《그륀베르크 아카이브》에도 베르너 좀바르트Werner Sombart에 대한 폴록의 연구나 카를 만하임Karl Mannheim에 관한 호르크하이머의 글[28]처럼 이론적인 연구가 이따금 실렸지만, 노동운동의 역사를 강조하는 경향은 여전했다.

그륀베르크 시대의 연구소 분위기는 이후 호르크하이머가 소장을 맡았을 때와 매우 달랐다. 그륀베르크 시대의 분위기는 연구소의 오스

---

27 Grünberg, "Festrede," p.11.

28 Friedrich Pollock, *Sombarts "Widerlegung" des Marxismus*(Leipzig, 1926),《그륀베르크 아카이브》의 부록. Max Horkheimer, "Ein neuer Ideologie Begriff?," *Grünberg Archiv* XV(1930).

카 슈베데Oscar H. Swede라는 학생이 1927년 미국의 마르크스주의자 맥스 이스트먼Max Eastman에게 보낸 편지에 잘 나타난다. 슈베데는 연구소가 교조적인 마르크스주의를 추구하는 점을 못마땅해하며 다음과 같이 불평했다.

> 이 마르크스주의적 연구소에서 젊은 세대는 논쟁을 하며 시간을 보내지만, 결국 교조적인 종교나 상징적인 문헌을 숭배하는 것으로 끝난다. 마르크스가 자본의 기능을 설명한 1000k + 400W 같은 수학적 요술을 가득 써놓은 칠판도 빼놓을 수 없다. 세상에! 헤겔의 변증법에 대한 학생 클럽과 세미나의 논쟁을 몇 시간 동안 들으며 소비했지만, '철학적'인 개념을 해석해봤자 문제는 해결되지 않을 거라는 지적은 들을 수 없었다. 연구소의 리더 그륀베르크조차 상대성이란 아이작 뉴턴Isaac Newton의 순수물질 이론을 모호한 개념으로 바꿔치기하는 수단에 불과한 부르주아의 이데올로기라고 열렬히 믿는 젊은 청중과 대면해야 했다. 이들은 지그문트 프로이트Sigmund Freud와 앙리 베르그송Henri Bergson의 이론은 뒤통수에서 행해지는 음흉한 공격이며, 이 공격에 한 손에는 칼을, 다른 손에는 역사유물론에 입각한 역사책을 들고 전쟁을 수행해야 한다고 생각한다. …… 마르크스주의적 역사 해석에 내재된 모순에 끊임없이 이의를 제기해야 했으며, 팔짱을 끼고 기다리면 자본주의가 몰락한 뒤 폐허에서 꽃필 새천년을 맞이할 것이라는 논리적 귀결에도 반대 의견을 고안해야 했다. 경제결정론으로 창의적인 힘이나 저항하는 힘을 기를 수 없으며, 추위와 굶주림과 저임금이라는 악조건으로 사람을 끌어모으려 한다면 공산주의는 이뤄지지 못할 것이다.[29]

29 오스카 슈베데가 1927년 10월 1일 맥스 이스트먼에게 보낸 편지에서 인용. 인디애나대학교 릴리도서관에 있는 이스트먼 자료집에서 발췌했다. 이 편지는 캘리포니아대학교 어바인캠퍼스 잭 디긴스Jack Diggins의 협조로 입수했다.

나중에 프랑크푸르트학파를 구성하는 연구소의 대표적 인물들은 그륀베르크 시절 연구소의 무미한 마르크스주의에 대한 슈베데의 불만에 공감했다. 1920년대 학생들이 '카페 마르크스Café Marx'라고 부른 그륀베르크 시절 연구소는 이론적인 혁신을 전혀 보여주지 못했다.

한편 연구소는 당시 다비드 랴자노프David Ryazanov가 이끈 모스크바의 마스크스-엥겔스연구소Marx-Engels Institute와 유대 관계가 밀접했던 것으로 보인다.[30] 프랑크푸르트 연구소는 출판되지 않고 있던 마르크스와 엥겔스의 원고를 복사해서 매주 사회민주당 베를린 본부로 보냈고, 베를린 본부는 다시 이 복사본을 행낭으로 모스크바 연구소에 보냈다. 이 복사본 원고는 유명한《마르크스-엥겔스 역사 비판론 전집Marx-Engels Historisch-Kritische Gesamtausgabe, MEGA》에 수록됐다.[31]

연구소는 배경과 관심 분야가 다양한 젊은 조교를 모집했다. 이들 중 연구소 발전에 기여하지 않았지만 연구소와 연관을 맺은 묘한 인물이 리하르트 '이카Ika' 조르게다. 그가 제2차세계대전이 시작되기 전부터 전쟁을 치르는 동안 극동 지방에서 러시아 간첩으로 활동한 이야기는 다시 언급할 필요가 없을 만큼 유명하다. 조르게는 당에 소속되지 않은 무당파 사회주의자였는데, 1918년 이후 공산주의자가 되었다. 게를라흐가 아헨공과대학교에 근무할 때 박사과정 학생이었다. 그는 학교생활과 동시에 루르 지방 광산 노동자의 불법 조직을 돕는 등 정당 활동도 했다. 조르게는 1921년 스승 게를라흐의 전처 크리스티안네Christiane와 결혼했지만, 놀랍게도 사제의 우정에는 금이 가지 않았다. 게를라흐가 이듬해 프랑크푸르트 연구소로 옮기자 조르게도 따라갔다. 초대 지도자

30 1930년 프란츠 실러Franz Schiller는 모스크바 연구소를 칭찬하는 긴 글을 발표했다. "Das Marx-Engels Institut in Moskau," *Grünberg Archiv* XV.

31 힐데 리가우디아스-바이스Hilde Rigaudias-Weiss는 연구소가 미국으로 옮긴 뒤에도 이 일을 계속했다. 그는 1830~1848년 프랑스 노동자의 상태에 대한 마르크스의 설문지를 발견하기도 했다.

게를라흐가 갑자기 죽은 뒤 조르게는 연구소에 잠시 남았는데, 그에게 도서관을 꾸미는 일이 주어졌다. 이런 일에 재미를 붙일 조르게가 아니었다. 1924년 공산당이 모스크바로 가라고 명령하자, 그는 홀가분하게 프랑크푸르트를 떠났다. 디킨과 스토리에 따르면 그는 "명목상 연구소와 관계를 맺었으며, 연구소는 공산당 활동을 은폐하기 위한 수단"이었음에 틀림없다.[32] 1940년대에 간첩 행각이 드러날 때까지 다른 사람들은 그가 무슨 일을 하는지 전혀 몰랐다.[33]

연구소 창립 멤버는 어떤 정당 활동도 하지 않는다고 공표했지만, 여러 조교가 공공연히 좌파 정치에 가담했다. 카를 아우구스트 비트포겔, 프란츠 보르케나우Franz Borkenau, 율리안 굼페르츠는 모두 공산당원이었다. 연구소는 정치적 행동주의를 배격하지 않았으나, 카를 코르시는 정당 활동을 이유로 거부당한 사례다. 그는 1923년 튀링겐 사회민주당-공산당 연합정부의 법무부 장관을 지냈으며, 1926년까지 공산당원이었다. 비트포겔은 코르시가 초기 연구소에서 핵심적인 역할을 맡았다고 기억하지만, 다른 회원들은 이 사실에 동의하지 않았다. 코르시는 연구소가 미국으로 이주하기 전뿐만 아니라 이후에도 연구소의 여러 세미나에 참가하고 간행물에 종종 글도 실었지만, 그에게는 정회원 자격이 주어지지 않았다.[34] 정회원 자격이 부여되지 않은 데는 여러 가지 이유가 있었겠지만, 그가 **프락시스**를 중요하게 여김에 따라 철학적인 사고에서 점점 멀어졌다는 점이 중요한 이유일 수 있다. 주변 사람들은 그의 성격이 다소 불안정했다고 증언하는데, 이 또한 원인일 수 있다.[35]

---

32 Deakin and Storry, *Richard Sorge*, p.32.

33 1969년 3월 몬타뇰라에서 폴록과 진행한 인터뷰.

34 1944년까지 연구소의 역사 "Ten Years on Morningside Heights"(미출간)에 코르시는 '펠로Fellow'라고 적혔다. 이 표기는 대단한 의미가 있는 것으로 볼 수 없다. 이 자료는 뢰벤탈의 개인적인 자료집에 수록됐다.

35 바일은 1971년 6월 5일 내게 보낸 편지에서 코르시가 '전형적인 고립주의자고, 팀으로 일하기

호르크하이머가 공산당원이었을 가능성이 있다는 의문은 때때로 제기됐다. 당시 호르크하이머가 쓴 글과 행동은 자신이 공산당원이 아니었다는 그의 주장을 뒷받침하는 확고한 증거다. 호르크하이머와 폴록이 학생이던 1919년, 그들은 남부 바이에른 지방의 지식인들이 잠시 혁명적인 활동에 참가하지 않는 것을 주시하기만 했다. 뒤이어 보수파가 백색테러를 일으키자 그들은 좌파 희생자들을 숨겨주기는 했지만, 직접 혁명에 가담하지 않았다. 그들은 혁명의 조건이 무르익지 않았고, 진정한 사회 혁신을 맞이할 객관적인 조건이 결여됐기 때문에 실패할 수밖에 없다고 생각했다.[36] 호르크하이머는 로자 룩셈부르크 덕분에 정치에 관심이 생겼다. 특히 볼셰비키 중심론Bolshevik Centralism에 대한 로자의 비판 때문이다.[37] 1919년 그녀가 처형된 뒤로 그는 추종할 만한 다른 사회주의 지도자를 발견하지 못했다.

연구소가 미국으로 이전하기 전에 호르크하이머가 구체적인 정치적 분석을 시도한 적이 거의 없지만, 1934년《여명Dämmerung》[38]이라는 제목으로 알려진 잠언과 짧은 논문 모음집에서 여러 노동자 정당에 대해 자신이 회의적인 이유를 설명했다.

그는 자본주의가 노동계급을 고용된 노동자와 체제에 통합된 노동계급 엘리트, 분에 찬 노동자, 좌절한 실업자로 분열시키는데, 사회민주당에는 자극이 없고 공산당에는 이론적 날카로움이 없다고 주장했다. 사회민주당은 말뿐인 이유가 너무 많고, 공산당은 별 이유도 제시하지 못하면서 강제적인 수단에 의존하려 한다는 것이다. 호르크하이머는 두 입장이 결합될 전망이 확실치 않다고 비관적으로 결론을 내린다. 사회

에 불가능한 사람'이라고 썼다.

36 1969년 3월 폴록과 진행한 인터뷰.

37 1971년 6월 7일 마티아스 베커가 내게 보낸 편지에서 발췌. 베커는 연구소에서 호르크하이머의 자료 보관 담당자다.

38 H. Regius, *Dämmerung*, pp.122~130.

민주당과 공산당이 결합될 전망은 "경제 과정의 향방에 대한 궁극적인 해석에 따라 결정될 것이다. ……장차 인류의 운명이 달린 힘을 두 정당이 나눠 가졌기에" 불투명하다는 것이다.[39] 프랑크푸르트 연구소는 그륀베르크 밑에서나 호르크하이머 밑에서 특정 정당이나 좌파의 특정 계열과 관련을 맺지 않았다. 1931년에 한 회원은 연구소와 노동운동의 관계를 다음과 같이 설명했다.

> 프랑크푸르트 연구소는 누구나 참가할 수 있는 **중립적인** 기관입니다. 세계 주요 국가에서 일어나는 노동운동에 관한 모든 자료(특히 의회 의사록, 정당 활동, 관계 법규, 신문, 정기간행물……)를 수집하는 것이 이 연구소의 취지입니다. 서유럽에 살며 노동운동에 관해 글을 쓰고자 하는 사람은 **반드시** 우리에게 오십시오. 우리는 당신들을 위해 모든 것을 모으고 있습니다.[40]

연구소가 정치적으로 활동적인 사람을 회원으로 받아들이기도 했지만, 그의 저작은 비정치적이었다. 이에 해당하는 사람 중 가장 중요한 인물은 카를 아우구스트 비트포겔[41]이다. 그는 1896년 독일 북부 하노버 근처의 작은 마을 볼터스도르프Woltersdorf에서 루터교회 계통의 학교에 근무하는 선생의 아들로 태어났다. 제1차세계대전 이전에는 독일 청년운동에 가담했고, 전쟁이 끝나감에 따라 점차 급진적인 정치 활동에 참여했다. 1918년 11월에 독립사회민주당Unabhängige Sozialdemokratische Partei

---

39 *Ibid.*, p.130.

40 그로스만이 파울 마티크Paul Mattick에게 보낸 편지에 나오는 글이다. 이 편지는 그로스만의 다음 책 후기에도 실렸다. Grossman, *Marx, die klassische Nationalökonomie und das Problem der Dynamik*(Frankfurt, 1969).

41 비트포겔의 약력은 1971년 6월 21일 뉴욕에서 진행한 인터뷰와 곧 출판될 예정인 울멘G. L. Ulmen의 다음 책에서 얻은 것이다. 울멘은 관대하게도 아직 출판되지 않은 책의 인용을 허락했다. G. L. Ulmen, *Karl August Wittfogel: Toward an Understanding of his Life and Work.*

Deutschlands, USPD에 가입했으며, 2년 뒤 독립사회민주당을 계승한 공산당원이 됐다. 그는 이단적인 견해를 지녔다고 종종 모스크바의 공격을 받기도 했지만, 바이마르공화국 기간에는 모든 에너지를 정당 활동에 쏟아부었다.

비트포겔은 공산당 정치 활동에 깊이 참여하면서도 학문적인 연구에 몰두했다. 라이프치히대학교에서 공부하며 카를 람프레히트Karl Lamprecht의 영향을 받았고, 베를린대학교와 프랑크푸르트대학교에서 학업을 이어갔다. 프랑크푸르트대학교에서는 그륀베르크에게 논문 지도를 받았다. 아시아 사회를 전공 분야로 선택하기 전에는 자본주의적 사회와 학문 관련 책을 출판했다.[42] 게를라흐와 바일이 1922년 이전에 연구소 창립 계획을 전하며 가담을 권유했으나, 비트포겔이 그 제안을 받아들이는 데 3년이나 걸렸다. 비트포겔이 제안을 받아들였을 때 그의 아내 로제 슐레징거Rose Schlesinger는 연구소 도서관 사서로 근무하고 있었다.

비트포겔은 마르크스가 아시아적 생산양식이라고 부른 것을 규명하는 데 기여한 점에서 인정받았지만, 그의 연구는 연구소 다른 회원의 연구에 통합되지 못했다. 마르크스 이론에 대한 인습적인 해석에 이의를 제기하는 호르크하이머를 비롯해 다른 회원이 보기에 비트포겔은 이론적인 면에서 무능력했다. 비트포겔도 자신의 연구 방법을 굽히지 않아, 비트포겔과 연구소 회원 사이에는 서로 경멸하는 태도가 명백했다. 이런 상황은 다음과 같은 사실이 잘 말해주고 있다. 비트포겔은 1932년에 카를 페터슨Carl Peterson이라는 가명으로 자신의 책에 대한 평론을 썼다. 다른 사람들이 그의 글에 관심을 두지 않았기 때문이다.

---

42 Karl August Wittfogel, *Die Wissenschaft der bürgerlichen Gesellschaft*(Berlin, 1922), *Geschichte der bürgerlichen Gesellschaft*(Wien, 1924). 중국에 관한 첫 번째 책은 *Das erwachende China* (Wien, 1926)이다.

비트포겔이 쓴《중국의 경제와 사회Wirtschaft und Gesellschaft in China》가 1931년 연구소 후원으로 출판됐지만, 그는 베를린으로 옮긴 뒤였다. 비트포겔은 다른 여러 가지 연구도 했는데,《좌경Die Linkskurve》이라는 잡지에 기고한 일련의 미학 이론도 그중 하나다.《좌경》은 독일 최초로 마르크스 미학의 원리와 토대를 제시했다.[43] 비트포겔은 20대에 희곡을 썼고, 에르빈 피스카토르Erwin Piscator가 그의 작품을 무대에 올리기도 했다. 이를 통해 비트포겔은 정교한 헤겔적 미학을 발전시켰으며, 루카치의 미학적 입장에 영향을 미쳤다. 그러나 정작 뢰벤탈, 아도르노, 베냐민 등 프랑크푸르트학파 내의 미학 이론가에게는 별 영향을 주지 못했다. 이는 비트포겔이 연구소 동료와 어울리지 못했다는 또 다른 증거다. 호르크하이머를 위시한 연구소 회원에게 비트포겔은 '동양의 전제정치Oriental despotism' 혹은 '수경 사회hydraulic society'라 부르는 중국 사회를 연구하는 학생에 지나지 않았다. 그의 행동주의적 경향은 정치적 중립을 지키는 연구소 회원들을 비난하는 셈이었기에, 회원들은 비트포겔을 불편해했다.

연구소가 미국으로 망명하기 전이나 망명한 뒤에도 핵심 회원이 되지 못한 비트포겔과 유사한 사례가 보르케나우다. 1900년 빈에서 태어난 보르케나우는 1921년부터 공산주의에 환멸을 느끼는 1929년까지 공산당과 코민테른Comintern에서 활약했다. 그가 그륀베르크의 지도를 받은 학생일 가능성은 있지만, 어떻게 연구소와 가까워졌는지 확인되지 않는다. 보르케나우는 비트포겔 못지않게 적극적으로 정치 활동을 했지만, 학문적 활동은 그에 미치지 못했다. 그는 연구소에 있는 동안 자본주의의 출현에 따른 이데올로기의 변화를 탐구하는 데 몰두했다. 그 연구 결과가 연구소의 출판 시리즈 중 한 권으로 1934년에 출간된《봉건주의

43 Helga Gallas, *Marxistische Literaturtheorie*(Neuwied and Berlin, 1971), p.111.

적 세계관에서 자본주의적 세계관으로 이행Der Übergang vom feudalen zum bügrerlichen Weltbild》[44]이다. 이 책은 오늘날에는 거의 잊히고 말았지만, 이후에 나온 뤼시앵 골드만의 《숨은 신The Hidden God》[45]과 좋은 대비가 된다. 보르케나우는 이 책에서 르네 데카르트René Descartes 저작에 대표적으로 나타나는 추상적이고 기계론적인 철학의 출현과 자본주의적 공장 생산 체제에서 추상적인 노동이 출현하는 데 직접적인 관계가 있다고 주장했다. 이 둘은 일방적 인과관계가 아니라, 상호 영향을 주는 인과관계라는 것이다. 보르케나우의 이론이 발표된 직후《사회연구》지에 그의 중심 논제를 비판하는 글이 실렸는데, 연구소 회원들에게서 고립된 그가 유일하게 주목받은 경우다.[46]

보르케나우의 책을 비판하는 글을 쓴 사람은 그로스만이다. 그도 1926년부터 1940년대까지 연구소와 관계를 맺었지만, 연구소의 지적 발전을 이끈 주도적 인물은 아니다. 그로스만은 나이나 지적인 경향으로 볼 때 젊은 회원보다 그륀베르크에 가까운 인물이다. 그로스만은 1881년 오스트리아 갈리시아Galicia 지방의 크라쿠프Kraków에서 광산을 소유한 유대인 가정에서 태어났다. 전쟁 전에는 크라쿠프대학교와 빈대학교에서 경제학을 공부했으며, 빈대학교에서는 유겐 폰 뵘바베르크Eugen von Böhm-Bawerk와 같이 공부했다. 그는 18세기 오스트리아 무역정책에 관한 역사 연구를 발표했다.[47] 전쟁 초기에는 포병 장교로 근무했으며, 1918년 합스부르크제국이 멸망할 때까지 루블린 지방의 오스트리

---

44 Franz Borkenau, *Der Übergang vom feudalen zum bügrerlichen Weltbild*(Paris, 1934).

45 1964년 뉴욕에서 출판됨. 본문에서 언급한 비교에 관해서는 다음 책을 보라. George Lichtheim, *The Concept of Ideology*(New York, 1967), p.279. 리히트하임은 1969년 2월 16일 함께 나눈 대화에서 보르케나우의 재능을 강조하고 연구소가 그를 부당하게 평가했다고 주장했다.

46 H. Grossmann, "Die gesellschaftlichen Grundlagen der mechanistischen Philosoplie," *ZfS* IV, 2(1935).

47 Grossmann, Österreichs Handelspolitik, 1772-1790(Wien, 1916).

아 관리로서 여러 직책을 맡았다. 전쟁이 끝나고 새로 건설된 폴란드에 남기로 결정한 그로스만은 폴란드의 재정을 조사하는 통계 업무 감독과 1921년 1차 폴란드 인구조사 책임자가 됐다. 이듬해 바르샤바대학교 경제학 교수가 됐으나, 1925년 그의 사회주의를 거부하는 유제프 피우수트스키Józef Piłsudski 정부에 의해 폴란드를 떠나야 했다. 전쟁 전부터 빈대학교에서 그로스만을 알고 있던 그륀베르크의 주선으로 대학의 사강사Privatdozentur 자격과 연구소 조수assistantship 지위를 얻었다.

많은 사람은 방대한 경제사 지식을 갖춘 거물급 학자 그로스만을 중유럽 학원의 대표이자, 예의 바르고 세심하고 점잖은 사람으로 기억한다.[48] 하지만 그는 마르크스주의를 엥겔스와 카를 요한 카우츠키Karl Johann Kautsky가 지배하던 시대의 단선적인 유물론적 입장에서 받아들였다. 그로스만은 변증법적이고 신헤겔주의적인 유물론을 견지하는 연구소의 젊은 회원들과 어울릴 수 없었다.

그가 호르크하이머의 연구에 관심을 기울이지 않았다고 주장하면 과장이다. 그로스만은 1937년 7월 18일 파울 마티크에게 편지를 썼다.

> 《사회연구》지 지난 호에 호르크하이머가 논리적 신경험론new logical empiricism에 입각해 예리하고 근본적인 비평을 담은 글을 발표했습니다. 읽어볼 가치가 있는 글입니다. 많은 사회주의 집단에서 마르크스의 유물론을 경험론과 혼동하고, 경험론이 반형이상학적인 경향과 일치한다고 호의를 보이기 때문입니다.[49]

그로스만의 정치 활동도 비트포겔과 보르케나우와 마찬가지로 소비

48 1969년 3월 몬타놀라에서 폴록, 1968년 8월 버클리에서 뢰벤탈, 1969년 5월 뉴욕에서 연구소 뉴욕 분실 책임자 알리스 마이어와 인터뷰한 내용 참조.

49 Grossman, *Marx, Die klassische Nationalökonomie und das Problem der Dynamik*. p.113.

에트연방에 대한 분별없는 열광에서 기인했다. 그는 폴란드 공산당 당원이었지만, 프랑크푸르트로 이주한 뒤 독일 공산당 당원이 됐을 것 같지는 않다. 그로스만은 비트포겔이나 보르케나우 등과 달리 공산주의에 환멸을 느끼지 않았다. 그와 유사한 길을 걸은 대다수 사람은 미국으로 망명한 동안 과거와 단절을 꾀했지만, 그로스만은 그러지 않았다.

그로스만은 보르케나우의 책을 비판하는 글을《사회연구》지에 실었다. 보르케나우의 책은 봉건주의 이데올로기가 자본주의 이데올로기로 대체되는 시기와 그런 변화를 초래한 기술의 중요성을 다뤘다. 그로스만은 이데올로기가 대체되는 시기는 보르케나우의 주장보다 150년 정도 빨랐으며, 그런 변화를 유발한 대표적인 인물도 데카르트가 아니라 레오나르도 다빈치Leonardo da Vinci라고 비판했다. 그로스만은 상부구조와 하부구조의 근본적인 인과관계를 부정하지는 않았다. 그는 정통 마르크스주의에 대해 자신이 이해한 신념을 1935년《사회연구》지에 발표했다. 그로스만은 보르케나우와 달리 변동의 원동력이 자본주의적 생산방식이 아니라 기술의 발전이라고 주장한 데서 볼 수 있듯이, 마르크스주의를 문자 그대로 받아들이지는 않았다. 정통 마르크스주의에 대한 그로스만의 해석은 1926~1927년 연구소에서 그가 진행한 연속 강의에 잘 나타난다. 이 강의는 나중에《자본주의에서 자본축적과 붕괴 법칙Das Akkumulations-und Zusammenbruchsgesetz des kapitalistischen Systems》[50]으로 출판됐는데, 이 책은 연구소의 첫 번째 간행물이다.

내부 모순에 따른 자본주의의 필연적 붕괴 가능성은 사회주의 진영에서 핵심적인 논란이었다. 에두아르트 베른슈타인Eduard Bernstein이 1890년대에《신시대Die Neue Zeit》지를 통해 프롤레타리아의 점진적 궁핍화 이론에 반론을 제기한 이래 자본주의 붕괴에 대한 논쟁은 계속됐다.

---

50 Grossman, *Das Akkumulations-und Zusammenbruchsgesetz des kapitalistischen Systems*(Leipzig, 1929).

다음 30년 동안 로자 룩셈부르크, 하인리히 쿠노Heinrich Cunow, 오토 바우어Otto Bauer, 미하일 이바노비치 투간바라노프스키Mikhail Ivanovich Tugan-Baranovski, 루돌프 힐퍼딩Rudolf Hilferding, 그 밖에 여러 사람이 이 문제에 이론적이고 경험적인 입장에서 논쟁을 거듭했다. 프리츠 슈테른베르크Fritz Sternberg는 《제국주의Der Imperialismus》라는 책에서 제국주의는 자본주의의 파국을 유예하는 효과가 있을 뿐이라는 로자 룩셈부르크의 주장을 좀 더 비판적으로 발전시켰다. 《제국주의》는 그로스만의 《자본주의에서 자본축적과 붕괴 법칙》이 나오기 전만 해도 이 논쟁에 가장 많이 기여한 책이다. 그로스만은 자본주의 붕괴에 관한 종래의 견해를 정리하는 것으로 시작한다. 그다음에 마르크스의 예언이 맞았음을 증명하기 위해 마르크스의 여러 저작에서 추출한 설명을 분석하고, 오토 바우어의 수학적 모델에 근거해 연역적인 이론 체계를 만들었다. 그로스만에 따르면 마르크스는 프롤레타리아가 아니라 부르주아지의 빈곤화를 의미한 것이다. 자본의 과잉 축적은 일정한 시기가 지나면 이윤율 저하에 이를 수밖에 없다는 것이다. 그로스만은 자본을 효율적으로 이용하는 방법 등으로 이윤율 저하를 극복할 수도 있지만, 이런 현상은 자본주의의 파국을 배제할 수 없고 강도를 약화하는 것에 불과하다고 잘라 말했다. 이 주장이 실현되지 않았기에 그로스만의 모든 견해를 여기서 소개할 필요는 없다.[51] 그로스만의 핵심적인 주장은 주관적인 혁명의 **프락시스**에 대해 객관적인 조건의 중요성을 강조하는 다른 사람들의 견해와 유사했기에, 당시 다른 학자들이 완전히 무시하진 않았다는 점을 반드시 지적해야 할 것이다.[52]

---

51 그로스만의 책을 다룬 최근 책으로 다음과 같은 것이 있다. Martin Trottman, *Zur Interpretation und Kritik der Zusammensbruchstheorie von Henryk Grossmann*(Zürich, 1956). 마티크는 그로스만의 책에 실린 후기에서 그로스만의 저작을 훨씬 더 칭찬했다. Mattick, *Marx, die Klassische Nationalökonomie und das Problem der Dynamik.*

52 예를 들어 다음 책을 보라. Alfred Braunthal, "Der Zusammenbruch der Zusammenbruchstheorie,"

연구소의 다른 경제학자 폴록은 또 다른 근거에서 그로스만의 견해를 공격했다. 폴록은 마르크스의 생산노동 개념은 비육체적 노동을 무시하기 때문에 타당하지 않다고 강조했다. 폴록은 20세기에 접어들면서 점차 중요해지는 서비스산업[53]에 대해 언급했다. 잉여가치는 상품생산뿐만 아니라 서비스산업의 노동자에게서 얻어지며, 이를 통해 자본주의의 생명이 연장될 수 있다는 것이다. 그로스만의 근본적인 입장은 변하지 않았으며, 그는 제2차세계대전 후 연구소를 떠날 때까지 폴록과 경제적인 문제를 놓고 대립했다. 연구소의 두 번째 간행물로 폴록이 쓴 《1917~1927년 소련의 계획경제 실험Die planwirtschaftlichen Versuche in der Sowjetunion 1917-1927》[54]에 그들의 논쟁이 잘 드러난다.

폴록은 러시아혁명 10주년 기념행사 기간에 다비드 랴자노프의 초청을 받아 소비에트연방을 방문했다. 랴자노프도 1920년대 초반에 잠시나마 프랑크푸르트에 머물렀으며, 이후에도 《그륀베르크 아카이브》에 종종 글을 기고[55]하며 그들과 관계를 유지해왔다. 랴자노프는 소비에트연방에서 마르크스-엥겔스연구소 소장으로서 학문적으로 높게 평가받았지만, 정치적으로는 볼셰비키 혁명 이전의 사회민주주의로 돌아가려는 이단으로 간주됐다. 공산당의 정책을 자주 비판했지만[56] 폴록이 그를 방문하고 몇 년 뒤 이오시프 비사리오노비치 스탈린Iosif Vissarionovich Stalin이 볼가강 지방의 독일인들과 함께 랴자노프를 추방하기 전에는 무

Die Gesellschaft Ⅵ.10(1929년 10월), 마티크는 각주 51의 책 후기에서 이런 비난을 다시 격렬하게 비난했다.

53 마르크스가 서비스산업을 무시하고 제조업만 강조했다는 논의에 대해서는 다음 글을 참조하라. George Kline, "Some Critical Comments on Marx Philosophy," *Marx and the Western World*, ed., Nicholas Lobkowicz(Notre Dame, Ind. 1967). 폴록의 의견은 출판되지 않았다.

54 F. Pollock, *Die planwirtschaftlichen Versuche in der Sowjetunion 1917-1927*(Leipzig, 1929).

55 D. B. Ryazanov, "Siebzig Jahre, 'Zur Kritik der politischen Ökonomie'," *Grünbergs Archiv* XV (1930).

56 1922년 11차 당대회에서 그의 반대 행동은 다음 책을 보라. Adam Ulam, *The Bolsheviks*(New York, 1965), pp.544~546.

사했다. 랴자노프의 추방은 스탈린이 마르크스 학문에 행한 유일하고 진정한 '공헌'이라고 농담 삼아 말해지기도 한다. 폴록은 랴자노프와의 친분 관계 덕분에 소비에트연방을 방문한 동안 볼셰비키 내부의 반대파 사람들과 이야기를 나눴다. 그의 실제 연구 분야인 소비에트 계획에 대해서도 알 수 있었다. 폴록은 몇 달간 여행을 마치고 프랑크푸르트로 돌아왔을 때, 소비에트연방에 좋은 인상이 남지 않았다. 그는 책에서 혁명과 1920년대 진행한 '집단 소유화collectivization' 작업의 정치적 결과에 대한 언급을 회피했다. 폴록은 자신이 중심적으로 연구하는 시장경제에서 계획경제로의 전환에 열광적으로 옹호하거나 섣불리 판단하지 않은 냉정하고 신중한 분석가다. 폴록과 그로스만이 의견 일치를 볼 수 없는 또 다른 이유이기도 하다.

소비에트연방의 실험적인 혁명에 대한 1927년경 연구소 회원들의 일반적인 견해가 그로스만의 옹호론보다 폴록의 회의론에 가깝다고 생각한다면 오산이다. 비트포겔은 그로스만을 확고하게 지지했고, 보르케나우도 공산당과 관계를 끊겠다는 결정을 아직 내리지 못했으며, 호르크하이머조차 블라드미르 일리치 레닌Vladimir Ilich Lenin 이후의 러시아에서 인본주의적 사회주의가 실현되리라는 낙관적인 희망을 품고 있었다. 호르크하이머는 당시의 심정을 나중에 《여명》에 발표한 글에서 다음과 같이 묘사했다.

> 기술적인 무능력이라고 설명할 수 없는 제국주의 세계의 부당성을 잘 아는 사람에게 러시아에서 일어나는 일이 제국주의의 부당성을 극복하기 위한 진보적이고 쓰라린 노력으로 생각될 것이다. 이 노력이 얼마나 계속될지 마음을 조아리며 묻기도 할 것이다. 하지만 그는 기대에 반하는 현상이 나타나면 암 환자가 암 치료가 가능해졌다는 확실치 않은 뉴스에 기대를 걸듯 희망을 포기하지 않을 것이다.[57]

폴록이 소비에트연방에서 발견한 사실에 대해서는 내부적으로 열띤 비밀sub rosa 토론이 있었지만, 이 토론은 출판되지 않았다. 오히려 1929년 폴록의 책이 출판되자, 연구소는 소비에트연방에서 일어나는 일에 공식적으로 입을 다물었다. 1920년대에 그륀베르크의 제자이던 루돌프 슐레징거Rudolf Schlesinger가 새로 나오는 저작에 대해 때때로 조사[58]하는 것 외에 소비에트연방에 대한 언급은 찾아볼 수 없다. 모스크바와 관계가 끊어진 뒤에도 완고한 그로스만을 제외하고 호르크하이머를 비롯한 다른 회원이 소련에 대한 기대를 완전히 포기하는 데 10년이 채 걸리지 않았다. 그들은 스탈린이 지배하는 러시아의 독재정치에 대해 알았으나, 러시아 독재정치를 비판 이론의 관심 대상으로 삼지 않았다. 이용 가능한 자료가 부족한 것도 원인이겠지만, 또 다른 측면을 잊어선 안 된다. 비록 정통 마르크스주의자는 아니어도 그들이 마르크스주의자인 한, 공산주의 실패 요인을 분석하기는 쉽지 않았을 것이다.

연구소 회원이 구체화한 비판 이론은 소비에트연방이 자국의 모든 정책을 합리화하려고 개발한 이데올로기에 대한 비판이었음을 강조해야 할 것이다. 지금까지 언급한 그륀베르크, 바일, 조르게, 보르케나우, 비트포겔, 그로스만 등 연구소 초기 인물들이 마르크스 이론의 근본적 토대를 재검토하지 않았다면, 호르크하이머는 마르크스 이론의 근본적 토대 재검토에 초점을 맞추기 시작했다. 그와 뜻을 같이한 다른 인물도 언급해야 한다. 폴록은 원래 경제학을 주로 연구했지만, 코르넬리우스 밑에서 철학을 공부한 뒤 마르크스 이론에 이의를 제기하는 친구 호르크하이머의 의견에 동조했다. 폴록은 소련에 다녀온 1927년 이후 연구소의 행정적인 업무에 열중했지만, 세미나에서 마르크스주의 철학의 토

---

57 Regius, *Dämmerung*, pp.152~153.

58 Rudolf Schlesinger, "Neue Sowjetrussiche Literatur zur Sozialforschung," *ZfS* Ⅶ.1(1938) and Ⅷ, 1(1939).

대를 재해석하는 호르크하이머에게 목소리를 보탰다. 1920년대 후반, 장차 연구소에 커다란 영향을 미칠 두 젊은이가 호르크하이머에 가담했다. 그들은 레오 뢰벤탈과 테오도르 비젠그룬트 아도르노다(사람들은 미국으로 이주한 뒤 비젠그룬트 아도르노를 어머니의 이름을 따서 아도르노라 불렀다).

뢰벤탈은 프랑크푸르트에서 1900년 유대인 의사의 아들로 태어났다. 다른 사람과 마찬가지로 참전했으며 전쟁이 끝나고 학업에 뛰어들었다. 프랑크푸르트, 하이델베르크, 기센 대학교에서 역사학과 철학, 사회학을 공부했으며, 1923년 프랑크푸르트대학교에서 프란츠 폰 바더Franz von Baader에 관한 논문으로 철학 박사 학위를 받았다. 바일과 고등학생 때부터 친구이며, 대학교에 들어와서는 바일 외에 호르크하이머, 폴록 등과 함께 급진적인 서클에서 활동했다. 뢰벤탈은 카리스마적 권위를 갖춘 랍비 네헤미아 노벨Nehemiah A. Nobel[59]을 중심으로 한 유대 지식인 단체와도 관계를 맺었다. 마르틴 부버Martin Buber, 프란츠 로젠츠바이크Franz Rosenzweig, 지그프리트 크라카우어, 에른스트 지몬Ernst Simon 등이 이 단체에 관계했다. 이 단체가 1920년에 유명한 자유유대학원Freie Jüdische Lehrhaus을 만들었다. 뢰벤탈은 이 단체 회원인 에리히 프롬을 만났고, 이를 통해 프롬이 나중에 연구소에 가담했다. 뢰벤탈은 1926년에 연구소에 가입했지만, 외부 일에 관심이 있었기에 연구소와는 부분적인 관계를 유지했다. 그는 프로이센 고등직업학교preußeischen höheren Lehrbetrieb에서 강의했으며, 자유주의적인 좌파 계열 극단 볼크스뷔네Volksbühne의 예술 자문을 맡았다. 1920년대 후반에 문화적·미학적 문제를 주로 볼크스뷔네와 관련해 비판적인 글을 많은 잡지에 기고했으며, 유대 종교철학에 관한 역사적인 글도 꾸준히 발표했다. 편집 경험도 쌓았는데, 이는 연구소의 기관지 《그륀베르크 아카이브》가 《사회연구》지로 대체될 때 커

---

59 랍비 노벨에 관해서는 다음 책을 보라. Nahum Glatzer, *Franz Rosenzweig: His Life and Thought* (New York, 1953).

다란 도움이 됐다.

뢰벤탈은 1930년에 전임회원이 됐다. 원래 그의 공식 직위는 **Hauptassistent**, 즉 **수석조교**였는데 뢰벤탈과 그로스만에게만 주어진 직위다. 그는 전임회원이 된 뒤 문학사회학자이자 대중문화 연구원으로서 연구소에 기여했다. 연구소가 창립 초기에 자본주의사회의 사회경제적 하부구조에 관심을 쏟았다면, 1930년 이후의 주된 관심은 문화적 상부구조였다. 앞으로 설명하겠지만 비판 이론은 상부구조와 하부구조의 관계에 대한 마르크스의 전통적인 공식을 의문시했다. 뢰벤탈이 연구소의 연구 초점을 바꾸는 데 영향을 미쳤지만, 이론적인 내용을 이끌어가는 데는 아도르노의 영향이 컸다.

아도르노는 호르크하이머와 더불어 연구소와 운명을 같이한 인물이다. 아도르노는 1938년에 가입했으나 미국으로 이주하기 전에는 관심과 노력이 여러 가지 일에 분산됐고, 프랑크푸르트에 머무를 수 없는 때도 있었다. 그는 미국으로 이주한 뒤 연구소에 거의 전념할 때도 한 가지 학문에 국한하지 않았다. 아도르노는 고등학생 때 열네 살 연상인 지그프리트 크라카우어와 친분을 맺었다.[60] 아도르노는 토요일 오후마다 크라카우어와 함께 칸트의 《순수 이성 비판Kritik der reinen Vernunft》을 공부하며 1년 이상 보냈다. 아도르노는 이때 배운 것이 대학 교육보다 값지다고 회고했다. 크라카우어는 이념에 대한 관심을 지식사회학과 결합하는 접근 방법을 사용했다. 그는 폐쇄된 체제를 거부하고 보편성이 아니라 구체적인 특수성을 강조했는데, 아도르노처럼 그와 함께 공부하던 젊은이에게 깊은 인상을 남겼다. 크라카우어는 혁신적인 방법으로 영화와 같은 문화 현상을 탐구했다. 철학적 사고방식과 사회학적 사고방식을 결합했으며, 이 또한 주변 젊은이에게 영향을 미쳤다. 크라카우어와 아

60 아도르노와 크라카우어의 관계는 다음 책을 보라. Theodor W. Adorno, "Der wunderliche Realist. Über Siegfried Kracauer," *Noten zur Literatur* III(Frankfurt, 1965).

도르노는 독일에 있을 때나 미국으로 이주했을 때나 만년까지 친근한 관계를 유지했다. 크라카우어의 《칼리가리에서 히틀러까지From Caligari to Hitler》[61]를 읽은 사람이라면, 그 책의 내용과 앞으로 기술할 아도르노의 저작에 상당한 유사성이 있음을 쉽게 발견할 것이다.

청년 시절 아도르노는 지적 추구에 관심을 보였다. 그는 호르크하이머와 비슷하게 철학적인 사고를 과학보다 미학적 감수성과 결합했다. 호르크하이머의 예술적인 취향은 문학에서 발휘됐고, 출판되지 않았지만 소설을 집필하기도 했다. 반면 아도르노는 음악에 심취했다. 이는 그가 태어날 때부터 음악적인 환경에 있었기 때문이기도 하다. 프랑크푸르트학파의 대표자 중 가장 젊은 그는 1903년 프랑크푸르트에서 태어났다. 아버지는 동화된 유대인으로서 포도주 판매상이었다. 아도르노는 아버지에게 장사법은 배우지 못했지만, 삶에서 고상한 것에 대한 감각을 배웠다. 어머니가 아도르노의 취미에 깊은 영향을 준 것으로 보인다. 어머니는 프랑스 육군 장교(선조가 제노바 출신 코르시카 사람이었기에 이탈리아식 이름 아도르노가 주어졌다)와 대단히 성공한 독일 가수의 딸로 태어났다. 미혼이던 이모가 아도르노 가족과 함께 살았는데, 이모는 당시 유명한 가수 아델리나 파티Adelina Patti의 피아노 반주자였다. 어린 테디Teddie(테오도르의 애칭—옮긴이)는 베른하르트 세클레스Bernhard Sekles에게 피아노와 작곡을 배웠다.

그러나 프랑크푸르트에서는 전통적인 음악 수업만 가능했기에, 아도르노는 빈에서 혁신적인 음악에 몰입하기를 기대했다. 아도르노는 1924년 봄과 여름에 열린 전 독일 음악회의 프랑크푸르트축제에서 알반 베르크Alban Berg를 만났으며, 아직 공연되지 않은 그의 오페라 〈보체크Wozzeck〉[62] 3막을 보고 매료됐다. 아도르노는 베르크를 따라 빈으로 가

---

61 Siegfried Kracauer, *From Caligari to Hitler*(Princeton, 1947).

62 Adorno, *Alban Berg: Der Meister des kleinsten Übergangs*(Wien, 1968), p.20.

서 그의 제자가 되리라 결심했다. 프랑크푸르트에서 학업을 마치느라 조금 늦어졌지만, 1925년 1월 오스트리아의 수도 빈으로 갔다. 아도르노가 찾아간 빈은 오토 바우어와 카를 레너Karl Renner, 루돌프 힐퍼딩, 막스 아들러Max Adler의 도시(그륀베르크가 프랑크푸르트로 떠나올 때 남겨둔 환경)가 아니라 비정치적이지만 카를 크라우스Karl Kraus와 쇤베르크 서클이 활동하는 급진적인 문화도시였다. 아도르노는 베르크를 찾아가 자신을 제자로 받아들여 일주일에 두 번 정도 작곡을 지도해달라고 간청했으며, 에두아르트 슈토이어만Eduard Steuermann에게는 피아노를 가르쳐달라고 부탁했다. 아도르노는 쇤베르크의 12음 기법[63]이 아니라, 무조성atonality 실험의 영향을 받아 작곡했다. 그는 작곡 공부를 하면서도《새벽Anbruch》같은 전위적인 잡지에 글을 틈틈이 기고했다. 아도르노는 프랑크푸르트로 돌아온 1928년에 잡지《새벽》의 편집을 맡았으며, 학업을 다시 시작한 뒤에도 1931년까지 그 일을 계속했다.

아도르노가 빈에서 보낸 3년은 단순히 학업을 중단한 휴식 기간이 아니다. 빈에서 같은 하숙에 머무른 아서 케스틀러Arthur Koestler는 아도르노를 "수줍으면서도 고민이 많은 듯 난해한 인상을 주지만, 무시할 수 없는 섬세한 매력이 있는 청년"으로 회고했다.[64] 아도르노만큼 열심이지만 그처럼 교양의 세례를 받지 못한 케스틀러에게 아도르노는 고압적이고 뽐내는 듯한 인상도 줬다. 스승 베르크조차 아도르노의 비타협적인 총명함을 당황스러워했다. 이런 평가에 아도르노는 나중에 다음과 같이 인정했다. "내 철학적 무게중심은 때때로 베르크가 변덕이라고 부른 범주에 빠지곤 했다. ……당시 나는 지나치게 진지했기에 성숙한 예술가

---

63 René Leibowitz, "Der Komponist Theodor W. Adorno," in *Zeugnisse: Theodor W. Adorno zum sechzigsten Geburtstag*, ed., Max Horkheimer(Frankfurt, 1963).

64 Arthur Koestler, *Arrow in the Blue*(New York, 1952), p.131.

의 신경증에 젖어 있기도 했다."[65] 빈에서 3년을 보내는 동안 수줍음은 사라졌지만, 심각함과 문화 형식에 까다로운 취향까지 사라지진 않았다. 아도르노는 엄격한 문화 기준을 옹호한 카를 크라우스의 독서회에 자주 참석했고, 빈 아방가르드 집단의 음악 토론에도 참여해서 이런 취향이 더 확고해졌다. 아도르노는 말년까지 문화적 엘리트주의를 버리지 않았다.

빈 생활은 또 다른 면에서 아도르노의 발전에 중요한 의미가 있다. 아도르노는 빈에 다녀온 지 한참 뒤에 쇤베르크 서클은 독일의 슈테판 게오르게 서클처럼 내로라하는 사람들만 참여하는 모임인데, 바로 이런 성격이 끌렸다고 실토했다.[66] 아도르노는 쇤베르크가 재혼한 뒤 이 모임을 멀리하는 바람에 모임이 깨진 점을 가장 아쉬워했다. 모임이 유지됐다면 아도르노는 프랑크푸르트로 돌아오지 않았을지도 모른다. 아도르노는 이런 유대를 호르크하이머와 연구소 젊은 회원들에게서 느꼈을 것이다.

아도르노와 호르크하이머는 1922년 코르넬리우스가 지도하는 에드문트 후설Edmund Husserl에 관한 세미나에 참가하면서 알게 됐다. 그들은 게슈탈트심리학자 겔프 밑에서 공부하기도 했다. 아도르노는 1924년 후설의 현상학에 관한 박사 논문을 코르넬리우스에게 제출했다.[67] 그가 빈에서 돌아왔을 때, 코르넬리우스는 은퇴하고 철학과 교수직이 막스 셸러를 거쳐 파울 틸리히Paul Tillich[68]에게 넘어갔다. 틸리히는 호르크하이머, 뢰벤탈, 폴록과 가까운 친구였다. 그들은 모두 카를 만하임, 쿠르트

65 Adorno, *Alban Berg*, p.37.

66 *Ibid*.

67 Adorno, *Die Transzendenz des Dinglichen und Noematischen in Husserls Phänomenologie* (Frankfurt, 1924).

68 연구소와 틸리히의 관계, 틸리히의 신학과 비판 이론의 상호작용에 대해서는 호르크하이머와 아도르노의 다음 책을 보라. *Werk und Wirken Paul Tillichs: Ein Gedenkbuch*(Stuttgart, 1967).

리츨러Kurt Riezler, 아돌프 뢰베, 카를 멘니케Karl Mennicke 등이 참가하는 토론회 회원이었다. 이 모임의 이름은 **Kränzchen**인데, 독일어로 '작은 화환'과 '비공식적인 모임'이라는 뜻이 있는 고어다. 이 모임은 대다수 회원이 미국으로 망명한 뒤에도 뉴욕에서 몇 년 동안 계속됐다. 아도르노가 프랑크푸르트로 돌아오자, 모임은 그를 기꺼이 맞아들였다. 아도르노는 틸리히의 도움을 받아 **교수자격 청구논문**[69]으로 쇠렌 키르케고르Søren Kierkegaard의 미학에 대한 논문을 써서 1931년에 **사강사**가 됐다.

이 시기 연구소에는 중요한 변화가 일어났다. 1927년 소련에 다녀온 뒤 건강이 나빠지기 시작한 그륀베르크는 69세가 되던 1929년에 연구소 지도자에서 물러날 결심을 했다. 그는 1940년까지 살았지만, 물러난 뒤로 연구소 관련 일을 맡지 않았다. 연구소 정강에 따르면 소장직을 수행하려면 대학교수 자격이 있어야 했다. 연구소 창립 멤버 세 명은 그사이 대학교수 자격을 얻을 나이가 됐다. 그륀베르크가 부임하기 전과 병중일 때 임시 연구소장을 맡은 폴록은 연구소 행정 업무에 충실했다. 바일은 앞에서 언급했듯이 **사강사**가 되거나 교수로 **임용되기**berufen 위해 교수자격을 얻는 과정을 밟지 않고 **학교 밖 학자**Privatgelehrter로 머물렀다.[70] 그는 연구소의 재정적인 문제를 처리하고 《그륀베르크 아카이브》[71]에 기고했지만, 다른 데 관심이 있었다. 바일은 1929년 연구소를 떠나 베를린으로 가서 좌파 계열 말리크출판사Malik Verlag와 순수 학문적인 사회학 출판사를 경영했으며, 급진적인 피스카토르 극단의 일을 돕기도 했다. 1930년에는 아르헨티나로 건너갔다. 1927년 아버지가 사망하자 장남인 바일이 기업을 맡아야 했기 때문이다. 바일은 1923년 이후 연구소의

---

69 Adorno, *Kierkegaard: Konstruktion des Aesthetischen*(Tübingen, 1933, rev., ed., Frankfurt, 1966).

70 52쪽 각주* 참조.

71 F. Weil, "Rosa Luxemburg über die Russische Rovolution," *Grünbergs Archiv* XIII(1928) and "Die Arbeiterbewegung in Argentinien," *ibid.*, XI(1925).

생산적인 업무에서 물러났으며, 점차 이론적 문제보다 실무적인 문제를 담당했다. 이후 연구소로 돌아와 재정 문제를 착실하게 해결하기도 했지만, 연구소 지도자 후보에는 오르지 않았다. 바일도 원하지 않았다.

그륀베르크 후임으로 호르크하이머가 선택된 것은 당연했다. 연구소 설립 초기만 해도 호르크하이머는 존재감이 없었지만, 친구 폴록이 그륀베르크 대신 임시 지도자 역할을 하는 동안 두드러지기 시작했다. 1929년에는 틸리히를 비롯해 철학과 교수들의 도움으로 호르크하이머를 위해서 독일 최초로 '사회철학' 교수직이 생겨났다. 바일은 아버지가 최초로 재정 지원을 한 정치학 분야 그륀베르크의 교수직을 사회철학 분야로 바꿔달라고 교육부를 설득했다. 바일은 협상을 통해 경제학 분야에서 다른 교수직도 확보했는데, 이 자리는 킬Kiel을 떠난 호르크하이머의 어린 시절 친구 아돌프 뢰베가 맡았다. 호르크하이머가 니콜로 마키아벨리Niccoló Machiavelli, 토머스 홉스Thomas Hobbes, 잠바티스타 비코Giambattista Vico와 자본주의 초기 역사철학자를 연구한《부르주아 역사철학의 기원Die Anfänge der bürgerlichen Geschichtsphilosophie》[72]은 그가 새로운 직위를 얻는 데 도움이 되는 학문적 업적으로 평가된다. 호르크하이머는 서른다섯 살이던 1930년 7월에 사회연구소 소장으로 취임했다. 더불어 연구소는 가장 많은 연구 업적을 내는 시기로 접어들었다. 이 시기에 연구소가 거둔 업적은 이후 미국으로 망명하고 문화적 방향 상실기를 거쳐야 했음을 고려할 때 놀라운 것이다.

1931년 1월 호르크하이머가 공식적으로 새로운 지도자에 취임했다. 기념식에서 그는 '사회철학의 현 상황과 사회연구소의 과제'[73]에 대해 강연했다. 이 강연에서 호르크하이머의 연구 방향이 연구소의 이전 연

---

72 Horkheimer, *Die Anfänge der bürgerlichen Geschichtsphilosophie*(Stuttgart 1930).

73 "Die gegenwärtige Lage der Sozialphilosophie und die Aufgaben eines Instituts für Sozialforschung," *Frankfurter Universitätsreden* XXVIII(Frankfurt, 1931).

구 방향과 다르다는 것이 분명하게 드러났다. 호르크하이머는 자신을 선량한 마르크스주의자라고 부르는 대신 사회철학의 현 상황을 명료하게 밝히기 위해 사회철학의 역사를 설명했다. 강연은 독일 관념론의 주된 특징인 개인에 근거한 사회 이론의 기초 수립이라는 문제에서 출발한다. 호르크하이머는 국가를 위해 개체를 희생시킨 헤겔 철학부터 아르투어 쇼펜하우어Arthur Schopenhauer가 표현한 객관적 총체성에 대한 믿음의 붕괴에 이르는 과정을 추적했다. 그다음에는 마르부르크학파의 신칸트주의자 같은 최신 사회 이론가와 오트마르 슈판Othmar Spann 같은 사회 총체론 옹호자를 다뤘다. 호르크하이머에 따르면 이들은 모두 고전적 종합 이론의 붕괴에 의한 상실감을 극복하려고 시도한다. 그는 셸러와 카를 하르트만Karl Hartmann, 마르틴 하이데거Martin Heidegger도 의미를 만족시키는 일체의 안정감으로 복귀하려는 갈망을 공유한다고 덧붙였다. 호르크하이머는 사회철학이 움직일 수 없는 진리를 탐구하는 동떨어진 **학문**Wissenschaft이어선 안 된다고 생각했다. 자연철학이 자연과학과 변증법적인 관계를 맺는 것처럼 사회철학도 경험적 연구에 따라 풍부해지는 유물론적 이론이라 이해했다. 호르크하이머는 연구소가 학문 간의 종합이라는 목표를 벗어나지 않는 한도에서 다방면으로 연구를 넓혀갈 것임을 분명히 했다. 이 목표에 도달하기 위해 호르크하이머는 '소장의 절대권'이라고 부를 수 있는 그륀베르크의 역할을 그대로 이어받았다.

호르크하이머는 앞으로 이끌어갈 첫 번째 연구 계획의 개요를 알리면서 강연을 끝맺는다. 향후 연구소는 독일을 비롯해 산업화한 유럽에서 여러 가지 문제에 대한 노동자와 피고용자의 태도를 조사할 것이다. 연구소는 공개된 사회통계뿐만 아니라 설문지를 사용하고, 이 자료는 사회학적·심리학적·경제학적으로 해석될 것이다. 호르크하이머는 연구에 필요한 자료 수집에 협조하겠다는 국제노동기구International Labor

Organization, ILO 알베르 토마Albert Thomas 사무총장의 제의를 받아들였으며, 제네바에 연구소 분실을 설치하겠다고 알렸다. 제네바 분실은 이후 독일 외부 여러 곳에 설치된 첫 번째 분실이다. 토마 사무총장의 제의를 받아들이기로 한 결정에는 자료 수집에 대한 열정 외에 당시 험악해지는 독일의 정치적인 상황 때문에 장차 망명이 필요할지도 모른다는 판단이 숨어 있었다. 폴록이 제네바에 영구 분실을 설치하는 임무를 맡아, 조수 쿠르트 만델바움Kurt Mandelbaum을 데리고 떠났다. 1931년 분실이 안정적으로 설립되자, 연구소 기금 가운데 상당 부분을 중립국인 네덜란드의 한 회사로 조용히 옮겼다.

호르크하이머가 소장에 취임하고 나서 다른 변화도 뒤따랐다.《그륀베르크 아카이브》를 이끌던 이념의 힘이 쇠약해짐에 따라《그륀베르크 아카이브》는 1910년에 출발한 이래 25년간 15권을 출간한 뒤 발행을 중단했다.《그륀베르크 아카이브》는 연구소 내부와 외부에서 다양한 관점으로 쓴 글이 발표되는 매체였으며, 오스트리아 공산주의 세계에 대한 그륀베르크의 발판 구실도 했다. 이제 연구소의 글을 전적으로 발표하는 잡지가 필요했다. 호르크하이머는 소장 자리에 있는 동안 많은 아포리즘을 썼는데, 이를 통해 우리는 그가 장황하지 않은 것을 좋아함을 엿볼 수 있다. 그는 당시 독일 학계에서 유행한 두꺼운 책을 싫어했다. 연구소의 출판 시리즈 세 번째 책으로 1931년 비트포겔의《중국의 경제와 사회》[74]가 출판되기는 했지만, 연구소가 강조하는 점은 두꺼운 책에서 에세이로 이동했다. 이후 연구소의 연구 결과는 대부분 짧은 논문 형식으로《사회연구》지에 실었다. 단행본처럼 긴 에세이도 있었지만, 글을 발표하기 전에 연구소 회원들이 철저하게 비판·평가했으므로 발표한 에

---

74 K. A. Wittfogel, *Wirtschaft und Gesellschaft Chinas*(Leipzig, 1931). 비트포겔의 저작에 대한 최근의 평가는 다음 문헌을 보라. Irving Fetscher, "Asien im Lichte des Marxismus: Zu Karl Wittfogels Forschungen über die orientalischen Despotie," *Merkur*, XX, 3(March, 1966).

세이는 개인적인 연구일 뿐만 아니라 연구소의 작품이기도 했다.《사회연구》지에는 연구소 회원이 아닌 사람도 가끔 기고했지만, 뢰벤탈에 따르면《사회연구》지는 "여러 가지 관점으로 토론하는 곳이라기보다 연구소의 주장을 발표하는 연단이었다".[75] 편집에 경험이 많은 뢰벤탈이 편집장으로서 제작 책임을 졌지만, 최종 결정권은 호르크하이머에게 있었다. 한 예를 들면, 뢰벤탈에게 처음 주어진 임무는 독일 사회학계의 원로인 레오폴트 폰 비제를 찾아가서《사회연구》지는 그가 내는《쾰른 사회학 계간지Kölner Vierteljahrshefte für Soziologie》와 경쟁하지 않을 것이라고 양해를 구하는 일이었다.

호르크하이머는《사회연구》지 1권 머리말[76]에서 비제나 종래의 독일 학자들이 연구하는 사회학과《사회연구》지는 다를 거라고 설명했다. 호르크하이머도 게를라흐와 그륀베르크를 따라 학문 간의 관계, 학문 전반에 관한 탐구가 연구소의 연구 목표라고 했다. 그는 개인과 사회의 간극을 메우기 위해 사회심리학의 역할이 필요함을 강조했다. 호르크하이머는 머리말에 이어지는 첫 번째 글〈과학과 위기에 관해서Bemerkungen über Wissenschaft und Krise〉[77]에서 지식을 만드는 사회 조건과 지식이 분열된 현 상황의 관계를 설명했다. 호르크하이머는 지구상의 경제구조는 독점적이든 무정부적이든 지식의 혼돈된 상태를 이끈다고 주장했다. 오늘날 과학의 위기는 과학 지식을 순수한 의식이라 간주하고 물신적인 방식으로 정당화하는 것을 극복함으로써, 모든 사상을 조건 짓는 역사적 상황을 인식함으로써 극복될 것이라고 주장했다. 과학의 사회적 역할을 무시해선 안 된다는 것이다. 그는 현재 위기 상황에서 과학이 수행하는 실질적 기능을 제대로 알면 과학의 변화가 불가피함을 인식할 수밖에 없

75 1968년 8월 뢰벤탈과 진행한 인터뷰.

76 Horkheimer, "Vorwort," *ZfS* I. 1/2(1932).

77 Horkheimer, "Bemerkungen über Wissenschaft und Krise," *ZfS* I. 1/2(1932).

을 거라고 생각했다.

《사회연구》지 1권에 실린 글들은《사회연구》지의 다양성을 반영한다. 그로스만은 마르크스와 자본주의 붕괴에 대한 글을 다시 썼다.[78] 폴록은 자본주의에서 계획경제의 가능성과 불황에 대한 글을 실었다.[79] 뢰벤탈은 문학사회학의 과제를 논했으며, 아도르노도 음악에 관한 글 두 편을 실었다.[80] 1권에 실린 나머지 논문 두 편은 사회 연구의 심리학적 차원을 다뤘다. 하나는 호르크하이머의 〈역사와 심리학Geschichte und Psychologie〉[81]이고, 다른 하나는 연구소의 새로운 회원 에리히 프롬[82]이 쓴 논문이다. (연구소 내 정신분석적인 활동이나 헤겔파 마르크스주의에 대해서는 3장에 충분히 다룰 것이다.) 연구소는 1930년대 초반에 정신분석학자 세 명을 맞아들였는데, 프롬은 1918년부터 친구로 지낸 뢰벤탈이 소개했다. 다른 두 사람은 카를 란다우어Karl Landauer와 하인리히 멩Heinrich Meng이다. 란다우어는 연구소와 협력 관계에 있던 프랑크푸르트정신분석연구소Frankfurt Psychoanalytic Institut의 기관장이다. 란다우어는《사회연구》지 서평 부문에 국한해 연구소와 관련을 맺었다. (그 외에 1권이 발간될 때 평론진으로 알렉상드르 코이레Alexandre Koyré, 쿠르트 레빈Kurt Lewin, 카를 코르시, 빌헬름 라이히Wilhelm Reich 등이 있다.) 멩은 사회심리학보다 정신위생학에 깊은 관심이 있었지만, 세미나 조직과 연구소가 관심 있는 주제에 대한 서평에 도움을 줬다.

---

78 Grossman, "Die Wert-Preis-Transformation bei Marx und das Krisisproblem," *ZfS* I, 1/2(1932).

79 Pollock, "Die gegenwärtige Lage des Kapitalismus und die Aussichten einer Planwirtschaftlichen Neuordnung," *ZfS* I, 1/2(1932).

80 Leo Lowenthal, "Zur gesellschaftlichen Lage der Literatur," and Adorno, "Zur gesellschaftilichen Lage der Musik," *ZfS* I, 1/2(1932).

81 Horkherimer, "Geschichte und Psychologie," *ZfS* I, 1/2(1932).

82 Erich Fromm, "Über Methode und Aufgabe einer analytischen Sozialpsychologie," *ZfS* I, 1/2(1932).

연구소에 정신분석학이 도입됨에 따라 그륀베르크 시대가 지나갔음이 분명해졌다. 그륀베르크의 70세 **기념논문집**Festschrift[83]이 1932년에 출판됐는데, 이를 보면 전환이 이뤄졌음이 확실하다. 폴록과 호르크하이머, 비트포겔, 그로스만 등도 글을 실었지만, 그륀베르크가 빈에 머무를 때 친구인 막스 베어Max Beer와 막스 아들러 등의 글이 대부분이었다. 이런 변화는 1932년 말 연구소가 비판 이론의 또 다른 대표자 헤르베르트 마르쿠제를 새 회원으로 영입해서 박차를 가하게 됐다.

마르쿠제는 1898년 베를린의 동화된 유대인 가정에서 태어났다. 전쟁 중에 군 복무를 마쳤고, 베를린에서는 군인평의회를 통해 정치에도 약간 가담했다. 그는 사회민주당에 가입한 지 2년 만인 1919년에 탈당했다. 사회민주당이 프롤레타리아를 배반한 데 염증이 났기 때문이다. 독일혁명이 실패로 돌아가자, 정치에서 손을 떼고 베를린대학교와 프라이부르크대학교에서 철학을 공부했다. 1923년 프라이부르크대학교에서 **예술가 소설**Künstlerroman(예술가가 주인공인 소설)에 대한 논문으로 박사학위를 받았다. 이후 6년 동안 베를린에서 책을 만들고 판매하는 일에 종사했다. 1929년에 프라이부르크대학교로 돌아와 마르쿠제의 사상에 깊은 영향을 미친 후설, 하이데거 밑에서 공부했다. 이 기간에 마르쿠제는 막시밀리안 베크Maximilian Beck의 《철학 노트Philosophische Hefte》와 루돌프 힐퍼딩의 《사회Die Gesellschaft》 등에 많은 논문을 발표했다. 1932년에 마르쿠제의 첫 책 《헤겔의 존재론과 역사성 이론의 기초Hegels Ontologie und die Grundlegung einer Theorie der Geschichtlichkeit》[84]가 발표됐다. 이 책은 그가 **교수자격 청구논문**으로 준비한 것으로, 스승 하이데거의 영향이 잘 나타난다. 그러나 하이데거가 마르쿠제를 지도 조교로 받아들이자, 이들의 관

83 *Festschrift für Carl Grünberg: Zum 70. Geburtstag*(Leipzig, 1932).

84 Herbert Marcuse, *Hegels Ontologie und die Grundlegung einer Theorie der Geschichtlichkeit* (Frankfurt, 1932).

계는 깨지고 말았다. 마르크스주의를 지향하는 학생과 점차 보수적인 방향으로 선회하는 스승 사이에서 파생되는 정치적 견해 차이 때문이었음은 명백하다. 마르쿠제는 그해 취직할 곳도 마련하지 않은 채 프라이부르크를 떠났다. 전에 후설한테 마르쿠제를 도와주라는 부탁을 받은 적이 있는 프랑크푸르트대학교 재단이사 쿠르트 리츨러가 그를 호르크하이머에게 추천했다.

《사회연구》지 2권을 내면서 아도르노가 《헤겔의 존재론과 역사성 이론의 기초》를 평했는데, 아도르노는 이 책에서 마르쿠제가 하이데거에게서 벗어나고 있음을 발견했다. 아도르노는 마르쿠제가 "'존재의 의미'에서 벗어나 **세계-내-존재**Seienden로 폭을 넓혔으며, 근본적인 존재론에서 역사철학으로, **역사성**Geschichtlichkeit에서 역사로"[85] 나아갔다고 표현했다. 아도르노는 마르쿠제가 하이데거에게서 벗어나는 또 다른 이유가 밝혀져야겠지만, 그가 철학에 접근하는 방법은 연구소가 접근하는 방법과 결합될 수 있으리라 생각했다. 호르크하이머도 이에 동의했고, 마르쿠제는 1933년에 마르크스주의를 기계론적이 아니라 변증법적으로 이해하려는 연구소에 가담했다. 그는 곧 제네바 분실로 발령받았다.

1933년 1월 30일 나치가 권력을 쥠에 따라 마르크스 계열임을 공언한, 게다가 나치 기준에서 보면 거의 유대인 혈통으로 구성된 연구소의 미래는 암담할 뿐이었다. 호르크하이머는 1932년에 대부분 제네바에서 지냈으며, 그곳에서 디프테리아를 앓았다. 아돌프 히틀러Adolf Hitler가 집권하기 직전에 프랑크푸르트로 돌아온 호르크하이머는 아내와 함께 크론베르크Kronberg 교외에 있는 집을 나와서 프랑크푸르트 기차역 부근의 호텔로 숙소를 옮겼다. 호르크하이머는 겨울 학기 마지막 달인 2월 중 독일에서 날이 갈수록 의문시되는 자유의 문제에 대해 이야기하려던 논리

85 Adorno, review of *Hegels Ontologie*, *ZfS* I, 3(1932), p.410.

학 강의를 연기했다. 3월에는 국경을 넘어 스위스로 빠져나갔다. 연구소가 '국가에 반대하는 경향'이 있다는 이유로 폐쇄된 때다. 당시 빅토리아 거리에 있는 연구소 도서관의 장서 6만여 권도 정부에 대부분 압류됐다. 연구소의 재정 자원은 2년 전에 옮겨서 다행히 몰수되지 않았다. 호르크하이머는 4월 13일에 영광스럽게도 프랑크푸르트대학교가 첫 번째로 파면한 교수 명단에 이름을 올렸다. 파울 틸리히, 카를 만하임, 후고 진츠하이머Hugo Sinzheimer도 함께 파면됐다.[86]

그즈음 비트포겔을 제외한 연구소의 공식 스태프가 모두 프랑크푸르트를 빠져나갔다. 그는 스위스에서 독일로 돌아왔다가 정치 활동을 했다는 이유로 수용소에 갇혔다. 비트포겔의 두 번째 아내 올가 랑(본명 올가 조페Olga Joffé)은 나중에 연구소의 조수로 활동한 중국 전문가다. 랑은 영국에 있는 남편의 친구 리처드 토니Richard Henry Tawney와 독일에 있는 카를 하우스호퍼Karl Haushofer 등과 같이 남편을 구해내려고 노력했다. 1933년 11월에 비트포겔이 풀려났으며, 영국 이민이 허락됐다. 그는 곧바로 미국에 가서 연구소에 합류했다. 비트포겔처럼 정치적인 문제에 연루되지 않은 아도르노는 그 후 4년간 머튼대학과 옥스퍼드대학교에서 공부하기 위해 영국에서 지냈지만, 독일에 거처가 그대로 있었다. 그로스만은 3년 동안 파리에 있었으며, 1937년에는 영국으로 건너가 불우한 피신 생활을 하다가 마침내 미국으로 갔다. 뢰벤탈은 연구소가 폐쇄되기까지 남아 있었으나, 3월 2일에 마르쿠제와 호르크하이머를 비롯한 다른 회원을 따라 제네바로 건너갔다. 폴록은 나치가 권력을 잡자 바로 빠져나갔지만, 유럽과 아메리카 대륙으로 20년 가까이 망명하리라고는 짐작도 못 했다고 한다.

1933년 2월 제네바 분실에 회원 21명이 모여 연구소의 행정적인 기

86 독일 대학에서 추출된 교수 명단은 다음 책을 보라. Donald Flaming and Bernard Bailyn, ed., *The Intellectual Migration: Europe and America, 1930-1960*(Cambridge, Mass., 1969), p.234.

관으로서 위원회를 구성했다.[87] 당시 유럽의 성격을 감안해 국제사회연구회Société Internationale de Recherches Sociales라고 이름 붙였으며, 호르크하이머와 폴록이 공동 '회장'으로 선출됐다. 이후 그들의 후계자로는 뢰벤탈, 프롬, 안드리에스 슈테른하임Andries Sternheim이 선출됐다.[88] 파리와 런던에 있던 동료들이 연구소를 돕겠다고 제안해서 1933년에는 유럽의 각 도시에 연구소 분실이 설립되기에 이르렀다. 이제 연구소는 '프랑크푸르트학파'에 머물지 않았다. 에밀 뒤르켐Émile Durkheim의 제자 셀레스탱 부글레Celestin Bouglé는 1920년 이후 파리고등사범학교 자료실의 책임자였는데, 호르크하이머에게 울름 거리Rue d'Ulm에 있는 건물에 연구소를 위한 자리를 비워주겠다고 제의했다. 부글레는 급진적인 사회당 추종자고 정치적으로 프루동주의자였기에 마르크스주의적 연구소에 호의적이지 않았지만, 연구소가 처한 곤경을 보고 정치적인 면을 깨끗이 잊고 돕겠다고 제의한 것이다. 스트라스부르대학교의 유명한 뒤르켐주의 사회학자 모리스 알박스Maurice Halbwachs와 헤이그국제사법회의에 프랑스 대표로 참가했고, 파리대학교에서 법학을 강의한 법학자 조르주 셀르Georges Scelle도 연구소를 돕는 활동에 참가하겠다고 부글레에 가담했다. 연구소의 활동에 감명을 받은 앙리 베르그송도 돕겠다고 나섰다. 런던에서도 유사한 제의가 잇따랐다. 《사회학 평론Sociological Review》 편집자 알렉산더 파커슨Alexander Farquharson은 르플레하우스Le Play House의 방 몇 개를 제공할 수 있다고 연락했다. 시드니 웨브Sidney Webb와 리처드 토니, 모리스 긴즈버그Morris Ginsberg, 해럴드 래스키Harold Laski가 파쿠하슨의 제

87 Charles Beard, Celestin Bouglé, Alexander Farquharson, Henryk Grossmann, Paul Guggenheim, Maurice Halbwachs, Jean de la Harpe, Max Horkheimer, Karl Landauer, Lewis L. Lorwin, Robert S. Lynd, Robert M. Maciver, Sidney Webb(Lord Passfield), Jean Piaget, Friedrich Pollock(위원회 회장), Raymond de Saussure, Georges Scelle, Ernst Schachtel, Andries Sternheim, R. H. Tawney, and Paul Tillich.

88 1934년 4월 17일 호르크하이머가 뢰벤탈에게 보낸 편지.

의에 목소리를 보태 런던에 작은 사무실이 마련됐으며, 런던 사무실은 1936년 기금 부족으로 문 닫을 때까지 유지됐다.

한편《사회연구》지 제작을 담당하던 라이프치히의 출판업자 히르슈펠트C. L. Hirschfeld가 출판을 계속하는 위험을 감수할 수 없다는 소식을 전했다. 이에 부글레가 파리에 있는 펠릭스알캉출판사Librairie Félix Alcan를 이용하자고 제안했다. 연구소는 펠릭스알캉출판사와 관계를 맺었고, 이 관계는 나치가 권력을 장악해《사회연구》지 출판인을 억압하는 1940년까지 계속됐다.

1933년 9월 파리에서《사회연구》지 1권이 발행됨에 따라 연구소의 초기 독일 시대는 명백하게 막을 내렸다. 연구소가 창립되고 10년 동안 사회 연구를 위해 다양한 분야의 자질을 갖춘 젊은 지식인들이 모였다. 앞서 본 바와 같이 초기 프랑크푸르트 시절은 그륀베르크의 생각에 따라 좌우됐지만, 그의 지도를 받아 연구소의 골격이 갖춰지고 바이마르 공화국의 지적 풍토에 교두보를 마련했다. 연구소는 연구에 집중했다고 해도 폴 배런Paul Baran[89] 같은 재원을 배출했다. 배런은 소련의 경제를 연구하는 폴록의 두 번째 책 프로젝트에서 활약했다. 한스 거스Hans Gerth, 글라디스 마이어, 요제프 뒤너Josef Dünner도 이민하기 전에 연구소 학생이었는데, 이들은 뒷날 미국의 사회학에 영향을 미친다.(뒤너는 1937년《내가 당신을 잊는다면If I Forget Thee》이라는 실화 소설을 썼는데, 연구소 인물들이 가명으로 등장한다.)[90] 그 밖에 모든 연구소 회원이 사회주의의 미래에 관한 토의에 활발하게 참여했으며, 덕분에 헨드리크 드 만Hendrik de Man과 파울 틸

---

89 폴 스위지Paul Sweezy에 따르면 "배런의 지식은 프랑크푸르트 연구소와 관계를 맺고 연구소를 통한 경험에 깊은 영향을 받으며 발전했음은 의심할 여지가 없다"["Paul Alexander Baran: A Personal Memoir," *Monthly Review* XVI, 11(March, 1965), p.32]. 배런은 1939년 미국으로 간 뒤에도 연구소 회원들과 친분을 유지했으며, 1964년 샌프란시스코에 있는 뢰벤탈의 집에서 돌연 사망했다.

90 Josef Dünner, *If I Forget Thee*(Washington, D. C., 1937).

리히처럼 빛나는 인물도 끌어들였다. 연구소는 헤르만 바일의 기부금으로 정치적·학술적 부담을 지지 않았고, 1927년 그가 죽은 뒤에도 독립된 위치를 유지할 수 있었다. 독일에서 망명한 다른 학자들이 낯선 나라에서 재정적인 지원 없이 다시 시작하느라 곤혹스러울 때도 연구소는 종전과 마찬가지로 활동할 수 있었다. 1935년에 펠릭스 바일이 뉴욕으로 이전한 연구소에 합류했고, 10만 달러를 더 기부해 연구소는 1930년대에 재정적인 문제를 겪지 않았다.

목표가 같고 공동 운명에 처했다는 느낌이 회원들의 마음속에 있었고, 연구소의 특색이 되었다. 이런 분위기는 호르크하이머가 연구소 지도자가 된 이후 더 강해졌는데, 재정적으로 좋은 조건이 작용해 연구소는 또 다른 가정 같은 느낌이 들었다. 연구소 창립 멤버들은 학자 간 공동체 형성을 목표로 삼았는데, 이 공동체의 유대감으로 형제애가 넘치는 소우주적 미래 사회를 건설할 수 있으리라 기대했다. 앞서 언급했듯이 《사회연구》지는 집합적 정체성을 확고히 했으며, 망명 뒤 해외에서 재결합했다는 점이 이런 감정을 증폭했다. 연구소 내부에는 호르크하이머를 중심으로 폴록, 뢰벤탈, 아도르노, 마르쿠제, 프롬 등으로 구성된 핵심 집단이 형성됐다. 유럽 철학의 중심적인 전통에 뿌리를 내린 이들은 저작을 통해 현대의 경험론적 기술에 열린 태도를 보이고, 당대 사회적 문제에 발언했다. 이들의 업적이 연구소가 이룬 핵심 업적이다.

연구소 핵심 집단의 연대기를 개별적으로 살펴보면, 그들이 모두 중류층이나 중상류층 유대인 혈통에서 태어났다는 공통점을 쉽게 발견할 수 있다(아도르노는 부모 중 한쪽만 유대계다). 이 책에서 바이마르공화국 당시 유대계 급진파에 대해 자세히 논의할 순 없지만, 간단히 짚고 넘어갈 필요는 있을 것이다. 앞서 기술한 바와 같이, 펠릭스 바일과 폴록은 독일에서 반유대주의 연구가 필요하다는 구실로 헤르만 바일에게 연구소를 위한 기금을 얻어냈다. 정작 그 연구는 1940년대에야 시작됐다. '유대인 문제'에 대한 연구소의 입장은 약 한 세기 전의 급진적인 유대인, 즉 카를 마르크스가 취한 입장과 크게 다르지 않다. 연구소도 마르크스처럼 종교나 인종적인 유대인 문제는 사회적인 유대인 문제에 종속된 부차적인 것이라고 봤다. 호르크하이머는《여명》에 쓴 글에서 반유대주의가 경제적인 억압이라는 이유로 반대하는 유대인 자본가를 비난했다. "신앙을 위해 삶과 재산까지 희생할 각오가 됐느냐 여부가 게토의 물질적 기반보다 중요하다. 부르주아 유대인에게 재물의 위계는 유대교적이거나 기독교적인 것이 아니라 자본주의적인 것에 따라 결정된다. ……유대인 혁명은 아리아인과 마찬가지로 인류의 자유를 위해서 자기 자신의 삶을 바쳐야 한다."[91] 사회적 억압에 대한 유대교적인 것을 강조하지 않은 연구소의 태도에 관한 또 다른 증거로 유대인의 곤경을 해결하기 위한 수단으로서 시오니즘에는 냉담했다는 것을 들 수 있다.[92]

연구소 회원은 인종적 뿌리의 중요성을 철저히 부인했으며, 대부분 시간이 지나도 이런 입장을 고수했다. 예를 들어 나와 수많은 편지를 주고받은 바일도 연구소에 유대인이 모였다는 것에 종교적·인종적·문화적으로 어떤 의미를 부여할 수 없으며, 연구소 회원을 선택하거나 연구소의 이념을 발전시키는 과정에서 조금도 영향을 미치지 않았다고 했다. 그는 바이마르공화국에서 유대인은 매우 깊이 동화돼 "유대인에 대한 차별은 '사교 모임의 수준'으로 축소됐다"[93]고 주장하기도 했다. 연구소가 '유대인 문제'를 논의하지 않은 것도 이 때문이라는 얘기다. 독일 외무부 장관 발터 라테나우Walter Rathenau가 인종적인 문제로 암살되고 1년 뒤에 연구소가 창립한 점을 고려할 때, 연구소와 관계를 맺은 '동화된' 유

---

91 Horkheimer(Regius), *Dämmerung*, p.80.

92 호르크하이머는 전쟁이 끝나고 시오니즘이 유럽의 유대인을 위한 유일한 해결책이라고 침울한 결론을 내렸다.

93 1969년 6월 1일 바일이 내게 보낸 편지.

대인에게 이 사건은 영향을 미치지 않은 것으로 나타난다. 비유대인 회원 중 한 명인 비트포겔은 이런 일반적 무관심을 확인하게 해준다. 비트포겔은 자신이 동화된 유대인도 위치가 불안하다는 것을 알아챈 몇 안 되는 경우에 속한다고 주장했다.[94] 지금 우리 시선으로 볼 때 연구소 회원이 유대인 문제를 완강히 거부하고, 유대인 정체성이 아무 역할을 하지 않았다고 여전히 부정하는 태도는 놀라울 뿐이다. 한편 앞서 언급한 바와 같이 독일에 동화된 유대인은 나치가 제시하는 반유대주의를 독일 사회가 쉽사리 받아들이는 것을 보고 경악했다. 반유대주의에 대한 자기기만적 인식은 전쟁이 일어날 때까지 계속되기도 했다. 프란츠 노이만과 같이 완고하고 현실적인 사람조차 "독일인은 이 세상에서 반유대주의와 가장 거리가 멀다"[95]고 말했을 정도다. 연구소 회원도 노이만의 이런 평가에 대부분 찬성한 것으로 보인다.

그들이 유대인 혈통이라는 배경이 영향을 미치지 않았다고 완강하게 부정하기에, 그 배경의 역할은 간접적인 방법으로 찾아볼 수밖에 없다. 신앙으로서 유대교가 그들에게 미친 영향은 무시해도 괜찮다고 볼 수 있을 것이다. 레오 뢰벤탈과 에리히 프롬은 예외인데, 이들은 프랑크푸르트 학사Frankfurt Lehrhaus(학사는 유대인의 성인 교육기관이다—옮긴이) 설립을 도모하는 집단에서 활동했다. 뢰벤탈은 1921년 랍비 노벨의 50세 **기념논문집**에 종교의 마력에 대한 글을 기고하기도 했다.[96] 그는 종교에 관심을 떨쳐버린 1930년까지 《프랑크푸르트 이스라엘 회지Frankfurter Israelitisches Gemeindeblatt》 같은 지면에 유사한 글을 발표했다. 누군가는 뢰벤탈이 연구소를 통해 발표한 저작에서 유대주의에 대한 그의 관심이

94 1971년 6월 21일 뉴욕에서 비트포겔과 나눈 대화.

95 Franz Neumann, *Behemoth: The Structure and Practice of National Socialism, 1933-1944*(New York, rev., ed., 1944), p.121.

96 L. Lowenthal, "Das Dämonische," in *Gabe Herrn Rabbiner Dr. Nobel zum fünfzigsten Geburtstag* (Frankfurt, 1921).

남긴 흔적을 찾기 위해 끊임없이 노력하고 있을 것이다. 프롬은 20대 중반 정통 유대교를 떠났지만, 그의 저작은 세속화된 유대교적 요소를 포함하고 있다.[97] 프롬의 연구는 프랑크푸르트 학사의 또 다른 회원 마르틴 부버와 자주 비교된다. 이들의 유사성은 3장에서 자세히 다룰 것이다. 유대교의 신학적 논점에 진지한 관심을 보인 사람은 뢰벤탈과 프롬뿐이었다. 이후 발터 베냐민이 《사회연구》지에 이 주제에 관한 글을 쓰기도 했지만, 이외 다른 사람들에게 유대교는 상관없는 대상이었다.

유대교의 지적인 내용이 연구소 회원의 사고에 영향을 미치지 않은 까닭에는 폭넓은 사회학적이고 문화적인 설명이 필요할 것이다. 최근 베를린에서 발행되는 저명한 잡지 《세계 무대Die Weltbühne》에 유대계 좌파 지식인을 다룬 글을 투고한 이스트반 데아크István Deák는 프랑크푸르트학파를 연구할 때 제기될 수밖에 없는 이 질문과 유사한 질문을 제기한다. 《세계 무대》 서클은 연구소 서클보다 회원이 훨씬 많았는데, 바이마르공화국 좌파 모임인 《세계 무대》 서클에 유대인이 높은 비율을 차지함은 결코 우연이 아니라는 것이다. "그들은 사업, 예술, 과학 같은 분야에서 경력을 쌓는다고 유대인의 문제에 도움이 되지 않으며, 독일 내 반유대주의가 종식되기 위해서는 바이마르공화국이 근본적으로 개혁돼야 한다는 것을 인식했다."[98] 프랑크푸르트학파 회원은 이런 해석에 동의하지 않는다. 폴록은 내게 보낸 편지에 다음과 같이 썼다. "우리는 히틀러가 집권하기 바로 전해만 해도 우리의 종적 혈통 때문에 위험에 처하리라 생각지 않았습니다. 기독교 세례를 받지 않으면 특정 직업이나 공직으로 진출이 제한됐지만, 우리에게 큰 문제가 되지 않았습니다. 바

97 예를 들어 다음 책을 보라. Edgar Friedenberg, "Neo-Freudianism and Erich Fromm," *Commentary* XXXIV, 4(October, 1962). Maurice S. Friedman, *Martin Buber, the Life of Dialogue*(New York, 1960), pp.184~185.

98 István Deák, *Weimar Germany's Left-Wing Intellectuals*(Berkeley and Los Angeles, 1968), p.29.

이마르공화국 시대에는 이런 제한 규정이 많이 제거되기도 했습니다."[99] 그들의 급진주의적 경향은 인종적인 억압에서 벗어날 해결책으로 사회주의를 선택했다고 해석할 수 없다.

자신은 완전히 동화됐으며 바이마르공화국에는 차별이 없었다고 주장하지만, 그들이 과장한다는 느낌을 떨치기 어렵다. 바이마르공화국 시대에 반유대주의가 철폐되는 상황이었다는 주장을 확신할 수 없으며, 연구소 회원들은 제1차세계대전 이전의 전혀 다른 독일에서 자랐음을 잊어선 안 된다. 세계대전 이전 빌헬름 2세Wilhelm Ⅱ 치하 독일에서는 가장 잘 동화된 사람이라도 이민족 속에 어느 정도 소외감이 들 수밖에 없었으며, 이런 분위기에서 자라난 사람에게는 그 흔적이 남게 마련이다. 자신의 혈통을 잊어버리고자 하는 사람들이 어떤 역할을 하고자 몰두해도 대개 쓰디쓴 결과를 맛봤다. 이런 경험은 사회에 급진적인 비판이 등장하는 자양분이었다. 연구소 프로그램이 회원의 인종적인 바탕이나 그 때문에 진행됐다는 것이 아니라, 인종적인 배경을 완전히 무시하면 한 가지 중요한 요인을 간과한다는 뜻이다.

간단히 덧붙이면 미국에서 연구소 회원은 유대인 문제에 더 민감해졌다. 예를 들어 폴록은 아도르노에게 이름에서 비젠그룬트를 떼버리면 좋겠다고 제안했다. 그 이유는 연구소 회원 명부에 유대인 계통 이름이 너무나 많기 때문이라고 했다.[100] 연구소에서 몇 안 되는 비유대인 중 한 사람인 파울 마싱은 자신이 유대인이 아님은 크게 중요하지 않았지만, 연구소 동료들과 잘 어울리지 못한 요인이었다고 술회한다.[101] 연구소

---

99 1970년 3월 24일 폴록이 내게 보낸 편지.

100 1969년 3월 폴록과 진행한 인터뷰. 아도르노는 이후 연구소의 반유대주의 연구 계획에 대해 언급하면서 이름을 바꾼 이유를 간접적으로 변명했다(1944년 11월 3일, 폴 라자스펠드가 소유한 메모). "유대인은 자랑스럽게 그 이름을 밝혀야 한다는 이야기는 유대인을 노출해서 쉽게 확인하고 박해하려는 욕망을 얄팍하게 합리화한 것에 불과하다."

101 1970년 11월 25일 뉴욕에서 마싱과 진행한 인터뷰.

회원들은 역설적으로 나치 집권 이전의 독일보다 미국에서 동화가 더 어렵다고 느꼈다.

그들의 혈통이 미친 결과에 대한 사회학적인 설명 외에도 문화적인 설명이 있다. 위르겐 하버마스는 최근 유대 계통의 문화적 전통과 독일 관념론에 흐르는 전통에는 결정적인 유사성이 있으며, 그 유사성의 근원이 프로테스탄트 경건파라고 주장했다.[102] 형상보다 언어적 표현이 신에 도달하는 유일한 방법이라는 유대교의 신비주의적 사고가 비판 이론과 유대교의 중요한 유사성이라는 것이다. 하버마스는 신성한 히브리어와 디아스포라가 사용하는 세속 언어의 격차가 현 세계를 인정하지 않으려는 유대인에게 영향을 미쳤다고 해석한다. 그는 이런 사고가 헤겔의 변증법에서 최고봉에 달하는 관념론이 경험적인 실재를 비판하는 것과 유사하다고 주장한다. 우리가 프랑크푸르트학파에게 영향을 준 유대인 선조부터 비판 이론의 변증법적 이론으로 이어지는 선을 분명히 그려낼 수 없다 해도, 비판 이론과 유대교 사이에는 연관성이 있다고 볼 수밖에 없다. 비판 이론은 정신분석을 수용했는데, 이는 동화된 유대 지식인과 잘 어울린다. 그렇다고 나치가 주장했듯이 프로이트 이론이 '유대인의 심리학'이라는 뜻이 아니라, 둘 사이의 파생 관계를 추측할 수 있다는 말이다.

반드시 언급해야 할 다른 중요한 점이 있다. 독일 내 유대인 사회에서도 유대교의 내용과 유대인의 장래에 대해 부자간에 격렬한 논쟁이 잦았다. 이 논쟁은 종종 묘한 결말을 낳았다. 한나 아렌트Hannah Arendt는 아버지와 심한 논쟁을 벌인 것으로 알려진 베냐민에 관한 글에서 다음과 같이 썼다. "이런 논쟁은 대개 아들이 고유한 특징적인 것을 추구하거나, 부유한 가정 출신 공산주의자가 되거나, 인류의 안녕을 위해 헌신하

---

102 Jürgen Habermas, "Der deutsche Idealismus der jüdischen Philosophen," *Philosophisch-politische Profile*(Frankfurt, 1971).

는 등 단순히 돈을 버는 것보다 수준 높은 것을 열망하면 아버지가 이런 행위는 돈을 버는 이상으로 가치가 있다고 인정하는 것으로 결말났다."[103] 베냐민은 아렌트가 말한 일반적인 결론에서 벗어난 사례다. 다른 집과 달리 베냐민의 아버지는 아들을 지원하지 않았다. 반면 아르헨티나에서 곡물상으로 성공한 헤르만 바일은 혁명보다 돈벌이에 흥미가 있었지만, 아들의 급진적인 활동에 상당한 돈을 지원했다. 호르크하이머는 아버지가 경영하는 공장을 이어받지 않겠다고 결정해서 갈등이 생겼지만, 그리 오래가지 않았다.[104] 정작 심각한 마찰은 호르크하이머가 여덟 살 연상에 유대인도 아닌 아버지의 비서와 사랑에 빠졌을 때 일어났다. 호르크하이머는 대학에서 강의를 시작한 1926년 3월에 그녀와 결혼했다. 폴록에 따르면 "호르크하이머와 아버지의 마찰은 일시적인 것이었다. ……몇 년 뒤 그들은 완전히 화해했고, 호르크하이머의 아버지는 며느리를 진심으로 받아들였다."[105] 호르크하이머의 부모는 아들이 혁명 활동에 참가하는 것보다 비유대인과 결혼하는 것을 용납하기가 힘들었다.

비판 이론에 강하게 흐르는 윤리적인 분위기는 그들이 유대인 가정과 긴밀하게 결부된 가치를 받아들였기 때문에 만들어졌다는 주장도 있다. 어떤 경우든 연구소 회원이 부모에 대한 개인적인 반항으로 부모 세

---

103 Hannah Arendt, Introduction to *Illuminations* by Walter Benjamin, trans., Harry Zohn(New York, 1968), p.29.

104 호르크하이머, 폴록과 슈투트가르트에서 어릴 때부터 친구였던 아돌프 뢰베는 다음과 같이 전한다(1971년 12월 28일 뉴욕에서 뢰베와 나눈 대화). "호르크하이머와 폴록은 영국에서 부모에게 최후통첩을 보냈다. 자신들이 독일에서 원하는 공부를 하도록 허락해주지 않으면 영국으로 망명하겠다는 내용이었다. 부모들은 별 반대 없이 허락한 것으로 보인다."

105 1970년 7월 16일 폴록이 내게 보낸 편지. 아도르노의 부인 그레텔처럼 지식인이라 할 수는 없지만 호르크하이머의 부인은 1969년 사망하기 전까지 변함없이 호르크하이머에게 힘이 되어주는 인물이었다. 나는 1969년 3월 호르크하이머와 호르크하이머 부인을 그들의 43번째이자 마지막 결혼기념일이었을 때 만났는데 그들이 서로에게 보여주는 따뜻함과 애정은 매우 깊은 인상을 남겼다.

대의 상업적 심성을 거부했다고 추정할 수는 없다. 독일에서 탈출하기 전의 연구물에서는 프롤레타리아와 그들의 열성적인 연대가 나타나지만, 연구소 회원은 결코 노동계급의 생활 방식에서 영향을 받았다고 할 수 없다.

연구소 회원들의 혁명적인 감정이 뚜렷이 드러난 것은 '하인리히 레기우스'라는 이름이다. 호르크하이머는 망명 첫해 취리히에서 출판한 아포리즘 모음집 표지에 사용하려고 17세기 자연철학자의 이름을 빌렸다. 그는 《여명》에 쓴 아포리즘 〈일관성의 우화Eine Fabel der Beständigkeit〉에서 급진적인 신념과 부르주아적인 생활 기준이 결합되는 것을 암암리에 정당화했다. 이 글에서 가난한 시인 두 명의 작품을 높게 평가한 전제군주는 그들에게 상당한 급료를 하사하겠다고 초대한다. 한 시인이 그 돈을 받으면 오점이 남을 것이라며 걱정했다. 다른 시인이 말했다. "당신의 주장은 일관성이 없네요. 오점이 걱정되면 가난하게 살아야죠. 가난한 사람과 하나가 되고 싶다면 그들처럼 살아야 합니다."[106] 첫 번째 시인은 이 주장이 옳다고 생각해서 왕의 돈을 거절하고 굶어 죽었다. 그가 죽자마자 다른 시인은 궁정시인이 됐다. 호르크하이머는 다음과 같이 경고하면서 '동화'를 끝맺는다. "두 명 모두 일관성 있었고, 두 가지 일관성은 각자의 방식으로 전제정치를 조장했다. 일반적으로 일관성에 대한 도덕률에는 한 가지 중요한 조건이 있다. 일관성이라는 도덕률은 가난한 시인들보다 전제군주의 편을 든다."[107] 연구소 회원들은 자본주의를 신랄하게 비판했지만, **상류 부르주아**의 생활은 포기하지 않았다. 이런 행동은 연구소를 비난하는 사람들이 말하는 엘리트주의와 의미가 약간 다르지만, 그륀베르크의 표현을 빌려 '만다린'이라고 쉽게 비난할 수도 있다. 연구소 회원들이 노동자계급의 모자를 쓰겠다고 결정하지는 않았지만, 마

106 Regius(Horkheimer), *Dämmerung*, p.165.
107 *Ibid*.

르크스 이론의 회생에 기여했음은 분명하다.

연구소 회원이 실제 정치에 직접 관계했다면 비판 이론이 더욱 풍부해졌으리라고 주장할 수도 있다. 루카치의 사례는 특정 정치 분파에 밀착하면 빠지기 쉬운 함정이 있음을 분명히 보여준다. 이탈리아 마르크스주의자 안토니오 그람시Antonio Gramsci는 루카치와 정반대 사례다. 1926년 베니토 무솔리니Benito Mussolini에 의해 투옥되기까지 그람시의 정치 경험은 구체성을 띠는 이론 작업에 분명히 기여했다. 프랑크푸르트학파는 그람시와 같은 경험이 부족하다. 어떤 의미에서 연구소의 망명 활동은 나치에 의해 추방되기 전부터 시작됐다고 말할 수도 있다. 독일혁명이 실패로 돌아가자 연구소 회원들, 최소한 호르크하이머 주변 사람들은 좌파의 모든 계열에서 배제됐다. 사회민주당은 겁을 먹고 보잘것없는 타협안에 굴복하고 말았다는 추궁을 받았다. 사회민주당이 이렇게 노동자계급을 배신한 것이 나중에 프랑크푸르트학파가 '온건한' 해결은 모두 거부하는 경향에 영향을 미쳤다고 말할 수도 있을 것이다. 공산당 역시 배척당했다. 그들은 눈에 띄게 모스크바에 의존했으며, 이론적으로도 무너졌기 때문이다. 쿠르트 힐러Kurt Hiller와 카를 폰 오시에츠키Carl von Ossietzky 같은 좌파 학자들이 두 정당의 차이를 극복하거나 가능한 대안을 마련하려고 했지만, 꿈같은 계획에 불과하다는 게 곧바로 증명돼 거부당했다. 결과적으로 프랑크푸르트학파는 이론을 실현하기 위한 구체적인 노력이 요구되는 실제 참여보다 순수 이론을 선택한 것이다. 이에 따른 장단점은 다음 장에서 살펴볼 것이다.

연구소는 1931년에 기금을 네덜란드로 옮기는 신중한 조처 덕분에 망명 중에도 큰 지장 없이 연구를 계속할 수 있었다. 제네바에서 보낸 첫해는 정체가 아니라 재조정 기간이었다. 노동자와 피고용자의 태도에 대한 프로젝트는 예정보다 축소되지 않았다. 알베르 토마스의 사무국은 노동운동과 관계를 맺고 있던 네덜란드 사회주의자 안드리에스 슈테른하임을 장래가 촉망되는 연구소 회원으로 호르크하이머에게 추천하였다. 그는 제네바 분실의 협력자가 됐으며, 폴록이 미국으로 떠난 뒤에는 제네바 분실의 책임자가 됐다. 그는 노동자에 관한 프로젝트를 위한 자료 수집에 큰 도움이 됐지만, 현대사회에서 여가 문제 연구 외에는 연구소의 이론적인 발전에 기여한 바가 거의 없다.[108]

《사회연구》지는 새로운 출판인을 구하는 문제로 어려움을 겪었으나 정기적으로 발간됐다. 집필진에 새로운 사람도 추가됐다. 게오르크 루셰Georg Rusche는 노동시장과 범죄 처벌의 관계에 대한 글을 썼으며,[109] 이 글은 나중에 연구소의 후원과 오토 키르히하이머의 도움으로 출판됐다. 쿠르트 만델바움(종종 쿠르트 바우만Kurt Baumann이나 에리히 바우만Erich Baumann으로 불리기도 한다)과 게르하르트 마이어가 폴록과 그로스만이 쓴 경제학 논문에 글을 추가하기도 했다.[110] 파리 분실에서는 레몽 아롱Raymond Aron과 조르주 프리드만Georges Friedmann 같은 유능한 협력자들이 정기적으로 글을 보냈다. 연구소가 많은 기대를 걸었으나 나치에 살해된 철학자 파울 루트비히 란츠베르크Paul Ludwig Landsberg는 종족 이데올로기와 사이비 과학에 대한 글을 썼다.[111] 율리안 굼페르츠는 미국 관련 이슈를 정기적으로 다뤘다.[112] 연구소 이름에 국제International라는 단어가 들어간 새로운 이름 '국제사회연구소'는《사회연구》지 모든 페이지에서 확인할 수 있을 정도였다.

---

108 Andries Sternheim, "Zum Problem der Freizeitgestaltung," *ZfS* I. 3(1932). 그는 연구소의 공동 연구인《권위와 가족에 관한 연구Studien über Autorität und Familie》(Paris, 1936)에 경제학과 가족에 관한 논문을 실었으며,《사회연구》지에 평론도 정기적으로 썼다.

109 Georg Rusche, "Arbeitsmarkt und Strafvollzug," *ZfS* Ⅱ, 1(1933).

110 Kurt Baumann, "Autarkie und Planwirtschaft," *ZfS* Ⅱ, 1(1933). Gerhard Meyer, "Neue Englische Literatur zur Planwirtschaft," *ZfS* Ⅱ, 2(1933).

111 Paul Ludwig Landsberg, "Rassenideologie und Rassenwissenschaft," *ZfS* Ⅱ, 3(1933).

112 Julian Gumperz, "Zur Soziologie des amerikanischen Parteiensystems," *ZfS* I, 3(1932), and "Recent Social Trends in the U.S.A.," *ZfS* Ⅱ, 2(1933).

'국제'연구소라는 이름은 연구소가 어딘가에 새로운 본거지를 마련해야 함을 의미했다. 호르크하이머와 다른 사람들은 제네바가 편리하다는 점을 높게 평가했지만, 제네바 분실을 연구소의 항구적인 중심으로 삼을 생각은 없었다. 그로스만은 1933년 5월에 미국에 있는 파울 마티크에게 보낸 편지에서 "파시즘은 이곳 스위스에서도 무서운 기세로 뻗어가서 연구소를 또다시 위협하고 있다"[113]며 연구소 회원들의 우려를 표현했다. 폴록은 영국에서 연구소 설립 가능성을 알아보기 위해 1934년 2월 런던으로 갔다. 그러나 런던정치경제대학 학장 윌리엄 베버리지 경William Beveridge과 사회학연구소Institute of Sociology의 알렉산더 파커슨을 비롯해 그의 동료와 깊은 의견을 주고받았으나 불가능하다는 것을 깨달았다. 1933년에 독일에서 빠져나온 학자에게 영국은 제한된 기회를 제공할 수 있으리라고 여러 번 언급됐다.[114] 연구소와 관계있는 사람 중에서 보르케나우가 영국을 최종적인 피난처로 삼았을 뿐이다. 그는 런던대학교 성인교육부에서 국제정치학 강의 자리를 얻었다. 보르케나우는 몇 년 뒤 내란 중인 스페인을 방문하면서 공산주의에 대한 반감이 더 확고해졌으며, 《스페인 전장The Spanish Cockpit》[115]을 저술했다. 그는 1936년 《권위와 가족에 관한 연구》[116] 마지막 부분에 실린 에세이를 끝으로 연구소와 관계가 끊어졌다.

파리에서는 학술 단체를 설립하기가 영국보다 어려웠기에 이주 전망이 밝지 못했다. 쾰른에서 도망쳐 파리 분실 책임자가 된 파울 호니스하임Paul Honigsheim은 파리로 망명한 학자들을 그저 말로 맞아주는 냉대를 다음과 같이 묘사했다.

---

113 Grossmann, *Marx, die klassische Nationalökonomie und das Problem der Dynamik,* p.97.

114 Franz Neumann et. al., *The Cultural Migration*(Philadelphia, 1953).

115 London, 1937.

116 이 글은 프리츠 융만Fritz Jungmann이라는 이름으로 썼다. "Autorität und Sexualmoral in der freien bürgerlichen Jugendbewegung," in *Studien über Autorität and Familie*(Paris, 1936).

전형적인 프랑스 지식인은 자신과 가족의 안전과 미래를 보장받기를 원하는데, 빌어먹을 독일 지식인이 자신들의 생활을 위협할 거라고 생각한다. 그들은 친구와 술 한 잔도 마시지 않고 프랑스 사람보다 두 배나 열심히 연구하기 때문이다. 독일 학자는 신을 위해서 일하며, 신자가 아니라면 일을 위해서 일한다. 미국에서는 독일 학자에게 동정적인 태도를 보이지만, 프랑스 사람은 자신의 세계에 독일 학자가 들어오는 것을 환영하지 않는다. 독일 피난민을 위해서 공공연히 일하려면 용기가 필요할 정도다.[117]

호니스하임은 부글레와 알박스, 그들의 동료처럼 독일 학자와 일할 용기가 있는 사람이 소수에 불과하다고 강조했다. 이런 점을 고려해 프랑스는 연구소 본부가 자리 잡을 새로운 후보지에서 제외됐다.

연구소의 마르크스주의적인 이미지에도 스탈린이 자리 잡은 러시아로 이주하는 것은 한 번도 심각하게 고려하지 않았다. 성공적이지는 못했지만 30대 중반에 잠시 모스크바에 다녀온 그로스만이나 비트포겔도 마찬가지다. 이제 가능한 지역은 미국뿐이었다. 가능성을 타진하기 위해 율리안 굼페르츠가 1933년에 미국으로 건너갔다. 굼페르츠는 1929년 이래 폴록의 제자였고 한때 공산당원이기도 했으나 모든 것을 청산하고 주식중매인이 됐으며, 40대에 접어들어서는 반공산주의적인 책을 출간하기도 했다.[118] 그는 미국에서 태어나 영어에 능통했다. 굼페르츠는 희망적인 소식을 가지고 돌아와서 호르크하이머와 다른 회원들은 안심시켰다. 1년에 약 3만 달러 수익을 기대할 수 있는 연구소 기금이

117 Paul Honigsheim, "Reminiscences of Durkheim School," *Emil Durkheim 1958-1917*, ed., Kurt H. Wolff(Columbus, Ohio, 1960), pp.313~314.

118 J. Gumperz, *Pattern for World Revolution*(Chicago and New York, 1947). Robert Rindl 'Ypsilon' 이라는 이중 가명으로 출판됐다.

면 디플레이션으로 허덕이는 미국에서 충분히 자리 잡을 수 있다는 것이다.

그해 연구소는 미국 학계의 저명한 인사들과 수차례 접촉했다. 찰스 비어드Charles Beard, 로버트 매키버Robert MacIver, 웨슬리 미첼Wesley Mitchell, 라인홀드 니부어Reinhold Niebuhr, 로버트 린드Robert Lynd 등으로, 이들은 모두 컬럼비아대학교에 있었다. 호르크하이머는 1934년 5월에 난생처음 미국으로 가서 컬럼비아대학교 니컬러스 버틀러Nicholas Murray Butler 총장을 만났다. 버틀러 총장은 면담에서 대학과 연구소의 제휴, 117번가 서부 429번지에 있는 대학 건물 하나를 연구소가 사용할 것을 제안했다. 호르크하이머는 자신이 영어에 능통하지 못해 총장의 제안을 잘못 이해한 것이 아닌가 싶어서, 그 제안을 확인하고 분명하게 하려고 네 장에 걸쳐 편지를 썼다. 버틀러 총장은 한 문장으로 대답했다. "당신은 제 말을 정확히 이해했습니다!"[119] 1920년대에 프랑크푸르트에서 혁명적이고 마르크스주의적인 경향으로 설립된 국제사회연구소는 자본주의 세계의 심장부 뉴욕으로 이주하게 됐다. 마르쿠제가 7월, 뢰벤탈이 8월, 폴록이 9월에 그리고 비트포겔이 속속 미국으로 왔다. 프롬은 1932년에 시카고정신분석연구소의 강의 초청으로 간 이래 미국에 있었다. 이들은 중유럽에서 미국으로 망명한 학자 중 1진에 해당한다. 망명 학자들은 장차 수십 년 동안 미국의 문화를 풍부하게 했다.[120]

학자들의 미국 망명은 쉽지 않았다. 뉴스쿨에 있는 앨빈 존슨Alvin Johnson의 '망명대학교'는 재정적인 기금이 거의 없었기 때문에 재출발이 어려웠다. 연구소는 운이 좋은 경우였다. 두 난민 단체의 갈등은 부분적

---

119 1969년 3월 몬타뇰라에서 호르크하이머와 진행한 인터뷰.

120 Fleming and Bailyn, *The Intellectual Migration*; Laura Fermi, *Illustrious Immigrant*(Chicago, 1968); Laura Fermi, *The Legacy of the German Refugee Intellectuals, Salmagundi*, 10/11(Fall, 1969-Winter, 1970); Helge Pross, *Die deutsche akademische Emigration nach den Vereinigten Staaten 1933-1941*(Berlin, 1955).

으로 이데올로기적인 차이에서 기인했지만,[121] 대조적인 재정 조건 때문에 더 심화됐다. 이후 연구소는 불우한 처지에 있는 망명 학자들에게 강한 책임감을 느꼈다. 연구소 회원은 재정적인 문제가 아니라 다른 모든 이주민처럼 언어와 문화적 적응 문제에 맞닥뜨렸다. 무엇보다 연구소가 지향하는 철학에 바탕을 둔 사회 연구가 반反사변적이고 정밀함을 추구하는 미국의 사회과학에 적응하기는 어려웠다. 이들이 망명 기간에 배운 미국의 경험적 기법은 제2차세계대전이 끝나고 유럽으로 돌아갈 때 가져간 중요한 교훈이다. 이들은 상당히 망설인 뒤에야 이 기법을 익혔다.

연구소는 과거를 버리고 완전히 미국인이 되지 않기 위해 안타까운 노력을 했다. 이런 노력은 유럽을 떠난 뒤에도 파리의 펠릭스알캉출판사를 이용하기로 결정한 것을 보면 알 만하다. 연구소의 출판물을 미국에서 출판하라는 미국 동료들의 간곡한 부탁을 거절하고, 연구소는《사회연구》지를 독일어로 계속 발행하리라 결정했다. 어쩌다가 영어나 프랑스어로 쓴 글이 실리고 독일어 논문에는 영어 요약본이 덧붙었지만, 전쟁 때까지《사회연구》지의 언어는 독일어였다.《사회연구》지는 히틀러가 독일어의 품위를 깎아버리던 당시에 독일어를 지키려고 애쓴 유일한 정기간행물이다.《사회연구》지가 호르크하이머와 다른 회원들에게 독일 문화에서 절멸의 위협에 처한 인간주의적 전통을 보존하는 데 필수적인 역할을 한다고 확신했다. 연구소는 기울어가는 문화의 최후 보루라는 자기 이미지를 핵심으로 여겼다. 연구소 회원은 언어가 사고에 미치는 영향을 잘 알았기에, 자신들의 글을 모국어로 발표하는 것이 나치가 독일의 모든 것을 대표하는 것을 막는 유일한 방법이라고 확신했다. 독일어를 사용하는 대다수 세상 사람들이 연구소의 간행물을 접할

121 널리 알려진 고전주의자 핀리는 1930년대 시절에 연구소의 번역 · 편집 조교이기도 했다. 그는 뉴스쿨이 연구소에 보인 반감을 강조했다(1972년 1월 31일 버클리에서 진행한 인터뷰).

순 없지만, 연구소는 미래의 독자를 위해 눈앞의 독자를 기꺼이 포기했다. 그들의 바람은 히틀러가 패배한 뒤 실현됐다. 이런 결정 때문에 미국 학계에서 부분적 고립을 피할 수 없었다. 연구소는 1936년 컬럼비아대학교에서 공개 강의를 하고 점차 일련의 세미나를 열었지만,[122] 주로 이론과 연구 방법에 집중됐다. 핵심 회원 중 아도르노는 외국에 몇 년 더 머물렀지만, 대다수 연구소 회원이 안전한 새집에 모였기에 연구소는 유럽에서 하던 연구를 큰 어려움 없이 다시 시작할 수 있었다.

독일에서 파시즘이 승리하자 좌절하기도 했지만, 호르크하이머와 다른 회원들은 미래를 어느 정도 낙관했다. 하인리히 레기우스(호르크하이머의 필명—옮긴이)는 1934년 "자본주의의 황혼이 현대를 위협하는 인간성의 밤만 가져오는 것은 아니다"[123]라고 썼다. 그들은 자본주의의 위기, 전통적인 자유주의의 붕괴, 권위주의적인 위협의 증대에 관련한 여러 가지를 철저히 연구하는 것이 나치를 무너뜨리는 데 도움이 되는 길이라고 생각했다. 언제나 그랬듯이 연구는 그들의 사회사상에 근거했으며, 1930년대 호르크하이머와 마르쿠제, (비중이 작지만) 아도르노는 사회사상 구체화를 주요 과제로 삼았다. 이런 맥락에서 전통적 마르크스주의를 재가공하는 것이 무엇보다 중요해졌다. 이제 우리는 마르크스주의 재가공이라는 비판 이론의 기원과 발전 과정으로 눈을 돌려야겠다.

122 1936~1938년 연구소가 진행한 공개 강의와 세미나의 목록은 다음 책을 참고하라. *International Institute of Social Research: A Report on Its History, Aims, and Activities 1933-1938*(New York, 1938), pp.35~36.

123 Horkheimer(Regius), *Dämmerung*, p.8.

02

비판 이론의 기원

이성의 드높은 고지에서 내려다보면 삶은 대개 악성 질병에
걸린 것처럼, 세계는 일종의 정신병원처럼 보인다.
—괴테

나는 체계를 만들어내는 사람을 믿지 않고, 만나고 싶지도 않다.
체계에 대한 의지는 완전성의 결여에 지나지 않는다.
—니체

비판 이론의 핵심에는 폐쇄적인 철학 체계에 대한 거부감이 자리 잡고 있다. 그렇기에 비판 이론을 체계적으로 제시한다면, 열려 있고 질문을 멈추지 않기에 완성되지 않았다는 비판 이론의 본질적인 특성을 왜곡할 수도 있다. 호르크하이머가 독일 철학의 특징이다시피 한 두꺼운 책이 아니라 에세이나 아포리즘으로 자신의 사상을 표현한 것은 우연이 아니다. 아도르노나 마르쿠제는 책을 통한 발언을 마다하지 않았지만, 그들 역시 자신의 책을 실증적이고 체계적인 철학적 진술로 채우고 싶은 유혹에 저항했다는 점에서 호르크하이머와 다르지 않다. 비판 이론은 실증적이고 체계적인 진술 대신 그 명칭이 함축하듯이 다른 사상가나 철학 전통에 대한 일련의 비판으로 표현된다. 비판 이론은 대화를 통해 발전했고, 비판 이론이 사회현상 분석에 적용한 것처럼 변증법적으로 발생했다. 비판 이론은 변증법이라는 용어에 걸맞게 다른 이론 체계에 문제를 끈질기게 제기하는 과정을 통해서 제대로 이해될 수 있다. 이 장에는

1930년대에 최초로 정립된 이후 다른 학파의 사유와 변하는 사회 현실과 대위법적으로 상호작용하면서 형성되는 비판 이론을 제시하려 한다.

비판 이론의 유래를 진정한 원천까지 추적하려면 1840년대 지적 소란을 분석해야 한다. 1840년대는 19세기 독일 지성사에서 가장 특이한 시기다.[1] 헤겔 후계자들이 그의 철학적 통찰을 급격한 근대화 과정에 돌입한 독일의 제반 사회·경제 현상에 처음으로 적용한 것도 그때다. 이른바 헤겔 좌파는 그들 중 가장 재능 있는 카를 마르크스가 등장하자 영향력을 상실했다. 마르크스도 청년 시절 공유한 헤겔 좌파의 철학적 특성은 마르크스주의 진영이든 아니든[2] 사회 현실을 더 '과학적'이고 실증주의적으로 접근하는 입장에 따라 대체되기 시작했다. 19세기 후반에 이르자, 사회 이론은 일반적으로 이후에 설명할 '비판적'이거나 '부정적'인 특성을 유지하지 못했다.

마르크스주의자들은 마르크스의 사유에 헤겔적 뿌리가 있음을 제1차세계대전 이후에야 재발견했다. 카를 코르시는 1923년《그륀베르크 아카이브》에 실린 글에서 마르크스의 헤겔적 뿌리를 처음 언급했다.[3] 그 당시만 해도 마르크스주의 사회 이론은 주로 인식론적이거나 방법론적 문제를 제기할 뿐이었다. 마르크스주의 이론은 과학적이라고 자부했지만(혹은 과학적이라고 자부했기 때문에) 마르크스 자신이 단호히 벗어나야 한

1 헤겔 좌파에 대한 논의는 다음 책을 참조하라. Geroge Lichtheim, *The Origins of Socialism*(New York, 1969); Geroge Lichtheim, *Marxism, An Historical and Critical Study*(New York and London, 1961); Shlomo Avineri, *The Social and Political Thought of Karl Marx*(Cambridge, 1968); Karl Löwith, *From Hegel to Nietzsche*(New York, 1964).

2 부정적 사회 이론에서 긍정적 사회 이론으로 전환한 과정을 이해하려면 다음 문헌을 참고하라. Herbert Marcuse, *Reason and Revolution,* rev., ed.(New York, 1960); Jürgen Habermas, *Knowledge and Human Interests*, trans., Jeremy J. Shapiro(Boston, 1971).

3 《마르크스주의와 철학Marxismus und Philosophie》(Frankfurt, 1966)이라는 책 제목은 본래 1923년 코르시가《그륀베르크 아카이브》에 기고한 에세이 제목이다. 이 글에서 코르시는 제2인터내셔널의 개량주의적 정치 노선에 대해 언급했는데, 그는 개량주의자는 마르크스주의를 기계론적이며 비변증법적인 유물론과 동일시한다고 주장했다.

다고 강조한 일종의 형이상학으로 퇴보하고 말았다. 마르크스가 가장 형이상학적 사상가 헤겔에게 지적인 빚을 지고 있다는 새로운 이해는 역설적으로 과학주의의 뒷문을 열고 들어가 '속류 마르크스주의'로 변질된 과학주의적 마르크스주의 형이상학의 토대를 허무는 데 도움이 됐다. 세계를 구성하는 주체의 의식을 강조한 헤겔주의적 요소는 제2인터내셔널 이론가들의 수동적인 유물론에 도전했다. 베네데토 크로체Benedetto Croce와 빌헬름 딜타이Wilhelm Dilthey 같은 비마르크스주의 사상가는 전쟁 전에 헤겔에 대한 철학적 관심을 재생해서 이런 도전의 토대를 닦았다. 같은 시기에 자발성과 주체성을 강조한 조르주 소렐Georges Sorel 역시 제2인터내셔널의 정통 마르크스주의자가 신봉한 기계론적 유물론을 침식시키는 데 한몫했다.[4] 마르크스주의 진영에서 루카치의 《역사와 계급의식》과 코르시의 《마르크스주의와 철학》은 1920년대 초반 마르크스주의의 철학적 차원 복구에 지대한 영향력을 끼쳤다.[5] 루카치와 코르시의 주장은 오랫동안 무시된 마르크스의 파리 원고(《경제학-철학 수고Ökonomisch-philosophische Manuskripte》를 의미—옮긴이)가 발간되고 10년 뒤에야 비로소 올바름이 입증됐다. 이들의 노력이 여러 가지 이유로 주춤거릴 때, 사회연구소 젊은 사상가들이 마르크스 이론에 다시 활기를 불어넣는 과업을 떠맡았다.

어느 면에서 프랑크푸르트학파는 1840년대 헤겔 좌파의 관심으로 복귀하고 있었다고 말할 수 있다. 프랑크푸르트학파 구성원은 비판 이

---

4 딜타이와 크로체, 소렐에 관한 논의는 다음 문헌을 보라. H. Stuart Hughes, *Consciousness and Society*(New York, 1958), pp.161~229. 루카치는 헝가리 사회민주당의 좌익 야당의 정신적 스승 어빈 스자보Ervin Szabo의 소렐적인 태도에서 많은 영향을 받았다. 다음 책의 1967년판 서문을 보라. Georg Lukács, *History and Class Consciousness*, trans., Rodney Livingstone(Cambridge, Mass, 1971), p.x.

5 그들의 영향력에 대해 알아보려면 다음 문헌을 참고하라. Furio Cerutti, "Hegel, Lukács, Korsch. Zum dialektischen Selbstverständnis des kritischen Marxismus," in *Aktualität und Folgen der Philosophie Hegels*, ed., Oskar Negt(Frankfurt, 1970).

론가의 첫 세대와 마찬가지로 철학과 사회 분석의 통합에 관심이 있었다. 그들은 모두 헤겔이 창안한 변증법적 방법을 중요하게 생각했고, 선배처럼 헤겔의 변증법을 유물론의 방향으로 돌리려고 했다. 무엇보다 그들도 헤겔 좌파처럼 인간의 **프락시스**를 통한 사회질서 변혁 가능성 탐구에 관심이 있었다.

그러나 세기가 바뀌는 동안 엄청난 변화가 일어났고, 프랑크푸르트학파가 직면한 이론화 조건은 헤겔 좌파의 조건과 크게 달라졌다. 헤겔 좌파는 고전적 독일관념론의 직접적인 계승자였지만, 프랑크푸르트학파는 마르크스주의의 체계화뿐만 아니라 쇼펜하우어, 니체, 딜타이, 베르그송, 막스 베버Max Weber, 후설, 기타 여러 사상가를 거치며 칸트와 헤겔에게서 분리됐다. 결과적으로 비판 이론은 헤겔을 연구 영역에서 추방한 수많은 비판 이론 경쟁자의 주장에 맞서며 이론을 주장해야 했다. 비판 이론은 불가피하게 비판 이론에 대항하는 사상의 영향도 받았다. 그러나 이제 막 싹트기 시작한 비판 이론은 두 시기에 걸쳐 일어난 사회적·경제적·정치적 여건의 중대하고 치명적인 변화 때문에 반격을 받았다. 비판 이론 고유의 전제에 따르면, 이 반격은 필연적 귀결이었다. 헤겔 좌파는 독일에서 자본주의적 근대화에 따른 영향이 감지되기 시작할 때 저술 활동을 했다. 프랑크푸르트학파의 시대는 독일을 포함한 서구 자본주의에서 독점이 심화하고 경제 부분에 대한 정부의 간섭이 급증하는 질적으로 전혀 새로운 자본주의 단계로 이행하던 때다. 헤겔 좌파는 작은 규모의 고립된 유토피아 공동체로 실현된 사회주의를 생각할 수 있을 뿐이었다. 프랑크푸르트학파는 소비에트에서 사회주의의 애매모호한 성공에 대해 깊이 생각해야 했다. 결정적으로 최초의 비판 이론가라 할 수 있는 헤겔 좌파는 새로운 '부정적인'(즉 혁명적인) 사회 세력인 프롤레타리아트가 활발하게 움직이는 시대에 살았다. 그들은 프롤레타리아트가 철학을 실현할 수 있는 집행자라고 간주했다. 그러나 1930년대에 이르자 프롤레타리아트가 사회 내부로 통합되는 징조가 역력해졌다. 연구소 회원들은 미국 망명 이후 이런 경향을 더욱 명백하게 목격했다. 1840년대 비판 이론의 첫 세대는 현실적인 역사적 '주체'의 존재에 입각해 '내재적'인 사회 비판을 수행했다. 20세기에 이들에 대한 관심이 부활했을 때, 비판 이론은 혁명적인 노동계급이 사라졌기에 점점 '초월적' 입장에 빠지고 말았다.

그러나 1920년대까지만 해도 노동계급이 통합되는 징조는 분명하지 않았다. 루카치조차 당이 노동자의 진정한 이해를 대변한다고 결론 내리기 전에는 노동계급이 역사의 '주체-객체'라고 강조할 정도였다. 호르크하이머가 《여명》 1장에서 인용한 문장은 그 역시 독일 프롤레타리아트가 극심하게 분열됐어도 완전히 죽지는 않았다고 믿었음을 보여준다. 연구소의 소장 회원들도 사회주의가 서구 선진국에서 여전히 현실적으로 가능하다고 믿는 노장 지도층의 신념에 공감했다. 이런 태도는 미국 망명 이전에 나온 연구소 저서에 일관된 논조로 분명하게 반영됐다.

이런 논조는 연구소가 컬럼비아대학교에 정주한 뒤 비관적인 방향으로 미묘하게 변했다. 《사회연구》지에 실린 논문은 '마르크스주의'나 '공산주의' 같은 용어를 주도면밀하게 피하고, '변증법적 유물론'이나 '유물론적 사회 이론'이란 표현을 사용한다. 세심한 편집으로 혁명을 암시하는 연구소 회원의 사상이 강조되지 않도록 한 것이다. 연구소의 미국판 도서 목록[6]에서 그로스만의 책은 원문에 있던 '붕괴 법칙'을 빼고 《자본주의사회에서 축적의 법칙The Law of Accumulation in Capitalist Society》으로 소개된다. 이런 변화는 분명 연구소 회원들이 컬럼비아에서 느낀 미묘한 상황 때문일 것이다. 소비에트 진영이 주장하는 정통성과 같은 유형의 마르크스주의에 대한 연구소 회원의 근본적인 혐오감도 이런 변화

---

6 *International Institute of Social Research: Report on Its History and Activities, 1933-1938*(New York, 1938), p.28.

에 반영됐다. 이는 연구소 회원들이 전통적으로 마르크스주의자가 확신한 프롤레타리아트의 혁명적 잠재력에 대한 기본적인 확신을 상실했음을 표현하는 것이기도 하다.

연구소 회원들은 근본적으로 마르크스주의적이라 할 틀에서 새로운 상황을 파악할 수 있는 새로운 시각을 얻으려 했는데, 프랑크푸르트학파 구성원이 애초에 마르크스주의 전통 밖에서 철학 교육을 받은 점은 다행스러운 일이었다. 프랑크푸르트학파 구성원들은 루카치, 그람시, 에른스트 블로흐Ernst Bloch, 장 폴 사르트르Jean Paul Sartre, 모리스 메를로퐁티Maurice Merleau-Ponty 등 마르크스주의 부흥에 공헌한 다른 20세기 지식인처럼 초기의 지적 여정에서 주관주의적이고 심지어 관념론적인 여러 철학의 영향을 받았다. 연구소 전체 작업의 분위기를 주도한 호르크하이머도 헤겔과 마르크스에 매료되기 전에는 쇼펜하우어와 칸트에 관심 있었다. 호르크하이머가 1960년대에 보여준 쇼펜하우어에 대한 관심[7]은 흔한 추측과 달리 그가 평생 몸 바쳐온 헤겔화된 마르크스주의에서 발전한 결과가 아니라, 초기의 관심으로 돌아간 것에 지나지 않았다. 호르크하이머가 처음 읽은 철학서도 전쟁 이전 브뤼셀에서 함께 프랑스어 공부를 하던 폴록이 건네준 쇼펜하우어의《인생의 지혜에 관한 명언집Aphorisms on the Wisdom of Life》이다.[8] 호르크하이머와 뢰벤탈은 학창 시절 프랑크푸르트의 쇼펜하우어학회 회원이었다. 당시 호르크하이머는 칸트에 관심이 많았는데, 그의 첫 출판물도 한스 코르넬리우스의 지도 아래 1925년에 **교수자격 청구논문**[9]으로 쓴 칸트의《판단력 비판Kritik der

7 예를 들어 다음 문헌을 보라. Max Horkheimer, "Schopenhauer Today," in *The Critical Spirit: Essays in Honor of Herbert Marcuse*, ed., Kurt H. Wolff and Barrington Moore, Jr.(Boston, 1967).

8 1969년 3월 몬타뇰라에서 호르크하이머와 대화.

9 Horkheimer, *Kants Kritik der Urteilskraft als Bindeglied zwischen theoretischer und praktischer Philosophie*(Stuttgart, 1925).

Urteilskraft》에 관한 분석이다.

호르크하이머가 진정한 스승이라고 말할 수 있는 사람은 코르넬리우스다. 그렇다고 코르넬리우스 밑에서 함께 수학한 폴록의 회고처럼 "호르크하이머에 대한 그의 영향력을 과대평가"해선 안 된다.[10] 호르크하이머는 코르넬리우스의 이론적인 관점보다 개인적인 관점에 큰 영향을 받았다. 정확하게 분류하기 곤란하지만 코르넬리우스는 칸트적인 관념론에 반대하며 경험의 중요성을 강조하는 반독단주의적인 철학적 입장을 견지했다. 코르넬리우스의 초기 저작물에는 리하르크 아베나리우스Richard Abenarius와 에른스트 마흐Ernst Mach의 영향이 엿보이지만, 후기 저서는 경험주의적 비판 정신을 떠나 일종의 현상학 쪽으로 다가가는 편이다.[11] 호르크하이머가 코르넬리우스의 학생이 됐을 때, 그는 교직 경력의 전성기에 도달했다. 코르넬리우스는 "여러 면에서 당시 독일 대학 교수의 일반적 이미지와 달랐고, 동료 교수들과도 사뭇 다른 모습을 보이는 열정적인 스승이었다."[12]

젊은 호르크하이머는 스승 코르넬리우스의 비판적 자세는 받아들였지만, 철학적 내용은 흡수하지 않았다. 헤겔과 마르크스에게서 자극을 받기 시작한 뒤로는 더욱 그랬다. 호르크하이머에게 영향을 준 것은 코르넬리우스의 인문주의적 문화적 관심으로 보인다. 1863년 뮌헨에서 작곡가, 화가, 배우를 배출한 집안에서 태어난 코르넬리우스는 평생 심미적 관심을 견지했다. 조각가이자 화가로도 재능이 뛰어난 그는 이탈리아 여행을 자주 했으며, 그곳에서 고전주의와 르네상스 미술 전문가로 변신했다. 1908년《회화 예술의 기본 법칙Die Elementargesetze der bildenden

10 1970년 3월 24일 폴록이 내게 보낸 편지.

11 Hans Cornelius, "Leben und Lehre," in *Die Philosophie der Gegenwart in Selbstdarstellungen*, ed., Raymund Schmidt, vol.11 (Leipzig, 1923), p.6.

12 1970년 3월 24일 폴록이 내게 보낸 편지.

Kunst》[13]이라는 책을 출판했고, 전쟁 중에는 뮌헨예술학교에 근무했다.

호르크하이머가 코르넬리우스의 진보적 정치 성향에 매혹됐음은 분명하다. 코르넬리우스는 국제주의자라고 공언했으며, 독일의 전쟁 도발적인 광분에 반대했다. 코르넬리우스가 마르크스주의자는 아니지만, 프랑크푸르트 교수단의 보수적인 사람들에게 과격한 급진파로 보였다. 호르크하이머가 코르넬리우스의 진보적인 정치관에 결부된 문화 비관주의의 영향을 받았음은 분명하다. 폴록은 "코르넬리우스는 현대 문명에 대한 확신과 절망을 공공연하게 표명했다"[14]고 회고한다. 그는 바이마르공화국 초기의 많은 사람처럼 묵시록적인 말투를 사용했는데, 1923년에 그가 쓴 자전적 스케치는 그 사례가 될 것이다.

> 인간은 자신과 사물 내부에 있는 신적인 것을 알아채는 능력을 배우지 못했다. 자연과 예술, 가족과 국가는 인간에게 오직 감각적인 것으로 흥밋거리가 될 뿐이다. 그러므로 인간의 삶은 무의미하게 흘러가고, 인간이 공유하는 문화도 내적으로 공허하다. 인간의 문화는 붕괴될 것이다. 붕괴되어야 마땅하기 때문이다. 인류에게 필요한 새로운 종교는 이런 문화의 폐허에서 나타날 것이다.[15]

젊은 호르크하이머는 코르넬리우스의 이런 슈펭글러적인 예언을 열렬히 환영하진 않았지만, 이런 상황 평가를 점차 받아들였다. 그러나 1920년대에 그는 여전히 노동계급의 혁명적 잠재력에 사로잡혀 있었다. 《판단력 비판》에 관한 분석에서 체념이라든가 절망의 징후는 찾아볼 수 없다. 오히려 **프락시스**를 통해 사회계급의 모순을 극복할 수 있고 문

13 Cornelius, *Die Elementargesetze der bildenden Kunst*(Leipzig, 1908).

14 1970년 3월 24일 폴록이 내게 보낸 편지.

15 Cornelius, "Leben und Lehre," p.19.

화적 갱생도 가능하다는 확신이 나타난다. 호르크하이머는 비판의 가능성에 대한 확신을 칸트에게서 얻은 것이다.

호르크하이머는 칸트를 읽고 개체성의 중요성에 대한 감각을 더 민감하게 발전시켰다. 그는 개체성을 전체의 요구에 완전히 매몰될 수 없는 가치가 있는 것으로 파악하고, 인식의 능동적인 요소를 더욱 높이 평가했다. 그 때문에 호르크하이머는 정통 마르크스주의자가 신봉하는 지각의 모사설copy theory을 용인할 수 없었다. 그러나 그는 칸트가 극복할 수 없다고 여긴 현상계와 본체계, 순수이성과 실천이성과 같은 이원론의 불가피성을 이해할 수 없었다. 호르크하이머는 논문의 결론에서 이런 이원론적 대립이 극복되지 않았다 해도 그것이 극복될 수 없다고 여길 필연적인 이유는 없다고 명백히 밝혔다. 그는 의지와 인식, 실천이성과 순수이성을 갈라놓은 칸트의 근본적인 이원성은 화해될 수 있고, 화해돼야 한다고 간주했다.[16] 호르크하이머는 이런 주장으로 자신의 칸트 비판에 투영된 헤겔의 영향을 드러냈다. 그는 헤겔과 마찬가지로 인지적 지식congnitive knowledge과 규범적 명령normative imperatives, '존재is'와 '당위ought'는 궁극적으로 분리될 수 없다고 여겼다.

이런 유사성뿐만 아니라 이성의 본성이나 변증법의 중요성, 실체 논리의 존재 같은 몇 가지 문제에서 드러나는 헤겔과 또 다른 유사성 때문에 비판 이론을 헤겔화된 마르크스주의에 불과하다고 규정하는 경향이 있다.[17] 그러나 호르크하이머는 몇몇 근본적인 문제에서 헤겔과 일정한

---

16 *Ibid*., p.65. 호르크하이머는 1962년 〈칸트의 철학과 깨달음Kants Philosophie und die Aufklärung〉[《도구적 이성 비판Zur Kritik der instrumentellen Vernunft》(Frankfurt, 1967), p.210]에서 칸트철학의 반조화적 비판적 요소를 칭찬했다.

17 다음에 실린 익명의 기사에서 그렇게 해석하고 있다. *Times Literary Supplement*, "From Historicism to Marxist Humanism"(June 5, 1969), p.598. 게오르게 리히트하임이 쓴 것으로 알려졌다. 비판 이론에 대한 헤겔의 중요성을 논한 것으로는 다음을 참고하라. Friedrich W. Schmidt, "Hegel in der Kritischen Theorie der Frankfurter Schule," in *Aktualtät und Folgen der Philosophie Hegels*.

거리를 유지했다. 가장 기본적인 차이는 호르크하이머가 헤겔의 형이상학적인 의도와 절대적 진리에 대한 주장을 거절한 데 있다. 그는《여명》에 다음과 같이 썼다. "나는 형이상학자들이 얼마나 옳은지 모르겠다. 어쩌면 형이상학적일 수밖에 없는 체계나 단편이 어딘가 있을지도 모른다. 그러나 나는 일반적으로 형이상학자들이 인간이 받는 고통을 거들떠보지 않는다는 걸 알고 있다."[18] 전체에 대립하는 개개의 관점을 '전체적 진리'의 일부분인 듯 묵인하는 체계는 정적주의(상황을 비판하고 변화시키려 하지 않고 그대로 수용하려는 태도—옮긴이)를 초래할 수밖에 없다.[19] 헤겔의 철학 체계처럼 모든 것을 포용하는 체계는 현상現狀을 정당화하는 신정론神正論으로 귀결될 뿐이다. 사실 마르크스주의도 진리라고 주장하는 자체 체계 속에 점점 경화됨에 따라 헤겔 철학과 같은 병폐에 희생되고 말았다. 호르크하이머는 마르크스주의의 진정한 목표는 불변의 진리를 밝히는 게 아니라 사회 변화의 분위기를 조성하는 데 있다고 논박했다.[20]

호르크하이머는 다른 글에서도 헤겔의 형이상학에 대한 반론을 개괄한다.[21] 그는 헤겔 사상의 근본적인 학설인 모든 인식은 무한한 주체의 자기 인식이라는 가정, 달리 말해 절대 자아의 궁극적인 우위에 입각해 주체와 대상, 정신과 물질 사이에는 동일성이 존재한다는 가정을 가장 강력하게 비판했다. 호르크하이머에 따르면 "정신이란 자연에서든 역사에서든 그 자체를 인식하지 못한다. 정신은 설사 그것이 문제의 추상적 개념이 아니라 해도 현실과 동일한 것이 아니기 때문"이다. 사실상 절대정신과 같은 '사유'는 있을 수 없다. 사회·경제적 조건에 뿌리내리는

18 Horkheimer(Heinrich Regius), *Dämmerung*(Zürich, 1934), p.86.

19 Horkheimer, "Zum Problem der Wahrheit," *ZfS* IV. 3(1935), p.333.

20 Horkheimer, "Ein neuer Ideologiebegriff?," *Grünbergs Archiv* XV, 1(1930), p.34.

21 Horkheimer, "Hegel und die Metaphysik," in *Festschrift für Carl Grünberg: Zum 70. Geburtstag*(Leipzig, 1932).

구체적인 인간의 특수한 사유가 있을 뿐이다.[22] 헤겔이 말하는 것과 같은 '존재'도 없다. 오히려 있다면 '세계 내에 다양한 존재'가 있을 뿐이다.[23]

호르크하이머는 동일성 이론을 거부하면서 루카치의《역사와 계급의식》에도 동일성 이론이 다시 출현하고 있음을 은연중에 비판한다. 루카치에게 프롤레타리아트는 역사의 주체일 뿐만 아니라 객체로 기능한다. 루카치는 프롤레타리아트가 객관적인 실재로서 자유와 인간이 이룩한 자유를 결합하려는 고전적인 독일 관념론자의 목표를 수행한다고 생각했다. 나중에 루카치도 역사에서 주체와 객체가 동일하다는 이런 가정에 형이상학적 전제가 있음을 간파했다. "인류의 현실적 역사의 주체이자 객체로 간주되는 프롤레타리아트는 관념론의 가설을 뛰어넘을 수 있는 유물론적 방법이 아니다. 오히려 그것은 헤겔을 뛰어넘으려는 시도다. 그것은 모든 가능한 현실 위에 대담하게 세워진 사상 체계이며, 객관적으로 헤겔이라는 거장을 뛰어넘으려는 시도였다."[24] 루카치는《역사와 계급의식》1967년 신판에 이렇게 썼는데, 그는 오래전부터《역사와 계급의식》에 대한 자기비판의 필요성을 느껴왔다. 루카치의 자기비판으로 의미 있는 심사숙고가 뒤따랐고, 루카치에 대한 비판도 적지 않았다. 루카치가 자신의 논거에 형이상학적인 핵심이 있다는 지적은 사실상 호르크하이머가 40여 년 전에 동일성 이론에 관해 언급한 것의 반복에 불과했다.

호르크하이머는 모든 절대적인 것과 동일성 이론을 의심했다. 나중에 그는 종교에 포함된 절대적 정의라는 관념도 기괴한 공상일 뿐이라고 주장했다.[25] 완전무결한 정의를 나타내는 표상은 "결코 역사 안에서

---

22 *Ibid.*, p.197.

23 *Ibid.*, p.192.

24 G. Lukács, *History and Class Consciousness*, p.xxⅢ.

25 Horkheimer, "Gedanke zur Religion," *Kritische Theorie*, ed., Alfred Schmidt(Frankfurt, 1968), 2vols., 원래 다음 문헌에 실렸다. "Nachbemerkung," *ZfS* IV, 1(1935).

실현될 수 없다. 설사 더 좋은 사회가 와서 현재의 무질서를 대체하고 그런 사회가 계속 발전해도 과거의 불행은 개선되지 못하며, 우리가 자연재해를 초월하지도 못할 것이기 때문이다".[26] 결과적으로 철학은 그가 이해한 대로 체념에 굴복하지는 않지만, 피할 수 없는 슬픈 멜로디를 표현한다.

호르크하이머는 헤겔의 동일성 이론을 공박했지만, 19세기에 행해진 헤겔 비판(실증주의자의 헤겔 비판을 의미—옮긴이)은 도가 지나치다고 느꼈다. 실증주의자는 헤겔이 절대정신의 철학을 옹호하기 위해 내세운 존재론적인 주장을 거부하면서 참과 거짓을 판단할 수 있는 권한을 지성으로부터 박탈해버렸다.* 실증주의자의 지나치게 경험적인 편견은 사실의 신격화로 치달았는데, 그 방식이 일방적이었다는 점은 헤겔과 조금도 다르지 않았다. 호르크하이머는 처음부터 형이상학적인 체계화냐, 도덕률을 폐기한 경험주의냐 양자택일해야 하는 상황을 철저히 부정했다. 대신 그는 동일성 이론을 피하면서도 관찰자의 경험에 주어진 한계를 뛰어넘을 수 있는 관찰자의 권한을 보전할 변증법적인 사회과학의 가능성을 입증해 보였다. 비판 이론은 양자택일의 유혹을 거부했기에 자체의 예리한 칼날을 갖게 됐다.

호르크하이머가 형이상학에 적대감을 보인 것은 부분적으로 마르크스주의를 공인된 진리의 중심체로 변형할 때 야기되는 경화 증세에 대한 반작용이기도 하다. 그러나 호르크하이머가 비헤겔주의자와 비마르크스주의자 철학을 읽음으로써 받은 영향이 반영된 것이기도 하다. 이성과 의지의 세계를 일치시킬 가능성에 대한 쇼펜하우어의 극단적인 회

---

26 *Ibid.*, p.375. Horkheimer(Regius), *Dämmerung,* p.55도 보라.

* 프랑크푸르트학파는 '실증주의'를 줄곧 명목론자, 현상론자(즉 반反본질론자), 이른바 과학적 방법에 결부된 경험주의자를 지칭하는 막연한 의미로 사용했다. 실증주의라는 개념에 포괄된 프랑크푸르트학파의 반대론자들은 프랑크푸르트학파가 사용하는 실증주의라는 용어가 자의적이라며 비판했는데, 카를 포퍼Karl Popper가 대표적이다.—원주

의주의가 호르크하이머에게 영향을 끼친 것은 확실하다. 더 중요한 것은 사유와 삶의 관계를 강조한 19세기 말 니체와 딜타이, 베르그송에게서 받은 영향이다.

호르크하이머[27]에게 세 사상가의 **생철학**生哲學, Lebensphilosophie은 점점 경화되는 추상적인 합리주의와 그와 병행해서 일어나는 선진 자본주의 아래 생활을 단적으로 특징짓는 개인적 존재의 평준화에 대항해서 싸우는 정당한 항거를 대변하는 것이었다. 생철학은 부르주아 이데올로기의 근본 전제와 부르주아사회에서 일상생활이 직면하는 현실의 균열을 고발하는 지침이었다. 그의 주장에 따르면, 생철학은 자본주의 내에서 일어난 근본적인 변동에 상응했다. 이성과 현실을 일치시킬 수 있다고 믿은 고전적인 관념론자의 초창기 낙관적인 신념은 자본가 개개인이 자신의 행위와 경제 전반 기능의 조화를 믿은 시대에 상응했다. 19세기 말 독점자본주의가 생성되자 이런 확신은 붕괴했다. 독점자본주의에서 개인의 역할은 전체와 조화를 이루지 못하고 전체에 압도된다.[28] **생철학**은 기본적으로 이런 변화에 항거하는 거센 절규였다. 호르크하이머는 이런 비판적 요소 때문에 생철학의 '비합리주의'[29]와 20세기에 통속화된 비합리주의를 신중하게 구별했다.

호르크하이머는 1930년대에 이성에 대한 공격은 인간을 현행 질서의 비합리성과 화해시키려는 의도였다고 주장한다.[30] 이른바 비극적 인생관도 실제로는 불필요한 불행을 수긍하는 것을 정당화하려는 시도라는 것이다. **삶**Leben과 **봉사**Dienst는 동의어가 됐다. 한때는 비판적이던 것이 이제 이데올로기가 됐다. 이런 사정은 과학에 대한 공격에도 마찬가

27 Horkheimer, "Zum Rationalismusstreit in der gegenwärtien Philosophie," *ZfS* Ⅲ. 1(1934), p.9.

28 Horkheimer, "Materialismus und Metaphysik," *ZfS* Ⅱ. 1(1933), pp.3~4.

29 "Zum Rationalismusstreit," p.36.

30 *Ibid.*

지였다. **생철학** 첫 세대가 수행한 과학비판은 과학주의의 허세를 바로잡기 위해 필요했지만, 1930년대에 이르자 과학적 사고의 타당성에 대한 무분별한 공박으로 퇴보하고 말았다는 것이다. 호르크하이머는 1937년 "철학이 과학을 포기하면 사적 삶에서 위안이 될 수 있겠으나 사회적으로는 거짓말이다"[31]라고 썼다.

호르크하이머는 1930년대 비합리주의에서 수동성의 이데올로기[32]를 간파했지만, 나치가 잘 활용한 비합리주의에 깃든 동적이고 파괴적인 측면을 간과했다. 호르크하이머식 비합리주의 분석의 맹점이다. 그는 다른 방식으로 비합리주의의 역사적 전개에 관해 풍부한 논의를 펼쳤다. 호르크하이머는 비합리주의의 다양한 유형을 구분하면서 후기 루카치를 포함한 거의 모든 마르크스주의 사상가가 지니고 있던 **생철학**에 대한 적대적인 전통과 결별했다.[33] 그는 생철학의 반체제적 충동을 인정할 뿐만 아니라, 딜타이와 니체의 저서에 나타난 개인에 대한 강조를 제한적이지만 높이 평가했다. 그는 딜타이나 니체처럼 역사를 이해하는 데 개인심리학의 중요성을 믿었다.[34] 이 분야에서 그들의 연구가 비록 호르크하이머가 비판 이론과 통합하기를 희망한 정신분석학처럼 정교하지 않았지만, 호르크하이머는 자유주의와 정통 마르크스주의를 알려준 파산한 공리주의보다 훨씬 쓸모 있다고 생각했다.

딜타이의 방법론에 대한 호르크하이머의 논의[35] 가운데 분명한 것은

---

31 Horkheimer, "Der neueste Angriff auf die Metaphysik," *ZfS* Ⅵ. 1(1937), p.9.

32 카를 만하임도 논문에서 같은 지적을 한다. "Conservative Thought," in *From Karl Mannheim*, ed., Kurt H. Wolff(New York, 1971), pp.213f. 그러나 이 책은 나치가 집권하기 훨씬 전인 1925년에 쓰였다.

33 Lukács, *Die Zerstörung der Vernunft,* in *Werke*, vol.Ⅸ(Neuwied, 1961). 그는 특히 《역사와 계급의식》에 등장한 딜타이, 게오르크 지멜Georg Simmel 그리고 다른 사람과 맺은 자신의 지적 기원을 부인한다.

34 Horkheimer, "Geschichte und Psychologie," *ZfS* I, 1/2(1932).

35 Horkheimer, "The Relation between Psychology and Sociology in the Work of Wilhelm Dilthey," *SPSS* Ⅷ, 3(1939).

역사를 설명하기 위해 단순히 심리학적으로 접근하기를 거부했다는 점이다. 딜타이의 **해석적 정신과학**Verstehende Geisteswissenschaft(자연과학적 방법과 달리 이해하고 추체험하는 고유한 방법에 기초한 사회과학) 개념은 역사 구조의 유의미성에 대한 인식을 포괄하는데, 이 점은 호르크하이머도 의견을 같이했다. 그러나 역사가가 자신이 다루는 대상을 마음속에서 추체험함으로써 직관적으로 파악할 수 있다는 가정은 끝내 인정할 수 없었다. 호르크하이머는 이 개념의 기본이 주체와 대상의 동일성에 대한 헤겔학파의 신념이라고 주장했다. 내면적인 삶에 관한 자료를 가지고 과거의 중요한 구조를 밝혀낼 수는 없다. 과거는 반드시 인간이 의식적으로 만든 것은 아니기 때문이다. 마르크스가 지적한 것처럼 과거는 "개인의 등 뒤에서, 때로는 개인의 의지에 역행해서" 만들어진다. 역사가 항상 그렇게 만들어지진 않는다는 지적은 별개의 문제다. 신은 자연을 만들고 인간은 역사를 만들었기 때문에 인간은 자연보다 역사를 잘 이해한다고 처음 말한 잠바티스타 비코는 호르크하이머가 숭배한 지적 영웅 가운데 한 사람이다.[36] 그러나 인간이 역사를 만들었다는 비코의 주장은 목표가 그렇다는 것이지 현실이 그렇다는 의미가 아니다. 호르크하이머는 인간이 역사적 사건을 의식적으로 결정하는 것보다 의식적인 결정에서 역사가 멀어지는 것이 현재 삶의 추세라고 다소 비관적인 어조로 언급했다. 그렇기에 역사는 딜타이의 희망처럼 단순히 '이해'될 수 있는 것이 아니라 오히려 '설명'돼야 할 것이다. 호르크하이머는 딜타이의 방법론적 전망을 만족시킬 수 있는 사회 조건에 도달할 수 있으리라는 희망까지 저버리지는 않았다.

니체에 대한 호르크하이머의 감탄 역시 딜타이에 대한 호르크하이머의 태도처럼 복합적이다. 호르크하이머는 1935년에 니체가 개인을

---

36 비코에 대한 논의는 다음 문헌을 참고하라. Horkheimer, *Anfänge der bürgerlichen Geschichtsphilosophie*(Stuttgart, 1930).

지나치게 강조하고 사회문제에 눈감는 부르주아 철학자라고 주장했다.[37] 그러나 이내 니체를 1930년대 비합리주의자들과 동일시하는 사람에 대항해 그를 옹호하고 나섰다. 카를 야스퍼스Karl Jaspers의 니체 연구를 세밀하게 검토한[38] 호르크하이머는 야스퍼스가 니체를 **인기 영합적 국가주의자**völkisch이자 종교적 소비의 대상으로 '길들이려' 한다고 혹평했다. 그는 니체의 비타협적 비판성을 가장 높이 평가했다. 예컨대 호르크하이머는 확실한 지식의 문제에서도 "위대한 진리는 비판받기를 바라지 우상화되기를 원하지 않는다"[39]는 니체의 진술을 격찬했다.

호르크하이머는 한편 전통적인 서구 도덕성의 자기 학대적 성향을 비판하는 니체에게 깊은 감명을 받았다. 그는 니체가 금욕주의 사례에서 나타나는 것처럼 인간의 정신적 고통이 사회적 규범으로 변형되는 과정과 그 규범이 기독교 윤리의 '노예적인 도덕성'[40]을 통해 서구 문화에 스며드는 과정에 처음 주목한 사람이라고 논평했다.[41] 호르크하이머는 니체의 사상 가운데 논란거리에는 그 부적절함을 완화하는 경향이 있다. '초인'에 대한 니체의 천진난만한 찬양을 호르크하이머는 니체가 고독에 빠진 대가였다고 말해서 교묘하게 설명을 피했다. 계급 없는 사회라는 목표에 몹시 적대적인 니체의 태도를 호르크하이머는 니체 시대에 계급 없는 사회라는 목표를 위해 싸운 유일한 집단이 사회민주당인데, 사회민주당의 심성은 니체의 주장처럼 저속하고 평범했다고 언급해

---

37 "Zum Problem der Wahrheit," p.361.

38 Horkheimer, "Bemerkungen zu Jaspers' 'Nietzsche'," *ZfS* VI. 2(1937).

39 "Zum Problem der Wahrheit," p.357.

40 "Zum Rationalismusstreit," p.44.

41 테오도르 아도르노는 어니스트 뉴먼Ernest Newman의 빌헬름 리하르트 바그너Wilhelm Richard Wagner 전기에 대한 서평에서 이와 유사한 지적을 한다. *Kenyon Review*, vol.IX. 1(Winter. 1947). 그는 니체의 부정주의는 인간적인 체하는 거짓된 세계에서 진정으로 인간적인 것을 표현하는 것이라고 썼다. 니체의 "동양 문화의 억압적인 성격에 대한 독창적인 논증"이야말로 그와 바그너를 구별해준다는 것이다.

서 니체의 과실을 슬쩍 눈감는다. 호르크하이머는 니체가 대중문화의 발전으로 혁명적 역할에서 차차 벗어나기 시작한 노동계급을 낭만적으로 묘사하지 않은 것은 퍽 통찰력 있는 태도라고 주장했다. 그러나 민주화는 필연적으로 참된 문화를 희석할 뿐이라고 간주한 니체의 반역사적인 신념에서 문제를 발견한다. 니체가 자신의 엘리트주의적인 결론을 정당화하려고 노동은 변하지 않는 것이라고 절대화하여 노동의 역사적 성질을 오해한 점도 문제다. 요컨대 호르크하이머는 부르주아 도덕성의 역사적 근원을 그토록 폭로한 니체가 반역사적 사고의 희생물로 전락했음을 강력하게 주장했다.

호르크하이머는 **생철학**을 대표하는 세 번째 거장이자, 파리 체류 중 연구소의 실질적인 스폰서 가운데 한 사람인 앙리 베르그송에 대해 훨씬 비판적이었다.[42] 그는 베르그송의 추상적 합리주의 비판이 보여준 예리한 논증을 인정하면서도 사유의 밑바닥에 형이상학적 동경이 있음을 문제 삼았다. 호르크하이머는 보편적인 생명의 힘을 탐지하는 기관으로서 직관에 대한 베르그송의 신념을 이데올로기에 불과하다고 일축한다. "베르그송은 인식의 문제와 마찬가지로 역사의 문제에도 직관에서 해결책을 발견하고자 했으나, 이때의 직관은 생, 에너지, 지속, 창조적 진화 같은 통합된 대상이 있다. 현실적으로 인류는 분열됐고, 여러 모순된 것을 꿰뚫어 보려는 직관은 역사상 무엇이 결정적인 것인지 제대로 보지 못한다."[43] 호르크하이머는 현실을 떠받드는 저 밑바닥을 뚫어 보는 기관으로서 개념의 중재를 거치지 않은 직관 사용을 혐오했다. 이런 적개심은 셸러나 후설 같은 현상학자가 유사한 시도를 하는 데도 적용된다.

베르그송 스스로 "내 작업을 제대로 심화"했다거나 "철학적으로 매

---

42 Horkheimer, "Zu Bergsons Metaphysik der Zeit," *ZfS* Ⅲ, 3(1934), 베르그송의 *Les deux sources de la morale et de la religion*에 대한 호르크하이머의 서평을 보라. *ZfS* Ⅱ, 2(1933).

43 *Les deux sources*에 실린 서평. p.106.

우 통찰력 있다"[44]고 평가한 시간의 형이상학을 주로 다룬 논문에 대해 호르크하이머는 '경험된' 시간과 자연과학자가 생각하는 추상적 시간을 구분한 베르그송을 지지했다. 그러나 호르크하이머는 이내 베르그송이 시간성의 형이상학을 집필하려고 한 데서 오류를 저질렀다고 덧붙인다. 다시 말해 베르그송은 시간성의 형이상학을 의도해 **지속**durée으로서 시간이라는 관념에 이르렀는데, 이는 자연과학의 시간관념처럼 추상적이고 공허하다는 것이다. 호르크하이머는 현실을 끊임없는 흐름으로 보는 베르그송의 관점이 생로병사라는 현실을 무시한다고 생각했다. 그것은 현재를 절대적인 것이라 간주하는 행위이므로 부지불식간에 실증주의자의 오류를 반복한다는 것이다. 호르크하이머는 참된 경험은 도리어 그런 동질화에 저항해야 한다고 주장한다. 그렇기에 역사가의 임무는 고통스런 기억을 보존하고 질적인 역사 변화에 대한 요구를 육성하는 것이다.

생철학에 대한 호르크하이머의 저작에서는 세 가지 비판이 반복된다. 이 비판을 상세하게 검토하면 우리는 비판 이론의 토대를 더 잘 이해할 수 있을 것이다. 첫째, 생철학자가 개인을 현대사회의 위협에서 구출하려고 했다는 점에서 옳았다고 해도 주관성과 내면성을 지나치게 강조해 극단으로 치달았다. 즉 그들은 주관성과 내면성을 강조한 나머지 역사 세계에서 행동의 중요성을 최소화한 것이다. 둘째, 니체의 금욕주의 비판과 같은 예외적인 사례도 있지만 생철학자는 대체로 현실의 물질적 차원을 무시하는 경향이 있다. 셋째, 부르주아적 합리주의가 추상적이고 형식적 측면으로 퇴보하는 것을 비판할 때 생철학자는 부르주아적 합리주의의 퇴보를 과장했고, 이성을 거부하는 것처럼 보였다. 생철학은 이성을 거부함으로써 결국 20세기에 생철학을 통속화한 자들의 완전

---

44 Horkheimer, *Kritische Theorie*, vol. I, p.175. 1935년 1월 24일 셀레스탱 부글레가 보낸 편지에서 인용.

히 넋 빠진 비합리주의로 귀착된 것이다.

예상대로 호르크하이머가 부르주아적 개인주의라는 문제에 보인 관심은 칸트와 **내면성**Innerlichkeit의 기원에 대한 고찰로 거슬러 올라간다.[45] 호르크하이머는 칸트철학의 이원론적 요소로 의무와 관심의 간극에 대해 언급한다.[46] 실천이성에 의해 깨닫는 개인적 도덕성은 공적인 윤리에서 멀어져 내면화된 것이다. 공적 윤리와 사적 윤리의 대립에 가교를 놓은 것을 강조했다는 점에서 헤겔의 **인륜성**人倫性, Sittlichkeit이 칸트의 **도덕성**Moralität보다 위에 있다. 그럼에도 칸트는 19세기 초의 제반 조건을 훨씬 더 정확하게 반영한다. 그 시대에 개인적 도덕성과 공적인 윤리에, 혹은 자기 이해와 보편적 도덕률에 조화가 있다고 가정하면 외부 질서의 현실적인 비합리성을 묵인하는 꼴이 되기 때문이다. 칸트는 이런 모순을 변하지 않는 것으로 간주했다는 점에서 잘못을 범했다. 개인과 사회를 무조건적으로 구분함으로써 칸트는 역사의 특정 시기에서만 유효한 조건을 자연적 조건인 것처럼 간주함으로써 자신도 모르는 사이에 종전 현상을 긍정한 것이다. 생철학도 이 점 때문에 실패했다. 나중에 호르크하이머와 프랑크푸르트학파의 다른 구성원은 주관성과 개성을 강조하는 것보다 거짓된 총체주의totalism 깃발 아래 주관성과 개성을 제거하는 것이 위험하다고 믿었다. 잘못된 총체주의에 대한 공포는 더 커져 아도르노는《미니마 모랄리아》에 자주 인용되는 '전체는 진리가 아니다'라는 경구를 쓸 정도였다.[47] 호르크하이머와 동료들은 1930년대에 칸트부터 생철학자에 이르는 부르주아 사상가에게서 나타나는 개성의 과잉 강조를 염려했다.

---

45 그러나 칸트는 내면성이 종교개혁에 기원을 두고 있음을 무시하지 않았다. 예컨대 Horkheimer, "Montaigne und die Funktion der Skepsis," *ZfS* Ⅶ, 1(1938), pp.10~13에 있는 그의 루터에 대한 논의를 참조하라.

46 Horkheimer, "Materialismus und Moral," *ZfS* Ⅱ, 2(1933), p.165.

47 Adorno, *Minima Moralia*(Frankfurt, 1951), p.80.

호르크하이머는 칸트가 가정한 도덕적 명령도 문제 삼았다. 이기적인 사리사욕과 무관한 어떤 도덕적 충동이 실제로 존재한다는 데 동의한다 해도 그런 도덕적 충동은 칸트 시대 이후 줄곧 변해왔다는 것이다. 도덕적 명령이 19세기 초반에 의무라는 말로 표현됐다면, 오늘날은 연민 혹은 정치적 관심으로 나타난다. 호르크하이머에 따르면 연민은 인간이 더는 자유로운 주체가 아님을, 오히려 자신의 통제를 넘어선 권력의 한 대상물로 격하됐음을 자각할 때 생긴다.[48] 이는 칸트도 경험하지 못했다. 그는 적어도 기업가에게는 막대한 개인적 자유가 부여된 시대에 살았기 때문이다. 칸트는 도덕성의 표현으로서 정치적 행동을 일축했다. 그는 개인적 양심의 중요성을 강조했고, 종전 현상을 물화하는 경향이 있었다. 20세기에 정치는 도덕적 행동의 적절한 영역이 됐다. 역사상 처음으로 "정의 실현이 역사의 과업이라 여길 수 있을 정도로 인류의 부가 증가했기 때문이다. 정의를 성취하려는 싸움이 전환기라는 우리 시대를 특징짓는다".[49] 칸트 같은 초기 부르주아 사상가나 **생철학자** 같은 후기 부르주아 사상가는 자신의 도덕관을 실현할 정치적 **프락시스**가 필요함을 감지하지 못한 것이다.

호르크하이머가 니체와 딜타이, 베르그송을 반대한 두 번째 이유는 그들이 사실상 숨어 있는 관념론자라고 판단했기 때문이다. 그에 반해 호르크하이머는 유물론적 사회 이론을 제안했다. 물론 그가 제안하는 유물론적 사회 이론은 정통 마르크스주의가 주도하던 억측에 가까운 유물론과 분명하게 구별된다. 그는《사회연구》지에 게재한〈유물론과 형이상학Materalismus und Metaphysik〉에서 유물론을 단순히 유심론의 반의어나 비물질적 존재에 대한 부정으로 파악하는 사람에게서 구출한다.[50] 진

48 "Materialismus und Moral," pp.183~184.

49 *Ibid.*, p.186.

50 Horkheimer, "Materialismus und Metaphysik," *ZfS* Ⅱ, 1(1933).

정한 유물론은 물질의 존재론적 우위에 기초한 일원론적 형이상학의 새로운 유형을 뜻하지 않는다는 것이다. 여기서 카를 포크트Karl Vogt와 에른스트 하인리히 헤켈Ernst Heinrich Haeckel 같은 19세기 기계론적 유물론자가 오류를 범했으며, '객관적'일 뿐인 물질세계를 물신화物神化하는 마르크스주의자도 마찬가지다. 사회의 경제적 하부구조에 영구적인 우위를 부여하는 가정도 오류다. 자본주의에서 경제적 기반이 결정적인 역할을 한다 해도, 사회의 하부구조와 상부구조는 언제나 상호작용하면서 영향을 주고받는다. 상호작용의 조건은 오직 역사적이며 그래서 시간에 따라 변함을 이해해야 한다. 사실 정치가 마르크스가 예견한 것을 넘어 자율성을 주장하기 시작한 것은 20세기 사회의 특징 가운데 하나다. 레닌주의와 파시즘의 관행이 그런 변화를 입증한다.

호르크하이머는 유물론을 과거에 관념론이 한 방식대로 절대적 확실성이라고 주장하고 하나의 인식론으로 승격하는 속류 마르크스주의 경향을 싫어했다. 유물론적 인식론이 현실을 남김없이 설명할 수 있다는 주장은, 피히테적인 관념론이 생생하게 보여주듯이 세계를 지배하고 싶어 하는 충동을 강화하겠다는 것과 같다. 홉스까지 거슬러 올라가는 일원론적 유물론이 결국 자연을 조작하고 지배하려는 태도에 도달한다는 사실로도 입증된다.[51] 사족을 덧붙이면 인간의 자연 지배라는 주제는 나중에 프랑크푸르트학파의 핵심적인 관심사가 되기도 했다.

호르크하이머는 절대적 지식에 도달할 수 없다고 해도 유물론이 상대주의적 체념 상태로 떨어져선 안 된다고 생각했다. 속류 마르크스주의가 고수하는 일원론적 유물론의 인식론은 너무 수동적이었다. 근 100년 전 마르크스의 루트비히 포이어바흐Ludwig Feuerbach 비판[52]에 공감한

51 *Ibid.*, p.14.

52 Karl Marx, "Theses on Feuerbach," *Marx and Engels, Basic Writings on Politics and Philosophy*, ed., Lewis S. Feuer(New York, 1959), p.243.

호르크하이머는 관념론도 주장하는 인식의 능동적인 요소를 강조했다. 그는 비록 물화에 감춰지는 경향이 있지만, 지각 대상 자체가 인간 활동의 소산이라고 주장한다. 실로 자연에는 두 가지 의미에서 역사적 요소가 있다. 인간은 시대에 따라 자연을 달리 이해하고, 자연을 능동적으로 변화시키려고 노력하기 때문이다. 따라서 그는 참된 유물론은 변증법적이라고 주장한다. 즉 유물론은 주체와 대상이 상호작용하는 점진적인 과정을 포함한다. 여기서 호르크하이머는 19~20세기 중간만 해도 여전히 모호하던 마르크스주의의 헤겔적 기반으로 되돌아간다. 그는 마르크스와 마찬가지로, 그러나 스스로 마르크스주의자라고 공언하는 사이비 마르크스주의자들과 달리 변증법을 인간의 통제 밖에 있는 객관적인 과정으로 물신화하는 것을 거부했다. 그는 변증법을 무질서하고 복잡다단한 현실을 이해하기 위한 베버의 이념형ideal type과 같은 방법론적인 구조물이나 사회과학적 모델이라 여기지도 않았다. 변증법은 아도르노의 표현을 빌리면[53] 의식과 존재, 주체와 대상 사이에 있는 '힘의 장場, force-field'에 대한 탐구다. 변증법은 존재론적인 제1원리를 발견한 것처럼 말하지 않았고, 그럴 수도 없었다. 명목론과 실재론의 양극단을 배격한 변증법은 도리어 판단 중지의 영구적인 상태에서 작용한다.

이런 이유로 **매개**Vermittlung라는 개념은 올바른 사회이론을 구성하기 위해 결정적으로 중요하다. 사회를 관찰하는 사람은 사회 현실의 어떤 단면도 그 자체로 궁극적이고 완전무결하다고 이해할 수 없다. 실증주의자들이 믿는 것처럼 사회 이론의 기층基層이 될 어떤 사회적 '사실'도 없었다. 대신 특수와 보편이, '모멘트'*와 총체성의 항구적인 상호작용이 있을 따름이다. 루카치도《역사와 계급의식》에 다음과 같이 썼다.

---

53 Adorno, *Zur Metakritik der Erkenntinistheorie*(Stuttgart, 1956), p.82.

* 독일어 **모멘트**Das Moment는 누적적인 변증법적 과정의 한 국면 혹은 양상을 의미한다. 영어에서 시간상의 순간을 뜻하는 **모멘트**와 혼동해선 안 된다. — 원주

경험적 현실을 유보한다는 것은 오직 경험적 세계의 대상이 하나의 총체성을 구성하는 대상으로서, 즉 역사 변동의 과정에서 포착되는 전체적 사회 상황의 여러 국면으로서 이해돼야 한다는 것을 의미할 수 있을 뿐이다. 그러므로 매개의 범주는 경험적 세계의 직접성을 극복할 수 있는 지렛대이며, 매개는 외부에서 대상에 억지로 삽입한 (주관적인) 어떤 것도 아니다. 그것은 가치판단도 아니며, 그 대상의 '존재is'에 대립하는 '당위ought'도 아니다. **그것은 오히려 존재의 진정한 객관적 구조를 표현하는 것이다.**[54]

더욱이 전체와 각 모멘트의 관계는 상호적이다. 속류 마르크스주의자들은 사회경제적 하부구조의 기저에서 상부구조의 문화 현상을 환원주의적으로 유도하는 잘못을 저질렀다. 호르크하이머와 그의 동료들에게 문화는 완전히 자율적이지 않더라도 결코 부수 현상이 아니었다. 문화가 사회의 물질적 하부구조와 맺은 관계는 매우 다원적이다. 모든 문화 현상은 단순히 계급 이해를 반영한 것이 아니라 사회적 총체성을 통해 매개한 현상으로 봐야 한다. 즉 문화 현상이 종전 현상을 부정하는 세력을 포함한 사회 전체의 제반 모순을 드러낸다는 의미다. 유일하게 이데올로기적인 것은 없다. 적어도 거의 없다고 봐야 한다.[55]

호르크하이머는 이렇게 주장함으로써 자칭 정통 마르크스주의자라고 하는 사람보다 훨씬 마르크스에 가까워졌다. 예컨대 마르크스는 부르주아국가를 논할 때도 국가가 단지 '지배계급의 집행위원회'라고 해석하지 않았다. 그는 약간 왜곡됐어도 국가를 프롤레타리아트의 승리가 수행할 사회적 모순의 화해에 대한 예시로 이해한 것이다.[56] 마찬가지로

---

54 Lukács, *History and Class Consciousness*, p.162(볼드체는 원문).

55 연구소 작업 가운데 이런 부분을 사색한 사례는 다음을 보라. Adorno, "Veblen's Attack on Culture," *Prisms,* trans., Samuel and Shierry Weber(London, 1967). 여기서 그는 '과시적 소비'(p.87)에 대해 논한다.

56 이렇게 지적하는 마르크스의 국가에 대한 태도는 다음 책을 참고하라. Avineri, *Social and*

엥겔스는 문학에서 리얼리즘을 논할 때 모든 모순을 가지고 구체적인 총체성으로 묘사하는 능력 때문에 오노레 드 발자크Honoré de Balzac처럼 표면상 반동적으로 보이는 작가에게도 진보적 요소가 있음을 인정했다. 미학과 문화 문제에 관한 연구소의 광범한 작업도 이와 같은 가정에 뿌리내리고 있다.

총체성을 강조하는 호르크하이머는 다른 사회 이론가들이 현실의 여러 다른 양상을 배제하고 오직 한 양상에 치중한다고 비판한다. 이는 프랑크푸르트학파가 종종 물신화라고 공박한 방법론적인 오류 가운데 하나로 이어졌다. 경제학자 그로스만 같은 연구소 내 정통 마르크스주의자들은 사회의 물질적 하부구조를 지나치게 강조한다고 늘 비판받았다. 다양한 분야로 섬세하게 분화된 연구소의 저작물에는 사회를 분석하는 과정에서 파악해야 하는 변증법적 매개의 총체성을 중요하게 여긴 연구소의 입장이 반영됐다.

호르크하이머가 변증법을 강조한 것은 논리에 대한 이해로 확장된다. 그는 헤겔이 자신의 논리적 범주를 옹호하기 위해 내세운 터무니없는 존재론적 주장을 거부했지만, 단순한 형식논리보다 실체 논리가 필요하다는 데는 동의했다. 호르크하이머는《여명》에 다음과 같이 썼다. "논리는 내용과 독립해 있을 수 없다. 인류 가운데 몇몇 혜택받은 부류에게는 지극히 값싼 것이라도 다른 사람은 감히 손대지 못할 것일 수 있다는 점을 감안할 때, 초당파적 논리는 만인이 평등하다고 주장하는 법률서적만큼이나 초당파적이다."[57] (법률을 그것의 정치적 기원에 관련시키지 않고 재판의 보편성만 의미하는 **법치국가**Rechtsstaat의 이념인) 부르주아 법률이나, (범주적 명령의 형태를 띠는) 부르주아 도덕설이나, 부르주아 논리의 특징이 되는 형식주의도 한때는 진보적이었다. 지금은 결국 종전 현상을 영구히

Political Thought of Marx, pp.202f.

57 *Dämmerung*, p.18.

고착하는 데 협조하고 있을 뿐이다. 참된 합리주의도 마땅히 그래야겠지만, 참된 논리는 형식을 뛰어넘어 실제적인 요소까지 포함하지 않으면 안 된다.

이런 실체적 요소가 정확하게 무엇인지 말하기는 쉽지 않다. 실체 논리는 요구하기는 쉬워도 설명하기는 어렵다. 설명하기보다 요구하기가 쉽다. 호르크하이머의 유물론 개념에서 드러난 이런 불가지론은 철학적 인간학의 가능성에 관한 그의 견해에도 이어진다. 그는 항구적인 인간 본성을 발견하려는 막스 셸러의 노력을 상대주의적인 세계에서 절대적인 의미를 찾으려는 무모한 추구에 지나지 않는다고 매도했다.[58] 영원한 본질의 보증물을 얻으려 한 현상학자들의 열망은 결국 모든 자기기만의 근원이었으며, 아도르노와 마르쿠제는 각각 후설과 셸러의 비판에서 이 점에 공감했다.[59]

따라서 비판 이론은 '사회주의적 인간'에 대한 명확한 기술을 공식화할 필요성이나 그럴 가능성을 부인했다. 일부 주석자의 해석을 참조하면, 인간학적 사변에 대한 이런 혐오감은 과학적 사회주의가 남긴 영향이라 볼 수 있다.[60] '과학적' 사회주의를 단지 '공상적' 사회주의의 반의어로 이해한다면 옳다. 그러나 철학을 과학으로 환원하려는 태도에 적대적인 프랑크푸르트학파의 관점에서 보면 과학적 사회주의는 부분적인 설명밖에 되지 않았다. 더 유력한 다른 요인을 찾자면 호르크하이머도 나중에 강조한[61] 종교적 주제의 숨은 영향이었다. 프랑크푸르트학파 구성원을 교조적인 무신론자로 취급한다면 잘못이다. 호르크하이머의 종

---

58 Horkheimer, "Bemerkungen zur Philosophischen Anthropologie," *ZfS* IV, 1(1935), p.5.

59 Adorno, *Zur Metakritik der Erkenntnistheorie*; Marcuse, "The Concept of Essence," *Negations: Essays in Critical Theory*, trans., Jeremy J. Shapiro(Boston, 1968). 원래 *ZfS* V, 1(1936)에 실림.

60 Anon., "From Historicism to Marxist Humanism," p.598.

61 《슈피겔Der Spiegel》에서 〈또 다른 희망을 위하여Auf das Andere Hoffen〉라는 제호로 진행한 호르크하이머 인터뷰를 보라(1970년 1월 5일).

교에 관한 거의 모든 논의를 살펴보면 그가 종교에 변증법적인 입장을 취하는 것을 알 수 있다.[62] 예를 들어 호르크하이머는《여명》에서 종교를 순전히 거짓된 의식으로 이해해선 안 된다고 주장한다. 종교는 부르주아적 무신론이 부정한 미래의 정의에 대한 희망을 보존해주기 때문이라는 것이다.[63] 따라서 신과 천국을 함부로 명명하거나 묘사하지 못하게 한 전통적인 유대인 특유의 금지가 유토피아적 환상에 실체를 부여하는 것을 거부한 비판 이론에 재현된다는 그의 최근 주장도 어느 정도 신뢰할 만한 것이다. 하버마스가 지적했듯이, 독일 관념 철학이 그들의 유토피아 개념을 육화하기를 애써 꺼린 것은 형상보다 말씀을 강조하는 유대교 신비 철학 카발라와 매우 흡사하다.[64] 아도르노가 부르주아 문화를 탐구하고 그 문화의 부정적 징조를 찾아내는 제1 매체로서, 미적 양식 중 가장 비재현적인 음악을 택한 결정은 이런 유대교적 금지의 지속된 힘을 보여준다. 연구소와 관련을 맺은 주요 인물 가운데 유일하게 마르쿠제가 연구소 재직 중에 긍정적 인간학을 표명하려고 시도했다.[65] 마르쿠제가 인간학을 시도한 것이 유대인 특유의 그런 금기가 이유였는지, 단순한 **사후적인** 합리화였는지 확실하게 입증할 수는 없다. 이유야 무엇이든 비판 이론은 '자유의 왕국'을 '필연의 왕국'이라는 우월적 관점에서 서술하려는 시도에 지속적으로 저항했다.

호르크하이머의 저술에도 암묵적이지만 여전히 강력한 일종의 부정적 인간학이 드러났다. 부정적 인간학은 어느 정도 프로이트에 뿌리내

62 예를 들어 "Montaigne und die Funktion der Skepsis," pp.21, 45와 "Zum Problem der Wahrheit," p.363을 보라.

63 *Dämmerung*, p.116.

64 Jürgen Habermas, "Der deutsche Idealismus der jüdischen Philosophen," *Philosophisch-politische Profile*(Frankfurt, 1971), p.41. 호르크하이머가 다음 문헌에서 이와 유사한 지적을 한다. Horkheimer, "Über die deutschen Juden," *Zur Kritik der instrumentellen Vernunft*, p.311.

65 H. Marcuse, *An Essay on Liberation*(Boston, 1969), pp.6f.

리고 있지만, 마르크스의 저술에서 기원을 찾을 수 있다. 마르크스는 인간 본성의 적나라한 모습을 밝혀 정립해보고자 한 포이어바흐에 관해 논하면서, 그의 시도는 비시간적이고 추상적일 뿐만 아니라 반역사적인 전제에 의존한다고 공격했다. 마르크스는 자신을 새롭게 창조할 수 있는 인간의 능력만 인정했다. 이후 마르크스 주석가들이 사용한 '인류 생성사Anthropogenesis'[66] 개념이 마르크스가 유일하게 인간의 변하지 않는 본성이라 언급한 것이었다. 여기서 호르크하이머는 좋은 사회란 인간이 의존적 주체가 아니라 자유로운 주체로 활동하는 사회라는 마르크스의 주장에 전적으로 동감한다.

그러나 호르크하이머는 마르크스가 《경제학-철학 수고》에서 인간의 자기생산 범주를 정의하려고 시도하자, 의견을 달리하기 시작한다. 마르크스 저서에서 노동이 차지하는 핵심적 위치와 그가 강조한 자본주의 사회에서 노동 소외 문제는 호르크하이머의 저작에서 상대적으로 미약한 역할을 한다. 호르크하이머는 《여명》에 썼다. "노동을 인간 행위의 어떤 초월적 범주로 각색한다면, 그것은 곧 금욕주의적인 이데올로기에 불과하다. ……사회주의자는 노동이라는 일반개념에 매달리기 때문에 자본주의 프로파간다의 전달자가 되는 것이다."[67]

베냐민과 아도르노도 노동에 대해서 호르크하이머와 같은 의견이었다. 베냐민이 볼 때 노동을 강조하는 속류 마르크스주의자는 "노동을 통한 자연 지배라는 진보만 알았지, 노동이 가져올 사회의 퇴행은 깨닫지 못한 것이다. 노동은 나중에 파시즘에서 마주칠 기술 관료적 특징을 드러내고 있다. ……새로운 노동 개념은 프롤레타리아트 착취와 대비되는 자연 착취나 마찬가지다. 노동에 대한 이런 실증주의적 개념과 비교해 보면 사람들이 황당무계하다고 조롱한 샤를 푸리에Charles Fourier의 공상

66 Avineri, *Social and Political Thought of Marx,* p.85.

67 *Dämmerung,* p.181.

은 오히려 건전한 것임이 입증된다".[68] 나는 1969년 3월 프랑크푸르트에서 아도르노와 이야기를 나눴는데, 그는 마르크스가 전 세계를 거대한 노동의 집으로 개조하고 싶어 했다고 말했다.

노동의 물신화에 대한 호르크하이머의 적대감은 호르크하이머식 유물론의 또 다른 차원인 인간의 물질적 행복에 대한 요구를 표현한다. 그는 〈에고이즘과 해방운동Egoismus und Freiheitsbewegung〉[69]에서 부르주아 문화의 개인적 만족에 저항감을 토로한다. 제러미 벤담Jeremy Bentham이나 버나드 맨더빌Bernard Mandeville의 공리주의가 있음에도 초기 부르주아 시대의 이데올로기적 특징은 어디까지나 칸트적이었다.[70] 칸트는 개인적 이해와 공적인 도덕성의 통일을 보지 못했기에 행복과 의무를 구분할 수밖에 없었다. 칸트가 행복과 의무를 모두 중요하게 여겼다고 해도, 자본주의가 충분히 성숙한 무렵에는 전체에 대한 의무가 강조된 나머지 개인적 만족은 완전히 무시당하기에 이르렀다. 자본주의는 진정한 개인의 행복을 억압한 것에 대한 보상으로 대중오락을 고안해서 불만의 꼬투리를 제거했다.[71] '문화 산업'에 관한 연구소의 후기 연구는 이런 보상이 얼마나 효과적이었는지 밝혀내려고 한 것이다.

그러나 호르크하이머는 이른바 혁명운동도 개인의 행복에 대한 부르주아적 적대감을 영속시켰다고 주장했다.[72] 콜라 디 리엔치Cola di Rienzi가 통치한 14세기 로마 사람과 지롤라모 사보나롤라Girolamo Savonarola 시대 피렌체 사람은 더 숭고한 선善이라는 명목으로 개인의 행복을 억압한

---

68 Walter Benjamin, *Illuminations*, trans., Harry Zohn, with an intro., by Hannah Arendt(New York, 1968), p.261.

69 Horkheimer, "Egoismus und Freiheitsbewegung," *ZfS* V, 2(1936).

70 마르쿠제도 논문에서 비슷한 점을 지적했다. Marcuse, "The Affirmative Character of Culture," *Negations*, p.119, 원래 *ZfS* VI, 1(1937)에 실림.

71 Horkheimer, "Egoismus und Freiheitsbewegung," p.171. 마르쿠제도 나중에 이 생각을 '억압적 승화'라는 정신분석학적 개념으로 확대했다.

72 *Ibid.*, pp.174~215.

것으로 끝나는 혁명운동의 두 가지 분명한 사례다. 프랑스혁명조차 특히 공포시대야말로 이 주제를 두드러지게 보여준다. 막시밀리앙 로베스피에르Maximilien Robespierre는 리엔치나 사보나롤라처럼 민중에 대한 사랑과 무자비한 탄압을 혼동했다. 호르크하이머가 지적한 대로 혁명이 가져온 평등은 단두대가 이룩한 부정적인 평준화, 존엄성보다 퇴보의 평등이었다. 20세기에 같은 현상이 파시즘에서 나타났다. 히틀러와 무솔리니는 낭만적인 감상주의와 철저한 무자비성의 전형적인 부르주아적 결합을 극단적으로 표현했다. 개인의 행복을 희생하고 전체에 대한 의무와 봉사를 강요하는 이데올로기는 파시즘의 수사학에서 궁극적인 표현을 얻은 것이다. 파시스트의 혁명적 가식은 지배계급의 권력을 영구화하려고 꾸민 사기에 불과하다.

호르크하이머는 자기희생이라는 부르주아 윤리와 대조적으로 이기주의의 존엄성을 옹호한다. 계몽주의 시대에 클로드 아드리앵 엘베시우스Claude Adrien Helvétius와 마르키스 드 사드Marquis de Sade는 약간 왜곡되긴 했어도 더 높은 도덕성이라는 구실로 억제된 금욕주의에 항거했다. 니체는 서구 문화에 내재된 자기부정과 분노의 관계를 폭로했다. 호르크하이머는 인간의 행복에 있는 사회적 성분을 강조하는 점이 이들과 다를 뿐이다. 호르크하이머의 자기중심적인 개인은 공리주의자나 니체가 생각한 개인과 달리 공공의 행위로 최대 행복을 실현한다. 호르크하이머는 철학에서 주체와 대상의 배척을 부정한 것처럼 개인과 사회를 대립 개념으로 사물화하는 태도에 늘 도전했다.

개인의 행복도 유물론을 구성하는 요소라는 연구소의 입장은 마르쿠제가 1938년《사회연구》지에 기고한 논문〈쾌락주의에 대한 비판Zur Kritik der Hedonismus〉으로 더 발전된다.[73] 마르쿠제는 '역사의 진보라는 관

73 Marcuse, "On Hedonism," *Negations*. 원래 "Zur Kritik der Hedonismus," *ZfS* VI, 1(1938)에 실림.

점에서 일반행복론에 대항해 싸운'[74] 헤겔과 대조적으로, 행복을 강조하는 데서 진리의 '모멘트'를 보존하기 위해 쾌락주의 철학을 지지했다. 하지만 쾌락주의 철학은 경쟁적인 개인을 인간 발달의 최고 상태로 간주하며 맹목적으로 수용하는 오래된 오류를 범했다. 마르쿠제는 쾌락주의의 한계에 대해 다음과 같이 서술했다. "쾌락주의는 행복을 추상적으로 이해하고, 참된 욕구와 거짓 욕구, 참된 관심과 거짓 관심, 참된 향락과 거짓 향락을 구별할 줄 모른다는 점에서 변명의 여지가 없다."[75] 마르쿠제는 쾌락을 고상한 것과 저속한 것으로 구별하는 관점을 견지함으로써 쾌락주의에 대한 키레네학파 유형보다 에피쿠로스학파 유형에 근접했다. 그는 〈쾌락주의에 대한 비판〉에서 양자에 대해 자세히 다룬다. (이런 점에서 마르쿠제는 《공리주의Utilitarianism》에서 쾌락을 이와 유사하게 구분한 존 스튜어트 밀John Stuart Mill과 의외로 공통점이 있다.) 그가 설명하듯이 "어떤 강력한 의지에 굴복함으로써 생기는 자기 비하에서 오는 쾌락, 타인을 나락에 떨어뜨림으로써 드는 쾌락, 성욕을 충족하기 위한 여러 대용물에서 맛보는 쾌락, 무의미한 자기희생이나 전쟁이 낳은 영웅주의에서 누리는 쾌락은 진정한 쾌락이 아니다. 사람은 자기 충족적인 충동과 욕구로 더 자유롭지 못하고, 더 맹목적으로 변하며 그래서 더 비참해지기 때문이다".[76]

그러나 예상대로 마르쿠제는 더 높은 형태의 행복이 현재의 조건 속에서도 성취될 수 있을 것이라는 반역사적 신념을 비난했다. 그는 행복을 소비로, 레저를 생산노동의 임시적 면제로 여기는 제한된 쾌락주의는 소외된 노동이 지배적인 사회에서나 타당한 판단이라고 주장했다. 노동이 소외된 사회가 영구적으로 지속될 것이라고 가정할 수는 없다.

---

74 *Ibid.*, p.160.

75 *Ibid.*, p.168.

76 *Ibid.*, p.190.

역사가 어떻게 변화할지 예측하기는 어려운데, "적대적인 노동과정에 통합된 개인은 자신의 행복이 무엇인지 판단할 수 없을 것으로 보이기 때문이다".[77] 의식은 스스로 변화시킬 수 없다. 변화의 추동력은 외부에서 와야 한다.

> 부자유가 욕구의 만족이 아니라 욕구 자체에 숨어 있는 한 욕구가 우선적으로 해방돼야 한다. 욕구는 교육이나 인간의 도덕적 갱신이 아니라 공동체의 생산수단 배치를 통해, 사회 전체의 요구와 필요에 응하는 생산과정 재조정과 노동시간 단축을 통해, 개인을 전 관리 체계에 능동적으로 참여시킴으로써 해방돼야 한다.[78]

마르쿠제는 객관적 사회 발전이라는 정통 마르크스주의자의 용어를 사용하는 위험을 무릅쓰고 정통 마르크스주의자가 주장한 객관적 사회 발전을 강조하는 쪽으로 접근해 들어간 것 같다. 연구소는 **프락시스**의 주관적인 요소를 강조함으로써 객관적 사회 발전이라는 생각을 공격했다. 잠깐 본론에서 벗어나 이야기하자면 사람들의 의식이 완전하게 통제된 사회에서 변화가 어떻게 가능한가 하는 핵심적 문제는 마르쿠제의 후기 저작, 특히《일차원적 인간》에서 마르쿠제를 괴롭히는 난점이었다.[79]

진정한 행복에 도달할 수 있는 수단이 무엇이든 진정한 행복은 자유가 보편적으로 주어졌을 때 비로소 다다를 수 있다. 마르쿠제는 이렇게 썼다. "행복의 실체란 자유의 실체와 다름없다. 자유는 자연과 공통된 투쟁에서 이뤄진 해방된 인간의 자기 결단이다." 그리고 자유가 이성의 실현과 같은 뜻이기에 "서로 완벽해진 형태가 된다면 행복과 이성은 일치한

77 *Ibid.*, p.191.
78 *Ibid.*, p.193.
79 (Boston, 1964).

다".[80] 여기서 마르쿠제는 흔히 '적극적 자유positive freedom'[81]로 알려진 개별적 이해利害와 일반적 이해의 통합을 옹호한다. 개인적 행복은 적극적 자유의 총체성에서 포착된 한 계기이며, 이성은 그것의 또 다른 계기다.

이성을 강조하는 것은 프랑크푸르트학파 저작의 특징 가운데 하나다.[82] 바로 이 점에서 프랑크푸르트학파가 의존하는 헤겔에 대한 부채가 분명하게 드러난다. 다시 상기하자면 **생철학**에 대한 호르크하이머의 세 번째 주요한 반론은 합리성의 타락에 대한 생철학의 과잉반응이 결국 이성을 거부하는 데 이르렀다는 점이었다. 호르크하이머가 연구소에 재직할 때 여러 번 말한 것처럼 합리성은 모든 진보적 사회 이론의 기저에 있었다. 그럼에도 호르크하이머가 부여하는 이성의 의미는 고전적 독일 철학의 전통에서 교육받지 못한 사람은 이해하기 쉽지 않다. 호르크하이머는 암묵적으로 **오성/지성Verstand**(가장 폭넓은 의미로 사고 능력을 뜻하기도 하고, 좁은 의미로 감성과 구별되는 지성적 능력을 뜻하기도 하며, 칸트의 경우 판단력과 이성과 구별되는 인간의 지성적 능력을 의미한다—옮긴이)과 **이성Vernunft**에 대한 독일관념론적 이분법을 사용한다. 칸트와 헤겔에게 **오성**은 상식적 판단에 따라 세계를 현상적으로 이해한 마음의 낮은 능력에 불과하다. **오성**에게 세계는 자신과 동일하고, 다른 모든 사물과 대립하는 유한한 실체로 구성된다. **오성**은 표면 아래 있는 변증법적 관계를 포착해주는 직접성을 꿰뚫어 볼 수 없다. 반면에 **이성**은 단순히 겉으로 드러난 현상을 넘어 이런 심층의 실체까지 이를 수 있는 능력을 의미한다. 칸트는 현상계와 '물자체物自體'라는 초월적 본체계를 중재할 가능성을 거부했다는 점에서 헤겔과 달랐지만, 이성이 오성보다 우위에 있다는 믿음은 헤겔의

---

80 *Ibid.*, p.199.

81 '적극적 자유'에 대한 논의는 다음을 보라. Franz Neumann, "The Concept of Political Freedom," *The Democratic and the Authoritarian State*, ed., Herbert Marcuse(New York, 1957); Isaiah Berlin, *Four Essays on Liberty*(Oxford, 1969).

82 예컨대 Horkheimer, *Eclipse of Reason*(New York, 1947)을 보라.

입장과 같았다. 마르쿠제가 연구소 모든 회원 가운데 이성의 고전적 개념에 가장 경도된 것 같다. 그는 1937년에 이성에 대한 정의와 더불어 그것을 유물론적 방향으로 다음과 같이 전환하려 했다.

> 이성은 철학적 사고의 기본적 범주이며, 철학적 사고를 인간의 운명에 결속하는 유일한 범주다. 철학은 존재의 궁극적이고 가장 일반적인 근거를 찾기 원했다. 철학은 이성의 이름으로 모든 중요한 대립 개념(주체와 대상, 본질과 현상, 사유와 존재)을 일치시키는 진정한 존재의 관념을 포착했다. 존재하는 것이 즉각적으로 그리고 이미 이성적인 것이 아니라, 존재하는 것이 이성 쪽으로 당겨져야 한다는 확신도 이런 관념에 연결돼 있다. …… 우리에게 주어진 세계가 이성적 사유와 결속됐기 때문에, 정녕 존재론적으로 그것에 의존하는 것이기 때문에 이성에 어긋나거나 일체의 비합리적인 것은 극복돼야 할 어떤 것으로 상정됐다. 이성은 비판의 법정으로 확립된 것이다.[83]

여기서 마르쿠제는 비동일성을 강조하는 프랑크푸르트학파의 일반적 입장과 대조적으로 동일성 이론을 옹호하는 듯 보인다. 사실 마르쿠제의 저술에서는 동일성에 대한 반감이 호르크하이머나 아도르노보다 훨씬 희박하게 나타난다.[84] 그들의 작업에서 이성의 존엄성과 이성이 내포하는 화해의 의미는 항상 유토피아적인 이상으로 나타났다. 유대인은 신을 명명하거나 묘사하는 일이 금지됐을지 몰라도 신의 존재를 부정하지 않는다. 연구소의 모든 저술에서 기준은 독일철학이 전통적으로 정

83 Marcuse, "Philosophy and Critical Theory," *Negations*, pp.135~136. 원래 *ZfS* VI, 3(1937)에 실림. 마르쿠제는《이성과 혁명Vernunft und Revolution》에서 이성의 두 유형을 더 풍부하게 구별한다. Marcuse, *Reason and Revolution*, pp.44~46.

84 마르쿠제의 연구에서 동일성 이론의 중요성에 대한 논의를 보려면 "The Metapolitics of Utopianism," *Dissent* XVII, 4(July-August, 1970)를 참조하라.

의해온 의미에서 합리화된 사회였다. 이성은 위 인용문이 지적한 것처럼 '비판의 법정'이었으며, 비판 이론은 일차적으로 그 위에 기초해 있다. 현대사회의 비합리성은 진정으로 합리적인 선택인 '부정적' 가능성에 의해 도전받아야 하는 것이었다.

호르크하이머는 주체와 대상의 완전한 동일성을 단언하기 싫어했지만, 데카르트가 현대사상에 물려준 주체와 객체의 엄격한 이분법적 대립도 분명하게 거부했다.[85] 그는 데카르트의 유산에도 이성을 주관적 차원으로 환원하는 경향이 내포됐다고 주장한다. 이것이 합리성을 세계에서 끌어내어 관조적인 내면성으로 몰아넣는 첫걸음이라는 것이다. 호르크하이머는 이로 인해 본질과 현상이 항구적으로 결별하면 주어진 상황의 무비판적 승인을 촉구하게 된다고 생각했다.[86] 결과적으로 합리성은 종합적인 **이성**이 아니라 **오성**의 상식과 점차 동일시된다. 사실 19세기 후반 비합리주의자의 이성 비판은 이성이 분석적이고 형식적이며 분열적인 **오성**으로 환원됨을 주로 겨냥하고 있다. 비록 분석적 합리성을 거부하지 않았지만, 호르크하이머도 공감할 수 있는 비판이었다. "개념의 명확성과 질서 없는, 즉 **오성**의 개입 없는 사상이란 있을 수 없으며 어떤 변증법도 있을 수 없다."[87] 비판 이론이 포용한 헤겔의 변증법적 논리학도 형식논리를 단순하게 배제하지 않았다. 헤겔의 **지양**止揚, aufheben은 초월과 말소뿐만 아니라 보존을 의미하기도 했다. 호르크하이머는 이성과 논리학을 **오성**의 제한된 능력과 일치시키기를 거부했다.

연구소는 자체의 전 역사에 걸쳐 두 전선에서 이성을 열렬하게 옹호했다. 20세기에 이르러 무분별하게 반계몽주의로 전락한 비합리주의자의 공격과 함께 또 다른 진영이 더 위협적으로 압박해왔다. 19세기 후반

---

85 "Zum Rationalismusstreit," p.1.; "Der neueste Angriff auf die Metaphysik," p.6.

86 "Zum Problem der Wahrheit," p.354.

87 *Ibid.*, p.357.

에 이르자 헤겔의 진테제Synthese 붕괴와 더불어 인간 생활에 대한 지배력을 확대하던 자연과학에서 파생된 경험주의적 사회과학이 강조되기 시작했다. 실증주의는 이성을 공허한 형이상학이라고 매도하며, **Vernunft**라는 이성의 전통적 개념에 있는 타당성을 부정했다. 프랑크푸르트학파와 동시대에 이런 관점의 가장 중요한 지지자는 같은 시기에 미국으로 이주해야 했던 빈 서클의 논리실증주의자다.[88] 미국에서 논리실증주의자는 연구소보다 큰 영향력을 행사했는데, 그들과 미국 철학의 전통적 기초가 일치했기 때문이다. 호르크하이머는 만년에 실용주의와 같은 미국 토착 철학과 논리실증주의의 유사성을 입증하는 데 고심했다.[89]

논리실증주의에 대한 호르크하이머의 첫 논박은 1937년 《사회연구》지에 등장한다.[90] 역사적 맥락에서 한 학파의 변질된 기능에 대한 호르크하이머의 민감함이 이 논문에 명확히 드러난다. 그의 주장에 따르면, 경험주의는 원래 존 로크John Locke에 의해 실현됐다. 데이비드 흄David Hume은 개인의 지각이 지식이 원천이라고 주장했는데, 이로써 경험주의는 역동적이고 더 나아가 비판적인 요소까지 포함했다. 계몽주의적 경험주의자는 경험적 관찰을 지배적인 사회질서를 전복하기 위해 사용한 것이다. 현대의 논리실증주의는 이런 전복적인 자질을 상실했다. 논리실증주의는 지식이 지각에서 비롯됨에도 지각을 '프로토콜명제protocol sentences'(직접 관찰할 수 있는 것을 서술한 명제—옮긴이) 속의 지각에 대한 판단이라고 믿었다.[91] 현실을 프로토콜명제로 표현될 수 있는 것으로 국한해서 말할 수 없는 것unspeakable은 아예 철학의 영역에서 제외됐다.

---

88 빈 서클의 미국 이주에 관한 논의는 다음 책을 보라. Herbert Feigl, "The Wiener Kreis in America," in *The Intellectual Migration: Europe and America, 1930-1960*, ed., Donald Fleming and Bernard Bailyn(Cambridge, Mass., 1969).

89 *Eclipse of Reason*을 보라.

90 "Der neueste Angriff auf die Metaphysik," *ZfS* VI, 1(1937).

91 *Ibid*., p.13.

그러나 지각에 대한 일반적인 경험주의적 강조는 모든 인식 행위에서 능동적 요소를 간과한다는 점이 더 근본적 문제다. 모든 실증주의는 궁극적으로 반성을 포기한다.[92] 그 결과 '사실'은 절대적이라 간주되고, 종전 질서는 물화reification한다.[93]

호르크하이머는 사실의 물신화에 대한 반감과 함께 실체적인 대안을 배제하기 위해 형식논리학에 의존하는 논리실증주의자에 반대했다. 그는 논리학을 수학과 유사한 것으로 간주하면 논리학을 역사 세계 속에 아무런 실재적 의미도 없는 동어반복으로 축소하는 것이라고 생각했다. 모든 참된 인식이 과학적이고 수학적인 개념화의 상태를 열망한다고 믿는다면 실증주의자가 논박하고자 한 형이상학만큼이나 조악한 형이상학의 포로가 된다는 것이다.[94]

호르크하이머에게 사실과 가치를 분리해냈다는 실증주의자의 그럴싸한 주장이야말로 가장 나쁘게 보였다. 여기서 그는 경험주의를 미신과 전통의 신비화에 대항하는 당파적 무기로 이해한 계몽주의의 변절을 간파한다. 사회는 '광기'에 젖어 있을 수 있으며, 따라서 그 자체가 '비정상적인 사실'을 창출할 수 있다는 것이다.[95] 그는 이런 가능성을 검토할 방법이 없기 때문에, 현대의 경험주의는 의도와 상관없이 현 상황의 권위에 굴복했다고 생각했다. 빈 서클 구성원의 정치적 견해가 진보적이었을지 몰라도, 그들의 철학은 진보적이지 않았다. 그들이 지배적인 리얼리티의 신비 앞에 무릎을 꿇은 것은 우연이 아니다. 오히려 그들의 굴복은 인간의 삶을 관리하고 조종하는 사회에 있는 존재의 우연성을 표현하는 것이다. 인간이 자신의 운명을 통제할 역량을 되살려야 하듯이,

---

92 프랑크푸르트학파 2세대 사상가의 실증주의 논박은 하버마스의 《인식과 관심Erkenntnis und Interesse》을 보라.

93 "Der neueste Angriff auf die Metaphysik," p.27.

94 *Ibid.*, p.49.

95 *Ibid.*, p.29.

이성도 단순한 수단이 아니라 목적 설정자로서 고유한 위치를 되찾아야 했다. **이성**Vernunft은 **오성**Verstand의 승리로 축출당한 지평을 회복해야 하는 것이다.

강한 반형이상학적 선입견은 이성에 대한 호르크하이머의 강조를 문제적으로 만들었다. 현실은 반드시 '이성의 법정'에 의해 심판받아야 한다. 그러나 이성은 역사의 외부에 존재하는 초월적 개념으로 취급돼선 안 된다. 호르크하이머와 그의 동료들은 진리는 확고부동하지 않다고 주장했다. 그러나 진리의 절대성을 부정한다고 인식론적인 측면이나 윤리적인 측면 혹은 그 외 측면에서 상대주의로 전락하지는 않았다. 절대주의와 상대주의라는 이분법은 사실 그릇된 것이다. 호르크하이머는 시간을 초월한 진리가 없다 해도 역사의 각 시기는 그 시대의 진리가 있다고 주장했다.[96] 진리란 합리적 사회를 지향하는 변화를 촉진하는 것이다. 이런 주장은 당연히 비판 이론이 한 번도 명백히 정의하지 않은 이성의 정의 문제를 다시 제기한다. 변증법은 다른 이론 체계의 진리에 대한 그럴싸한 주장을 공박할 때는 뛰어났지만, 자체의 가정과 가치 근거를 밝혀내는 데는 별로 신통치 않았다. 부정적 인간학에 암묵적으로 의존하는 비판 이론은 사회적 조건에 기초하면서도 사회 외적 조건에 근거한, **프락시스**와 일정한 거리를 취하면서도 그것에 연결된 이성과 진리에 대한 근본적으로 비실체적인 개념이 있었다. 비판 이론에 진리론이 있었다고 말할 수 있다면, 부르주아 이데올로기의 가식적 주장과 사회적 조건의 리얼리티를 비교하는 부르주아사회에 대한 내재적인 비판에 나타날 것이다. 진리는 사회 외부가 아니라 자체의 주장에 포함된 것이다. 인간은 이데올로기를 현실화할 때 해방을 기대하는 법이다.

비판 이론은 절대적 진리를 거부함으로써 그 시대의 지식사회학이

96 "Zum Problem der Wahrheit," pp.337~338.

풀고자 한 여러 문제에 봉착했다. 그러나 호르크하이머를 비롯한 연구소 회원들은 1933년 이전에 연구소와 같은 건물을 사용한 카를 만하임처럼 마르크스주의는 여러 이데올로기 중 하나에 불과하다고 '가면을 벗기는' 과감한 주장까지 가지 않았다. 만하임은 모든 지식은 **사회적 문맥**Seinsgebunden에 근거한다고 주장함으로써 비판 이론이 관심을 기울이던 마르크스주의적인 진정한 의식과 허위의식의 구별을 무너뜨렸다. 마르쿠제는 이에 대해 다음과 같이 쓸 수밖에 없었다. 비판 이론은 "철학적 개념과 철학적 문제의 진리 내용에 관심을 보인다. 반면 지식사회학은 선행하는 철학들의 진리가 아니라 비진리에 관심을 둔다".[97] 그러나 기묘하게도 미국 망명 전에 호르크하이머가 만하임에 대해 쓸 때[98] 그는 만하임의 지식사회학이 내포한 상대주의적 의미보다 절대주의적 의미를 주로 비판했다. 만하임이 모든 부분적 진리는 전체에 대한 관점을 제공함으로써 객관적 진리를 구원하려 한 '관계주의relationism'는 이런 맥락에서 문제였다. 그는 하나의 총체적 진리는 다양한 관점의 진테제 속에 존재한다고 주장함으로써 단순화된 게슈탈트적 지식 이해를 추종했다.[99] 모든 관점은 중재할 수 있다는 헤겔과 유사한 조화에 대한 신념, 사회변동은 정적주의적이라는 신념이 만하임의 지식 개념을 떠받친다. 만하임은 진리보다 사회변혁을 추구한 마르크스와 달리 은연중 순수한 지식에 대한 형이상학적 탐구로 귀환한 것이다.[100]

호르크하이머는 의식을 결정하는 '존재'에 대한 만하임의 개념이 지극히 비변증법적이라고 비판하기도 했다. 호르크하이머가 보기에 하부구조와 상부구조 사이에는 항상 피드백과 매개 작용이 있다.[101] 그에 반

---

97 "Philosophy and Critical Theory," *Negations*, pp.147~148.

98 "Ein neuer Ideologiebegriff?"

99 *Ibid.*, p.50.

100 *Ibid.*, p.56.

101 *Ibid.*, p.55. 마르쿠제도 《사회》 VI(October, 1929)에 실린 만하임에 대한 논문 〈사회학적 방법

해 만하임은 주체와 대상을 모두 실체화한 일종의 이원론으로 복귀했다. 개인의 의식을 부분적으로 성찰하는 '객관적인' 실재는 없다. 객관적 실재가 있다는 주장은 세계를 창출하는 **프락시스**의 역할을 무시하는 것과 다름없다.

프락시스와 이성은 한 세기 전의 헤겔 좌파처럼 비판 이론을 지탱하는 두 축이었다. 물론 이성의 우위성은 의심되지 않았지만, 이성과 **프락시스**의 상호작용과 긴장은 비판 이론이 변증법적으로 제시하는 함축에 크게 기여했다. 마르쿠제는 《이성과 혁명》에서 프랑크푸르트학파에 대해 다음과 같이 썼다. "혁명적 실천이 그 고유 궤도에서 벗어날지라도 이론은 진리를 간직할 것이다. 실천은 진리를 따르지만, 그 역은 성립하지 않는다."[102] 자기 결단적 행동, 즉 '인류 생성사'의 중요성은 연구소 초기 저술에서 일관되게 강조된다. 비록 그들은 **생철학**과 달리 **프락시스**의 진정한 의미를 집단적인 노력으로 이해하지만, 호르크하이머와 그의 동료들에게 **생철학**이 끼친 영향은 막대하다. **프락시스**의 강조와 헤겔의 동일성 이론에 대한 프랑크푸르트학파의 거부는 꼭 들어맞는다. 주관과 객관, 특수성과 보편성의 양분할 수 없는 매개가 창출한 공간에서 인간의 자유는 유지될 것이다. 실제로 프랑크푸르트학파는 서구 사회에서 인간 자발성의 이런 영역의 점진적 소멸을 목격하고 경종을 울렸다.

비판 이론의 또 다른 반대쪽, 즉 주관과 객관, 본질과 현상, 특수성과 보편성의 유토피아적 화해는 매우 다른 의미가 있다. **Vernunft**는 개인

에서 진리 문제에 관하여Zur Wahrheitsproblematik der soziologischen Methode〉에서 같은 견해를 피력했다(pp.361~362). 마르쿠제는 호르크하이머보다 만하임에 대해 다소 호의적이었다. 만하임은 마르크스주의를 구체적인 계급의식으로 환원함으로써 **프락시스**와 이론의 유효한 관계를 지적했다고 주장했다. 그러나 그는 만하임이 '모든 사건의 계획적인 중대성'을 간과했다(p.362)고 비판했으며, 정치주의적 암시를 내포하는 관계주의도 비판했다. 아도르노는 다음 논문에서 지식사회학을 강하게 비판했다. "The Sociology of Knowledge and Its Consciousness," *Prisms*.

102 *Reason and Revolution*, p.322.

의 주관적 행위로 구성될 수 없는 객관적 이성을 의미한다. 철학적 이상을 사회적 이상으로 변형한 것이라 해도 **Vernuft**는 형이상학적 기원의 흔적이 있다. 조야한 마르크스주의는 연구소가 지치지 않고 공격한 일원적 유물론으로 형이상학적 기원의 흔적이라는 경향을 재현했다. 하지만 앞서 살펴본 것처럼 비판 이론에도 형이상학이나 고정된 방식으로 정의하기를 거부한다는 의미에서 부정적 형이상학과 부정적 인간학이 은밀하게 숨어 있다. 비판 이론의 부정적 인간학과 부정적 형이상학은 "위대한 진리는 비판받기를 바라지 우상화를 바라지 않는다"는 니체의 언명을 고수하는 것이다.

비판 이론가들도 플라톤Platon과 장 자크 루소Jean Jacques Rousseau, 헤겔, 마르크스를 포함한 '적극적 자유'의 전통에 서 있는 사상가들처럼 이 전통을 따르면 피할 수 없는 기본적인 딜레마에 빠져 있었다. 한나 아렌트가 지적했듯이[103] 적극적 자유 개념은 그리스의 정치적 경험과 그것에서 어떤 의미를 도출하려 한 그리스 철학자의 시도 사이의 긴장이 상징하는 내적 갈등을 포함한다. 철학자의 시도에 따르면 자유는 인간의 행동과 언어, 즉 **프락시스**와 동일시된다. 그리스 정치적 경험에 따르면 자유는 이성을 갖춘 진정한 존재와 같은 것이다. 이것을 통합하려는 시도가 계속됐다. 연구소의 섬세하고 풍부한 작업은 비록 궁극적으로 실패에 직면했지만, 이런 통합 시도 가운데 성과 있는 시도 중 하나다.

비판 이론의 방법론적인 의미를 살펴보기에 앞서 연구소 다른 회원이 비판 이론 정립에 기여한 바를 밝혀야 한다. 뢰벤탈과 폴록은 지적인 문제뿐만 아니라 행정적인 문제에 주로 관여했지만, 그들도 《사회연구》지 출간을 위해 제출된 논문의 토론에 능동적으로 참여했다. 그러나 영향력이 훨씬 큰 사람은 아도르노와 마르쿠제였다. 두 사람은 자신의 이

103 Hannah Arendt, "What is Authority?," *Between Past and Future*(Cleveland and New York, 1961).

름으로 여러 이론적인 이슈에 대해 광범위하게 저술했다. 우리는 그들의 저술을 검토함으로써 연구소의 철학적 입장을 한결 명확하게 규명할 수 있을 것이다. 아도르노와 마르쿠제가 남긴 다른 사상가에 대한 언급이 타당한지는 다루지 않을 예정이다. 내 목적은 아도르노나 마르쿠제와 다른 해석 개괄이 아니라 비판 이론을 분명하게 보여주려는 것이기 때문이다.

아도르노는 1930년대에 거의 전념하다시피 한 음악사회학을 통해 연구소에 기여했다. 그러나 아도르노는《사회연구》지에 발표한 논문 외에도 아주 두꺼운 철학 책을 출간했고, 오랜 기간 다른 책을 집필하고 있었다.[104] 두 저서에서 그가 호르크하이머의 입장에 근접해 있다는 사실이 명백히 드러난다. 두 사람은 1940년대가 지나서야 공동 집필을 하지만, 초기부터 상당히 유사한 견해를 보였다. 아도르노는 1934년 런던에서 뢰벤탈에게 편지를 보냈는데, 이 편지에 당시 출간된《여명》에 실린 호르크하이머의 글에 관한 감상을 논하고 있다. 이 감상은 아도르노와 호르크하이머의 유사성을 보여주는 증거다.

> 저는〈여명〉을 주의 깊게 여러 번 읽었고 특별한 인상을 받았습니다. 책에 실린 글의 내용은 이미 알고 있었던 것인데, 책의 형식으로 제시되니 모든 것이 전혀 다르게 나타나더군요. 예전에 제가 불편해한 아포리즘 방식의 광범위한 진술이 이제는 적절한 표현 수단으로 보입니다. 매개의 정밀한 메커니즘 속에 본질적으로 공포가 스며든 고통스러운 자본주의적 발전을 적절하게 표현할 수단 말입니다. …… 저와 호르크하이머의 견해는 완전히 일치해 차이를 지적하기 어려울 지경입니다. 그래도 제게는 새롭고 특히 본질적이어서 근본적인 정의의 명제에 대항하며 개인적 우연

104 Adorno, *Kierkegaard: Konstruktion des Ästhetischen*(Tübingen, 1933)과 *Zur Metakritik der Erkenntnistheorie*(Stuttgart, 1956).

성 문제를 해석하는 것과 그의 책 거의 모든 부분에 일반적으로 나타나는 정태적 인간학에 대한 비판은 언급하지 않을 수 없습니다. 계몽주의와의 일반적인 관계에 대해서도 토의할 점이 몇 가지 있을 것 같습니다.[105]

여기서 아도르노는 수년 뒤 호르크하이머와 공동으로 수행할 더 철저한 계몽 비판에 대한 힌트를 처음으로 착안했는지 모른다.

아도르노의 초기 중요한 철학 비판서는 1929~1930년에 쓰고 1931년 파울 틸리히에게 **교수자격 청구논문**으로 제출한《키르케고르: 심미적인 것의 구성Kierkegaard: Konstruktion des Ästhetischen》이다. 이 책은 아이러니하게도 1933년 히틀러가 정권을 장악한 날 출간됐다. 아도르노는 이 책을 함께 칸트를 연구한 지그프리트 크라카우어에게 헌정했다. 그와 막역한 발터 베냐민의 영향은 아도르노가 의지하는 논거에 명확하게 드러난다. 베냐민과 틸리히는 이 책을 매우 호의적으로 평가했다.[106] 그러나《키르케고르: 심미적인 것의 구성》은 비판도, 대중적 주목도 얻지 못했다. 비타협적이고 난해한 문체에 복잡한 분석이 일부 원인이었을 것이다. 아도르노는 나중에 "그 책은 처음부터 정치적 악마에 뒤덮여 있었다"[107]고 말했다.

아도르노의 모든 저작은 매우 교양 있는 독자에게도 까다롭기 그지없다. 난점이 무엇이든 이 책은 비판 이론의 특성이라 할 수 있는 수많은 주제를 포함한다. 아도르노가 이런 이슈를 규명하고자 선택한 주제는

---

105 1934년 7월 6일 아도르노가 뢰벤탈에게 보낸 편지.

106 베냐민의 서평은 다음을 보라. *Vossische Zeitung*(April 2, 1933). 뉴욕에 있는 유니언신학교 교수단에 새로 임명된 틸리히는 다음 잡지에 서평을 게재했다. *Journal of Philosophy*, XXXI, 23(November 8, 1934). 카를 뢰비트Karl Löwith는 다른 잡지에 서평을 실었다. *Deutsche Literautr-Zeitung* V, 3F, 5(1934).

107 "Notiz" in the third edition of *Kierkegaard: Konstruktion des Äesthetischen*(Frankfurt, 1966), p.321.

그의 독특한 예술적 성향을 생각해보면 그리 놀랍지 않다. 그는 책의 서두부터 미학이라는 용어가 단순한 예술론 이상을 뜻한다는 사실을 밝혔다. 이 용어는 아도르노에게 헤겔의 경우처럼 주체와 대상의 관계 양상을 의미했다. 키르케고르도 미학을 독특한 철학적 방법으로 이해했다. 《이것이냐 저것이냐Entweder-Oder》에서 그는 심미적 영역을 "인간이 직접적으로 자신의 현존과 일치하는 영역이며, 윤리적 영역은 그것을 통해서 인간이 되고자 하는 자신이 되는 것"[108]이라고 정의했다. 그러나 초기의 키르케고르 비판에서 아도르노가 지적했듯이 "윤리적인 것은 역설로서의 종교가 행하는 가르침 뒤로 물러나 있다. 신앙의 '비약'이라는 관점에서 보면 심미적인 것은 그 변증법적인 과정 가운데 한 단계, 즉 확고하게 결정되지 않은 과정의 한 단계에서 **창조적인**kreatuürliche 직접성으로 변형된 것이다."[109] 아도르노에게 직접성 추구, 즉 일차적 진리 추구는 파계破戒, anathema에 해당한다. 그는 호르크하이머의 경우처럼 사고는 항상 일종의 우주적인 아이러니에 근거하고, 한곳에 머물면서 궁극적인 진리는 여기 있다고 말하는 것을 거부했다. 호르크하이머와 아도르노 모두 주체와 대상의 동일성이라는 헤겔의 기본적인 가정을 거부한 것이다.

키르케고르도 표면상으로는 동일성을 거부했다. 그러나 아도르노가 볼 때 잘 알려진 키르케고르의 주관성 축복은 본의 아니게 동일성 이론을 포함한다. 아도르노는 이렇게 썼다. "그의 철학적 의도는 주체성이 아니라 존재론의 결단을 겨냥한다. 그래서 주체성은 존재론이 품은 내용이 아니라 존재론의 **무대**Schauplatz로 나타난다."[110] 그가 구체적이고 실존적인 개인에 대해 언급하는 키르케고르의 배후에는 초월적 진리를 향

---

108 *Kierkegaard*(1966 ed.), p.29에서 인용.

109 *Ibid.*, p.29.

110 *Ibid.*, p.46.

한 은밀한 염원이 있었다. "헤겔이 내면화됐다. 즉 헤겔에게 세계사에 해당하는 것이 키르케고르에게는 단독자로서 개인이다."[111]

더구나 키르케고르는 천당이 아니라 지옥의 존재론을 받아들인다. 그의 인생관 중심에는 희망보다 절망이 자리 잡고 있다. 키르케고르가 옹호한 내면으로의 침잠이란 실제로 역사적 변화를 부인하는 신화적·악마적 반복으로 떨어진 후퇴를 뜻했다. 아도르노는 "내면이란 전前 역사적 인간성의 역사적 감옥이다"[112]라고 썼다. 키르케고르는 역사 세계를 거부함으로써 자신이 종종 비난한 사물화와 공범이 되고 말았다. 그의 변증법에는 물질적 대상이 결여됐다. 결국 키르케고르의 변증법은 그가 결별했다고 주장한 관념론으로 회귀한 것에 불과하다. 그는 현실적인 역사를 부인함으로써 **역사성**Geschichtlichtkeit, 즉 시간 내적 실존의 추상적 가능성에 기초하는 순수 인간학으로 물러섰다.[113] **동시성**Gleichzeitigkeit,[114] 즉 절대화된 자아와 연관된 변화 없는 시간이라는 키에르케고르의 개념이 이와 관련 있다. 아도르노는 앞에서 다룬 베르그송의 **지속**durée에 대해 호르크하이머가 수년 뒤 행한 비판과 유사하게 비판한다.

아도르노는 내면성의 철학적 의미를 분석하면서 자신이 키르케고르 시대의 부르주아적 **내부**intérieur라고 언급한 대목에 대한 사회학적 탐구를 포함한다. 주관적 내면성이란 키르케고르가 점유하는 사회적 입장, 즉 생산과정 외부에 사는 **금리생활자**rentier의 사회적 입장과 결코 무관하지 않았다. 이 같은 사회적 배역에서 키르케고르는 전형적인 프티부르주아의 무력감을 도맡는다. 그는 자연적 자아를 완전히 금욕주의적으로 거부해서 그 무력감을 극단까지 끌고 갔다. "키르케고르의 도덕적 엄격

111 *Ibid.*, p.35.

112 *Ibid.*, p.111.

113 *Ibid.*, p.62.

114 *Ibid.*, p.67.

성은 고립된 인간의 절대적 요구에서 비롯됐다. 그는 모든 행복론을 목적에 얽매이지 않은 자아에 대비해 부수적이라고 비판했다."[115] 그러므로 희생이 그의 신학 중심에 있는 것은 전혀 우연한 일이 아니다. 전적으로 정신적인 인간은 결국 자연적 자아를 절멸해버린다. "키르케고르의 정신주의는 무엇보다 자연에 대한 적대감을 뜻한다."[116] 아도르노는 다른 저서에서도 자연에 대한 인간의 적대 관계를 극복하고자 하는 소망을 표명하는데, 이런 테마는 연구소의 후기 작업에서 점점 많은 역할을 담당한다.

아도르노는 나중에 우연한 기회로 키르케고르에 대한 논문 한 편을 쓰지만,[117] 《키르케고르: 심미적인 것의 구성》을 통해 사실상 이 덴마크 철학자와 **작별**Abschied했다.[118] 그는 1934년 유럽을 떠나 영국으로 갔다. 아도르노는 옥스퍼드의 머튼대학에서 연구 생활을 계속했다. 가끔 독일에 다녀간 것을 제외하고 3년 반을 영국에 머물렀다. 그는 음악에 대한 관심을 유지하고 음악과 관련된 주제의 논문을《사회연구》지에 기고하면서, 오래 관심을 기울인 후설 연구에 착수할 여유를 찾았다. 아도르노는 1924년 박사 논문을 집필할 때부터 후설의 저서에 관심이 있었다. 1956년 출간된 후설 연구서에서 아도르노의 논조는 키르케고르를 다룰 때만큼이나 비판적이었다. 이 책에도 호르크하이머와 마르쿠제 등이 동시에 발전시킨 사상의 편린이 여러 군데서 발견된다. 저서의 어떤 부분(예를 들어 3장과 서론)은 1950년대에 쓴 것이지만,《인식론의 메타비판Zur Metakritik der Erkenntnistheorie》을 보면 1930년대 현상학에 대한 비판 이론의 태도를 통찰할 수 있다.

---

115 *Ibid.*, p.90.

116 *Ibid.*, p.97.

117 아도르노는 *SSPS*, Ⅷ, 3(1939-1940)에 〈키에르케고르의 사랑에 관한 신조On Kierkegaard's Doctrine of Love〉를 썼다.

118 1969년 3월 프랑크푸르트에서 대담할 때 아도르노가 '이 덴마크 철학자'라는 표현을 사용했다.

아도르노는 첫 책에서 키르케고르와 함께 자아에 역점을 둔 사람으로 후설을 꼽았다.[119] 그는 후설의 저서 가운데 특히 1900년과 1901년, 1913년에 세 권으로 간행된《논리 연구Logische Untersuchungen》에 포함된 인식론적 관점에 치중했다. 아도르노는 인식을 설명하는 방법으로 심리주의psychologism를 극복하고자 한 후설의 열망을 격찬한다. 그러나 아도르노는 초험적 자아(모든 경험이 태도를 괄호치는 소위 현상학적 환원을 끝까지 수행할 때 최후에 남은 어떤 대상도 지향하지 않는 의식 자체, 순수의식을 초험적 자아라 한다. 그러므로 초험적 자아는 일종의 지적 폐쇄성, 독아론獨我論, solipsism을 모면할 수 없다—옮긴이)에 관한 후설의 언급에서 우연적 개인을 소멸시키려는 시도를 감지한다. 후설은 키르케고르처럼 존재론적 확실성을 갈망한다는 것이다. 아도르노는 의식의 현상학적 탐구를 통해 영원한 본질을 찾으려 한 후설의 '환원' 방법을 공박하면서 호르크하이머처럼 **매개Vermittlung**의 중요성을 논했다.

제1원리를 찾으려는 후설의 시도는 그의 반反관념론적 주장에도 불구하고 그 속에 있는 동일성 이론을 드러낸다. 아도르노의 말처럼 절대적인 지적 확실성에 대한 요구는 개인의 불안정을 반영한 것이었는지 모른다. "자유는 결코 주어지지 않고 끊임없이 위협받는다. ……그야말로 확실한 것은 부자유다. ……지속적인 것이 잠시 지나치는 것보다 참되다는 추론은 거짓이다."[120] 참된 인식론은 니체가 입증한 것처럼 추상적인 체계화로 귀결되는 인식의 물신적 성격을 종식해야 한다. 진리는 주체를 대상으로 환원하거나 대상을 주체로 환원할 때 '잔여물'이 아니다.[121] 오히려 진리는 주체와 대상의 '힘의 장場'[122]에 놓인 것이다. 후설의

---

119 *Kierkegaard*, p.137.

120 Adorno, *Zur Metakritik der Erkenntnistheorie,* pp.24~25.

121 *Ibid.*, p.79.

122 *Ibid.*, p.82.

저술에서 발견되는 절대적 실재론과 절대적 명목론은 똑같이 그릇된 사물화로 귀결됐다. 아도르노가 후설에 관한 다른 논문에서 말한 것처럼 "세계를 사상事象이나 본질로 환원하려는 사람은 누구나 자신의 머리카락을 붙잡고 자신을 늪에서 끌어내려 한 뮌히하우젠Karl Friedrich Hieronymus von Münchhausen(독일의 모험가—옮긴이)의 처지에 놓인다".[123]

후설은 불변의 실체를 추구하면서 자신도 모르는 사이에 현재 '관리되는 세계'[124]의 현실을 인정한 것이다. 아도르노는 후설을 '당대의 가장 정태적인 사상가'[125]라고 했다. 일시적인 것에서 영속적인 것을 추구하거나 현재에서 옛것을 찾는 것은 충분하지 않다. 아도르노는 참된 변증법은 "그저 새것에서 옛것을 보는 것이 아니라 옛것에서 새것을 보려는 시도"[126]라고 주장한다. 후설은 **본질직관Wesensschau**에 입각한 환원 방법으로 사물화된 세계를 꿰뚫어 보려 했지만 실패했다. 아도르노도 직관은 경험의 정당한 부분이지만 인식의 절대적 방법으로까지 높아져선 안 된다고 인정했다. 그러나 후설은 직관을 인식의 방법으로 격상해 '현실 세계'에 대한 무의식적 거부를 표명했다. 그 현실 세계는 후설에게 '자기소외적ego-alien'이었다.[127] 존재는 지각된 사실과 동등하게 취급될 수 없는 것처럼 지각에서 전적으로 분리될 수 없다.

아도르노는 후설의 인식론 비판에서 수학적 실재론과 논리적 '절대주의' 비판으로 옮겨 간다. 그는 서구에서 수학적 사고의 승리에는 신화적 요소가 포함된다고 주장한다. 수數의 물신성은 비동일성의 거부와 연금술적인 관념론으로 귀착된다. 마찬가지로 형식논리를 정신의 절대적

---

123 Adorno, "Husserl and the Problem of Idealism," *Journal of Philosophy* XXXVII, 1(January, 4, 1940), p.11

124 *Zur Metakritik*, p.43.

125 "Husserl and the Problem of Idealism," p.7.

126 *Zur Metakritik*, p.47.

127 *Ibid.*, p.55.

원리로 삼고 형식논리에 의존하는 태도에는 신화의 흔적이 내포된다는 것이다. 그러나 정작 이런 사고방식이야말로 사회적 의의가 있다. 아도르노에 따르면 논리의 사물화는 "교환가치의 평형equivalence으로 동일성이 있는 상품 형식에 연관"[128]된다. 아도르노는 형식과 내용이라는 거짓된 이원론을 영구화하는 형식논리 대신 헤겔에서 유래하는 더 역동적인 대안을 제시한다. "논리는 존재가 아니다. 논리는 단순히 '주관성'이나 '객관성'의 어느 한 극으로 환원될 수 없는 과정이다. 논리학의 자기비판 결과가 변증법이다. ……명제 없는 논리는 없으며 종합적 정신 작용이 없는 명제도 없다."[129] 형식논리학은 모순율과 동일률을 도구로 궁극적으로 자연 지배에 이르는 억압적 금기repressive taboo였다.[130] 아도르노는 지각의 모방설도 강력하게 반대했다. 아도르노는 후설의 현상학이 지향성志向性, intentionality을 강조함에도 그런 모방설이 내재함을 발견했다. 진리의 위상位相, locus을 제대로 이해한다면, 진리의 위상은 "**상호 의존성, 즉 주체와 대상 상호를 통한 산출**sich durcheinander Produzieren에 있는 것이다. 진리의 위상은 정태적 일치, 즉 '지향'으로 생각해선 안 된다는 것이다".[131] 따라서 본질적 진리를 밝혀내려 한 후설의 시도는 어떤 방법으로도 헛된 것이었다. "형상 없는 진리imageless truth('형상 없는 진리'란 어떤 물질적 존재를 대상으로 할 수 없는, 다시 말해 시간과 공간을 초월한 '본질적 진리'다. 후설의 용어로 에이도스eidos에 해당한다—옮긴이)라는 후설의 관념에 내재한 모든 환상을 거부할 때 비로소 상실된 미메시스가 보전되고 **지양된다**aufgehoben. 진리의 기초를 보전한다고 미메시스가 보전되지 않는다."[132]

아도르노는 우리에게 주어진 것을 물화하는 후설의 경향은 발전한

---

128 *Ibid*., p.84.

129 *Ibid*., p.90.

130 *Ibid*., p.146.

131 *Ibid*., p.154.

132 *Ibid*., p.151.

부르주아사회에서 **경험**Erfahrung이 파멸되고, 통제되고 생명 없는 개념이 경험을 대체하는 경향과 관련된다고 주장한다. 베냐민도 현대 생활의 특징이라고 강조하는[133] 경험의 상실은 커지는 현대인의 무력감에 상응한다. 아도르노에게 현상학은 무기력에서 자신을 구하려는 부르주아 사상의 부질없는 마지막 몸부림으로 보였다. "현상학과 함께 부르주아 사상은 대립되는 지리멸렬한 단편적 진술 속에 최후를 맞이했고, 자신을 존재하는 현상의 단순 복제로 후퇴시켰다."[134] 이리하여 경험은 세계 내에서 행동에 반대된다. "**프락시스**를 단순히 지향성의 특수한 경우로 훼손한 것은 사물화된 전제의 가장 조악한 귀결이다."[135] 무엇보다 절대적 통일성과 직접성에 대한 가정은 절대적 이데올로기에 의한 정치 지배로 귀결될 수 있다는 점이 최악이다. 아도르노는 현상학과 파시즘에 숨은 관련을 시사한다. 이들은 모두 부르주아사회의 종말적 위기의 표현이었다.[136]

아도르노는 존재론과 동일성 이론에 대한 혐오를 프랑크푸르트학파 구성원 중에도 가장 끈질기게 표현했다. 그는 동시에 소박한 실증주의를 자기도취적이고 무반성적인 형이상학이라며 거부했고, 진리의 근거로서 현상계를 부정하지도 충분히 받아들이지도 않는 변증법을 실증주의와 비교했다. 아도르노는 추상적 개인주의를 역설하는 사람에 반대하면서 주관성에 의해 필연적으로 중재되는 사회적 요인을 지적했다. 그

---

133 베냐민은 《일루미네이션Illuminations》에 실린 〈이야기꾼: 니콜라이 레스코프의 작품에 대한 고찰The Storyteller: Reflections on the works of the Nikolai Leskov〉이라는 글에서 다음과 같이 기술했다. "경험은 가치로 전락했다. ……전술적 전쟁이 전쟁 경험을, 인플레이션이 경제 경험을, 기계가 신체의 경험을, 권력자의 경험이 도덕경험을 대체함에 따라 경험은 극단적으로 모순에 처한다." pp.83~84.

134 *Zur Metakritik*, p.221.

135 *Ibid.*, p.180.

136 *Ibid.* p.28~29. 마르쿠제는 《부정》에 실린 논문 〈본질의 개념Das Konzept der Essenz〉에서 이런 주장을 더 강력히 표현한다.

는 의존적 개인contingent individual을 **민족**Volk이나 계급의 전체성으로 용해하는 유혹에도 강력하게 저항했다. 아도르노는 자신에게 많은 것을 시사한 친구 베냐민조차 이런 이유로 비판했다. 그는 1940년 베냐민의 비극적 자살 직후 쓴 논문에서 다음과 같이 불만을 표현했다.

> 베냐민은 과도하게 팽창한 주관주의가 아니라 주관 영역 자체의 개념을 겨냥한다. 주체는 그의 철학의 양극인 신화와 화해 사이에서 증발한다. 그의 메두사적인 눈길 앞에서 인간은 객관의 과정이 전개되는 무대로 변한다. 이런 이유로 베냐민 철학은 행복에 대한 약속이 아니라 테러의 원천이다.[137]

요컨대 아도르노는 비동일성과 우연성에 대한 지속적인 강조를 통해 쇤베르크에게서 받아들인 음악처럼 '무조의atonal' 철학을 발전시킨다.[138]

연구소의 세 번째 주요한 이론가인 마르쿠제는 베냐민과 달랐다. 마르쿠제는 부정성을 지속적으로 강조했기에 허무주의적이기는 해도[139] 언제나 사회에서 **이성**Vernunft의 실현 가능성에 대한 묵시록적인 신념을 글에 담았다. 그는 19세기 후반 **생철학**의 영향을 호르크하이머보다 덜 받았다. 하버마스가 지적한 것처럼,[140] 마르쿠제는 연구소의 다른 사상가와 달리 20세기 철학을 기꺼이 수용했다. 후설과 하이데거를 접한 경

137 Adorno, "A Portrait of Walter Benjamin," *Prisms,* p.235.

138 게오르크 피히트Georg Picht는 아도르노의 죽음을 다룬 글에 '무조의 철학'이라는 제목을 붙이기도 했다.

139 이에 대한 최근의 글은 다음을 보라. Jerry Cohen, "The Philosophy of Marcuse," *New Left Review*(September-October, 1969).

140 Habermas, "Zum Geleit," in *Antworten auf Herbert Marcuse*, ed., Jürgen Habermas(Frankfurt, 1968), pp.11~12.

험의 흔적이 마르쿠제에게서 발견되지만, 연구소 시절을 거치며 후설과 하이데거의 영향력은 감소했다. 마르쿠제의 철학적으로 생각하는 스타일은 호르크하이머나 아도르노보다 논증적이었다. 마르쿠제는 호르크하이머나 아도르노처럼 미학에 대한 적극적인 관심을 공유하지 않았기 때문이다. 마르쿠제의 문체는 아포리즘 대신 체계적이고 직선적인 글쓰기가 현실을 분석하고 표현하는 데 효과적인 방법이라고 생각한 그의 신념을 반영하기도 한다. 프랑크푸르트학파의 다른 주요 인물과 달리 마르쿠제는 유토피아적 '피안'은 결코 구체적인 **이미지로 표현되지 말아야 함**bilderlos을 강조하지 않았다.

1932년을 전후해서 마르쿠제의 사상이 변했다고 주장하려는 의미는 아니지만, 비판 이론에 그가 기여한 바를 이해하기 위해서는 연구소 활동 이전의 글뿐만 아니라 하이데거 시절로 되돌아간 것처럼 보이는 그의 후기 저작도 검토할 필요가 있다.[141] 프라이부르크 시절 마르쿠제의 사유는 현상학적 범주에 깊게 물들었다. 동시에 그는 특정한 정당에 가입하지 않았지만, 마르크스주의에 확고하게 관여했다. 외견상 화해할 수 없는 것처럼 보이는 현상학과 마르크스주의를 결합하려는 마르쿠제의 노력은 전후 메를로퐁티와 사르트르의 이와 유사한 시도를 앞지른 것이었다. 그가 처음 출판한 논문 〈사적유물론의 현상학에 대하여Beiträge zu einer Phänomenologie des historischen Materialismus〉[142]에는 **불안**Sorge, **역사성**Geschichtlichkeit, **결단**Entschlossenheit, **현존재**Dasein 등 하이데거 특유의 용어가 모두 등장한다. 마르쿠제에게 하이데거의 신작이자 주저 《존재와 시간Sein und Zeit》은 "부르주아 철학이 내부에서 스스로 용해돼 새로운 구체

141 Alfred Schmidt, "Existential-Ontologie und historischer Materialismus bei Herbert Marcuse," *Antworten auf Herbert Marcuse*; Paul Piccone and Alex Delfini, "Marcuse's Heideggerian Marxism," *Telos*(Autumn, 1970).

142 Marcuse, "Beiträge zu einer Phänomenologie des historischen Materialismus," *Philosophische Hefte* I, 1(1928).

적인 학문으로 가는 길을 여는 계기"[143]였다. 마르쿠제는 세 가지 이유를 제시했다. 첫째, 하이데거는 역사의 존재론적 중요성을 보여주면서 역사적 세계를 인간이 상호작용하는 공동의 **세계**Mitwelt임을 보여줬기 때문이다. 둘째, 하이데거는 인간은 세계에서 자신의 참된 위치에 깊은 **불안**을 느끼고 있음을 드러내 '진정한 존재authentic being'를 구성하는 것에 대한 물음을 정확하게 제기했기 때문이다. 셋째, 하이데거는 인간은 세계 내에서 **결단**을 통해 결정적 행동으로 진정한 존재를 얻을 수 있다고 주장해 부르주아 철학을 그것이 도달할 수 있는 극점인 **프락시스**의 필요성까지 이끌고 갔기 때문이다.[144]

이 점에서 하이데거의 철학이 흔들리기 시작한다고 생각한 마르쿠제는 곧 마르크스주의와 관련을 맺었다.《존재와 시간》의 사회적 환경이 지나치게 추상적이고, 하이데거의 역사성 개념도 지나치게 일반적이어서 인간의 행위를 제어하는 현실의 역사적 상황을 설명할 수 없었다. 마르크스주의는 '근본적 행동radical deed'을 지시함으로써 참된 존재의 가능성에 관한 하이데거의 물음에 답했다. 근본적 행동은 마르크스주의의 '기본적 상황'[145]이며, 자기 제시이자 자기 창조의 계기였다. 마르크스는 사회가 계급으로 분할됨을 깨달았지만, 하이데거는 무시했다. 역사의 현시점에서 한 계급만 근본적 행위에 참여할 수 있으며, 실제적인 역사 주체가 될 수 있다. "오늘날 역사적 행위는 오직 프롤레타리아트의 행위로 가능하다. 프롤레타리아트는 행동이 그 존재에 필연적으로 주어진 유일한 **세계-내-존재**Dasein이기 때문이다."[146] 프롤레타리아트는 생산과

143 *Ibid.*, p.52.

144 *Ibid.*, p.55. 슈미트에 따르면("Existential-Ontologie," pp. 28~29) 여기에는 행동 자체를 위한 행동의 요소가 있었다. 대체로 슈미트는 마르크스주의와 현상학을 결합하려는 마르쿠제의 노력에 비판적이었다.

145 Marcuse, "Beiträge," p.46.

146 *Ibid.*, p.68.

정에서 중심적인 역할을 하기에 근본적 행동을 수행할 잠재 능력이 있다. 역사 세계는 오직 혁명을 통해 변화할 수 있으며, 진정한 존재를 노동계급을 넘어 보편화할 가능성도 혁명을 통해 실현될 수 있다.

그러나 하이데거가 마르크스에 의해 보완돼야 한다면 마르크스주의도 현상학적이어야 했다. 변증법은 "우리에게 주어진 것이 자체 내에서 소진되는지, 분명히 역사 외적이면서도 모든 역사성에 내재하는 어떤 의미를 포함하는지 더 깊이 연구해야 한다".[147] 마르크스주의는 이데올로기적인 상부구조가 사회경계적 하부구조의 반영이라는 전통적 신념도 버려야 했다. "정신과 물질, 의식과 존재 가운데 어느 것이 최초의 것인가, 즉 어느 것이 객관적 우위가 있는가 하는 낡은 물음은 변증법적 현상학으로 해결될 수 없다. 질문이 이런 방식으로 제기될 때 그 질문은 무의미한 것이다."[148] 변증법적 현상학은 역사를 연구하듯이 자연을 연구해서도 안 된다. 자연변증법을 주장한 엥겔스는 이 점에서 틀렸다. 자연적 존재는 역사적 존재와 다른 것이다. 수학적이고 비변증법적인 물리학은 그 자체의 영역에서 타당하다. 마르쿠제는 "자연에는 역사적 측면이 **있으나** 자연이 역사는 **아니다**. 역사란 **현존재**Dasein다"라고 썼다.[149] 그는 변증법에 관한 다른 논문에서 "역사성과 비역사성의 경계는…… 존재론적인 경계"[150]라고 썼다. 마르쿠제가 인정했듯이 루카치도《역사와 계급의식》에서 엥겔스류의 '과학적' 마르크스주의나 제2인터내셔널의 정통 마르크스주의자와 거리를 두고 있음을 명확히 밝혔다.

이 두드러진 차이는 마르쿠제가 딜타이에게 지고 있는 빚을 보여준다. 딜타이도 자신의 저작에서 유사한 구분을 한다. 내가 앞에서 마르쿠

147 *Ibid.*, p.59.
148 *Ibid.*, p.65.
149 *Ibid.*, p.60.
150 Marcuse, "Zum Problem der Dialektik," *Die Gesellschaft* Ⅶ, 1(January, 1930), p.26.

제가 호르크하이머보다 19세기 후반 **생철학**의 영향을 덜 받았다고 한 말은 마르쿠제가 **생철학**의 전통적 형이상학에 대한 비판에 무관심했다는 의미로 이해돼야 한다. 마르쿠제는 역사와 존재론을 병합하려는 딜타이의 시도에 관심이 있었다. 그는 1931년에 쓴 〈역사적 실재의 문제Das Problem der geschichtlichen Wirklichkeit〉[151]라는 논문에서 딜타이가 **정신과학**Geisteswissenschaften을 **자연과학**Naturwissenschaften의 방법론에서 해방하면서 정신과학의 철학적 토대를 확보했다고 평가했다. 역사적 실재의 기저로서 **생**Leben이라는 딜타이의 개념은 인과관계보다 의미에 역점을 두기 때문에 통찰력이 풍부한 견해라는 것이다. 인간이 자신의 역사를 만들기에 역사는 인간이 투영한 가치에 의해 통합된다. 딜타이에게 잠재한 관념론과 동일성 이론을 겨냥한 호르크하이머의 후기 비판은 이 논문에 나타나지 않는다. 그때만 해도 마르쿠제는 딜타이 역사 개념의 존재론적 전제에 찬성한 것이다.

이런 사실은 마르쿠제가 **교수자격 청구논문**으로 쓴 《헤겔의 존재론과 역사성 이론의 근원Hegels Ontologie und die Grundlegung einer Theorie der Geschichtlichkeit》에서 더 명백하게 드러난다.[152] 논문 전반부에는 그가 인정했듯이 하이데거의 영향이 깊이 스며들었다. 마르쿠제는 이 논문에서 나중에 같은 주제를 다룬 《이성과 혁명》과 매우 다르게 이 주제를 다룬다.[153] 그는 헤겔 사상의 핵심인 주관과 객관의 동일성을 받아들였다. 마르쿠제는 헤겔처럼 존재를 모든 운동과 분리를 통해 지속되는 부정적 통일과 단일성oneness이라고 해석했다. 이 경우 역사는 존재가 자신을 드러내는 투기장으로 보인다. 마르쿠제는 헤겔의 역사관은 하이데거의 **역**

151 "Das Problem der geschichtlichen Wirklichkeit," *Die Gesellschaft* VIII, 4(April, 1931).

152 Marcuse, *Hegels Ontologie und die Grundlegung einer Theorie der Geschichtlichkeit*(Frankfurt, 1932).

153 헤겔의 저작에 관한 토론은 다음 책을 참고하라. Alain de Libera, "La Critique de Hegel," *La Nef*(January-March, 1969).

사성과 딜타이의 **생** 개념을 예언한다고 해석했다. 그는 이 논문 후반부에서 생을《정신현상학》과《논리학Wissenschaft der Logik》을 포함한 헤겔 초기 저작의 기본적인 존재론적 범주로 해석하려 한다.

마르쿠제는 이 논문 결말에서 딜타이가 강조한 **정신과학**과 헤겔의 **정신**Geist 개념의 관련성을 다룬다. "반드시 역사적인 것으로 그리고 그 역사성 안에서 생의 내적 통일성과 전체성은 인식의 통일성과 전체성과 일치한다. 역사적 생의 행위는 본질적으로 이런 인식을 통해 결정된다. 꼭 역사적인 것으로 그리고 그 역사성 안에서 생은 정신이 된다. 이런 의미에서 '정신은 역사의 본질'이라는 딜타이의 진술은 그가 헤겔의 의도에 근접했음을 가장 뜻깊게 표현한다."[154] 이렇게 해서 역사적 방법론의 만족스러운 가능성은 인식과 생의 통일에 뿌리내리게 됐다. 인식은 주관과 객관의 궁극적 동일성에 입각한다.

《헤겔의 존재론과 역사성 이론의 근원》은 헤겔 철학의 비판적 요소에 기본적으로 무관심하다는 점에서 마르쿠제가 연구소에 재직하고 수년 뒤에 쓴《이성과 혁명》과 다르다. 마르쿠제는 통일성과 동일성을 강조함으로써 일종의 신정론Theodize에 이르렀는데, 신정론을 다른 저작에서 나타나는 마르크스주의와 굳이 조화시키려 하지 않았다. 부정의 개념은《이성과 혁명》에서 결정적 역할을 하지만,《헤겔의 존재론과 역사성 이론의 근원》에서는 존재의 역사적 미분화에서 한 계기로 다뤘을 뿐이다. 게다가 존재의 내재적 통일성이 시간을 넘어 지속된다고 이해했기에 부정이 환영인 양 제시됐다. 그 책의 어느 부분에도 헤겔이 종전 제도의 불합리성을 공격하는 데 마르크스에 선행한다고 쓰이지 않았다. 《이성과 혁명》처럼 현실적인 것과 합리적인 것의 비동일성을 강조하지 않았다. 후설에 관한 아도르노의 후기 저작에서 인정한 인식에서 중재

154 *Hegels Ontologie*, p.368.

의 중요성도 《헤겔의 존재론과 역사성 이론의 근원》은 인정하지 않았다.

초기에 마르쿠제는 《역사와 계급의식》의 루카치처럼 호르크하이머와 아도르노가 공격한 동일성 이론에 집착했으며, 호르크하이머와 아도르노가 일축한 철학적 인간학의 가능성을 받아들였다. 마르쿠제는 인간학적 의미를 내포하는 하이데거의 '진정한 존재'라는 개념을 인정했을 뿐만 아니라, 새로 출판된 마르크스의 《경제학-철학 수고》에 열광했다. 마르쿠제는 1932년 루돌프 힐퍼딩의 《사회》에 기고한 짤막한 글[155]에서 《경제학-철학 수고》의 철학적 관심이 후기의 성숙한 저작에서 '극복'됐다는 해석은 잘못이라고 주장했다. 그는 공산주의 혁명은 단순히 경제 관계의 변화에 대한 약속이 아니라고 지적했다. 오히려 공산주의 혁명은 인간의 본질을 실현함으로써 근본적인 존재 자체를 변형하는 더 야심만만한 과업을 꾀한다는 것이다. 인간은 오직 혁명을 통해 '인간의 진정한 자연사true natural history of man'로 이해될 수 있는 역사에서의 잠재적 본성을 실현하는 것이다.[156]

마르쿠제는 이 논문에서 인간이 자연과 맺은 관계에 애매한 견해를 보인다. 그는 한편으로[157] 마르크스가 인간과 자연의 통일을 추구했다고 주장하는데,[157]인간과 자연의 통일은 이후 호르크하이머와 아도르노가 마르크스와 대립되는 의미에서 강조한 목표다. 마르쿠제는 아도르노와 호르크하이머가 마르크스의 자연관에서 못마땅하게 여긴 점을 드러내기도 했다. "(초인간적 존재라는 넓은 의미에서) 모든 자연은 인간 생활의 미디어, 즉 (**식량**Lebensmittel을 포함한) 인간의 생활 수단이다. ……인간은 단순히 객관적 세계인 자연에 종속될 수도, 자연을 그대로 받아들일 수도 없

---

155 Marcuse, "Neue Quellen zur Grundlegung des Historischen Materialismus," *Die Gesellschaft* IX, 8(1932).

156 *Ibid.*, p.151.

157 *Ibid.*, p.167.

다. 인간은 목적을 위해 자연을 전유해야 하며, 나아가 자기 것으로 만들어야 한다."[158] 이는 명백히 자연과 화해가 아니라 자연의 지배를 의미했다.

이런 마르쿠제의 모순은 **노동**Arbeit은 인간이 본질을 실현하는 수단이라는 마르크스의 생각에 그가 동의한다는 점으로 설명될 수 있다. 마르쿠제는 노동은 인간의 본성이라고 주장한다. 바꿔 말해 마르크스는 노동의 의미를 정신적 노동 너머로 확장했다는 점에서 헤겔과 다르지만, 마르크스와 헤겔이 동조한 것처럼 노동은 존재론적 범주라는 것이다.[159] 그의 주장에 따르면 인간은 자신을 객관화해야 한다. 인간은 **대자**對自, für-sich임은 물론 **즉자**卽自, an-sich여야 하며, 주체이면서 대상이어야 한다. 자본주의가 조장하는 객관화가 자본주의의 공포를 유발한다. 여기서 마르쿠제는 호르크하이머나 아도르노의 저작에서 거의 언급되지 않는《경제학-철학 수고》에서 소외된 노동에 대한 마르크스의 분석에 동의한다. 그는 소외되지 않은 노동은 타인과 일하는 것이지, 타인에 대항하는 것을 의미하지 않는다고 시사한다. 인간의 **유적 존재**類的存在, Gattungswesen는 오직 사회적 행위를 통해 실현될 수 있다. 마르쿠제의 주장에 따르면 자본주의는 이것을 방해하기 때문에 '총체적인 혁명'을 요구하는 '인간 본질의 파국'이다.[160]

노동의 존재론적 중심성에 대한 마르쿠제의 신념은 1933년 이후의 저술에도 의미상의 상투적 요소로 남는다. 마르쿠제는《이성과 혁명》에서 마르크스의 노동 개념을 헤겔로 거슬러 올라가 이해하려고 노력한다. "노동 개념은 헤겔 철학 체계에서 구별적 개념이 아니라 중심적 개념

158 *Ibid.*, p.147.

159 *Ibid.*, p.173. 마르쿠제도 노동의 존재론적 중심성에 관한 논문을 썼다. "Über die philosophischen Grundlagen des Wirtschaftswissenschaftlichen Arbeitsbegriff," *Archiv für Sozialwissenschaft und Sozialpolitik* LXIX, 3(June, 1933).

160 "Neue Quellen," p.158.

이다. 헤겔은 노동 개념을 통해 사회 발전을 생각한 것이다."[161] 마르쿠제는 **노동**을 인간의 자기실현을 위한 근본적인 범주라는 점에 초점을 맞춤으로써 헤겔의 초기 저작에서 발견되는 자기생산의 대안적 수단을 별로 중요하게 생각하지 않았다. 최근에 하버마스는 자기생산의 두 번째 양식인 '상징적으로 중재된 상호작용', 즉 언어와 표현적 제스처도 그에 못지않게 중요하다는 점을 지적했다.[162] 그러나 마르쿠제는 헤겔을 다음과 같이 해석한다. "언어는 개인이 타인에 **대항하여** 자신의 필요와 욕구를 주장할 수 있도록, 타인의 필요와 욕구에 대하여 자신의 필요와 욕구를 주장할 수 있도록 해주는 것이다. 여기서 파생되는 적대감은 노동과정에 통합되는데, 이 또한 문화 발전의 결정적인 힘이 된다."[163] 마르쿠제는 사회의 제반 모순을 노동의 특정 유형으로 추적해서 소외된 노동의 극복이 '본질적'인 변화를 일으킬 것이라 말할 수 있었다. 그는 후기 저작에서 노동의 소외 극복을 노동이 폐지돼 유희가 되는 것이라 표현했다.[164] 호르크하이머와 아도르노는 노동의 존재론적 의의를 확신하지 않았기에 '소외된 노동의 극복에 입각한 적대감의 통합'을 예언하지 않았다. 그것은 일종의 동일성 이론이기 때문이다. 그들은 언제나 그랬듯이 인간 본성에 대한 단정적인 사변을 혐오했다.

연구소에 합류한 뒤 마르쿠제의 저작에서는 호르크하이머의 영향력이 두드러진다. 현상학이 그의 사고에 끼친 영향이 차츰 사라지면서 마르쿠제는 하이데거의 용어를 버렸다. 그는 철학적 추상에서 내려와 좀 더 구체적인 사회적·역사적 이슈를 다뤘다.[165] 마르쿠제는 이제 마르크

---

161 *Reason and Revolution*, p.78.

162 Habermas, *Technik und Wissenschaft als "Ideologie"*(Frankfurt, 1968).

163 *Reason and Revolution*, p.75.

164 Marcuse, *Eros and Civilization*(Boston, 1955), pp.170~179.

165 예를 들어 다음 논문을 참고하라. Marcuse, "The Struggle against Liberalism in the Totalitarian State," *Negations*. 원래 *ZfS* Ⅲ, 1(1934)에 실렸다.

스주의를 하이데거의 '진정한 존재'에 대한 물음에 답해주는 적극적인 철학으로 사용하지 않는다. 대신 그것을 역사성 자체가 아니라 역사를 설명하는 데 편리한 더 비판적이고 변증법적인 방법론으로 이용한다. 마르쿠제는 연구소가 이론화를 염두에 둔 경험적 연구에는 관여하지 않았다. 그는 프랑크푸르트학파 구성원 중 유일하게 오직 이론적 이슈에 관심이 있었다. 마르쿠제가 1930년대에《사회연구》지에 기고한 논문은 앞서 언급한 쾌락주의 분석이나 본질의 개념, 철학과 비판 이론의 관계 등 이론적인 것이다.

마르쿠제는 여러 철학 체계에서 본질 개념의 기능을 논하며 각각의 학설을 그것이 놓인 역사적인 틀 속에 집어넣는 호르크하이머를 따른다.

> 부르주아 여명기를 특징짓는 진리관에 따르면 합리적 주관성의 비판적 자율성은 모든 이론적·실천적 진리가 의거하는 궁극적이고 본질적인 진리를 확립하고 정당화한다. 인간의 본질이나 사물의 본질은 **사유하는 개인, 즉 ego cogito**의 자유에 포함된다. 부르주아 말기에 와서 본질에 대한 인식은 무엇보다 개인의 비판적 자유를 미리 주어진, 무조건 타당한 필연성과 결부하는 기능을 한다.[166]

후설의 현상학은 부르주아 이론을 구제하려고 했지만 결국 실패했다. 막스 셸러도 암암리에 권위주의 이데올로기를 비호하는 본질주의를 지지했다. 이에 비해 유물론은 "헤겔의《논리학》에서 변증법적 개념으로 다룬 본질 개념을 채택한다".[167] 유물론은 마르크스가 그랬듯이 본질 개념을 동적인 인간의 **프락시스**에 관련시켜야 한다. 이 점에서 마르쿠제의 하이데거적 요소가 말끔히 제거됐다. 마르쿠제는 〈본질의 개념〉에서

166 "The Concept of Essence," p.44.

167 *Ibid*., p.69.

다음과 같이 서술한다.

> 딜타이 이후 **생철학**과 실존주의의 다양한 경향은 이론의 구체적 '역사성'에 관계해왔다. ……하지만 이런 노력은 실패할 수밖에 없었다. 처음엔 무의식적이었지만 나중에는 의식적으로 그들이 반대한 이론의 목적과 관심에 영합했기 때문이다. 그들은 부르주아 철학의 추상성의 전제 조건, 즉 무정부주의적인 생산과정에서 강요받는 현실적 부자유와 무력감을 공격하지 않았다.[168]

마르쿠제는 〈철학과 비판 이론Philosophie und Kritische Theorie〉이라는 논문에서 부르주아 철학이 비교秘教적으로 고립된 이유를 규명한다. "철학자는 직업이 철학자가 아닐 때 비로소 사회적 투쟁에 참여할 수 있다. '노동의 분업'은 생산수단을 물질적 수단과 정신적 수단으로 분리한 데서 유래했는데, 철학도 이런 노동의 분업을 극복하지 못하고 있다. 예전에 그랬듯이 지금도 존재가 처한 사회적 조건이 철학 저서가 추상적 성격을 띠게 만든다."[169] 비판 이론은 전통적인 철학처럼 야심이 거창하지 않다. 비판 이론은 인간 조건의 오랜 숙제에 영구적인 해답을 제시할 수 있으리라고 생각하지 않는다. 비판 이론은 "이런 문제를 좀 더 포괄적인 방법으로 제시하지 못하는 철학적 무능력 저 밑바닥에 깔린 특정한 사회적 조건을 밝혀주고, 별개의 해결책이 이런 전통 철학의 범위를 넘어선 곳에 존재함을 보여주려 할 따름이다. 이런 문제에 대한 모든 선험적인 연구에 내재한 허위는 '외부에서' 철학에 개입해온 것이다. 그러므로 이 문제는 오직 철학 외부에서 극복될 수 있다."[170]

---

168 *Ibid.*, p.78.

169 Marcuse, "Philosophy and Critical Theory," *Negation*. p.147.

170 *Ibid.*, pp.149~150.

철학의 통찰을 포함하고 있지만 비판이론이 철학과 같지 않듯이, 비판이론은 속류 마르크스주의자의 가정처럼 자연과학에 상응하는 것도 아니어야 한다. 마르쿠제의 논박에 따르면 "자연과학적 객관성은 결코 진리에 대한 충분한 보증이 될 수 없다. 오늘날처럼 진리가 사실에 강력하게 반대 입장을 표명하고, 진리가 사실 뒤에 교묘하게 은폐된 상황이라면 더욱 그렇다. 과학적 예측 가능성은 진리가 존재하는 미래지향적 방식과 일치하지 않는다."[171] 비판 이론은 현실의 한계를 뛰어넘는 강력한 상상력 심지어 유토피아적인 경향을 띠어야 한다. "환상 없이는 모든 철학적 인식은 현재나 과거의 손아귀에 놓이고, 미래에서 차단된다. 미래는 철학과 인간의 실제 역사의 유일한 연결점이다."[172] 따라서 환상의 강조, 특히 위대한 예술 작품에 구현된 환상의 강조와 **프락시스**에 대한 관심은 현재를 영구화하고 미래 변형의 가능성을 은폐하려는 모든 행위를 거부한 비판 이론의 주요한 표현이었다. 이 점에서 마르쿠제, 호르크하이머, 아도르노와 연구소의 핵심 인물은 완전히 일치한다. 시간이 지나면서 변하기도 하지만, 연구소 역사상 가장 생산적이던 1930년대에 합리적 이론과 심미적 상상력, 인간적 행동의 통합은 설사 그것이 아무리 불확실하고 무너지기 쉬운 것이었다 해도 연구소가 간직한 최소한의 희망이었다.

우리는 이 희망을 마르쿠제가 연구소에서 활동한 마지막 시기에 몰입한《이성과 혁명》의 행간에서 읽어낼 수 있다.[173] 이 책은 헤겔을 나치즘과 연결하려는 미국 학자들의 오류에서 헤겔을 구출하기 위해 쓰였

---

171 *Ibid*., p.156.

172 *Ibid*., p.155. 마르쿠제는 후기 저작에서 환상의 중요성을 발전시켰다. 특히《에로스와 문명Triebstruktur und Gesellschaft》을 참조하라.

173 New York, 1941. 이 책 일부는《철학과 사회과학 연구Studies in Philosophy and Social Science, SPSS》에 〈헤겔 철학 입문An Introduction to Hegel's Philosophy〉이라는 논문으로 출간됐다. *SPSS*, Ⅷ, 3(1939).

다. 마르쿠제는 국가를 강조했기에 논란이 되는 헤겔의 정치 이론은 본질적으로 합리주의적이지만, 나치즘은 유기론적 낭만주의 전통에 가담한 비합리주의라는 점을 강조했다. 이 책은 영어권 독자에게 비판 이론에 대한 최초의 광범위한 입문서 역할도 했다.[174] 앞에서 지적했듯이《이성과 혁명》은 마르쿠제가 하이데거와 결별한 뒤 10년 동안 걸어온 이론적 도정을 보여준다. 이 책의 핵심적 주장은《사회연구》지에 실린 호르크하이머의 논문이 표명한 원리와 거의 일치할 정도로 마르쿠제는 하이데거에게서 멀어졌다.

마르쿠제는 호르크하이머처럼 헤겔의 합리주의를 비판적이고 부정적으로 혹평하려 애썼다. 그는 훨씬 뒤에 프로이트에게 한 것처럼 헤겔의 보수적 이미지를 뒤집으려 했다. 마르쿠제는 헤겔의 실증주의적 후계자의 저서에서 헤겔의 급진적인 요소가 제거되는 방식에도 관심을 보였다. 마르쿠제는 오귀스트 콩트Auguste Comte, 게오르크 에른스트 슈탈Georg Ernst Stahl, 로렌츠 폰 슈타인Lorenz von Stein까지 비판을 확대함으로써 호르크하이머가 20세기 실증주의 후계자에게 한 것처럼 그들이 연루된 정치적 보수성을 폭로하려고 했다. 그는 초기 마르크스와 후기 마르크스의 일관성에 대한 초창기 분석을 계속하면서 마르크스와 헤겔의 관계에 주목한다. 마르쿠제는 많은 '과학적' 마르크스주의자와 달리 마르크스 사상에 포함된 헤겔적 요소를 당혹스럽게 여기지 않았다. 그가 아는 헤겔은 본래 진보적인 사상가였기 때문이다. "헤겔의 체계를 떠받드는 개념은 추상적이고 양적인 노동 체계에 기초하는 그리고 상품 교환으로 욕망을 통합하는 종전 사회질서는 자체가 합리적 공동체임을 자처할 수도, 합리적 공동체를 만들 수도 없다는 점이다."[175] 우리가 앞에서 봤듯

174 마르쿠제는 만년의 태도로 볼 때 역설적으로 미국의 합리적 정신이 미국을 '미래의 땅'으로 만들었다는 헤겔의 신념을 인용해서 미국 독자를 치켜세웠다. *Reason and Revolution*, p.xv.

175 *Ibid.*, p.60.

이 마르쿠제는 마르크스가 노동을 강조할 것을 헤겔의 저서가 예견한다고 해석했다. 연구소 회원들의 해석은 마르쿠제와 달랐다.

한편 마르쿠제는 하이데거 시절에 호의적으로 눈여겨본 헤겔 사상의 존재론적인 충동은 마르크스가 역사적으로 접근함에 따라 점차 사라진다는 호르크하이머의 생각에 완전히 동의했다.

> 마르크스 이론을 가동하는 총체성은 헤겔 철학의 총체성과 다르다. 이 차이가 헤겔과 마르크스 변증법의 결정적인 차이를 보여준다. 헤겔에게 총체성은 이성의 폐쇄된 존재론적 체계로서 총체성이며, 결과적으로 역사의 합리적 체계와 일치하는 총체성이다. 반면 마르크스는 변증법을 존재론적 기초에서 분리한다. 그의 저서에서 현실의 부정성은 사건의 형이상학적 상태로 실체화될 수 없는 역사적 조건이 된다.[176]

마르쿠제는 자본주의가 성숙하면 필연적으로 사회주의가 도래한다는 가정을 거부한다는 점에서도 호르크하이머나 아도르노와 입장을 같이한다. 마르쿠제는 그들과 마찬가지로 인간 해방과 기술의 진보, 도구적 합리성 전개의 연관성에 매우 회의적이었다.[177]

마르쿠제는 이런 태도를 취했기에 주의주의voluntarism와 **프락시스**의 필요성을 인정했다. 그러나 프랑크푸르트학파의 다른 구성원과 마찬가지로 이론과 실제의 관계에서 이론이 우선한다고 여겼다. "설사 혁명적 실천이 적절한 궤도에서 벗어난다 해도 이론은 진리를 보유할 것이다. 실천은 진리를 따르나 그 역은 성립하지 않는다."[178] 마르쿠제는 호르크하이머나 아도르노와 달리 행동주의적 저항에 호의적이던 후기에도 올

176 *Ibid.*, pp.313~314.

177 *Ibid.*, p.256.

178 *Ibid.*, p.322.

바른 이론의 우위에 대한 믿음을 저버리지 않았다.

《이성과 혁명》은 프랑크푸르트학파의 산물임이 분명하다. 그러나 마르쿠제는 호르크하이머의 영향권에서 벗어난 독립적 성격을 숨기지 않는다. 노동의 중심성에 대한 그들의 태도 차이는 마르쿠제가 호르크하이머나 아도르노나 프랑크푸르트학파의 다른 구성원과 달리 마르크스를 도구적 합리성이라는 자신의 비판에 내포하기 꺼렸음을 의미한다.[179] 마르쿠제는 그들보다 마르크스 후계자들에게 호의적이었다. 단 베른슈타인류의 수정주의에는 비판적이었다. 마르쿠제는 플레하노프 Georgy Valentinovich Plekhanov와 레닌이 "마르크스 이론을 비판적으로 수입"하려고 노력했다고 높이 평가했다.[180] 반면 카우츠키와 제2인터내셔널은 사실상 무시했다. 더욱이《이성과 혁명》은 엥겔스의 '사적유물론'과 비판 이론의 근거에 깔린 변증법적유물론을 구별하지 못했다. 마르쿠제는 결국 헤겔의 동일성 이론이 함축하는 순응주의적이고 신정론적인 요소에 호르크하이머 초기의 논문처럼 관심을 보이지 않았다. 이런 관심의 결여는 몇몇 논평자가 신속하게 지적했듯이 헤겔 사상의 신학적 전제에 대한 마르쿠제의 상대적 무관심과 연결될 것이다.[181]

《이성과 혁명》은 총괄적으로 마르쿠제가 연구소에 보내는 적절한 고별사인 셈이었다. 1940년대에 이르러 마르쿠제가 미국 정부 기관에 깊이 관여함에 따라 연구소와의 관계는 소원해지기 시작했다. 미국 전략사무국Office of Strategic Services, OSS이나 국무부와 진행한 공동 작업은 프

---

179 다음을 참조하라. Habermas, *Knowledge and Human Interests* and *Technik und Wissenschafts als "Ideologie"*; Albrecht Wellmer, *Critical Theory of Society*(New York, 1971).

180 *Reason and Revolution*, p.400.

181 파울 틸리히는 *SPSS*, Ⅸ, 3(1941)에서 이 점을 호의적으로 지적했고, 카를 뢰비트는 다음 문헌에서 좀 더 비판적으로 지적했다. *Philosophy and Phenomenological Research* Ⅱ, 4(1942). 다음 논문에도 이 주제가 등장한다. Lucio Colletti, "Von Hegel zu Marcuse," *Alternative* 72/73(June-August, 1970).

랑크푸르트학파가 의미한 **프락시스**는 결코 아니었다. 마르쿠제는 이런 이유로 이후 좌파의 비난을 받았다. 마르쿠제는 전쟁 기간에 정부와 공동 연구한 연구소의 다른 회원처럼 이론과 실천의 통일은 유토피아적인 희망에 불과할지도 모른다는 생각을 따른 것이다. 선택할 수 있는 대안을 고려해볼 때 이론적인 사회참여commitment의 순수성을 견지하면서 히틀러와 전쟁을 돕는 것이 반드시 명예롭지 못한 타협이라고 간주할 수는 없었을 것이다. (하지만 전쟁이 끝난 뒤에도 미국 정부를 위해 일한 것은 많은 문제를 불러일으켰다. 마르쿠제는 한국전쟁 때까지 그 일을 계속했다.) 연구소는 지식인의 역할이 오늘날 세계에서 더는 사고할 수 없게 된 무엇인가를 끊임없이 사고하는 것임을 점점 더 확신했다.

정신노동과 육체노동의 괴리가 철학자의 독단적 명령으로 극복될 수 없다 해도, 이론 작업은 그 둘의 통합이 가능해질 미래를 실현하는 데 (그렇지 않으면 통합의 불가능을 설명하기 위해서라도) 도움이 될 수 있다. 이론 작업이 궁극적으로 정치적 행동과 관련됨은 부정할 수 없지만, 비판 이론은 사회적·문화적 현실 진단에 전념해야 했다. 그러나 사회 연구의 한 방법으로서 비판 이론은 전통적인 방법과 구별돼야 할 것이다. 호르크하이머는 이 점을 1937년《사회연구》지에 기고한 의미 있는 논문〈전통 이론과 비판 이론Traditionelle und kritische Theorie〉에서 지적했다.[182] 그에 따르면 전통 이론은 세계를 기술할 때 항상 일반적이며 내적으로 논리 정연한 원리의 공식화를 겨냥하고 있다. 데카르트 이론처럼 연역적이든, 존 스튜어트 밀의 저술처럼 귀납적이든, 후설 철학처럼 현상학적으로 성립됐든 전통 이론은 공식화를 추구했다는 것이다. 심지어 호르크하이머는 경험주의와 검증을 강조하는 영미 과학조차 테스트해야 할 일반적인 명제를 추구한다고 봤다. 전통적인 연구는 행동이 아니라 순수한 지

182 Horkheimer, "Traditionelle und kritische Theorie," *ZfS* VI, 2(1937).

식을 목표로 삼았다. 베이컨류 과학처럼 전통적인 연구가 행동 방향을 지시한다 해도 그 목표는 어디까지나 **프락시스**와 의미가 다른 세계의 기술적 지배였다. 전통 이론은 언제나 사유와 행동을 엄격히 구분해온 것이다.

비판 이론은 몇 가지 점에서 전통 이론과 구별된다. 비판 이론은 무엇보다 지식을 행동에서 분리된, 행동보다 우월한 어떤 것으로 물신화하기를 거부했다. 아울러 비판 이론은 몰가치적 과학적 연구야말로 인간이 자율적이지 못한 사회에서는 불가능함을 인식했다. 호르크하이머는 연구자는 언제나 자신이 연구하려는 사회적 대상의 한 부분이라고 주장했다. 과학자가 탐구하는 사회가 자유롭고 합리적인 인간의 선택에 의한 창조물이 아니기에, 과학자는 탐구 대상에 타율적으로 관여할 수밖에 없다. 과학자의 지각은 과학자가 결코 초월할 수 없는 사회적 범주를 통해 중재된다. 마셜 매클루언Marshall McLuhan이 최근의 명성을 얻기 이전인 지금부터 30년 전에 호르크하이머는 매클루언을 연상시키는 다음과 같은 글을 남겼다. "도구는 인간의 기관을 확장한 것이라는 말을 뒤집으면 기관은 인간의 도구를 확장한 것이라는 말이 된다."[183] 마르쿠제는 이는 실증주의적이든 직관적이든 '객관적' 사회과학자에게도 통용된다고 생각했다. 앞서 언급한 정신과학에 대한 딜타이의 방법론을 호르크하이머가 거부한 이유도 이런 주장과 관련 있다. 역사가는 완전히 자율적이며 의식적인 행동으로 이루어질 수 없던 것을 자신의 정신에서 다시 경험할 수 없다.

호르크하이머는 예측 가능성에 대해 이야기할 때도 이와 같은 논거를 사용했다. 사회과학자는 사회가 더 합리적이어야 미래를 예측할 수 있다. 인간이 역사를 만들었기 때문에 역사를 이해할 수 있다는 인간의

183 *Ibid.*, p.257.

능력에 대한 비코의 통찰은 실현된 적 없다. 현대인은 자신의 역사를 만들지 못하고 있기 때문이다. 과학적인 예측 가능성은 방법론 이상으로 사회 조건의 제약을 받는다.[184]

현대사회의 지식인을 만하임이 알프레트 베버Alfred Weber에게서 차용해 유행한 **자유롭게 부유하는**freischwebende 존재로 보는 것도 잘못이다. 혼란에 영향을 받지 않고 **자유롭게 부유하는** 지식인이라는 이상은 마땅히 버려야 할 형식주의적 착각이다. **국수주의자**völkisch나 속류 마르크스주의자처럼 지식인을 완전히 자기 문화나 계급에 **뿌리박은**verwurzelt 고착된 층으로 간주하는 것도 잘못이다.[185] 극단적인 두 경향은 주관성을 전적으로 자율적이거나 부수적이라고 잘못 해석한다. 사회 연구자도 사회의 한 부분이지만, 어떤 때는 사회를 벗어날 수 있다. 현재와 다른 리얼리티를 제시하는 부정의 힘과 경향을 보여주는 것이 연구자의 의무다. 베버류의 전통적 이론이 강조하는 사실과 가치의 형식주의적인 이원론을 견지하는 태도는 현상 유지에 기여하는 것과 다름없다.[186] 연구자의 가치관은 반드시 연구 작업에 영향을 미치게 마련이다. 연구자는 의식적으로 그렇게 해야 한다. 지식과 관심은 궁극적으로 분리될 수 없다.

호르크하이머는 전통 이론의 핵심이라고 할 수 있는 순수 지식이라는 목표를 반대할 뿐만 아니라, 일반 원리와 사례의 검증과 반증이라는 이상을 거부했다. 비판 이론이 다루는 일반적인 진리는 현행 질서를 참조함으로써 검증되거나 반증될 수 없다. 진리란 새로운 사회의 가능성을 내포하기 때문이다.[187] 검증에는 현실에 내재한 '부정적' 요인을 제시하는 동적 계기가 있어야 한다. 사회 연구는 역사적인 요인을 포함해야

---

184 Horkheimer, "Zum Problem der Voraussage in den Sozialwissenschaften," *ZfS* Ⅱ, 3(1933).

185 "Traditionelle and kritische Theorie," p.276.

186 *Ibid.*, p.275.

187 *Ibid.*, p.277.

한다. 역사적 요인은 역사의 '객관적' 세력이라는 문맥에서 사건을 판단한다는 경직된 의미가 아니라, 사건을 역사적 가능성이라는 점에서 주시한다는 의미로 쓰인다. 변증법적인 사회 연구는 인간의 전前 과학적 체험에서 발생한 통찰력에 민감하다. 앞에 언급했듯이 비판 이론은 심미적 상상력과 환상이 인간 열망의 진정한 저장소일 수 있음을 인정한다. 사회 이론가에게 정당한 모든 경험은 실험실의 통제된 관찰로 환원돼선 안 되는 것이다.

비판 이론은 현재의 모순과 미래의 가능성을 항상 염두에 두면서 지나치게 일반화되거나 추상화되는 것을 꺼렸다. 비판 이론은 구체적인 특수 속에 구현된 전체를 포착하려고 노력했다. 비판 이론은 고트프리트 빌헬름 폰 라이프니츠Gottfried Wilhelm von Leibniz와 다르지 않게 특정한 역사 현상에서 보편성을 찾아냈다. 특정한 역사 현상은 라이프니츠의 모나드monad처럼 보편적이면서 특수한 것이었다. 비판 이론은 전통적인 의미의 인간관계보다 유비analogy를 방법론적으로 중요시했다. 베냐민은 "영원한 것은 이념이라기보다 의복에 달린 장식물에 가깝다"[188]고 했는데, 이 말은 신학적 기저를 제거하면 개념적 설명의 필요성을 여전히 강하게 주장하는 비판 이론가에게 타당하지 않더라도 비판 이론의 모델로 사용될 수 있을 것이다. 연구소가 내놓은 저술, 특히 아도르노의 저술은 때로 독자가 현기증을 느낄 정도로 당혹스러우며, 고도의 추상적인 진술과 대단찮아 보이는 관찰이 병존한다. 전통 이론은 '구체적인 것'과 '특수한 것'을, '추상적인 것'과 '보편적인 것'을 동일시한다. 반면 비판 이론은 조지 클라인George L. Kline이 말했듯이 "'구체적인 것'을 다면적이며 적절하게 연관되고 복합적으로 중재된 것의 의미로 사용하고…… '추상적인 것'을 일방적이고 부적합하게 연결된 상대적으로 매

188 Adorno, *Prisms*, p.231에 인용.

개되지 않은 것을 의미"[189]한 헤겔을 따르고 있었다. 비판 이론은 연구소 회원들이 서로 다른 구체적인 현상을 검토하면 결국 전체를 조명하는 데 도움이 될 수 있는 상호 유용한 통찰이 얻어지리라 희망한 것이다.

비판 이론에는 무엇보다 사회변동이라는 목표가 가장 중요했다. 그러나 비판 이론은 연구를 **프락시스**에 연관시킬 때 자신의 접근과 실용주의적 접근을 신중하게 구별했다. 호르크하이머와 아도르노는 미국에서 대면한 강한 실용주의 전통에 대한 비판서에서 이 점을 분명히 했다.[190] 그들은 미국에 체류하는 동안 실용주의에 강한 반감을 보였다. 호르크하이머는 1945년 12월 21일 뢰벤탈에게 편지를 보냈다.

> 제가 인용한 부분을 보시면 이 나라의 실용주의라는 미국의 특산물을 을 적잖이 읽었음을 아실 겁니다. 실용주의 전문가가 됐다고 느낄 정도입니다. 실용주의는 제1차세계대전 이전에 머물러 있고 경험주의적 비판 정신의 선상에 놓였음이 분명하지만, 우리의 스승 코르넬리우스보다 훨씬 세련되지 못합니다.

호르크하이머는 그다음 편지에서 실용주의와 실증주의가 모두 "철학과 과학을 동일시하는 데 일치한다"[191]고 썼다. 실용주의자라 진리와 인간 행위를 관련시킨 점은 옳았지만, 그 관련성을 지극히 단순하고 비변증법적으로 이해했다는 것이다.

---

189 George Kline, "Some Critical Comments on Marx's Philosophy," in *Marx and the Western World*, ed., Nicholas Lobkowicz(Notre Dame, Ind., 1967), p.431.

190 호르크하이머의 다음 논문을 참고하라. "Zum Problem der Wahrheit," pp.340~343. 또 "Traditionelle und kritische Theorie" p.252를 보라. 연구소는 미국의 실용주의와 실증주의를 동일시했다.

191 호르크하이머가 1946년 1월 14일 뢰벤탈에게 보낸 편지(뢰벤탈 소장).

진리가 삶을 개선할 것이라거나, 모든 '이익'이 되는 사고는 반드시 진리라는 인식론적인 가르침은 이 인식론이 실제로 더 나은 상태, 즉 삶을 개선하는 상태로 유도하는 경향을 띠는 총체성을 포함하지 않는다면 연구자의 기만일 것이다. 사회 전체에 대한 적확한 이론에서 분리된 모든 인식론은 형식적이고 추상적으로 존재할 따름이다.[192]

실용주의는 어떤 이론이 비록 '거짓'이 아니라 해도 현실의 실체에 모순되고 현실에 역작용한다는 사실을 무시하기 때문에, 주장과 달리 비판적이라기보다 순응주의적이다. 다시 말해 실용주의에는 실증주의와 마찬가지로 현존하는 '사실'을 넘어설 수단이 없다. 호르크하이머는 이런 비판의 연장에서 시드니 훅Sidney Hook을 비롯한 1930년대 학자들이 마르크스를 부당하게도 실용주의의 한 변형물로 만들려고 했음을 지적하는 가치 있는 작업을 한다. 그러나 나중에 뢰벤탈과 하버마스가 지적하듯, 그는 실용주의적 전통의 특성에 존재하는 변증법적 잠재력을 간과했다.[193]

호르크하이머는 변증법적 유물론이 실천적이고 역사적인 테스트에 기초한 검증 이론을 포함한다고 말한다. 그에 따르면 "진리는 올바른 **프락시스**에 존재하는 하나의 계기다. 그러나 진리를 성공과 동일시하는 사람은 역사를 뛰어넘어 지배적인 현실에 영합하는 순응주의자가 된다."[194] '올바른 **프락시스**'는 연구소 회원의 사고와 행동 지침이 되는 이론의 중요성과 추론 과정에서 순환성을 지시하는 핵심적 표현이다. 호르크하이머는 이론과 **프락시스**를 통합하려는 욕심이 지나쳐 그들 사이에

192 "Zum Problem der Wahrheit," p.343.

193 1968년 8월 버클리에서 뢰벤탈과 대담. 1969년 2월 프랑크푸르트에서 하버마스와 대담. 하버마스가 실용주의를 어떻게 논하는지는 《인식과 관심》에서 찰스 샌더스 퍼스Charles Sanders Peirce를 다룬 곳을 보라.

194 "Zum Problem der Wahrheit," p.345.

필연적으로 벌어진 거리를 성급하게 망각해선 안 된다고 경고했다. 그 간극은 철학과 프롤레타리아트의 관계에서 명확하게 드러난다. 마르크스와 엥겔스에게 노동계급은 새로운 질서를 위해 유일한 촉매제였다. 마르크스는《헤겔 법철학 비판Zur Kritik der Hegelschen Rechtsphilosophie》서설에서 "해방운동의 **두뇌**는 **철학**이요, 그 **심장**은 **프롤레타리아트**다. 프롤레타리아트를 없애지 않고 철학은 현실이 될 수 없고, 철학이 현실화되지 않고는 프롤레타리아트가 없어질 수 없다"고 썼다. 그러나 호르크하이머는 20세기의 물질적 조건은 선진 산업사회의 노동계급이 이 역할을 자동적으로 수행하리라 기대할 수 없게 만들었다고 주장한다. 프롤레타리아트가 요구하면 무엇이든 맹종하며 흉내 내는 지식인은 종전 질서를 뛰어넘을 가능성을 끊임없이 강조해야 하는 지식인의 진정한 기능을 포기한 것이다. 실제로 현대사회에서 지식인과 노동자의 긴장은 프롤레타리아트의 순응주의적 경향과 싸우기 위해서라도 필요하다.[195] 따라서 비판 이론은 스스로 특정 계급의 의식을 표명한 이론이라고 생각하지 않았다. 이 점에서 비판 이론은 멀리 소비에트 진영에서 단죄됐을 때도 꾸준히 계급의식을 강조한 루카치 같은 정통 마르크스주의자와도 달랐다. 비판 이론은 그 대신 '진실을 말하려고 하는' 모든 '진보적'인 세력과 기꺼이 제휴하려 했다.[196]

그런데 비판 이론의 검증이 오직 '올바른 **프락시스**'와 관련을 통해서 가능하다면, 마르크스주의가 혁명적 행동에 적합하다고 언명한 유일한 계급이 역사적 역할을 충분히 수행할 수 없음이 판명됐을 때 올바른 **프락시스**란 도대체 무엇을 의미하는가? 이 질문에 대한 의문이 생겨나기 시작했지만, 1930년대에 연구소는 이 문제에 정면으로 부딪치지 않았다. 마르쿠제는 1934년에 다음과 같이 썼다. "오늘날 비판적 이상주의의 유

---

195 "Traditionelle und kritische Theorie," p.269.

196 *Ibid.*, p.269.

산을 보존하는 노동운동의 운명은 불확실성으로 암울해졌다."[197] 곧 보겠지만 이 불확실성은 호르크하이머가 예전에 《여명》에 쓴 아포리즘에 나타났던 낙천주의로 잠시 전향했던 전쟁 기간의 극적인 순간을 제외하고는 점차 짙어갔다.[198]

그사이 연구소는 '부정적'이고 비판적인 세력이 서구에서 사라져가는 것을 이해하려는 노력 쪽으로 관심을 돌렸다. 이는 결과적으로 폴록이나 그로스만 등의 저서에서는 전혀 무시되지 않은 경제적 문제라는 의미의 물질적 문제에서 멀어짐을 의미했다. 대신 연구소는 전통적인 마르크스주의자가 부차적인 문제로 제쳐둔 현대사회의 문화적 상부구조에 역량을 집중하기 시작했다. 연구소는 권위의 구조와 발전, 대중문화의 출현과 확산이라는 문제에 집중했다. 이런 분석이 만족스럽게 성취되기 위해서는 고전적 마르크스주의 모델인 상부구조와 하부구조의 빈틈이 무엇으로든 채워져야 했다. 연구소는 상부구조와 하부구조를 이어주는 연결 고리를 심리학적인 것이라 생각했고, 프로이트 이론을 선택했다. 불가능해 보이는 마르크스주의와 정신분석의 통합은 3장의 주제가 될 것이다.

---

197 Marcuse, "The Struggle against Liberalism in the Totalitarian State," *Negations*, p.42.

198 Horkheimer, "Autoritärer Staat," in "Walter Benjamin Zum Gedächtnis"(미출간, 1942). 폴록 소장.

03

비판 이론의 정신분석학 수용

정신분석학에서 과장 외에 진실한 것은 없다.
—테오도르 W. 아도르노

파시즘이 공포와 파괴성을 주된 감정적 원천으로 삼는다면,
에로스는 주로 민주주의와 관련 있다.
—《권위주의적 성격The Authoritarian Personality》 저자들

1970년대까지 프로이트와 마르크스를 결합하려는 어색한 시도를 꾀하는 대담한 이론가를 제대로 평가하기는 쉽지 않았다. 하지만 최근 빌헬름 라이히에 대한 관심이 되살아나고 마르쿠제의 《에로스와 문명》의 영향력이 확산함에 따라, 강조점은 달라도 라이히와 마르쿠제가 유사한 문제를 언급하고 있음을 수긍하는 좌파 지식인이 늘어났다. 한 세대 전만 해도 마르크스와 프로이트를 결합하려는 생각은 미국이나 유럽 양쪽에서 모두 부조리하다고 받아들여졌다. 비록 레온 트로츠키Leon Trotsky가 정신분석학에 우호적이었지만, 공산당 내에서 프로이트와 그 추종자의 학설이 금기시되고, 이반 페트로비치 파블로프Ivan Petrovich Pavlov의 행동주의가 새로운 정통성을 획득한 1923년 이후에는 정통 공산주의 서클에서 트로츠키의 목소리를 들을 수 없었다. 정신분석학 운동에서는 지크프리트 베른펠트Siegfried Bernfeld, 오토 페니켈Otto Fenichel, 파울 페데른Paul Federn 같은 학자가 두 이론 체계의 통합에 관심이 있었

지만, 성과를 거두지 못했다.[1] 1920년대와 1930년대에 마르크스와 프로이트의 결합이 필요하다고 소리 높인 라이히는 대다수 학자에게 조롱거리가 됐다.[2] 라이히는 1930년대 중반에 공산당과 정신분석학계 양쪽에서 은밀히 배척당했다. 사회 변화 가능성에 대한 프로이트의 비관주의는 진정한 마르크스주의자의 혁명에 대한 희망과 양립될 수 없다고 진보주의자부터 보수파까지 의견 일치를 봤다. 필립 리프Philip Rieff는 1959년에야 다음과 같이 말할 수 있었다. "마르크스는 미래는 과거에 내재했다고 생각했고, 프롤레타리아트를 역사의 산파라고 간주했다. 그러나 프로이트는 미래에 과거가 내재했다고 생각했고, 의사나 행운이 인간의 과거에서 벗어날 수 있게 해줄 거라 여겼다. …… 혁명은 아버지에 대항하는 반복적인 반란인데, 어떤 혁명이든 결국 실패할 운명에 처했다."[3]

사회연구소가 정신분석학을 신마르크스주의 비판 이론으로 도입하려는 시도는 관습에서 벗어난 대담하고 과감한 행보였다. 이는 전통 마르크스주의의 구속에서 벗어나려는 연구소의 욕망을 표현한 것이기도 했다. 실제로 연구소의 그륀베르크-그로스만 세대와 호르크하이머를 중심으로 한 그들의 후계자는 심리학에 대한 대조적인 태도에서 근본적인 차이를 보였다. 나중에 살펴보겠지만 프란츠 노이만은 심리학에 줄곧 무관심했기에 연구소 핵심 회원으로 받아들여지지 못했다. 노이만은 말년에야 프로이트에 관심을 보였지만, 마르크스주의와 정신분석학의

1 일찍이 프로이트와 마르크스를 결합하려고 시도한 논의로는 1971년 1월 8일 《타임스The Times》 문예 부록Literary Supplement에 실린 〈도그마가 도그마를 물어뜯을 때When Dogma Bites Dogma〉와 〈마르크스와 프로이트의 힘든 결합The Difficult Marriage of Marx and Freud〉을 보라.

2 라이히가 당시 겪은 곤경에 대해서는 다음을 보라. Paul A. Robinson, *The Freudian Left*(New York, 1969), pp.28~59.

3 Philip Rieff, *Freud: The Mind of the Moralist*(New York, 1959), pp.237~239.

통합을 달성하기에는 너무 늦었다.[4]

호르크하이머는 1920년대부터 프로이트에 관심 있었다. 1920년대 중반에 정신분석학자 프리다 프롬라이히만Frieda Fromm-Reichmann이 실제로 분석한 뢰벤탈이 호르크하이머를 자극했다. 심리학과 사회학의 연관성은 당시 프랑크푸르트에서 자주 논쟁한 주제이기도 했다. 1929년 이후 좌파 계통 대학 서클에서 중요한 위치를 차지한 벨기에 사회학자 헨드리크 드 만은《사회주의 심리학Zur Psychologie des Sozialismus》(1926)[5]을 통해 경제적 결정론을 좀 더 주관적인 기반 위에 형성된 행동주의와 대치하려고 했다. 드 만은 공리주의적이고 이해관계 중심적인 심리학을 공박하며 이를 마르크스의 탓으로 돌리는 대신, 급진적인 행동의 비이성적 뿌리를 강조했다. 드 만은 프랑크푸르트대학교 사회심리학 교수로 초빙됐는데, 당시 연구소 내 정통 마르크스주의자를 견제하기 위한 결정이었다는 소문이 떠돌았다. 드 만이 프랑크푸르트로 온 이유가 뭐든 드 만의 합류는 호르크하이머와 다른 연구소 동료가 비판 이론과 명백하게 양립할 수 없는 비이성주의자의 입장을 물리치는 데 성공하지 못했다. 드 만이 나중에 파시즘과 영합한 것으로 볼 때, 연구소 회원들이 그를 믿지 않을 이유는 충분했던 셈이다. 그러나 그들은 속류 마르크스주의[6]에 스며든 도구주의적 공리주의를 넘어서려 한다는 점에서 드 만과

4 다음을 참고하라. Franz Neumann, "Anxiety and Politics," in his *The Democratic and Authoritarian State*, ed., Herbert Marcuse(New York, 1957); H. Stuart Hughes, "Franz Neumann between Marxism and Liberal Democracy," in *The Intellectual Migration: Europe and America, 1930-1960*, ed., Donald Fleming and Bernard Bailyn(Cambridge Mass., 1969).

5 드 만의《사회주의 심리학Zur Psychologie des Sozialismus》은 *The Psychology of Socialism*(New York and London, 1928)이라는 제목으로 영역됐다. 드 만에 관한 논의는 다음 책도 참조하라. Peter Dodge, *Beyond Marxism: The Faith and Works of Hendrik de Man*(The Hague, 1966).

6 글라디스 마이어 교수가 내게 보낸 편지에서 이런 주장을 했다. 마이어 교수는 사회연구소의 이민 초창기에 연구소에서 공부했으며, 1944년에 쓴《마법의 원The Magic Circle》(New York)이라는 소설에는 드 만이 아드리안 드 바렌이라는 인물로 가끔 등장한다. 그러나 폴록은 1969년 3월 나와 이야기할 때, 드 만이 마이어 교수가 이야기한 이유로 프랑크푸르트로 왔다는 사실

목표를 공유했다.

아도르노는 1927년에 호르크하이머의 격려를 받으며 정신분석을 코르넬리우스의 선험적 현상학과 연관시킨 긴 논문을 썼다.[7] 아도르노는 서로 관련되어 있으면서도 상징적으로 연결된 무의식의 구조를 강조하며, 일반적으로 현재의 경험을 통해 과거의 경험에 도달하려고 했다는 점에서 정신분석과 선험적 현상학이 공통점이 있다고 언급한다.[8] 정신분석학에 개인적으로 관심을 보인 호르크하이머는 이듬해 이 작업에 착수하기로 했으며, 프로이트의 제자 카를 란다우어를 자신의 정신분석가로 선정했다. 호르크하이머는 정신분석을 받기 시작하고 1년 뒤, 준비된 원고가 없으면 강의할 수 없어서 그를 심각하게 괴롭혀온 문제[9]가 해결되면서 치료 과정이지만 교육받는 과정이기도 한 정신분석이 끝났다. 란다우어는 당시 하이델베르크에서 발족된 남서독정신분석연구그룹[10] 부설로 프랑크푸르트정신분석연구소 설립을 제안받았다. 1929년 2월 16일에 문을 연 프랑크푸르트정신분석연구소는 독일 대학교와 연결된 최초로 인정받은 프로이트 연구소다. 이들은 당시 '객원 연구소'라 불린 새로 발족한 연구소가 대학교의 인정을 받는 데 중요한 역할을 한 호르크하이머나 그의 동료들과 느슨한 관계를 유지하고 있었다. 프로이트도 호르크하이머에게 두 차례 편지를 보내 감사의 뜻을 표했다.[11]

란다우어, 하인리히 멩, 에리히 프롬과 그의 부인인 프리다 프롬라이

을 부인했다.

7 Theodor Wiesengrund, "Der Begriff des Unbewussten in der Transzendentalen Seelenlehre"(미출간 학위논문, Frankfurt University, 1927).

8 *Ibid.*, p.318.

9 호르크하이머와의 인터뷰(몬타놀라, 스위스, 1969년 3월).

10 이 그룹은 독일 정신분석학 운동이 분열되면서 만들어졌다. 다음 책을 참조하라. Carl M. Grossman and Sylvia Grossman, *The Wild Analyst*(New York, 1965).

11 호르크하이머와의 인터뷰(몬타놀라, 스위스, 1966년 3월).

히만[12] 등이 연구소 전임연구원이었다. 연구소가 설립되고 처음 몇 달 동안 정신분석학계의 지도적 인물이라 할 수 있는 한스 작스Hans Sachs, 지크프리트 베른펠트, 아나 프로이트Anna Freud, 폴 페더른 같은 학자의 강의가 열렸다. 게오르크 그로덱Georg Groddeck도 자주 참석했다. 전임연구원 네 명 중 뢰벤탈과 10년 이상 친구이자 그의 권유로 연구소에 가담한 프롬은 곧 연구소에서 가장 중요한 인물이 됐다. 프롬은 미국으로 이민한 뒤 사회연구소에 다시 가담했으며, 이른바 신프로이트파 수정주의자 중 가장 두드러졌다. 그의 아내도 미국으로 건너갔으나 사회연구소와는 긴밀한 관계를 맺지 않았다. 란다우어는 암스테르담으로 갔다. 동료들이 늦기 전에 유럽을 떠나라고 간곡히 부탁했지만, 그는 떠나지 않았고 제2차세계대전 중 벨젠Belsen에서 숨을 거뒀다. 멩은 다행히 프랑크푸르트에서 바젤로 옮겼고, 그곳에서 정신위생학 전문가로 자리를 굳혔다. 사정이 이랬기에 사회연구소는 주로 프롬의 저서를 통해 프로이트와 마르크스의 융합을 시도했다.

1900년 프랑크푸르트에서 태어난 프롬은 엄격한 종교적 분위기 아래 성장했다. 그는 젊은 시절 유대교적 사유의 메시아적 경향에 강하게 매료됐으며, 나중에 그 시기를 다음과 같이 회상했다. "당시 나는 이사야Isaiah, 아모스Amos, 호세아Hosea의 예언적인 글에서 감동을 받았다. 경고나 재난 예고 때문이 아니라, '세계의 종말'에 대한 그들의 약속 때문이다. ……내가 열두세 살 때 읽은, 우주적 평화와 국가 사이의 융화에 대한

12 멩은 "정신분석학 입문"이라는 코스를 맡았으며, 란다우어는 "정신분석학 임상강의," 프리다 프롬라이히만은 "정신분석학의 충동론," 그리고 프롬은 "사회학과 종교 연구에 대한 정신분석학의 적용"이란 강의를 각각 했다. 이 연구소의 설립 당시의 모습에 대해서는 다음 책을 참조하라. *The Die psychoanalytische Bewegung*(I, 1)(May-June, 1929). 연구소 개소에 관한 기술로는 다음의 책을 참고하라. Adolf Friedmann, "Heinrich Meng, Psychoanalysis and Mental Hygine," *Psychoanalytic Pioneers*, ed., Franz Alexander, Samuel Eisenstein, Martin Grotjahn(New York and London, 1966).

전망이 나를 흔들었다."[13] 프롬은 1920년대 전반기에 뢰벤탈과 함께 랍비 노벨이 중심인 모임에 가담했다. 게오르크 잘츠베르거Georg Salzberger, 프란츠 로젠츠바이크와 함께 그 유명한 자유유대학사을 설립하는 데도 힘썼다. 프롬이 뮌헨에서 처음 정신분석을 받은 뒤인 1926년에 외면적으로는 정통 유대교의 특성에서 벗어난 듯 보이지만, 종교적인 태도라고 불릴 만한 것이 그의 모든 후기 작품에 남아 있다.

프롬은 호르크하이머나 아도르노가 유대 선조를 흡수한 것과 아주 다른 방식으로 유대 전통을 흡수했다. 그는 호르크하이머나 아도르노처럼 진리의 비재현적 특성이나 인간의 본질에 대한 정의가 불가능함을 강조하는 대신, 철학적 인간학적인 사고에 사로잡혔다. 프롬은 자유유대학사 서클의 마르틴 부버나 다른 몇몇 사람처럼 인간의 본성은 세계와 인간의 관계를 통해 만들어진다고 이해했다. 이런 입장은 사회연구소와 결별한 뒤 저술한 후기 작품에 가장 잘 나타난다. 하지만 프롬은 연구소와 결별하기 전이든 후든, 인간의 본성이 실재함을 언제나 확신했다. 그는 인간의 본성이 로마의 **나투라**natura 같은 고정된 개념이 아니라, 그리스의 **피시스**physis에 가깝다고 생각했다. 그래서 프롬은 마르크스의 《경제학-철학 수고》에 담긴 인간학적 함축을 늘 강조했다.[14] 프롬은 이런 해석에 관해서는 호르크하이머와 아도르노보다 연구소에 관여하기 전의 마르쿠제에 훨씬 가깝다. 그는 프랑크푸르트학파와 연관된 인물 중에서 연구소 시절이나 이후 발표한 저서에도 유독 마르크스의 소외 개념을 자주 인용한다.[15] 프롬은 인간의 본질에서 완전한 인간의 비전을

---

13 Erich Fromm, *Beyond the Chains of Illusion*(New York, 1962), p.5.

14 예를 들어 프롬의 《마르크스의 인간관Marx's Concept of Man》(New York, 1961)을 참조하라.

15 《자유로부터의 도피Fear of Freedom》(*Escape from Freedom*의 영국판, 본 주석에서는 1942년 런던에서 발행된 판의 페이지 표기)에서 프롬은 소외 개념을 통해 마르크스와 헤겔의 중요성을 인정했다.(p.103)

설정하기 위해 바뤼흐 스피노자Baruch Spinoza[16]나 존 듀이John Dewey 같은 철학자의 저서에 담긴 인간성 문제에 눈을 돌린다. 그는 1940년대에 심리학에서 떠나 인간성에 근거를 둔 윤리적 체계로 관심을 돌린다. 프롬의 윤리학은《자기를 위한 인간Man for Himself》(1947)에 가장 완벽하게 표현됐다. 비평가들은 자연주의로 위장한 프롬의 윤리학을 비판하기도 한다.[17]

프롬은 마흔 살이 되자 연구소뿐만 아니라 정통 프로이트주의와도 결별했다. 그가 이전의 모든 관점을 포기했다는 의미는 아니다. 프롬은 "나는 결코 프로이트주의를 떠난 적이 없다"며 다음과 같이 썼다.

> 우리가 프로이트를 리비도 이론과 동일시한다 해도…… 나는 프로이트의 근본적인 업적이 무의식 개념이라 생각한다. 무의식이 노이로제와 꿈, 반항 등으로 나타난다고 생각한 점, 성격에 관한 역동적인 개념이 그의 근본적 업적이다. 이 개념은 나의 전 연구 과정에서 근본적이고 중요한 의미였다. 내가 리비도 이론을 포기했다고 프로이트주의를 포기한 것이라는 말은 정통 프로이트주의 입장에서 나올 법한, 끔찍한 발언이다. 나는 정신분석학을 포기하지도, 나 자신의 학파를 형성하지도 않았다. 나는 국제정신분석학협회International Psychoanalytic Association, IPA에서 회원 자격이 박탈됐지만, 지금(1971년)도 프로이트주의 성격을 띠는 워싱턴정신분석협회 회원이다. 나는 끊임없이 정통 프로이트주의와 국제프로이트협회의 관료적인 방법을 비판해왔다. 그러나 내 모든 이론적인 작업은 메타심

---

16 Fromm, *Beyond the Chains of Illusion,* p.28.

17 존 샤어John Schaar는 다음 책에서 이렇게 주장했다. 프롬은 자연주의의 허구에 대한 조지 에드워드 무어George Edward Moore나 데이비드 흄의 비판에 답하지 못하며, 사회가 자연 이상의 어떤 것임을 이해하지 못한다. 어떤 것이 자연적인지 아닌지 판단하려면 자연에 대해 충분한 지식이 있어야 하며, 악이 존재한다 해도 자연의 한 부분이라는 사실을 프롬이 이해하지 못한다는 것이다. John Schaar, *Escape from Authority: The Perspectives of Erich Fromm*(New York, 1961), pp.20~24.

리학을 제외하고 내가 프로이트의 가장 중요한 발견이라고 생각한 것에 토대가 있다.[18]

다른 사람들이 보기에 프롬은 리비도 이론뿐만 아니라 오이디푸스 콤플렉스 같은 프로이트의 독창적 사고의 중요한 요소를 포기했기에, 정통 이론의 핵심 요소에서 이탈한 철저한 수정주의자라고 부르는 것은 합당한 일이다. 프롬은 프로이트의 임상적인 발견과 메타심리학을 구별했다. 프롬은 논쟁의 여지가 있는 삶과 죽음의 본능에 대한 프로이트의 고찰뿐만 아니라, 더 넓게 받아들여지던 리비도 이론을 프로이트의 메타심리학이라 간주했다. 프롬의 이런 태도는 연구소 동료를 포함해 둘의 밀접한 연관성을 염두에 둔 사람들을 만족시킬 수 없었다.

프롬은 정신분석학과 마르크스주의를 융합하려는 노력을 계속했지만, 후기에 들어서자 프로이트의 관점을 떠나 점차 마르크스가 예견한 심리학적 견해에 의존했다.[19] 프롬은 1962년 그의 지적 세계에 대한 자서전을 쓸 때, 자신의 학문 세계 발전에서 프로이트보다 마르크스를 훨씬 중요한 인물로 간주한다고 밝혔다. "마르크스는 세계 역사상 중요한 인물이며, 이 점에서 프로이트가 비견될 수 없다는 것은 더 말할 필요도 없다."[20] 프롬은 유년 시절 만국평화에 대한 예언적인 생각을 배웠다. 프롬은 이와 유사한 생각을 제시하는 마르크스를 더 높이 평가했다. 그는 프로이트의 여러 개념을 충실히 수용했지만, 프로이트의 사유에 덜 동

---

18 1971년 5월 14일 프롬이 내게 보낸 편지.

19 프롬이 심리학자로서 마르크스의 능력에 보인 경의는《마르크스의 인간관》을 참조하라. 더 자세한 내용은 "Marx's Contribution to the Knowledge of Man," *The Crisis of Psychoanalysis*(New York, 1970) 참조.

20 *Beyond the Chains of Illusion*, p.12. 프롬은 1971년 5월 14일 내게 보낸 편지에서 한 위대한 사람을 또 다른 위대한 자와 비교하는 것은 어리석었다고 후회했다. 그러나 마르크스와 프로이트의 장점에 대한 그의 판단은 이후에도 변함없었다.

의했기에 프로이트와는 거리를 두었다.

프롬은 연구소에 처음 들어온 30년 전쯤에 프로이트를 대하는 태도가 아주 달랐다. 그는 하이델베르크와 프랑크푸르트, 뮌헨대학교에서 공부한 뒤 베를린정신분석연구소에서 정신분석 훈련을 받았다. 프롬은 여기서 한스 작스에게 정신분석을, 유명한 프로이트계 학자 테오도르 라이크Theodor Reik에게 교육을 받았다. 그는 1926년에 임상 실습을 시작했지만, 한스 작스나 대다수 초창기 분석학자처럼 정신분석 의사로서 의학적인 훈련은 받지 않았다. 프롬은 환자와의 접촉이 사변적 연구에 매우 소중한 자극이 됐다고 주장한다. 연구소의 다른 회원은 환자와 직접 접촉할 수 없었다.[21] 임상 실습을 시작하고 얼마 되지 않아 아돌프 요제프 슈토르퍼Adolf Josef Storfer가 편집한 《정신분석학 교육Zeitschrift für Psychoanalytische Pädagogik》이나 프로이트가 발간한 《이마고Imago》 같은 정통 정신분석학 잡지에 프롬의 정신분석학에 관한 초기 글이 실렸다.

프롬의 논제가 자주 종교적인 배경을 연상시키지만(이를테면 안식일 연구),[22] 그는 사회심리학 발전에도 초기부터 관심을 보였다. 1931년 《정신분석학 운동Psychoanalytische Bewegung》이라는 잡지에 발표한 〈정신분석학과 정치학Psychoanalyse und Politik〉은 정신분석학 서클에서 상당한 논란을 불러일으켰다. 마르크스적 관점을 통해 프로이트주의의 폭을 넓히려는 욕망은 집중적인 연구 결과 처음 나온 《기독교 교리Das Christusdogma》[23]에 잘 드러난다. 이 연구는 같은 문제를 다룬 테오도르 라이크의 치료에 자

---

21 *Beyond the Chains of Illusion*, p.10. "나의 본 저서나 다른 저서 중 인간의 영혼에 관해서 이론적이기만 한 결론은 없다. 그런 결론은 정신분석학적인 작업으로 이뤄지는 인간 행태에 대한 비판적 관찰에 바탕을 두지 않은 것이다." 이런 프롬의 주장에 대한 논의는 J. A. C. Brown, *Freud and the Post-Freudians*(London, 1961), p.205 참조.

22 Fromm, "Der Sabbath," *Imago*, XIII, Nos.2~4(1927).

23 원래 1931년 빈에서 발간됐다. 영어판은 제임스 루서 애덤스James Luther Adams가 《그리스도의 도그마와 종교에 관한 에세이The Dogma of Christ and Other Essays on Religion, Psychology and Culture》(New York, 1963)라는 제목으로 출간했다.

극받아 시작했다. 프롬은 라이크가 초기 기독교인을 정신적 본질이 같은 단일 그룹으로 균일화한 점은 오류라고 주장했다. 이 점에서 라이크는 아돌프 카를 구스타프 폰 하르나크Adolf Karl Gustave von Harnack 같은 신학자와 다르지 않다는 것이다. "라이크는 문제가 되는 심리학적 주제는 한 사람이나 정신적 구조가 비교적 단일하고 불변하는 한 집단이 아니라, 오히려 사회적·정신적 관심이 다른 집단으로 구성된다는 사실을 간과하고 있다."[24] 프롬은 인간이 신이 됐다는 1세기 양자론養子論적 예술가(하느님의 아들이라는 해석—옮긴이) 이념에서 신이 인간화돼간다는 4세기 호모우시안Homoousian(하느님과 예수는 본질적으로 같다는 해석—옮긴이)적 이념으로 변하는 기독교 교리의 근본적인 변화는 사회적 변화의 산물이라고 생각했다. 전자의 이념은 초기 기독교인의 권위에 대한 적대감, 즉 아버지 하느님의 권위에 대한 반항적 적대감을 표현한다. 신의 권위를 수용하고 권위에 대한 반감을 점차 기독교인 자신에게 돌림으로써 교리의 변화가 일어났다는 것이다. "발전의 원인은 사회경제적 상황의 변화나 경제적 힘과 사회적 결과의 퇴보에 있다. 지배계급 이데올로기 전파자들은 대중에게 상징적인 만족을 제공하고, 그들의 공격성을 사회적으로 문제가 되지 않는 방향으로 유도함으로써 이런 발전 과정을 강화하고 가속했다."[25]

보편적인 심리적 욕구를 이데올로기적 교리로 일괄적으로 설명해서는 안되고 구체적인 사회집단 간의 다름에 민감해야 한다고 주장하면서 프롬은 호르크하이머와 하이데거와 결별한 마르쿠제가 '역사성'이라는 추상적인 개념에 관해 언급했던 내용을 심리학적인 용어로써 뒷받침해주었다. 프롬은 개인과 사회를 매개하는 개념으로 정신분석학적 메커니즘을 사용할 때 전형적인 프로이트적 요소를 사용한다. 예를 들어 그는

24 *Ibid.*, p.91.

25 *Ibid.*, p.94.

권위에 대한 적대감을 아버지에 대한 오이디푸스적 반감이라는 관계로 설명한다. 실제로 사회연구소도 프로이트의 개념을 이런 방식으로 사용했다.《사회연구》지 1호에《기독교 교리의 전개 과정》 리뷰를 쓴 보르케나우는 이 책이야말로 프로이트와 마르크스가 구체적으로 결합된 최초의 예라고 긍정적으로 평가했다.

같은 호에서 프롬은 사회심리학의 기본 규칙을 확립하려고 시도했다.[26] 그는 심리학이 개인에게 국한해서 적용될 수 있다는 관념을 비판하며, 이런 관점을 뒷받침하기 위해 빌헬름 라이히의 초기 작품에 주목했다.[27] 프롬 역시 집단정신이나 대중 정신 개념을 공격하지만, 개인이 결코 사회적 상황에서 완전히 고립될 수 없다고 느꼈다. 그는 당연한 전제로 받아들이던 마르크스주의의 기본 구조를 보충하고 풍부하게 하는 것이 사회심리학의 실제 임무라 생각했다. 프롬은 마르크스주의가 인간의 소유욕만 문제 삼는 단순화된 심리학이라고 부당하게 비난받았다고 주장했다. 그는 경제적 이기주의가 마르크스 인간관의 기본 전제라고 파악한 버트런드 러셀Bertrand Russell이나 헨드리크 드 만에게 이 부당한 비난의 책임을 돌릴 수 있다고 생각했다. 프롬은 마르크스에서 심리학적 전제는 그리 많지 않다고 주장했다. 나중에 프롬은 마르크스의 심리학적 전제는 자신이 생각한 것보다 훨씬 많지 않다고 단언할 정도였다. 마르크스가 보기에 인간은 굶주림이나 사랑처럼 충족돼야 하는 몇 가지 기본 욕구가 있다. 마르크스는 소유욕이 인간 본성이 아니라 특수한 사회적 상황의 산물이라고 생각했다. 마르크스주의는 심리학적 통찰에 따라 보완될 필요는 있었는데, 인간의 타고난 도덕적 본능에 대한 소박하

26 Fromm, "Über Methode und Aufgabe einer analytischen Sozialpsychologie," *ZfS* I, 1/2(1932). *The Crisis of Psychoanalysis*에 번역됐다.

27 *Ibid.*, p.32. 그가 찬성한 라이히의 근간. *ZfS* Ⅱ, 1(1933)에 실린 〈성도덕의 붕괴Der Einbruch der Sexualmoral〉에 대한 프롬의 서평 참조.

고 이상주의적 믿음이 있는 카우츠키나 베른슈타인 같은 마르크스주의자가 해낼 수 없던 일이다.[28] 프롬은 정신분석학이 이 이데올로기적인 상부구조와 사회경제적 토대를 연결하는 고리가 될 수도 있다고 생각했다. 즉 정신분석학에 의한 인간 본성에 담긴 유물론적 개념의 구체화를 기대한 것이다.[29]

프롬은 사회심리학에 정신분석학이 기여할 수 있는 바람직한 요소에 대해 명확한 생각이 있었다. 그는 방법론에 관한 글[30] 앞부분부터 삶과 죽음의 본능에 대한 프로이트의 이론에 분명하게 반대한다. 프롬은 삶과 죽음에 관한 프로이트 이론은 생물학과 심리학의 무분별한 혼합물에 불과하다고 간주한다. 대신 프로이트 초기의 성충동과 자기 보존 충동이라는 이분법은 받아들인다. 배고픔은 오직 음식으로 해소될 수 있기에, 인간의 자기 보존 충동은 다른 어떤 것으로도 대체될 수 없다. 반면 인간의 에로스적 충동은 다른 것으로 대체되거나 승화될 수 있고, 환상 속에서 만족을 얻기도 한다(이를테면 사디즘도 사회적으로 인정받는 여러 가지 방법으로 충족될 수 있다). 따라서 자기보존 충동은 인간의 성충동보다 사회적 상황에 적응하기 쉬운 것이다.[31] 분석적 사회심리학은 사회경제적 하부구조가 기본적인 심리적인 충동에 영향을 미친다는 관점에서 무의식적 동기에서 비롯되는 인간 행동 이해를 과제로 삼았다. 프롬은 가족이 인간을 사회와 연결하는 매체라 생각했기에 유년 시절의 경험을 특히 중요시했다. (가족의 역할을 강조한 프롬의 태도는 전 연구 과정 동안 계속됐다. 나중에 "분석가는 오직 유년 시절 경험에 대한 연구에 몰두할 것이 아니라, 현재 존재하는 무의식의 진행 과정으로 관심을 돌려야 할 것이다"[32]라고 주장하면서 유년 시절을 강조하는 정

---

28 Fromm, "Über Methode," p.48. Fromm, *The Dogma of Christ,* p.47도 보라.

29 "Über Methode," p.45.

30 *Ibid.*, p.28.

31 *Ibid.*, p.30.

32 1971년 5월 14일 프롬이 내게 보낸 편지.

통 프로이트주의를 수정했지만, 1930년대 전반에는 어린아이의 형성기에 초점을 맞춘 정통적인 정신분석학적 태도에 상당히 접근했다.)

각 사회에는 인간의 기본적 충동과 사회적 요인이 결합된 고유한 리비도적 구조가 있다. 사회심리학은 이 리비도적 구조가 사회의 기반으로 작동하는 방식과 정치적 권위에 대한 영향을 밝혀내야 한다. 이 점에 관해서 프롬은 실무 경험을 토대로 언급하고 있음이 지적되어야 한다. 호르크하이머가 소장 취임 강연에서 언급한 노동자의 권위주의 유형에 관한 연구는 프롬이 지휘했다. 앞에서 언급한 논문에 밝혔듯이 이 연구는 심리학자가 그릇되게 절대화한 부르주아적 규범 거부를 전제로 삼았다. 현 사회의 경험을 보편화하려는 지배적인 경향은 인간의 모든 발달 단계에 오이디푸스콤플렉스를 적용하려는 태도에 뚜렷이 나타난다. 프롬은 오이디푸스콤플렉스가 가부장적 사회에 국한해서 나타난다고 주장했다.[33] 제대로 된 사회심리학이라면 사회의 사회경제적 토대가 변하면 리비도 구조의 사회적 기능도 변한다는 사실을 인지해야 한다는 것이다. 프롬은 논문 마지막 부분에서 사회경제적 토대의 변화와 리비도 구조의 변화 정도가 서로 다를 경우 폭발적인 상황이 생겨날지도 모른다고 언급한다. 그는 10년 뒤에 발표한 주저《자유로부터의 도피》에서 이 주제를 발전시켰다.

프롬은《사회연구》지에 처음 발표한 논문에서 일반화한 내용을 구체화하기 위해 성격유형론 문제에 관심을 돌렸다.[34] 그는 여기서도 근본적으로 프로이트주의적 입장을 견지한다. 인간의 성격은 기본적인 성적 충동이 승화되거나 이에 대한 반작용으로 형성된다는 정신분석학적 태도를 대부분 받아들이는 것이다. 그는 카를 아브라함Karl Abraham과 어니

33 "Über Methode," p.38.

34 Fromm, "Die psychoanalytische Charakterologie und ihre Bedeutung für die Sozialpsychologie," *ZfS* I, 3(1932),《심리분석의 위기The Crisis of Psychoanalysis》라는 제목으로 영어로 번역됨.

스트 존스Ernest Jones 등의 관점을 토대로 인간의 성격을 우선 구강적oral, 항문적anal, 생식기적genital 성격유형으로 구분한다. 프롬은 세 가지 중에서 생식기적 성격을 가장 바람직한 형태로 여겼으며, 이런 성격을 독립성, 자유, 친절함 같은 특성과 연관시켰다.[35] 비생식기적 성격에는 적대감을 보였는데, 이런 경향은 그의 후기 저서에도 계속 나타난다. 이는 생식기적 단계 이전의 '다형태적 도착polymorphous perversity'[36]에 상당히 다른 견해를 보인 마르쿠제에게서 그를 멀어지게 한 원인이기도 하다. 프롬은 성격유형론에 대해 나름대로 연구하던 빌헬름 라이히의 견해에 가까웠다는 점을 짚고 넘어가야 한다.[37] 그는 억압되지 않은 생식기적 성욕의 해방 효과에도 라이히의 이론에 동조한다. 그 자체로 충분하다고 생각지는 않았지만, 프롬은 그 뒤 몇 년 동안 라이히의 견해에 점차 유보적인 태도를 취했다. 나치즘의 사례에서 성적 자유가 반드시 정치적 자유를 가져오지 않음이 증명됐다고 믿었기 때문이다.[38]

프롬은 성격유형에서 기본적 리비도의 본질이 차지하는 중요성을 확립한 뒤, 가족에 의해 관계를 맺은 사회적 요인의 영향력을 재차 강조한다. 성적인 욕구가 관습에 의해 지나치게 억제될 경우 성욕의 건전한 발달이 방해받으며, 그 결과 생식기적 단계 이전의 성격을 낳는다는 사실을 한 예로 든다. 그러나 프롬은 대체로 순수 정통 프로이트주의적 요소를 받아들인다. 예를 들어 그는 "성격적인 특성은 리비도 구조에 그 근

35 *Ibid.*, p.265.

36 마르쿠제는《에로스와 문명》(Boston, 1955)에서 다음과 같이 서술한다. "오르가슴이 소외된 노동의 도구가 아니라 자기실현의 주체로 존재한다면, 다형태적 혹은 나르시스적인 섹슈얼리티의 재활성화는 문명에 대한 위협이 되기를 멈추고 그 자체가 문명 건설로 나아갈 수도 있을 것이다"(pp.191~192). '다형태적 도착'은 노먼 브라운Norman O. Brown이《죽음에 맞선 삶Life Against Death》(New York, 1959)에서 대중화한 개념이다.

37 라이히는 모든 성격을 '변하지 않는 것처럼 규정'하는 것은 치명적이며 억압적이라고 주장했다. 이 점에서 라이히와 프롬은 다르다. Robinson, *The Freudian Left*, p.23을 보라.

38 1968년 12월 뉴욕에서 프롬과 진행한 인터뷰.

원이 있기 때문에 상대적으로 안정적"[39]이라고 주장했다. 프롬은 논문의 결론에서 '자본주의 정신'과 항문애anality와의 연관성에 초점을 맞춘다. 그는 나중에 평범하게 받아들여졌지만 당시만 해도 아직 새로운 것이라 간주되던 몇 가지 논지를 이용해 부르주아적 합리성, 소유욕과 청교도적 정신을 항문기적 억압과 순종성에 연관시킨다.[40] 프롬은 (넓은 의미에서 보면 성격유형도 포함되는) 이데올로기의 변화와 사회경제적 변화의 격차 때문에 항문기적 억압과 순종성은 20세기까지 프티부르주아에서 가장 두드러지게 나타나며, 특정 프롤레타리아트에서도 찾아볼 수 있다고 주장했다. 그는 두 요소의 연관성을 후기 연구인《자유로부터의 도피》중 종교개혁에 대한 부분에서 다룬다. 그러나 항문애와 프로이트의 전반적인 리비도 이론에 대한 태도는《자유로부터의 도피》에 이르러 크게 변한다. 항문애 성격에 대한 임상적인 설명은 후기 저서에서도 변하지 않았지만, 항문애에 대한 프롬의 해석은 눈에 띄게 달라졌다.

이런 변화는 앞에 언급한 그의 임상 관찰에서 비롯된 것이다. 새로운 지적 흐름도 프롬의 새로운 관점 형성을 도왔다. 프롬은 19세기 스위스 인류학자 요한 야코프 바흐오펜Johann Jacob Bachofen의 저작을 1920년대 중반에 처음 접했다. 모계사회 문화에 대한 그의 연구는 1860년대에 출판됐으나, 그가 사망한 1887년 이후 20년간 주목받지 못했다. 프로이트의 인류학적 성찰은 주로 바흐오펜이 아니라 제임스 프레이저James Frazer 경의 토테미즘 연구에 기반을 뒀다. 하지만 바흐오펜이나 루이스 모건Lewis Morgan 같은 모계사회 이론가는 사회주의자에게 상당한 영향력을 미쳤다. 예를 들어 엥겔스의《가족, 사유재산, 국가의 기원Über den Ursprung der Familie, des Privateigentums und des Staats》(1884)이나 아우구스트 베벨August Bebel의《여성과 사회주의Die Frau und der Sozialismus》(1883)는 모두 그들의 업

39 Fromm, "Die psychoanalytische Charakterologie," p.268.
40 *Ibid.*, p.273.

적을 토대로 이뤄졌다.

1920년대에 접어들자 다양한 집단이 모계사회 이론에 열광하기 시작했다. 부르주아사회에 반反근대주의적 입장을 취하는 비판자 알프레트 뵈믈러Alfred Bäumler나 루트비히 클라게스Ludwig Kalges 같은 우익 인물은 모계사회 이론의 낭만주의적이고 자연주의적이며 반지성주의적 측면에 이끌렸다. 슈테판 게오르게를 따르다가 나중에 그의 여성 혐오적 태도에 반발하면서 영원히 여성적인 것을 추구한 사람도 모계사회 이론에서 매력을 느꼈다. 일라이자 마리안 버틀러Eliza Marian Butler가 지적했듯이[41] 70년 전쯤에 '신비로운 모성'을 추구한 프랑스 생시몽주의자들의 태도가 반복되다시피 한 것이다. 영국은 더 정통주의적이라 할 수 있는 인류학자 그룹이 프로이트의 오이디푸스콤플렉스의 보편타당성을 부정하기 위해 브로니슬라브 말리노프스키Bronislaw Malinowski가 《야만사회의 섹스와 억압Sex and Repression in Savage Society》에서 설명한 모계사회 문화를 사용했다. 이와 함께 로베르 브리포Robert Briffault의 《어머니: 감성과 제도의 기원에 관한 연구The Mothers: A Study of the Origins of Sentiments and Institutions》(1927)가 상당한 관심을 불러일으켰다.

정신분석학자 집단 역시 모계사회 이론을 숙고하기 시작했다. 빌헬름 라이히는 정신분석학자 중 모계사회 이론에 집중한 최초의 인물이다. 그는 1933년 《파시즘의 대중심리Die Massenpsychologie des Faschismus》에 '자연 사회'[42]의 진정한 가족 형태는 모계제라고 썼을 정도다. 프롬 역시 모계사회 이론을 적극적으로 옹호한 사람 중 한 명이다. 1932년 프롬은 로베르 브리포가 〈가족 감성Family Sentiments〉[43]이라는 논문에 이어 집필한

41 E. M. Butler, *The Tyranny of Greece over Germany*(Cambridge, 1935), p.327. 1920년대에 쓴 바흐오펜에 관한 글 목록은 다음을 참조하라. Adrien Turel, *Bachofen-Freud, Zur Emanzipation des Mannes vom Reich der Mutter*(Bern, 1939), pp.209~210.

42 Robinson, *The Freudian Left,* p.50에서 인용.

43 "Family Sentiments", *ZfS* Ⅲ, 1(1934).

《어머니: 감성과 제도의 기원에 관한 연구》에 대한 긴 서평을 《사회연구》지에 게재해서 그를 독일 대중에게 소개했다. 프롬은 특히 모든 사랑과 애타주의적 감정은 궁극적으로 모성애에서 비롯된다는 브리포의 생각을 받아들였다. 브리포에 따르면 모성애는 임신과 출산 이후의 긴 돌봄 기간 때문에 불가피하게 형성된다. 프롬은 사랑이 프로이트의 주장처럼 성 본능과 필연적으로 연결된다고 가정하지 않았다. 오히려 성은 사랑이 아니라 증오와 파괴로 연결된 경우가 흔하다고 간주했다. 프롬은 브리포의 사회적 요인에 대한 민감성을 높이 평가했다. 남성적인 것과 여성적인 것의 차이는 낭만주의자의 생각처럼 '본질적인' 성적 차이를 반영하는 것은 아니라고 생각했다. 남성과 여성의 차이는 사회적으로 결정된 삶의 기능 차이 때문에 생기는 것이다. 일부일처제는 가축을 돌봐야 했던 이동이 불가피했던 남성 목동의 헤게모니에 의해 경제적 이유로 촉진된 것이다. 프롬은 이 논문에서 브리포는 단순한 인종학적 관심을 넘어 역사적 유물론의 전통에 들어섰다고 결론을 내린다. 이는 그가 《사회연구》지에 실린 논문에서 가족의 전개 과정에 이어 경제적 요인의 중요성을 강조한 데서 잘 드러난다는 것이다.

프롬은 《사회연구》지 다음 호에서 직접 바흐오펜을 다룬다.[44] 그는 우선 부르주아사회에 비판적 태도를 보인다면 좌우익을 막론하고 공감하는 모계사회 이론의 여러 요소를 조심스럽게 그려낸다. 과거를 향한 바흐오펜의 노스탤지어는 우익에게도 반향을 얻었다. 인간은 어린아이가 어머니에게 순종하듯 자연에 순종해야 한다는 그의 낭만적인 자연관도 마찬가지다.[45] 바흐오펜 역시 낭만주의자처럼, 하지만 브리포와 다르

---

44 Fromm, "Die sozialpsychologische Bedeutung der Mutterrechtstheorie," *ZfS* Ⅲ, 2(1934), *The Crisis of Psychoanalysis*라는 제목으로 영어로 번역됨.

45 자연을 인간이 수동적으로 복종해야 하는 지배적인 힘으로 보는 관점은 연구소의 파시즘 분석에서 중요한 역할을 했다. 예를 들어 Marcuse, "Der Kampf gegen den Liberalismus in der totalitären Staatsauffassung," *ZfS* Ⅲ, 2(1934); Leo Löwenthal, "Knut Hamsun. Zur

게 남자와 여자의 정신적 차이를 절대시한다(프롬은 이것이 계몽주의가 여성을 부르주아 남성의 신분으로 '해방'한 것에 대한 반발이라고 해석한다). 뵈믈러, 클라게스 등과 같은 민족주의적 이론가들은 바흐오펜의 자연주의적 형이상학을 신비적인 **열광적 도취**Schwärmerei 정도로 여기고 단지 그 부분에 반응을 보였다. 그들은 바흐오펜의 사회심리에 대한 통찰을 몰라본 것이다.

한편 이런 점이야말로 그가 좌파에게 호소력을 가질 수 있는 이유였다. 모계사회는 인간의 유대감과 행복감을 중시했다. 모계사회의 지배적 가치는 사랑과 동정이지 공포와 애증이 아니었다. 모계사회에는 사유재산제나 성적 억압의 사회윤리가 부재했다. 반면 부계 사회는 엥겔스와 베벨의 이야기처럼 계급사회에 연결된다. 부계 사회나 계급사회는 모두 사랑과 희열보다 의무와 권위를 강조한다. 바흐오펜의 역사철학은 헤겔과 유사하다고 해석될 수도 있다. 부계 사회는 정신과 자연의 분열, 동방에 대한 로마의 승리에 상응하면서 출현한다는 해석에서 그렇다.

예상한 바대로 프롬도 바흐오펜처럼 사회주의적으로 모계제를 독해한다. 그에 따르면 모계사회 연구는 모계사회가 역사적으로 흥미로워서가 아니라, 새로운 사회에 대한 전망을 제공해주기 때문에 중요하다. 모계사회는 실제로 존재했는지 증명할 수 없는 것이기도 하다. 프롬도 말리노프스키처럼 오이디푸스콤플렉스의 보편타당성을 부정하기 위해 모계사회 이론을 사용한다. 그는 오이디푸스콤플렉스가 부계 사회에서 강하게 나타나는 이유는 아버지의 재산상속자로서 아들의 역할과 노년이 된 아버지를 보호해야 하는 아들의 위치 때문이라고 해석한다. 그렇기에 아들에 대한 유년 시절의 교육은 행복보다 경제적 유용성을 지향하는 것이다. 실패할 수 있다는 아들의 공포 때문에 부자간의 사랑은 쉽사리 증오로 변할 수도 있다. 그 경우 정신적 안정을 잃고, 의무가 존재의

Vorgeschichte der autoritären Ideologie," *ZfS* VI, 2(1937) 등을 보라.

중심 문제로 강화되기에 이른다.

반면 모성애는 무조건적이며 사회적 압력의 별다른 영향을 받지 않는다. 그러나 현대사회에서 어머니다운 어머니의 힘은 사라졌다. 어머니는 이제 보호자로서 여겨지지 않고, 오히려 보호가 필요한 존재가 된 것이다. 프롬은 조국이나 **민족** 같은 어머니의 대체물에서도 이런 일이 발생한다고 주장한다.[46] 본래 모성적인 신뢰감이나 따스함은 부계의 죄책감, 항문적 억압, 권위주의적 도덕으로 대치됐다. 자궁과 유사한 성당에서 성모마리아를 숭배한 중세 가톨릭이 힘을 잃어가고[47] 프로테스탄티즘이 발흥하면서 아버지의 지배권이 강화됐다. 자본주의가 제공하는 막대한 재화와 용역은 덜 성취 지향적인 현실원리를 가능하게 해주기 때문에 자본주의는 역설적으로 진정한 모계사회적 문화가 부흥할 수 있는 제반 상황을 창출했지만, 자본주의의 심리적 기호는 분명 부계 사회적이다. 프롬은 사회주의는 모계사회적 문화가 재현되도록 하려는 의지를 상실하지 말아야 한다고 결론지었다.

바흐오펜에 대한 관심이 고조되면서 프롬은 정통 프로이트주의에 냉담해지기 시작했다. 그는 1935년《사회연구》지에 발표한 글에서 프로이트주의를 떠난 동기를 분명히 밝혔다.[48] 프롬에 따르면 프로이트는 부르주아적 도덕성과 부계 사회적 가치관에 갇혀 있다. 유년 시절 경험에 대한 정신분석을 강조하다 보니 정작 분석가 자신에게 주목하지 못했다는 것이다. 분석가가 사회의 가치관을 무비판적으로 받아들이는데, 환

46 Fromm, "Die sozialpsychologische Bedeutung der Mutterrechtstheorie," p.221.

47 젊은 시절 프롬의 독실한 종교 감정에 비춰볼 때, 이런 맥락에서 유대교에 대한 그의 논쟁은 의미가 없다. 그는 가부장적 신이 유대교의 중심에 있음을 인정하면서도 유대교적 사상에 담긴 분명히 여권 중심적 요소라 할 수 있는 젖과 꿀로 가득한 땅에 대한 비전을 지적한다. 특히 하시딤Hasidim(하느님의 율법을 지키되, 즐겁게 지키자는 운동—옮긴이)은 여권 중심적인 특성을 띤다(*Ibid.*, p.223).

48 Fromm, "Die gesellschaftliche Bedingtheit der psychoanalytischen Therapie," *ZfS* IV, 3(1935).

자의 욕망과 욕구가 가치관에 대립할 경우 분석가는 환자의 저항에 부딪힐 수 있다. 프롬은 이론적으로 분석가는 가치중립적이고 환자의 가치관에 관용적이라지만, 관용이라는 개념에는 역사적으로 두 가지 측면이 있다고 주장한다.

관용에 대한 프롬의 견해는 자세히 볼 가치가 있다.[49] 프롬의 관용 개념에는 연구소 다른 회원도 같은 의견인 태도가 표현됐기 때문이다. 이 관용 개념은 논의할 여지가 많은 마르쿠제의 논문[50]에서 반복된다. 관용을 위한 부르주아의 투쟁은 사회적 억압에 대항하며 시작됐다. 프롬은 중산계급이 사회적으로 다수가 되자, 관용은 도덕적 방임주의를 옹호하기 위한 가면으로 변하고 말았다고 지적한다. 칸트의 저작에 요약됐듯이 관용은 행동이 아니라 사상과 표현에 더 자주 적용됐다. 부르주아의 관용은 늘 자기모순적이었다. 관용은 의식적으로 상대론적이고 중립적인 척하지만, 무의식적으로 현상 유지를 원한다. 프롬은 정신분석학도 관용의 양면적 성격을 띤다고 주장했다. 그는 중립성이라는 허울이 종종 정신과 의사의 잠재적인 사디즘을 가려주는 장치에 불과하다고 명확하게 표현했다.[51]

그러나 프롬은 마르쿠제와 달리 다음 단계로 건너가지 않았다. (마르쿠제는 1965년에 "해방하는 관용은 우파의 움직임에 대한 불관용을, 좌파의 움직임에 대한 관용을 의미한다"고 썼다.)[52] 대신 프롬은 프로이트 가부장주의의 다른 측면을 조명하는 데 관심을 쏟았다. 그에 따르면 정통 정신분석학은 노동

---

49 *Ibid*., pp.371~375.

50 Marcuse, "Repressive Tolerance," *A Critique of Pure Tolerance*, With Robert Paul Wolff and Barrington Moore, Jr.(Boston, 1965). 아도르노도 이와 비슷하게 썼다. "부르주아는 관용적이다. 그들이 인간을 있는 그대로 사랑하는 마음은 올바른 인간에 대한 미움에서 나온 것이다"(*Minima Moralia*[Frankfurt, 1951], p.27). 호르크하이머는《이성의 몰락Eclipse of Reason》(New York, 1947) p.19에서 비슷한 지적을 한다.

51 "Die gesellschaftliche Bedingtheit," p.393.

52 "Repressive Tolerance," p.109.

하고 생식하고 향유하는 능력을 위한 것이다. 프로이트는 문명과 희열 사이에 화해 불가능한 갈등이 있다고 보고, 노동하고 생식하는 능력을 중시하고 향유하는 능력은 무시했다. 프로이트는 인간이 더 완전한 기쁨을 누릴 수 있기를 희구하던 정치적 급진주의자에게 매우 적대적이었다. 프로이트는 이 정치적 급진주의자의 모든 행동을 아버지에 대한 오이디푸스적 공격성이 표출되는 것이라고 봤다.[53] 프로이트는 노이로제가 부르주아적 규범을 받아들일 수 없게 된 상태라고 규정했다. 프로이트가 사회적 배경을 뛰어넘을 수 없었다는 또 다른 증거로 모든 정신분석 치료는 반드시 유료여야 한다고 주장한 점을 들 수 있다. 마지막으로 프롬은 프로이트가 학생이나 환자들에게 권위주의적인, 전형적인 가부장적 인물이었음을 빼놓지 않고 언급한다.[54]

프롬은 프로이트의 한계를 뛰어넘을 만한 인물로 게오르크 그로덱과 산도르 페렌치Sandor Ferenczi를 든다. 그들은 정신분석학자와 환자가 얼굴을 맞대고 평등한 관계에 서게 해서 치료법을 혁신했다. 프롬은 오이디푸스콤플렉스 이론을 포기함으로써 자신이 선호하는 분석 테크닉에서 전이轉移가 수행하는 역할이 극히 작아졌다. 그로덱과 페렌치는 프로이트와 달리 비용 지불 문제에 훨씬 관대했고, 때로 치료비를 받지 않기도 했다. 가부장적이고 권위주의적이며 비인간적인 프로이트의 '관용'과 달리, 그들은 비정한 당대 사회에 적응하는 것을 목표로 삼는 근시안적 치료법에서 벗어난 치료법을 제공했다. 페렌치는 일찍 사망했는데, 프롬은 정신분석학의 손실이라고 애석해했다. 그는 페렌치가 말년에 정

53 급진주의자에 대한 프롬의 태도는 《그리스도의 도그마와 종교에 관한 에세이》(New York, 1963)에 담긴 〈혁명적 성격The Revolutionary Character〉을 보라. 호르크하이머는 1934년 《여명》에 하인리히 레기우스라는 가명으로 발표한 글(p.256)에서 혁명가에 대한 프로이트의 견해에 회의를 표명한다.

54 "Die gesellschaftliche Bedingtheit," pp.384~385.

신병자가 된 것처럼 묘사한 어니스트 존스의 왜곡[55]에서 페렌치의 명예를 되찾기 위해 애쓰기도 했다. 프롬과 그의 아내는 그로덱의 정치적 순진성에도 불구하고 그와 친교를 맺었다. 그로덱은 한때 히틀러의 반유대주의 태도를 의심하면서도 그의 도움으로 연구를 진행하려 했지만, 그가 권좌에 오르자 크게 실망하고 말았다.[56]

프롬이 프로이트에 대해 점점 비판적인 태도를 보이자, 연구소 다른 회원과 그의 관계도 소원해졌다. 프롬은 연구소의 공동 연구 결과로 1936년에 간행한《권위와 가족에 관한 연구》에 권위를 심리학적으로 분석한 논문을 쓴 뒤,《사회연구》지에 근대사회의 무력감에 관한 연구 논문[57]을 한 차례 기고했을 뿐이다. 그와 연구소의 관계는 1939년에 완전히 끊어졌다. 프롬은 임상적 연구에 더욱 몰두했고, 비非프로이트적인 방향으로 사고를 발전시켰다. 2년 뒤, 아마 그의 저서 중 가장 많이 읽혔을《자유로부터의 도피》가 발행됐다. 마침 미국이 독일과 전쟁을 고려하던 시기라 권위주의에 대한 해설을 다룬 이 책은 상당한 주목을 받았고, 곧 그 분야의 고전으로 인정받았다. 다른 곳에서《자유로부터의 도피》를 다뤘기에[58] 여기서는 프롬이 점점 더 프로이트와 연구소에서 멀어졌다는 사실의 증거로 짚고 넘어간다.

프롬은 그에 앞서《사회연구》지에 실린 논문과 마찬가지로 프로이트의 문화적 편협성을 공격한다. "프로이트는 인간관계의 장場을 마치

---

55 Ernest Jones, *The Life and Work of Sigmund Freud*(New York, 1963), p.400. 존스는 오토 랑크 Otto Rank도 정상이 아니라고 비난한다. 프롬은《지그문트 프로이트의 임무Sigmund Freud's Mission》에서 존스의 이런 기록을 정정하려고 노력했다.

56 C. M. Grossman and S. Grossman, *The Wild Analyst*, p.195. 그로덱과 각별한 사이였던 프리다 프롬라이히만은 1934년 그가 죽기 직전에 본 인물 중 하나다. 그녀는 첫 책《집중 정신 치료의 원칙들Principles of Intensive Psychotheraphy》(Chicago, 1950) 감사의 글에 그로덱을 포함했다.

57 Fromm, "Zum Gefühl der Ohnmacht," *ZfS* VI, 1(1937). 이 논문과《권위와 가족에 관한 연구》(Paris, 1936)에 실린 프롬의 글은 다음 장에서 다룰 것이다.

58 이 책에 대한 두 가지 논문으로 Schaar, *Escape from Authority*와 Guyton Hammond, *Man in Estrangement*(Nashville, 1965)를 보라,

시장처럼 다룬다. 즉 인간관계의 장은 일정한 생물학적 욕구의 충족이 교환되는 곳이며, 그 속에서 다른 개인과 관계는 항상 목적을 위한 수단일 뿐 그 자체가 목적이 되지 못한다."[59] 프롬은《자유로부터의 도피》에서 프로이트의 비관주의와 죽음의 본능에 대한 그의 개념을 어느 때보다 강하게 비판한다. 여기서 프롬은 죽음의 본능을 파괴 욕구와 동일시하는데, 이 해석에는 마르쿠제가 나중에 반론을 제기했다. 이런 해석을 토대로 프롬은 다음과 같이 주장한다. "프로이트의 가정이 옳다면 우리는 타인을 향한 것이든 자신을 향한 것이든 파괴성의 양적 규모는 일정하리라고 생각할 수밖에 없다. 그러나 우리가 관찰한 사실은 이와 반대다. 우리 문화에서 개인의 파괴성은 크기가 다양할 뿐만 아니라, 서로 다른 사회집단 사이에서 파괴성의 크기도 일정하지 않다."[60]

프롬은 프로이트의 임상 설명은 받아들이면서도 리비도 이론은 계속 폄하했다. 그는 자신이 예전에 쓴《기독교 교리The Dogma of Christ》[61]의 해석 부분을 명백히 부정하는 것이자, 1932년《사회연구》지에 기고한 논문에서 자신이 옹호한 리비도 지향적 성격유형론도 부정한 셈이다.[62] 프롬은 비이성적 권위에 대한 자기 이론의 중심 개념 가운데 하나인 사도마조히즘을 검토하면서 에로스의 요소를 완전히 배제하려 한다. 실제로 그는《자기를 위한 인간》에서 아주 다른 원칙에 따라 유형학을 전개한다.[63] 프롬은 출판된 저서에서 처음으로 자신과 카렌 호나이Karen Horney, 해리 스택 설리번Harry Stack Sullivan[64]의 사고에 유사성이 있음을 인

59 Fromm, *Fear of Freedom*, p.9.

60 *Ibid.*, p.157.

61 *Ibid.*, p.251.

62 *Ibid.*, p.249.

63 Fromm, *Man for Himself*(New York, 1947) 프롬은 인간의 성격을 생산적인 성격과 비생산적인 성격으로 구분했다. 비생산적인 성격은 다시 수용적receptive 성격, 착취적exploitative 성격, 저장적hoarding 성격, 시장적marketing 성격으로 세분했다(p.120).

64 *Fear of Freedom*, p.7. 그러나 프롬은《건전한 사회The Sane Society》(New York, 1955)에서 사랑

정한다. 두 사람도 프롬과 유사한 방향에서 프로이트 이론을 수정하고 있었다. 프롬은 자기 보존 본능이라는 불가피성에 기초를 둔 사회적 요인의 영향을 지적한다. 그는 이 책 부록에서 자신이 전에 이야기한 '사회적 성격'의 개념을 심화했다. 프롬은 사회적 성격 개념은 "사회심리학 영역에서…… 가장 중요한 공헌"[65]이라고 간주했다. 그는 다음과 같이 썼다. "사회적 성격은 선택된 특성인데, **한 집단 구성원의 공통된 기본 경험과 생활양식의 결과로 발전되어 대다수 구성원이 갖게 된 성격 구조의 본질적 중핵으로 구성된다**(볼드체는 프롬)."[66]

사회적 성격에 대한 프롬의 주장은 그가 초기 저작에서 이런저런 방법으로 주장한 것이다. 그가 《자유로부터의 도피》에서 인간의 '실존적' 상황이라 부를 수 있는 상황에 더 관심을 기울인 점은 새롭다. 프롬은 《자유로부터의 도피》를 다음과 같이 설명했다. "이 책의 중심 테마는 인간과 자연의 원초적 동일성에서 벗어난다는 의미에서 인간이 더 자유로워지고 더 '개인'이 돼감에 따라, 그는 스스로 우러나는 사랑과 생산적 노동에서 세계와 합치되거나 자신의 자유와 개인적 자아가 지닌 본래 모습을 파괴하며 세계에 매달림으로써 안전을 찾는 것 외에는 다른 선택의 여지가 없다는 사실이다."[67] 프롬이 마르크스의 초기 저작에서 시사받은 소외 개념이 새로운 접근 방식의 기초를 이룬다. 고립성isolation과 관계성relatedness은 이제 그의 사유를 지탱하는 두 기둥이 된다. 노이로제는 점차 개인 상호 관계의 몇 가지 유형을 통해 규정된다. 예를 들어 사디즘과 마조히즘은 성적 충동이 아니라 "개인이 참기 어려운 고독감과 무력감에서 탈출하기 위한 몸부림"[68]으로 나타나는 현상이다. 사디즘과 마조

을 소외된 것으로 보는 설리번의 견해를 공격한다(pp.193~199).

65 1971년 5월 14일 프롬이 내게 보낸 편지.

66 *Fear of Freedom*, p.239.

67 *Ibid.*, p.18.

68 *Ibid.*, p.130.

히즘의 진정한 목적은 타인과 '공생symbiosis'[69]인데, 이는 자아를 타자에 용해함으로써 자아의 본래 모습과 개별성을 상실하는 것을 의미한다.

프롬은《자유로부터의 도피》에서 '……로부터 자유'라는 소극적 자유가 지닌 고립된 원자화와 '……에로 자유'라고 하는 적극적 자유가 지닌 "전체적이고 융합된 인격의 자발적 활동"[70]을 구별한다. 프롬은 '……로부터 자유'라는 소외를 끝장내고 적극적인 '……에로 자유'를 성취하기 위해서는 사회경제적 변화가 필요하다고 언급하지만, 변화의 어려움을 애써 강조하지 않는다. 그는 변화의 문제를 낙관적이고 심지어 도덕주의적인 관점에서 본다. 프롬은 파괴 충동이 생득적이지 않다면 자신이 젊은 시절 감명받은 히브리 예언자의 꿈, 즉 '세계 평화와 나라 사이의 갈등이 없는 미래'에 대한 꿈은 실현될 수 있으리라 생각했다. 그는 이후의 저술에서 윤리학과 심리학의 통합을 강조했다.《자기를 위한 인간》에서는 다음과 같이 말했을 정도다. "모든 노이로제에는 도덕적 문제가 있다. 완전한 개성의 성숙성과 통합성을 얻지 못한다는 것은 도덕의 문제다."[71] 프롬은 그 뒤에 서양뿐만 아니라 동양, 특히 선불교[72] 대가가 보여준 정신적 가르침을 깊이 음미한다.

그러나 프롬을 공정하게 평가하자면 이런 변화는 사고의 강조점이 달라진 것이지, 입장이 완전히 변한 것을 의미하지 않는다. 극단적 낙천가가 됐다는 비난에 그는 화를 내며 대답했다. "나는 줄곧 자유나 사랑 등을 향한 인간의 능력은 거의 완전히 사회경제적 상황에 의존하며,《사랑의 기술Die Kunst des Liebens》에 지적했듯이 사랑과 반대되는 원리에 입

---

69 *Ibid.*, p.136. 프롬은《권위와 가족에 관한 연구》에 실린 〈사회심리학 영역Sozialpsychologischer Teil〉이라는 논문에서 사도마조히즘을 논할 때 공생 개념을 사용하지 않았다.

70 *Fear of Freedom*, p.222.

71 *Man for Himself*, pp.225~226.

72 Fromm, *Zen Buddhism and Psychoanalysis,* with D. T. Suzuki and R. de Martino(New York, 1960).

각한 사회에서 그래도 사랑의 존재를 발견할 수 있다면 아주 예외적인 경우라는 입장을 견지했다."[73] 그러나 프롬의 후기 저작을 볼 때, 호르크하이머나 연구소 핵심 회원들이 1920~1930년대의 잠정적인 희망을 포기한 것에 비해 그가 낙관론적 입장을 옹호한다는 결론을 피하기 어렵다.

호르크하이머와 다른 사람들은《사회연구》지에 기고한 프롬의 초기 논문에 일반적으로 견해를 같이했으며, 심지어 프로이트에 대한 그의 초기 비판마저 수긍했다. 실제로 프롬은 이민자로 뉴욕에서 지낸 처음 몇 년 동안 카렌 호나이나 호르크하이머와 상당히 우호적인 관계였다고 기억한다.[74] 더구나 연구소는 정신분석학과 마르크스주의를 결합하려는 프롬의 희망을 이해했다. 호르크하이머는 연구소가 새로 발행한 잡지 창간호에 실린 논문〈역사와 심리학Geschichte und Psychologie〉에서 마르크스주의 이론에 심리학적 도움이 절실히 필요하고 주장했다. 그는 현대사회에서 인간 행동의 동기는 마르크스적 의미에서 '이데올로기적'으로, 심리학적으로도 이해돼야 한다고 했다. 사회가 더 이성적이 되면 사회 현실을 밝히기 위한 두 가지 개념적 접근의 필요성은 줄어든다는 것이다. 그러나 당분간 객관적인 필요성이 사라진 뒤에도 여전히 존속하는 사회형태의 힘을 이해하려면 심리학적 설명이 필요하다고 주장했다. 이런 심리학적 설명이 개인심리학이라고 생각한 점에서 호르크하이머는 프롬과 의견을 같이했다. 그는 "경제적 요인이 심리적 기관의 내용뿐만 아니라 분출의 강도조차 조건짓는다"[75]고 주장하며 개인 심리 형성에서 사회적 요인의 영향을 지적했지만, 그렇다고 집단정신이나 의식이 실제로 존재한다고 생각한 것은 아니다.

---

73 1971년 5월 14일 프롬이 내게 보낸 편지.

74 *Ibid.*

75 Horkheimer, "Geschichte und Psychologie," *ZfS* I, 1/2(1932), p.141.

호르크하이머도 이민 초기 몇 해 동안 프롬처럼 죽음의 본능에 반대 의견을 보였다. 1936년 후반 〈이기주의와 자유 운동〉[76]에서 호르크하이머는 죽음의 본능 개념에 담긴 체념적 태도를 공격했다. 그는 프로이트의 초기 업적은 변증법적이지만, 후기에 와서 생물학적이고 실증주의적 측면이 강해졌다고 주장했다. 호르크하이머는 중세에 악의 존재를 신화적인 악마의 탓으로 돌린 것처럼 프로이트는 파괴적 충동을 믿었다고 생각했다. 프로이트는 억압 상태에 있는 역사적 요소를 간과했기에 현재 상태를 절대화했고, 파괴적 대중을 억제할 수 있는 항구적인 엘리트가 필요하다고 인정했다는 것이다.

1930년대 후기에 이르자 프롬과 연구소 회원들은 다른 길을 걷기 시작했다. 프롬은 부계-모계제의 구별을 중요하게 여겼으나, 다른 회원들은 그렇지 않았다. 프롬과 만난 적 없고 연구소 핵심 회원도 아닌 발터 베냐민이 이에 대한 바흐오펜의 연구에 깊은 관심을 보였을 뿐이다.[77] 다른 회원들은 프로이트를 가부장적 사고의 전형적 인물로 매도하는 프롬에게 싫증을 느꼈다. 프롬은 자신과 연구소의 괴리에 대해 회고하면서 그 이유를 호르크하이머가 '보다 혁명적인 프로이트'를 발견했기 때문이라고 언급했다.[78] 호르크하이머는 성 본능에 관해 이야기한 프로이트야말로 프롬보다 진정한 유물론자적인 면이 있다고 생각했다. 한편 뢰벤탈은 프롬의 접근 방식의 변화 때문에 연구소와 분열했다고 생각한다. 《자유로부터의 도피》가 사회적인 면과 '실존적인' 면으로 나뉜 것이 프롬의

---

76 Horkheimer, "Egoismus und Freiheitsbewegung," *ZfS* V, 2(1936), pp.225~226.

77 베냐민은 1934년 바흐오펜에 관한 글을 썼다. 《신프랑스리뷰Nouvelle revue française》에 투고했으나 거절당했고, 1954년에야 《신문예Les Lettres nouvelles》에 실렸다. Walter Benjamin, *Briefe*, ed., Gershom Scholem and Theodor W. Adorno(Frankfurt, 1966), vol. Ⅱ, pp.614~615. 베냐민은 토마스 만Thomas Mann이 1938년 발간한 《척도와 가치Maß und Wert》(I, 5, May-Jun)에 연구소의 간단한 연혁을 쓸 때 모계 이론에 대한 프롬의 저서에 각별한 관심을 보였다.

78 1968년 12월 뉴욕에서 프롬과 진행한 인터뷰.

변화를 상징한다는 주장이다.[79] 개인적 차이도 프롬과 연구소를 멀어지게 한 요인이 된 것 같다. 프롬의 저작을 살펴보면 그는 연구소 핵심 회원보다 풍자적인 감성이 덜하며, 인생에 접근하는 방법도 호르크하이머나 아도르노보다 심미적 뉘앙스가 덜하다. 프롬이 연구소와 막 헤어지려는 무렵에 아도르노가 연구소와 관계하기 시작한 것은 프랑크푸르트학파의 연구 활동 분위기가 결정적으로 변했음을 의미한다.

프롬이 떠난 이유가 무엇이든 1940년대에 그의 작업은 연구소 동료들에게 철저히 배척받았다. 연구소는 프롬과 결별한 뒤 정신분석학의 이론적 문제를 논하는 저술에 관한 토론에 시간을 할애하지 않았다. 호르크하이머는 1939년에 쓴 논문에서[80] 이유를 자세히 설명하지 않은 채 딜타이보다 프로이트를 높이 평가한다. 전쟁 기간이나 그 후에도 연구소 활동의 많은 부분에서 정신분석학적 범주가 사용됐지만, 호르크하이머나 다른 회원들은 자신이 프로이트의 이론에 연결됐다는 사실을 별로 떠들고 싶어 하지 않는 것 같았다. 1942년 10월 뢰벤탈이 유명한 자아심리학자ego-psychologist 에른스트 크리스Ernst Kris와 만났다. 크리스는 프로이트에 대한 연구소의 입장을 물었고, 뢰벤탈은 호르크하이머에게 편지를 써서 어떻게 답변해야 할지 자문을 구했다. 당시 캘리포니아에 체류하던 호르크하이머는 답장에 명확한 설명을 보냈다. 그의 답장은 다소 길지만 인용할 가치가 있다.

> 프로이트를 긍정적으로 생각한다고 해야겠지요. 우리는 프로이트와 그의 초기 협력자들에게 이론의 여지 없이 많은 것을 빚졌습니다. 그의 사상이 없었다면 현재 우리 고유의 철학이 불가능했을 정도로 우리 철학을

---

79 1968년 8월 버클리에서 뢰벤탈과 진행한 인터뷰.

80 Horkheimer, "The Relation between Psychology and Sociology in the Work of Wilhelm Dilthey," *SPSS* Ⅷ, 3(1939).

뒷받침하는 주춧돌 중 하나입니다. 나는 지난 몇 주 동안 새삼 그의 위대성을 깨달았습니다. 그의 독창적인 방법론은 빈의 현학적인 중산계급에게나 적합하다고 말하는 사람이 많다는 것을 당신도 기억할 겁니다. 이런 주장은 사실과 전혀 다르고, 프로이트의 저작에 진리에서 벗어난 것이 전혀 없다고 할 순 없겠지만, 그렇다 해도 프로이트의 업적은 별다른 손상을 입지 않을 것입니다. 위대한 업적일수록 구체적인 역사적 상황에 깊이 뿌리내리고 있습니다. 당신이 자유주의적 빈과 프로이트의 독창적 방법론의 관계를 자세히 보면 그의 위대함을 알 것입니다. 중산계급 가정의 쇠락과 더불어 프로이트의 이론은《쾌락 원리의 저편Jenseits des Lustprinzips》과 이후의 저술에서 표현한 새로운 단계에 도달했습니다. 프로이트 철학의 변화는 그가 자신의 저작 속에서 가족과 개인의 몰락을 다룬 이성에 관한 연구에서(아마도 호르크하이머의 〈이성과 자기보존Vernunft und Selbsterhaltung〉의 일부) 지적한 변화를 깨달았음을 입증해줍니다. 리비도가 없는 심리학이란 어떻게 보면 심리학이 될 수 없으며, 프로이트는 심리학 고유의 구조에서 떠날 수 있을 정도로 위대한 사람이었습니다. 본래 의미의 심리학은 항상 개인심리학을 의미합니다. 개인심리학이 필요하다면 우리는 프로이트의 초기 저작을 참조할 수 있습니다. **죽음의 본능Todestrieb**과 연결된 일련의 개념은 (독일어적인 의미에서) 인간학적 범주에 속합니다. 이런 개념에 대한 프로이트의 해석이나 사용 방식에 의견을 달리한다 해도 우리는 이 개념이 충분히 타당성 있는 객관적 의도를 지니며, 이 개념은 상황을 파악하는 프로이트의 재능을 보여줌을 알게 될 것입니다. 그는 발전적 과정을 통해 동시대의 또 다른 위대한 사상가 베르그송과 멀지 않은 결론에 이르렀습니다. 프로이트는 객관적으로 정신분석학에서 멀어졌지만, 프롬과 호나이는 상식적 의미의 심리학으로 돌아가 문화와 사회를 심리학적으로 다루고 있습니다."[81]

프롬과 호르크하이머의 몇 가지 본질적인 차이가 이 편지에 표현됐다. 첫째, 호르크하이머는 프로이트의 사고에 부르주아적 요소가 있다는 부정적인 해석을 거부한다. 호르크하이머는 〈전통 이론과 비판 이론〉[82]에서 언급했듯이 어떤 사상가도 자신의 사회적 출생을 완전히 피해갈 수 없다고 생각했다. 그는 "위대한 업적일수록 구체적인 역사적 상황에 깊이 뿌리내리고 있"다고 썼다. 호르크하이머는 죽음의 본능에 관한 프로이트의 개념은 "충분히 타당성 있는 객관적 의도를 지니"고 있다고 생각했다. 죽음의 본능이 생물학적 일반개념에 상응해서가 아니라, 현대인의 파괴적 충동의 깊이와 격렬함을 표현해주기 때문이라는 것이다. 둘째, 프롬은 가족의 역할을 강조했고 가족의 역할은 권위에 대한 연구소 초기 연구의 일부를 구성했다. 반면 프로이트는 사회의 대리자로서 가족의 역할에 무지했는데, 호르크하이머는 프로이트의 무지가 현대인의 생활에서 가족이 쇠락해가는 상황이 반영된 것일 뿐이라고 해석했다. 호르크하이머는 나중에 이런 변화에 대해 상당히 길게 논의하기도 했다. 마지막으로, 프로이트는 심리학은 개인에 관한 연구일 수밖에 없다는 걸 깨달았다. 따라서 프로이트에게 사회적으로 통제될 수 없는 인간 존재의 깊은 지층을 이루는 리비도는 필수 불가결한 개념이었다. 그러므로 개인을 사회학적으로만 다룬다면 잘못이라는 것이다. 호르크하이머는 같은 이유로 "문화와 사회를 심리학적으로 다루려"하는 수정주의자 역시 잘못을 범하고 있다고 생각했다. 그는 심리학을 사회학으로 해소하거나, 그 반대 경우도 거부했다. 이는 호르크하이머가 비판 이론

---

81 호르크하이머가 캘리포니아 퍼시픽팰리세이즈Pacific Palisades에서 1942년 10월 31일 뢰벤탈에게 보낸 편지(뢰벤탈 소장).

82 Horkheimer, "Traditionelle und kritische Theorie," *ZfS* VI, 2(1937), p.276.

에서 지극히 중요한 비동일성非同一性, nonidentity을 강조한다는 뜻이기도 하다. 아도르노는 모순이 사회적으로 해소되지 않으면 방법론적 화해는 불가능하다는 사실을 훨씬 뒤 '사회학과 심리학Sociology and Psychology'에 대한 논의에서 되짚는데, 이는 비판 이론의 근본 문제였다.[83]

사회연구소가 옛 동료 연구원인 수정주의적 입장의 프롬과 견해를 달리한다는 것을 공개적으로 밝힌 사람은 아도르노다. 그는 1946년 4월 26일 로스앤젤레스에서 〈사회과학과 정신분석학적 경향Social Science and Sociological Tendencies in Psychoanalysis〉이라는 논문을 발표했다.[84] 이 논문은 프로이트를 긍정적으로 평가하는 프랑크푸르트학파의 입장이 담겼을 뿐만 아니라, 마르쿠제가 《에로스와 문명》에서 수행한 프로이트 수정주의 비판의 전조라는 점도 흥미롭다. 아도르노는 이 논문에서 카렌 호나이의 《정신분석학의 새로운 방법New Ways in Psychoanalysis》과 프롬이 11년 전 《사회연구》지에 발표한 〈정신분석학 치료의 사회적 한계Die gesellschaftliche Bedingtheit der psychoanalytischen Therapie〉를 다룬다. 전쟁 직후에 쓴 이 논문은 이전 연구소의 작업과 달리 상당히 쓴소리가 있다.

아도르노는 이 논문을 프로이트의 본능 이론에 대한 수정주의자의 공격을 검토하는 것으로 시작한다. 그는 본능에 관한 이론은 인간 영혼을 고정된 몇 가지 본능으로 기계적으로 분할하는 태도나 쾌락과 자기보존의 충동에서 여러 가지 심리를 무한정으로 유연하게 연역하는 태도 중 하나라고 주장했다. 아도르노는 프로이트가 후자에 속한다고 생각했다. 따라서 프로이트를 기계론적이라고 비난하는 수정주의자의 견해는 잘못이며, 성격유형을 실재하는 양 생각하는 그들의 태도야말로 기계론

83 *Sociologica: Aufsätze, Max Horkheimer zum Sechzigsten Geburtstag gewidmet*(Frankfurt, 1955) and *New Left Review*, 46(November-December, 1967), 47(January-February, 1968).

84 나는 뢰벤탈 교수 덕분에 이 논문을 구할 수 있었다. 호르크하이머와 아도르노가 편집한 《사회학Sociologia Ⅱ : Reden und Vorträge》(Frankfurt, 1962)에 이 논문의 독일어 번역판이 수록됐다.

적이라는 말을 들어 마땅하다고 생각했다. 수정주의자가 역사적 영향을 아무리 강조해도 리비도의 '내적 역사'를 프로이트처럼 민감하게 느낄 순 없다는 것이다. 아도르노는 그들이 에고의 중요성을 지나치게 강조해서 에고가 이드id와 발생적으로 상호작용하고 있음을 간과한다고 주장했다. "구체적으로 살펴보면 프로이트의 본능 이론을 비판한다는 것은 결국 문화가 리비도의 파괴적 충동을 제한하는 것이며, 억압이나 죄책감, 자기 처벌의 욕구 따위를 유발하는 도구라는 사실을 인정하지 않은 셈이다."[85]

더욱이 수정주의자는 유년기 체험(**체험**Erlebnisse은 **경험**Erfahrungen과 다르다)*의 역할을 극소화함으로써, 특히 인격의 발전에 깊은 영향을 미치는 트라우마 충격을 거의 무시한 채 전체주의적 성격 이론을 구축했다. 혼란된 근대인의 성격 형성에 트라우마 충격의 중대성에 대한 프로이트의 예민한 감각을 수정주의자의 작업에서는 찾아볼 수 없다.[86] 아도르노는 다음과 같이 썼다. "개별적이고 단편적인 충동에 반대하며 전체성을 강조하는 태도에는 항상 인격의 통일성이라고 부를 만한 것에 대한 마음 편한 신뢰감이 있다. 그러나 인격의 통일성은 우리가 사는 사회에서 결코 실현될 수 없다. 프로이트는 이런 통일성에 대한 신화의 허울을 벗겨냈다는 점에서 위대한 공헌을 했다."[87] 프롬 방식으로 성격유형을 범주화한다는 것은 통합된 성격의 존재를 인정한다는 의미인데, 아도르노

---

85 Adorno, "Social Science and Sociological Tendencies in Psychoanalysis," April 27, 1946(미출간), p.4. 뢰벤탈 소장.

* Erfahrungen은 일종의 통합된 경험을 의미하는 것으로, 과거에 대한 느낌과 미래에 대한 기대가 포함된다. 바꿔 말하면 문화적 인식이 매개된 경험이다. Erlebnisse와 Erfahrungen의 구별은 6장에서 볼 대중문화에 대한 연구소의 작업에서 중요한 역할을 한다.—원주.

86 베냐민은 〈보들레르의 몇 가지 모티프에 관하여Über einige Motive bei Baudelaire〉, *ZfS* VIII, 1/2(1939)에 현대 생활에서 충격의 중요성을 광범위하게 서술한다. 이 글은 나중에 《일루미네이션》에 번역됐다. 베냐민은 자신의 해석을 정당화하기 위해 프로이트의 사상을 사용했다.

87 Adorno, "Social Science and Sociological Tendencies in Psychoanalysis," p.6.

는 이것이 "개인의 심리적 현 상태를 은폐하기 위한 이데올로기적 허울"[88]에 지나지 않는다고 생각했다.

프로이트를 사회학적으로 '교정'한다는 수정주의자들의 오만한 태도는 따지고 보면 사회의 제반 모순을 슬쩍 접어두려는 것에 지나지 않는다. 그들은 정신분석학에서 생물학적 기초를 제거해 정신분석학을 일종의 **정신과학**Geisteswissenschaft으로, 사회적 건강법의 한 방법으로 변형하고 말았다. 성적性的 요소를 무시한 그들의 태도는 본질과 외현外現의 갈등, 진정한 기쁨과 현대 문명의 사이비 행복 사이의 심연을 부정하는 것이기도 하다. 아도르노는 나치가 노골적으로 사디즘을 드러내던 때, 프롬이 사디즘의 성적 기초를 부정한 것은 큰 잘못이라고 주장했다. 수정주의자들은 부인했지만 이런 시도의 숨겨진 의미는 궁극적으로 순응적 태도라 할 수 있다. 수정주의자가 점점 더 도덕주의적으로 돼갔다는 사실이 특히 이를 증명한다. 아도르노는 격분해서 지적한다. 니체가 도덕적 규범의 심리학적 기원을 비판한 이래 도덕적 규범은 의심스러운 것이 됐음에도 수정주의자들은 아무런 해명도 없이 도덕적 규범을 절대화했다는 것이다.

사회적 무질서의 기원에 대한 수정주의자의 설명도 순진하기 짝이 없다. 아도르노는《자유로부터의 도피》에서 자발적인 개인이 거의 사라졌다는 사실을 시인했음에도 수정주의자는 부르주아사회에서 벌어지는 갈등의 주원인을 엉뚱하게 경쟁이라고 지적한다고 비판한다. 아도르노에 따르면 "경쟁은 결코 중산계급 사회를 움직여가는 근본원리가 아니다."[89] 부르주아사회를 지탱하게 하는 진정한 접합제는 프로이트가 분명하게 깨달은 신체에 가해질 폭력에 대한 공포였다. 아도르노는 "강제수용소 시대에는 거세야말로 경쟁보다 강하게 사회적 현실의 특성을

88 *Ibid.*, pp.6~7.

89 *Ibid.*, p.14.

이룬다"[90]고 강조했다. 아도르노에 따르면 프로이트는 홉스적 전통을 이어받은 부르주아 이론가다. 인간성 내부에 악이 있다는 태도를 고수하는 프로이트의 비관주의적 태도는 수정주의자의 긍정적 낙관론보다 당대 현실을 잘 반영한다. 프로이트는 문명을 병적 집착fixation이나 반복repetition과 동일시했다는 점에서 쇼펜하우어와 다르지 않다는 것이다. 반복적으로 지속되는 서양 문명이 진정한 변화에 의해 뒤엎어지리라고 생각한 점에서 수정주의자는 또다시 지나친 낙관주의를 보이는 것이다.

끝으로 아도르노는 사랑을 강조하는 수정주의자의 작업에 이의를 제기한다. 프롬은 프로이트가 따스함을 찾아보기 어려운 권위주의자라고 비난하지만, 진정한 혁명가들 역시 강경하고 냉혹하다는 이야기를 듣는다. 사회적 적대 관계는 사라지기를 원한다고 사라질 수 있는 게 아니다. 사회적 적대 관계는 견딜 수 밖에 없는 것이며, 누군가에게 불가피하게 고통을 줄 수밖에 없다. "극단으로 전개된 우리 사회에서 사랑의 실체는 종전의 것에 대한 증오로 외부에 표현될 수밖에 없다. 사랑의 직접적인 증거는 증오를 키우는 동일한 상황을 공고히 하는 데 기여할 뿐이라는 말도 틀리지는 않을 것이다."[91] 아도르노는 괴테의 《친화력Die Wahlverwandtschaften》에 관한 글에서 발터 베냐민이 쓴 유명한 구절을 연상시키는 말로 글을 맺는다. "우리에게 희망이 있다면 희망 없는 사람들 덕분이다."[92] 아도르노는 다음과 같이 썼다. "나는 프로이트의 인간 경멸은 아직 우리에게 가능한 한 가지 희망의 표현인 그 절망적 사랑을 표현한 것이라고 생각한다."[93]

이것이 연구소가 1940년대에 프로이트와 프롬에 대해 보인 태도다.

---

90 *Ibid.*, p.15.

91 *Ibid.*, p.22.

92 Walter Benjamin, *Schriften*, ed., Gershom Scholem and Theodor W. Adorno(Frankfurt, 1955), vol.I, p.140.

93 Adorno, "Social Science and Sociological Tendencies in Psychoanalysis," pp.22~23.

혁명의 가능성에 비판적 태도가 증대함에 따라 프로이트의 타당성에 대한 인식도 깊어간 것은 우연이 아니다. 사회적 모순이 해소될 전망이 없고 오히려 더욱 은폐되고 모호해지는 사회에서 프로이트 사상의 이율배반성은 수정주의자들의 속 편한 환상에 대한 방파제로 나타난 것이다. 프로이트의 사상뿐만 아니라 그 속에 담긴 가장 극단적이고 터무니없어 보이는 면까지 극히 유용했다. 아도르노는《미니마 모랄리아》에서 유명한 구절로 이런 생각을 표현했다. "정신분석학에서 과장 외에 진실한 것은 없다."[94]

《권위주의적 성격》,《계몽의 변증법》, 뢰벤탈의《기만의 예언자 Prophets of Deceit》같은 1940년대 연구소의 저작에서 프로이트가 진지하게 받아들여지고 있음은 분명하다. 연구소가 독일로 귀환한 뒤에도 프로이트는 연구소의 이론과 실험 작업에서 중요한 영향력을 행사했다.[95] 1956년 연구소는 프로이트 탄생 100주년을 기념하기 위해《프랑크푸르트 사회학 논집Frankfurter Beiträge zur Soziologie》이라는 새 연속 간행물의 특집호를 제작하기도 했다.[96] 그러나 연구소의 미국 체류 기간 중 심리학적 사고에 거의 무관한 태도를 보인 회원이 낙관론적 입장에서 프로이트와 마르크스를 결합해보려는 또 다른 노력을 한다. 마르쿠제는《에로스와 문명》에서 프롬이 신화로 돌려버린 '혁명적 프로이트', 호르크하이머와 아도르노가 어둠 속의 예언자로 바꿔놓은 프로이트를 되살

---

94 *Minima Moralia*, p.78

95 2세대 비판 이론가들이 프로이트를 풍부한 상상력으로 사용한 경우는 다음 책을 보라. Jürgen Habermas, *Knowledge and Human Interests*, trans., Jeremy J. Shapiro(Boston, 1971). 망명 기간이 지나고 처음 얼마 동안 정신분석학적 범주는 다음과 같은 경험 연구에서 사용되기도 했다. *Gruppenexperiment*, ed., Friedrich Pollock, *Frankfurter Beiträge zur Soziologie*, vol. Ⅱ (Frankfurt, 1955).

96 *Frankfurter Beiträge zur Soziologie*, vol.Ⅵ(Frankfurt, 1957)의 *Freud in der Gegenwart*. 에릭 에릭슨Erik Erikson, 프란츠 알렉산더Franz Alexander, 르네 스피츠René Spitz, 루트비히 빈스방거Ludwig Binswanger를 위시한 많은 탁월한 심리학자들이 프랑크푸르트에서 한 연설과 논문을 수록한 책이다.

려보려고 했다. 이 연구의 연대기적 구조로 봐선 적합하지 않지만, 그래도《에로스와 문명》은 초기 비판 이론의 프로이트에 대한 관심이 계속된 것이기에 이 자리에서 잠시 언급할 만하다.

마르쿠제는 연구소의 다른 핵심 회원들과 달리 미국에 오기 전만 해도 정신분석학에 별다른 관심을 보이지 않았다. 초기에 마르쿠제는 무의식이라는 안개에 싸인 듯 흐린 세계에서 매력을 발견하기에는 합리주의적이었다. 그는 비동일성을 강조한 호르크하이머나 아도르노와 달리, 주체와 객체의 화해 가능성을 강조하는 개인심리학보다 사회적 총체성에 관심 있었다. 초기 연구소의 권위에 대한 작업에 참여했을 때[97] 마르쿠제는 사회의 대리자로서 가족의 역할을 인정하지 않았는데, 프롬은 가족의 역할을 매우 강조했고 다른 회원들도 이의를 제기하지 않았다.

그러나 폴 로빈슨Paul A. Robinson의 주장처럼[98] 1930년대 마르쿠제의 저작 중 많은 부분에서 후기에 나타난 프로이트에 대한 관심의 전조를 느낄 수 있다. 예를 들어 마르쿠제는 이성과 행복의 변증법적 총체성에 깃든 쾌락주의적 순간의 정당성을 인정하기에 이상주의의 금욕주의 경향을 반대했다. 일반적으로 착취에 대한 그의 비판은 성적 억압 문제도 포함하는데, 그는 성적 억압에 단순한 심리학적 차원을 넘어선 정치적 의미가 있다고 생각했다. 나아가 쾌락보다 의무감과 성실성을 강조하는 부르주아 이데올로기로서 사랑을 비판했다. 마르쿠제는 나중에 아도르노가 성격에 대한 수정주의자의 개념을 공격한 것과 비슷하게 이상주의자의 '퍼스낼리티personality'에 대한 관념도 공격했다.[99] 그는 1937년에 신

---

97 Marcuse, "Autorität und Familie in der deutschen Soziologie bis 1933," in *Studien über Autorität und Familie*. 마르쿠제는 권위 개념의 지적 역사에 대해서도 장문의 서론적인 논문을 기고했다.

98 Robinson, *The Freudian Left*, pp.188~191.

99 제레미 샤피로가 옮긴《부정: 비판이론에 관한 에세이Negations: Essays in Critical Theory》(Boston, 1968, pp.122~123)에 있는 마르쿠제의 논문〈문화의 긍정적 성격The Affirmative Character of Culture〉. 원래 *ZfS* VI, 1(1937)에 실렸다.

체의 가장 극심한 물화 현상에서 진정한 기쁨의 '선행 기억anticipatory memory'을 보고 참된 행복의 육감적·육체적 요소를 지적했다.[100] 마르쿠제는 결국 억압된 성 본능과 공격성의 관계를 깨닫는데, 이는《에로스와 문명》이나 쾌락주의에 대한 그의 논문에서 중요한 역할을 한다.[101]

마르쿠제는 스페인내란과 모스크바 숙청 작업의 충격 후에야 프로이트를 진지하게 읽기 시작했다.[102] 헤겔화된 마르크스주의조차 불만인 그는 호르크하이머와 아도르노처럼 의미 있는 사회 변화의 길을 가로막는 심리학적 장애를 검토하기 시작했다. 마르쿠제는 비관주의에 빠져 정치적 행동주의와 거리를 둔 호르크하이머나 아도르노와 달리, 심리학적 장애를 검토해 급진주의의 유토피아적 차원을 다시 확신하기에 이르렀다. 오랜 노력 끝에 1955년 발행된《에로스와 문명》은 프로이트와 마르크스를 결합하려 한 초기 비판 이론의 시도를 뛰어넘는 성과였다. 마르쿠제는 현대인의 깊은 모순에 대한 프로이트의 통찰을 비동일성 이론의 밑받침으로 사용한 호르크하이머나 아도르노와 달리, 프로이트에서 더 나아가 메타심리학적 프로이트에서 동일성과 화해의 예언자를 발견했다. 그는 정통적 프로이트를 새로운 현실원리에 대한 적으로 돌린 프롬과도 달리 정신분석학에서 현 체제를 넘어선 요소를 발견하려 했다.

《에로스와 문명》은 매우 복잡하고 풍부한 내용을 담고 있기에 여기서 상세히 다루기는 어렵지만, 최소한 이 책과 연구소 초기 작업의 연관성은 몇 가지 언급하고 싶다. 마르쿠제는 1955년에《이의異議, Dissent》라는 제목으로 따로 출판되기도 한《에로스와 문명》첫 부분에서 수정주의

---

100 *Ibid.*, p.116. 마르쿠제는 극까지 도달한 물화에 대해 입장을 표명한다. 나중에 그는 사르트르의《존재와 무L'être et le néant》에 나타난 물화 문제에 찬사를 보냈다. "Existentialism: Remarks on Jean-Paul Sarter's *L'Etre et le néant*," *Philosophy and Phenomenological Research* Ⅷ, 3(March, 1948), p.327.

101 Marcuse, "On Hedonism," *Negations*, p.190.

102 Robinson, *The Freudian Left*, p.179.

자를 비판한다. 그는 10년 전에 아도르노가 이야기를 끝낸 실마리에서 말을 이어간다. 마르쿠제는 우선 빌헬름 라이히가 앞서 연구한 점을 인정하면서도 견해의 부적합성을 지적한다. "라이히는 여러 억압의 차이점을 깨닫지 못했기에 성 본능과 그것이 파괴 본능과 융합될 때의 '역사적 역동성'을 알 수 없었다."[103] 그 결과 라이히는 성 해방이 목적인 양 단순하게 옹호했고, 나중에 순진한 망상에 빠지고 말았다는 것이다.

마르쿠제는 카를 구스타프 융Carl Gustav Jung과 정신분석학의 '우파'를 정중히 물리친 뒤 신프로이트주의자에게로 향했다. 그는《사회연구》지에 실린 프롬의 초기 논문의 통찰력을 칭찬하면서 신프로이트주의자의 작업을 검토한다. 마르쿠제는 프롬이 부계 사회를 반대하는 태도에 공감을 표시하면서 부계 사회에 대한 그의 비판을 자신의 '실행 원리performance principle' 비판과 비교한다. 마르쿠제는 프롬이 부계 사회를 표현하기 위해 나중에 사용한 '부친 중심적-탐욕적patricentric-acquisitive'이란 용어를 쓴다. 그는 실행 원리가 현대사회의 특징적 현실원리라고 규정한다. 실행 원리에서 "사회는 구성원들의 경쟁적인 경제 성과에 따라 구조화된다".[104] 그러나 마르쿠제는 초기 프롬의 날카로운 비판력이 연구소와 결별할 무렵 사라졌다고 판단했다. 프롬은 그토록 권장한 임상 실험에 몰두하면서 중요한 변화를 맞이했다. 프롬은 페렌치와 그로덱이 개발한 행복 지향적인 치료법을 옹호하면서, 현 사회에도 진정한 행복이 가능하다는 이데올로기에 무릎을 꿇었다. 하지만 마르쿠제는 단언한다. "억압적 사회에서 개인의 행복과 발전은 사회와 충돌한다. 개인의 행복과 발전이 사회에서 실현돼야 할 가치라고 정의된다면, 이 가치 자체가 억압적인 것이 되고 말 것이다."[105]

---

103 *Eros and Civilization*, p.218.

104 *Ibid.*, p.41.

105 *Ibid.*, p.223.

정신분석과 심리 치료에 관한 마르쿠제의 언급은 이론과 **프락시스**에 관한 그와 연구소 다른 회원들이 종종 말한 것과 매우 비슷하다. 이론과 실천은 서구 문명이 도달한 당시에 서로 무관하지 않았음에도 완전히 화해할 수 없었다. 이론이 **프락시스**(혹은 치료로)로 완전히 흡수되면 이론의 부정과 비판적 성실이 상실된다. 수정주의자는 순이론적인 상상력을 실제 심리 치료에 동화시킴으로써 비판적 이론가가 혐오하던 실용주의자 혹은 실증주의자와 유사해졌다. 마르쿠제가《이성과 혁명》2장에서 지적했듯이, 수정주의자는 헤겔을 비판하는 헤겔의 후계자와 다르지 않다. 수정주의자는 두 가지 점에서 기성 체제에 흡수되고 있다. 첫째, 수정주의자는 프로이트의 가장 과감하고도 암시적인 가설인 죽음의 본능, 원초적 집단, 오이디푸스콤플렉스 등을 포기했다. 마르쿠제는《이성과 혁명》을 통해 수정주의자가 조롱한 프로이트의 유산은 오히려 의미심장한 **상징적 가치**가 있다고 주장했다. "인간학적 검증으로는 이 가설에 담긴 신화적 사건이 역사적 사실임을 영원히 밝혀낼 수 없을지도 모른다. ……이 가설은 상식에 도전한다. 이 가설은 도전을 통해 상식이 망각하도록 훈련받은 진리를 주장한다."[106] 둘째, 수정주의자는 아도르노가 1946년에 주장했듯이 개인과 사회의 갈등, 본능적인 욕구와 의식의 갈등을 간과했다. 따라서 프로이트 이전의 의식심리학으로 돌아가 의도와 달리 체제 순응파가 됐다.

마르쿠제도 아도르노처럼 수정주의자의 통합된 인성이라는 개념을 공격한다. 그에 따르면 현대사회에서 순수한 개인주의는 실현 가능성이 전혀 없다. "개인적 상황은 공동 운명의 파생체고, 프로이트가 입증했듯이 공동 운명은 개인 운명의 실마리다."[107] 이에 비춰보면 수정주의자의 도덕주의는 부적절하다. "프로이트는 이상주의적 윤리의 환상을 파괴

---

106 *Ibid.*, pp.54~55.

107 *Ibid.*, p.231.

했다. '성격'은 억압과 공격성을 내면화한 '조각난' 개체와 다름없다."[108]

마르쿠제는 프로이트의 본능 이론을 거부하는 수정주의자를 열렬히 공격한다. 그가 보기에 프로이트 이론은 의식에서 무의식으로, 성인의 성격에서 유년 시절의 경험으로, 에고ego에서 이드id로, 개체에서 유類로 향한다. 프로이트는 수정주의자의 정신적이고 상당히 억압적인 관념과 반대로 리비도를 강조하면서 만족에 관한 유물론적인 개념을 전개한다. 마르쿠제는 성적인 근원에 대한 프로이트의 이론으로 돌아가, 연구소 초기에 프롬이 혹독하게 비판한 오이디푸스콤플렉스를 다시 숙고하기에 이르렀다. 그는《에로스와 문명》에서 오이디푸스콤플렉스를 어쩌다 언급할 뿐이며 중시하지 않았다.[109] 그러나《이의》에 실린 논문과《에로스와 문명》의 에필로그에서는 매우 다른 태도를 보여준다.《에로스와 문명》에서 마르쿠제는 "오이디푸스콤플렉스를 성적 영역에서 인간 상호관계의 영역으로 옮겨놓으려고"[110] 한 프롬의 시도는 프로이트 사상의 비판적인 공격을 좌절시키는 것이라고 비판한다. 프로이트에게 오이디푸스의 소망은 단순히 어머니와 단절된 것이나 프롬이 생각한 고통스럽고 소외된 자유에 대한 반항이 아니다. 그것은 성적 만족, 결핍에서 자유에 대한 갈망, 보호자뿐만 아니라 여성으로서 어머니에 대한 갈망을 표시한다. 마르쿠제는 다음과 같이 주장한다. "어머니이면서 여자이기를 바라는 이런 '성적 욕구'는 오이디푸스적 갈등을 개인과 사회의 본능적

---

108 *Ibid.*, p.235.

109 "오이디푸스콤플렉스는 노이로제적 갈등의 원천이자 본보기지만, 문명에 내재한 욕구불만의 주원인은 아니며, 그 욕구불만을 제거하는 데 중심적 장애도 결코 아니다"(*Ibid.*, p.204). 로빈슨은《프로이트 좌파The Freudian Left》에서 이 구절에 주목하지만, 마르쿠제가 에필로그에서 강조한 오이디푸스콤플렉스에 대한 주장은 소홀히 다룬다. 오이디푸스콤플렉스에 대한 마르쿠제의 태도 비판은 다음을 보라. Sidney Lipshires, "Herbet Marcuse: From Marx to Freud and Beyond"(Ph.D. diss., University of Connecticut, 1971).

110 Marcuse, *Eros and Civilization*, p.246. 프롬의《정신분석과 종교Psychoanalysis and Religion》(New Haven, 1950), pp.79ff에서 인용.

인 갈등의 원형으로 만든다."[111] 오이디푸스콤플렉스가 보편적이든, 단순히 사회의 가장 심각한 문제의 상징적 표현이든, 리비도적 근원의 무시는 리비도적 근원과 관계된 근본적인 적대감을 은폐하는 데 불과하다는 것이다.

프로이트의 메타심리학 시기의 또 다른 본능, 즉 죽음의 본능을 부정하는 수정주의자에 대한 마르쿠제의 항의는 좀 더 근원적이다. 여기서 마르쿠제는 아도르노와 호르크하이머를 넘어 프로이트와 마르크스의 유토피아적 통합을 다시 추구했다. 그들은 죽음의 본능을 현대사회의 파괴적 충동의 깊이에 대해 프로이트가 보인 감수성의 상징적 표현이라고 이해했다. 마르쿠제는 수정주의자가 흔히 과소평가한 문명에 수반된 파괴적 행동성이 더 강화되면서 존속돼가는 사실을 지적하며 이런 해석을 수용한다. 프로이트의 죽음의 본능은 진보를 암묵적으로 신뢰하는 수정주의자보다 훨씬 예리하게 현대의 모호한 인간성을 파악한다고 할 수 있다.

마르쿠제는 아도르노나 호르크하이머처럼 비관적 결론을 내리지 않는다. 그에 따르면 죽음의 본능은 흔히 간주되는 것처럼 공격에 대한 내적 욕구일 수 없다.[112] "프로이트는 우리가 파괴하기 위해 생존한다고 주장하지 않는다. 파괴 본능은 생존 본능에 적대하기 위해서나 그에 봉사하기 위해서 활동한다. 더구나 죽음의 본능은 파괴 **그 자체**가 아니라 파괴의 필요성 제거를 목표로 삼는다."[113] 마르쿠제는 《에로스와 문명》에서 죽음의 본능에 관한 생각을 다듬었다. 죽음의 본능의 실제 목표는 공격이 아니라 삶이라는 긴장의 종식이다. 죽음의 본능은 생명이 없는 자

111 *Eros and Civilization*, p.247.

112 예를 들어 Fromm, *Man for Himself*, p.215를 보라.

113 *Eros and Civilization*, p.248.

연의 평안함을 갈구하는 이른바 열반의 원리[114]에 바탕을 둔다. 이런 갈망에서 죽음의 본능은 생의 본능과 놀랄 만큼 비슷하다. 생의 본능과 죽음의 본능은 둘 다 만족과 욕망의 종식 자체를 추구한다. 죽음의 본능이 긴장의 감소라면, 생의 긴장이 감소한 뒤에는 죽음의 본능이 약해진다. 마르쿠제는 이런 핵심적 가정에 따라 후기 프로이트에서 명백히 나타나는 비관적 결론을 유토피아적 방향으로 돌릴 수 있었다. 그는 결론 부분에서 이렇게 주장한다. "본능의 근본 목표가 생의 단절이 아니라 고통의 단절, 즉 긴장의 부재라면 생이 만족 상태에 접할수록 역설적으로 본능에서는 생과 죽음의 갈등이 사라진다. 쾌락 원리와 열반의 원칙은 그때 화합하는 것이다."[115] 대다수 프로이트의 정통 추종자가 동의하듯 이런 논리로 프롬이나 호나이와 전혀 다른 방향에서 프로이트 수정주의자가 되는 것이다.

마르쿠제는 비판 이론의 가장 뛰어난 전통에서 죽음의 본능을 역사적으로 해석한다. 인간 사이와 인간이 자연과 맺는 관계가 비억압적으로 다시 에로스화됨으로써 삶이 해방된다면 죽음은 힘을 잃을 것이다 이렇게 된다면 생식기의 성적 독재는 몰락하고, 소아기의 다형태적 도착[116]으로 귀환할 것이다. 여기서 마르쿠제는 연구소 시절의 세 동료뿐만 아니라 프로이트와 라이히마저 넘어섰다. 마르쿠제는 오직 전 신체가 다시 에로스화돼야 인간의 비생식기적 영역에서의 물화가 빚어낸 소외된 노동이 극복될 수 있다고 주장한다. 변화된 사회는 억압적이고 시

114 Sigmund Freud, *Beyond the Pleasure Principle*(New York, 1950), p.76.

115 *Eros and Civilization*, pp.214~215.

116 여기서 마르쿠제는 브라운처럼 모든 성적 유기체가 억압적이라고 주장하지 않는다. Norman O. Brown, *Life against Death,* pp.122ff. 마르쿠제는 브라운이 옹호한 모든 종류의 세분화가 전부 붕괴할 것이라는 주장을 거부했다. "주체와 객체의 단일성은 절대적 이상주의의 확실한 증거다. 하지만 헤겔마저 이들 사이의 긴장, 그 구분을 그대로 두었다. 브라운은 절대정신, 즉 '융합, 신비, 참여'의 너머까지 나갔다"(*Negations*, p.138).

대에 뒤진 '실행 원리'를 기반으로 하지 않을 것이며, 역사적인 원천이 있는 '과잉 억압surplus repression'을 종식할 것이다. 그리하여 긴장을 유발하는 소외된 노동에서 개인을 해방할 것이다. 즉 미학적인 유희가 노동의 수고를 대신하며, 열반의 원칙과 그것의 억제로 일어나는 파괴가 인간의 생을 지배하지 않을 것이다. 그 결과는 '존재의 화해',[117] 즉 마지막 장에서 논의할 마르쿠제 철학의 기본을 이루는 동일성 이론의 심리학적 상관물이 될 것이다.

프로이트를 혁명적인 유토피아주의자라고 해석하려는 마르쿠제의 대담한 시도가 이전 동료들과 잘 융합할 수 없을 것이라는 예상은 당연하다.[118] 아도르노와 호르크하이머는 재치 있게도 침묵을 지켰으나, 프롬은《이의》에서 몇 차례에 걸쳐 반박을 시도했다.[119] 프롬은 두 가지 차원에서 마르쿠제를 비판했다. 첫째, 프롬은 마르쿠제가 프로이트를 잘못 이해하고 있으며 정신분석에 대한 실제 경험이 부족하다는 것을 보여주려고 했다. 앞서 언급한 바와 같이 프롬은 프로이트가 19세기 부르주아의 비변증법적인 유물론에 반대한 자라기보다 오히려 그것에 사로잡힌 포로였다고 주장했다. 프롬은 수정주의자들 사이의 근본적 차이를 도외시하고 수정주의를 일괄적으로 취급하는 마르쿠제의 경향을 거부함으로써 마르쿠제의 수정주의자에 대한 이해를 의심스러운 것으로 만들었다. 예를 들어 '생산적 성격'이라는 자신의 개념은 현 사회에 마르쿠제가 허용한 것보다 훨씬 도전적이었다고 주장했다. 나아가 그는 현재의 조건에서는 절대 융화된 인격체가 생산될 수 없다는 마르쿠제의 주장은 비변증법적이라고 비난했다.

117 마르쿠제는 이 용어를《일차원적 인간》(Boston, 1964, p.16)에서 사용했다.

118 나는 1968~1969년 겨울에 호르크하이머, 아도르노와 얘기했다. 그때 그들은 프로이트를 이해하는 마르쿠제의 몇 가지 태도에 의문을 드러냈다.

119 Fromm, "The Human Implications of Instinctive 'Radicalism'," *Dissent* Ⅱ, 4(Autumn, 1955), "A Counter-Rebuttal," *Dissent* Ⅲ, 1(Winter, 1956).

프롬의 둘째 논박은 더 근본적이다. 여기서 그는 프로이트가 수없이 강조한 성적 만족과 문명과 피할 수 없는 갈등을 다시 강조하고자 했다. 프롬은 마르쿠제가 변호하는 '다형태적 도착'에 포함된 성적 도착이 실제 문명과 융합할 수 있다고 생각하는 것은 난센스라고 주장했다. 사디즘과 호분증coprophilia(배설물을 섭취하는 현상—옮긴이)은 어떤 환경에서도 병적인 것이다. 마르쿠제가 추구한 완전하고 즉각적인 욕구 충족이라는 궁극적인 목표는 올더스 헉슬리Aldous Huxley의 《멋진 신세계Brave New World》처럼 개인을 조작되기 쉬운 욕망과 흥분의 체계 속으로 몰아넣을 수도 있다는 것이다.[120] 성욕과 구별되는 사랑은 비록 오늘날 사회에서 드문 현상이라도 마르쿠제(와 아도르노)처럼 단순히 이데올로기적인 것은 아니었다. 프롬은 마르쿠제의 사고에 담긴 부정적인 의미는 세계에 대한 허무주의적 반발에 이른다고 비판했다.

오래 알고 지낸 친구나 동료의 지적인 논쟁이 흔히 그렇듯, 마르쿠제와 프롬의 논쟁은 반론과 재반론으로 이어졌다.[121] 상이한 견해는 큰 범위에서 의견 일치보다 중요하다. 마르쿠제는 '위대한 거부'[122]의 허무주의야말로 오늘날 받아들여질 수 있는 유일하고 참된 휴머니즘이라고 주장하며, 자신에게 허무주의자라고 공박한 프롬의 견해를 수용했다. 이런 점은 그를 다시 호르크하이머나 아도르노에게 접근시킨다. 그렇다 해도《에로스와 문명》에 담긴 기본적인 공격은 분명히 긍정적인 방향을 취하고 있다. 실제로 열반의 원칙에 대한 마르쿠제의 해석은 프롬이 몇 년 전《자유로부터의 도피》에서 표명한 취지와 그렇게 거리가 멀지 않았

---

120 "The Human Implications of Instinctive 'Radicalism'," p.346.

121 Marcuse, "A Reply to Erich Fromm," *Dissent* Ⅲ, 1(Winter, 1956). 프롬은《심리분석의 위기》(pp.14~20)에서 15년 전에 중단된 논쟁을 그 지점부터 재개한다.

122 *Ibid.*, p.81. 마르쿠제는 이 용어를《일차원적 인간》이래 광범위하게 사용한다. 1970년 8월 15일 뢰벤탈이 내게 보낸 편지에 따르면, 초기 프랑크푸르트 시대 이래 **위대한 거부Nicht Mitmachen**는 연구소가 애용한 '암호'라고 한다.

다. 프롬은 "삶의 욕구와 죽음의 욕구는 상호 독립적인 요인이 아니며, 역전된 상호 연관성에 놓여 있다. 이를테면 삶에 대한 욕구가 고갈될수록 파괴에 대한 욕구는 강해지며, 반대로 삶의 욕구가 강해질수록 파괴의 강도가 약해진다. 즉 **파괴는 청산되지 않은 결과**"[123]라고 서술한다. 프롬이 다소 신중한 이원론자로 머문 반면, 마르쿠제는 두 가지 본능이 하나로 환원될 수 있다고 믿었음에 틀림없다. 프롬의 이원론에서는 죽음의 본능이나 파괴에 대한 욕구는 단순히 삶의 본능이 좌절됐을 때 생각나는 산물이다. 프롬은 나중에《인간의 마음The Heart of Man》을 통해 자기 입장을 정식화하려 한다.

> 이런 이원성은…… 비교적 변함이 없고 죽음의 본능이 마침내 승리를 거둘 때까지 항상 서로 투쟁하는 생물학적으로 고유한 두 가지 본능의 이원성이 아니라, 원초적이고 가장 근본적인 삶의 경향(즉 살려고 하는 경향)과 이런 목표에 도달할 수 없을 때 나타나는 모순의 이원론이다.[124]

두 사람이 서로 견해가 상당히 다르다고 고집함에도, 그들은 죽음에의 본능의 강도나 그 지속성에 관한 문제에는 의견을 같이하는 것 같다. 마르쿠제의 가장 유토피아적인 저서는 수십 년 전 호르크하이머가 죽은 사람의 고통을 회복하는 것은 불가능하다고 한 이야기에 공감하는 주장으로 끝맺는다.[125] 다른 비판 이론 주창자의 음울한 아이러니와 전혀 달리 낙관적인 확신을 보여주는 것이다.

---

123 *Fear of Freedom*, p.158(볼드체는 원문).

124 Fromm, *The Heart of Man*(New York, 1964), pp.53~54.

125 Horkheimer, "Gedanke zur Religion," *Kritische die Theorie*, vol.I(Frankfurt, 1968), p.375.

04

사회연구소의 권위주의 연구

위기에 처한 가족은 무조건 복종하는 태도를 낳는다.
—막스 호르크하이머

연구소는 니컬러스 버틀러의 넉넉한 도움을 받으며 1934년 이후 몇 년 더 유럽에서 활동할 수 있었다. 연구소의 활동은 다양했다. 나치가 정권을 장악했기에 독일로 돌아갈 순 없었지만, 전쟁이 발발할 때까지 유럽 대륙의 여타 지역과 접촉했다. 대다수 연구소 회원은 개인적이거나 학문적인 유대 관계로 유럽에 흩어져 있는 연구소 분실을 종종 방문했다. 폴록은 연구소 업무 관계로 가장 빈번히 여러 곳을 오갔다. 제네바 분실은 안드리에스 슈테른하임이 첫 행정 책임자를 맡았고, 그가 네덜란드로 돌아간 뒤에는 쥘리에트 파베즈부토니에Juliette Favez-Boutonnier를 거쳐 폴록이 뉴욕으로 이주하기까지 관리했다. 제네바 분실은 나치 집권 이후에도 활동 상태였다. 제이 럼니Jay Rumney가 운영한 런던 분실은 1936년에 문을 닫았지만, 파울 호니스하임과 한스 클라우스 브릴Hans Klaus Brill이 맡은 파리 분실은 전쟁이 일어날 때까지 계속 활동했다. 파리 분실은 뉴욕의 중앙본부와 《사회연구》지를 발간한 펠릭스알캉출판사를 연결했다. 파리는 유럽을 떠나기 싫어한 연구소 회원들의 기착지로도 중요했다. 그로스만은 1937년 뉴욕으로 가기 전 파리에서 1년을, 런던에서 다음 1년을 보냈다. 정치학과 법학을 연구한 오토 키르히하이머는 1934년 이후 3년 동안 파리 분실과 관계를 맺었으며, 다음 장에서 그의 공헌을 살펴볼 것이다. 경제학자 게르하르트 마이어는 1933~1935년 파리에 머물렀고, 마르크스주의 문학비평가 한스 마이어Hans Mayer도 1934년 이후 몇 년 동안 파리에 머물렀다. 아도르노는 1930년대 중반에 주로 영국에서 활동했지만 파리를 자주 방문했으며, 그가 연구소에 소개한 오랜 친구 베냐민을 파리에서 만나기도 했다. 나중에 다시 살펴보겠지만 베냐민은 파리를 망명지이자, 파리에 관한 자신의 연구 계획(파리의 파사주 연구를 의미함—옮긴이)의 은유로 삼았다. 파리에 머무른 6년 동안 그에게 결국 운명과도 같은 도시인 파리에 대한 애착이 깊어졌다.

연구소는 유럽과 개인적·제도적 유대 관계를 유지했을 뿐만 아니라, 연구소가 상정한 독자에 대한 원래 견해도 수정하지 않았다. 1장에서 언급했듯이 전쟁이 일어날 때까지 《사회연구》지는 주로 독일어로 출판했다. 호르크하이머는 1940년에 다른 망명 학자의 재빠른 미국화를 비난했다. "독일 출신 지성인들이 독일어가 많은 독자에게 읽힐 수 없게 되자 재빨리 외국어로 글을 쓰기 시작했다. 이는 언어가 진실의 표현이 아니라 생존경쟁을 위해 봉사함을 뜻한다."[1] 연구소는 독립을 지킬 만한 재정을 확보했기에, 호르크하이머와 동료들은 망명 학자를 괴롭힌 '생존경쟁'에서 벗어날 수 있었다. 그러나 호르크하이머는 독일 휴머니즘의 전통을 유지함으로써 나치 붕괴 이후 독일 문화를 재건하는 데 도움이 되리라는 생각에서 의식적으로 연구소의 독일적 성격을 유지하려 했다. 연구소 회원들은 이 목적을 지키기 위해 연구소 활동을 미국식 사회과

---

1 Max Horkheimer, "Autoritärer Staat," in "Walter Benjamin zum Gedächtnis"(미출간, 1942; 스위스 몬타뇰라의 프리드리히 폴록 소장), p.152.

학의 주류로 통합하자는 컬럼비아대학교 새로운 동료의 제안을 수용하지 않은 것이다.

《사회연구》지는 마거릿 미드Margaret Mead, 찰스 비어드, 해럴드 라스웰Harold Lasswell 같은 저명한 미국 학자에게 지면을 할애하기도 했다.[2] 그러나《사회연구》지는 대체로 유럽 학자의 이론과 경험주의적 작업의 업적을 발표하기 위한 토론장으로 존속했다. 연구소는 새로운 망명 학자가 나타나면 도움의 손길을 뻗쳤다. 오랜 연구 경력의 끝 무렵 어려움에 부딪힌 페르디난트 퇴니스Ferdinand Tönnis[3]를 도운 것은 좀 다른 사례다. 연구소는 대체로 1938년에 인쇄된 연구소 역사에 표현된 정책을 따랐다. 그 뒤에 벌어진 사건에 비춰보면 역설적이지만 연구소는 다음과 같은 정책을 유지했다. "연구소의 중요 직책을 맡은 '저명한 학자'는 없다고 할 수 있다. 저명한 독일 출신 학자는 미국 내 연구 기관에서 직책을 얻기 쉬울 거라고 믿었기 때문이다. 그러나 독일 출신 젊은 망명 학자는 사정이 다르다. 따라서 연구소는 주로 이들 젊은 학자에게 관심을 기울였다."[4] 일부 신청자는 연구소의 도움이 기대보다 적어서 불만스러울 수도 있지만, 연구소는 기금으로 망명 학자 약 200명을 도왔다. 연구소의 도움을 받은 학자의 명단이 완전히 밝혀지진 않았지만, 프리츠 슈테른베르크와 한스 마이어, 에른스트 블로흐, 폴 라자스펠드, 프리츠 카르젠Fritz Karsen, 게르하르트 마이어, 아르카디 구를란트Arkadij R. L. Gurland 등이 속했다. 1934년 이후 10년에 걸쳐서 박사과정 후보자 116명과 박사 14명에게 약 20만 달러가 지급됐다.[5] 폴록에 따르면,[6] 연구소는 수령자의

2 Margaret Mead, "On the Institutionalized Role of Women and Character Formation," *ZfS* V, 1(1936); Charles Beard, "The Social Sciences in the United States," *ZfS* IV, 1(1935); Harold Lasswell, "Collective Autism as a Consequence of Culture Contract," *ZfS* IV, 2(1935).

3 1935년 노동의 권리에 대한 퇴니스의 논문이 그의 지위와 명망에 어울리지 않는 형태로 출간되기도 했다. Ferdinand Tönnies, "Das Recht auf Arbeit," *ZfS* IV, 1(1935).

4 1938년 인쇄했지만 출간되지 않은 연구소 역사, p.13. 몬타뇰라의 폴록 소장.

연구 방법이나 정치적 입장을 고려하지 않고 연구 기금을 제공했다. 확고한 반 나치즘적 태도만이 유일한 기준이었다. 따라서 에드거 질셀Edgar Zilsel 같은 실증주의자도 연구소의 사유 방식을 강요당하지 않으면서 도움을 받을 수 있었다.

그렇다고 연구소 회원들이 찬성하지 않는 학자의 작업까지 무차별적으로 지원하진 않았다. 일례로 마르쿠제는 19세기 초 김나지움협회 후원자 프리드리히 얀Friedrich Ludwig Jahn에 관한 논문을 쓰도록 위임받았다. 연구소는 그의 연구 결과에 만족하지 못했는데, 마르쿠제는 자서전에서 이것을 이데올로기의 차이로 설명했다.

> (호르크하이머는) 객관 정신의 존재를 믿는 헤겔주의자이자 투쟁적인 사회학자였다. 그는 얀에 관한 연구가 헤겔 좌파 사회학의 예증이 되기를 기대했다. 반면 나는 젊은 시절에 호르크하이머와 반대 입장이었다. 나는 초기 낭만주의, 막스 슈티르너Max Stirner, 쇼펜하우어, 키르케고르, 니체 등에 심취했다. ……나는 폴록과 호르크하이머에게 호감이 있었으며, 《사회연구》지와 그들이 발간한 《권위와 가족에 관한 연구》를 높이 평가했기에 그들과 함께 일할 수 없어서 슬펐다.[7]

헨리 파흐터Henry Pachter 같은 망명 학자는 연구소가 지원 약속을 파기했다고 지원 대상 결정 과정을 씁쓸하게 기억한다.[8] 연구소는 이 주장이

---

5 "Ten Years on Morningside Heights: A Report on the Institute's History, 1934-1944"(미출간, 1944). 뢰벤탈 소장. 연구소는 《사회연구》지에 기고된 논문과 서평에 게재 여부와 상관없이 고료를 지급했는데, 학자를 '더 점잖은' 방식으로 지원하기 위해 자주 사용한 장치라고 한다. 1970년 8월 15일 뢰벤탈이 내게 보낸 편지.

6 1969년 3월 몬타뇰라에서 프리드리히 폴록과 진행한 인터뷰.

7 Ludwig Marcuse, *Mein zwanzigstes Jahrhundert*(Munich, 1960), pp.239~240.

8 1971년 10월 13일 뉴욕에서 파흐터 교수와 진행한 대담.

사실이 아니라고 한다. 연구소가 발터 베냐민의 연구에 영향력을 행사했다는 최근에 떠도는 소문 역시 단호히 부인한다.[9] 이 주장의 타당성은 다음 장에서 검토할 것이다.

유럽과 개인적·제도적 유대 관계, 영어 출판에 대한 거부감, 망명 학자를 돌봐야 한다는 염려 때문에 연구소는 프랑크푸르트에 있을 때와 마찬가지로 컬럼비아대학교 체제에서 벗어나 독립성을 유지하려 했다. 연구소는 1936년 이후 공개강좌를 개최했는데, 해럴드 래스키와 모리스 긴즈버그, 셀레스탱 부글레 같은 유럽 출신 학자 초청 강의는 컬럼비아대학교 모든 구성원에게 개방됐다. 연구소는 컬럼비아대학교의 지원으로 세워진 117번가 건물에서 자연스레 밀접하게 연결된 사회학과의 압력을 받지 않은 채 연구 작업을 수행했다. 그래서 연구소는 컬럼비아대학교의 사회학자와 유대 관계를 맺었음에도, 1930년대 후반 사회학을 분열시킨 로버트 매키버 학파와 로버트 린드 학파의 논쟁에 끼어들지 않을 수 있었다.[10] 실제로 전후 라자스펠드가 설립한 응용사회조사연구소Bureau of Applied Social Research나 컬럼비아대학교 사회학과와 연구소를 통합하자는 구체적인 제안이 들어왔을 때, 연구소는 이 제안을 정중하게 거절했다. 호르크하이머는 1942년 뢰벤탈에게 편지를 썼다. "이곳의 사회연구소는 우리가 연구소에서 누리는 자유와 달리 연구원에게 지속적으로 압력을 행사합니다. ……이곳 사람들은 대기업이나 대중문화의 홍보를 책임지지 않는 소장 밑에서 연구하는 학자의 모임이 있을 수 있

---

9 이는 베를린에서 발행하는 《대안Alternative》 특집호에 실렸다. *Alternative*, 56/57(October-December, 1967), 59/60(April-June, 1968).

10 당시 컬럼비아대학교에서 벌어진 논쟁은 로버트 매키버의 자서전 격인 다음 책을 보라. Robert MacIver, *As a Tale That is Told*(Chicago, 1968). 그에 따르면 린드 교수는 실용적이고 전문적인 접근 방법을 강조한 데 비해, 자신은 사회학을 연구 범위가 더 넓고 이론적인 방향으로 자리 잡으려 했다고 한다. 매키버가 린드의 책 *Knowledge for What*에 적대적 논평을 쓰자, 둘의 관계는 완전히 끝났다(pp.137~141).

다는 것을 도통 이해하려 하지 않습니다."[11]

연구소의 저작은 연구소의 유럽적인 태도를 무엇보다 잘 보여준다. 충분히 예상할 수 있듯이, 비판 이론의 사유는 유럽에서 파시즘 대두라는 그 시대의 가장 절박한 문제에 적용됐다. 헨리 파흐터가 지적하듯이, 유럽에서 파시즘 대두는 정치적 이슈에 특별한 관심이 없거나 정치적 이슈를 다루는 훈련을 받지 않은 망명 학자조차 이 새로운 전체주의를 연구할 수밖에 없도록 했다.[12] 심리학자 에른스트 크리스는 나치 정권의 선전술을 연구했고, 철학자 에른스트 카시러Ernst Cassirer와 한나 아렌트는 국가 신화와 전체주의의 기원을 파헤쳤으며, 소설가 토마스 만은 독일 해체의 우화를 썼다. 연구소는 전체주의 연구에 기여할 준비가 돼 있었다. 연구소는 독일에서 추방당하기 전부터 권위 문제에 관심이 있었다. 비판 이론은 프롤레타리아트가 역사적 사명을 완수하지 않는 이유를 설명하는 데 실패한 전통적인 마르크스주의에 대응해서 발전했다. 호르크하이머는 정신분석이 사회의 심리적 '접합제cement'를 이해하는 데 도움이 될지 모른다는 생각으로 초창기부터 정신분석에 관심이 있었다. 그가 1930년에 연구소의 책임을 맡게 되자 바이마르공화국 노동자의 심리 상태에 관한 경험적 연구를 긴급한 과제로 선언한 것도 이 때문이다.[13]

이 연구는 호르크하이머의 기대를 충족하진 못했지만, 구체적이고 경험적으로 증명 가능한 문제에 비판 이론이 적용된 첫 번째 노력이었다. 에리히 프롬이 프로젝트 책임자고, 아나 하르토크Anna Hartock, 헤르타 헤어초크Herta Herzog, 폴 라자스펠드, 에른스트 샤흐텔 등이 연구의 완성

---

11 1942년 11월 8일 호르크하이머가 뢰벤탈에게 보낸 편지(뢰벤탈 소장).

12 Henry Pachter, "A Memoir," in *The Legacy of the German Refugee Intellectuals, Salmagundi*, 10/11(Fall, 1969-Winter, 1970). p.18.

13 Horkheimer, "Die gegenwärtige Lage der Sozialphilosophie und die Aufgaben eines Instituts für Sozialforschung," *Frankfurt Universitätsreden*(Frankfurt, 1931), pp.14~15.

에 기여했다. 자녀 교육 문제, 산업의 합리화, 새로운 전쟁 발발 가능성, 실질적인 권력이 국가 어디에 존재하는지 묻는 설문지 약 3000부가 노동자에게 배부됐다. 아돌프 레벤슈타인Adolf Levenstein이 1912년에 해석적 질문지를 처음 사용했으나,[14] 정신분석 훈련을 받은 프롬은《사회연구》지에 제시한 수정된 프로이트식 성격유형의 토대 위에 더 정교한 성격유형학으로 발전시켰다.[15]

이 연구는 설문지를 처리하는 방식에서 중요한 혁신을 이뤘다. 정신분석가가 환자의 연상聯想 전체에 귀 기울이듯, 노동자의 응답은 말한 그대로 기록·분석됐다. 핵심적인 키워드와 되풀이되는 표현 패턴은 드러난 답변 내용 밑에 숨어 있는 심리적 실체를 푸는 단서로 간주됐다. 이런 조사 기법은 7장에서 살펴볼《권위주의적 성격》이라는 공동 연구에서 사용한 방법과 매우 다르다. 그러나 프롬은 1950년대 말과 1960년대 초 마이클 매코비Michael Maccoby와 함께《멕시코인 마을의 사회적 성격Social Character in a Mexican Village》을 분석할 때 이 방법을 다시 사용하기도 했다.[16]

조사 결과 공언된 신념과 성격적 특징에는 상관관계가 없음이 드러났다. 응답자의 약 10퍼센트가 연구소가 계속해서 많은 시간과 노력을 기울여 탐구한 성격 징후인 '권위주의적' 성격을 나타냈다. 약 15퍼센트는 반권위주의적 운동에 심리적으로 동조했고, 상황에 따라 좌파의 혁명 이론을 좇아 행동할 것처럼 보였다. 그러나 대부분 두 성격을 공유했

---

14 Adolf Levenstein, *Die Arbeiterfrage*(Munich, 1912). 폴 라자스펠드가 레벤슈타인의 중요성에 처음으로 관심을 두게 해줬다고 그의 제자 앤서니 오버샬Anthony Oberschall이 진술했다. 오버샬은 레벤슈타인에 관해 다음 책을 썼다. *Empirical Social Research in Germany, 1846-1914*(Paris, 1965), pp.94ff. 프롬은 레벤슈타인 모델의 중요성을 인정하지 않았다(1971년 5월 14일 프롬이 내게 보낸 편지).

15 Fromm, "Die psychoanalytische Charakterologie und ihre Bedeutung für die Sozialpsychologie," *ZfS* I, 3(1932).

16 Fromm, *Social Character in a Mexican Village*, with Michael Maccoby(Englewood Cliffs, N.J., 1970).

다. 연구소는 전투적인 노동계급 이데올로기의 추측과 달리 노동계급은 우익의 정권 장악에 훨씬 덜 거부적인 반응을 나타낼 것이라고 결론지었다.

독일 노동계급은 저항하지 않고 나치즘을 받아들였다. 이 상황을 내다보기라도 한 듯 탁월한 결론이었지만, 연구소는 이 연구를 출판하지 않았다. 1939년까지 《바이마르공화국의 독일 노동자The German Workers under the Weimar Republic》를 출판할 계획이 진행됐을 뿐이다.[17] 그러나 프롬이 연구소를 탈퇴함으로써 이 연구 결과는 출간될 수 없었다. 폴록은 몇 년 뒤 연구소가 독일을 떠날 때 상당수 설문지를 분실했기 때문에 연구 결과가 발간되지 못했다고 주장했다.[18] 프롬은 이 주장을 반박하면서 호르크하이머와 자신은 이 연구 결과의 가치에 의견이 달랐고, 이 차이로 연구소와 결별했다고 주장했다.[19] 이 연구 결과는 부분적으로《자유로부터의 도피》를 비롯한 일련의 권위주의 연구에 이용됐다.[20] 그리고 연구소가 개발한 설문지는 연구소의 다음 프로젝트《권위와 가족에 관한 연구》에서 구체화됐다.

이 거대한 연구 작업에 대해서 알아보기 전에, 연구소 책임자로 5년 동안 활동한 호르크하이머의 업적인 권위에 관한 연구소의 이론적 전제를 명확히 정리해야 할 것이다. 첫째, 비판 이론은 전체론적이고 여러 사상을 흡수하는 혼합주의적 관점을 지녔기에 권위에 관한 연구를 단순히 특정한 **정치적** 권위에 관한 이론으로 발전시키려 하지 않았다. 호르크하

---

17 다음 책에 따르면 그렇다. *International Institute of Social Research: A Report on Its History Activities, 1933-1938*(New York, 1938), pp.14~15.

18 1970년 3월 24일 폴록이 내게 보낸 편지. 연구소가 프랑크푸르트에서 활동할 때 학생이던 파울 마싱은 어떤 상황에서 혁명은 권위주의적 성격에 따라 당연히 이뤄지기 때문에 그 연구는 결코 그런 식으로 결론지을 수 없는 것이라고 주장했다(1970년 11월 25일 뉴욕에서 마싱과 인터뷰 진행한 인터뷰).

19 1971년 5월 14일 프롬이 내게 보낸 편지.

20 Fromm, *Fear of Freedom*(영어판 제목은 *Escape from Freedom*)(London, 1942), p.183.

이머는 정치적 권위에 대한 이론으로 발전시킨다면 정치를 사회라는 총체성에서 유리된 어떤 것으로 물신화하는 셈이라고 생각했다. "권위에 관한 일반적 정의는 사회생활의 단순한 계기를 인류 전 역사를 관통하는 것으로 정의하려는 모든 개념적 가설과 마찬가지로 공허해지고 말 것이다. ……사회과학 이론의 기초를 구성하는 일반 개념은 구체적인 이론의 구조와 마찬가지로, 다른 일반적 개념이나 특수한 개념과 연결될 때 제대로 이해될 수 있다."[21]

비판 이론은 마르크스주의에 뿌리내리고 있기에 정치를 사회경제적 기본 구조의 부수 현상으로 간주하는 편이었다. 프랑크푸르트학파는 기계적인 마르크스주의자가 주장한 문화의 파생적 성격에 의문을 제기했지만, 정치에는 훨씬 더 늦게 기계적 마르크스주의자의 주장에서 거리를 뒀다. 프란츠 노이만과 오토 키르히하이머 같은 정치학자가 연구소와 결합했지만, 정치학적 권위주의 이론은 독자적으로 발달하지 못했다. 노이만과 키르히하이머는 연구소를 떠난 뒤에야 비로소 20세기 '정치의 우위'에 대한 감각을 얻을 수 있었다.[22] 연구소에 있을 때 정치에 대한 그들의 평가는 연구소 회원들과 다르지 않았다. 그들은 마르크스에서 고전적 경제학자들까지 이어져 내려온 19세기적 사고방식을 그대로 지니고 있었다.[23] 폴록이 1930년대 후반에 정부의 통제를 강조한 '국가 자본주의'라는 개념을 발전시키자, 연구소는 그제야 정치경제학에서 정

21 Horkheimer, "Allgemeiner Teil," in *Studien über Autorität und Familie*(Paris, 1936), pp.23~24.

22 예를 들어 다음을 보라. Franz Neumann, "Economics and Politics in the Twentieth Century," *The Democratic and the Authoritarian State*, ed., Herbert Marcuse(New York, 1957). 이 책은 본래 1951년에 집필했다. 노이만은 "마르크스주의 이론은 오해되고 있다. 사회학적 분석과 정치 행동의 이론을 혼동해서 생긴 오해다"라고 썼다(p.273). 키르히하이머도 사후 출판된 다른 논문에서 유사한 지적을 했다. "Confining Conditions and Revolutionary Breakthroughs," in *Politics, Law, and Social Change: Selected Essays of Otto Kirchheimer*, ed., Frederic S. Burin and Kurt L. Shell(New York and London, 1969).

23 이 문제에 관한 최근의 논의는 다음 책을 보라. Sheldon Wolin, *Politics and Vision* (Boston, 1960).

치학의 구성 요소를 연구하기 시작했다. 그러나 전반적인 분위기는 나중에 마르쿠제가 말했듯이 다음과 같았다. "《부정》의 저자인 나와 동료들은 파시스트 국가는 파시스트 사회였다는 점, 전체주의적 폭력과 전체주의적 이성은 자유주의적 과거를 극복하면서 역사적인 부정을 구체화한 현존하는 사회구조에서 유래했다는 점을 제대로 이해하지 못했다."[24] 연구소는 '사회'[25]를 기본 실체로 봤기 때문에 정치적 권위나 복종에 관한 이론을 개별적으로 발전시킬 필요성을 느끼지 못했다. 정치적 권위주의에 관한 이론을 다룬다고 해도 마르쿠제의 카를 슈미트 분석[26] 같은 이론 연구가 그랬듯이, 권위주의의 이데올로기적 성격을 폭로하는 데 그쳤다. 연구소가 정치의 우위를 뒤늦게 인정했기에 불가피했던 아이러니가 바로 그때 발생했다. 소비에트의 정통 마르크스주의자가 객관적 상황보다 정치적 자발성을 강조하는 방향으로 움직인 것이다. 이런 이론적 수정을 책임진 스탈린은 소비에트의 실제적 관행을 이론으로 재가한 것에 불과했다.[27]

비판 이론은 명시적이지 않았지만, 철학적 가설에 기초한 정치적 권위에 관한 이론을 내포했다. 2장에서 논의한 것처럼 주체와 객체, 개별과 보편, 본질과 현상에 관한 헤겔주의적 동일성 개념은 비판 이론 형성에 결정적인 역할을 했다. 연구소의 사유를 이끈 핵심 원칙인 이성은 이런 대립의 종합을 의미했고, 정치적 대립과 사회적 대립의 조화를 뜻했다. 마르쿠제의 저작에서 동일성 이론은 호르크하이머보다 중요한 역할

---

24 Marcuse, *Negations: Essays in Critical Theory*, trans., Jeremy J. Shapiro(Boston, 1968), pp.xi~xii.

25 사회에 관한 최근의 새로운 재강조는 다음을 보라. Adorno, "Society," in *The Legacy of the German Refugee Intellectuals, Salmagundi*, 10/11(Fall, 1969-Winter, 1970).

26 Marcuse, *Negations*, pp.31ff.

27 이 변화에 관한 논의는 다음을 보라. Robert V. Daniels, "Fate and Will in the Marxian Philosophy of History," in *European Intellectual History Since Darwin and Marx*, ed., W. Warren Wager(New York, 1966).

을 했다. 아도르노는 마르쿠제와 반대 입장이지만, 모순의 유토피아적 화해라는 헤겔적인 이론 체계에 머물렀다. 정치적 의미로 쓰면, 모순의 유토피아적 화해는 보편타당한 이성의 법칙과 정치적 소외의 종말을 결합하는 고전적 개념인 '적극적 자유'를 뜻한다. 그러나 호르크하이머는 1942년에 "민주국가는 노예가 없는 이상적인 그리스의 폴리스와 같은 것이야 한다"[28]고 썼다. 따라서 연구소는 기독교와 자유주의 이론과 종종 동일시된 '소극적 자유'라는 개념을 기피했다. 프롬이 《자유로부터의 도피》에서 논했듯이 자유는 '~로부터 자유'뿐만 아니라 '~을 향한 자유'를 의미한다.[29] 마르쿠제는 다음과 같이 말했다. "**자유는 사실상 정치적 개념**임을 우리는 잘 안다. (자유주의적 의미뿐만 아니라) 개별 존재를 위한 진정한 자유는 '합리적'으로 조직된 사회, 특별히 구성된 폴리스에서나 가능하다."[30]

따라서 이성의 권위는 정당하다 할 수 있는 정치적 권위의 한 형태였다. 프롬이 이런 견해에 동의한다면, 존 샤어가 프롬의 저작을 비판하는 저작에 《권위로부터의 도피Escape from Authority》라고 제목을 붙인 것은 잘못이라고 할 수 있다. 이상적인 정치 체제에서 개인은 정부가 자신의 이익을 대표할 때 정부를 받들 것이다. 그러나 인간을 억압하는 외적 도구로서 국가는 소멸할 것이라는 마르크스의 주장이 실현된다면, 통치받는 자와 정부의 구별도 종국에는 사라질 것이다. 루소가 여러 정치 체제 중 지지한 완전한 민주주의 혹은 이소노미isonomy(권리의 평등을 뜻하는 그리스어로, 민주주의의 뿌리를 의미—옮긴이)는 인간이 이성에 따라 살아갈 때 실현될 것이다. 호르크하이머는 유토피아적 신념이 한창이던 당시, 모든 정치권력에 의문을 제기했다. 그는 전쟁 중 정치권력을 가지고 우리가 무

28 Horkheimer, "Vernunft und Selbsterhaltung," in "Walter Benjamin zum Gedächtnis," p.25.

29 Fromm, *Fear of Freedom,* pp.26, 232.

30 Marcuse, *Negations*, p.39(볼드체는 원문).

엇을 할 수 있는가 하는 질문에 다음과 같이 답했다. "이 질문은 소외된 노동을 자기 뜻대로 처리할 수 있는, 즉 사라질 조건을 전제로 한다."[31]

그러나 당분간 그와 연구소 회원들은 정치적 권위의 해체가 시기상조라고 조심스럽게 경고했다. 그들은 무정부주의자의 조급함을 수차례 공격했다.[32] 진정한 사회적 변동이 발생할 때까지는 선생이 학생에게 행사하는 것과 비슷한 합리적 권위가 필요하다고 강조했다. 그러나 이 말은 과거보다 자유주의 시대에 큰 타당성이 있었다.[33] 독점자본주의에서 자유기업가나 자율적 정치 주체는 모두 해체될 위험에 처했다. 따라서 서구 자유민주주의가 자랑하는 다원주의는 일종의 이데올로기로 변질됐다. 호르크하이머는 "진정한 다원주의는 아직 실현되지 못한 개념이다"라고 썼다.[34] 근대인을 지배하던 정치적 권위가 점점 더 비합리적으로 변해감을 지적한 것이다.

연구소는 이렇게 주장함으로써 당시 미국의 사회과학적 사고방식을 지배하던 막스 베버의 권위의 정당화 개념과 매우 다른 입장임을 드러낸다. 베버는《경제와 사회Wirtschaft und Gesellschaft》[35]에서 잘 알려진 지배(혹은 정당한 권위)의 세 가지 유형론을 발전시켰다. 그는 지배를 전통적 지배, 카리스마적 지배, 합법적 지배로 유형화했다. 베버는 합리적 법적 권위의 강화를 서구 문명의 세속적 경향이라고 파악했다. 그러나 연구소는 합리화를 베버와 다른 뜻으로 이해했다. 요약하면 베버는 이성적·법적 권위는 합의나 강제로 확립되고, 관료 집단이 실현하는 추상적이며 일관된 법체계에 따른 복종을 합리적-법적 권위라고 이해했다. 합리

31 Horkheimer, "Autoritärer Staat," p.153.

32 Horkheimer, "Allgemeiner Teil," pp.48~49.

33 Fromm, "Sozialpsychologischer Teil," in *Studien über Autorität und Familie*, pp.132~133.

34 Horkheimer, *Vernunft und Selbsterhaltung*, p.29.

35 이 책과 관련된 내용이 1947년에 최초로 출현하는 곳은 Max Weber, *The Theory of Social and Economic Organization*, trans., A .M.Henderson Talcott Parsons(New York, 1947).

적-법적 권위는 인간이 아니라 법에 대한 복종이라는 것이다. 베버에 따르면 관료제는 행정 능력 여부를 따지는 공식 절차를 거쳐 뽑힌 관리를 기반으로 구성된다. 계산 가능성과 효율성, 비인격성impersonality이 관료제적 권위 형태의 기본 특징이다.

파시즘이 대두한 때였기에 베버가 간과한 법적 형식주의의 무력함을 알아챌 수 있었음에도 프랑크푸르트학파 역시 관료적 합리성과 법적 형식주의로 치우치는 경향을 부인하지 않았다. 프랑크푸르트학파는 합리성을 형식적·수단적 측면에 국한한 베버의 견해가 적절하지 않다고 판단했다. 신칸트학파인 베버보다 오히려 헤겔 쪽에 가깝던 그들은 수단뿐만 아니라 목적까지 포함하는 실체적인 합리성을 주장했다. 베버는 형식적 합리성과 실질적인 합리성을 구별했지만,[36] 연구소와 달리 사회주의가 양자의 갈등을 해소할 수 있음을 깨닫지 못했다. 베버는 사회주의가 합리화의 '쇠 우리' 나사를 더욱 단단하게 조일 것이라고 봤다. 그는 더 나아가서 가장 합리화된 권위까지 빈번히 카리스마에 침범당하는 경우를 지적해, 파시즘의 중요한 특징인 합리화된 수단과 비합리적인 목적의 결합이 초래할 위험성에 대한 날카로운 통찰력을 보였다.

프랑크푸르트학파는 합리화된 수단과 비합리적인 목적의 결합이 초래할 위험성을 지적하는 데 동의했지만, 합리성을 형식적·수단적 측면에서 이해하는 데는 동의할 수 없었다. 그들이 보기에 '가치중립적' 사회과학이 가능하다는 베버의 믿음에는 수단과 목적을 구별하는 잘못된 이분법이 반영된 것이었다. 연구소는 자본주의가 사회경제적 합리성이 가장 잘 발달한 형식이라는 베버의 주장도 거부했다. 연구소는 마르크스주의자와 마찬가지로 생산수단이 사회화되지 않은 비계획경제가 비합리적이라는 견해를 부인했다. 그렇기에 개별 이익과 전체 이익의 조화

36 *Ibid.*, p.185.

라는 실제적인 관점에서 볼 때, 자본주의사회의 정치적 권위는 본래 이성적일 수 없다는 것이다.[37]

그들은 발달한 독점자본주의가 정치적 권위의 합리성을 실제로 줄인다고 믿었다. 그들은 베버가 신봉한 **법치국가**Rechtsstaat의 형식적·법적 합리성은 부르주아사회의 자유주의적 단계에 나타나는 조건에 부응한다고 봤다. 그러나 자본주의가 독점적 경향으로 발전함에 따라 자유주의적 법적·정치적 제도는 전체주의적 제도에 의해 점차 대체됐다. 남은 것은 비합리적 권위라는 새로운 권위의 겉모습뿐이었다. 합리성은 중대한 위험에 빠졌다. 호르크하이머는 전쟁 중에 "파시스트는 비이성적임을 스스로 증명하는 이성을 원한다"라고 썼다.[38]

자유주의에서 전체주의로 넘어가는 과정은 자유주의 이론가들이 인정하는 것보다 훨씬 유기적이었다. 마르쿠제는《사회연구》지에 처음 쓴 논문에서 이런 견해를 밝혔다. "자유주의국가에서 전체주의·권위주의 국가로의 선회는 동일한 사회질서 체계에서 이뤄졌다. 두 국가의 경제적 기반이 동일함을 염두에 두면, 우리는 자유주의가 전체주의·권위주의 국가를 '배태'했고, 전체주의·권위주의 국가는 자유주의국가가 더 발전한 완성체라고 주장할 수 있다."[39] 단적으로 파시즘은 자본주의 자체와 긴밀히 연결됐다는 것이다. 호르크하이머의 1939년 주장은 자주 인용되는데, 그는 "자본주의에 관해 언급하지 않는 자는 파시즘에 관해 침묵해야 한다"[40]고 썼다. 프란츠 노이만의《베모트Behemoth》를 논할 때 살펴보겠지만, 연구소 모든 회원이 파시즘과 자본주의의 관계에 일치된 견해를 보이진 않았다.

---

37 Horkheimer, "Allgemeiner Teil," pp.48~49.

38 Horkheimer, "Vernunft und Selbsterhaltung," p.56.

39 Marcuse, *Negations*, p.19.

40 Horkheimer, "Die Juden und Europa," *ZfS* Ⅷ, 1/2(1939), p.115.

마르쿠제가 쓴 〈전체주의적 국가 해석에서의 자유주의에 대한 투쟁Der Kampf gegen den Liberalismus in der totalitären Staatsauffassung〉은 그가 지적한 많은 문제를 나중에 연구소가 깊이 연구했기 때문에 자세히 분석해볼 가치가 있다. 이 논문도 변증법적 사고의 모델인데, 마르쿠제는 전체주의를 자유주의의 반동이자 계승이라고 봤다. 마르쿠제에 따르면 전체주의적 세계관은 19세기의 사상을 무미건조하게 만든 주지주의主知主義와 삶을 조직적으로 합리화하는 경향에 대한 응답으로 시작됐다. 부르주아적 존재의 '빈혈증anemia'과 영웅적 활력이라는 이데올로기가 대조됐다. 무미건조하고 허약한 19세기 철학인 관념론과 유물론은 **생철학**에서 19세기 철학의 교정안을 만들어내려 시도했다는 것이다. 그러나 호르크하이머가 자주 말했듯이 딜타이와 니체의 통찰력은 20세기에 이르면 현상 유지를 위해 기능하는 어리석은 비합리주의로 전락했다.[41] 마르쿠제는 인간의 내면성에 대한 전통적인 강조, '이성의 사유화私有化'[42]와 자유를 '소극적' 측면으로 환원하는 경향은 전반적인 반동을 불러일으켰으며, 독일에서 **민족Volk**이라는 전체가 개인보다 우월해졌다고 주장했다. 이처럼 전체주의가 내세운 이념적 **민족 공동체Volksgemeinschaft**라는 무계급 사회의 외양은 자본가에 의한 계급적 지배가 계속되는 기반에서 수립된 것에 불과하다.

자유주의에 대한 반동과 자유주의의 부분적인 계승은 자연을 전체주의적으로 신격화하는 것으로 귀결됐다. 마르쿠제는 자유주의경제학이 '자연법'의 가설 위에서 존속해왔다고 지적했다. "자유주의 체제의 핵심은 사회는 조화의 기능을 하는 '자연'과 같은 것이라고 설명한다. 이를 통해 모순적인 사회질서가 정당화된다."[43] 자연주의와 비합리주의의 결

41 Horkheimer, "Zum Rationalismusstreit in der gegenwärtigen Philosophie," *ZfS* Ⅲ, 1(1934), p.36.
42 Marcuse, *Negations*, p.18.
43 *Ibid.*, p.13.

합은 전체주의의 새로운 점이었다. 자연은 **민족적인**völkisch 사유로 격상되면서 신화적 지위를 얻었고, **민족**은 자연이라는 실체의 핵심을 구성하는 요소로 변형됐다. 자연은 그 잔인성과 불가사의와 함께 종전 질서를 절대화하는 '역사에 대한 위대한 반역자'로 변형됐다.[44] 그 결과 자기희생의 윤리와 영웅적 사실주의를 특징짓는 금욕적 극기라는 이념이 등장했다.

전체주의 이론은 카를 슈미트의 저작이 보여주듯 이런 잘못된 상황을 정당화할 수 있는 한 가지 해답을 제시했다. "그 자신 이외 다른 무엇으로도 정당화할 수 없는 '실존적' '존재론적' 상황이 있다. 그 자신의 실존에 의해서만 정당화되는 상황이다."[45] 정치적 실존주의에 대한 마르쿠제의 통렬한 비판은 그가 연구소에 참가한 1932년부터 걸어온 먼 길을 보여준다. 마르쿠제는 하이데거가 데카르트에서 후설까지 추상적 관념론에 의해 거부돼온 구체적인 주체를 다시 찾음으로써, 그의 위치는 《존재와 시간》이 나오기 전까지 '철학의 가장 앞선 수준'이었다고 주장했다.[46] 그는 곧이어 영웅 실재론의 자연주의적 이데올로기를 정당화하려고 추상적인 인간학이 사실의 역사를 대체하는 반동이 뒤따랐음을 지적한다. 마르쿠제는 땅과 피를 역사의 진정한 힘이라고 찬양하는데 정치적 실존주의와 비합리적 자연주의가 얼마나 단단하게 결속했는지를 1933년 하이데거가 나치를 위해서 한 첫 연설 '독일 대학교의 자기주장Die Selbstbehaptung der deutschen Universität'을 인용해 지적했다.

자의식화된 실존주의의 정치적 변형태 사례가 카를 슈미트다. 마르쿠제는 실존주의의 정치적 변형태가 사악하다고 여겼다. 슈미트와 그의 부류는 정치를 윤리적 규범의 구속을 받지 않는 실존적 관계로 환원함

44 *Ibid.*, p.23.

45 *Ibid.*, pp.30~31.

46 *Ibid.*, p.32.

으로써, 주권 개념을 극단까지 확장했다. 슈미트는 "주권자가 비상사태를 결정한다"고 주장하기에 이르렀다.[47] 그에 따르면 주권은 결정할 수 있는 권리에 뿌리를 두는데, 결정권은 국가에 양도된 것이다. 과거에 **생철학**이 구원한 개인은 이제 국가에 굴종하는 존재로 전락했다. 마르쿠제는 "전체주의적 권위국가가 실현되면 실존주의는 스스로 종식되거나 폐지당한다"[48]고 썼다. 철학적으로 저항의 개념으로 시작된 이념이 정치적으로는 사회의 지배적 힘에 굴복하는 것으로 끝을 맺었다.

정치 의식화된 실존주의는 한 가지 점에서 위안이 되기도 한다. "전체주의적 세계관은 의식적으로 실존 개념을 정치화하고, 이상주의적 인간 개념을 비인격화하고 탈내면화한다는 점에서 진보했다고 할 수 있다. 정치 의식화된 실존주의는 전체주의적 국가의 기반을 넘어서고 이론이 긍정한 사회질서를 넘어서도록 추진하게 한다는 점에서 진보라 할 수 있다."[49] 마르쿠제는 **민족**völkisch 국가에 의한 상충되는 이해의 이데올로기적 화해는 마르크스가 약속한 진정한 화해와 혼동될 수 없다고 강조했다. 호르크하이머가 전쟁 중에 말한 것처럼 파시스트적 **국영화**Verstaatlichung는 마르크스적인 **사회화**Vergesellschaftlichung에 대립한다.[50] 이는 국가를 모순이 조화된 상태로 간주하는 헤겔적인 개념과도 맞아떨어지지 않았다. 마르쿠제는《이성과 혁명》에서 이 문제를 더 광범위하게 검토하면서 나치즘과 헤겔은 일반적인 추측과 반대로 실제에서 근본적으로 양립할 수 없다고 주장했다. 비판적 관념론과 실존주의는 실제로 양극인 반대 개념이라는 것이다.

연구소 다른 회원들은 자유주의는 그것을 가능하게 한 경제적 기반

47 *Ibid.*, p.36.
48 *Ibid.*, p.38.
49 *Ibid.*, p.39.
50 Horkheimer, "Die Juden und Europa," p.125.

이 사라지면서 함께 사라졌다는 마르쿠제 에세이의 함축을 분명하게 공유했다.[51] 그들은 미래에 우파에 의한 전체주의적인 권위주의나 좌파에 의한 해방적 집산주의가 펼쳐지리라 생각했다. 연구소는 마르쿠제가 나중에 '일차원적' 사회라고 명명한 사회에서 제삼의 가능성이 있을 수도 있다는 것을 전쟁 이전에 알아채지 못했다. 프랑크푸르트학파는 과거 시장경제 세계, 즉 자유주의 사회의 몇 가지 요소가 보존될 가능성도 인정하지 않았다. 파시즘은 중간계급의 극단주의였음에도 그저 우익의 반동으로 간주하고,[52] 파시즘과 우익의 실제적인 차이를 간과한 사람과 달리 이들은 자유주의와 파시즘의 연속성을 강조했다. 파시즘의 비합리주의를 현상 유지를 긍정하는 시도 정도로 본다면 파시즘이 합리성을 포기함으로써 위협받는 형식적인 법적 안전장치나 시민적 자유 등과 같은 현상의 요소를 간과할 수도 있다. 파시즘과 자유주의는 '단일한 사회질서의 틀에' 있었지만, 파시즘과 자유주의가 공유하는 그 틀은 매우 다른 정치적·법적 체계를 포괄할 크기였음이 증명된 것이다.

이상과 같은 정치적 권위에 관한 가설을 염두에 두고《권위와 가족에 관한 연구》를 살펴보자. 호르크하이머가 서론에서 명백히 밝혔듯이,[53] 권위와 가족의 문제가 사회 이론의 핵심이 아니었다 해도 가족은 물질적 하부구조와 이념적 상부구조를 매개하는 역할을 하기에 진지하게 연구할 가치가 있다. 연구소가 신헤겔주의적 마르크스주의 경향을 띠었다는 점을 감안하면 가족 관계 연구는 그리 놀랍지 않다. 헤겔은 가족을 핵심적인 윤리적 제도로 봤고, 공동체도 궁극적으로 가족에 기반을 둔다고 간주했다.[54] 마르크스는 가족에 대한 견해가 아주 달랐다. 그는 헤겔

---

51 *Ibid.*, p.121.

52 세이무어 마틴 립셋Seymour Martin Lipset은 프랑크푸르트학파와 매우 다른 입장에서 파시즘을 중산계층의 극단주의로 분석했다. Seymour Martin Lipset, *Political Man*(New York, 1960).

53 Horkheimer, "Vorwort," *Studien über Autorität und Familie,* p. xii.

54 존 핀들레이John Niemeyer Findlay는 *Hegel: A Re-examination*(New York, 1958, p.116)에 이렇

과 달리 자신이 연구한 시기에 등장한 구체적인 가족을 다뤘기 때문이다. 《공산당 선언Manifest der Kommunistischen Partei》에서 주장했듯이, 마르크스가 보기에 부르주아 가족은 비인간화된 소외를 나타내는 기념비적 존재였다. 헤겔과 달리 마르크스는 시민사회가 촉진하는 이기적이며 교환가치에 지배되는 동기가 가족 단위까지 침범해서 가족의 '윤리적' 측면을 왜곡했다고 봤다. 부르주아 가족의 본질은 상품성에 있으며, 프롤레타리아 가족의 본질적 특징은 외부의 착취에 따른 분열에 있다는 것이다. 연구소의 접근 방법은 점차 마르크스의 비관적 견해 쪽으로 기울어졌으나 마르크스와 헤겔의 관점을 매개했다. 프레데리크 르플레Frédéric Le Play, 헨리 메인Henry Maine, 바흐오펜 같은 19세기 가족 연구자의 발생학적 관심과 20세기 그들의 후계자가 보여준 가족의 현대적 기능에 대한 관심도 결합했다.[55]

《권위와 가족에 관한 연구》는 그로스만과 아도르노(이들은 이 연구가 끝나고 공식적인 회원이 됐다)를 제외한 연구소 간부진의 공동 작업으로 5년간에 걸쳐 진행됐다. 《권위와 가족에 관한 연구》의 헌사는 20세기 초 연구소에 기금을 기증하도록 아버지를 설득해 연구소 설립을 가능하게 한 펠릭스 바일의 노고를 기억하고 있음을 표현한다. 이 연구는 호르크하이머가 프랑크푸르트대학교 교수로 취임할 때 경험적 조사 방법으로 이론적 관점을 풍부하게 만들겠다고 언명한 계획 중에서 처음 맺은 결실이다. 한두 가지를 제외하고 모든 자료가 안드리에스 슈테른하임의 지도 아래 유럽 지역에서 수집됐으나, 이 책은 1929년 미국에서 발간된 로버트 린드의 《중간 도시Middletown》의 영향을 받았다. 호르크하이머가 이

게 썼다. "근대 철학가 중에서 오직 헤겔이 조직화한 집단생활의 성적 · 가족적 기반에 대해 프로이트적으로 이해했다."

55 지난 세기 가족에 관한 문학을 다룬 최근의 글은 다음을 보라. René König, "Soziologie der Familie," in *Handbuch der empirischen Sozialforschung*, vol.II(Stuttgart, 1969).

론 편인 1부를, 프롬은 경험적 연구에 초점을 맞춘 2부를, 뢰벤탈은 연관된 여러 문제를 각각 조사한 3부를 편집했다. 3부 다음에는 방대한 참고문헌과 영어와 프랑스어로 된 개요가 이어진다.

이 책 첫 부분은 이론을 중요하게 여기는 연구소 입장에 따라 호르크하이머와 프롬, 마르쿠제의 사변적이고 긴 논문에 할애됐다. 폴록이 경제 영역에서 권위 관계에 대한 논문을 준비하고 있었지만, 행정적 업무로 바빠서 네 번째 논문을 기한에 완성하지 못했다. 호르크하이머는 〈총편Allgemeinen Teil〉에서 책의 방향을 설정했다. 그는 근대사회의 문화적 측면을 면밀히 검토하면서 글을 전개했다. 호르크하이머는 물질적 하부구조의 중요성을 강조하는 마르크스주의자에 반대하지 않았지만, 상부구조와 하부구조 사이에 필연적인 상호작용이 있다고 주장했다. 그는 중국의 조상 숭배나 인도의 신분제도를 예로 들면서 기본적인 사회경제적 기반이 사라진 뒤에도 유지되는 '문화 지체cultural lag'[56]를 밝혀냈다. 인간은 주관적·감정적으로 이념과 행동 패턴에 얽매이기 때문에 특정 이념이나 행동 패턴은 객관적, 즉 물질적인 정당성이 사라진 뒤에도 존속한다는 것이다. 그는 이 사실을 이해해야 권위 관계의 미묘함을 제대로 평가할 수 있다고 여겼다.

호르크하이머는 에세이 두 번째 장에 부르주아 세계에서 권위의 역사적 발전을 다룬다. 그는 연구소의 다른 저작에서 다룬 많은 개념을 상세히 설명했다. 호르크하이머는 개인이 비합리적인 사회경제적 질서의 물화한 권위에 점점 더 복종한다는 사실과 반권위주의라는 부르주아 이데올로기의 불일치를 강조했다. 그는 진정한 자유를 위해 필요한 물질적 선행 조건을 잘못 이해한 미하일 바쿠닌Mikhail Aleksandrovich Bakunin과 무정부주의자의 반권위주의에 조심스럽게 반대 의견을 폈다. 일반적 이

56 Horkheimer, "Allgemeiner Teil," p.19.

해利害와 개체적 이해가 조화를 이룰 때, 무정부주의자가 실체화한 권위와 이성에 대한 형식론적 반대가 비로소 극복되리라는 것이다. 호르크하이머는 "무정부주의와 권위주의적 국가주의는 같은 문화적 시대의 산물이다"[57]라고 썼다.

호르크하이머는 이런 배경을 가지고 사회화 과정에 놓인 가족의 기능으로 초점을 돌렸다. 그는 부르주아 자유주의 시대 가족과 현대 가족을 구별한다. 부르주아 자유주의 시대 가족에서 아버지는 경제적 부양자라는 객관적 역할뿐만 아니라, 예를 들어 자녀보다 신체적으로 강하다는 점 같은 요인에 의해 권위를 누렸다. 이 조건을 유지하는 한 아버지는 가족의 자연적이고 합리적인 우두머리였다. 그러나 후기 자본주의 시대에 접어들면서 아버지의 객관적 사회적 권력이 쇠퇴하자, 그의 권위도 점점 비합리적이고 이념적인 것이 돼갔다. 노동계급에 속한 가족은 불안한 경제생활 때문에 이런 중대한 변동에 특히 민감하게 반응했다. 아버지의 권위가 쇠퇴함에 따라 '형이상학적' 향기는 아버지에게서 가족 외부에 있는 사회제도로 이동했다. 사회제도는 일찍이 부르주아 가족이 누리던 비판받지 않는 권위를 누린다. 사회제도가 권위를 누리는 한, 개인의 불행은 사회적인 원인이 아니라 개인적인 무능력이나 자연적 원인 탓이 된다. 호르크하이머는 이 결과 능동적인 자기주장 대신 무능력을 운명적인 것으로 받아들이는 태도가 나타난다고 분석했다.[58]

호르크하이머의 분석은 마르크스의 부르주아 가족 비판과 같은 정신을 담고 있지만, 그 비판을 인간관계에 대한 더 깊은 심리학적 이해로 풍부하게 한다. 그러나 호르크하이머는 가족을 사회적 비인간화에 대항하는 윤리적 영역으로 본 헤겔의 견해를 전적으로 거부하지 않았다. 그

57 *Ibid.*, p.49.

58 프롬은 《사회연구》지 6권 1호(1937)에 실린 〈무기력이라는 감정Zum Gefühl der Ohnmacht〉에서 점증하는 무력감의 원인과 결과를 탐구했다.

는 헤겔이 가족과 시민사회의 대립 관계를 근시안적으로 파악했다고 비판할 뿐이다. 호르크하이머는 헤겔이 가족과 사회의 피할 수 없는 대립의 상징이라고 해석한 안티고네Antigone가 오빠와 맺은 관계를 미래의 이성적 사회에 대한 일종의 예언이라고 생각했다.[59] 그러나 그는 헤겔과 달리 부르주아사회에서 가족생활과 부부애의 '부정적'이고 비판적인 날카로운 면은 침식됐다는 마르크스의 관찰에 동의했다. 이런 경향이 20세기에 더욱 분명해졌다. 예를 들어 현대 가부장 사회를 비판하기 위해 가부장 사회와 바흐오펜의 모권론母權論을 단순히 대립시키는 것은 현대사회에서 여성 역할의 미묘한 변화를 무시하는 것이다. 호르크하이머는 아우구스트 스트린드베리Johan August Strindberg나 헨리크 입센Henrik Johan Ibsen의 연극에 나타난 것처럼 부르주아사회에서 여성해방은 예상보다 덜 해방적이라고 주장했다. 여성은 대체로 제도에 적응해왔으며, 남편에 전적으로 의존하다 보니 보수적 세력이 됐다는 것이다. 애정, 수용, 부드러움 같은 전통적인 모권 사회의 윤리가 또 다른 사회 체계에 대한 가능성을 내포함에도 어린이는 어머니의 무릎에서 현존 질서를 섬기도록 교육받았다.

간단히 말해서 호르크하이머는 가족과 사회가 서로 보완하기도 하고 모순되기도 하지만, 대립적 요소가 점점 줄어드는 변증법적 관계에 있다고 인식했다. 그리하여 논문을 다음과 같이 비관적 논조로 끝맺는다. "권위주의적 성격의 교육은…… 일시적인 현상이 아니라 상대적으로 지속되는 조건에 속한다. ……일반성, 특수성, 개별성 같은 변증법적 총체는 서로 힘을 보강해주는 통일체임이 증명됐다."[60] 그의 논문과《권위와 가족에 관한 연구》는 사회화 과정에서 가족의 역할 변화를 담았다. 가족의 '부정적'이고 사회에 거스르는 기능이 쇠퇴함에 따라 개인은 사

59 Horkheimer, "Allgemeiner Teil," p.66.

60 *Ibid.*, pp.75~76.

회의 다른 기관에 의해 직접적으로 사회화된다. 대중문화에 관한 연구소의 논의를 살펴볼 때 알겠지만, 새로운 사회와 기구는 변화를 싫어하는 '권위주의적 성격'을 형성하는 데 전근대사회의 어떤 유형보다 효과적인 수단이 됐다. 가족의 위기라는 주제는 연구소의 다른 저술에도 계속 나타났으며, 심리학자 알렉산더 미처리히Alexander Mitscherlich[61]가 연구소의 영향을 받아 이 문제를 다뤘다.

《권위와 가족에 관한 연구》 이론 편의 두 번째 논문은 프롬의 〈사회심리학 파트Sozialpsychologischer Teil〉인데, 이 논문은 연구소가 이후에 조사한 다른 연구 주제와 상당한 공통점이 있다. 3장에 설명했듯이 1930년대 중반에 정통 정신분석에 대한 프롬의 태도가 변했다. 따라서 이 논문은 프로이트에 관해 상반된 두 가지 평가를 한꺼번에 보여준다. 이 논문은 권위의 일반적인 심리분석을 위해 대중심리와 슈퍼에고에 관한 프로이트의 이론이 가장 훌륭한 출발점이 될 수 있다는 가정으로 시작한다. 프롬은 이런 긍정적 평가에 이어 프로이트 정신분석의 단점을 곧바로 지적한다. 프로이트는 현실원칙을 때로는 합리적인 에고에, 때로는 슈퍼에고에 속한 것으로 다루는데, 프롬은 건강한 사회에서 현실원칙은 마땅히 합리적인 에고에 속해야 한다고 비판한다. 프로이트는 슈퍼에고 형성의 주된 원천인 동일시를 너무 단순하게 여겼기에 분석적 도구의 가능성을 파악하지 못했다는 것이다.[62] 프로이트가 어린이와 아버지의 관계를 오이디푸스콤플렉스와 거세 공포에 입각해서 이해한 것도 잘못이라고 지적했다. 오이디푸스콤플렉스와 거세 공포 외에도 특수한 사회경제적 요인들이 권위 관계에 영향을 미친다는 것이다.

---

61 미처리히는 프랑크푸르트대학교와 관계를 맺은 정신분석가이며 지그문트프로이트연구소의 관리자로, 전후 사회연구소의 영향을 대단히 크게 받았다. 에릭 모스바허Eric Mosbacher가 번역한《아버지 없는 사회Society without the Father》는 미처리히가 프랑크푸르트학파의 초기 사회심리학 연구의 도움을 얼마나 받았는지 보여준다.

62 Fromm, "Sozialpsychologischer Teil," p.84.

사실 사회의 진보 자체가 사회적으로 위험한 이드라는 본능을억압하는 에고와 슈퍼에고의 힘이 상대적으로 강해지는 것으로부터 영향을 받아 이루어진 것이다. 인간의 생산능력이 발전함에 따라 인간 외부의 자연과 인간 내부의 자연, 즉 본능에 대한 통제도 증가했다. 이는 이성적 사회를 만들어내는 인간 능력의 증대가 슈퍼에고보다 에고에 지배됨을 의미한다. 프롬이 보기에 프로이트는 에고 발달의 능동적 측면을 간과했고, 에고의 적응 능력을 지나치게 강조했다.[63] 프롬은 더 나아가 에고가 강해질수록 비합리적인 불안에서 자유도 극대화될 수 있으며, 슈퍼에고가 유도하는 권위는 줄어든다고 주장한다. 반면에 사회의 생산능력이 발달하지 못하면 강한 에고는 발달하지 못하고, 슈퍼에고에 뿌리를 둔 비합리적 권위로 퇴행한다는 것이다. 페렌치가 언급했듯이 환자가 최면 상태에서 에고를 상실하면 결국 의사와 권위적 관계에 빠지는 것과 같은 일이 발생한다. 환자와 의사의 권위적 관계는 분명 비합리적인 것이다.

그러나 프롬은 자아 상실만으로 권위를 열렬하게 수용하는 사람을 만족스럽게 설명할 수 없다고 봤다. 윌리엄 맥두걸William McDougall이나 알프레트 피어칸트Alfred Vierkandt가 주장한 인간의 복종 본능도 수용하지 않았다.[64] 프롬은 그 대신 프로이트에게서 끌어낸 성 심리학적 개념과 역사적인 맥락에서 권위주의의 인간관계를 찾는 노력을 통합하려 했다. 그는 이후의 저작인《자유로부터의 도피》를 예견이라도 하듯, 권위주의적 성격유형의 핵심이 가학-피학적 성격임을 제시했다. 1936년에 권위주의적 성격유형을 주로 섹슈얼리티 관점에서 설명했다면, 나중에는 '실존주의적' 범주인 소외와 공생 관계를 토대로 설명했다.[65]

---

63 *Ibid.*, p.101.

64 *Ibid.*, p.110.

65 3장 200~202쪽을 보라.

프롬은 가학성과 피학성이 하나의 통합된 성격유형이라는 프로이트의 견해에 동의했으며, 위계와 종속 관계에 기초를 둔 권위주의적 사회에서 이런 성격유형이 나타날 가능성이 높다고 덧붙였다. 권위주의적 사회에서 피학성은 '운명', '사실', '의무', '심리' 등을 수동적으로 받아들이는 것으로 나타난다.[66] 모두 설명하기는 어렵지만 권위에 복종함으로써 얻는 기쁨은 소극적으로는 개인을 근심 걱정에서 벗어나게 해주기에, 적극적으로는 권력에 참여한다는 느낌을 줌으로써 생겨난다는 것이다. 프롬은 피학성이 이성애와 생식기 섹슈얼리티의 쇠퇴와 전 단계, 특히 항문기로 퇴행하는 것이라고도 주장했다. 그는 신체적인 동성애가 아니라 정신적 의미의 동성애로 나타나는 권력에 대한 동성애적 동일시는 가학-피학적 성격의 또 다른 특징이라고 생각했다. 피학적 성격은 남자는 여자보다 우월하게 태어났다고 여기고, 여자를 남자의 피학적 사랑의 대상으로 간주하는 가부장 사회에서 두드러진다는 것이다.

프롬은 권위에 반항하는 성격유형을 검토하면서 논문을 끝맺는다. 여기서 그는 '반란rebellions'과 '혁명revolutions'을 구별한다. '반란'이 권위주의적 성격의 진정한 변화를 문제시하지 않은 채 종전의 비합리적 권위를 새로운 비합리적 권위로 대체하는 것에 불과하다면, '혁명'은 이런 진정한 변화를 반영하는 것이다. 혁명은 훨씬 드물게 나타나는데, 혁명이 일어나기 위해서는 비합리적 피학-가학적 권위의 유혹에 저항할 수 있는 강력한 자아가 필요하다. 이성적이고 민주적인 사회의 지도자는 형이상학적인 우월성이나 천부적인 우월성과 관계없이 능력, 경험, 공평무사함을 근거로 권위를 누린다. 따라서 모든 반권위주의 운동이 정당화될 수 없다. '반란'은 비록 모든 권위에 적대적으로 보여도 새로운 비합리적 권위를 찾는 사이비 해방에 불과하다. 불만에 가득 찬 무정부주의

---

66 프롬은 자학적인 피동성을 〈무기력이라는 감정Zum Gefühl der Ohnmacht〉, p.117에서 상세히 설명했다.

자와 경직된 권위주의자는 겉보기만큼 멀리 떨어져 있지 않다. 자유주의적 무정부주의자가 돌연 권위에 열광하는 현상은 이렇게 설명할 수 있다.

《권위와 가족에 관한 연구》 이론 편에 실린 프롬의 글은 개인의 강한 자아와 성숙한 이성애, 이성理性적 사회와 민주적 사회의 조화 가능성을 옹호하는 낙관적 견해를 피력한다. 앞에 살펴본 것처럼 프롬은 나중에 섹슈얼리티를 중요하게 여기지 않으면서 연구소 회원들과 멀어졌다. 프롬이 강력하게 옹호한 본질을 지배하는 이성적 자아라는 개념을 호르크하이머와 아도르노가 문제 삼기 시작했다. 마르쿠제는 이성애적 사랑을 좋은 사회를 가능하게 하는 건강한 정신의 기준으로 삼는 것을 비판했다. 그러나 연구소 거의 모든 회원은 1930년대에 사회심리학적 이상향에 대한 프롬의 설명을 대체로 받아들였다.

1950년대에 들어서며 프롬을 가장 거리낌 없이 비판한 마르쿠제는 이제 프로이트의 제자가 아니었다. 그가 《권위와 가족에 관한 연구》에 기고한 논문은 권위에 관한 이론을 지성사적으로 다룰 뿐이다. 이 논문과 이 책[67] 뒤에 첨가된 참고 문헌은 마르쿠제가 심리학에 무관심했을 뿐만 아니라, 심리학적 범주에 기반을 둔 연구소의 경험주의적 방법론에도 관여하지 않음을 보여준다. 마르쿠제는 프랑크푸르트학파 학자 가운데 경험주의적 연구 방법과 가장 거리가 멀었고, 이후에도 입장을 바꾸지 않았다.[68]

마르쿠제는 이 책에 실린 〈지성사 편Ideengeschichtlichen Teil〉에서 《사회연구》지에 기고한 논문의 논점을 발전시켰다. 그는 부르주아 이론가들

67 Marcuse, "Autorität und Familie in der deutschen Soziologie bis 1933," in *Studien über Autorität und Familie.*

68 예를 들어 다음 책을 보라. Alasdair MacIntyre, *Herbert Marcuse: An Exposition and a Polemic* (New York, 1970).

이 깨닫지 못한 자유와 권위의 본질적 관계를 강조하면서 이론을 전개한다. 마르쿠제는 부르주아 이론가들이 칸트가 가장 특징적으로 형성한 소극적 자유의 개념을 전제한다고 지적한다. 소극적 자유는 내적 자아inner selves와 외적 자아outer selves의 분리를 의미한다. 내면적 자율성은 외면적 타율성을 희생시키고 보존됐다. 부르주아 이론의 반권위주의적인 허울은 종전 사회질서에 이 이론이 제공한 형이상학적 체제를 감췄다. 자본주의에서 이런 질서는 필연적으로 비합리적 성격을 띠었다.[69]

마르쿠제는 이어지는 지성사에 대한 스케치에서 종교개혁과 칸트의 사상에 나타난 소극적 자유의 고전적 형태를 개괄적으로 설명했다. 그러나 홉스, 로크, 흄, 루소 같은 이론가는 연구소가 '부르주아' 이론을 논할 때와 마찬가지로 다루지 않았다.[70] 대신 헤겔, 에드먼드 버크Edmund Burke, 보날드Bonald, 조제프 드 메스트르Joseph Marie de Maistre, 게오르크 에른스트 슈탈, 마르크스처럼 좌·우파를 막론하고 부르주아 자유 이론에 의문을 품은 학자에 집중했다. 마르쿠제는 자유와 권위에 관한 자유주의적 관념이 전체주의적 관념으로 넘어가는 변화를 언급하며 이 글을 끝낸다. 그는 마지막 부분에서 조르주 소렐과 빌프레도 파레토Vilfredo Pareto의 연구에 초점을 맞췄다. 이들의 엘리트이론이 파시스트의 '지도자 원리'와 레닌의 당黨에 관한 관념을 예견했다는 것이다. 마르쿠제는 계속해서 전체주의 이론의 핵심은 비합리적 형식주의라고 주장했다. 권위의 원천은 보편법universal law이나 사회적 탁월함social preeminence이 아니며, 권위는 '자연적' 혹은 인종적 권리로 이해될 수 있다는 것이다. 전체주의 이론은 적극적인 내용이 없다는 특징을 지닌다. 전체주의 이론은

69 Marcuse, "Ideengeschichtlicher Teil," in *Studien über Autorität und Familie,* p.140.

70 연구소는 그리스 철학자들과 데카르트, 칸트, 헤겔, 다양한 생철학자, 현상학파를 집중적으로 연구한다는 점에서 독일의 아카데미 철학과 일치했다. 중세철학은 대부분 경시됐으며, 경험주의적 전통은 논의되기는 했으나 대체로 받아들여지지 않았다. 그러나 마르쿠제는 컬럼비아대학교 강의에서 홉스와 로크, 루소에 관해 논의했다(1970년 8월 15일 뢰벤탈이 내게 보낸 편지).

반자유주의나 반마르크스주의처럼 모든 개념이 무엇에 대한 반대 개념으로 이루어져 있었다. 부르주아 이론이 간직한 내면적·'소극적' 자유는 폐지되고, 타율적 권위에 대한 맹종만 남았다.

이상 호르크하이머와 마르쿠제, 프롬의 논문은 명백히 관련돼 있다. 모두 점증하는 비합리적 사회질서와 이에 따라 쇠퇴하는 합리적인 정치적 권위를 염두에 둔다. 한편으로 일반적 권위와 개별적 이익이 조화를 이루는 사회질서의 가능성을 표현하기도 한다. 마지막으로 가족이 이런 가능성의 동인이 되지 못한다고 실망하는데, 호르크하이머가 실망감을 가장 강력하게 표현한다.

《권위와 가족에 관한 연구》는 이런 결론을 증명하기 위해 이론 부분 다음에 연구소의 경험 연구를 개괄한다. 연구소는 새롭게 보완·수정하기도 했지만, 경험 조사를 통해 이론적 사고를 본질적으로 정당화하려는 의도는 없었다. 앞에 설명했듯이 비판 이론은 방법론으로 순수한 귀납을 변함없이 거부했다. 호르크하이머와 연구소 회원들은 다음과 같이 생각했다. "이 분야에 대한 우리의 경험은 제한적이었고, 설문지에 대한 답변 가능성은 유럽의 여건상 특수한 어려움에 당면했다. 이런 경험주의적 연구 방법은 대체로 실험적 성격을 띠었다. 결과는 일반화될 수 없다. 설문지 부수가 통계학적인 결론을 내릴 수 있을 만큼 많았다고 할 수 없다. 따라서 이 조사는 우리가 일상생활의 구체적 사실과 접촉할 수 있었다는 의미 정도였고, 유형적인 결론을 내리는 데 기초적인 자료로 쓰일 수밖에 없는 처지였다."[71] 물론 프롬은 이 조사 결과의 타당성을 긍정적으로 받아들였겠지만,[72] 호르크하이머의 견해가 좀더 일반적이었다.

경험 연구는 단편적이고 개괄적이지만 그런대로 유용한 경험을 제공했으며, 이후 연구소가 권위에 관한 연구를 계속할 때 도움이 됐다. 미

71 《권위와 가족에 관한 연구》, p.901에 실린 영어 요약문에서 인용했다.

72 1971년 5월 14일 프롬이 내게 보낸 편지.

국 실업자의 심리 상태에 관한 간단한 보고서를 제외하고《권위와 가족에 관한 연구》에 실린 모든 현장 조사는 유럽에서 진행했다. 현장 연구는 추방되기 직전의 독일이나 추방된 직후 독일 이외 나라에서 했다. 노동자와 사무직 근로자의 심리 상태를 조사하기 위해 프롬이 수행한 조사가 가장 광범위했다. 전에 언급했듯이 설문지 3000부 중에서 586부가 회수됐음에도 세 가지 심리학적 유형(권위주의적, 혁명적, 혼합적)으로 분류하기 위한 자료는 충분하다고 여겼다. (권위주의적 유형의 반대 극을 '혁명적' 유형이라고 부른 점은 중요한 의미가 있다. 연구소가 미국으로 옮기고 10여 년이 지난 뒤 '혁명적'이라는 표현은《권위주의적 성격》이 발간될 때 '민주적'이라는 표현으로 바뀌었다. 이런 강조점의 변화는 연구소의 혁명적 열정이 식었음을 반영했다.) 그러나 프롬과 라자스펠드가 정리한 자료에서 추론한 유형별 일반화는 출간되지 않았으며, 나치가 정권을 잡았을 때 이를 독일 노동계급의 반응과 연결해서 이해하려는 시도도 없었다.

다른 조사도 신중한 결론을 내렸다. 1932년에 진행한 독일 의사들의 성 관념 조사는 답변지가 3분의 1만 회수됐다. 네덜란드의 카를 란다우어가 평했듯이 표본조사가 있었지만, 이 자료를 일반화하려는 시도는 없었다. 젊은이의 권위 형태에 관한 이원적 조사는 더 광범위했음에도 분석하는 데 매우 조심스러웠다. 다양한 나라의 청년 문제 전문가들과 청소년을 대상으로 조사했다. 청소년 조사 결과를 안드리에스 슈테른하임과 하이델베르크대학교 시절부터 프롬의 친구이며 연구소 신참 연구진으로 참여한 에른스트 샤흐텔이 요약했다.[73] 제이 럼니가 런던 분실에서 진행 중이던 영국인 전문가에 대한 독자적 조사에 관한 짤막한 글을 이 요약문에 첨가했다. 그 후 스위스와 프랑스, 영국의 청소년에 관한 연구서가 뒤따라 나왔다. 케테 라이히터Käthe Leichter는 스위스 연구 팀을 이

73 1970년 6월 뉴욕에서 에른스트 샤흐텔과 진행한 인터뷰.

끌었는데, 빈에서 망명한 뒤 연구소에 더 깊이 관여한 폴 라자스펠드에게 방법론에 관한 조언을 들었다. 잔 부글레Jeanne Bouglé와 안느 바일Anne Weil이 보고서를 쓴 파리의 조사 활동과 럼니가 다시 보고서를 작성한 런던의 조사 활동은 스위스에서 한 것만큼 완전하지 못했다.《권위와 가족에 관한 연구》의 경험적 연구 편에 수록된 마지막 글은 프랑스와 미국에서 실업의 결과에 관한 예비 조사 보고서다. 곧 검토할 미라 코마로프스키Mirra Komarovsky의 연구보다 앞선 것이다.

프롬은 노동자들의 권위주의 성향에 관한 연구 계획에서 몇 가지 방법론적 결론을 끌어낼 수 있었다.[74] 첫째, 설문지 응답을 하나씩 분리하기보다 전체를 분석의 토대로 삼아야 할 필요성이다. 앞에 설명했듯이 조사 목적이 응답자의 감춰진 성격유형을 드러내는 것인데, 그러기 위해서는 여러 질문에 대한 응답을 총괄해서 다른 사람과 비교해야 했다. 귀납적인 일반화 이상의 다른 방법이 필요했다. 프롬이 말했다. "성격유형 추출은 조사 자료의 영향을 받고, 계속 달라지게 마련이라 분류 방법만으로 성격유형을 얻을 수 없다. 더 발전된 심리학적 이론을 전제로 해야 한다."[75] 전에 그가 표현한 가학-피학적 성격은 이런 심리학적 이론의 결과다. 프롬도 설문지에서 얻은 증거와 이론적 모델을 연결하려면 이를 해석하는 기술이 필요함을 인정했다. 그는 해석적 기술을 충분히 숙고한다면 해석이 조사 자료를 왜곡하지 않으리라고 생각했다. 샤흐텔이 여러 가지 목적으로 이용하려 한 필적학筆跡學, graphology 같은 보조 증거도 효과적으로 인용할 수 있으리라 기대했다.

특정한 설문지 응답과 일반적인 성격유형의 연관 관계가 확립되면 사회계층이나 종교적 신념 같은 다른 자료와도 연결될 수 있었다. 그러

---

74 Fromm, "Geschichte und Methoden der Erhebungen," in *Studien über Autorität und Familie*, pp.235~238.

75 *Ibid.*, p.236.

나 무엇보다 중요한 것은 모든 경험적 연구의 배후에 포괄적 이론이 존재해야 한다는 사실이었다. 프롬은 가장 결실있는 포괄적 이론은 당연히 비판 이론임을 암시하고 있다. 샤흐텔은《사회연구》지에 실린 글에서 미국인 성격 조사는 반이론적인 연구 태도 때문에 타당성이 없다고 장황하게 설명했다.[76] 일반적 결론과 더 세분화된 결론이 뒤따르긴 했지만, 연구소의 경험주의적 연구 노력은 상대적으로 초보적인 단계였음이 분명하다. 이는 내용 분석과 투사적投射的 조사 방법을 쓸모 있게 사용한 연구소의 다음 작업과 비교하면 확실히 드러난다.

뢰벤탈이 편집한《권위와 가족에 관한 연구》3부는 단행본 분량 정도 되는 16개 연구를 수록한다.[77] 900쪽이 훌쩍 넘는 이 책 전체 지면 관계상 많은 부분이 요약돼 실렸다. 몇 편은 1부에서 소홀히 다룬 경제 현상이 가족에 미치는 문제를 구체적으로 짚었으며, 여러 나라의 가족 관계

---

76 Ernst Schachtel, "Zum Begriff und zur Diagnose der Persönlichkeit in den 'Pesonality Tests'," *ZfS* Ⅵ, 3(1937).

77 여기에는 다음 논문이 포함된다. Karl A. Wittfogel, "Wirtschaftsgeschichtliche Grundlagen der Entwicklung der Familien Autorität"; Ernst Manheim, "Beiträge zu einer Geschichte der autoritären Familie"; Andries Sternheim, "Materialen zur Wirksamkeit ökonomischer Faktoren in der gegenwärtigen Familie"; Hilde Weiss, "Materialen zum Verhältnis von Konjunktur und Familie"; Gottfried Salomon, "Bemerkungen zur Geschichte der französischen Familie"; Willi Strelewicz, "Aus den familienpolitischen Debatten der deutschen Nationalversammlung 1919"; Ernst Schachtel, "Das Recht der Gegenwart und die Autorität in der Familie"; Harald Mankiewics, "Die Entwicklung des französischen Scheidungsrechts"; Harald Mankiewics, "Die Rechtslage der in nichtlegalisierten Ehen lebendenden Personen in Frankreich"; Zoltán Ronai, "Die Familie in der französischen und belgischen Sozialpolitik"; Hubert Abrahamsohn, "Die Familie in der deutschen Sozialpolitik"; Poul Honigsheim, "Materialen zur Beziehung zwischen Familie und Asozialität von Jugendlichen"; Kurt Goldstein, "Bemerkungen über die Bedeutung der Biologie für die Soziologie anlässlich des Autoritätsproblems"; Fritz Jungmann, "Autorität und Sexualmoral in der freien bürgerlichen Jugendbewegung"(융만은 프란츠 보르케나우의 필명이다. 당시 그는 런던에 살았으며, 이 논문은 보르케나우가 연구소에 기고한 마지막 글이다); Marie Jahoda-Lazarsfeld, "Autorität und Erziehung in der Familie, Schule und Jugendbewegung"; Curt Wormann, "Autorität und Familie in der deutschen Belletristik nach dem Weltkrieg".

를 포함하는 법적인 문제점을 다룬 논문도 있다. 3부뿐만 아니라《권위와 가족에 관한 연구》전체에서도 반유대주의에 관한 연구, 반유대주의와 권위주의의 연관성은 다루지 않는다. 이는 앞에 설명했듯이 유대인 문제를 되도록 다루지 않으려 한 연구소의 입장 때문이었을 것이다. 폴록은 이 문제에 대해 질문을 받자 "아무도 그 문제를 공공연하게 말하지 않았다"[78]고 했다. 연구소 회원 상당수가 유대계였기에 불필요한 관심이 쏠리는 것을 꺼렸기 때문이었을 테다. 이유가 무엇이든 유대인 문제에 대한 연구소의 무관심은 오래가지 못했다. 호르크하이머는 1939년 〈유대인과 유럽Die Juden und Europa〉[79]에서 가장 절망적인 논조로 유대인 문제를 제기했으며, 이후 연구소는 반유대주의를 중점적으로 다룰 연구 계획을 수립하기 시작했다. 애초 기대처럼 완전하진 못했지만, 이 계획은 1940년대에 연구소가 일부 관계한 〈편견에 관한 연구Studies in Prejudice〉의 선구적 역할을 했다. 〈편견에 관한 연구〉는 반유대인 문제를 다룬다. 연구소 설립자들이 1920년대 초 헤르만 바일에게 연구 기금을 기부하도록 설득할 때 도움이 된 이 연구 목적은《권위와 가족에 관한 연구》를 통해 권위주의를 파헤치려고 시도한 지 20년이 지나서야 비로소 이뤄졌다. 공동 연구 작업을 수행한 초기 경험이 없었다면 다른 문제와 마찬가지로 반유대인 문제에 공동보조를 취하기는 쉽지 않았을 것이다.

연구소는《권위와 가족에 관한 연구》로 발전의 계기를 맞았지만, 이 연구가 외부에 준 충격은 단순하지 않았다.《권위와 가족에 관한 연구》가 독일어로 발표됐기에 미국 학계가 연구소의 방법론과 업적을 이해하는 데 많은 시간이 걸렸다. 뉴스쿨이 간행한《사회조사Social Research》에 실린 한스 슈파이어Hans Speier[80]의 극도로 적대적인 서평 때문만은 아니다.

---

78 1969년 3월 폴록과 진행한 인터뷰.

79 Horkheimer, "Die Juden und Europa."

80 Hans Speier, review of "Studien über Autorität und Familie," *Social Resarch* Ⅲ, 4(November

연구소의 마르크스적 색채와 프로이트에 대한 열광도 뉴스쿨의 분노를 불러일으켰다. 게슈탈트심리학의 창시자인 막스 베르트하이머Max Wertheimer는 1934년부터 1943년에 죽을 때까지 뉴스쿨의 심리학계 원로였다. 정신분석학에 대한 그의 경멸은 슈파이어의 서평에서 드러났다. 앞에 언급했듯이 1930년대만 해도 뉴스쿨뿐만 아니라 어디서든 마르크스와 프로이트의 종합은 조롱거리였다. 따라서 《권위와 가족에 관한 연구》는 고전을 면치 못했다.

《권위와 가족에 관한 연구》가 완성되고 나서도 권위주의에 관한 연구소의 관심은 위축되지 않았다. 나치즘의 위협이 늘어감에 따라 나치즘을 파헤치려는 연구소의 노력도 강렬해졌다. 다음 장에서 보겠지만, 그 결과는 다양한 논의를 불러일으킬 만큼 풍부했다. 독일의 나치즘에 초점을 맞추기 전에 연구소의 권위주의 탐구 내용을 더 밝혀야 한다. 연구소는 나치즘을 서구 문명 전체의 일반적 경향과 분리해서 다룰 수 없다는 믿음을 기반으로 해석했기 때문이다.

연구소는 야심 차게 더 나아가 서구 문명의 위기를 지구적 맥락에서 이해하려고 시도했다. 연구 대상의 범위를 확대하기 위해 연구소는 비유럽 문제 전문가에 의지했다. 비유럽 문제 전문가들은 《권위와 가족에 관한 연구》와 다른 방법론을 사용했다. 앞서 비판 이론과 거리를 두고 있음을 강조한 카를 아우구스트 비트포겔의 저술이 특히 그랬다. 비트포겔과 호르크하이머의 방법론은 상당한 차이가 있었음에도 그는 1930년대에 《사회연구》지에 중국에 관한 연구를 정기적으로 발표했다.[81] 1935

1936), pp.501~504.

81 중국의 역사와 사회에 관한 일련의 책을 쓰려고 한 비트포겔의 야심적인 계획에 포함된 1930년대 논문은 다음과 같다. "The Foundations and Stages of Chinese Economic History," *ZfS* IV, 1(1935), "Die Theorie der orientalischen Gesellschaft," *ZfS* VII, 1(1938). 그의 책은 대부분 두 번째 아내 올가 랑의 도움을 받았다. 올가 랑은 태평양문제연구소Institute of Pacific Relations와 사회연구소의 후원을 받아 《중국 가족과 사회Chinese Family and Society》(New Haven, 1946)

년 이후 극동 문제를 거의 3년 동안 조사한 결과, 비트포겔의 연구는 연구소 핵심 회원보다 마르크스주의 가설에 근거했다. 그는 연구소 후원뿐만 아니라 록펠러재단Rockefeller Foundation과 태평양문제연구소Institute of Pacific Relations의 지원을 받았다. 비트포겔은 1940년대에 이념적·재정적으로 연구소에서 벗어나 독자적인 길로 나아갔다. 그러나 그는 중국에서 돌아와 몇 년 동안 연구소와 미국 학계를 연결하는 역할을 했기에 높은 평가를 받았다. 당시에 기술된 연구소 약사略史는 비트포겔의 업적을 상세히 언급했다. 그는 특히 컬럼비아대학교에서 개최한 공개강좌 시리즈에서 두드러진 존재였다. 그러나 1940년 에스더 골드프랭크Esther Goldfrank와 세 번째로 결혼한 뒤 연구소에서 그의 역할은 점점 줄었으며, 1947년에 이르자 완전히 단절됐다.

연구소 설립자 중 한 명인 펠릭스 바일도 비유럽 지역의 권위에 관한 연구에 공헌했다. 그는 이념적·정치적 견해에서 호르크하이머 그룹과 입장을 같이했지만, 비판 이론의 영향을 거의 받지 않았다. 그가 태어나면서부터 잘 알던 아르헨티나를 분석한《아르헨티나의 수수께끼Argentine Riddle》[82]는 1944년 뉴욕에서 연구소의 도움을 받지 않은 채 발간됐다. 이보다 훌륭한 비트포겔의 중국 역사에 관한 연구처럼,《아르헨티나의 수수께끼》가《권위와 가족에 관한 연구》에 사용한 방법론의 영향을 받았다고 볼 만한 증거는 찾을 수 없다.

연구소 방법론의 영향을 받은 첫 번째 미국 연구는 1940년에 출간된 미라 코마로프스키의《실업자와 그의 가족The Unemployed Man and His Family》[83]이다. 이 연구는 1935~1936년 뉴어크Newark에서 진행했으며,

---

를 썼는데, 비트포겔과 마찬가지로 비판 이론의 방법론을 채택하지 않았다. 랑 교수는 1970년 6월 뉴욕에서 나와 대화할 때 이 점을 인정했다.

82 Felix Weil, *Argentine Riddle*(New York, 1944).

83 Mirra Komarovsky, *The Unemployed Man and His Family*(New York, 1940). 원래 이 책은 유럽 도시에서 나타난 실업과 가족에 관한 비교 연구의 한 부분이 될 예정이었으나, 연구소의 유럽

뉴어크대학교 내 폴라자스펠드연구센터와 협력했다.[84] 이 프로젝트를 도와주도록 연구소에서 지원받은 라자스펠드가 서론을 썼다. 그는 과거 《사회연구》지에서 제시한 유형 분류로 이 연구에 도움을 줬다.[85] 이 프로젝트는 불경기가 가족에 미치는 영향을 알기 위해서 양적인 기법보다 질적인 기법에 역점을 뒀다.

이 연구는 긴급구호청The Emergency Relief Administration이 추천한 59가구를 대상으로 실업으로 인한 충격을 조사했다. 가족 관계의 변화를 알아내기 위해 가족 구성원을 인터뷰했다. 조사 결과는 대체로 현대 가족에서 권위 관계가 무너지고 있다는《권위와 가족에 관한 연구》의 결론을 뒷받침했다. 대중사회에서 인간이 점점 원자화돼가는 것도 증명했는데, 코마로프스키는 이렇게 썼다. "실업자가 된 남편과 부인은 가족 외부의 사회생활이 없다. 가족의 사회적 소외가 엄청나다."[86] 1940년대에 이어진 연구소의 다른 조사 결과보다 덜 비관적인 평가다. 코바로프스키는 호르크하이머나 연구소의 다른 중요한 학자와 구별되는 관점을 제시했다. "불황의 결과로 빚어진 가족 내에서 부모 권위의 부분적 붕괴는 다음 세대가 사회변동을 더 쉽게 받아들이도록 만드는 경향이 있다."[87] 연구소는 미국에 오래 머물수록 이 주장이 옳지 않다고 믿었다. 코마로프스키와 연구소의 주장 가운데 어느 쪽이 옳은지 증명되는 것과 상관없이, '세대 차이'라는 개념으로 유행이 된 가족 관계의 위기는 학문적 연구뿐만 아니라 일반의 관심을 불러일으켰다. 프랑크푸르트학파는 다른 많은

분실은 1938년에 완전히 폐쇄됐다.

84 라자스펠드의 연구센터에 관해서는 그의 논문을 보라. "An Episode in the History of Social Research: A Memoir," in *The Intellectual Migration: Europe and America 1930-1960*, ed., Donald Fleming and Bernard Bailyn(Cambridge, Mass, 1969), pp.285f.

85 Paul Lazarsfeld, "Some Remarks on the Typological Procedures in Social Research," *ZfS* Ⅵ, 1(1937).

86 Komarovsky, *The Unemployed Man and His Family*, p.122.

87 *Ibid.*, p.3.

경우처럼 이후에 광범위한 관심이 쏠릴 이슈를 예견한 셈이다.

연구소를 점점 비관론으로 기울게 한 1940년대 경험주의적 연구는 7장에서 다룰 예정이다. 이에 앞서 경험주의와 다른 관점에서 진행한 연구를 살펴보자. 특히 아도르노와 베냐민, 뢰벤탈이 1930년대에 《사회연구》지에 발표한 글이 매우 시사적이다. 세 사람 가운데 뢰벤탈의 접근 방법이 《권위와 가족에 관한 연구》와 가장 밀접한 관계가 있다. 그는 아도르노나 베냐민과 달리 《권위와 가족에 관한 연구》를 준비하는 과정에 참여했기 때문이다. 베냐민과 아도르노의 논문에도 《권위와 가족에 관한 연구》의 접근 방법이 반영됐다. 예를 들어 아도르노의 바그너에 관한 연구[88]가 그렇다. 두 사람의 연구에 나타난 미학 이론은 따로 상세히 다뤄야 할 정도로 특징이 있다. 이 문제는 다음 장에서 다룰 것이다. 뢰벤탈의 연구는 문학사회학에 더 깊이 뿌리박고 있으며, 그는 문학사회학적 접근을 통해 《권위와 가족에 관한 연구》에 나타난 권위의 여러 형태를 추적했다.

뢰벤탈은 1928~1931년에 19세기 독일 설화문학에 관한 광범위한 연구에 몰두했다. 이 연구는 《설화문학과 사회: 19세기 독일 문학에서 사회적 문제Erzählkunst und Gesellschaft: Die Gesellschaftproblematik in der deutschen Literatur des 19. Jahrhunderts》[89]라는 제목을 붙였다. 뢰벤탈은 레빈 슈킹Levin Schücking의 취향의 사회학에 관한 저술과 게오르그 브라네스Georg Brandes의 평론, 특히 죄르지 루카치의 《소설의 이론Die Theorie des Romans》을 모델로 삼았다. 뢰벤탈은 괴테, 낭만주의자, 청년도이치파(1830년 혁명 이후 출현한 자유주의적 이념을 지향하는 작가 집단에 대한 총칭—옮긴이)(특히 카를 구츠코프

88 Adorno, "Fragmente über Wagner," *ZfS* Ⅷ, 1/2(1939). 이 논문은 그가 나중에 출간한 《바그너 연구Versuch über Wagner》(Frankfurt, 1952) 몇 장을 요약한 것이다.

89 Leo Löwenthal, *Erzählkunst und Gesellschaft: Die Gesellschaftproblematik in der deutschen Literatur des 19. Jahrhunderts* with an intro., by Frederic C. Tubach(Neuwied and Berlin, 1971).

Karl Gutzkow), 에두아르트 뫼리케Eduard Mörike, 구스타프 프라이타크Gustav Freytag, 프리드리히 슈필하겐Friedrich Spielhagen, 콘라트 페르디난트 마이어 Conrad Ferdinand Meyer, 고트프리트 켈러Gottfried Keller에 관한 글을 포함했다. 그는 치밀한 원문 대조 비평과 더불어 위에 열거한 저자들에게 미친 심리학적·사회학적 영향력을 번갈아 분석했다. 뢰벤탈은 환원론적 접근 방법을 피했음에도 문학을 역사적 맥락에 두려고 노력했다. 예를 들어 청년도이치파는 부르주아 계급의식의 진정한 최초의 전형典刑으로 해석되는데, 청년도이치파는 경쟁에 어떠한 제한도 가하지 않는 **관세동맹 Zollverein**을 정신의 영역에서 추구하기 위해 투쟁했다.[90] 뢰벤탈은 청년도이치파가 앞선 낭만주의자에 반대하는 19세기 중엽 사실주의자에 의해 경화된 '19세기의 가장 비관념적이며 비낭만적인' 소설인 프라이타크의 《차변과 대변Soll und Haben》에서 정점에 도달한 경향을 표현했다고 해석했다.[91]

그러나 뢰벤탈은 자신의 연구 작업이 미완성이라고 생각했고, 《사회연구》지 편집장이 되어 새로운 책임에 쫓겼기에 출판 가능한 상태까지 발전시키지 못했다. 대신 몇 편을 추려 그 뒤에 나온 다른 편집물에 실었다.[92] 그가 사용한 방법론에 관한 첫 논문은 《사회연구》지[93] 1호에 실렸다. 이 논문에서 뢰벤탈은 문학사회학의 임무를 개괄했다.

그는 프란츠 메링Franz Mehring 같은 정통 마르크스주의자의 문학비평과 신비평이 제기한 관념적 방법을 조화시키려고 노력했다. 뢰벤탈은

---

90 *Ibid.*, p.83.

91 *Ibid.*, p.132.

92 《사회연구》에 실린 마이어에 관한 글과 발간사와 함께 괴테에 관한 에세이의 축약판이 뢰벤탈의 《문학과 인간의 이미지Literature and the Image of Man》(Boston, 1957)에 실렸다. 게오르크 루카치에게 헌정한 기념호에 게재되었던 프라이타크에 관한 글의 요약본도 뢰벤탈의 이 책에 실렸다. George Lukács, *George Lukács zum achtzigsten Geburtstag,* ed., Frank Benseler(Neuwied, 1965).

93 Lowenthal, "Zur gesellschaftlichen Lage der Literatur," *ZfS* I, 1(1932).

비평가는 예술을 사회적 추세를 단순히 반영하는 것으로 환원해선 안 되지만, 예술에서 사회의 간접적 반영물을 찾아내는 것도 가능하다고 주장했다. 예술 작품을 사회현상에서 유리된 고립체로 다루면 예술을 시적詩的으로 이해하는 것이지, 비평적으로 다루는 것은 아니라는 것이다. 반면 역사적 분석은 예술가를 그가 처한 물질적인 사회경제적 환경을 통해 파악한다 하더라도, 예술가의 목적에 대한 딜타이적 이해Verstehen로 풍부해져야 한다. 동시에 타당성 있는 문학비평이라면 완성된 예술 작품과 사회를 연결하는 요소로 심리학을 받아들여야 한다. 그는 정신분석이 상대적으로 초보적 수준이었음에도 분석에 공헌할 여지가 있다고 생각했다.[94] 뢰벤탈은 발자크, 에밀 졸라Émile Zola, 스탕달Stendhal, 구츠코프 같은 작가를 예로 들어 문학 형식과 반복되는 주제, 주제의 내용 분석을 통해 자신의 분석 방법이 유용함을 입증하려 했다. 이 논문은 유물론자가 탐구해야 할 문학작품의 사회적 효과라는 미개척 영역을 언급하면서 끝맺는다. 뢰벤탈이 추구한 종합적 주제는 문학사회학이 사회 전체에 대한 일반 비판 이론의 일부가 돼야 한다는 것이다.

뢰벤탈은《사회연구》지에 발표한 일련의 논문에서 이런 생각을 실제 연구에 적용했다. 이런 글도 연구소 다른 회원들의 저술처럼 프랑크푸르트학파의 사유를 집약적으로 보여준다. 첫 비평문은 콘라트 페르디난트 마이어의 소설에 나타난 영웅 사관을 다룬다.[95] 이 글은 마르쿠제가 이듬해 〈전체주의적 국가관에서 자유주의에 대한 투쟁〉에서 발전시킨 많은 주제를 다른 맥락으로 제시한다. 뢰벤탈은 마이어의 소설에서 역사는 영웅적인 행동으로 환원됐다고 주장했다. 마이어는 같은 스위스 사람이며 역사가인 야코프 부르크하르트Jacob Burckhardt처럼 현재 위인이 나타나기를 기대하기에 역사적 영웅을 찾아다닌다는 것이다. 뢰벤탈은

---

94 *Ibid.*, p.90.

95 Lowenthal, "Conrad Ferdinand Meyers heroische Geschichtsauffassung," *ZfS* Ⅱ, 1(1933).

마이어의 작품에서 자연은 영웅적 행동을 위한 배경이자, 다른 수단에 의한 역사의 연장이라고 생각했다. 마이어의 소설은 개인주의를 강조하지만, 정교한 심리학적 감각이 결여됐다. 그의 소설에 나타난 영웅은 신화적이고 비합리적인 환경에서 행동한다. 그 결과 오토 폰 비스마르크 Otto Eduard Leopold von Bismarck 숭배와 관련 없다고 할 수 없는 강자 이데올로기가 등장한다. 마이어는 작품을 통해 이런 이데올로기를 지지한 셈이다.

뢰벤탈은 계속해서 비판했다. 마이어는 귀족적 소양을 갖췄음에도 국가 자유주의적 기업가와 비슷한 심성이 있었다. 그의 소설에 나타난 귀족과 부르주아의 혼합은 제2제정 시대 독일 지배계급 간에 맺어진 동맹을 반영했다. 뢰벤탈은 다음과 같이 썼다. "독일에는 주도 계급의 계급의식을 표현하는 실질적인 자유주의가 존재하지 않았다. 오히려 특정한 정치적·경제적 조건에서 나타나며 그런 조건에 민감한 농민, 기업가, 군대의 거대한 연합체가 존재했다."[96] 그는 결론적으로 독일의 특정 발전단계에 상응하는 위대한 자의 지배를 바탕으로 한 역사철학을 폭로하려 한 것이다.

마이어의 작품에서 역사가 신비화됐다면, 뢰벤탈이 나중에 다룬 제1차세계대전 이전 독일에서 표도르 도스토옙스키Fyodor Mikhailovich Dostoevsky 작품의 해석 같은 문화 현상에서 역사는 왜곡됐다.[97] 뢰벤탈은 도스토옙스키에 관한 비평 작품 약 800편을 검토하면서 독자의 반응을 연구하는 선구자적인 시도를 했다.[98] 그는 당시 사용한 방법론이 조잡했음을 몇 년

---

96 *Ibid.*, p.61.

97 Lowenthal, "Die Auffassung Dostojewskis im Vorkriegsdeutschland," *ZfS* Ⅲ, 3(1934). 영어 번역본은 다음 책에 수록됐다. *The Arts in Society*, ed., Robert N. Wilson(Englewood Cliffs, N.J., 1964).

98 1934년 7월 1일 파리에서 베냐민이 뢰벤탈에게 이런 유형의 연구에서 획기적 발전이라고 쓴 편지를 보냈다(뢰벤탈 소장).

뒤 인정했다.

당시 여론조사와 투사投射 심리학의 발달한 방법을 알았다면 이런 연구를 계획하지 않았을 것이다. 이 연구는 기본 틀에서 이런 방법론이 도달하려는 것과 같은 목표를 달성하려 하기 때문이다. 이 연구는 작가의 작품이 널리 발표된 해설서를 통해 많은 사람의 감춰진 특징과 경향을 보여주는 투사 수단으로 사용될 수 있다고 가정한다. 달리 표현하면 이 연구는 전형적으로 집단 반응을 보여주는 인쇄 매체를 통해 독자의 반응을 간접적으로 연구하는 것이다.[99]

방법이 정교하지 못했지만, 결과는 권위주의에 관한 연구소의 분석을 뒷받침하는 데 기여했다. 마이어의 독자층이 어느 정도 부유한 중간계급이었다면, 그들보다 가난한 프티부르주아가 도스토옙스키를 읽었다. 뢰벤탈은 독일 국민 중 가장 혼란에 휩싸이고 겁에 질린 계층에게 도스토옙스키가 호소력을 갖춘 까닭은 작품이 그들을 위로하기 때문이라고 주장했다. 그의 사적인 삶도 신비화돼 개인적 고뇌가 오히려 품격 있고 피할 수 없는 것으로 받아들여졌다. 아르투어 묄러 판 덴 브루크Arthur Moeller van den Bruck 같은 **민족주의völkisch** 이론가들은 도스토옙스키가 자신의 작품 속에서 옹호하는 정신적 화해와 계급투쟁을 초월하는 민족주의 그리고 사해동포주의라는 이데올로기에 이끌렸다. 도스토옙스키 스스로 자기 소설에 대한 이런 독해를 도와주기도 했다. 그는 지상에서도 행복할 수 있다는 믿음을 발전시키는 데 실패했다. 행복의 실현 가능성에 대한 불신은 정치적·사회적 급진주의에 대한 적개심으로 반영됐다. 정치적 행동대신 사랑과 동정을 강조하는 것은 수동성과 종속으로 이끄는

99 Lowenthal, *The Arts in Society*, p.125.

모권론에 대한 **민족주의적**völkisch 이론적 왜곡과 다를 바 없었다.

도스토옙스키는 마이어와 달리 내면에 잠긴 심리적 실체를 드러낸 적이 있다. 그러나 부르주아 세력이 상승하기도 하고 몰락하기도 하는 독일 역사상 우유부단한 시대에서 이런 심리적 실체의 노출이 역설적으로 매력적인 요소로 작용했다. 그의 작품이 전쟁 전 독일에서 해석될 때, **내면성**Innerlichkeit은 사회적 상호작용을 대체하는 문화생활의 핵을 차지했다. 도스토옙스키가 솜씨 좋게 묘사한 비틀리고 병적인 심리 상태에 독일 독자가 매혹된 것은 소외 현상에 대한 진정한 관심을 의미한다. 이런 매혹은 이런 상황의 사회적 기원에 대한 무지 때문에 이념적으로 왜곡된 것이기도 했다.[100] 뢰벤탈은 독일 민중 여러 계층에서 도스토옙스키의 소설이 굉장한 인기를 누린 것은 점증하는 현실 도피 경향과 비합리적 권위의 수락을 보여주는 조짐이라고 주장했다. 전후 도스토옙스키가 현실 체념의 예언자인 키르케고르와 연결된 것은 놀라운 일이 아니다.

그러나 후기 부르주아 시대 문학의 이데올로기적 함축에도 예외는 있다. 뢰벤탈이 보기에 어떤 작가는 부르주아 문화가 약속하는 거짓된 화합의 겉모습을 꿰뚫어 보면서 그 아래 있는 매력적이지 않은 실체를 드러내기도 했다. 이런 작가 중 한 명이 뢰벤탈이《사회연구》지에 논문을 쓰기도 한 헨리크 입센이다.[101] 뢰벤탈이 볼 때 입센은 후기 자유주의 시대의 진정한 자유주의자이며, 용감한 비평가 중 한 사람이다. 입센은 의식적으로 '사회극social drama'을 쓰진 않았지만, 외견상 단단해 보이는 가족과 사생활 영역에서 자유주의의 몰락을 치밀하게 추적했다. 입센은

---

100 *Ibid.*, p.368.

101 Lowenthal, "Das Individuum in der individualistischen Gesellschaft. Bemerkungen über Ibsen," *ZfS* V, 3(1936). 이 논문은《문학과 사람의 이미지Literature and Image of Man》에 그대로 실렸다. 다음에 실린 인용문은 모두 영문판을 따른다.

파멸적 경쟁 시대에서 자기실현은 도달할 수 없는 약속임을 생생히 묘사함으로써, 자유주의의 신화였던 개인적 행복의 허위를 폭로했다. 뢰벤탈은 다음과 같이 썼다. "경쟁이란 수많은 사람 중에 사회적·경제적 성공을 얻기 위한 투쟁일 뿐만 아니라, 개인적 야망을 실현하기 위해선 존재의 고유성과 인간성까지 과감히 던져버려야 할 내면적인 투쟁이라는 점이 판명됐다."[102]

입센은 가족의 붕괴를 묘사하면서 역할의 전문화로 사회가 개인적 영역을 침식하고 있음을 폭로했다. 뢰벤탈에 따르면 "남편, 아내, 친구, 아버지, 어머니라는 위치는 가족의 다른 구성원뿐만 아니라 자신의 개인적 권리와도 갈등 관계에 처하는 존재 양식으로 보인다".[103] 입센이 연극에서 묘사한 가족은 인간관계를 유지하는 가족의 기능이 점점 줄어든다는《권위와 가족에 관한 연구》의 결론을 뒷받침하기도 한다. 입센의 연극에서 참된 인간관계는 사회적 구속을 넘어 주인공이 죽는 순간에야 나타난다. 입센의 작품은 초기 부르주아 시대 예술의 특징인 낙관주의 대신 절망과 환멸을 나타낸다. 그러나 뢰벤탈이 보기에 입센은 탈출구를 제시하지 못한다. "대립하는 두 주제가 입센의 작품을 관통한다. 하나는 종전 사회의 가치와 이상에 따라 살지만 좌절하는 사람들의 모습이며, 다른 하나는 종전의 가치를 거부하지만 이를 대신할 새로운 가치를 찾지 못한 사람들의 좌절을 보여준다."[104]

뢰벤탈은 입센이 묘사하는 여성은 예외적인 탈출구가 될 수 있음을 인정했다. 그는 이 탈출구가 프롬이《사회연구》지에서 논한 모권론적 대안에 관한 응답이라고 주장했다. "자기를 추구하는 남성의 세계와 여성이 대표하는 사랑과 휴머니티의 갈등이 입센의 희곡에서 가장 주요한

102 *Ibid.*, p.170.
103 *Ibid.*, p.175.
104 *Ibid.*, p.179.

주제다."[105] 입센이 묘사한 자기중심적 여성은 많은 남성 주인공의 공허한 이상주의와 달리 물질적 행복을 위해 정당한 요구를 한다. 그러나 19세기 후반 여성 실존의 실제 모습은 입센의 연극이 묘사하는 여성 인물의 원칙을 부정한다. 지배적인 현실을 부정하는 여자 주인공은 현실에서 아무런 결실을 거두지 못한다.

뢰벤탈은 19세기 말과 20세기 초 문학에 나타나는 자연을 사회의 대안으로 간주하는 은유에도 동일하게 말할 수 있다고 지적했다. 그는 통찰력이 돋보이는 한 논문에서 노르웨이 작가 크누트 함순의 소설에 나타나는 사회의 대안으로 자연 이미지의 왜곡에 초점을 맞췄다.[106] 뢰벤탈은 1934년에 함순의 작품은 현상 유지에 대한 사이비 부정을 담고 있다고 주장했지만, 연구소 회원들은 의문을 표했다.[107] 《굶주림Sult》, 《목신 판Pan》, 《땅의 혜택Markens grøde》과 그 외 함순의 작품은 소외와 근대적 삶의 공허함에 대한 진정한 반항을 담고 있다고 흔히 해석됐다. 뢰벤탈은 함순이 몇 년 뒤 노르웨이에서 비드쿤 크비슬링Vidkun Quisling(노르웨이의 파시스트—옮긴이)의 협력자가 됨으로써 그에 대한 반론이 비로소 '입증되자' 만족했다. 그가 함순의 소설에 감춰진 경향을 간파한 점은 연구소 프로그램 가운데 성공적인 결과 중 하나다.

뢰벤탈은 함순의 자연관에서 권위주의적 색채를 발견했다. 다음에 보겠지만, 호르크하이머와 아도르노는 몇 년 뒤 함순의 소설에서 묘사한 것과 매우 다른 방식으로 인간과 자연의 조화를 주장했다. 루소의 글에서 가장 강력히 표현된 자연에 대한 낭만적 개념과 달리, 함순의 작품에는 비판적이고 발전적인 날카로운 견해가 발견되지 않는다. 그의 소

105 *Ibid*., p.184.

106 Löwenthal, "Knut Hamsun. Zur Vorgeschichte der autoritären Ideologie," *ZfS* VI, 3(1937). 이 글도 약간의 수정을 거쳐 《문학과 사람의 이미지》에 실렸다. 다음 인용문도 여기에 따른다.

107 뢰벤탈은 1968년 8월 캘리포니아 버클리에서 나와 대화할 때 이렇게 이야기했다.

설에서 인간은 자연과 어울리지 못하며, 오히려 자연의 힘과 신비에 빠져 있다. 전통적 자유주의의 자연 정복이라는 목표(호르크하이머와 아도르노는《계몽의 변증법》에서 이 문제를 다뤘지만, 뢰벤탈은 이 논문에서 이 문제를 비판하지 않았다)는 수동적인 행복을 위해 단념했다. 뢰벤탈은 다음과 같이 썼다. "함순에게 자연은 평화를 의미했다. 그러나 그 평화는 자발성과 통제 의지를 상실한 평화다. 전횡적인 힘에 굴복함으로써 얻는 평화이며, 역사의 어두운 맥락에서 도피처를 제공한 자연 숭배였다. 자연은 불변성과 보편성의 위안을 의미한다."[108] 칸트주의자의 특징인 인간의 자율성에 대한 긍지는 자연의 잔인성에 대한 항복으로 대체된다. 함순의 작품에서는 나치즘과 마찬가지로 감수성과 잔인성이 결합됐다. [예를 들어 헤르만 괴링Hermann Göring(초기 나치 당원이자 돌격대의 지휘관이며, 게슈타포를 창설한 인물이다. 뉘른베르크재판에서 사형이 선고됐는데, 집행 전날 자살했다—옮긴이)은 독일판American Society for the Prevention of Cruelty to Animals, ASPCA(미국동물애호협회—옮긴이)의 우두머리였다.] 영원히 반복되는 자연의 리듬은 연구소가 나중에 '미메시스mimesis'라고 부른 인간의 **프락시스** 가능성을 대신했고, 뢰벤탈은 "맹목적인 훈련은 자연적 리듬의 법칙에 해당하는 사회적 대응물"[109]이라고 서술했다. 뢰벤탈은 이 모든 점을 고려하면 함순의 작품에는 프롬이《권위와 가족에 관한 연구》에서 서술한 가학-피학적 성격유형의 방대한 증거가 있다고 결론 내렸다.

나아가 함순의 권위주의는 영웅 숭배, 농민과 전통적 생활 찬미, 출산과 성적 기능에 국한된 여성관 등을 포함했다. 이런 징후는 함순의 작품에 나타난 도시 생활에 대한 저주와 격렬한 반지성주의뿐만 아니라 독일 **민족주의** 문학에서도 발견됐다.[110] 함순은 호르크하이머가《사회연

108 *Literature and the Image of Man*, p.198.

109 *Ibid.*, p.202.

110 아도르노는 헥토르 로트바일러Hektor Rottweiler라는 필명으로 발표한 글의 각주에 이런 징

구》지에서 자주 언급한 **생철학**의 속류화를 1890년《굶주림》에서 보여준다. 반항이라는 이념은 현상 유지를 옹호함으로써 변질됐다. 도스토옙스키가 독일에서 받아들여졌을 때처럼 불행에 대한 위로는 함순 소설의 메시지였다. 하지만 이 위로는 "삶을 그 자체로 받아들이는 사람, 현존하는 지배와 복종의 관계, 명령과 봉사의 현실적 관계를 그대로 받아들이는" 사람에 대한 위로였다.[111] 함순의 소설에서 유럽의 자유주의는 자취를 감췄고, 전체주의에 대한 항복은 명백히 나타난다. 뢰벤탈은《문학과 사람의 이미지》로 편집된 판본에 빠진 논문에서 제1차세계대전 이후 유럽에서 함순의 작품이 어떻게 받아들여졌는지를 다뤘다. 전쟁 전에는 함순의 인종주의를 사회주의 비평가는 물론 부르주아 비평가도 비판했는데, 전쟁 후 돌연 널리 찬양했다는 것이다. 알프레트 로젠베르크Alfred Rosenberg가 쓴 나치 바이블《20세기의 신화Der Mythus des 20. Jahrhunderts》와《신시대》지는 1918년 이후 함순을 찬양하는데, 이는 독일에서 권위주의적 행태가 증식한 증거다.

지금까지 살펴봤듯이 1930년대 연구소의 주요 관심은 파시즘의 위협을 폭로하고 분석하며, 파시즘과 싸우는 일이었다. 이 장에서는 일반적 연구라는 맥락에서 일련의 권위주의를 논했으나, 당시 연구소는 기본적으로 연구소 회원들이 직접 경험한 독일의 변화에 집중했다. 따로 규명해야 할 이탈리아의 파시즘은《사회연구》지와《권위와 가족에 관한 연구》에서 사실상 무시했다. 파올로 트리베스Paolo Treves가 밀라노에서 이탈리아 문헌을 때때로 검토했지만, 연구소 출판물에 기고한 이탈리아 망명 학자는 없었다. 이는 독일과 이탈리아 망명 집단의 의사소통이 없었음을 뜻한다. 연구소는 서구 문명의 몰락이라는 가장 중대하고 위협

후는 장 시벨리우스Jean Sibelius의 음악에서도 발견된다고 덧붙였다. 원문은《사회연구》지(p.338). 영문판은《문학과 사람의 이미지》에 실렸다.

111 *Ibid*., p.218.

적인 사건의 표상으로 간주한 나치즘에 몰두했음이 분명하다. 나치즘 분석에 대한 연구소의 공헌은 따로 설명해야 할 만큼 다양하고 풍부해서, 다음 장에 다루려 한다.

05

사회연구소의 나치즘 분석

국가자본주의란 현대의 권위주의 국가…… 지배를 위해
새롭게 숨 쉬는 공간이다.
—막스 호르크하이머

'국가자본주의'란 용어는 **형용모순contradictio in adiecto**이다.
—프란츠 노이만

"우리 모두 히틀러와 파시즘을 극복해야 한다는 생각에 사로잡혀서 하나가 될 수 있었다. 모두 사명감을 느꼈다. 연구소 사무직원, 연구소에 들어오는 모든 사람, 여기서 일하는 모든 사람이 사명감을 공유했다. 우리는 이 사명감으로 연구소에 대한 충성심과 소속감이 들었다."[1] 뉴욕에서 호르크하이머의 비서를 지낸 알리스 마이어는 1930년대 후반과 1940년대 초 연구소의 최우선 관심사를 이렇게 설명했다. 이제 살펴보겠지만 공통 목적이 있었다고 분석에서도 의견이 일치했다는 뜻은 아니다. 유럽에서 망명객이 연구소로 끊임없이 쇄도했기에, 연구소에는 때로 새롭지만 갈등을 일으키는 관점도 나타났다. 1938년에 전임연구원이 된 아도르노는 연구소의 이론적 경향을 강화했다. 그는《권위와 가족에 관한 연구》의 기초가 된 것과 같은 사회심리학적 가정에서 파시즘을 연구

1 1969년 5월 뉴욕에서 알리스 마이어와 진행한 인터뷰.

했다. 2장에서 살펴봤듯이 아도르노는 이론적으로 호르크하이머와 아주 가까웠다. 하지만 모든 신입 연구원이 아도르노와 호르크하이머처럼 접근 방법을 공유하지는 않았다. 그들 가운데 프란츠 노이만, 오토 키르히하이머, 아르카디 구를란트가 중요했다. 네 번째로 파울 마싱은 1941년 이후 연구소 업무에서 다른 면으로 중요한 사람이지만, 논쟁에 직접적 영향은 주지 않았다. 이런 인물들이 뉴욕에 자리 잡은 연구소에 있었기 때문에 나치즘 조사 분석이 풍부해졌지만, 한편으로 비판 이론의 기본 전제에 미묘한 도전도 생겼다.

세 사람 중에서 노이만이 가장 영향력 있었는데, 그는 나치즘에 관한 고전적 연구가 된 《베헤모스Behemoth》[2]를 통해 프랑크푸르트학파 노장 연구원의 저서와 함께 여러 가지 면에서 많은 영향을 미쳤다. 노이만은 런던에 있는 연구소의 후원자 가운데 한 명이며, 그의 스승인 런던정치경제대학 해럴드 래스키의 추천으로 1936년 연구소에 들어왔다. 노이만은 연구소에 전혀 알려지지 않은 인물이 아니었다. 1918년 프랑크푸르트에서 뢰벤탈을 만난 노이만은 그와 함께 학생사회주의자협회Sozialistische Studentenvereinigung를 결성하기도 했다. 래스키가 런던에 정착하도록 도왔으나, 노이만은 런던이 마음에 들지 않았다. 훗날 노이만은 런던 체류 시절의 인상을 다음과 같이 말했다. "영국 사회는 너무나 동질적이고 경직됐기에 (특히 실업 상태에서) 기회를 잡기란 불가능했다. 영국의 정치 역시 마음에 들지 않았다. 내가 느낀 것처럼 아무도 쉽게 영국인이 될 수 없을 것이다."[3] 반면 미국은 망명객을 따듯하게 받아들였다. 노이만은 여생을 대서양 건너편 미국에서 보내기로 했다.

2 Franz Neumann, *Behemoth: The Structure and Practice of National Socialism, 1933-1944*(rev., ed.; New York, 1944).

3 Neumann et al., *The Cultural Migration: The European Scholar in America*(Philadelphia, 1953), p.18.

노이만은 망명하기 전에 학자이자 정치 활동가였다. 노이만은 호르크하이머 주변의 연구소 핵심 회원과 같은 세대다. 그는 1900년 폴란드 국경 근처 카토비체Katowice에 있는 독일 사회에 동화된 유대인 가정에서 태어났다. 노이만은 마르쿠제처럼 전쟁 말기에 군인협회를 통해 처음으로 정치에 관여했다. 바이마르공화국 시절에 사회민주당의 수정주의적 마르크스주의에 점점 물들었으나, 사회민주당 내에서 좌파적 입장을 취했고 당의 지도 노선을 종종 비판했다. 그는 1933년 4월 체포될 정도로 정치 활동에 깊이 관여했고, 한 달 동안 투옥된 후 런던으로 피신했다.[4]

노이만의 학문적 배경은 연구소의 회원들과 달랐다. 그는 브로츠와프, 라이프치히, 로스토크, 프랑크푸르트 대학교에서 철학보다 법학 수업을 주로 들었다. 노이만은 프랑크푸르트대학교에서 저명한 법학자 후고 진츠하이머에게 배웠다. 학우 중에는 한스 모르겐타우Hans Morgenthau와 에른스트 프렝켈Ernst Fraenkel이 있었는데, 이들도 나중에 망명했다. 그는 바이마르공화국이 붕괴하기 전에 5년 동안 베를린에 거주하면서 사회민주당과 사회민주당에 가입한 노동조합의 법률고문 역할을 하며 학문적이고 정치적인 몇몇 신문과 잡지에 기고했다.[5] 동시에 노이만은 유명한 독일정치대학Deutsche Hochschule für Politik에서 강의했다. 이 학교는 1933년 이후 아널드 볼퍼스Arnold Wolfers, 한스 지몬Hans Simon, 에른스트 자에크Ernst Jaeckh, 지그문트 노이만Sigmund Neumann(프란츠 노이만과 관련 없는 인물)을 미국으로 유학 보냈다. 노이만은 베를린에서 법률 사무도 봤으며, 이 일로 종종 연방최고노동법원Bundesarbeitsgericht에 업무상 출석했다.

---

4 Herbert Marcuse, Preface to *The Democratic and the Authoritarian State: Essays in the Political and Legal Theory,* by Franz Neumann(New York, 1957), p.vii. 다음 책도 보라. H. Stuart Hughes, "Franz Neumann between Marxism and Liberal Democracy," in *The Intellectual Migration: Europe and America, 1930-1960*, ed., Donald Fleming and Bernard Bailyn(Cambridge, Mass., 1969).

5 그는《노동Die Arbeit》과《사회》에 주로 기고했다.

당연히 예상할 수 있듯이 독일 법 전문가라는 그의 자격은 영국에서 쓸모없었다. 노이만은 래스키에게 지도받으며 정치학 공부를 다시 시작했다. 그가 연구소에 합류한 1936년, 런던정치경제대학에서 박사 학위를 받았다.

노이만은 법학의 배경을 가지고 정치학 이론으로 옮겨 왔기 때문에 호르크하이머나 연구소 핵심 회원들과 다른 입장이었다. 그들이 보기에 노이만의 마르크스주의는 변증법적 색채가 별로 없고, 비판 이론이라기보다 기계적 논리에 가까웠다. 노이만은 사회 현실을 보는 데 호르크하이머와 프롬, 아도르노보다 심리학적 차원에 관심이 적었다. 따라서 노이만의 저술은 그들과 거리가 있었다. 연구소 동료는 노이만이 사물을 분석적으로 면밀히 조사하는 정신이 있다는 점은 인정했다. 그는 비록 그로스만과 비트포겔 쪽 스탈린주의를 혐오했지만, 그로스만과 비트포겔에 가깝다는 평가를 받았다.

1937년《사회연구》지에 처음 기고한 노이만의 논문에는 법학적 관심이 반영됐다.[6] 이 글에서 노이만은 20세기의 발전에 중점을 두고 부르주아사회에서 법학 이론의 기능 변화를 연구했다. 무엇보다 그는 공법impersonal law에서 평등에 대한 자유주의적 개념의 허구성에 초점을 맞췄다. 노이만은 공법이 부르주아의 지배를 위한 이데올로기적 포장지이자, 합법적 계산 가능성에 의존하는 자유기업 시스템의 작동을 돕는다고 생각했다. 그는 법의 지배라는 개념에 사기성이 있다고 생각했다. 법의 지배라는 개념은 정확히 말하면 법 뒤에 항상 사람보다 특정 사회집단[7]이 있다는 사실을 인정하지 않기 때문이다. 그는 이와 동시에 자유주

---

6 Franz Neumann, "Der Funktionswandel des Gesetzes im Recht der bürgerlichen Gesellschaft," *ZfS* VI, 3(1937). 이 논문의 영어판은 다음 책에 실렸다. "The Change in the Function of Law in the Modern Society," in *The democratic and the authoritarian state.* 이 책에서는 영어판을 인용했다.

7 *Ibid.*, p.39.

의 이론은 최소한 법률상의 평등을 보장하기 때문에 자유주의적 이론에 긍정적 측면도 있다고 지적했다. "법 앞의 평등은 확실히 '형식적'인 것에 지나지 않는다. 다시 말해 부정적이다. (앞 장에서 논의한 적극적 자유와 소극적 자유의 차이는 앞으로 다시 언급할 것이다.) 그러나 순전히 형식적이면서 소극적인 자유의 성격을 명확히 인식한 헤겔은 형식적 자유를 포기할 때 나타날 결과를 경고했다."[8] 노이만은 이렇게 추론하면서 형식논리 입장에서 호르크하이머와 마르쿠제의 논법을 대비했다. 형식론 자체가 부적절하다 해도, 형식론은 실질적 합리성이 법률적이든 논리적이든 무시해버린 생명의 안전을 보장한다는 것이다. 말하자면 형식론은 단순히 부정돼선 안 되는 변증법적 총체성의 순수한 계기였다.

노이만은 이런 주장을 펼친 뒤, 법률의 일반성 개념을 강조하면서 바이마르 시대와 그 이후 법률적 형식론의 기능분석 쪽으로 방향을 돌렸다. 그는 일반성 개념이 19세기에서 20세기로 전환기에 이르러 잠시 몰락했다가 최근에 법률 이론가 사이에서 많은 지지를 받으며 부활했다고 지적한다. 그러나 일반성 개념의 기능은 일반론이 19세기 자유주의 전성기에 차지한 역할과 매우 달라졌다는 것이다. 노이만은 이런 변화의 원천을 경제에서 찾는다. "입법부가 동등하게 강력한 경쟁자가 아니라 자유시장의 원리를 거역하는 독점자를 상대한다면, 국가는 오직 법에 의해 통치해야 한다는 요청은 경제 영역에서 불합리해진다."[9] 다시 말해 일반론은 예전과 같은 평등화 기능을 상실했다. 바이마르의 권위주의적 계승자는 일반론이 시대에 뒤떨어진 이론임을 인정했고, 일반론을 독단적이고 비非평등주의적 결정론으로 대체했다. 노이만은 파시스트 법률 이론이 법적 개인을 제도나 법인으로 대체하는 이른바 '제도주의institutionalism'를 도입했다고 주장했다. 그러나 제도주의는 결정론decisionism을 위한 이

8 *Ibid.*, p.42.

9 *Ibid.*, p.52.

데올로기적 겉모습이라고도 주장했다. 제도는 "권력 간의 관계라는 맥락을 떠나서 이해할 수 없는 것"이기 때문이다.[10]

노이만은 파시스트 국가의 법은 자연법의 합리적 기초에 근거하지 않으며, 자유주의적 실증주의적 법의 일반성이 결여됐기 때문에 부당하다고 결론을 내렸다.[11] 더 나아가 그는 비파시스트 국가에서도 같은 경향이 보인다며 언급했다. "독점자본주의에서도 생산수단으로서 사유재산은 보호되지만, 일반법과 계약은 사라지고 통치의 편에선 개인적 수단으로 대치된다."[12] 다시 말해 마르쿠제가 초기 《사회연구》지에서[13] 논의한 정치적 실존주의political existentialism가 파시스트 법률 영역에 스며들었으며, 독점자본주의가 지배하는 모든 사회 역시 같은 위협을 받는다는 것이다.

노이만은 《사회연구》지에 실린 그다음 논문에서 자신이 좋아하는 법률상 대안을 제시했다.[14] 그는 이 대안에서 이성이 모든 사회관계의 근거가 돼야 하며, 법의 원천이 돼야 한다는 점에서 다른 회원들과 같은 의견을 보였다. 노이만은 자신이 논문에서 분석한 자연법의 모든 이론은 이성적 존재로서 인간 개념에 근거를 두고 있다고 주장했다. 그는 자연법의 이전 형태는 비판하지만, 이성적 법률 개념 자체는 비판하지 않는 헤겔의 견해에 동의했다. 노이만은 호르크하이머의 영향을 보여주는 주장을 했다. "우리는 극단적 실증주의나 실용주의까지 가선 안 되며, 무정부주의적 상대론에 빠져선 더욱 안 된다. 구체적 자유와 인간의 존엄성

---

10 *Ibid.*, p.65.

11 노이만은 다음 책에서 같은 지적을 했다. Neumann, *Behemoth,* p.451.

12 *The democratic and the authoritarian state,* p.66.

13 Herbert Marcuse, "The Struggle against Liberalism in the Totalitarian State," *Negations: Essay in Critical Theory*, trans., Jeremy J. Shapiro(Boston, 1968). 독일어판 원문은 *ZfS* Ⅲ, 1(1934).

14 Neumann, "Types of Natural Law," *SPSS* Ⅷ, 3(1939), 《철학과 사회과학 연구》는 《사회연구》지를 잇는 잡지다. 이 글이 첫 호에 실렸다. 노이만의 논문은 《민주국가와 권위주의 국가The democratic and the authoritarian state》로 번역됐다. 여기서는 영어판을 인용했다.

을 구체화하는 정도에 따라 이론의 진리 여부가 결정된다. 이론의 진리는 모든 인간이 잠재 능력을 충분히 발전할 수 있도록 대비하는 능력에 달렸다. 이론의 진리는 반드시 자연법 이론의 구체적 환경과 역사적 발전 속에서 결정돼야 한다."[15]

노이만은 자연법의 모든 다양성은 법률의 원리가 자연의 합법성, 즉 인간도 한 부분인 자연법의 합법성에서 도출될 수 있다는 믿음에 근거한다고 했다. 그래서 이런 자연법의 다양성은 아리스토텔레스처럼 인간을 사회정치적 존재로 규정하는 극단적인 역사주의 정치학과 모순되기도 한다. 노이만은 비판 이론의 '부정적 인간학'과 다른 인간의 본성을 강조하는 이론이 있을 것이라고 주장했다. 인간 본성에 대해서는 로크, 리처드 후커Richard Hooker, 무정부주의자의 낙관론부터 에피쿠로스Epicouros, 스피노자, 홉스의 비관론까지 수많은 이해 방식이 있었다. 노이만은 낙관론과 비관론이라는 양극단과 달리 자연 상태의 인간은 선하지도 악하지도 않다는, 즉 그가 불가지론agnosticism이라 명명한 입장에 동조했다. 노이만은 루소를 불가지론의 가장 명확한 대변자라고 치켜세웠다. "(루소는) 불가지론적 견해에 따라 오직 시민사회에서 인간 본래의 권리가 동료 시민의 권리와 함께 집단적 권리로 변화돼갈 수 있다고 믿는다."[16] 인간 본성에 대한 낙관론을 바탕으로 둔 자연법 이론은 논리적으로는 무정부주의로 귀결되지만, 인간 본성에 대한 비관론은 절대론을 암시한다. 반면 불가지론적 이해는 민주국가에 대한 이해로 귀결된다. 민주국가에서 "최고 권력은 절대적이지 않으며, 권력의 대상자와 대립하는 외적인 권력이 아니다. 자신을 관리하고 통치하는 것은 사회다."[17]

노이만은 토미스트Thomist(토마스 아퀴나스Thomas Aquinas의 철학을 신봉하

---

15 *Ibid.*, p.72.

16 *Ibid.*, p.75. 노이만은 나중에 루소와 일반적인 적극적 자유에 대한 견해를 바꿨다.

17 *Ibid.*, p.79.

는 사람—옮긴이)와 제도주의자의 자연법 이론도 검토했는데, 모든 자연법 이론 중에서 통치하는 사람과 통치받는 사람이 사실상 동일함을 암시하는 적극적 자유의 시민적 동등권isonomy에 대응하는 이론이 가장 맘에 들었다. 그는 특수한 이해와 보편적 이해가 일치하지 않는 이상 정치권력과 국가의 권위는 본래 사악하다는 주장에 반대했다.[18] 노이만은 이 점에 관해 인간이 법적으로나 정치적으로 추종해야 하는 유일한 권위는 이성의 권위라는 비판 이론의 일반적 전제에 동의했다. 자연법 이론은 규범적 합리성에 근거를 두기 때문에 현존하는 법률적 조건에 비판적일 수밖에 없다고 간주했다.

노이만과 호르크하이머를 비롯한 연구소 회원들의 차이는 결론이 아니라 자기주장을 도출하기 위해 사용한 법률 중심적 접근 방법에서 기인한 것이다. 더불어 노이만이 인간을 이성적 존재로 보며, 인간의 심리학적 측면에 상대적으로 주목하지 않은 태도 역시 그와 다른 회원들 사이에 거리가 생긴 원인이다. 인간을 이렇게 바라보면 《권위와 가족에 관한 연구》에서 발견된 현대인의 행동에 작용하는 비이성적인 힘의 지배를 무시하기 때문이다. 그렇지만 《사회연구》지에 실린 법률 이론에 관한 노이만의 논문에선 연구소와 토론, 편집자로서 호르크하이머의 제안 등의 영향이 엿보인다. 실질적 논쟁은 1942년 《베헤모스》가 출판되면서 비로소 시작됐다.

이 만만찮은 저작에 관한 토론으로 들어가기 전에 나치즘 분석에 공헌한 연구소의 새 회원 두 명을 소개해야 한다. 《베헤모스》 곳곳에는 두 사람이 공동 작업한 영향이 발견된다. 이 중 키르히하이머[19]는 연구소 활

18 노이만은 나중에 더 자유로운 시기에도 "국가가 항상 자유의 적이라는 견해에 동의할 수 없다"고 썼다("Intellectual and Political Freedom," *The Democratic and the authoritarian state,* p.201).

19 키르히하이머에 대한 전기적인 자료는 다음을 보라. John H. Herz and Erich Hula, "Otto Kirchheimer: An Introduction to His Life and Work," in Otto Kirchheimer, *Politics, Law and Social Change*, ed., Frederic S. Burin and Kurt L. Shell(New York, 1969).

동에 아주 적극적으로 참여했다. 키르히하어머의 배경은 여러 가지 면에서 노이만과 비슷하다. 노이만보다 다섯 살 아래인 키르히하이머는 1905년 하일브론Heilbronn에서 유대인 부모 사이에서 태어났다. 1924~1928년 뮌스터, 쾰른, 베를린, 본에서 법률과 정치학을 공부했다. 막스 셸러, 루돌프 스멘트Rudolf Smend, 헤르만 헬러Hermann Heller 등이 키르히하어머의 선생이었는데, 가장 중요한 스승은 카를 슈미트다. 키르히하이머는 사회주의자와 볼셰비키의 국가관을 비교한 박사 학위논문을 본대학교에 제출했는데, 슈미트의 결정론과 '비상사태emergency situation'[20] 개념에서 영향을 받은 것이었다. 그는 바이마르공화국이 쇠퇴해가는 시기에 노이만이나 구를란트처럼 사회민주당 활동에 참여하며 노동조합학교에서 강의하고,《사회》같은 잡지에 기고하기도 했다.

키르히하이머가 이 기간에 쓴 글 가운데 바이마르 헌법을 분석한〈바이마르—무엇이 문제인가Weimar—und Was Dann?〉[21]가 가장 예리하다. 그는 이 글에서 마르크스와 슈미트의 통찰을 결합했다. 키르히하이머는 1920년대 후반에 사회민주당의 개혁주의 노선에 동조하지 않았다. 레닌주의자들이 지지한 훨씬 극좌적인 자코뱅파의 당 개념도 받아들이지 않았다. 그는 슈미트와 마찬가지로 진정한 민주주의는 사회적 대립을 겪지 않는 통일된 민족의 기반에서 존재할 수 있다고 주장했다. 그러나 그는 스승과 달리 인종에 기반을 둔 민족이 통일된 민족이라는 관념을 배격했다. 키르히하이머는 마르크스주의자처럼 진정한 통합은 미래의 계급 없는 사회에서 가능하다고 생각했다.

---

20 Otto Kirchheimer, "The Socialist and Bolshevik Theory of the State," *Politics, Law and Social Change*(p.15)에 다시 수록됐다. 나중에 키르히하이머는 비상사태에 대한 슈미트의 견해를 포기했다. *Politics, Law, and Social Change*(p.191)에 다시 수록된 "In Quest of Sovereignty"를 보라.

21 Kirchheimer, *Weimar—und Was Dann?*(Berlin, 1930).《정치, 법 그리고 사회변화Politics, Law and Social Change》에 다시 수록됨.

키르히하이머는 나치가 권력을 장악하기 전만 해도 연구소 회원들처럼 프롤레타리아가 역사적 역할을 할 수 있다는 신중한 희망을 간직했다. 그는 1932년에 노동계급이 대중문화로 인해 자신들의 혁명적 잠재력을 깨닫지 못한다는 주장을 반박하기도 했다. 키르히하이머는 노동계급의 혁명적 잠재력에 대해 장래의 동료들보다 낙관적이었다. "호세 오르테가이가세트José Ortega y Gassett가 대중의 반역La rebelión de las masas이라고 부른 이 과정을 어떻게 평가하든 평가자의 이데올로기적 입장에 따라 대중의 복종 혹은 한계라고 해석된 상태는 과거지사가 됐음이 분명하다."[22] 키르히하이하머는 자신의 낙관적 견해 때문에 슈미트가 사회적 대립을 초월한다고 예찬한 제도적 조합국가corporate-institutional state가 사실은 사회적 대립을 첨예하게 만든다고 주장하기에 이르렀다. 그는 노동자들의 혁명적 잠재력을 믿었기에, 사회민주당은 하인리히 브뤼닝Heinrich Brüning이 온건적인 사회주의자에 반대되는 주장을 하더라도 그가 이끄는 대통령중심제 정부를 지지해선 안 된다고 주장했다.[23] 키르히하이머에게 '정당 위에 있는 권위주의적 국가'는 파시즘의 장애물이 아니라 파시즘의 전주곡으로 보였다.[24] 붕괴한 바이마르 공화국이 우파로

---

22 Kirchheimer, "Constitutional Reaction in 1932". 원래《사회》(IX, 1932)에 실렸다가《정치, 법 그리고 사회변화Politics, Law and Social Change》(p.79)에 다시 수록됐다.

23 헤르츠Herz와 훌라Hula는 서문에서 다음과 같이 언급했다. "이런 점에서 키르히하이머는 관리에 의한 권위주의적 통치가 나중에 출현할 군대를 수반한 나치의 전체주의와 비교되는 장점을 과소평가했다"(*Politics, Law and Social Change*, p.xvi). 이 점에 관해 전면적 토론을 원하지 않지만, 키르히하이머의 입장은 헤르츠나 훌라보다 장점이 많다고 생각한다. 이스트반 데아크의 다음 책에 관한 평론에서 나는 그 이유를 발전시키고자 했다. *Weimar Germany's Left-Wing Intellectuals* in *Germany*, XLIV, 4(October, 1969).

24 원래《미국정치학회보American Political Science Review》XXXIV(1940)에 실렸다가《정치, 법 그리고 사회변동Politics, Law and Social Change》에 다시 수록된 〈제3공화국 하의 프랑스에서의 권력과 헌법Decree Powers and Constitutional Law in France under the Third Republic〉에서 키르히하이머도 정치 위에 있는 독재 정부를 건설하려던 프랑스인의 시도에 대한 분석을 기술했다. "브뤼닝과 프란츠 폰 파펜Franz von Papen의 **대통령중심제 정부Präsidialregierung** 이후 8년이 지난 프랑스의 경우를 보면 대중적 기반이나 의회의 기반이 모호한 입헌정치의 무제한적 법령 지배는 독재주의가 완성되는 길에서 경유지로 기여할 뿐이라는 사실을 알 수 있

기울어지는 것을 방지하는 길은 공화국의 잠재력을 좌파 쪽으로 기울어지도록 가속화하는 것이었다.

키르히하이머의 낙관론은 1933년 오류로 판명됐고, 그도 많은 사람처럼 망명해야 했다. 그는 1934년 첫 번째 중간 망명지인 파리에서 준연구원 자격으로 연구소 파리 분실에 합류했다. 그는 프랑스의 수도에 체류하는 동안 프랑스 법학 저널[25]에 기고했고, 정부 고문이던 카를 슈미트의 표면상 후원으로 독일에서 익명으로 출판된 제삼제국에 대한 비판 작업을 했다.[26] 1937년 뉴욕에서 연구소 중앙본부의 준연구원으로 다시 정착했다.

키르히하이머는 뉴욕에서 게오르크 루셰가 1931년에 시작한 형벌 관례와 사회 동향의 관계를 연구하는 작업의 완성을 맡았다. 이 연구는 1939년《형벌과 사회구조Punishment and Social Structure》로 출판됐다. 연구소가 영어로 처음 발표한 주요 연구 업적이다.[27] 루셰는 1900년 이전 시기를 다루는 연구의 첫 번째 부분을 완성했다. 키르히하이머는 루셰가 중단한 부분을 이어받아 파시즘에 관한 마지막 장을 집필하면서 모세 I 세 핀켈슈타인Moses I. Finkelstein의 도움을 받아 영역했다. 이 연구는 다음을 기본적 전제로 삼았다. "형벌은 법률적 개념이나 사회적 목적과 관계없이 사회현상으로 이해돼야 한다. ……모든 생산 체제는 생산관계에 상응하는 형벌을 발견한다."[28] 루셰와 키르히하이머는 감금, 벌금형, 독거형, 추방형, 강제 노동 같은 형벌을 조사하면서 노동시장과 자금순환, 특

다"(p.130).

25 키르히하이머는 다음 저널에 몇 편의 글을 실었다. *Archives de Philosophie du droit et de Sociologie juridique* Ⅳ(1934); *Revue de science criminelle et de droit pénal comparé* I(1936).

26 헤르만 자이츠Herman Seitz 박사라는 이름으로 쓰인 이 책은 독일로 몰래 반입돼 지하 문헌으로 유통됐다. *Staatsgefüge und Recht des Dritten Reiches*(Hamburg, 1935).

27 Kirchheimer and Georg Rusche, *Punishment and Social Structure*(New York, 1939).

28 *Ibid.*, p.5.

수한 형벌의 상관관계를 거칠게나마 설명할 수 있었다. 키르히하이머는 20세기 권위주의적 통치 체제 아래 변화에 관한 장에서 독점자본주의 시기에 일어난 합법성의 전반적인 붕괴를 지적했는데, 독점자본주의에 대해서는 노이만이 이미 언급했고 키르히하이머도 이후《사회연구》지에서 이 문제를 분석할 예정이었다.[29] 그는 "경쟁 자본주의 단계에서 자명한 원칙인 도덕과 법의 분리가 종족 의식에서 바로 도출된 윤리적 확신에 의해 대체된다"[30]고 기술했다. 그 결과 사형 제도 부활과 벌금형 감소가 특징인 더욱 가혹한 형벌 정책이 됐다고 주장했다. 그러나 프랑스와 영국뿐만 아니라 독일의 통계에서도 위와 같은 형벌 수단과 범죄율에는 상관관계가 없음이 드러났다. 그는 오직 사회 변화가 범죄율을 떨어뜨릴 수 있다고 결론지었다.

키르히하이머가 연구소의 나치즘 분석에 기여한 공로는《사회연구》지와 1939년 후반에《사회연구》지를 잇는《철학과 사회과학 연구》에 발표한 일련의 논문에 나타난다. 이 장 뒷부분에서《베헤모스》를 논의할 때 주제를 다루기 전에 연구소 새 회원에 대한 설명을 끝맺어야 할 것이다. 노이만과 키르히하이머의 나치즘 분석과 대조되는 고참 회원의 저작에도 관심을 잊지 말아야 할 것이다. 나치즘을 광범위하게 연구한 세 번째 새 회원은 아르카디 구를란트다. 그는 1940~1945년에 활동한 노이만과 키르히하이머보다 짧은 기간 연구소와 함께 일했기에, 그의 영향은 많지 않았다고 할 수 있다. 1904년 모스크바에서 기술자의 아들로 태어난 구를란트는 1922년 독일로 가기 전에 모스크바와 세바스토폴 Sevastopol에 있는 김나지움에 진학했다. 그는 베를린과 라이프치히에서 경제학과 철학, 사회학을 공부했고, 라이프치히대학교에 사적유물론에

29 Kirchheimer, "The Legal Order of National Socialism," *SPSS* IX, 2(1941).

30 *Punishment and Social Structure*, p.179.

서 독재주의 개념을 다룬 박사 학위논문을 제출했다.[31] 구를란트는 1920년대 후반 사회민주당에서 활동했고, 사회민주당 당지도부 중에서도 좌파에 속하는《계급투쟁Der Klassenkampf》에 기고하기도 했다.

구를란트는 연구소의 독립적인 주장과 여러 가지 면에서 유사한 입장이었다. 예를 들어 그는 헤겔의 변증법에 근거를 두는 마르크스주의에 동조한 카우츠키의 기계론적 유물론을 강력하게 비난했다.[32] 그는 모스크바를 추종하고 당의 구조가 위협받을까 봐 혁명을 일으키지 않으려는 독일 공산당의 태도 역시 맹렬하게 공격했다.[33] 구를란트도 키르히하이머와 노이만처럼 사회민주당 좌파 일원이었는데, 그들은 자본주의가 자체의 모순 때문에 저절로 붕괴하기를 기다리지 말고 혁명 활동에 적극적으로 참여해야 한다는 입장이었다. 그도 노이만과 키르히하이머와 마찬가지로 1933년 사건(나치의 정권 장악을 의미—옮긴이)으로 망명해야 했다. 구를란트는 파리에서 정치적 저널리즘에 참여할 수 없었기에 나치 경제학을 다시 공부하기 시작했다. 그는 뉴욕으로 건너가 1940년 뉴욕에 자리 잡은 연구소에 합류할 때쯤, 나치 경제학만 연구하고 있었다. 구를란트는 오래전부터 철학에 관심이 있었지만, 연구소의 간행물에 이론적 공헌은 하지 못했다.《사회연구》지에 발표한 글을 보면, 그는 비판 이론보다 사회민주당 동료들의 접근 방법에 친근감을 보였다.

노이만과 키르히하이머, 구를란트는 프랑크푸르트에서 생성돼 연구소 핵심 회원에 의해 뉴욕에서 성숙한 이념과는 다른 생각을 도입했다.

---

31 A. R. L. Gurland, *Produktionsweise-Staat-Klassendiktatur*(Leipzig, 1929). 철학과 한스 프라이어Hans Freyer가 학위논문 지도 교수였다.

32 Gurland, "Die Dialektik der Geschichte und die Geschichtsauffassung Karl Kautskys," *Klassenkampf*(Berlin, Sept. 1, 1929).

33 Gurland, "Die K.P.D. und die rechte Gefahr," *Klassenkampf*(Berlin, Dec. 1, 1928). 구를란트도 프락시스의 필요성을 강조하면서 사회민주당의 상황을 논의하는 다음 토론문을 작성했다. *Das Heute der proletarischen Aktion*(Berlin, 1931).

연구소 역사에서 호르크하이머와 다른 관점을 도입한 사람은 이들이 처음은 아니다. 우리는 앞서 정통 마르크스주의에 더 가까운 비트포겔과 이로 인해 연구소와 소원한 관계에 대해 검토했다. 연구소 간부 자리를 지킨 그륀베르크 세대에 속하는 회원 중 마지막 인물인 그로스만은 비판 이론을 비판하는 정통 마르크스주의자 입장에 선 비평가다.[34] 그로스만은 런던과 파리에서 몇 년을 지내다가 1937년에 뉴욕으로 이주했으나, 모닝사이드하이츠Morningside Heights(뉴욕에 이주한 연구소가 자리 잡았던 곳—옮긴이)에 있는 다른 회원들과의 관계는 이후 10년 동안 점점 보잘것없어졌다. 사실상 그가《사회연구》지에 마지막 기여한 것은 1934년에 발표된 보르케나우의《봉건주의적 세계관에서 자본주의적 세계관으로 이행》에 대한 긴 비평이다. 이후 간혹 발표한 평론을 제외하고 그의 저작은 연구소에서 발행되지 않았다. 그로스만은 1930년대 후반에 117번가의 연구소 사무실보다 집에서 일하는 편이었다. 전쟁 동안《사회연구》지가 폐간돼, 고전파 경제학자와 마르크스의 관계에 관한 그의 연구는 발간되지 못했다. 그는 이 연구에서 마르크스가 고전파 경제학자[35]의 주장을 냉혹하게 비판한 것을 강조하기 위해 노력했다. 1940년대에 그로스만의 소논문 몇 편은 연구소와 관련 없는 잡지[36]에 발표됐다.

그로스만은 자본주의 붕괴론을 다룬 그의 논문이 절정에 이른 1933년 이전 10년간 왕성하게 활동했다. 나치가 자행한 유럽의 지적 풍토의

---

34 그로스만의 이력을 검토하려면 다음을 보라. Walter Braeuer. "Henryk Grossmann als Nationalökonom," *Arbeit und Wissenschaft*, vol.Ⅷ(1954).

35 발터 브로이어Walter Braeuer는 〈리카도주의자 마르크스?Marx Ricardiensis?〉라는 원고에 대해 언급하지만, 폴록은 같은 논문을 다른 제목으로 기억한다. 브로이어에 따르면 그 원고는 300쪽이 넘는 분량이기에, 폴록이 가진 113쪽 원고와 다른 것이라 한다(폴록이 1970년 4월 16일 내게 보낸 편지). 이 연구는 1969년 파울 마티크의 후기와 함께 프랑크푸르트에서 출간됐다.

36 Henryk Grossmann, "The Evolutionist Revolt against Classical Economics," *Journal of Political Economy* LI, 5(1943); "W. Playfair, the Earliest Theorist of Capitalist Development," *Economic History Review* XⅧ, 1(1948).

혼란으로 많은 사람의 입에 오르내릴 수 있었던 그로스만의 연구는 관심을 받지 못했다. 이후 사생활의 혼란이 더해지면서 그의 생산성은 한층 더 위축됐다. 그로스만은 아내와 아이들을 유럽에 두고 왔기에 미국 생활은 고독했다. 뉴욕에서 그는 컬럼비아대학교나 다른 대학교와 어떤 공식적 관계도 맺지 않았고, 연구소와의 관계가 고작이었다. 인간관계의 긴장이 1940년대 초반 연구소 회원들과 그로스만의 지적 차이를 배가했음을 보여주는 증거가 있다.[37] 그로스만은 스탈린주의 러시아를 여전히 지지했기에, 다른 회원들은 그를 호의적으로 보지 않았다.[38] 알리스 마이어에 따르면, 그로스만은 폴란드 사람이 자신을 해칠 의도가 있다고 두려워하기도 했다. 뇌내출혈 발병으로 건강까지 악화하면서 그는 모든 점에서 더욱 불행해졌다. 결국 그로스만은 전쟁 후 유럽에 다시 정착하기로 했다. 프랑크푸르트로 돌아간 연구소 회원들과 달리 그는 라이프치히로 갔고, 동독 정부는 1949년 그에게 자리를 마련해줬다. 연구소는 그의 소지품을 보내려고 했으나 그가 연구소의 노력을 빈정댔고, 결국 연구소와의 관계는 완전히 단절됐다. 마이어 부인을 통해서 간접적으로 나온 얘기에 따르면, 1950년 11월 69세로 운명하기 직전에 그는 라이프치히 생활에 실망했다고 한다.[39]

그로스만은 이데올로기적 경직성 때문에 연구소가 시작할 나치즘 분석이나 다른 주제에 관한 연구에 기여할 수 없었다. 그러나 현대사회의 위기에 대한 연구소의 분석에 경제적 관점이 완전히 결여됐다고 생

---

37 인터뷰에서 뢰벤탈과 폴록, 마르쿠제는 1940년대에 연구소 회원들의 그로스만에 대한 불신감이 증폭됐다고 언급했다. 뢰벤탈과 호르크하이머 사이에 오간 편지가 그들의 주장을 확인하게 해준다.

38 연구소의 또 다른 오래된 관계자인 에른스트 블로흐도 같은 경우라 할 수 있다. 블로흐는 자신의 정치적 관점을 이유로 연구소의 재정적 지원을 거절했다(1968년 8월 캘리포니아 버클리에서 뢰벤탈과 진행한 인터뷰).

39 1969년 5월 뉴욕에서 진행한 인터뷰.

각하면 오판이다.《사회연구》지에 실린 거의 모든 논문은 경제문제를 다뤘다. 게르하르트 마이어는 서구 민주주의의 긴급 조치와 계획경제의 관계를 분석했다.[40] 쿠르트 만델바움은 런던에서 기술 발전에 따른 실업과 경제계획에 관한 글을 썼다.[41] '에리히 바우만'과 '파울 제링Paul Sering'(리하르트 뢰벤탈Richard Löwenthal의 필명이다)도 비마르크스주의적 경제모형을 비판했다.[42] 뉴욕에서 행정 문제 처리로 폴록을 도운 조셉 사우덱Joseph Soudek도 종종 경제문제 평론을 발표했다. 심지어 펠릭스 바일도 경제문제에 관련된 평론을 쓰기 시작했다.[43] 마르쿠제와 구를란트가 경제와 기술의 관련성에 관한 논의를 더욱 진전시켰다.[44] 연구소는 속류 마르크스주의자를 경제결정론이라고 신랄하게 비판했지만, 자본주의사회에서 경제의 결정적 역할에 대한 마르크스의 통찰은 여전히 인정한 것이다.

그렇다고 이런 경제 분석이 비판 이론의 핵심으로 통합됐다고 주장하면 잘못이다. 호르크하이머와 아도르노의 관심과 지적 범위가 넓었다고 해도 마르크스주의 경제학이나 여타 경제학은 연구하지 않았다. 호르크하이머가 경제 이론에 대해 논의하려고 시도하자, 오히려 연구소

40 Gerhard Meyer, "Krisenpolitik und Planwirtschaft," *ZfS* Ⅳ, 3(1935). 마이어는 자전적 평론도 몇 편 기고했다. "Neuere Literatur über Planwirtschaft," *ZfS* Ⅰ, 3(1932); "Neue englische Literatur zur Planwirtschaft," *ZfS* Ⅱ, 2(1933). 그는 쿠르트 만델바움과 함께 다음 논문을 쓰기도 했다. "Zur Theorie der Planwirtschaft," *ZfS* Ⅲ, 2(1934).

41 만델바움은 쿠르트 바우만이라는 필명으로 다음 논문을 썼다. "Autarkie und Planwirtschaft," *ZfS* Ⅱ, 1(1933). 그는 본명으로 다음 논문을 발표했다. "Neuere Literatur zur Planwirtschaft," *ZfS* Ⅳ, 3(1935); "Neuere Literatur über technologische Arbeitslosigkeit," *ZfS* Ⅴ, 1(1936).

42 에리히 바우만도 만델바움의 필명이다. 다음 논문은 필명으로 발표됐다. "Keynes' Revision der liberalistischen Nationalökonomie," *ZfS* Ⅴ, 3(1936). 제링으로 발표한 글은 다음과 같다. "Zu Marshalls neuklassischer Ökonomie," *ZfS* Ⅵ, 3(1937).

43 Felix Weil, "Neuere Literatur zum 'New Deal'," *ZfS* Ⅴ, 3(1936); "Neuere Literatur zur deutschen Wehrwirtschaft," *ZfS* Ⅶ, 1/2(1938).

44 Marcuse, "Some Social Implications of Modern Technology," *SPSS* Ⅸ, 3(1941). 마르쿠제는 《일차원적 인간》에서 발전시키려고 한 약간의 개념을 이 저작에 처음으로 표현했다. Gurland, "Technological Trends and Economic Structure under National Socialism," *SPSS* Ⅸ, 2(1941).

내 정통파 마르크스주의자들은 회의적인 눈으로 볼 정도였다.[45] 게르하르트 마이어 같은 비마르크스주의 경제학자는 연구소 지도층과 경제 분석가의 관계가 매우 불편했다고 기억한다.[46] 소득과 소비라는 세속적인 세계에 대한 독일 학자의 오랜 혐오의 잔재가 약간 있는 것 같다.

비판 이론은 20세기에 접어들면서 경제의 역할이 의미심장하게 변했다는 주장으로 경제 분석의 새로운 지평을 열었다. 사실상 파시즘의 성격에 대한 연구소 내 논쟁은 경제의 이런 성격 변화에 초점이 맞춰졌다.《베헤모스》는 그로스만 같은 정통 마르크스주의자의 독점자본주의 성격에 대한 견해를 공유했다. 반면에 연구소 내 핵심 고참 회원들은 연구보다 프리드리히 폴록의 노선을 지지했다. 폴록은 행정 직책을 맡았음에도 학문적 추구에 헌신할 시간을 냈다.

폴록 저작의 핵심은 국가자본주의 이론이다. 그는 국가자본주의가 현대사회의 지배적 추세라고 기술했다. 그의 이론은 대체로 소비에트의 경제적 실험에 대한 자신의 초기 분석을 체계화한 것이었다.[47] 폴록은 러시아가 진정한 사회주의 계획경제를 도입하는 데 성공했다고 느끼지 않았다. 연구소는 러시아 경제가 독특한 특징에도 불구하고 국가자본주의의 변형에 불과하다고 믿었다. 연구소가 소비에트 문제에 침묵한 이유 중 하나이기도 하다. 폴록은 1932년에 출판된《사회연구》지 1호에서 자본주의는 불경기에도 안정된 번영에 도달할 것이라고 언급했다.[48] 폴록의 결론은 자본주의가 비교적 짧은 기간에 붕괴할 것이라고 예견한 그

45 1971년 6월 21일 뉴욕에서 카를 아우구스트 비트포겔과 대담.

46 1971년 7월 19일 뉴햄프셔 메러디스에서 게르하르트 마이어와 대담.

47 Friedrich Pollock, *Die planwirtschaftlichen Versuche in der Sowjetunion(1917-1927)*(Leipzig, 1929).

48 Pollock, "Die gegenwärtige Lage des Kapitalismus und die Aussichten einer planwirtschaftlichen Neuodnung," *ZfS* I, 1/2(1932). 그는 이듬해 "Bemerkungen zur Wirtschaftskrise," *ZfS* Ⅱ, 3(1933)에서 논의를 계속했다.

로스만 같은 위기 이론가의 결론과 전면으로 부딪혔다. 폴록은 위기 이론가의 주장 대신 자본주의국가는 모순을 무한히 유지하기 위해 경제계획을 더 많이 활용할 것이라고 지적했다. 그는 기술혁신과 자본주의 권력 유지에 기여한 국방비 증가의 효과 같은 추가적인 요인도 검토했다.

폴록은 1941년에 자본주의의 영속성에 대한 관찰을 국가자본주의 일반 이론으로 확대했다.[49] 그는 독점자본주의가 자유방임주의 경제를 대체했다고 주장했다. 정부 주도 경제가 특징인 질적으로 새로운 자본주의가 다시 독점자본주의를 대체한다는 것이다. 비록 유럽의 독재주의 국가가 처음으로 광범위한 경제통제 정책을 도입했지만, 미국을 비롯한 서구 민주주의국가도 이 정책을 기꺼이 따랐다는 것이다. 그는 자본주의 이전 단계와 달리 국가자본주의 단계에서는 가격과 임금통제로 자유시장 체제가 중지됨을 지적했다. 이 단계에서는 계획적 정책으로서 경제의 합리화가 추구되고, 정치적 목적을 위한 투자가 통제되고, 소비자 지향적 상품생산이 제한됐다.

폴록은 국가자본주의가 개인이나 집단의 이익을 전체 계획의 필요에 귀속한다는 점에서 이전의 자유방임주의 독점자본주의와 가장 뚜렷이 구별될 것이라고 주장했다. 사회관계는 국가자본주의 단계에서 고용자와 피고용자, 시장을 통한 생산자와 소비자의 관계로 구성되지 않았다. 개인은 명령하는 자와 명령을 받는 자라는 새로운 사회적 관계에 직면했다. 폴록은 비록 '영리 추구 동기'가 완전히 사라지지 않았지만 '권력 추구 동기'로 대체됐다고[50]고 주장했다. 그는 기업 경영에 대한 주주의 통제력 상실이 이런 변화를 반영한 현상이라고 지적한 제임스 버넘James Burnham을 상기시키면서 계속 주장했다.[51] 전통적 자본가는 줄어든 이익

---

49 Pollock, "State Capitalism: Its Possibilities and Limitations," *SPSS* Ⅸ, 2(1941).

50 *Ibid.*, p.207.

51 James Burnham, *The Managerial Revolution*(New York, 1941). 버넘은 본래 트로츠키주의자였

에 의존해 살아가는 **금리생활자**로 전락하고 있다는 것이다.

폴록의 분석에서 도출된 자본주의 붕괴라는 포괄적 예측은 가망 없는 것으로 드러났다. 마르크스가 예언한 프롤레타리아트의 절대적 궁핍화를 방지하기 위해서 공공사업을 통한 강제적 완전고용 정책이 국가자본주의 단계에서 활용되고 있다. 분배 문제는 가격통제와 사전에 규정된 수요를 통해서 해결됐다. 그로스만이 특히 강조한 과잉 축적은 군사부문이 경제에서 차지하는 비중을 계속 확장함으로써 해결됐다. 간단히 말해서 통제 자본주의라는 새로운 체제가 등장했고, 앞으로 상당 기간 존속할 것 같았다.

그러나 폴록의 비관론은 몇 가지 유보조건에 의해 신중하게 완화되었다. 계급투쟁과 이윤율 하락 같은 자본주의의 모순은 사회주의사회에서도 완전히 해결되지 않았다. 오히려 경제를 통제하는 국가를 관료, 군부 지도자, 당 간부, 영향력 있는 경영인(노이만의 분석에서도 이들이 지배집단을 구성한다)이라는 혼합된 지배 집단이 지휘하고 있다. 이런 지배 집단 내 갈등은 현재 비록 감소했다 할지라도 불가피했다. 자원과 숙련된 인적자원은 불가피하게 제한적이며, 대중은 향상된 생활수준을 기대하지만 전쟁준비 경제에 대한 요구가 있기에 생기는 마찰은 자본주의 시스템의 또 다른 불안정 요인이다. 그럼에도 폴록은 국가자본주의 경제가 증대하고 강화되는 전반적 추세를 주로 목격했다. 그는 권위주의적 국가자본주의와 반대되는 개념인 민주주의적 국가자본주의의 생존 능력에 몇 가지 문제를 제기했는데, 오직 역사가 답할 수 있다며 논문을 끝맺었다.

폴록은 《철학과 사회과학 연구》지에 발표한 논문 〈국가사회주의는 새로운 질서인가?Is National Socialism a New Order?〉에서 국가자본주의의 나

다. 비록 트로츠키는 국가자본의 개념을 거부했지만, 소비에트가 국가자본주의에 불과하다고 주장했다. 소수 트로츠키주의자는 다른 의견이었다. 폴록이 이런 생각을 트로츠키주의자에게서 취했다는 증거는 없다.

치즘적 변형에 초점을 맞췄다. 그는 구를란트나 노이만과 반대로 개인 소유의 핵심적 특성이 나치에 의해 거의 파괴됐다고 주장했다. 최대 이익을 위한 투자는 이미 누구에게도 양도할 수 없는 거대 기업의 특권이 아니었다. 비록 나치의 계획이 우연한 일이었다 해도 나치 정부는 소비자 중심적 생산, 가격통제, 경제적 자립 정책보다 완전고용과 자본을 중심으로 한 계획적이고 전반적으로 성공적인 정책을 수립했다. 나치 사회에서 개인의 지위는 기업가적 역량이나 개인 재산이 아니라 사회적 위계질서에서 개인이 차지하는 위치에 따라 결정됐다.[52] 일반적으로 말하면 전문성을 중심으로 형성된 합리성은 법률적 형식주의라는 나치 사회의 지도 원칙으로 대체됐다.

간단히 말해서 폴록은 〈국가사회주의는 새로운 질서인가?〉에 제기한 문제에 긍정적으로 답변했다. 그는 권위와 가족에 관한 연구소의 연구에 의존해서 나치즘은 부르주아사회의 최후 보루인 전통적 가족의 분해를 촉진하기 위한 의도적인 시도를 하기에 진정 '새로운 질서'라고 주장했다.[53] 종래의 자본주의 질서는 심지어 독점자본주의 단계에서도 교환경제였다. 나치 경제 이론가 빌리 노일링Willi Neuling이 명명한 '지도 경제command economy'[54]가 교환경제의 계승자가 된다. 그래서 나치는 경제에 대한 '정치 우위primacy of politics'를 구축했다.[55] 폴록은 나치가 전쟁에 패배하지 않았다면 나치 체제는 내부에서 붕괴할 것 같지 않았다고 특유의 비관적인 결론을 내렸다.

---

52 Pollock, "Is National Socialism a New Order?," *SPSS* IX, 3(1941), p.447.

53 *Ibid.*, p.449.

54 *Ibid.*, p.450. 노이만은 《베헤모스》에서 같은 용어를 사용했다. 빌리 노일링은 다음 논문에서 새로운 용어를 만들었다. "Wettbewerb, Monopol und Befehl in der heutigen Wirtschaft," *Zeitschrift für die gesamte Staatswissenschaft*, LXXXXIX(1939).

55 같은 주제에 관한 최근 논의는 다음을 보라. T. W. Mason, "The Primacy of Politics: Politics and Economics in National Socialist Germany," in *The Nature of Fascism*, ed., S. T. Woolf(New York, 1968).

폴록은 경제의 정치화를 중시하면서 비판 이론의 주류로 들어왔다. 4장에서 살펴봤듯이 프랑크푸르트학파는 분리된 정치 이론 계발을 거부했지만, 사회 이론에 대한 순수한 경제적 접근도 거부했다. 호르크하이머는 마르쿠제의 논문과 제목이 같은 〈철학과 비판 이론Philosophy and Critical Theory〉에서 독재 체제를 순수한 역사적 현상으로 고려한다고 분명히 밝혔다. 그는 미래 사회를 경제적 형태에 따라 판단하면 잘못이라고 주장했다. 더욱이 "정치가 경제와 관련해 독립성을 획득하는 이행 기간에는 이것이 사실이다".[56] 경제의 물신화物神化 문제는 그로스만 같은 정통파 마르크스주의자의 몫이었다. 폴록은 비록 경제적 관계가 자본주의화된 인간이 서로 연관된 물화物化한 형식이지만, 경제적 관계는 매우 복잡하게 얽힌 인간관계를 대표한다고 이해했다. 그는 영리 추구 동기는 항상 권력 추구 동기의 변형이라고 강조했다.[57] 오늘날 시장을 통한 조정 기능이 사라지고 있다. 독재적 지배는 권위주의적 국가자본주의 '지도 경제'에서 노골적으로 드러난다. 폴록은 이렇게 해석했지만, 그가 여전히 마르크스주의적 전통에 서 있었음을 잊지 말아야 한다. 마르크스는 항상 경제를 '정치적 경제'로 이해했다. 마르크스의 모든 경제 저서에는 심지어 《자본론Das Kapital, Kritik der politischen Oeconomie》에도 경제적 관계는 기본적으로 인간의 상호작용이며, 헤겔이 말한 '주인-노예' 관계가 자본주의사회에서 변형된 것이라는 가정이 깔려 있다.[58]

폴록은 국가자본주의 모델을 고안하면서 호르크하이머뿐만 아니라 아마도 뢰벤탈과 아도르노의 편을 들었다. (개인적으로 노이만과 가깝게 지낸 마르쿠제는 《이성과 혁명》에서 노이만에 가까운 입장을 택했다. "가장 강력한 산업 집단

---

56 Max Horkheimer, "Philosophie und Kritische Theorie," *ZfS* VI, 3(1937), p.629.

57 Pollock, "State Capitalism," p.207.

58 이 문제에 대한 논의는 다음을 보라. Robert C. Tucker, "Marx as a Political Theorist," in *Marx and the Western World*, ed., Nicholas Lobkowicz(Notre Dame, Ind., 1967).

이 독점적 생산을 조직하고 사회주의적 반대파를 파괴하고 제국주의적 팽창을 재개하기 위해 직접 정치 통제권을 획득하려는 경향이 있다.")[59] 그러나 호르크하이머는 국가자본주의를 "현대의 권위주의 국가, 즉 독재적 지배를 위한 새로운 활로"라고 인식했다.[60] 호르크하이머는 1930년대 후반과 1940년대 초반의 모든 저작에서 자본주의에 내재한 독재적 지배가 실현될 것이라 예견하면서 정치·경제·법률 분야에서 자유로운 조정 기능의 목적을 강조했다(나중에 이것을 완전히 서구적 '계몽' 전통으로 확대하려 했다). 그는 자유주의에서 권위주의로 이행에 기여한《철학과 사회과학 연구》특집호 서문에 다음과 같이 썼다. "파시즘이 출현하면서 개인과 사회, 개인 생활과 공동생활, 법과 도덕, 경제와 정치 같은 자유주의 시대의 전형적 이원론이 극복되지 못하고 모호해졌다."[61] 현대사회의 본질이 '악당'의 독재적 지배로 드러났다. 호르크하이머는 베냐민이 자주 사용하는 논리의 범주 가운데 하나를 들어 부정한 돈벌이를 보호하는 것이 현대적 지배의 '근원현상Urphenomenon'이었다고 주장했다.[62] 부정한 돈벌이 개념은 나치즘에 대한 키르히하이머의 분석에도 잘 드러났음을 빼놓지 말아야 한다.[63]

지배 집단은 독재 체제에 봉사하기 위해 기술적 합리성을 채용했는데, 호르크하이머가 자주 언급했듯이 기술적 합리성은 이성의 진정한 본질을 배신했다. 호르크하이머는 이 논리를 철학적 **골칫거리bêtes noires** 가운데 하나와 간접적으로 연관 지으며 이렇게 서술했다. "파시스트는

---

59 Marcuse, *Reason and Revolution*, rev., ed.(Boston, 1960), p.410. 마르쿠제는 초기 논문에서 오로지 '독점자본주의'에 관해서 이야기했다. 연구소 회원들도 동의했다. "Der Kampf gegen den Liberalismus in der totalitären Staatsauffassung," *ZfS* Ⅲ, 1(1934).

60 Horkheimer, "Autoritärer Staat," in "Walter Benjamin zum Gedächtnis."(미출간. 1942), pp.124~125. 폴록 소장.

61 Horkheimer, Preface to *SPSS* IX, 2(1941), p.195.

62 Horkheimer, "Vernunft und Selbsterhaltung," in "Walter Benjamin zum Gedächtnis," p.66.

63 Kirchheimer, "In Quest of Sovereignty," pp.178~180. 여기서 키르히하이머는 부정한 돈벌이를 현대사회의 기술주의적 풍조와 관련시켰다. "부정한 돈벌이는 성공 여부가 전문 기술보다 조직과 적합한 기술 설비의 접근에 달려 있는 사회의 단계와 상응하는 것 같다"(p.179).

실용주의에서 뭔가 배웠다. 그들이 사용하는 문장의 의미는 중요하지 않다. 오직 목적이 있을 뿐이다."[64] 호르크하이머는 〈권위주의 국가 Autoritärer Staat〉에서 기술적 합리성 비판을 발전시켰다. 기술적 합리성 비판은 사회주의 비판에도 적용됐다. 이로써 호르크하이머는 나중에 아도르노와 함께 《계몽의 변증법》에서 발전시킨 많은 주장을 앞서 보여줬다. 그는 파시즘은 독점자본주의의 마지막 단계에 속한다는 마르크스주의적 해석에서 파시즘을 분석하기 위해 테크놀로지의 속성 자체의 분석으로 옮겨 갔다. 이런 변화는 2장에서 비판 이론의 기초를 검토하며 살펴봤듯이 생산과정과 노동의 물신화를 과대하게 강조하는 마르크스를 비판하는 것과 관련된다. 호르크하이머는 〈유대인과 유럽〉이라는 논문에서 이렇게 언급했다. "자본주의에 대해 언급하지 않는다면 파시즘에 대해서도 침묵해야 한다."[65] 물론 호르크하이머가 여기서 언급하는 자본주의는 자유주의 자본주의나 그 계승자인 독점자본주의가 아니라 국가자본주의를 의미한다.

호르크하이머는 선진 자본주의의 기술적 합리화를 혐오했기에, 자본주의의 필연적인 계승자라고 자처하는 사회주의 운동에 심각한 의구심을 표현했다. 호르크하이머는 생산수단이 사회화되면 독재는 종식될 거라고 생각한 엥겔스와 그 부류 사람들이야말로 진정한 공상주의자라고 주장했다.[66] 생산수단이 사회화되면 자유의 결과를 낳을 거라는 순진한 기대가 오늘날 권위주의 국가를 탄생시켰다는 것이다. 페르디난트 라살Ferdinand Lassalle과 비스마르크의 불법 동맹이 이 사실에 대한 상징적 표현이다. 호르크하이머는 참된 자유는 국가자본주의가 창출하고 소비

64 Horkheimer, Preface to *SPSS* IX, 2(1941), p.198.

65 Horkheimer, "Die Juden und Europa," *ZfS* VIII, 1/2(1939), p.115. 이 평론은 호르크하이머가 쓴 탁월한 마르크스주의적 소논문 가운데 후기 작품이다. 중요한 논문인데 알프레트 슈미트가 편집한 다음 책에는 빠졌다. *Kritische Theorie*, 2 vols., ed., Alfred Schmidt(Frankfurt, 1968).

66 "Autoritärer Staat," p.151.

에트에서 구체화해 사회주의 체제가 영속시킨 기술주의라는 옷을 벗어 던질 때 비로소 성취될 수 있다고 주장했다. 이런 견해는 역사는 연속성이 있다는 관념과 단절될 때 비로소 자유가 이뤄질 수 있다는 신념을 공유한 베냐민을 기념해 발간된 평론집에 잘 나타나며,[67] 〈권위주의 국가〉는 비판 이론의 가장 급진적인 측면을 표현한 것이다. 호르크하이머는 다음과 같은 가장 중요한 언급을 남겼다.

> 변증법은 발전과 같은 의미가 아니다. 국가 통제를 계승하면서도 국가 통제에서 해방이라는 대립하는 두 요소가 사회혁명이라는 개념에 포함된다. (사회혁명은) 생산수단의 사회화, 계획적 생산 지배와 자연의 지배 현상처럼 자발적으로 일어날 수 없는 것을 유발한다. 착취의 종말은 적극적 저항이나 자유를 쟁취하기 위한 끊임없이 새로운 투쟁이 없으면 불가능하다. 이런 목표(사회혁명)는 진보의 촉진이 아니라 **진보의 도약**der Sprung aus dem Fortschritt heraus이다.[68]

호르크하이머는 이 글을 쓴 1942년에도 적극적 저항이 곧 나타나리라는 희망을 잃지 않았다. 이 점에서 그는 폴록보다 낙관적이었다. "권위주의 국가의 영구 체제는 심각한 위협이지만 시장경제의 영원한 조화만큼이나 비현실적이다. 등가교환이 사실상 불평등의 껍질이듯이 파시스트 계획은 이미 좌절됐다. ……파시스트의 계획이 좌절될 가능성은 절망스러운 가능성에 비해 희박하지 않다."[69] 파시즘의 기반은 권위주의적 성격의 정신적 수용이 매우 중요했다고 해도, 이것뿐만 아니다. 파시

67 Walter Benjamin, *Illuminations*, ed., Hannah Arendt, trans., Harry Zohn(New York, 1968), p.263.

68 "Autoritärer Staat," p.143.

69 *Ibid.*, pp.148~149.

즘은 지속적인 공포와 강압에 기반을 두기도 한다.[70] 지배계급을 구성하는 다양한 분파는 대중에 대한 두려움을 공유함으로써 연합했다. 연합이 없었다면 지배계급은 깡패 집단으로 해체됐을 것이다.[71*]

호르크하이머는 오히려 자유 실현을 위한 물질적 조건이 마침내 이뤄졌다고 주장했다. 그는《철학과 사회과학 연구》에 실린 기술에 대한 논문에서 이런 생각을 발전시킨 마르쿠제처럼 기술주의적 에토스가 확산하면 새로운 지배의 형태뿐만 아니라 궁핍의 종말도 가져올 거라고 주장했다. 호르크하이머가 요청한 과거와 단절은 오로지 인간의 의지에 달렸다. 그는 비판 이론 중 '룩셈부르크주의자'나 생디칼리스트 기질이 있다고 해석될 법한 글을 남겼다. "새로운 사회 양식은 과도기에 발견될 수 있다. 선구자들이 새로운 사회로 가는 길을 보여준다고 간주한 평의회 체제라는 이론적 구상은 **프락시스**를 통해 형성된다. 이런 구상은 1871년과 1905년, 그 밖에 다른 사건으로 거슬러 올라간다. 혁명에는 연속 이론이 의존하는 전통이 있다."[72] 호르크하이머는 레닌주의자가 주장하는

---

70 연구소 회원들이 주장한 테러와 강압 통치의 기능에 관해 더 진지한 토의를 하려면 다음을 보라. Leo Löwenthal, "Terror's Atomization of Man," *Commentary* I, 3(January, 1946). 호르크하이머는 후기 논문에서 나치가 대중을 원자화하기 위해 테러와 대중 선전을 시작하기 전 권위주의적 성격은 그다지 광범위하게 퍼지지 않았다고 주장했다. "The Lessons of Fascism," in *Tensions That Cause Wars*, ed., Hadley Cantril(Urbana, Ill., 1950), p.223.

71 "Die Juden und Europa," p.125.

* 베르톨트 브레히트Bertolt Brecht의 희곡《아르투로 우이의 출세Der aufhaltsame Aufstieg des Arturo Ui》가 보여주듯이, 대개 망명 학자는 은유로라도 나치를 깡패 집단으로 봤다. 모두 그렇진 않다. 예를 들어 한나 아렌트는《전체주의의 기원The Origins of Totalitarianism》에 썼다. "정부의 권위주의적 형식은 권력에 대한 욕망이나 권력 생성 기계가 되고 싶은 욕구와 관계없다. ……전체주의적 정부는 겉모습과 달리 패거리나 깡패에 의해 통치되지 않는다. ……원자화돼 고립된 개인은 전체주의적 통치의 대중 기반을 제공할 뿐만 아니라 전체 구조 꼭대기까지 퍼져 있다"(p.407). 아렌트는 이 문장에 연결된 주석에서《베헤모스》를 비판 대상으로 삼았다. 아도르노와 호르크하이머는《계몽의 변증법》에 있는〈대중사회Massengesellschaft〉에서 파시스트 지도자는 대중과 기본적으로 같다고 주장했다. 이들은 찰리 채플린Charlie Chaplin의 영화〈위대한 독재자The Great Dictator〉에서 독재자와 이발사가 같은 사람이라고 지적했다.—원주

72 "Autoritärer Staat," p.138.

사회 이행 과정에 독재정치를 반대하고 민중의 직접적 권력 장악을 지지하는 듯 보인다. 그는 "야만주의로 퇴행과 역사의 시작"[73] 가운데 선택은 분명하다고 기술했다.

호르크하이머는 〈권위주의 국가〉가 도래하리라는 경고에도 불구하고 야만주의로 돌아갈 가능성이 점점 커진다고 생각했다. 같은 논문에서 그는 아마 처음으로 정신생활이 혁명적 **프락시스**의 마지막 피신처가 돼간다고 주장했다. 이런 주장은 프랑크푸르트학파의 이후 저작에서 자주 나타난다. 호르크하이머는 "생각하는 자체가 저항의 신호이자, 더는 기만당하지 않겠다고 생각하는 노력의 신호"[74]라고 주장했다. 그는 '야만', 최소한 파시즘의 형태로 나타난 야만에 승리를 거두었다 하더라도, 파시즘에 대한 유일한 대안인 '역사의 시작'을 이끌어내지 못한다면, 비판 이론은 현대 세계에서 **프락시스** 자체의 가능성을 의문시해야 할 거라고 생각했다.

이런 논의 전개를 더 자세히 다루면 우리의 핵심 관심사인 연구소의 나치즘 연구에서 벗어날 것이다. 앞서 언급했듯이 나치 경제의 본질에 관한 문제에서 노이만과 키르히하이머, 구를란트는 호르크하이머나 폴록을 비롯한 연구소 고참 회원들과 견해를 달리했다. 셋 중에서 키르히하이머는 실증주의적 경향과 법학 교육에 기반을 뒀음에도 정신적인 면에서 비판 이론에 가장 가까웠다.[75] 《형벌과 사회구조》를 발표한 뒤 《철학과 사회과학 연구》지에 실린 첫 번째 논문에는 범죄학에 대한 그의 지속적 관심이 나타난다.[76] 키르히하이머는 나치 독일의 형법을 분석하면

73 "Vernunft und Selbsterhaltung," p.59.

74 "Autoritärer Staat," p.160.

75 1968년 8월 버클리에서 진행한 인터뷰에서 뢰벤탈이 내게 말했다.

76 Kirchheimer, "Criminal Law in National Socialist Germany," *SPSS* Ⅷ, 3(1939). 키르히하이머는 독일의 범죄 관행에 대해 다른 논문도 발표했다. "Recent Trends in German Treatment of Juvenile Delinquency," *Journal of Criminal Law and Criminology* XXIX(1938).

서 1933년 이후 법률 이론 발전에서 권위주의적 단계와 인종주의적 단계를 구별했다. 나치가 정권을 장악한 뒤 아주 짧은 기간 지속된 권위주의적 단계에서는 롤란트 프라이슬러Roland Freisler의 법의 의지 개념이 지배적 경향이었다. 법의 의지 개념은 피고의 객관적 행동보다 주관적 동기를 강조했다. 의지 개념론은 킬학파Kiel School의 '현상학적' 법률[77]이 주장하는 반규범적 '구체적concrete' 법률 이론으로 대체됐다. 의지 개념론에서는 피고의 '본질적' 성격에 대한 재판관의 직관적 통찰이 피의자의 실제 행위에 관한 판단을 대신한다. 무작위로 저지른 범죄가 확대해석된다. 나치 지도자와 사법부 지도층의 성명을 통해 나타난 '민중의 사회적 감정'이 심지어 소급법 제정과 판결까지 영향을 미쳤다. 나치스친위대Schutzstaffel, SS, 노동자 단체, 당처럼 별개 법률 구조를 갖춘 분할된 사법권이 1933년 이전에 단일화된 형법 체계를 대체했다. 간단히 말해 재판관은 국가의 이념적 요구에 점점 순응하는 예속적 행정 관료로 변모했다.

현상학파와 나치 정치 이론의 중요 주장 가운데 하나는 자유주의적 법률 체계에서 분리된 법과 윤리의 영역을 하나로 모아야 한다는 것이었다. 키르히하이머는 다음 논문에서 나치 법률의 이면에 깔린 성격을 폭로해 이런 주장의 이념적 본질을 표현하려고 노력했다. 개인 소유권과 계약의 자유라는 자유주의 법률의 오래된 근간 중에서 개인 소유권은 아직 존재하지만 "정치에 심하게 저당 잡혔고",[78] 계약의 자유는 실제로 의미 없어졌다. 당시 나치 법률 노선은 어떤 의미에서 개인적 영역과

---

77 키르히하어머의 현상학적 법률 비판을 마르쿠제의 논문, 아도르노의 후설 비판과 비교하라. Marcuse, "The Concept of Essence," *Negations*, and Adorno, *Zur Metakritik der Erkenntnistheorie*(Stuttgart, 1956). 킬학파 현상학의 원천은 후설의 이념적인 다양성이 아니라 셸러의 물질주의적 직관이었다.

78 Kirchheimer, "The Legal Order of National Socialism," *SPSS* IX, 3(1941). 이 논문은《정치, 법 그리고 사회변화Politics, Law and Social Change》에 다시 수록됐으며, 인용은 이 책을 따랐다(p.93).

공공 영역의 간격을 메웠지만, 개인 소유권의 와해라는 대가를 치렀다. '구체적' 정책이 필요하다는 나치의 요구는 반유대인법과 인구 증가 정책(예를 들어 불법적 출산을 금지하는 법의 강제력을 감소하고 대가족을 지지하는 것) 같은 영역에서 실현됐다. 하지만 '피와 흙'의 이데올로기는 근대화 요구에 따라 희생된 농업 부문에 적용할 수 없었다. 사실상 나치 법률의 기본 취지는 호르크하이머가 강조한 기술적 합리성이었다. 키르히하이머는 다음과 같이 썼다. "여기서 합리성이란 합리성의 영향을 받는 사람이 예측할 수 있는 결과를 낳는 보편적으로 적용 가능한 법칙을 의미하지 않는다. 합리성이란 지배자를 위해 봉사하도록 모든 법률과 법 시행 기구가 만들어졌음을 의미한다."[79] 키르히하이머는 새로운 질서를 후기 개인 자본주의라고 묘사하는 폴록만큼 나아가지 않았다.

> 나치 왕국의 사회적·정치적 발전의 특징인 경제력의 집중화는 사적소유와 계약의 자유의 연관성을 폐지하면서 한편으로 산업과 농업 생산에서 사적소유 제도를 보존하는 방향으로 구체화한다. 행정적 승인이 계약을 대신하여 재산권 자체의 **분신alter ego**이 된다.[80]

키르히하어머는 노이만이나 구를란트보다 국가권력 혹은 최소한 히틀러 주변의 지배 도당은 근본적으로 도전받지 않는다고 느꼈다. 그는 나치 치하에 일어난 정치적 변화에 대한 더 광범위한 토론이 실린《철학과 사회과학 연구》에서 자신의 논거를 제시했다.[81] 키르히하이머는 최근 서구 역사에서 나타난 정치적 타협을 3단계로 구분했다. 자유주의 시

---

79 *Ibid.*, p.99.

80 *Ibid.*, p.108.

81 Kirchheimer, "Changes in the Structure of Political Compromise," *SPSS* IX, 2(1941). 이 논문도《정치, 법 그리고 사회변화Politics, Law and Social Change》에 다시 수록됐고, 인용은 이 책을 따랐다.

기에는 "의회 대표끼리 혹은 의회와 정부 사이에 맺어진 복합적 행동 협정"이 지배적이었다.[82] 정치에서 돈의 영향은 특히 심했다. 1910년경 대중민주주의 시기가 되자, 협상 요소가 변하기 시작했다. 자본과 노동의 자발적인 조직이 권력투쟁의 주원인이었고, 중앙은행은 경제와 정치 영역의 조정자 역할을 했다. 독점자본이 정치와 경제 부문에서 개인 역할을 대신했다. 파시즘이 등장하면서 시작되는 제3제국 시기에 경제적 요소의 영향은 철저히 감소한다. 파시스트 정부는 자본가의 파업이나 개인적인 경제적 압력의 시위로 무너질 수 없을 정도로 강해진다. 노동(정부가 통제하는), 산업(여전히 개인소유인) 같은 영역에서는 비록 독점이 여전히 존속했지만, 정부가 통제의 채찍을 들었다. 사실상 나치당은 당시 내부에 경쟁적 경제 제도를 만드는 데 골몰했는데, 그 결과 관료화가 촉진됐다. 이것이 나치가 초기에 내건 약속의 배신을 의미하진 않았다. "나치당은 독립적 중산층의 생존경쟁에 대한 지원을 보장하지 않을 것이다. 당은 실제로 독일 근대사에서 다른 어떤 요인보다 이들의 몰락을 촉진할 것이다."[83]

이런 모든 것의 결과로 나타난 새로운 정치적 협상 구조는 이제 오로지 총통과 나치 도당에 의존했다. 돈은 사회적 영향력을 실질적으로 상실했고, 정치적 '지도력'이 집단 내부 갈등의 조정자가 됐다. 집단 내부 갈등은 상대적으로 없는 편이었는데, 파시스트 제국주의는 확장 지향적 본질로 내부의 경쟁적 요인을 무마하기 위해서 전리품을 분배했기 때문이다. "파시스트적 질서를 특징짓는 타협적인 구조는 지배 집단의 권위 상호 의존성 때문이다. 이런 상호 의존성이 파시즘의 진로를 가리키고, 파시즘의 궁극적 운명도 결정한다."[84]

---

82 *Ibid.*, p.131.
83 *Ibid.*, p.155.
84 *Ibid.*, pp.158~159.

나치즘의 제국주의적 힘은 구를란트와 노이만의 나치즘 분석에서도 핵심 연구 대상이었다. 구를란트는《철학과 사회과학 연구》[85]에 발표한 첫 번째 논문에서 나치 체제 내부 모순을 방지하기 위한 수단이던 경제 팽창의 중요성에 초점을 맞췄다. 그는 정부 분야가 증대했음을 인정하면서도, 거대 기업의 영향력은 감소했다는 폴록의 주장에 반대했다. 정부는 독점자본에 대한 프티부르주아의 반대 감정을 대변하는 듯하지만, 단단히 구축된 거대 기업의 특권을 사실상 건드리지 않는다는 것이다. 실제로 화이트칼라 노동자, 소기업가, 하급 관리로 구성된 불만족스러운 **중산층**Mittelstand은 거대 기업의 붕괴보다 번영에 끼어들기를 원했다. 중산층의 이런 열망은 제국주의적 팽창과 결합하면서 정부와 거대 기업의 이익을 충족하는 결과를 낳았다. 구를란트는 폴록의 견해에 반대하며 주장했다. "경제적 팽창이 이윤 추구 동기의 실현을 보장하고, 이윤 추구는 팽창을 고무한다."[86]

구를란트는 비록 나치 치하에서 기술주의적 합리화가 진전함을 인정했지만, 기술주의적 합리화가 사적 자본주의를 종식하리라고 생각하지 않았다. 사적 기업 경제구조의 관료화와 집중화는 나치가 권력을 장악하기 전에 시작됐다. 그는 이런 사적인 복합기업이 헤르만괴링강철공장Hermann-Göring-Stahlwerke 같은 나치 경쟁자보다 훨씬 세력이 강했다고 주장했다. 폴록이 강조한 기술혁신은 특히 화학공업 분야에서 정부보다 사기업의 노력으로 이뤄졌다. 경영 기술상 발전이 있었다 해도 "생산수단을 통제하는 사람은 그들이 어떻게 불리든 실질적으로 자본가였기에"[87] 이 또한 자본주의의 변질을 의미하지 않았다. 경영자들은 이익배

85 Gurland, "Technological Trends and Economic Structure under National Socialism," *SPSS* IX, 2(1941).

86 *Ibid.*, p.248.

87 *Ibid.*, p.261.

당금으로 수입을 얻는 전통적 주주와 달리, 여전히 기업 이익에서 수입을 얻었다. 간단히 말해 구를란트가 이해한 사회체제는 비록 제국주의적 팽창을 추구하는 과정에서 결합한 정치 관료와 경제인의 공동지배 구조에 기반을 둔다고 해도 아직 독점자본주의였다.

노이만은 독점자본주의의 존속을 과소평가하지 않으려는 구를란트의 입장을 공유했다. 마침내 우리는 노이만의《베헤모스》로 관심을 돌릴 수 있다.《베헤모스》는 냉전 동안 명성이 상대적으로 실추했음에도 결국 고전이 됐다.《베헤모스》는 각고의 노력으로 만들어진 학문적 저작이다. 노이만과 비판 이론의 거리를 생각할 때 더욱 주목할 만하다. 노이만은 독일 운동사 분야에서 1933년 이전까지 개인적 경험을 토대로 기술할 수 있었다. 호르크하이머와 연구소 핵심 회원들이 이 모든 것을 인정했지만, 노이만이 내린 결론과 이를 위해 사용한 방법론은《베헤모스》가 연구소의 관점을 잘 표현한다고 할 수 없을 만큼 비판 이론과 상당히 거리가 있었다.[88]

물론 노이만과 다른 회원들의 접근 방법에는 유사성도 있다. 예를 들어 호르크하이머가《여명》부터 전쟁 이전의 모든 저작에서 그랬듯이, 노이만도 반유대주의와 일반적 인종주의[89]를 독립적으로 다뤄야 할 만큼 중요하다고 생각하지 않았다. 노이만은 심지어 독일인은 "그 누구보다 반유대주의적 성향이 희박하다"[90]고 말했으며, 연구소 회원들도 이런 신념에 조심스럽게 공감했다.[*91] 노이만은 파시즘은 비이성주의이기에

---

88 마르쿠제와 뢰벤탈의 대담에서 이런 정보를 얻었다.《베헤모스》가 독일어로 출판됐을 때도 연구소가 발행한《프랑크푸르트 사회학 논집》에서 제외됐다.

89 노이만은 에밀 레더러Emil Lederer의《대중의 상태: 계급 없는 사회의 위협State of the Masses: The Threat of the Classless Society》(New York, 1940)에 대해 논하면서 다음과 같이 주장했다. "레더러의 분석이 정확하다면, 우리의 초기 토의는 완전히 틀렸을 것이다. ……인종주의는 소집단의 관심사라기보다 대중 속에 깊이 뿌리박혔을 것이다"(*Behemoth*, p.366).

90 *Behemoth*, p.121.

* 내가 뢰벤탈에 대한 노이만의 견해에 대해 언급했을 때, 그는 연구소 회원들이 대부분 미국으

진정한 의미의 정치 이론이 결핍됐다는 견해에 동의했다. "정치 이론이라면 응당 비이성적일 수 없기" 때문이다.[92] 그는 최종적으로 파시즘은 의식적인 정치적 투쟁 실천이 없으면 필연적으로 내부에서 붕괴하지 않을 거라고 결론 내렸다. "파시즘 내부에 결함과 균열이 있고 독일이 군사적으로 패배한다고 해도, 파시즘 왕국이 자동으로 붕괴하진 않을 것이다. 파시즘은 오직 내부의 균열을 촉진할 수 있는 억압받는 대중의 의식적인 정치적 행동으로 전복될 수 있다."[93]

노이만과 연구소 회원들의 차이점은 전체적으로 보면 중요했다. 노이만이 심리학에 일반적인 경멸감이 있었다는 점은 몇 번 언급했다. 그는 자신에게 상당한 영향을 미친 좌파 역사가 에카르트 케르Eckart Kehr처럼[94] 심리학적 분석은 부르주아 이데올로기보다 못하다고 생각했다.《베헤모스》에는 카리스마에 대한 심리학적 분석이 약간 나오지만, 권위주의적 성격에 대한 연구소의 초기 업적을 완전히 무시한다. 1944년에 추가한 부록을 포함하면 무려 600쪽이 넘는《베헤모스》에서 노이만이 가학-피학성에 대한 프롬의 개념을 수용했다고 추정할 내용은 찾아볼 수 없다. 오히려 노이만은 바이마르공화국 시기[95]에 전개된 노동계급의 실

로 이주한 뒤에 알게 된 미국인보다 독일인의 반유대주의적 성향이 강하지 않다고 생각한다고 말했다. 그들은 바이마르 시대에는 부분적으로 알려지지 않은 정치적이라기보다 사회적인 차별에 주목했다. 나와 대화한 모든 연구소 회원은 유대인이 망명을 강요당하기 전에 독일 사회에 완전히 동화됐다고 느꼈다는 점을 역설했다. 독일의 반유대주의에 대한 이런 태도는《철학과 사회과학 연구Studies in Philosophy and Social Science》에 수록된 문제를 개괄하기 위해 연구소가 1939년 작성한 취지문에 반영됐다. 이 취지문에 실린 다음 문장은 오늘날 관점에서 보면 다소 순진하게 들린다. "정부의 반유대주의에 독일 대중이 혐오를 보이는 동안 반유대주의의 징후는 반파시스트 정권이 들어선 적이 전혀 없는 곳을 삼켜버렸다." — 원주

91 *Studies* IX, 1(1941). p.141. 취지문에는 1939년 발행이라고 표시됐다.

92 *Behemoth*, p.465.

93 *Ibid.*, p.476.

94 케르는《베헤모스》에 여러 번 언급되는데, "재능이 대단한 사람"(p.203)이라고 표현되기도 했다. 정신분석에 대한 그의 평가는 다음 논문에서 볼 수 있다. "Neuere deutsche Geschichtsschreibung," *Der Primat der Innenpolitik*, ed., Hans-Ulrich Wehler(Berlin, 1965).

95 *Behemoth*, pp.403~413.

태를 분석하면서 독일 프롤레타리아트의 양가적 심성에 관한 프롬의 연구를 무시했다.

더 중심적인 문제는 노이만이 폴록의 국가자본주의 개념에 찬성하지 않았다는 점이다. 노이만은 "'국가자본주의'란 용어가 **형용모순**"이라고 생각했다. 그는 힐퍼딩을 인용하면서 이렇게 주장했다. "국가가 생산수단의 단독 소유자가 되면 자본주의경제는 작동하지 못한다. 그런 국가는 경제순환의 여러 과정을 실제로 유지해주는 구조를 파괴한다."[96] 노이만은 독일 경제를 경험적으로 조사해 '정치의 우월성'과 경영 기술의 혁명이 아직 성취되지 않았음을 증명했다. 그는 이 증명을 통해 파시즘은 붕괴하지 않을 것이라는 폴록의 우려에 동의하지 않음을 분명히 했다. "요즘 저자는 이런 심각한 비관론을 받아들이지 않는다. 독일 사회에서 자본주의의 대립은 매우 높은 수준에서 일어나며, 관료적 장치와 국민의 공동체 이데올로기가 이런 대립을 은폐한다 해도 대립은 더 위험한 수준에서 일어날 것이다."[97]

그는 나치 지도자의 증언을 첫 번째 증거로 인용했다. 그들 중 아무도 국가 통제는 심사숙고한 정책이라고 언급하지 않았다.[98] 노이만은 바이마르공화국 시기 카르텔(기업연합)의 증가와 거대 기업의 합리화에 관계된 당시의 중요한 자료를 제시했다. 이런 과정에서 경제구조는 더욱 경직화하고 주기적 경기 변화에 민감해졌다. 불만족하는 대중의 압력은 불가피해졌다. 결과적으로 나치 체제는 폭발 직전의 막다른 골목을 뚫고 나가기 위해서 경제에 간섭하지 않을 수 없었다. 국가의 선택은 분명했다. "국가가 독점적 소유를 파괴할 것인가? 대중의 이익을 위해 독점적 소유를 제한할 것인가? 독점적 입장을 강화하고 모든 기업 활동이 산

96 *Ibid.*, p.224.

97 *Ibid.*, p.227.

98 *Ibid.*, p.228~234.

업 조직의 그물에서 완전히 병합되는 것을 지원하기 위해 간섭하는 방법을 사용할 것인가?"[99] 이 질문에 노이만의 답변은 명확했다. 나치는 국가가 독점적 소유를 파괴하지 않을 것이라 선전하면서도 결국 후자의 길을 선택했다. 노이만의 분석은 7차 세계코민테른회의에서 게오르기 디미트로프Georgi Dimitrov가 고전적으로 발표한 정통 마르크스주적 입장보다 복합적이었다. 정통 마르크스주의는 파시즘이 가장 반동적이고, 가장 국수적이며, 재정 자본에는 가장 제국주의적인 공개적 테러리스트 독재라고 봤다.[100] 노이만은 이 견해에 다음과 같이 주장했다. "오늘날 독일 경제는 분명한 양면성이 있다. 독일 경제는 독점 경제와 '지도 경제'다. 독일 경제는 전체주의국가가 통제하는 사적 자본주의 경제다. 우리는 독일 경제구조를 가장 잘 드러내는 이름으로 '전체주의적 독점자본주의Totalitarian Monopoly Capitalism'를 제안하고자 한다."[101]

그는 이어서 강제적인 카르텔 입법이 전체주의적 독점자본주의의 성격을 잘 보여준다고 주장한다. 새로운 독점기업의 지배자와 후원자는 새로운 경영인이 아니라 대부분 예전 개인 사업주나 그 가족이었다. 그는 나치가 대다수 산업을 국유화하기 주저했으며, "오히려 반대로 국유화를 멀리하는 뚜렷한 경향이 있다"고 지적했다.[102] 나치당이 구상한 대안 경제구조 건설 역시 자본주의의 종말을 의미하지 않았다. "반대로 나치는 자본가적 사회의 활성적 힘을 긍정하는 듯 보인다. 경제에 대한 정치의 우위, 경제력이 없는 정치권력, 산업 생산에서 확고한 위치 없는 정치권력을 자랑으로 하는 일당 국가에서도 자본주의의 종말이 근거 없다고

99 *Ibid.*, p.260.

100 John M. Cammett, "Communist Theories of Fascism, 1920-1935," *Science and Society* XXXI, 2(Spring, 1967)에서 인용.

101 *Behemoth*, p.261.

102 *Ibid.*, p.298.

증명됐기 때문이다."[103] 간단히 말해 지도 경제가 형성되고 있었다 해도 결코 예전의 독점적 자본주의를 대체할 수 없었다. 노이만은 사실상 구를란트의 견해에 동조하면서 제국주의적 팽창이 지배 엘리트에 속한 다양한 집단의 요구를 만족시키는 한, 양자는 병존할 수 있다고 생각했다.

노이만이 엘리트 집단을 거대 기업, 정당, 군부, 관료 등 내부 소집단으로 구별한 것을 보면 그가 파시즘을 독점의 산물이라고 간주하는 단순한 입장을 취하지 않았음을 알 수 있다. 그는 "국가사회주의는 독일 산업에 도움이 되는 단순한 도구를 의미하지 않으며, 제국주의적 팽창에 관해 당과 산업은 같은 목표가 있다는 것을 의미한다"고 서술했다.[104] 노이만의 분석은 폴록이나 호르크하이머와 달리 여전히 전통적 마르크스주의 논리 범주에 뿌리박고 있었다. 폴록이 권력 추구 동기에 관해 기술한 내용에 노이만은 다음과 같이 답했다. "우리는 이윤 추구 동기가 파시즘과 독점자본주의를 유지해준다고 믿는다. 그러나 독점 체제에서는 이윤이 생길 수 없으며, 독점 체제는 전체주의적 정치권력 없이 유지될 수 없다. 이것이 국가사회주의의 특징이다."[105] 폴록이 묘사한 새로운 질서는 결국 새로운 점이 없었다.

예전 연구소의 경쟁자였던 뉴스쿨의 이론가 에밀 레더러는 나치 독일을 계급 분화가 없는 특성 없는 대중사회로 파악하면서 이론을 정정하려 했다. 대중을 원자화하려 한 나치의 정책은 엘리트층이 스스로 원자화함으로써 중단됐다. 노이만은 다른 것이 있었다면 "국가사회주의의 사회정책상 핵심은 독일 사회의 지배적 계급 성격을 수용하고 강화한 데 있다"고 주장했다.[106] 노이만은 하층계급과 중하층 계급의 연대에

103 *Ibid.*, p.305.

104 *Ibid.*, p.185.

105 *Ibid.*, p.354.

106 *Ibid.*, p.366.

서 일어난 변화에 동의했다. 나치는 전통적 계급보다 지위status에 기반을 둔 새로운 계급 질서를 소개했는데, 그 결과 지위에서 계급으로 이행하는 현상에 대한 고전적 규정을 내린 헨리 메인 경의 견해를 뒤엎었다.[107] 대중을 원자화하려는 신중한 노력과 프로파간다, 공포, 노동과 임금정책, 나치 법률(주로 노이만과 키르히하이머가《사회연구》지와《철학과 사회과학 연구》에 발표한 초기 논문에 근거한다)처럼 노이만이 파헤친 원자화의 결과로 새로운 계급 질서가 등장했다.

노이만은 정통적인 계급 분석을 했기 때문에 호르크하이머 주변 인물이 알아채기 시작한 지배의 기술적 측면을 인식하지 못했다. 그는 구를란트와 마찬가지로 사적 자본주의라고 해서 경제의 합리화와 집중화가 불가능하다고 생각하지 않았다. "자본가적 생산의 내부 구조에서 발생한 기술혁명은 자본주의가 역동성을 상실했다고 주장하는 사람의 신념을 논박했다."[108] 노이만은 기술상 합리화 논리와 이익 극대화 요구 사이의 긴장이 결국 증가할 가능성을 염두에 뒀다. 그는 "우리가 모두 기술자와 십장이라고 이해하는 엔지니어와 전체주의적 독점자본주의 사이에 존재하는 대립 관계가 나치 체제의 결정적 결점 가운데 하나임을 확신한다"고 서술했다.[109]

노이만의 핵심 주장은 폴록과 달리 나치즘은 다른 수단에 의해 수행되는 연장된 독점자본주의라는 점이다.《베헤모스》의 두 번째 테제는 연구소 핵심 회원의 견해에 더욱 가까웠다. 이런 주장은 17세기 영국 내전의 혼란을 다루는 홉스를 연상시키는 책 제목(홉스의《리바이어던Leviathan》을 의미—옮긴이)에 반영됐다. 노이만 입장에서 보면 "국가사회주의 혹은

---

107 *Ibid.*, p.449. 데이비드 쇼엔바움David Schoenbaumdmsdms이 나치 지위 혁명status revolution의 중요성을 강조하는《히틀러의 사회혁명Hitler's Social Revolution》(Garden City, N.Y., 1966)에 수록된 "수정"에서 언급한 것은 부분적으로 노이만이 스스로 예견한 것이기도 하다.

108 *Behemoth,* p.278.

109 *Ibid.*, p.472.

국가사회주의가 돼가는 과정은 비국가non-state, 혼란, 무법無法과 무정부의 지배다".[110] 국가자본주의란 명칭은 잘못된 것일 뿐만 아니라, 전통적 의미에서의 국가의 존재 자체가 의심스러운 것이 되었다. 대신 지배와 억압은 보다 노골적이고 직접적으로 또한 불완전한 자유주의 국가에 의해 이뤄진다.

달리 말해 노이만은 호르크하이머나 연구소 다른 회원들처럼 과거에 있던 인간에 의한 매개는 독재국가에서 급격히 침식되고 있었다고 생각했다. 그들은 매개 없는 지배 체제의 성격 규정에 관해서 의견이 달랐을 뿐이다. 노이만이 생각하기에 그런 지배 체제는 아직 피착취 노동자 위에 군림하는 자본가의 노선을 따르는 것이며, 자본가와 노동자 갈등의 악순환을 줄이기 위해 활동하는 국가는 없었다. "자본가와 노동자라는 두 계급 사이에는 객관적으로 심각한 대립 관계가 존재한다. 계급 갈등이 폭발할지 안 할지 모른다 해도."[111] 호르크하이머는 그런 지배 체제는 자본시장을 완충하지 못한 채 점차 사회심리학적 현상이 돼간다고 생각했다. 폴록은 국가가 지배 체제의 주요한 가해자이며, 그런 지배 체제에는 테러와 강압 정치를 교묘하게 감행하는 행위가 포함된다고 주장했다. 폴록은 적당한 시기가 되면 지배 체제가 대체로 그 사회에서 일종의 지배적 조건이 되기 때문에 국가는 막대한 역할을 한다고 분석했다. 기술 중심적 에토스의 역할이 증대한다는 호르크하이머의 주장은 이런 분석에서 결정적인 역할을 했다. 미국 사회의 분석과 연관된 프랑크푸르트학파의 후기 연구 업적을 검토하면서 알겠지만, 마르쿠제가 '일차원적' 사회라고 널리 알린 지배 체제는 경제적이든 정치적이든 지배하는 자의 의식적인 명령 없이도 존속되는 듯 보인다. 그 결과 지배 체제는 더 사악하지만 물리치기 쉽지 않아 보이고, 지배 체제를 부정하는 효과

110 *Ibid.*, p.xii.
111 *Ibid.*, p.471.

적인 행동을 취할 기회는 더 희박해 보인다.

요약하면 연구소는 나치즘을 분석하기 위해 두 가지 일반적 접근 방법을 사용했다. 노이만과 구를란트, 키르히하이머가 사용한 접근 방법은 사회심리학이나 대중문화에 관심을 두지 않은 채 법률, 정치, 경제 제도의 변화에 초점을 맞췄다. 이런 접근 방법은 정교하게 발전된 독점자본주의의 중심적 역할을 강조하는 더 정통적인 마르크스주의의 기본 전제를 수용했다. 호르크하이머 주변의 인물이 사용한 다른 접근 방법은 나치즘을 비합리적 지배를 향한 서구의 일반적 추세 중 가장 극단적 사례로 파악했다. 이들은 나치즘 현상이 발전된 자본주의의 부산물로 발생했음을 인정하지만, 경제적 하부구조를 사회적 총체성social totality의 결정적인 중심지locus라 여기지 않았다. 대신 제도적 힘으로 기술상의 합리화와 문화에서 긴요하게 작용하는 도구적 합리성에 더 많은 관심을 기울였다. 그들은 노이만이나 노이만 그룹의 다른 사람들보다 복종의 사회심리학적 구조와 폭력의 근원에 관심을 가지고 연구했다. 이런 연구는 자본주의가 붕괴하리라는 마르크스의 예언을 회피하는 발전된 자본주의의 여러 방법을 지적함으로써 변화 가능성에 심각한 회의를 드러내기도 했다. 이런 회의는 점점 더 짙어졌다.

호르크하이머-폴록의 접근 방법은 경제에 집중한 정통 마르크스주의를 뛰어넘었기 때문에 전쟁 이후 미국 사회현상 분석에 쉽게 적용될 수 있었다. 미국의 경제는 독점자본주의라 할 수 있지만, 미국 사회는 파시즘에 저항적이었다. 노이만과 그의 동료들이 전쟁 이후 자유주의적 입장으로 전향한 데는 이런 현실에 대한 인식도 부분적으로 기여했다고 추측할 수 있다. 반면 호르크하이머와 주변 인물들은 프롤레타리아혁명의 미래에 대한 비관론적 입장을 공유했지만, 노이만과 키르히하이머, 구를란트처럼 같은 의미에서 자유주의로 전향하지 않았다. 우리가 앞으로 검토할 마르쿠제는 오히려 급진주의 성향이 강해졌다. 호르크하이머와 아도르노는 훨씬 더 신중했지만, 그들의 기본 분석의 전제는 결코 자유주의적이거나 다원론적이지 않았다. 지금 전후 발전에 대해 더 언급하면 너무 앞지르는 것이다. 다음 장에서 미국에 다시 초점을 맞춘 연구소에 대해 논의한 뒤 전후의 발전을 언급하려 한다.

연구소의 미국 사회 분석을 다루기 전에, 전쟁 기간 연구소의 역사를 언급해야 한다. 유럽에서 파시즘 세력이 확장되고 미국도 전쟁에 개입함에 따라 연구소의 재조직과 활동 목적에 대한 재평가가 불가피해졌다. 전쟁이 발발했을 때 연구소의 유럽 분실 중 유일하게 남아 있던 프랑스도 1940년 나치가 파리를 점령하자 폐쇄됐다. 1930년대에 파리 분실은 연구소 출판물의 섭외와《권위와 가족에 관한 연구》를 위한 자료원 역할을 했을 뿐만 아니라, 프랑스의 학문적·문화적 영역을 연결하는 역할도 했다. 파리에 사는 사람 중에서 발터 베냐민만《사회연구》지에 기고한 것은 아니다. 셀레스탱 부글레, 레몽 아롱, 알렉상드르 코이레, 잔 뒤프라Jeanne Duprat, 파울 호니스하임, 막심 르로이Maxime Leroy, 베르나르 그뢰튀상Bernard Groethuysen과 알베르 드망종Albert Demangeon도 논문을 기고했다. 1938년 부글레는 연구소 뉴욕 분실에서 일련의 대중 강연을 하는 유럽의 저명한 두 학자 중 한 사람이었다(모리스 긴즈버그가 다른 한 명이다).

이제 그 연결 관계는 단절됐다. 펠릭스알캉출판사도 더는《사회연구》지를 발행할 수 없었다. 연구소는 1939년《사회연구》지 3권부터 미국에서 발행하기로 했는데, 첫 발행은 1940년 여름에야 가능했다. 미국에서 발행하기 시작하면서 영어로 출판하지 않는다는 연구소의 오랜 의도가 변경될 수밖에 없었다.《철학과 사회과학 연구》로 이름을 바꾼 잡지의 서문에서 호르크하이머는 다음과 같이 설명했다.

> 철학, 예술, 과학은 유럽 대부분 지역에서 고향을 잃었다. 영국은 현재

전체주의국가의 지배에 대항해서 전력으로 투쟁한다. 아메리카(특히 미국)는 과학 탐구의 삶이 연장될 가능성이 있는 유일한 대륙이다. 미국 문화는 미국의 민주적 제도의 틀이 아니었다면 존재할 수 없었을 자유를 누린다. 우리 잡지를 새로운 형식으로 간행하면서 이런 우리의 믿음이 구체적으로 표현되기 바란다.[112]

미국에서 출판하려면 유럽보다 비용이 더 들었고, 연구소 자금이 전처럼 넉넉하지 않았다. 1930년대 후반에 이르자 자금 공급에 심각한 문제가 생겼다. 하락세인 증권에 잘못 투자하고 뉴욕 북부 지방 부동산을 잘못 계약해서 손해 본데다, 늘어난 연구소 간부 망명자들에게 상당한 자금을 분배해야 함에 따라 재정은 한계에 부딪혔다. 연구소는 1941년까지 마지막 자금을 스위스와 네덜란드에서 미국으로 가져왔다. 그 자금은 쿠르트게를라흐기념재단Kurt Gerlach Memorial Foundation과 헤르만바일기념재단Hermann Weil Memorial Foundation, 사회연구협의회Social Studies Association[113]가 관리했다. 연구소가 가져온 자금은 연구소의 모든 프로그램을 계속할 만큼 충분하지 않았다. 자금 부족에 따른 첫 번째 결과로 《철학과 사회과학 연구》는 1년에 한 번 발행하기로 했다. 《철학과 사회과학 연구》는 1942년 3월 9권 3호(공식적으로 1941년)를 마지막으로 전쟁 동안 간행되지 못했다. 《철학과 사회과학 연구》는 본래 모습으로 다시 발행되지 못했다. 주목할 만한 특징과 업적을 보여준 잡지가 사라진 것이다. 《철학과 사회과학 연구》가 발행되던 10년이 연구소의 진정한 **전성기Blütezeit**, 즉 가장 위대한 창조의 시기였다.

---

112 Horkheimer, Foreward to *SPSS* Ⅷ, 3(1939), p.321. 이 잡지의 실제 발행일은 1940년 7월이다.

113 찰스 비어드, 로버트 매키버, 로버트 린드, 모리스 코헨Morris Cohen, 파울 틸리히 등 연구소의 오랜 친구들이 사회연구협의회 이사직에 있었다("Supplementary Memorandum on the Activities of the Institute from 1939 to 1941," 등사판; 몬타뇰라의 프리드리히 폴록 소장).

연구소 재정 문제 때문에 유럽에서 온 새 망명자가 쇄도해 늘어난 간부도 감소가 불가피했다. 카를 란다우어와 안드리에스 슈테른하임, 가장 유명한 발터 베냐민은 늦기 전에 망명하자는 연구소의 간청에도 때를 놓칠 때까지 망설였다. 그렇지만 대부분 도피에 성공했다. 전쟁이 발발할 즈음 연구소와 표면적으로 빈번한 관계가 있던 새로운 동료 연구자는 카를 빌헬름 카프Karl Wilhelm Kapp(경제학), 그라에브너 1세I. Graebner(반유대주의), 프리츠 카르젠(교육),[114] 올가 랑(중국학), 빌헬름 마카우어Wilhelm Mackauer(역사), 알로이스 샤르트Alois Schardt(예술), 조셉 사우덱(경제학), 에드거 질셀(사회학), 폴 라자스펠드(사회학), 막시밀리안 베크(철학), 쿠르트 핀투스Kurt Pinthus(문학), 한스 프리트Hans Fried(사회학) 등이 있다. 알리스 마이어의 남편 요제프 마이어 외 많은 연구원이 줄어든 연구소의 예산으로 보조금을 받지 못하게 됐다.

오래된 회원이라고 해서 이 문제를 피할 수 없었다. 우리가 지적한 바와 같이 프롬은 1939년 개업하기 위해 떠났고, 굼페르츠는 증권 중개인 활동에 몰입했으며, 비트포겔은 새로운 수입원을 발견했다. 아도르노는 처음에 프린스턴대학교가 진행하다가 나중에 컬럼비아대학교가 맡은 라자스펠드의 라디오연구프로젝트에 파트타임으로 고용됐다. 그는 여기서 얻은 수입을 자신의 연구 활동에 쓰면서 은밀히 뢰벤탈을 돕기도 했다. 정부 자문 역할은 유용한 활동이자 수입을 보충하는 수단이었다. 노이만은 미국의 전쟁 수행을 도와주기 위해 워싱턴으로 간 첫 번째 사람이다. 그는 1942년 전쟁전략국Board of Economic Warfare, BEW의 수석고문으로 일했으며, 얼마 뒤에는 중유럽 연구·분석반 차장으로 OSS에서 일했다. 노이만은 워싱턴으로 떠나면서 연구소와 영원히 이별했다. 프롬

114 새로운 연구소 동료 중 카르젠이 다음 두 전기적 작업을 포함해 《사회연구》지에 가장 자주 기고했다. "Neue Literatur über Gesellschaft und Erziehung," *ZfS* III, 1(1934); "Neue amerikanische Literatur über Gesellschaft und Erziehung," *ZfS* VIII, 1(1939).

이나 비트포겔처럼 연구소와 이별은 개인 사정뿐만 아니라 연구소 회원들과 이론적 차이[115]로 가속화됐다. 호르크하이머는 폴록의 주장이 《베헤모스》에 요약·취급된 방법에 불만이 있었다. 연구소 회원 중에서 뽑는 컬럼비아대학교 교수 자리를 둘러싼 경쟁도 표면화됐다. 프랑크푸르트 시절부터 활동해온 노장 회원들은 자신들과 의견이 다른 노이만이 컬럼비아대학교 교수진에게 연구소를 대표하는 듯 보이는 것 때문에 괴로워했다. 전쟁 후 컬럼비아대학교는 노이만에게 교수 자리를 제안했고 그는 수용했다. 그 시기에 연구소는 컬럼비아대학교와 관계를 정리할 것을 결정했다.

연구소 다른 회원들은 전쟁 동안 대부분 워싱턴에서 보냈다. 마르쿠제가 10년 이상 폭넓은 연구를 집대성한 《이성과 혁명》을 완성한 뒤 그랬듯이, 키르히하이머도 OSS 활동에 가담했다. 그들은 워싱턴에서 하요 홀본Hajo Holborn, 노먼 브라운, 칼 쇼르스케, 스튜어트 휴즈, 레너드 크리거Leonard Krieger, 크레인 브린턴Crane Brinton, 프랭크린 포드Franklin Ford 등 유명한 학자가 모인 지식인 공동체의 구성원이었다. 마르쿠제는 OSS 활동에 가담하기 전에 전쟁정보국Office of War Information, OWI에서 잠시 일했다. 뢰벤탈 역시 1943년 이후 OWI를 중심으로 정부 관련 일을 했다. 뢰벤탈은 연구소 뉴욕 분실에서 잠시 활동했지만, OWI 담당 책임자로 활동하기도 했다. 폴록은 독점금지공정분배부Department of Justice's antiturst division와 경제전 위원회의 임시고문으로 일했다. 대부분 뉴욕에서 시간을 보낸 구를란트도 클로드 페퍼Claude Pepper가 이끄는 상원소위원회가 추진한 《나치 독일에서 소기업의 운명The Fate of Small Business in Nazi Germany》[116]

115 1968년 5월 케임브리지에서 마르쿠제와 진행한 인터뷰. 1968년 8월 뢰벤탈과 진행한 인터뷰. 우리는 연구소 다른 회원들과 노이만의 불화에서 너무 많은 것을 찾아내려고 해선 안 된다. 이론적 문제에 가장 명확했던 폴록은 1954년 12월 스위스에서 거행된 노이만의 장례식에서 그에 대해 별로 칭송하지 않았다.

116 Gurland, Neumann, and Kirchheimer, *The Fate of Small Business in Germany*(Washington D.C.,

연구에 키르히하이머, 노이만과 공동으로 참여했다.

연구소 예산 감축과 간부의 부분적 분산에도 과학적 활동을 계속하려는 노력은 중단되지 않았다. 그러나 연구소 역사상 처음으로 프로젝트를 지속적으로 수행하려면 외부로부터의 연구 보조금이 필요해졌다. 연구 보조금은 항상 안정적으로 유지되지 않았다. 1941년 2월 호르크하이머와 워싱턴의 아메리칸대학교 유진 앤더슨Eugene N. Anderson의 공동지도 아래 〈국가사회주의의 문화적 측면Cultural Aspects of National Socialism〉[117] 분석에 대한 취지 설명이 발표됐다. 이 프로젝트에 따르면 각 분야의 책임이 다음과 같이 배분됐다. 폴록은 관료제를, 뢰벤탈은 문학과 대중문화를, 호르크하이머는 반기독교주의를, 노이만은 노동과 신중산계급에 대한 이념적 침투를, 마르쿠제는 전쟁 세대와 전후 세대를, 아도르노는 예술과 음악을 다룰 예정이었다. 그로스만은 "이상의 연구 분야에 관련된 모든 부분을 위한 경제사, 통계학, 경제학 고문으로서" 책임을 맡았다.[118] 이 프로젝트는 연구 기금 후원자가 없어서 시작할 수 없었다. 《철학과 사회과학 연구》를 1년에 한 번 발행할 자금도 부족했다. 연구소는 1943년 10월 미국유대인위원회American Jewish Committee와 유대인노동위원회Jewish Labor Committee의 후원을 받은 뒤에야 비용이 많이 드는 이 거대한 프로젝트에 집중할 수 있었다. 이 프로젝트 결과로 나온《편견에 관한 연구》 시리즈는 7장의 주제가 될 것이다.

연구소 재정 문제가 해결되면서 연구소 간부 감원이 중단됐다. 1941년 연구원으로 참여한 파울 마싱은 이후 몇 년 동안 연구소의 중요한 공

1943). 이 책은 부분적으로 카네기재단Carnegie Foundation의 재정 지원을 받았다. 페퍼의 소위원회 임무는 미국의 소기업 문제를 연구하는 것이었다. 바이마르 시대와 나치 독일에서 소기업은 대기업과 노동자 사이에 있었다는 이 책의 결론은 소위원회의 목표에 잘 맞았다.

117 "Cultural Aspect of National Socialism"(버클리의 뢰벤탈 소장). 연구소가 후원받으려다 실패한 다른 프로젝트는 전후 독일 사회 재건설에 관한 연구다.

118 *Ibid*., p.51.

헌자 가운데 한 명이 됐다. 그러나 그는 1927년 그륀베르크의 지도 아래 박사 학위논문[119]을 시작했기에, 완전한 신참은 아니었다. 어떤 면에서 마싱은 특이한 신참이었다. 그는 연구소 역사상 다른 중요한 인물과 달리 유대인이 아닌데, 나중에 마싱은 자신이 연구소 핵심 회원으로 받아들여지지 않은 이유가 그것이라고 생각하기도 했다. 마싱은 20대에 개인적으로나 정치적 이유에서 비트포겔과 가까운 친구였다. 그는 비트포겔처럼 망명하기 전부터 연구소 활동에 관계한 사람 중 소수에 불과한 공산당원이었다. 마싱은 1927년 공산당에 가입했다. 그는 자신보다 6년 전에 태어난 비트포겔처럼 1902년 코블렌츠Koblenz 근처 마을에서 태어났다. 히틀러가 권력을 장악했을 때, 마싱은 정치 신념 때문에 수용소에 감금됐다. 마싱과 비트포겔은 거의 같은 시기에 석방됐고, 1934년에 독일을 떠났다. 각자 수용소 경험을 소설로 써서 필명으로 출판했다. 비트포겔은 클라우스 힌리히스Klaus Hinrichs라는 이름으로《국가 수용소 7Staatliches Konzentrationslager Ⅶ》, 마싱은 카를 빌링거Karl Billinger라는 이름으로《수감자 880Schutzhäftling 880》을 출판했다. 카를 빌링거는 범죄 두목 존 딜링어John Dillinger와 나치에 의해 투옥된 독일 시인 리하르트 빌링거Richard Billinger[120]를 섞어서 만든 이름이다. 마싱의 소설은 링컨 스테펀스Lincoln Steffens가 쓴 소비에트를 찬양하는 도입부와 함께 1935년《조국Fatherland》으로 번역·출간됐다. 이 소설이 영역되는 바람에 마싱은 1940년대 말까지 귀화가 지연됐다.

마싱과 비트포겔 사이에 존재하는 또 다른 평행선은 점점 커지는 공

119 이 학위논문은 제1차세계대전 후 프랑스의 농업 실태에 관한 연구였다. 마싱은 소르본에서 많은 조사 연구를 했고, 1929년 소르본 수업을 마친 뒤 모스크바의 농업연구소에서 18개월을 보냈다(1970년 11월 25일 뉴욕에서 마싱 박사와 진행한 인터뷰).

120 Massing(필명 Karl Billinger), *Schutzhäftling 880*(Paris, 1955); Wittfogel(필명 Klaus Hinrichs), *Staatliches Konzentrationslager* Ⅶ(London, 1936). 필명에 대한 자료 출처는 뉴욕에서 마싱과 진행한 인터뷰.

산주의에 대한 환멸이었다. 비트포겔은 미국으로 이주하기 8개월 전인 1934년, 영국으로 출발할 때 회비만 내는 회원으로 남고 공산당을 떠났다. 그는 1930년대 중반 중국에서 체험 후 1939년 여름에야 공산당과 최종적으로 결별했다.[121] 마싱의 탈당은 상당히 극적이었다. 비록 그가 수용소에서 석방된 후 미국을 잠깐 여행했지만, 마싱과 그의 아내 헤데는 공산당을 위해 활동하려고 유럽으로 돌아왔다. 1937년 마싱은 선배와 함께 수행할 임무를 논의하기 위해서 모스크바에 소환됐다. 숙청 재판이 고조되던 때이기에 마싱도 다른 많은 사람처럼 스탈린주의적 관행에 환멸을 느끼기 시작했다. 아내가 만류했지만 마싱이 소련에 가겠다고 결심했을 때만 해도 공산주의와 결별을 선포하리라고는 전혀 예상하지 못했다. 2주 예정으로 시작한 여행은 생존을 보장할 수 없는 8개월의 악몽으로 끝났다.[122] 마침내 1938년에 마싱이 모스크바와 공산당을 동시에 떠나도록 허용됐다. 그러나 공산주의와의 관계는 아직 완전히 끝나지 않았다. 모스크바에서 돌아온 마싱은 시장성 있는 책을 출간하려고 히틀러의 외교정책과《나의 투쟁Mein Kampf》에 선포된 히틀러의 의도를 비교하는 작업을 시작했다.《히틀러는 절대 바보가 아니다Hitler is no Fool》라고 명명된 이 책은 공산주의자 편집인이 은밀히 통제하던 현대사Modern Age에서 1940년 출간했다. 서구에서 전쟁은 동진東進하기 위한 준비에 불과하다고 한 '카를 빌링거'의 견해는 나치-소비에트 협정 이후 새로운 당의 노선에 역행했다. 결국 발행인이 그 책을 발매 금지했고, 인쇄된 책은 모든 방법을 동원해 회수되었다.

마싱의 책이 실패하는 동안 마싱과 비트포겔의 우정에도 금이 갔다.

---

121 1951년 8월 7일 비트포겔의 증언은 다음을 보라. Internal Security Subcommittee of the Senate Judiciary Committee, 82nd Congress, 1951~1952, vol.Ⅲ, p.276.

122 이 여행에 관한 자세한 내용은 다음을 참고하라. Hede Massing, *This Deception*(New York, 1851), pp.244f.

언급한 대로 비트포겔은 중국에서 돌아온 뒤 우익으로 기울기 시작했다. 그의 세 번째 아내 에스더 골드프랭크는 매우 보수적이었는데, 그녀가 비트포겔의 변화에 영향을 미친 듯하다. 비트포겔은 공산당과 결별한 뒤 어떤 식으로든 공산당과 관계가 있던 사람은 불신하기 시작했다. 마싱 역시 비트포겔이 불신하는 범주에 속했고, 두 사람의 관계는 점차 악화했다. 마싱의 기억에 따르면, 루트 피셔Ruth Fisher가 《스탈린주의 독일Stalinist Germany》에서 펼친 주장을 주저 없이 지지해달라는 요청을 비트포겔이 거부함으로써 1948년 둘의 관계는 끝났다. 비트포겔이 설명한 바에 따르면, 두 사람의 관계 단절에는 개인적 이유가 더 많았다.[123] 마싱은 이제 공산당원이 아니라도 비트포겔의 광적인 반공산주의 주장에 동조하고 싶지 않았고, 연구소의 지도적 인물과 정치적 입장이 다르지 않았다는 점은 분명하다. 마싱이 연구소의 높은 지위에 오른 1941년, 그의 과거 정치적 경력은 깨끗이 청산됐다. 마싱이 1940년대에 기고한 글을 보면 그가 초기에 능동적으로 신봉한 마르크스주의의 영향을 거의 찾아볼 수 없다. 마싱은 우리가 이 장에서 살펴본 바와 같이 공격적 마르크스주의에서 점차 후퇴하는 연구소의 입장을 반영했다. 사실상 전쟁 기간과 전쟁 직후 몇 년 동안 발생한 몇 가지 요인이 프랑크푸르트학파의 마르크스주의에 대한 태도 변화에 기여했다. 이런 요인은 1940년대 연구소 활동에 관한 다음 토론에서 명확히 드러날 것이다.

전쟁 동안 연구소 역사상 가장 중요한 변화는 호르크하이머의 건강 때문에 일어났을 것이다. 심장이 약한 호르크하이머에게 의사는 뉴욕을 떠나 기후가 좀 더 온화한 곳으로 가라고 충고했다. 아도르노는 개인적 충성심[124]으로 호르크하이머를 따라 1941년 초에 캘리포니아 샌타모니카 근처에 있는 태평양 해변으로 옮겼다. 호르크하이머로 인한 개인적

---

123 1971년 6월 21일 뉴욕에서 비트포겔과 진행한 대담.

124 마르쿠제가 우리 인터뷰에서 이 이유를 언급했다.

자극이 없어지자, 연구소 뉴욕 분실은 활기를 잃었다. 뢰벤탈과 폴록은 연구소 이사로 뉴욕에 남았고, 마르쿠제와 키르히하이머, 구를란트, 마싱, 펠릭스 바일은 뉴욕에서 계속 활동했다. 앞서 언급한 이유로 연구 활동은 전쟁 동안 전반적으로 감소했다. 1944년 6월 117번가에 있던 빌딩은 미국 해군의 훈련 과정용으로 양도하고, 연구소는 로기념도서관Low Memorial Library의 조그만 사무실과 모닝사이드하이츠에 있는 다른 건물에 자리 잡았다. 연구소가 1944년 〈모닝사이드하이츠에서 10년Ten Years on Morningside Heights〉[125]이라는 업적 보고서를 배부할 때, 연구소의 컬럼비아대학교 시절은 명확히 종말에 다가가고 있었다.

호르크하이머와 아도르노는 캘리포니아 서쪽으로 옮기면서 연구소 발생지인 유럽과 더 멀어지고 있음을 상징적으로 확신했다. 호르크하이머와 폴록, 마르쿠제, 뢰벤탈은 뉴욕에 체류하던 1940년 2월에 귀화 서류를 얻었다. 전쟁 말기에 연구소 거의 모든 회원은 미국 시민이 됐다. 《사회연구》지 폐간은 연구소가 새로운 영어권 독자를 얻는다는 의미였다. 1939년 《형벌과 사회구조》부터 연구소의 모든 간행물은 영어로 출판됐다. 1940년대 《편견에 관한 연구》는 《권위와 가족에 관한 연구》가 중단된 지점을 이어받았지만, 연구의 관심은 권위주의의 미국적 형태에 있었다.

주제가 변함에 따라 연구소 활동 중심부에서도 미묘한 변화가 생겼다. 미국의 권위주의는 유럽과 다른 모습으로 나타났다. 테러나 강압 대신 부드럽게 강요된 순응주의가 발전했다. 아무래도 이런 순응주의의 가장 효과적 측면이 문화 영역에서 발견될 수 있었다. 미국의 대중문화는 1940년대에 프랑크푸르트학파의 중심적 관심사 가운데 하나가 됐다. 연구소의 이런 활동을 이해하기 위해 오래 미뤄둔 연구소의 문화 현

125 "Ten Years on Morningside Heights"(미출간. 1944), 뢰벤탈 소장.

상 분석에 관한 논의로 돌아가야 한다. 우리는 앞에서 뢰벤탈이 기여한 문화 현상 분석을 다뤘다. 다음 장에서 호르크하이머가 '긍정적 문화'[126] 라고 부른 것에 대한 연구소의 작업과 연장선에 있는 아도르노와 베냐민의 광범위하면서도 날카로운 저작으로 관심을 돌릴 것이다.

126 Horkheimer, "Egoismus und Freiheitsbewegung," *ZfS* V, 1(1936), p.219. Marcuse, "Über den affirmativen Charakter der Kultur," *ZfS* VI, 1(1937). 우리는 다음 장에서 이 논문들을 검토할 것이다.

06

비판 이론의 미학 이론과 대중문화 비판

야만의 기록이 아닌 문명의 기록은 없다.
—발터 베냐민

껌이 형이상학을 약화한 게 아니니다. 껌이 바로 형이상학이다.
이 점을 분명히 해야 한다.
—막스 호르크하이머

대중문화는 뒤집힌 정신분석이다.
—레오 뢰벤탈

조지 스타이너George Steiner가 말한 바와 같이[1] 마르크스주의 미학 비평은 전통적으로 분리된 두 노선에 따라 진행돼왔다. 첫 번째 노선은 레닌의 저작에서 유래했고, 1934년 1차 소비에트작가회의에서 안드레이 즈다노프Andrei Zhdanov가 규범화한 것으로, 비타협적인 정치적 경향성을 보이는 작품만 높이 평가한다. 세기의 전환기에 미학적 형식주의와 싸움에서 구상된 레닌의 **경향문학**Tendenzliteratur에 대한 요구는 궁극적으로 스탈린주의적 사회주의리얼리즘이라는 단조로운 정통 교리로 발전했다. 다른 많은 사람과 함께 스타이너가 더 유익한 것으로 본 두 번째 노선은 엥겔스의 입장을 따른다. 엥겔스는 예술가의 정치적 의도보다 작품에 내재한 사회적 의미에 비중을 두고 평가했다. 엥겔스는 작품의 객관적인 사회적 내용이 예술가가 표명한 소망에 상반될 수도 있고, 예술가

1 George Steiner, "Marxism and the Literary Critic," *Language and Silence*(New York, 1967).

의 계급적 성분 이상을 표현할 수도 있다고 주장했다. 이 접근 방식은 한 때 파라마르크스주의자para-Marxist라고 불리던 비소비에트권 비평가들이 추구했다. 활동 시기는 달랐지만 뛰어난 사람을 꼽자면 프랑스의 장 폴 사르트르와 뤼시앵 골드만, 미국의 에드먼드 윌슨Edmund Wilson과 시드니 핀켈스타인, 독일 프랑크푸르트학파 구성원을 들 수 있다.

다른 논평가처럼 스타이너도 죄르지 루카치를 양쪽 진영의 특징을 보이는 복합적 사례로 여겼다. 소비에트권에 남은 가장 재능 있는 비평가 루카치는 레닌주의자와 '엥겔스'적 입장의 간극을 메우려고 노력했다. 루카치는 리얼리즘과 자연주의라는 엥겔스의 유명한 이분법을 발전시키려 했다. 그는 윌리엄 셰익스피어William Shakespeare와 괴테, 발자크를 리얼리즘 작품의 예라고 봤다. 리얼리즘은 객관적 세계와 주관적 상상력을 유기적으로 화해시키려 한다는 것이다. 루카치는 졸라의 작품이 대표적인 예인 자연주의는 예술가 자신이 동화되지 않은 현상적 환경을 기계적으로 반영한다고 봤다. 그는 정통 즈다노프주의자가 간과한 중요한 차이를 구분하려 했다. 루카치는 졸라가 작품에서 억압받는 사람에게 동정심을 보였지만, 예술적 상상력에 따라 역사적 총체성을 충실하게 그린 왕정주의자 발자크보다 예술적으로 열등하다고 주장했다. 그는 유사한 이유로 《역사소설론The Historical Novel》에서 월터 스콧Walter Scott 경의 작품을 의외로 칭찬하기도 했다.[2]

그러나 당 관료 조직의 비판 때문에 자신이 쓴 《역사와 계급의식》을 부정한 루카치는 레닌주의의 구속에서 결코 자유로울 수 없었다. 이는 여러 면에서 명백히 나타난다. 모든 예술적 모더니즘에 대한 루카치의 끈질긴 적대적 태도는 잘 알려진 사례 중 하나다.[3] 그는 마르셀 프루스트

2 Georg Lukács, *The Historical Novel*, trans., Hannah and Stanley Mitchell(Boston, 1963). pp.30~63.

3 스탈린이 사망한 뒤 모더니즘에 대한 루카치의 적대감은 완화됐다. *Wider den missverstandenen*

Marcel Proust, 제임스 조이스James Augustine Joyce, 카프카 같은 작가를 형식주의와 주관주의라는 이유로 무시했다. 루카치는 20세기 예술의 많은 부분을 도스토옙스키와 니체, 키르케고르의 작품에 나타나는 이른바 비합리주의에 연관시켰다.[4] 루카치는 이런 태도와 함께 부르주아 문화의 걸작을 오히려 보수적으로 선호했고, 사회주의리얼리즘의 산물에 존중을 표하는 비평을 했다. 사회주의리얼리즘에 대한 루카치의 이런 태도는 사회주의국가는 모순의 화해를 성취했다는 지나친 낙관적 평가에서 기인했다고 볼 수 있다.[5] 그는 기술혁신이 예술에 미치는 영향에 무관심했는데, 레닌주의적 기준에 대한 집착을 보여주는 또 다른 사례다. 계급투쟁은 루카치 비평의 바탕이 되는 유일한 역사의 동력이었다. 루카치는 통찰력 있는 방대한 비평에도 불구하고 정치적 권위와 타협했고 모더니스트 예술에 체질적으로 무감각했기에, 프랑크푸르트학파와 연관된 서구의 파라마르크스주의자가 성취한 비평적 유연성에는 도달할 수 없었다.

루카치의 저작이 없었다면 파라마르크스주의자의 많은 저술이 상당히 달라졌으리라는 점은 인정해야 한다. 루카치가 나중에 자아비판 한 것과 상관없이《역사와 계급의식》은 매우 영향력 있는 저서다. 베냐민은 이 점을 인정했다.[6] 아도르노도 루카치를 다룬 후기 글에서 비판적 어조로나마《역사와 계급의식》이 마르크스주의나 네오마르크스주의 문화 분석에서 핵심이 되는 물화物化, reification라는 문제에 초점을 맞춘 최초의

Realismus(Hamburg, 1958). 또 다음을 보라. Roy Pascal, *Georg Lukács: The Man, His Work, and His Ideas*, ed., G. H. R. Parkinson(New York, 1970).

4 《이성의 파괴Die Zerstörung der Vernunft》(Berlin, 1954)에서 '비이성주의'에 대한 장문의 반론을 보라.

5 마르쿠제는《소비에트 마르크스주의Soviet Marxism: A Critical Analysis》(New York, 1958)에서 사회주의리얼리즘에 대한 이런 허위성을 비판한다.

6 Waler Benjamin, *Briefe*, ed., Gershom Scholem and Theodor W. Adorno(Frankfurt, 1966), vol.I, pp.350, 355.

연구라고 인정했다.[7] 프랑크푸르트학파도 파라마르크스주의자처럼 루카치가 발전시킨 리얼리즘과 자연주의의 '엥겔스'적 구분을 따랐다. 그들은 루카치의 리얼리즘 정의보다 자연주의 정의에 동조하는 경향이 있었지만,[8] 이후 그들의 불화는 심각했지만, 연구소와 루카치는 공통의 전통 속에 유사한 문제를 언급했다.

이 장은 프랑크푸르트학파의 미학 비평과 전통적인 부르주아 비평, 정통 마르크스주의 비평을 구별하는 요소를 제시하는 것을 목표로 삼는다. 아도르노와 베냐민의 공헌에 주의를 기울이지만 호르크하이머와 마르쿠제, 뢰벤탈도 다루며, 그들의 대중문화에 관한 논의도 고려한다. 연구소가 예술 비판을 포괄적인 현대사회 분석과 통합하는 방법을 살펴보면서 끝맺을 것이다.

물론 그륀베르크 이후 세대의 연구소 회원들은 처음부터 미적 문화 현상에 관심 있었다. 많은 회원에게 커다란 학문적 영향을 미친 예술가 **지망생**manqué 한스 코르넬리우스는 예술철학 분야에 방대한 저술을 남겼다.[9] 아도르노가 음악을 전공한 것처럼 호르크하이머도 1940년대까지 소설에 손댔다.[10] 미학을 중심으로 한 아도르노의 키르케고르 연구, 미학과 연극 비평에 관한 비트포겔의 연구는 앞서 언급했다. 마지막으로《사회연구》지에 수많은 문학 관련 에세이를 기고한 뢰벤탈에 대한 관심도 빼놓지 않아야 한다.

---

7 Adorno, "Erpresste Versöhnung," *Noten zur Literatur* Ⅱ(Frankfurt, 1961), p.152.

8 Adorno, "The George-Hofmannsthal Correspondence, 1891-1906," *Prisms*, trans., Samuel and Shierry Weber(London, 1967), p.217.

9 코르넬리우스의 예술적 배경은 그가 쓴 다른 에세이를 보라. "Leben und Lehre," in *Die Philosophie der Gegenwart in Selbstdarstellungen*, ed., Raymund Schmidt(Leipzig, 1923), vol. Ⅱ. 미학에 관한 그의 저작은 다음과 같다. *Elementargesetze der bildenden Kunst: Grundlagen einer praktischen Ästhetik*(Leipzig and Berlin, 1911); *Kunstpädagogik*(Erlenbach-Zurich, 1920).

10 1942년 10월 27일에 호르크하이머에게 보낸 편지에서 뢰벤탈은 호르크하이머가 쓰기 시작한 소설에 대해 언급했다(뢰벤탈 소장).

문화적 주제에 관한 연구소의 폭넓은 분석, 특히 아도르노와 베냐민의 분석을 가능한 한 완전하게 제시하는 과제가 남았다. 감당하기 쉽지 않은 과제다. 비판 이론의 반체계적 충동은 비판 이론에 근거한 문화 비평까지 연장됐다. 그 결과 문화 비평을 요약하기는 불가능하다고 할 순 없으나 매우 어려운 일이 됐다. 게다가 그들의 비평 형식 자체가 비평의 전체 효과의 본질적 일부다. 아도르노나 베냐민이 쓴 에세이의 독특한 짜임새와 산문 스타일의 정교성은 번역으로 옮기기에 거의 불가능하며,[11] 기본적 생각을 요약하는 것 역시 마찬가지다. 그들의 사고방식은 귀납적이지도 연역적이지도 않다. 그들의 사고방식은 모든 문장이 완전히 이해되기 위해서는 각 문장이 에세이 전체와 매개되어야 한다는 그들의 주장을 반영하고 있다. 아도르노나 베냐민의 글을 읽으면 영화감독 장-뤼크 고다르Jean-Luc Godard가 생각난다. 그는 영화에 시작과 전개와 결말이 있느냐는 질문에 이렇게 답했다. "물론이요, 그러나 반드시 순서대로 있진 않습니다." 아도르노가 상징주의자의 원리라 규정한 것이 그들의 작품도 규정한다. "사회를 거부하는 데는 그 사회의 언어를 거부하는 것도 포함된다."[12] 그 결과 독자가 부딪히는 문장의 난해성은 어떤 변덕이나 표현 부족의 산물이라기보다 독자도 작가에 못지않게 심각성을 가지고 반응하라는 직접적인 도전인 셈이다. 쇤베르크의 음악에 대한 아도르노의 다음 문장은 그의 의도를 간접적으로 시사한다. "쇤베르크의 음악을 듣는 사람은 음악의 내적 움직임을 즉흥적으로 구성해야 한다. 그의 음악은 단순한 감상이 아니라 **프락시스**를 요구한다."[13] 아도르노는 같은 생각에서 특히 카프카[14] 같은 예술가를 높이 평가했다.

---

11 새뮤얼 웨버와 시에리 웨버는 아도르노의 《프리즘Prisms》 서두에 번역의 어려움에 관한 흥미로운 에세이를 실었다.

12 Adorno, *Prisms*, p.225.

13 *Ibid.*, p.150.

14 *Ibid.*, p.246.

베냐민은 언어와 스타일에 관심이 많았다. 아도르노가 언젠가 밝혔듯이,[15] 베냐민은 자신을 객관적인 문화 경향의 표현 수단으로 간주했다. 이 때문에 표현 양식이 중요하다는 신념이 만들어졌다. 타인의 작품에서 인용한 문장으로 구성된 에세이로 자기 저작에서 주관적인 요소를 배제해보려는 베냐민의 희망은 표현 양식에 대한 신념을 표현한다.[16] 베냐민은 이 새로운 표현 양식에 도달하지 못했지만, 보통 산문에 부족한 풍부함과 울림을 자신의 글에 불어넣으려고 노력했다. 그는《탈무드Talmud》와 카발라kabbālāh에 관한 관심으로 모든 문장에는 다층적 의미가 존재한다는 신념을 가진 것 같다.[17] 베냐민의 스타일이 연구소 회원들과 다르다면, 그는 가능한 한 구체적인 표현 양식을 추구했기 때문이다. 그는 생각이 다른 사람들보다 비유적이고, 뚜쟁이 언어라고 경멸한 전통적인 철학적 전문용어jargon를 별로 사용하지 않았다.[18] 베냐민과 호르크하이머가 주고받은 편지는 철학적 언어의 가치에 대한 그들의 다른 평가를 보여준다.[19] 그러나 어느 쪽도 상대방을 설득하지 못했다. 베냐민은 이론 철학의 외연적 언어보다 예술적인 문학 스타일의 암시적 산문에 가까운 스타일을 유지했다. 후기 저작의 단편적 성격과 스타일 때문에 최근 몇몇 텍스트의 진위 논쟁이 벌어지기도 했다. 베냐민의 스타일은 그가 항상 비판 이론과 유지하던 거리와 함께 연구소에 공헌한 점에 대한 평가를 특히 어렵게 만든다.

이런 특이 사항을 염두에 둔다면 아도르노와 어느 정도는 베냐민이 공유한 프랑크푸르트학파의 미학적 접근에 대한 일반적인 윤곽이 그려

15 *Ibid.*, p.229.

16 이는 노먼 브라운이 다음 책에서 해보려던 시도와 비슷하다. 이 책의 상당 부분은 인용문으로 채워졌다. Norman O. Brown, *Love's Body*(New York, 1966).

17 Benjamin, *Briefe*, vol. Ⅱ, p.524에 실린 막스 리히너Max Rychner의 편지를 보라.

18 Adorno, *Prisms*, p.232에서 인용.

19 Benjamin, *Briefe*, vol. Ⅱ, pp.726-727.

질 것이다. 우리가 앞에서 봤듯이 그들은 경제나 정치를 물신화하는 것을 거부했지만, 문화를 사회와 떨어진 영역으로 취급하는 것도 탐탁지 않게 여겼다. 이는 때때로 연구소가 공식 역사에서 다음과 같이 기술하면서 예술을 사회 경향의 반영으로 여기는 거의 환원주의적 분석을 의미하는 듯 보였다. "우리는 예술을 사회에서 발생하는 과정에 대한 일종의 암호라 해석하며, 그 암호는 비평적 분석으로 해독해야 한다."[20] 직접적이지 않았지만 연구소는 정신사를 사회적 진공 속에 취급하는 경향이 있는 독일 **정신과학**Geisteswissenschaften의 전통에 반대되는 입장이었다. 연구소 회원들은 문화가 인간의 우월성이 표현되는 영역이고, 물질적 존재는 열등한 인간의 조건이라며 둘을 대립 관계로 보는 관점을 줄기차게 공격했다. 그들은 문화와 사회의 상호관계는 사회의 온당치 못한 점을 문화가 초월적으로 극복할 수 없는 것이라 봤다. 따라서 아도르노는 "형식과 질서로서 문화가 맹목적인 지배와 공모 관계에 있는 방식"[21]을 논증한 오스발트 슈펭글러Oswald Spengler를 높이 평가한다. 베냐민은 "야만의 기록이 아닌 문명의 기록은 없다"[22]고 대담하게 언명했다.

예술 현상은 개인의 창조성을 표현할 뿐이라는 평가도 연구소의 사고방식과 거리가 멀었다. 호르크하이머가 **교수자격 청구논문**으로 칸트의 《판단력 비판》에 대해 쓴 점을 기억해야 한다. 그는 거의 20년 뒤에 공통된 인간성과 인류의 잠재력에 대한 공통된 희망이라는 요소가 모든 미학적 행위를 규정한다는 칸트의 주장으로 돌아갔다.[23] 그러나 그는 초개인적인 주체는 칸트의 믿음과 달리 추상적이며 초월적이지 않고 역사적

---

20 "Ten Years on Morningside Heights: A Report on the Institute's History, 1934-1944"(미출간, 1944). 뢰벤탈 소장.

21 *Prisms*, p.71.

22 Benjamin, *Illuminations*, ed., with an intro., by Hannah Arendt, trans., Harry Zohn(New York, 1968), p.258.

23 Horkheimer, "Art and Mass Culture," *SPSS* IX, 2(1941), p.291.

이라 생각했다.[24] 예술적 주체는 개인적일 뿐만 아니라 사회적이라는 것이다. 따라서 예술 작품은 창작자가 의도하지 않았다 해도 객관적인 사회 경향을 표현한다고 생각했다. 이른바 예술가의 창조적 자유는 어떤 점에서 착각이라는 것이다. 아도르노는 폴 발레리Paul Valéry와 프루스트에 관한 에세이에 다음과 같이 썼다. "예술가의 삶처럼 그들의 작품도 외부에서는 '자유롭게' 보인다. 작품은 영혼의 반영도, 플라토닉 이데아의 구현도 아니다. 그것은 순수 존재가 아니고 차라리 주체와 객체 사이 '힘의 장force-field'이다."[25]

따라서 프랑크푸르트학파에게 그들의 청년 시절 독일에서 특히 인기 있던 표현주의의 미학적 원리는 궁극적으로 거짓이었다. 아도르노는 1940년대에 카프카에 관해 쓴 논문에서 그가 키르케고르를 비판할 때 사용한 주장으로 돌아간다. "절대적 주관성은 곧 주관의 결여다. ……표현주의의 자아가 자신에게 집착할수록 그것은 더욱더 자아가 배제된 사물의 세계처럼 물화된다. ……순수한 주관성은 필연적으로 자신에게서도 소외돼 한 사물이 될 때, 바로 그런 주체의 소외가 자신을 표현하는 객관성의 차원인 양 사칭한다."[26] 주관적 창조성의 자발성이 진정한 예술의 필수적 요소라고 해도 그것은 오직 객관성을 통해 자신을 실현할 수 있다. 그리고 객관화는 필연적으로 현존하는 사회적 매트릭스matrix에 의해 여과된 자료를 가지고 작업하는 것을 의미한다. 이것은 적어도 어느 정도 물화가 불가피하다. 아도르노는 올더스 헉슬리에 대한 비판에서 다음과 같이 주장했다. "인간성은 물화뿐만 아니라 물화에 반대되는 것도 포함하고 있다. 물화는 해방을 가능하게 하는 조건이자 적극적으

24 이는 청년 루카치도 겪은 변화다. Lucien Goldmann, "The Early Writings of Georg Lukács," *Tri-Quarterly* IX(Spring, 1967).

25 *Prisms*, p.184. '힘의 장Kraftfeld'은 아도르노가 후설 비판에서 사용한 용어다.

26 *Ibid.*, p.262.

로 보자면 불안정하고 부적절한 주관적 충동이 객관화됨으로써 실현되는 형식이다."[27] 여기서 아도르노가 물화를 객관화와 동의어로 사용하는 것은 삶의 총체적인 비물화de-reification에 대한 비관주의적인 입장을 보여준다. 우리가 앞에서 검토했듯이 비동일성에 대한 그의 강조가 분명해진다. 주관적 상상력과 객관적 물질의 완전한 화해는 위대한 예술 작품에서 추구될 수 있으나 결코 완전히 성취될 수 없다. 그렇기에 아도르노는 대단히 존경하는 발레리, 프루스트, 게오르게, 후고 폰 호프만슈탈Hugo von Hofmannsthal 같은 예술가를 논할 때도 개별적 성취에 내재한 불충분함을 넘어서기 위해 그들을 각각 변증법적인 짝패로 삼아 연구했다.[28]

예술적 창조성이 사회적 요인으로 제한되듯이, 예술에 대한 주관적 감상도 제한된다. 아도르노와 뢰벤탈은 개인적 '취향'이라는 자유주의적 개념은 현대사회에서 자율적 주체가 점진적으로 해체됨에 따라 완전히 무너졌다고 자주 강조했다.[29] 이런 전개 과정에 함축된 의미는 대중문화를 이해하는 데 매우 중요하다. 대중문화는 거의 완전히 선호選好를 조작하기 때문이다. 4장에서 전쟁 전 독일의 도스토옙스키 독자층에 관한 뢰벤탈의 논문을 논할 때 살펴봤듯이, 연구소는 예술을 수용하는 태도의 변화를 의미 있는 연구 영역으로 생각했다.

프랑크푸르트학파의 예술사회학은 문화 현상을 계급적 이해관계의 이데올로기적 반영으로 환원하는 것을 거부한다는 점에서 정통 마르크스주의 예술사회학 창시자들과 구분된다. 아도르노에 따르면 "비평의 과제는 문화 현상을 야기하는 특정 이해 집단을 탐구하는 게 아니라, 문

---

27 *Ibid*., p.262.

28 이런 주장은 다음에서 볼 수 있다. Ilse Müller-Strömsdörfer, "Die 'helfende Kraft bestimmter Negation'," *Philosophische Rundschau* Ⅷ, 2/3(Jan. 1961), p.98.

29 Adorno, "Über den Fetischcharakter in der Musik und die Regression des Hörens," *ZfS* Ⅶ, 3(1938), p.321; Löwenthal, *Literature, Popular Culture, and Society*(Englewood Cliffs, N.J., 1961), p.12.

화 현상에 표현된 일반적 사회 경향을 판독하는 것이어야 한다. 가장 강력한 이해관계는 문화 현상을 통해 실현된다. 문화 비평은 사회를 판독하는 관상학physiognomy이 돼야 한다."[30] 베냐민은 사회집단과 문화 현상 사이에 더 구체적인 상응 관계를 추구했기에 아도르노와 의견이 엇갈리기도 했다.[31]

비판 이론은 변증법과 부정을 강조했기에 예술 분석이 계급적 이해관계의 표현을 해독하는 단순한 작업으로 전락하는 것을 막아줬다. 물론 이런 일이 아예 없었다고 할 순 없다. 예술은 현존하는 사회 경향의 표현이자 반영이며, 진정한 예술은 현존하는 사회를 넘어 '다른' 사회에 대한 인간의 갈망을 표현하는 마지막 영역으로 남아 있다. 이 점에서 비판 이론은 레닌주의적 비평 내지는 루카치와 첨예하게 갈라선다. 호르크하이머는 "예술은 자율적인 것이 된 이래 종교에서 사라진 유토피아를 보존해왔다"[32]고 썼다. 그는 미적 무관심성無關心性, disinterestedness이라는 칸트의 관념은 잘못됐다고 생각했다. 진정한 예술은 미래의 행복에 대한 인간의 합법적인 관심의 표현이다. 그들 특히 연구소 회원들이 즐겨 인용한 스탕달의 말을 사용하면 예술은 '**행복의 약속une promesse de bonheur**'[33]을 주는 것이다. 따라서 문화가 사회를 초월한다는 주장은 어떤 의미에서 거짓이며, 다른 의미에서 진실일 수 있다.

모든 문화가 통속 마르크스주의자들이 때때로 생각하는 것처럼 부르주아적인 협잡은 아니었다.[34] 모든 예술이 단순한 허위의식이거나 허

---

30 *Prisms*, p.30.

31 Benjamin, *Briefe*, vol. Ⅱ, p.785; Adorno, *Prisms*, p.236.

32 Horkheimer, "Art and Mass Culture," p.292. 종교와 예술의 연결을 확대한 것은 다음을 보라. Adorno, "Theses upon Art and Religion Today," *Kenyon Review* Ⅶ, 4(Autumn, 1945).

33 니체가 처음으로 이 구절을 사용해 아름다움을 이해관계와 무관한 욕망의 대상이라고 본 칸트를 반박했다. 마르쿠제는 이 표현을 다음에서 처음 사용했다. "The Affirmative Character of Culture," *Negations: Essays in Critical Theory*, trans., Jeremy J. Shapiro(Boston, 1968), p.115.

34 호르크하이머는 하인리히 레기우스라는 필명으로 《여명》(Zürich, 1934, p.60)에 발표한 글에

위 이데올로기도 아니었다. 아도르노는 변증법적인 혹은 '내재적인' 예술 비판은 "이데올로기 자체가 진실하지 못한 것이 아니라, 이데올로기가 현실에 상응한다고 주장하는 순간 허위가 된다는 원칙을 진지하게 받아들인다"[35]고 말했다. 예술에서 형식과 내용, 기능과 표현, 주관적 요소와 객관적 요소가 조화롭게 화해되면 예술은 미래 사회에 대한 '진정한' 예시를 제공할 수 있다. 비록 "예술의 유토피아는 개인적 작품 너머에"[36] 있지만, 루트비히 판 베토벤Ludwig van Beethoven이나 괴테 같은 예술가는 작품에서 적어도 몇몇 순간에는 유토피아를 성취할 수 있었다. 비판 이론은 모순의 화해 상태에 대한 어떤 실증적 재현도 불신했다. 비판 이론은 조화를 동경했지만, 미적 화해로 충분하지 않다고 생각했다. "내재적 비평에 따르면 성공적인 작품은 피상적인 조화에서 객관적 모순을 사라지게 하지 않고, 그것의 내적인 구조에서 모순을 순수하고 비타협적으로 구현해 조화의 이념을 부정적으로 표현한다."[37] 달리 표현하면 사회적 모순이 현실에서 화해되기까지 예술의 유토피아적 조화는 항상 저항의 요소를 유지해야 한다. 아도르노는 "예술 특히 그것의 무정부주의적 표현과 다름없는 이른바 고전적 예술은 지배 제도의 객관적 실체를 반영한다는 의미에 못지않게, 종교적인 것이든 다른 어떤 것이든 언제나 그런 제도의 압력에 맞서는 인간적인 것의 저항력이었고 지금도 그렇다"[38]고 썼다. 간단히 말해 미적 영역은 필연적으로 정치적인 영역이라는 인식은 마르쿠제가 지적했듯이,[39] 프리드리히 실러Friedrich Schiller

---

서, 아도르노는 《프리즘》(p.32)에서 이렇게 주장했다.

35 *Prisms*, p.32.

36 *Ibid*., p.171.

37 *Ibid*., p.32.

38 Adorno, "Theses on Art and Religion Today," p.678.

39 Marcuse, "The Affirmative Character of Culture," p.117. 이 주제는 나중에 《에로스와 문명》(Boston, 1955)의 중요한 테마가 된다.

의《프리드리히 실러의 미적 교육론Über die ästhetische Erziehung des Menschen》에 극명히 표현된 것이다.

그러나 우리가 통상 예술이라고 여기는 모든 것이 이런 부정적 계기를 포함하는 것은 아니다. 연구소의 대중문화 비판 핵심에는 **'행복의 약속'**, 즉 다른 사회에 대한 전망이 점증하는 '긍정적 문화'*에 의해 체계적으로 제거된다는 믿음이 있다. 프랑크푸르트학파가 긍정적 문화로 발전을 얼마나 심각하게 생각했는지는 이 장 후반부에 살펴볼 것이다. 문화에 관한 연구소의 일반적인 접근을 포괄적으로 검토할 때, 부정성 제거에 매우 비판적일 때도 변증법적 유보가 나타났다는 점을 알아둘 필요가 있다. (우리는 마르쿠제가《일차원적 인간》에서 이런 분석을 통속화했다고 말할 수 있다. 그는 변증법적 유보의 여지를 남겨두지 않았다.) 부정의 가능성 폐기를 꺼리는 좋은 사례는 1941년《철학과 사회과학 연구》에 실린 소스타인 베블런Thorstein Veblen에 관한 아도르노의 논문이다. 아도르노는 대중문화를 분석할 때 다룰 수밖에 없는 베블런의 '과시적 소비' 개념을 변증법적이지 않고 얄팍하다고 공격했다. 그는 "사람이 현실적으로 발견하는 행복은 과시적 소비와 분리될 수 없다. 사회적으로 형성된 욕망의 성취를 약속하지 않는 행복은 없다. 그러나 이런 성취에서 질적으로 다른 어떤 것을 약속하지 않는 행복도 없다"[40]고 썼다. 달리 말하면 첫째 진정한 행복의 요구 때문에, 둘째 그런 조건은 필수적으로 사회적인 성분을 포함한다는 인식 때문에 설사 왜곡된 욕망일지라도 비판적 요소를 포함한다.

---

* 마르쿠제는 다음과 같이 썼다. "긍정적 문화란 부르주아 시대의 문화를 의미한다. 이 문화는 발전 과정에서 정신적·영적 세계를 독립된 가치의 영역, 문명보다 우월한 것으로 여겨지는 영역으로 만들어 문명에서 분리한다. 긍정적 문화의 가장 중요한 특징은 무조건 인정돼야 할 세계, 누구나 간직해야 하고 항상 훌륭하며 더 값진 세계가 있다고 주장한다는 점이다. 이 세계는 생존을 위해 매일 투쟁해야 하는 현실 세계와 본질적으로 다르지만, 모든 개인이 자신의 '내부에서' 현실의 상태를 바꾸지 않고도 실현할 수 있는 세계다"(*Negations*, p.95). — 원주

40 *Prisms*, p.87.

소비는 아무리 과시적이라도 프랑크푸르트학파가 대단히 싫어하는 금욕주의에 대한 저항을 뜻하는 것이었다.

'긍정적 문화'의 특징 가운데 하나가 이런 금욕주의적 측면이다. 연구소의 유물론적 성격을 논할 때 살펴봤듯이, 행복의 요구는 비판 이론의 기본적인 요소였다. 아도르노가 나중에 베냐민에 관해서 한 말은 프랑크푸르트학파에 대한 묘사이기도 하다. "베냐민이 말하거나 쓴 모든 것은 동화와 어린이 책이 보여주는 약속을 유치하다고 무시하지 않고 문자 그대로 받아들여 진정한 성취가 눈앞에 보이는 듯 들린다. 그의 철학적 지형도에서 체념은 전적으로 거부된다."[41] 게다가 연구소가 생각하는 진정한 행복이란 많은 정통 마르크스주의자의 제한된 사고를 특징짓는 경제적 웰빙과 같지 않았다. 물질적 만족에서 문화를 분리한다는 자체가 정통 마르크스주의가 긍정적 문화를 초월할 능력이 없음을 드러내는 징표다. 하부구조와 상부구조의 이분법은 그것이 부르주아 역사의 어떤 순간을 아무리 정확하게 묘사한다 해도 영구화돼선 안 된다. 미래 사회에서는 두 영역이 건강한 방식으로 통합돼야 한다. 마르쿠제가 쾌락주의에 관한 논의에서 주장했듯이, 생산과 소비의 지속적인 분리는 자유롭지 못한 사회의 구성 요소다.[42]

하지만 상부구조와 하부구조의 통합은 유토피아적 희망에 지나지 않는다. 현재 상황에서 모순을 대중 의식 차원에서 성급하게 해소하려는 문화적 경향이 가장 큰 위협이다. 속류 마르크스주의의 사회학적 환원주의가 이런 경향의 한 표현이었다. 비판 이론이 전반적으로 그렇듯이, 프랑크푸르트학파의 미학 비평은 중재mediation[43]와 비동일성의 중요

---

41 *Ibid*., p.230.

42 Marcuse, "On Hedonism," *Negations*, p.198.

43 아도르노는 최근의 논문에서 진정한 미학 이론에 대한 중재의 중심성으로 돌아간다. 그는 음악사회학자 알폰스 질버만Alphons Silbermann의 저술에 나타난 커뮤니케이션 개념을 비판하면서 다음과 같이 썼다. "중재는…… 객체 그 자체에 있지, 객체와 그 객체가 도달하는 것 사

성을 강조했다. 연구소 다른 회원들처럼 철학의 제1원리 존재를 부정한 아도르노는 긍정적 문화가 만든 가장 구체적인 가공물마저 더 근본적인 현실에서 파생된 반영 이상이라고 해석했다. "변증법적 방법이 오늘날 주체와 객체의 헤겔적인 동일성identity을 전제하지 않을수록, 그것은 모든 계기의 이원성을 염두에 두지 않을 수 없다."[44] 마르크스주의의 기본 범주 가운데 하나인 상품 물신성에 대한 아도르노의 논의는 변증법적 반환원주의에 대한 그의 일관된 태도를 보여주는 사례다(마르크스에게 상품 물신성은 상품이 자신의 인간적 기원에서 소외되는 과정을 의미했다. 상품 물신성의 체계에서 상품은 사회적 관계의 투명한 구현물이 아니라 신비스럽고 불투명하고 소외된 서먹서먹한 대상이다). 아도르노는 1935년 8월 2일 베냐민에게 보낸 편지에 자신은 상품 물신성에서 베냐민과 의견을 달리한다며 다음과 같이 썼다. "상품의 물신적 성격은 의식의 사실이 아니라 물신성이 의식을 산출한다는 자명한 의미에서 변증법적입니다." 즉 상품 물신성은 사회적인 현실이지 심리적인 현실이 아니라는 것이다. 아도르노는 베냐민이 상품 형식 **그 자체**an sich를 언급할 때 상품 물신성에 역사적 의미가 아니라 형이상학적인 의미를 부여한다고 생각했다.[45] 그는 베블런에 관한 논문의 또 다른 곳에서 비슷한 방식으로 다음과 같이 주장했다. "상품 물신성은 단순히 불투명한 인간관계가 사물의 세계에 투영된 것이 아니다. 상품 물신성은 현혹시키는 신인데, 물신성은 교환 과정의 우위에서 발생하되 그 과정에 전적으로 흡수되지 않는 어떤 것이다."[46] 아도르노는 루카치

이의 어떤 것에 있지 않다. 그러나 커뮤니케이션에 있는 것은 생산자와 소비자의 관계뿐이다"["Thesen zur Kunstsoziologie," *Kölner Zeitschrift für Soziologie und Sozialpsychologie* XIX, 1(March, 1967), p.92].

44 *Prisms*, p.33.

45 Benjamin, *Briefe*, vol. Ⅱ, pp.672, 676. 여기에는 아도르노가 베냐민에게 보낸 편지가 몇 통 실렸다.

46 *Prisms*, p.85.

나 베블런 같은 문화 비평가를 비판할 때 그들의 저작에서 환원주의의 흔적을 세심하게 찾아냈다. 이런 환원주의는 현상을 비본질적이라고 전적으로 무시하는 것으로 드러난다. 그는 환원주의가 철학적 현상학의 오류라고 생각했다. "진리를 반영하는 현상은 변증법적이다. 모든 현상을 거부하는 것은 그 현상에 완전히 굴복하는 것이다. 현상이 없다면 진리는 나타날 수 없기에 현상을 폐기하면 진리도 폐기된다."[47]

변증법적 중재에 대한 아도르노의 민감성은 그가 평생 지적 에너지를 바친 음악에 관한 연구에 가장 분명히 드러난다. 아도르노에게 미적 양식 중에서 가장 비재현적인 다성음악polyphonic music[48]은 비판 이론이 명확히 정의 내리기를 거부했지만, 형상 없는 '다른' 것을 표현하기에 가장 적합했다. 작곡가, 연주가, 악기, 기교적인 재생 등에 의한 중개의 복합체 성격으로 음악은 특히 그의 변증법적 상상력이 자유롭게 움직이기에 충분한 분야이기도 했다. 일상생활의 리듬과 의식儀式에 기원을 둔 음악은 오래전에 순수 기능적인 역할을 초월했다. 따라서 그것은 물질적 조건에 매여 있으면서 그 조건을 넘어섰고, 사회적 현실의 변화에 반응하면서도 단순한 반영 이상의 것이었다.

아도르노는 1920년대 빈 시절부터[49] 음악의 모든 양상을 탐구하기 시작했다. 고전음악 작곡법의 역사, 현대 아방가르드 음악의 제작, 음악 형식의 재현과 수용, 대중음악의 작곡과 심리적 기능을 연구한 것이다.[50]

---

47 *Ibid*., p.84.

48 "음악은 그 자체 외 어느 것도 '재현'하지 않는다. 그것은 미술이나 창작이 아니라 기도나 연극과 비슷하다. 음악이 자체의 이미지가 됨으로써 이런 현실성이 사라지는 현상은 마력을 파괴하려 한다"[Adorno, "Currents of Music: Elements of a Radio Theory"(미출간, 프린스턴라디오연구프로젝트를 위한 취지문, 1939), p.72]. 라자스펠드 교수의 도움으로 이 문헌을 구했다.

49 초기 논문 여러 편이 아도르노가 편집한 《여명Anburch》, 《음악, 악보와 지휘봉Musik, Pult und Taktstock》, 《스포트라이트Scheinwerfer》, 《23》 같은 잡지에 실렸다.

50 이 논문 중 몇 편은 아도르노의 《음악적 순간Moments Musicaux》(Frankfurt, 1964)에 다시 수록됐다.

아도르노는 1932년에 발행된《사회연구》지 1~2호에서 자신의 음악 연구 방법의 기초가 되는 원칙을 간략히 제시했다.[51] 초창기부터 그가 평범한 음악학자가 아님은 분명했다. 아도르노에 따르면 음악과 사회 현실의 관계는 논의할 여지가 있지만, 음악은 그 구조에 사회적 모순을 포함한다는 것이다. 모든 문화 현상과 마찬가지로 음악도 단순히 사회를 반영하는 것은 아니며, 그렇다고 완전히 자율적인 것도 아니다. 그러나 현대에 음악의 자율성은 심각하게 위협받고 있다. 대다수 음악은 사용가치보다 교환가치에 많이 지배되는 상품의 특징을 드러낸다. 진정한 이분법은 '가벼운' 음악과 '진지한' 음악 사이가 아니라 시장 지향적인 음악과 시장을 지향하지 않는 음악 사이의 이분법이다. 그는 '가벼운' 음악과 '진지한' 음악이라는 전통적인 문화 기준을 옹호하지 않았다. 오늘날 시장을 지향하지 않는 음악이 대다수 감상자에게 난해한 것으로 이해되는 경향이 있다고 해도 이런 음악이 반동적임을 의미하지는 않는다. 이론이 그렇듯이 음악도 대중에 만연한 의식을 초월하지 않으면 안 된다.[52]

아도르노는 1932년《사회연구》지에 연재한 음악에 관한 논문 첫 회분에서 현대 작곡의 주된 경향에 주목했다. 쇤베르크와 스트라빈스키 음악의 대립이 초점이었다. 작곡가의 개성이 아니라 음악이 구현하는 미학 원리 측면에서 이해된 두 작곡가는 아도르노가 후기에 쓴《신음악의 철학Philosophie der neuen Musik》[53]에서 중심 역할을 한다. 예상할 수 있듯이 아도르노는 빈에서 자신을 가르친 학파에 속한 인물에게 더 많이 공감했다. 그는 쇤베르크가 무조음악無調音樂, atonality의 가능성을 개발한 것은 현대사회의 부조화와 타협하기를 거부한 표시라고 말했다. 쇤베르크의 초기 표현주의 음악은 거짓된 화해에서 벗어나 있다. 그는 진정한

51 Adorno, "Zur gesellschaftlichen Lage der Musik," *ZfS* I, 1/2 and I, 3(1932).

52 *Ibid.*, 1/2 p.106.

53 Adorno, *Philosophie der neuen Musik*(Frankfurt, 1949).

예술가가 갖는 무의식에 힘에 의해 무의식적 충동으로 현대사회의 모순을 표현했다. 그러나 무조음악은 반드시 조성調聲, tonality을 피해야 했기에 순수한 자의성恣意性에서 벗어나 12음계에 기초한 새로운 질서로 들어간다. 12음계는 12개 음이 모두 소리가 나기 전에는 어떤 음도 되풀이하는 것을 금했다. 쇤베르크는 그렇게 함으로써 고전적 전통에 접촉하면서 주관적 충동을 객관화했다. 새로운 12음계 질서는 그의 초기 음악의 변증법적 산물이지, 외부에서 갑작스레 주어진 질서가 아니다. 쇤베르크는 음악의 논리 속으로 철수해 외부적인 사회 세력의 압력에서 자신을 보호할 수 있었다.

그러나 쇤베르크는 소외와 모순이 극복된 음악 형식으로 돌아가 사회적 영역에서 영속되는 소외와 자신을 화해시켰다고 주장할 수도 있다. 가장 깊은 차원에서 볼 때 고전적 예술이 생각하는 완성된 예술 작품이라는 이상은 쇤베르크가 예술을 실현하기 위해 선택한 수단과 양립할 수 없는 것이었는지 모른다. '순수' 음악의 창조는 카를 크라우스의 '순수' 언어라는 개념과 마찬가지로 궁극적으로 도달할 수 없는 것이다.[54] 그러나 그것에 도달하려는 쇤베르크의 노력은 부르주아사회의 현실을 측정할 수 있는 불변의 척도를 제시했다.

아도르노는 말년에 쇤베르크 유형 음악의 부정적이고 비평적인 요소를 높이 평가하지 않았다. 12음계가 쇤베르크의 추종자에 의해 경직된 작곡 규범이 된 뒤에는 더 그랬다. 아도르노는 1952년에 다음과 같이 썼다. "방법 자체가 아니라 방법을 본질인 듯 생각하는 점이 잘못이다. 자신의 두 귀를 가지고 12음계 기법에 끌려가는 느낌을 경험해보지 못한 사람은 작곡할 수 없다. ……쇤베르크에 대해 진실한 태도를 보인다는 것은 모든 12음계 유파에 대한 경고를 의미한다."[55] 적어도 1930년

54 Adorno, "Zur gesellschaftlichen Lage der Musik," 1/2, p.112.

55 *Prisms*, p.166.

대에 아도르노는 쇤베르크를 현대음악의 모든 진보적인 요소와 동일시했다.

정반대 경우가 스트라빈스키다. 아도르노는 《신음악의 철학》에서 알반 베르크Alban Berg나 안톤 폰 베베른Anton von Webern 같은 쇤베르크의 제자를 간단히 다룬 뒤 스트라빈스키에 주목한다. 그가 보기에 스트라빈스키는 반심리적·신고전주의적 '객관주의'를 대변한다. 스트라빈스키는 현대사회의 소외와 모순을 외면하고 춤곡 같은 부르주아 이전의 음악 형식으로 되돌아갔다. 객관주의자는 현재를 부정하기 위해 과거를 이용하는 낭만주의자와 달리, 비변증법적으로 낡은 형식을 현재의 필요에 맞추는 **민족주의적**völkisch 문화의 공급자였다. 객관주의자와 민족주의적 문화의 관계를 명확히 논증하기 어렵지만, 아도르노는 객관주의가 어떤 의미에서 파시즘과 연결될 수 있다고 시사하기도 한다. 스트라빈스키의 객관주의가 사용하는 신원시주의적新原始主義的 리듬은 파시스트 사회가 조장하는 단편적인 **체험**Erlebnis의 충격에 대응한다. 음악 내재적 변증법보다 작곡가의 '취향'을 강조하는 객관주의 작곡 원리의 비합리성은 파시스트 지도자의 자의적 지배를 연상시키기도 한다.[56] 파시스트는 스트라빈스키 음악이 '파괴적'이라고 공격했지만, 파시스트들이 알아챘든 몰랐든 스트라빈스키의 음악은 그들의 이데올로기를 표현했다.

프랑크푸르트 출신 유명인 가운데 파울 힌데미트Paul Hindemith의 음악은 어찌 보면 스트라빈스키보다 '반동적'이었다. 힌데미트의 순진성과 '건강한 유머',[57] 반反풍자적 스타일은 객관주의 음악의 이데올로기적 공격을 더욱 확장했다. 스트라빈스키가 때로 〈병사의 이야기L'Histoire du

56 Adorno, "Zur gesellschaftlichen Lage der Musik," 1/2, p.116. 신고전주의적 객관주의와 파시즘과의 관련성이 그렇게 억지인 것은 아니다. 슈테판 슈펜더Stephen Spender도 흄T. E. Hulme의 저작에서 유사한 연관성을 시사하고 있다. Stephen Spender, *The Struggle of the Modern*(Berkely and Los Angeles, 1963), p.49.

57 Adorno, "Zur gesellschaftlichen Lage der Musik," 1/2 p.119.

Soldat〉 같은 작품에서 표현한 절망감은 힌데미트의 작품에서 찾아볼 수 없다. 힌데미트의 작품은 **신즉물주의** 건축이 보여주는 인공적 외관이나 **민족주의**völikisch 선동가들의 환상적 공동체를 닮았다. 마찬가지로 한스 아이슬러Hanns Eisler 작품 같은 일부 프롤레타리아 음악 역시 선전 선동을 위한 가치가 있는데도 같은 문제로 비난을 면치 못했다. 아도르노는 다른 모든 예술과 마찬가지로 음악에서 사회주의리얼리즘은 신고전주의적 객관주의만큼이나 반동적이라는 견해를 넌지시 비쳤다. 사회주의리얼리즘이나 신고전주의적 객관주의 모두 사회적 모순이 지속된다는 사실을 무시한 채 쇤베르크와 달리 설익은 조화를 구축했다는 것이다. 그 결과 기술적 합리성을 모델로 하며 계몽보다 기분 전환에 기여하는 **실용음악**Gebrauchsmusik이 탄생한다. 간혹 쿠르트 바일Kurt Weill의 음악처럼 비판적 성향을 띤 **실용음악**도 있긴 하다. 아도르노는 단편을 엮어 몽타주 형식으로 구성하는 바일의 음악은 스트라빈스키와 다른 방법으로 충격을 주는 현대의 가장 진보적이고 비판적인 대중음악이라고 평가했다.

아도르노는《사회연구》지 다음 호에 실린 두 번째 논문에서 작곡에 대한 분석에서 재생산의 역사적 변증법, 생산자와 소비자의 중재 관계로 방향을 돌렸다. 그는 생산과 재생산, 즉흥연주 사이에 연속 관계가 있는 자본주의 시대 이전의 음악과 그런 관계가 존재하지 않는 자본주의 시대의 음악을 구분했다. 자본주의 시대 음악에서 작곡은 고립된 상품처럼 연주가에게서 분리되고, 연주가의 해석적 유연성 역시 크게 제한됐다. 19세기에는 자유주의 사회에서 지속되는 주관성 영역에 상응하는 '비이성적인' 연주가들이 있었다. 그러나 20세기에 독점자본주의가 발생하면서 연주가는 텍스트의 독재에 사로잡혔다. 아도르노는 스트라빈스키가 연주가들에게 자신의 '취향'을 강제로 부과하려고 했음을 다시 언급한다. 물론 쇤베르크 음악도 연주할 때 비슷한 문제를 회피할 수 없

으리라고 염려했지만.[58]

현재 합리화되고 관리화된 세계에서 사람들은 여전히 19세기 예술가의 '영혼'을 동경한다. 기계적인 것보다 유기적인 것이, 익명성보다 개성이, 공허함보다 내면이 미화된다. 객관주의는 이런 특성을 다시 포착하려고 시도했으나 성공하지 못했다. 아도르노는 그 이유를 설명하지 않았지만, 이런 특성은 생산보다 재생산의 속성이라 생각했다. 그는 이런 상황을 복구하려는 노력은 실패한다고 주장했다. 위풍당당한 제스처로 지시를 내리는 '감정이 풍부해' 보이는 지휘자란 진정한 자발성의 초라한 대체물에 불과하다는 것이다. 사실상 지휘자는 권위주의적 독재자를 음악에서 표현하는 것에 해당된다.

이후 아도르노는 특정한 음악 형식이 인기를 끄는 이유와 역사적 맥락에서 그 형식의 의미에 주의를 돌렸다. 오페라는 억압적 요소 때문에 프티부르주아를 여전히 매혹했지만, 상류 중산계급에게는 호소력을 잃었다. 상류 중산계급은 대신 거짓된 주관적 내면성의 감각을 제공하고 재산과 교육의 가짜 화해를 시사하는 음악회의 후원자가 된다.[59] 그러나 현대사회에서 진정한 내면성은 실현될 수 없다. 리하르트 슈트라우스Richard Strauss는 최후의 의미 있는 '부르주아' 작곡가였으나, 에른스트 블로흐가 지적했듯이 그의 음악에서 모든 부정적 요소는 사라졌다. 반음계주의半音階主義와 불협화음은 비판적 힘을 잃고 세계 경제변동의 상징이 됐다.[60]

슈트라우스 이후에는 전위적인 무조음악을 제외하고 상품으로서 예술, 즉 **공예품**Kunstgewerbe과 다르지 않은 음악만 남았다. 한때 귀족계급을 조롱하는 데 사용된 경음악은 이제 인간을 운명과 화해시키는 데 봉

58 *Ibid.*, 3, p.359.

59 *Ibid.*, p.365.

60 *Ibid.*, p.368.

사한다. 민속음악은 살아 있지 못하다. 대중음악이 다른 모든 대중문화와 마찬가지로 위부터 조작되고 강요되는 과정에서 자생적인 **민중**Volk이 사라졌기 때문이다. 아도르노는 대중음악의 여러 형식이 지닌 이데올로기적 기능을 언급하면서 논문을 끝내는데, 이는 다음번《사회연구》지에 기고할 논문에서 다룰 주제를 예시한 것이다.

아도르노는 그중 첫 번째 논문 〈재즈론Über Jazz〉[61]을 영국 체류 기간에 썼다. 그가 이따금 독일로 여행하던 무렵이라, 이 논문은 '헥토르 로트바일러'라는 필명으로 발표했다. 내용은 대부분 아도르노가 1933년 이전 프랑크푸르트 예술학교에서 재즈 전문가 마티아스 세이베르Mátyás Seiber와 나눈 대화에서 비롯됐다.[62] 그는 미국 방문 전이라 재즈를 직접 경험하지 못했다. 아도르노는 자신이 다루던 주제에서 거리를 둠으로써 변증법적 상상력을 충분히 발휘할 수 있었을 것이다. 이 논문은 설득이 아니라 압도하기 위한 듯 비타협적인 태도로 쓰였고, 이따금 과격한 주장도 등장한다. 연구소 다른 회원들은 아도르노의 결론에 전적으로 동의하기를 꺼렸다.[63]

나중에 아도르노는 다음과 같이 인정했다. "내가 '재즈'라는 단어를 처음 읽었을 때 소름 끼치는 듯한 무서움을 아직 기억한다. 자기보다 느린 상대를 추격하는 사나운 개를 떠올리게 하는 독일어 **하츠**Hatz(사냥개 한 무리)에서 (부정적인 연상을) 받은 것 같다."[64] 언어적 첫 연상 작용이 뭐든 아도르노에게 재즈는 늘 공포의 원천이었다. 논문은 사회심리적 비판을

---

61 Adorno(Hektor Rottweiler), "Über Jazz," *ZfS* V, 2(1936).

62 Adorno, *Moments Musicaux*, p.9.

63 마르쿠제는《해방에 관하여An Essay on Liberation》(Boston, 1969)에서 블루스와 재즈를 '새로운 감수성'을 보여주는 인공물로 꼽았다. 그는 블루스와 재즈가 현재 득세하는 긍정적 문화에 비판적이라고 생각했다(p.38).

64 Adorno, "Oxford Nachträge," *Dissonanzen: Musik in der verwalteten Welt*(Frankfurt, 1956), p.117. 이 논문은 아도르노가 옥스퍼드의 머튼대학에 있던 1937년에 작성한 것이다.

위해 재즈에 대한 어떤 순수 미학적인 분석도 거부한다는 강력한 주장으로 시작한다. 판결은 재즈에 불리했다. 재즈는 "소외를 초월하기는커녕 강화한다. 재즈는 엄밀한 의미에서 상품이다".[65] 아도르노는 재즈가 해방의 표현이라는 모든 주장을 경멸적으로 일축했다. 그에 따르면 재즈의 일차적인 사회적 기능은 소외된 개인과 긍정적 문화의 거리를 좁히는 것인데, 재즈는 **민족적**völkisch 이데올로기처럼 억압적 방식으로 거리를 좁힌다. 따라서 재즈는 브레히트가 현대사회의 진정한 예술에서 나타난다고 한 이른바 **낯설게 하기**Verfremdungseffekkt 효과를 전도하는 데 이바지할 따름이다. 동시에 재즈는 자연에 복귀하는 듯한 감각을 부여하지만, 순전히 사회적 인공물로 복귀하는 것에 불과하다. 게다가 재즈는 개인의 환상을 집단적 환상으로 대체한다는 점에서 사이비 민주주의적이다. 마찬가지로 그것은 사이비 개인주의적이다. 이른바 즉흥연주는 알고 보면 몇몇 기본 형식을 반복하는 것에 지나지 않기 때문이다. 재즈의 '뜨거운' 다양성은 성적 해방이라는 환영을 반영할 뿐이다. 재즈의 성적 메시지는 해방의 약속을 성의 금욕적 부정과 결합한 거세를 뜻하는 것이었다.

재즈의 이데올로기적 기능은 그 기원이 니그로에게 있다는 신화에서 확인된다. 아도르노는 "색소폰의 은빛과 니그로의 피부는 하나의 색채 효과"[66]라고 주장했다. 니그로가 재즈에 뭔가 기여했다면, 노예 상태에 대한 저항이 아니라 노예 상태를 반쯤 노여워하면서 반쯤 굴종하는 순응이었다. 아도르노는 같은 주제에 관한 후기 논문에서 이 점을 분명히 했다. "재즈에 아프리카적 요소가 있음을 의심할 수 없다고 해도, 아무리 제멋대로 연주하는 듯 보여도 재즈에서 모든 것은 처음부터 엄격한 도식에 통합됐음이 확실하다. 그 반항적인 제스처에는 분석심리학이

---

65 Adorno [Rottweiler], "Über Jazz," p.238.

66 *Ibid.*, p.242.

설명하는 가학-피학성 변태성욕처럼 맹목적으로 굴종하려는 경향이 따라다닌다."[67]

아도르노는 재즈에 대한 흑인의 기여를 부정적으로 관찰했다는 점에서 전형적인 유럽적 자기 민족 중심주의를 드러냈다고 말할 수 있을지 모른다. 비서구적 음악 형식에 대한 무관심에서 분명히 보이듯이 그는 확실히 편협한 구석이 있다. 1934년 이래 아도르노와 친분을 나눠온 한스 마이어가 언젠가 이 점에 관해 언급했다. "내가 아는 한 아도르노는 단순히 보기 위한 욕망으로 여행한 적이 없다. 그는 유럽으로 충분했다. 인도나 중국, 제삼세계, 인민민주주의, 노동운동 따위는 안중에도 없었다. 그는 끝내 한 작은 국가의 시민이자 주권자로 남았다."[68] 그러나 아도르노가 관심을 쏟은 재즈는 대중가요 작곡가가 바람을 불어넣은 상업적 변종이지, 유행과 별 상관없이 흑인 문화에 뿌리를 내린 재즈가 아니라는 점을 기억할 필요가 있다. 이런 무감각함은 그가 대체로 두 가지의 차이를 제대로 인식하지 못해 생겼다.

순수한 음악적 관점으로도 아도르노에게 재즈는 완전히 엉망이었다. 재즈의 박자와 당김음syncopation은 군대행진곡에서 유래했는데, 이는 비록 독일에서 금지됐지만 재즈와 권위주의와의 은밀한 관련이 있음을 시사한다. 쿨재즈cool Jazz는 클로드 드뷔시Claude Debussy나 프레드릭 딜리어스Fredrick Delius의 인상주의 음악과 비슷하지만, 내용은 이완되고 관습화된 것이다. 재즈의 주관적 요소는 살롱음악에 기원을 두지만, 오래전에 자발성을 상실했다. 진정한 자발성의 요소를 다시 도입하려는 시도는 언제나 그 물화된 체계 속으로 흡수돼 곧 의미를 잃었다. 아도르노는 다른 논문에서 "재즈의 사이비 발성은 축음기와 라디오 시대가 오자 중

---

67 "Perennial Fashion —Jazz," *Prisms*, p.122.

68 Hans Mayer, *Der Repräsentant und der Märtyrer*(Frankfurt, 1971), pp.156~157.

산계급 가정에서 사적 악기였던 피아노가 제거되는 현상에 대응한다"[69] 고 썼다. 덧붙여 말할 필요도 없이 피아노는 아도르노의 악기였다. 그는 명백히 피아노를 편애했다.

재즈가 음악적 움직임을 시간화하기보다 공간화하는 경향이 있다는 점이 의미심장하다. 여기서 아도르노는 연구소가 파악한 역사 발전이 신화적 반복으로 대체된다는 대중문화의 기본 특징을 지적한다. "재즈에서는 영원히 같은 동작의 부동성이 시간을 대체한다."[70] 시간성의 붕괴는 자율적 개인의 해체와 은밀히 연관된다. 칸트가 말했듯이 시간적 발전은 개인성의 결정적 속성이다. 아도르노는 1937년에 쓴 논문 부록에서 재즈가 직접 듣는 음악이 아니라 춤이나 배경음악으로 이용된다는 점은 재즈에서 개별 주체의 파괴를 보여주는 또 다른 증거라고 주장했다.[71] 재즈가 이렇게 사용된다는 것은 칸트적인 의미에서 통각 작용의 종합적 통일이 필요하지 않음을 뜻한다. 음악을 듣는 사람은 쇤베르크의 무조음악처럼 일종의 **프락시스**에 참여하기를 요구받지 않고 피학적 수동성으로 환원되는 것이다.

아도르노는 자신이 사용한 변증법 개념에도 불구하고 재즈에 어떤 부정의 계기가 있음을 인정하려 들지 않았다. 그는 재즈에 부정의 계기가 있을 수 있다면 재즈가 지닌 성적 의미의 잠재적 **양성적**Zwischengeschlechtlicher[72] 함축에 있다고 파악했다. 아도르노는 마르쿠제가 나중에 다형태적 도착을 호의적으로 평가하기 전에, 생식기 중심의 주체에 대한 억압

69 와일더 홉슨Wilder Hobson이 유니스 쿠퍼Eunice Cooper의 도움을 받아《미국 재즈Americal Jazz Music》, 윈스럽 사전트Winthrop Sargeant가《재즈, 핫 그리고 하이브리드Jazz, Hot and Hybrid》에 실은 논평. *SPSS* IX, 1(1941), p.169. 아도르노는 사전트의 재즈 해석이 자기 사상에 대한 소박한 확인이라 생각하고 열렬한 공감을 표시했지만, 홉슨은 음악을 상품적 성격에서 분리하려 했다는 이유로 비판했다.

70 *Ibid.*, p.177.

71 "Oxford Nachträge," p.119.

72 *Ibid.*, p.123.

은 사디즘이나 동성애로 퇴행을 가져올 수 있지만, 가부장적 권위주의를 넘어선 사회질서를 기대하게 해줄 수도 있다고 썼다. 가장 특징적인 재즈 악기인 색소폰은 금관악기처럼 울리는 목관악기이기 때문에 이런 성의 해방을 암시한다.[73] 그러나 다른 관점에서 재즈는 대부분 현 상태status quo의 힘 앞에서 굴복을 나타내는 것이었다.

아도르노의 이런 평가는 미국으로 건너간 뒤에도 변하지 않았다. 1953년에 쓴 논문 〈영구적 유행—재즈Perennial Fashion—Jazz〉[74]에서도 적대감은 여전했다. 심지어 그는 사망하기 직전, 예전에 '헥토르 로트바일러'라는 필명으로 발표한 최초의 재즈론은 재즈의 자발적인 성격에 대한 평가에서 지나치게 낙관적이었다고 자평하기도 했다.[75] 아도르노가 1960년대 학생 저항운동과 대중음악의 연관을 어떻게 생각했는지 알기는 어렵다. 내가 아는 범위에서 그는 인쇄된 글로 이에 대해 논한 적 없다. 아도르노는 마르쿠제[76]와 달리 대중음악의 진정한 해방적 국면보다 사이비 해방적 국면을 염두에 뒀다.

아도르노는 〈재즈론〉을 《사회연구》지에 발표하고 얼마 뒤, 미국 대중문화를 접할 기회가 있었다. 후설론을 쓰고 베토벤과 바그너에 관한 연구(바그너 연구만 완성했다)를 한 옥스퍼드 체류 기간도 끝나가고 있었다. 독일로 돌아가기 사실상 불가능하다는 게 점차 분명해졌다. 뉴욕에 있는 호르크하이머와 동료들은 아도르노가 하루빨리 대서양을 건너오기

73 *Ibid.*, p.123.

74 *Prisms*, pp.199f.

75 Adorno, "Scientific Experiences of a European Scholar in America," in *The Intellectual Migration: Europe and America, 1930-1960*, ed., Donald Fleming and Bernard Bailyn(Cambridge, Mass., 1969), p.341. 아도르노는 "나는 여전히 재즈가 즉흥적인 표현형식이라고 생각했다"는 흥미로운 진술을 하는데, 이는 사실이 아닐 수도 있다.

76 마르쿠제가 1960년대 중반에 '반反문화'에 보인 열정은 1970년대에 접어들면서 식어갔다. 찰스 라이히Charles Reich의 《미국의 녹화The Greening of America》에 대해 마르쿠제가 쓴 리뷰(*The New York Times*, Nov. 6, 1970. p.41)와 그의 《반혁명과 혁명Counterrevoluition and Revolt》(Boston, 1972)을 보라.

바랐다. 아도르노는 1930년대 중반에 이르러 연구소에 매력을 느끼기 시작했다. 호르크하이머는 1936년 7월 13일 뢰벤탈에게 보낸 편지에서 "아도르노가 이제 정말 우리와 함께하기로 했다"며 기쁨을 감추지 못했다. 줄어든 예산 때문에 연구소가 그를 직접 초청해서 정식 회원으로 받아들이기는 어렵지만, 아도르노는 호르크하이머의 주선으로 1937년 6월에 처음 뉴욕을 방문했다.[77] 그는 나쁘지 않은 인상을 받았고, 기회가 되면 미국으로 가리라 결심했다. 오래 기다릴 필요가 없었다. 라자스펠드의 프린스턴라디오연구소가 1938년 2월 아도르노에게 음악 분야 책임자 자리를 제공했다.[78]

라디오연구소에서 아도르노의 위치는 방법론적 이유로 매우 불편했다. 이는 다음 장에서 살펴볼 것이다. 연구소 회원들이 수년 전 이주하면서 고통스럽게 겪은 적응의 문제에도 부딪혔다. 라자스펠드는 3월 프로젝트 동료 해들리 캔트릴Hadley Cantril과 프랭크 스탠턴Frank Stanton에게 보낸 메모에 아도르노의 첫인상을 썼다.

> 우리가 상상하는 얼빠진 독일 교수 모습 그대로다. 그의 행동은 너무 낯설어서 메이플라워소사이어티Mayflower Society 회원이 아닌가 하는 느낌을 준다. 막상 그와 이야기해보면 흥미로운 아이디어가 많음을 알 수 있다. 새로 온 사람들이 흔히 그렇듯이, 모든 것을 바꾸고 싶어 하는 듯 보인다. 그러나 경청해보면 그는 대부분 일리 있는 말을 한다.[79]

아도르노는 이후에도 미국 시민이 되려 하지 않았고, 비판적인 관점

77 Adorno, "Scientific Experiences of a European Scholar in America," p.340.

78 *Ibid.*, p.341, and Paul Lazarsfeld, "An Episode in the History of Social Research: A Memoir," in *The Intellectual Migration*, pp.322f.

79 Lazarsfeld, "An Episode in the History of Social Research: A Memoir," p.301.

에서 미국 문화와 거리를 유지한 입장 역시 변하지 않았다.

이런 사정에도 불구하고, 아니 바로 그 때문에 아도르노는 왕성한 연구 작업을 계속했다. 그가 미국에서 처음 쓴 논문은 1938년《사회연구》지에 발표한〈음악의 물신적 성격과 청음의 퇴행Über den Fetischcharakter der Musik und die Regression des Hörens〉이다.[80] 앞선 글과 마찬가지로 당대의 음악에 대체로 비판적인 평가를 유지하면서, 다른 대중문화 양식인 영화의 사회적 의미에 대한 낙관적인 견해에 반론을 편다. 베냐민이 영화에 대해 글을 쓴 적이 있는데,[81] 잠시 후 다시 언급할 것이다. 아도르노는 당대의 음악에 담긴 거짓된 조화를 공격했다. 대신 긍정적 예술의 기만적 행복을 부정하는 **행복의 약속**을 암시하는 새로운 금욕주의를 옹호했다. 예전처럼 사회와 사회가 생산하는 예술에서 진정한 주체성이 소멸했음도 강조했다. "개인의 소멸은 새로운 음악적 상황의 특별한 징표다."[82]

물신주의 개념과 청음의 '퇴행'에 대한 탐구는 이 논문에서 새롭게 등장했다. 우리가 살펴봤듯이 총체성은 프랑크푸르트학파 사회 이론의 중심적 범주 중 하나였다. 그들이 보기에 비이데올로기적 이론은 매개되고 모순적으로 수반된 역사라는 과거와 리얼리티라는 현재, 잠재성이라는 미래의 관련성에 반응한다는 근본적인 특징이 있다. 이 가운데 한 국면에 집중한다면 현재의 '사실'을 유일한 리얼리티로 신격화하는 실증주의자처럼 한 부분만 물신적으로 만드는 것이다. 그러나 물신화는 방법론적 실패만 의미하지 않는다. 마르크스가 논증했듯이 물신화는 근원적으로 인간이 직접 만든 것을 신격화된 대상으로 맹목적으로 숭배하는 문화, 즉 소외된 자본주의 문화의 한 요소였다. 아도르노는 물신화가 단순히 심리적 범주가 아니라고 마르크스적 태도로 말했다. 물신화는

80 "Über den Fetischcharakter in der Musik und die Regression des Hörens," *ZfS* Ⅶ, 3(1938).

81 Benjamin, "L'Oeuvre de l'art à l'époque de sa reproduction mécanisée," *ZfS* Ⅴ, 1(1936).

82 Adorno, "Über den Fetischcharakter in der Musik und die Regression des Hörens," p.325.

사용가치보다 교환가치에 지배되는 사회의 상품적 성격에 뿌리내린 경제적 범주이기도 하다.[83]

음악 역시 자본주의적 에토스에 침해됐기에 물신화는 거의 전면적으로 일어난다. 음악 생산 측면에서 작곡보다 편곡에 편중하고, 색채 효과가 빈번히 도입되며, 옛 시절을 떠올리기 위해 복고풍 음악이 부활하는 등 전면적인 물신화가 나타난다. 음악 수용 차원에서 물신화는 고전음악(예를 들어 아르투로 토스카니니Arturo Toscanini)이나 대중음악이 '스타'를 강조한다든지, 스트라디바리우스Stradivarius와 아마티Amati 바이올린처럼 악기를 숭배한다든지, 음악 감상보다 '제대로 된' 음악회에 가는 것이 중요하다든지, 오직 혼자 듣기 위해서 듣는 재즈 열광자의 허황한 도취 등에서 드러난다. 그러나 일반적인 사회과학적 조사 기술로 물신화를 증명하기는 불가능하다(아도르노는 이 점에서 라자스펠드와 갈등했다). 질문지나 인터뷰를 통한 방법은 음악을 듣는 사람들의 의견을 그대로 믿을 수 없기에 부적절했다. 그들은 문화 규범의 순응주의를 극복할 능력이 없고, 기본적으로 그들이 음악을 듣는 능력이 퇴행했다. 생리적인 것이 아니라 심리적인 퇴행이다. 이는 초기 음악 시대로 후퇴가 아니라 유아적인 상태로 퇴행이다. 퇴행은 프롬이 〈무력감Das Gefühl der Ohnmacht〉이라는 논문에서 묘사한 피동적 의존성과 유사한 상태다. 퇴행한 청자聽者는 순응적이고 모든 새로운 것을 두려워한다. 맛있게 먹은 음식만 요구하는 어린아이처럼 청음 능력이 퇴화한 사람은 전에 들은 음악이 반복될 때 반응할 수 있다. 그는 찬란한 색깔에 반응하는 어린아이처럼 매력적이고 특이하게 들리는 다채로운 음音의 무늬에 매혹된다.

아도르노에 따르면 청음 능력이 퇴행한 청취자는 한 계급에 국한되지 않는다.[84] 퇴행한 청취자가 처한 상황에 사회적 계기가 있다면 실업자

83 *Ibid.*, p.330.

84 정통 마르크스주의 비평가는 이 점을 아도르노 저작이 부적합한 사례로 지적했다. 예를 들어

의 무의미한 여가일 것이다. 그의 피학적 자기 억제는 지금 탈정치적이고 수동적인 상태에 있더라도, 조만간 외부를 향한 파괴적 분노로 발전할 수 있다. 광기에 가깝게 신경이 예민한 자의 좌절된 성욕은 억압된 분노를 표현한다. 아도르노는 이런 억압된 분노가 건설적으로 쓰일 가능성에 비관적이었다. 그는 베냐민과 달리 대중 예술이 현재의 긍정적 형식을 유지하는 한, 대중 예술의 혁명적 잠재력은 미약할 수밖에 없다는 비관적인 태도 역시 보인다. "집단의 힘은 음악 내부의 구제 불능한 개인성을 해체한다. 그러나 집단성의 문제를 의식적·부정적으로 표현할 수 있는 것은 여전히 개인뿐이다."[85] 아도르노는 자신과 연구소 회원들이 이런 역할을 해야 한다고 생각했다. 아도르노는 프린스턴라디오연구프로젝트에 참여하는 동안 경험주의적 경향이 있는 라자스펠드와 방법론적 차이로 문제가 있었지만, 어느 정도 성과를 거뒀다. 그는 조지 심슨George Simpson의 '편집상 도움'[86]을 받아 프로젝트를 위한 논문 4편을 완성했다. 1940년에 완성한 첫 논문 〈라디오 음악의 사회적 비평A Social Critique of Radio Music〉은 1945년에야 출판됐다.[87] 이 논문은 아도르노와 빈 시절부터 친구이고 쇤베르크의 제자인 에른스트 크레네크Ernst Křenek의 업적을 토대로 한 것이다.

크레네크는 1938년 《사회연구》지에 라디오 음악에 대한 논문을 기고한 적이 있다.[88] 11개국 67개 방송국을 조사한 결과를 토대로 결론을

다음을 보라. Konard Boehmer, "Adorno, Musik, Gesellschaft," in *Die neue Linke nach Adorno*, ed., Wilfried F. Schoeller(Munich, 1969), p.123.

85 "Über den Fetischcharakter in der Musik und die Regression des Hörens," p.355.

86 아도르노는 다음 논문에서 심슨의 도움에 고마움을 표했다. Adorno, "Scientific Experience," in *The Intellectual Migration*, pp.350~351. 로버트 매키버의 제자인 심슨은 주로 뒤르켐의 사회학을 번역하고 비평했다.

87 Adorno, "A Social Critique of Radio Music," *Kenyon Review* Ⅶ, 2(Spring, 1945).

88 Ernst Křenek, "Bemerkungen zur Rundfunkmusik," *ZfS* Ⅶ, 1/2(1933). 나중에 아도르노는 크레네크에게 찬사를 보냈다. "Zur Physiognomik Křeneks," in *Moments Musicaux*.

내렸다. 그는 자신이 작곡하는 것과 같은 근대적 무조음악을 내보내는 방송국이 거의 없다는 사실에 주목했다. 라디오의 정보 전달 기능이 음악 프로그램까지 침투했다는 것이다. 라디오가 음악으로 전달하는 정보는 관습에 따를 필요성이다. 크레네크에 따르면 음악은 라디오를 통해 일상생활의 장식물로 전락했다. 더 나아가 라디오는 실제 연주한 것을 재생산하는 두 번째 전달 매체가 돼서 청취자의 미적 경험에 중대한 변화를 일으켰다. 라디오를 통해 직접 연주회에 참석한다고 느낌으로써 연주의 **지금**nune 혹은 '현재성nowness'은 간직됐으나, **여기**hic 혹은 '현장성hereness'은 간직될 수 없었다. 라디오는 베냐민이 '아우라aura'라고 부른 예술 작품의 중요한 특징 가운데 제의祭儀적이고 의식儀式적인 분위기를 파괴했다. 라디오 청취자는 때 묻지 않은 '아우라'를 통해 음악을 듣는 대신, 부정의 기능이 상실된 탈개성화하고 객관화한 집단적 형식으로 듣는 것이다.

아도르노도 크레네크의 결론에 동조한다. 그는 현대사회의 상품 성격과 통신수단을 포함해 사회 전 분야에서 나타나는 독점으로 가는 추세, 순응주의적 요소를 강화해 종전 질서에 대한 모든 위협에 대응하는 사회적 반작용, 문화 영역에서 확인되는 사회적 적대 관계 같은 기본적 공리를 언급하면서 논문을 시작한다.[89] 이 논문의 결론은 크레네크의 분석과 거의 동일해서 다시 요약할 필요는 없을 것이다. 라디오연구프로젝트를 위해 작성한 이후의 논문 3편은 대중음악에 관한 탐구로, NBC의 〈음악 감상 시간Music Appreciation Hour〉과 라디오 교향악을 다뤘다.[90]

그중 첫 논문 〈대중음악론On Popular Music〉은 라디오연구프로젝트와 협력해서 대중전달 특집을 꾸민《철학과 사회과학 연구》에 실렸다.[91] 아

89 Adorno, "A Social Critique of Radio Music," pp.210~211.

90 그 기원에 관한 아도르노의 주장은 다음을 보라. *The Intellectual Migration*, p.351.

91 Adorno, "On Popular Music," *SPSS*, Ⅸ, 1(1941).

도르노가 유럽에 있을 때부터 재즈에 보인 반감이 이 논문에도 계속된다. 그는 평준화와 사이비 개성이 대중음악의 특징이라고 봤다. 익숙한 것을 반복해서 인정하는 게 대중 청취의 본질인데, 대중 청취는 더 지적인 감상을 위한 수단이 아니라 그 자체가 목적이다. 일단 어떤 형식이 성공적인 반응을 얻으면 기업은 같은 형식을 반복적으로 들려주고 확장한다. 이럼으로써 음악은 기분 전환, 전이된 욕망 충족과 강화된 수동성을 통해 사회 유지를 위한 일종의 시멘트 구실을 한다. 아도르노는 재즈의 경우처럼 대중음악에도 고립된 부정의 요소가 존재할 수 있음을 느꼈다. 그는 온몸을 흔들어대는 사이비 능동성에 수동성을 경멸하는 태도가 있으며, 이 태도에 부정의 요소가 잠재적으로 깃들었다고 봤다. 이런 식으로 표현되는 에너지는 적어도 의지가 없어지지 않았음을 보여준다. 이런 주장은 금욕적 사제에 대한 니체의 분석을 생각나게 한다. 아도르노는 다음과 같이 썼다. "곤충으로 변신하기 위해서는 인간으로 변신하기에 충분한 에너지가 필요하다."[92]

라자스펠드 라디오연구프로젝트를 위한 아도르노의 세 번째 연구는 NBC의 〈음악 감상 시간〉에 대한 내용 분석이다. 아도르노는 이 프로그램을 통해 그릇된 음악 지식이 어떻게 보급됐는지 보여준다. 이 연구 결과보다 흥미를 끄는 것은 출판되지 못했기에 곧 시대에 뒤떨어진 것으로 취급된 라디오 교향곡에 관한 마지막 연구다.[93] 아도르노는 크레네크와 마찬가지로, 라디오 청취자는 음악의 '현존성'을 상실하면서 음악의 '아우라적' 마력도 일부 상실했다고 주장했다. 실제 연주에서 음량에 대한 감각과 더불어 청중이 돼 느끼던 공동체적 감각도 상실했다고 주장

92 *Ibid.*, p.48.

93 라자스펠드 교수는 고맙게도 그 원본을 내가 쓸 수 있게 해줬다. 〈음악의 최근 추세Currents of Music: Elements of a Radio Theory〉인데, 나중에 요약본이 〈라디오 교향악The Radio Symphony〉이라는 제목으로 폴 라자스펠드와 프랭크 스탠턴이 편집한 《라디오 연구 1941Radio Research 1941》(New York, 1941)에 실렸다.

했다. 라디오는 개개인을 고립시킴으로써 성당의 공간처럼 실제 연주를 듣는 청취자를 둘러싼 교향악적 '공간'을 파괴하는 데 기여할 따름이다. 라디오는 베토벤의 음악 같은 위대한 교향악의 특성인 '시간 의식의 정지 상태'[94]로 사람을 끌어들이기보다 물리적으로 연속된 시간으로 사람을 돌아가게 하는 데 기여한다. (아도르노가 의미하는 정지 의식은 긍정적 문화의 반복적 무시간성과 다르다. 위대한 예술 작품은 정상적 시간을 정지한다. 정상적 시간이 정지된 곳에서 '다른' 사회의 시간적 질서에 대한 기대인 일종의 일관된 진전이 나타난다. 베냐민은 '동질적이며 공허한' 시간과 '현재의 현존성으로 충만한' 시간의 구분에 특별히 관심을 쏟았다.)[95] 연속적 시간은 진정한 개인성의 파괴에 상응하는데, 앞서 본 대로 진정한 개인성은 발전과 총체성의 연결을 의미한다. 아도르노가 보기에 "원자화된 음악 청취 경향은 오늘날 음악 의식에 널리 퍼져 있다".[96] 미적 총체성으로서 통일성을 상실한 교향악은 어떤 부정적 반향도 갖지 못하는, 전후 관계 상관없이 토막으로 끊긴 멜로디의 연속이 돼 일련의 물화된 인용으로 전락한다.

아도르노는 원고의 2부에서 라디오가 평준화를 재촉한다는 점을 지적하며 라디오의 악영향에 대한 비판을 이어간다. 아도르노는 평준화는 자본주의의 교환 윤리가 침투한 탓이기도 하며, 호르크하이머가 권위주의 국가의 경향을 분석한 것과 유사하게 기술적 합리성과 관계있다고 판단하다. "비자본주의적 생산양식에서는 어떤 방식으로든 그 기본적 평준화가 득세하게 마련이다. 기술적 평준화는 중앙집권화된 통치에 이른다."[97] 여기서 아도르노는 기술혁신에 일반적으로 무관심한 마르크스주의 미학 비평의 레닌주의적 경향과 동떨어졌음을 다시 보여준다. 《라

94 *Ibid.*, p.14.

95 Benjamin, "Theses on the Philosophy of History," *Illuminations*, p.262.

96 Adorno, "Currents of Music," p.26.

97 *Ibid.*, p.79.

디오 연구 1941》에 요약본이 실린 그의 논문은 미국 비평가들에게 심한 반발을 받았다. 몇 년 뒤 아도르노는 자신이 다음과 같은 주장을 한 것은 시대에 뒤처졌다고 인정했다. "라디오 교향곡은 교향곡이라 할 수 없다. 라디오 교향곡은 기술적인 음향 변형에 의존하는 음악적 강박强拍일 뿐이다. ……기술적 음악 변형은 하이 파이라는 기술과 스테레오 음향 개발에 의해 지배된다."[98] 아도르노의 음악 비평은 대체로 미국에서 긍정적 반응을 얻지 못했다. 단순히 독일어로 썼기 때문은 아니었다.

1941년 로스앤젤레스로 이주하면서 아도르노와 라자스펠드의 불안정한 협력 관계가 끝난다. 아도르노는 음악의 소비와 수용에서 생산 쪽으로 관심을 돌린다. 이 분야에 대한 아도르노의 복잡한 연구 결과를 앞서 언급한 이상으로 상세히 다루거나 비판적으로 분석하는 것은 내 능력을 벗어난다. 연구소의 다른 작업과 관계된 몇 가지는 지적할 수 있을 것 같다.

아도르노는 뉴욕에서 바그너 연구 원고를 마지막으로 손질하고 있었는데, 이 연구 일부가 1939년 《사회연구》지에 실렸다.[99] 완성된 원고는 그가 1950년대에 독일로 돌아온 뒤에야 출판됐다. 아도르노가 사용한 많은 범주는 그의 연구가 1930년대 연구소의 사고방식에 근접했음을 보여준다. 예를 들어 아도르노는 바그너의 반유대주의와 반부르주아적 태도, 사이비 반항심을 그의 음악에 나타나는 몇몇 경향과 일치시키기 위해 프롬의 '사회적 성격' 개념을 사용했다. 여기서 그는 음악의 사회적 내용을 밝히기 위해 '지휘자-작곡자'나 작곡의 '제스처 유형' 같은 용어를 도입했다. 또 하나 새로운 개념은 '판타스마고리아phantasmagoria'인데, 이는 바그너가 자신의 음악이 '자연적' 기원이 있는 양 보이게 해서 작품의 사회심리학적 유래를 숨기려는 경향을 지칭한다. 이런 경향은

98 "Scientific Experiences," p.352.

99 Adorno, "Fragmente über Wagner," *ZfS* Ⅷ, 1/2(1939).

우리가 마르쿠제와 뢰벤탈의 연구에서 봤듯이 권위주의적 사고의 특징이기도 한 기만적 태도다. 아도르노는 바그너 음악의 신화적 요소와 이데올로기를 연관해서 고찰했다. 바그너의 신화적 요소는 무의식적인 것을 해석하려 하면서도 현실을 그 무의식적인 것에 용해한다. 아도르노는 '반란'에 의한 혁명의 배신이라는 관점으로 〈니벨룽겐의 반지Der Ring des Nibelungen〉를 다루면서 《권위와 가족에 관한 연구》에 실린 이론적 논문에서 프롬이 발전시킨 개념을 다시 사용한다. 그는 《사회연구》지에 발표한 마지막 논문에서 바그너가 쇼펜하우어에게 빌려온 비관주의와 허무주의를 분석한다. 여기서 그는 바그너의 상상력에도 유토피아적 저항이 어느 정도 있다는 점을 수긍했다. 아무리 긍정적인 문화적 산물이라도 그 속에는 약해진 형태로나마 부정의 경향이 존재함을 그의 변증법적 접근 방법이 거의 언제나 간파한 것이다.

아도르노가 쓴 바그너 원고는 출판되지 않았지만, 로스앤젤레스 지역에서 망명 생활을 하던 그의 친구들이 돌아가며 읽었다. 망명자들은 대부분 뉴욕에 정착했지만, 캘리포니아로 이주한 다수 중 일부는 할리우드에서 영화 산업에 종사하기도 했다. 그중 유명한 사람으로 하인리히 만Heinrich Mann, 알프레트 폴가Alfred Polgar, 베르톨트 브레히트, 알프레트 되블린Alfred Döblin, 윌리암 디터를레William Dieterle 등이 있다. 1941년에 도착한 호르크하이머와 아도르노는 곧 그들과 어울렸다.[100] 가장 유명한 인물이 토마스 만이다. 호르크하이머는 토마스 만에 대해 다소 비판적인 글을 쓴 적이 있다. 그는 1938년에 쓴 글[101]에서 토마스 만의 유명한 아이러니는 수동적 태도를 내포하며, 바이마르공화국을 지지하는 만의 입장은 잘못됐다고 지적했다. 그러나 호르크하이머는 나치에 대한

100 호르크하이머는 1941년 6월 뢰벤탈에게 보낸 편지에서 과거 위대한 독일의 문호와 새로운 친분을 쌓은 것에 대해 열광적으로 말했다.

101 Horkheimer, "Die philosophie der absoluten Konzentration," *ZfS* VII, 3(1938).

혐오감이 만을 더 진보적인 방향으로 나가게 했으며, 그가 갈수록 급진적인 입장이 되리라는 사실을 알아챘다.

그들이 캘리포니아에 도착했을 때 예전의 의견 대립은 사라졌고, 만은 두 사람과 친밀한 사이가 됐다. 만은 1940년대에 연구소가 후원하는 세미나에 참석했으며, 1943년에 연구소가 주로 《아우프바우Aufbau》라는 대표적 망명자 신문의 조사를 통해 박해받은 유대인을 돕는 비유대계 독일인을 연구할 때 이름을 빌려주기도 했다.[102] 나치의 경험과 그 기원을 소설로 쓰려고 몰입하던 만은 한 작곡가의 생애와 작품을 독일 문화의 쇠락에 대한 상징적 등가물로 사용하려고 했다. 그는 음악과 철학을 동시에 연구하는 아도르노에게 끌렸으며, 아도르노에게서 많은 정보를 얻었다. 만은 아도르노의 바그너론에 관심이 생겼다. 만은 그 원고가 "극히 날카로운 통찰에 차 있고…… 단순히 부정적인 면으로 끝나지 않으며…… 나의 에세이 〈리하르트 바그너의 고뇌와 위대성Sufferings and Greatness of Richard Wagner〉과 흡사하다"[103]고 썼다.

아도르노가 1943년 7월에 다음 연구를 보여줬는데, 만은 깊은 인상을 받았다. 나중에 《신음악의 철학》으로 출간되는 내용의 전반부인 쇤베르크에 대한 논문으로, 아도르노가 1932년 《사회연구》지에 발표한 주제 일부를 발전시킨 것이다. 앞서 언급했듯이 1940년대에 아도르노는 예전에 우상처럼 섬기던 스승의 음악적 변화를 비판적으로 봤다. 쇤베르크가 제자들이 12음계 체제를 영구불변하는 것으로 만들어도 수긍하는 모습에 더 비판적인 자세를 취했다. 만에 따르면 남부 캘리포니아에 살던 쇤베르크는 "자기를 존경하는 제자의 비판적 태도를 감지"[104]했으며,

102 연구 결과에 따르면 보수주의자와 가톨릭 신도가 유대인을 위해 더 많은 일을 해줬으나, 출판되지 않았다(1969년 3월 몬타뇰라에서 폴록과 진행한 인터뷰).

103 Thomas Mann, *The Story of a Novel: The Genesis of Doctor Faustus*, trans., Richard and Clara Winston(New York, 1961), pp.94~95.

104 *Ibid.*, p.103.

그 때문에 두 사람의 관계가 경직됐다고 한다. 아도르노의 글에 열광한 만은 집필 중인 소설에 그 내용을 담았다.

만은 나중에 그 소설《파우스투스 박사Doctor Faustus》에 대해 이야기하는 자리에서 아도르노의 도움에 고마움을 표했다. "《파우스투스 박사》22장에서 대화 형식으로 표현한 음렬 분석과 그에 대한 비판은 전적으로 아도르노의 논문을 토대로 한 것이다. 책 앞머리에서 크레치마Kretschmar가 천재와 관습 사이에 죽음이 만든 신비한 관계를 이야기하며 언급하는 후기 베토벤의 조성 언어에 대한 몇 가지 지적도 마찬가지다."[105] 만은 집필하는 동안 아도르노를 찾아와 조언을 구했다. 만은 1943년 10월에 아도르노가 "(베토벤) 소나타 3번 전 악장을 매우 시사적인 방법으로" 연주하는 것을 들었다. 그는 연주를 듣고 엄청난 영향을 받았다. "음악을 그렇게 집중해서 들은 때가 없었다. 나는 다음 날 아침 일찍 일어나 이후 3일 동안 그의 이야기를 처음부터 끝까지 다시 생각하고 심화했다. 덕분에 베토벤을 다루는 장, 아니 작품 전체가 훨씬 풍부하고 아름다워졌다. 아리에타arietta 주제를 위한 짤막한 시적 예문에 아도르노 아버지의 성 비젠그룬트Wiesengrund(풀밭이란 의미)를 슬쩍 넣어 내 고마운 뜻을 전하기도 했다."[106](아도르노는 어머니 성이다—옮긴이) 만은 1945년 12월에 쓴 10장짜리 편지에서 자신이 아도르노의 작품에서 의도적으로 이것저것 따온 사실을 사과하며[107] 더 많은 조언을 부탁했는데, 아도르노는 기꺼이 이에 응했다. 1947년 마침내 소설이 출간되자, 만은 '은밀한 조언자' 아도르노에게 책을 증정했다.[108] 그러나 쇤베르크와 만의 관계는 심각하게 나빠졌다. 쇤베르크는 만이 자신의 사상을 아무런 언급 없

105 *Ibid.*, p.46.
106 *Ibid.*, p.48.
107 *Ibid.*, p.150.
108 *Ibid.*, p.222.

이 도용했다고 비난했다. 만은 이후 다음 판이 나올 때마다 이에 대한 해명을 덧붙였다.[109] 《신음악의 철학》은 이듬해에 출간됐다. 이 책에는 쇤베르크 장章과 균형을 맞추기 위해 전쟁 중 집필한 스트라빈스키 절節을 첨부했다. 나중에 아도르노는 《신음악의 철학》이 《계몽의 변증법》에 관한 긴 보론이라고 언급했다. 이는 8장에서 살펴볼 것이다.

아도르노는 1940년대에 캘리포니아로 온 또 다른 망명자 한스 아이슬러와 함께 영화음악에 관한 책을 쓴다. 그러나 아도르노가 정치적인 문제에 깊이 관여한 아이슬러와 연관되기를 꺼렸기에 1947년 책이 발간됐을 때, 그의 이름은 표지에서 빠졌다.[110] 아도르노는 캘리포니아에 머무는 동안 헉슬리와 카프카에 관한 논문을 쓰고 포괄적인 문화 비평도 했는데, 이때 쓴 글은 그가 독일로 돌아온 뒤에야 《프리즘Prismen》이란 책으로 출간됐다. 그는 1948년 여름에 《신음악의 철학》이 완성되자마자 소비에트권 음악으로 주의를 돌렸다. 그 결과 아도르노는 〈끌려다니는 음악Gegängelte Musik〉[111]이라는 극히 비판적인 논문을 썼다(gängeln은 회초리로 맞거나 코뚜레에 꿰어 이리저리 끌려다닌다는 뜻이다). 여기서 그는 사회주의리얼리즘 주창자들이 내세우는 '건전한' 예술 장려를 공격한다.

아도르노는 문화적 문제에 관한 작업과 함께 《계몽의 변증법》과 아포리즘으로 쓴 《미니마 모랄리아》에 이르는 이론적 관심도 잃지 않았다.[112] 또 《권위주의적 성격》 연구와 미국의 한 민중 지도자에 관한 연구

109 다음을 보라. *Letters of Thomas Mann, 1889-1955*, selected and trans., Richard and Clara Winston, intro., Richard Winston(New York, 1971), pp.546~547, 587~588.

110 Hanns Eisler, *Composition for the Film*(New York, 1947). 이 책에 대한 아도르노의 역할은 다음을 보라. Helmut Lück, "Anmerkungen zu Theodor W. Adorno Zusammenarbeit mit Hanns Eisler," *Die neue Linke nach Adorno*. 당시 아이슬러의 형인 게하르트가 공산주의 활동에 관여했다는 이유로 심한 공격을 받고 있었는데, 아도르노는 그 책에 대한 자신의 기여가 책 속에 드러나기를 원치 않았다.

111 Adorno, "Gegängelte Musik," in *Dissonanzen*.

112 Adorno, *Minima Moralia*(Frankfurt, 1951). 또한 Adorno, Horkheimer, *Dialektik der Aufklärung*(Amsterdam, 1947).

에 미국의 경험주의적 연구 방법을 적용해보려고 했다.[113] 아도르노는 1949년 호르크하이머와 함께 독일로 돌아가지만, 캘리포니아의 연구 작업은 끝나지 않았다. 그는 1952~1953년 겨울에 미국 시민권을 잃지 않으려고 미국으로 돌아와 몇 달 지냈다. 아도르노는《권위주의적 성격》에 대한 작업 중에 생긴 연줄을 통해 베벌리힐스Beverly Hills에 있는 해커재단Hacker Foundation의 과학 분과 책임자 직을 계속 맡았다. 여기서 미국 대중문화에 대한 그의 마지막 두 가지 연구가 진행됐다. 첫 번째는 버니스 아이더슨Bernice T. Eiduson과 함께 쓴 새로운 대중전달 미디어인 텔레비전에 관한 것인데, 그들은 텔레비전 쇼의 내재적 메시지를 밝히기 위해 방송 대본 내용을 분석했다.[114] 두 번째는 더 길고 독창적인《로스앤젤레스타임스Los Angeles Times》의 점성술 칼럼에 관한 연구다.[115] 아도르노는《미니마 모랄리아》에서 오컬트에 관해 몇 쪽을 쓴 적이 있었다.[116] 그는《권위주의적 성격》에 관한 연구 이후의 성과 덕분에 자신의 비평을 상당히 확장할 수 있었다.

아도르노는〈지상에 내려온 별들The Stars Down to Earth〉에서 점성술을 '이차적' 미신으로 다뤘다. 가족처럼 일차적 집단이 아니라 계급과 같은 이차적 집단이라는 의미에서다. 그는 능력 있는 분석학자 프레더릭 해커Frederick Hacker 박사의 도움으로 정신분석학적 통찰을 사용하지만, 이런 통찰은 기본적으로 개인이 아닌 집단을 연구 대상으로 삼았다. 더 정확히 말하면 개인 심리와 이른바 개인의식 사이의 사회심리적 층위를

113 Adorno et.al., *The Authoritarian Personality*(New York, 1950). 마틴 루터 토마스Martin Luther Thomas에 관한 아도르노의 논문은 출판되지 않았다.

114 Adorno and Bernice T. Eiduson, "How to Look at Television"(1953년 4월 13일 로스앤젤레스의 해커재단에서 읽은 논문). 뢰벤탈 소장.

115 Adorno, "The Stars Down to Earth: *The Los Angeles Times* Astrology Column: A Study in Secondary Superstition," *Jahrbuch für Amerikastudien*, vol. Ⅱ (Heidelberg, 1957).

116 Adorno, "Thesen gegen den Okkultismus," *Minima Moralia*, pp.462f.

탐구하기 위해 정신분석학적 통찰을 사용했다고 해야 할 것이다. 여기서 아도르노는 프로이트의 《집단심리학과 자아분석Massenpsychologie und Ich-Analyse》[117]에 가장 흥미가 있었다. 결과적으로 이 연구는 대중문화 비판이 연구소의 권위주의에 대한 분석과 유사한 성격이 있음을 보여줬다. 이는 다음 장에서 언급할 것이다. 아도르노는 결론적으로 점성술이 《권위주의적 성격》 분석에서 사용한 'F 척도'에서 고득점을 받은 사람에게 내재한 비합리적 욕구에 부응하는 '종속의 이데올로기'[118]라고 말했다.

아도르노의 캘리포니아 생활은 대단히 생산적이었다. 그는 헉슬리에 관한 에세이에 다음과 같이 썼다. "외국에서 온 지식인이 뭔가 성취하거나 삶을 응축하는 거대 기업에 고용되기를 원한다면 자율적 존재로서 자신을 포기해야 함은 너무나 명백하다."[119] 아도르노는 그렇게 성취를 바라지도, 그런 제안을 받아들이지도 않았다. 오히려 그는 아웃사이더로 남아 더 많은 것을 성취했다. 아도르노는 미국의 문화적 '거대 기업'의 요구에 굴복하지 않고 연구소의 모든 작업이 그랬듯이 현실보다 이념적인 독자층을 위해 글을 썼다. 물론 연구소의 권위주의 연구는 예외다. 아도르노는 그럼에도 독일로 돌아간 뒤 당대 유럽의 중요한 지적 인물이 되기에 충분한 독자층을 얻었다.

우리가 이제 살펴보려는 연구소의 역사에 크게 기여한 베냐민의 삶에서 미국 문화생활의 압박에 대한 감정은 큰 비중을 차지했다. 그는 1930년대 내내 뉴욕으로 이주한 다른 회원들에게 합류하라는 연구소의

---

117 아도르노는 이 작업을 토대로 거의 같은 시기에 다음 논문을 썼다. "Freudian Theory and the Pattern of Fascist Propaganda," in *Psychoanalysis and the Social Sciences*, ed., Geza Roheim(New York, 1951).

118 Adorno, "The Stars Down to Earth," p.82.

119 *Prisms*, p.98.

간청을 받아들이지 않았다.[120] 결과적으로 마지막 만남이 된 1938년 1월, 미국으로 오라는 아도르노의 다급한 청에 베냐민은 "유럽에 아직 몸을 숨길 장소가 있다"며 거절했다.[121] 그가 은신처라 생각한 곳들이 침략을 당하면서 더는 파리에 머물 수 없었다. 게슈타포가 1940년 여름에 베냐민의 아파트를 급습했다. 미국 이민은 점점 더 어려워졌다. 일찍이 프랑스로 도피한 독일 망명자들은 비시Vichy정부에 의해 나치에게 돌려보내질 위험에 처했다. 베냐민은 느베르Nevers의 수용소에서 독일로 이송되리라 예상했다. 연구소는 그를 위해 할 수 있는 모든 일을 시작했다. 모리스 알박스와 조르주 셀르가 개입해 베냐민은 수용소에서 풀려났다.[122] 폴록의 노력으로 미국행 긴급 비자 발행이 가능해졌는데, 그중 하나는 비자발적 망명자 비자였다. 그러나 베냐민은 프랑스에서 빠져나가는 비자를 확보하지 못했다. 장애 요인이긴 하나 극복할 수 없는 문제는 아니었다. 피레네산맥을 넘어 스페인 국경에 있는 포르트부Port Bou로 통하는 경비가 심하지 않은 길이 안전한 대안이었다. 당시 심장 상태 때문에 건강이 나빴던 베냐민은 1940년 9월 26일에 국경을 향해 출발한 망명자 가운데 한 명이었다. 베냐민의 짐에는 모르핀 합성물 15알이 있었는데, 며칠 전 마르세유Marseille에서 그가 아서 케스틀러에게 말했듯이 "말 한 마리를 죽이기 충분한"[123] 양이었다. 뜻밖에 스페인 정부는 이들이 도착하기 직전에 국경을 차단했다. 베냐민은 그날 밤, 여행에 지치고 게슈타포에게 넘겨질 걱정에 심란하고 미국에서 보낼 미래가 내키지 않은 나

---

120 예를 들어 1934년 가을 그가 호르크하이머에게 보낸 편지를 보라(Benjamin, *Briefe*, vol.Ⅱ, p.625f). 베냐민은 덴마크, 팔레스타인, 소련으로 초대도 거부했다.

121 Adorno, "Interimbescheid," *Über Walter Benjamin*(Frankfurt, 1970), p.95.

122 Benjamin, *Briefe*, vol.Ⅱ, p.834. 베냐민의 생애에 관한 나머지 이야기는 《일루미네이션》에 실린 한나 아렌트의 서문, 아도르노와 게르숌 숄렘Gershom Scholem이 편집한 베냐민의 《전집Schriften》, vol.Ⅱ(Frankfurt, 1955)에 폴록이 쓴 베냐민 약전에서 가져온 것이다.

123 Arthur Koestler, *The Invisible Writing*(London, 1954), p.512.

머지 그 알약을 삼켰다. 이튿날 아침 위세척을 거부한 그는 48번째 생일이 지나고 불과 몇 달 뒤 고통 속에 숨을 거뒀다. 베냐민의 자살에 충격을 받은 스페인 국경 경비원은 다음 날, 나머지 망명자가 국경을 통과하도록 허용했다. 이 이야기에 참혹한 주석이 되겠지만, 뉴스를 들은 케스틀러는 마르세유에서 베냐민이 준 똑같은 알약을 삼켰다. 그는 나중에 "베냐민은 나보다 위장이 튼튼했음이 분명하다. 나는 곧 토하고 말았다"[124] 고 썼다.

베냐민이 뉴욕으로 이주했다면, 연구소와 미국에서 연구소의 지적 활동에 어떤 의미가 됐을지 알 수 없다. 그가 자신의 역량을 연구소 다른 회원들과 얼마나 잘 융화할 수 있었을지도 막연히 짐작할 뿐이다. 호르크하이머와 아도르노는 지금까지 그랬듯이 베냐민을 설득해 비판 이론에 더 가까워지리라 기대했으나, 그가 계속 거부했을지도 알 수 없는 문제다. 확실히 말할 수 있는 것은 연구소가 그의 때 이른 죽음에 실망하고 충격을 받았다는 사실이다. 나중에 그들은 살아 있는 동안 제대로 인정받지 못한 베냐민의 재평가를 위해 노력했다. 이런 노력의 첫 표현이 연구소 재정 문제 때문에 1942년 제한된 부수를 등사판으로 발행한 기념 문집이다. 이 책에는 아도르노와 호르크하이머, 베냐민의 에세이가 실렸다.[125] 아도르노는 연구소가 독일로 돌아온 뒤, 베냐민의 오랜 친구인 게르숌 숄렘의 도움을 받아 그의 글과 편지를 묶어 출판했다. 이 책으로 지난 10년간 베냐민에 대한 폭넓은 관심이 촉발됐다. 베냐민의 사상에 대한 아도르노의 해석과 그가 만든 베냐민의 이미지가 베냐민 해석에 끼친 영향에 대해 베냐민 평자들이 어떻게 말하든, 숄렘과 협력한 아도

124 *Ibid.*, p.513.

125 Horkhheimer, "Autoritärer Staat" and "Vernunft und Selbsterhaltung," Adorno, "George und Hofmannsthal; and Benjamin, "Thesen zur Geschichtsphilosophie," in "Walter Benjamin zum Gedächtnis"(미출간, 1942). 몬타뇰라의 프리드리히 폴록 소장.

르노의 노력으로 베냐민이 화제의 인물이 됐음은 부인할 수 없다.

아도르노는 신학적 요소와 유물론적 요소를 독특한 방식으로 결합한 베냐민 관점의 독창성을 부인하지 않았다. 이 점을 제대로 살펴보는 일은 또 다른 연구 과제가 될 것이다. 롤프 티데만Rolf Tiedemann이 이 점을 다룬 책을 썼기에,[126] 이 책에서 상세히 다룰 필요는 없을 것이다. 지난 10년간 베냐민이라는 이름을 둘러싼 논쟁을 개관하는 것만도 엄청난 작업이다.[127] 나는 베냐민과 연구소의 구체적인 관계와 대중문화 분석에 그가 기여한 바를 검토하려 한다.

1892년 베를린에서 태어난 베냐민은 대다수 연구소 회원들처럼 부유하고 동화된 유대인 가정에서 자랐다. 그는 골동품 수집가이자 예술품 중개상인 아버지에게 서적과 옛날 공예품 수집에 매혹을 느끼는 취미를 이어받았다.[128] 가족과 관계는 그리 편안하지 않았다. 베냐민은 자신의 저작에서 자주 어린 시절로 되돌아가는데,[129] 그의 유년은 슬픔으로 가득 찬 것 같다.[130] 부르주아 가정에 염증을 느낀 다른 많은 독일 청소

126 Rolf Tiedemann, *Studien zur Philosophie Walter Benjamins*(Frankfurt, 1965).

127 특히 다음을 보라. *Alternative*, 56/7(Oct.-Dec., 1967) and 59/60(April-June, 1968); Hannah Arendt, intro. to *Illuminations*. 논쟁과 관련된 다른 논문은 다음을 참고하라. Siegfried Unseld, "Zur Kritik an den Editionen Walter Benjamins," *Frankfurter Rundschau*(January 24, 1968); Rolf Tiedemann, "Zur 'Beschlagnahme' Walter Benjamins, oder Wie Man mit der Philologie Schlitten fährt," *Das Argument* X, 1/2(March 1968); Friedrich Pollock, "Zu dem Aufsatz von Hannah Arendt über Walter Benjamin," *Merkur*, XXII, 6(1968); Hannah Arendt. "Walter Benjamin und das Institut für Sozialforchung—noch einmal," *Merkur*, XXII, 10(1968); Hildegaard Brenner, "Theodor W. Adorno als Sachwalter des Benjaminschen Werkes," in *Die neue Linke nach Adorno*. 논쟁에 대한 아도르노의 응답은 다음 문헌에 다시 수록됐다. "Interimbescheid," *Über Walter Benjamin*. 논쟁의 요약은 다음을 보라. "Marxistisch Rabbi," *Der Spiegel*, XXII, 16(April 15, 1968).

128 Benjamin, "Unpacking My Library," *Illuminations*.

129 Benjamin, *Berliner Kindheit um Neunzehnhundert*(Frankfurt, 1950). 베냐민은 1940년 아도르노에게 다음과 같이 썼다. "경험 이론의 뿌리를 유년의 기억에서 찾았다는 사실을 당신에게 숨길 이유가 무엇인가?"(*Briefe*, vol. II, p.848).

130 Gershom Scholem, "Walter Benjamin," *Leo Baeck Institute Yearbook*(New York, 1965).

년이 그랬듯이 베냐민도 전쟁 전에 구스타프 비네켄Gustav Wyneken의 청년운동에 가입했고, 주로 유대계 학생이 모인 가장 급진적인 파의 구성원이었다.[131] 이 시기에 그는 베를린자유학생연합의 회장이 됐고, 비네켄의 잡지《시작Der Anfang》에 '아르도어Ardor'란 필명으로 빈번히 기고했다. 그러나 전쟁 동안 부르주아 생활의 억압에서 벗어날 수 있는 다른 탈출구에 관심이 생겨 청년운동에서 멀어진다. 이후 몇 년간 시오니즘에 대한 열망이 베냐민의 생활을 지배한다. 1915년에 게르숌 숄렘과 친분을 나누면서부터 시오니즘에 관심이 더 커졌다. 숄렘은 유대교 신학과 신비주의에 대한 베냐민의 호기심을 일깨웠다. 베냐민은 1917년 저명한 시오니스트 레온 켈너Leon Kellner의 딸 도라Dora와 결혼했다. 그러나 시오니즘에 대한 베냐민의 관심은 그 이상 유지되지 않았다. 그는 1922년 팔레스타인으로 함께 가자는 숄렘의 간청을 거절한다(이후 편지를 보면 팔레스타인 이주에 대한 베냐민의 관심이 계속된 것이 드러난다).[132] 1920년대에 결혼생활이 깨지면서(1930년에 이혼한다) 시오니즘을 유지하게 한 다른 자극도 사라졌다.[133]

1922년 숄렘이 떠났고 종교적 관점을 제시할 문학지《새로운 천사Angelus Novus》를 발행하려는 계획도 실패했지만, 숄렘 덕분에 받은 유대인 연구의 충격은 베냐민의 나머지 생애 내내 강하게 남아 있었다. 우리는 앞서 연구소 작업에도 몇 가지 유대교적 경향이 영향을 미쳤음을 살펴봤다. 즉 비판 이론의 핵심인 '타자'를 명명하거나 묘사하기를 꺼리는 경향, 프롬이 마르틴 부버나 다른 프랑크푸르트학사Frankfurt Lehrhaus 동료의 철학적 인간학과 비슷한 과제에 관심이 있다는 것 등이다. 하지만 유

---

131 Adorno, *Über Walter Benjamin*, p.97.

132 Benjamin, *Briefe*, vol.Ⅱ, p.655.

133 그레텔 아도르노는 결혼 실패가 베냐민이 시오니즘에서 멀어지는 데 영향을 미쳤다는 것을 부인했다(1970년 11월 4일 내게 보낸 편지). 한나 아렌트는《일루미네이션》서문(p.36)에서 다르게 이야기했다.

대교 사상과 관습이 베냐민에게 미친 영향은 다르다. 베냐민은 유대교 신비주의 작품 중 가장 오묘한 카발라에 특별한 관심을 보였다. 그가 카발라에 흥미를 보이는 데는 숄렘과 우정이 중요한 의미가 있다.《슈바이처 룬트샤우Schweizer Rundschau》의 편집인 막스 리히너가 베냐민이 바로크 비극을 논한《독일 비극의 기원Ursprung des deutschen Trauerspiels》에 실린 난해한 서문에 관해 묻자, 그는 카발라를 읽어보라고 했다.[134] 베냐민은 카발라의 복합적인 의미층을 탐사하기 위해 필요한 해석적 기술에 관심을 보였다. 마르크스주의에 상당한 관심이 있던 1931년에 리히너에게 보낸 편지에도 그는 다음과 같이 말했다. "나는 신학적 의미를 떠나서 어떤 연구나 사색도 할 수 없습니다. 즉 나의 모든 작업은 49가지 의미가 있는 토라의 각 구절에 담긴 탈무드적 가르침과 일치합니다."[135] 문화 현상을 탐구하는 베냐민과 경전을 탐구하는 성서 학자가 검토하는 방법이 유사하다는 점은 자주 지적된다.[136] 베냐민은 전체가 인용으로 구성된 책을 쓸 수 있기를 기대하며 더 높은 리얼리티의 투명한 대변인이 되고자 하는 거의 종교적인 열망을 표현했다. 그의 언어 이론 또한 비록 완전하지 못해도 성서 주해적 의미에서 해석의 힘이 드러낼 수 있는 핵심적인 리얼리티가 존재한다는 가정에 뿌리를 둔다.[137]

베냐민은 유대주의의 계시적 요소뿐만 아니라 구원적 요소에도 민감하게 반응했다. 유대교 사상의 메시아적 흐름은 그의 저작을 관통한다. 그는 마르크스주의도 유대교 사상의 메시아적 흐름의 세속화된 형

---

134 Max Rychner, "Erinnerungen an Walter Benjamin," *Der Monat*, XVIII, 216(September, 1966), p.42.《독일 비극의 기원》은 1928년 베를린에서 간행됐다.

135 *Briefe*, vol. II, p.524.

136 Adorno, "A Portrait of Walter Benjamin," *Prisms*, p.234.

137 Benjamin, "The Task of the Translator," *Illuminations*; Hans Heinz Holz, "Philosophie als Interpretation," *Alternative*, 56/57(October-December, 1967); "Walter Benjamin: Towards a Philosophy of Language," *The Times Literary Supplement*(London, August 22, 1968). 익명으로 발표했지만, 이 마지막 논문은 조지 스타이너가 썼음이 거의 확실하다.

식이라 이해했다. 이 점은 유고로 발간된 마지막 에세이 〈역사철학에 관한 테제Thesis on the Philosophy of History〉에서 분명히 나타난다. 여기서 베냐민은 단일적이며 공허한 시간과 혁명이 가져다주리라고 기대되는 현재의 충족된 메시아적 **현재Jetztzeit**[138]를 분명히 구분한다. 그는 〈역사철학에 관한 테제〉 앞부분에 있는 우화를 통해 전 생애에 걸쳐 신학적 사고방식을 견지해왔음을 분명히 한다.

> 터키 복장을 하고 물담배를 문 인형이 넓은 책상에 놓인 장기판 앞에 앉아 있었다. …… 장기의 명수인 등이 굽은 난쟁이가 그 책상 안에 앉아서 줄을 당겨 인형의 손놀림을 조종했다. 우리는 철학에서도 이런 장치에 대응되는 것을 상상할 수 있다. 항상 승리하게 돼 있는 것은 이른바 '역사 유물론'이라고 불리는 인형이다. 역사 유물론은 그것이 오늘날 왜소하고 못생겨서 어떻게든 그 모습을 드러내선 안 되는 신학을 자기 것으로 이용한다면, 누구와도 한판 승부를 벌일 수 있을 것이다.[139]

연구소는 베냐민의 사상이 내포하는 신학적 요소를 좋아하지 않았다. 베냐민에 대한 비평이 암시하듯, 연구소는 그가 사상을 좀 더 세속적인 방향으로 발전시키기 바랐다. 〈역사철학에 관한 테제〉에 대한 연구소의 일반적 반응도 호의적이지 않았다.[140] 아도르노의 편지 역시 그가 베냐민의 사상에 얼룩진 유대교 흔적에 공감하지 못함을 보여준다.[141]

---

138 *Illumination*, p.263. 아렌트는 영역판 주석에서 베냐민은 무미건조한 Gegenwart(현재를 칭하는 보통의 독일어)보다 신비스런 뉘앙스가 있는 nunc stans를 의미한다고 주장했다. 에른스트 블로흐는 다음 논문에서 Jetztzeit는 시간 흐름의 연속성 속에 일어나는 단절, 그 속에서 과거가 갑자기 현재로 되는 단절을 의미한다고 말했다. Ernst Bloch, "Erinnerungen an Walter Benjamin," *Der Monat*, XVIII, 216(September, 1966), p.40.

139 "Theses on the Philosophy of History," *Illuminations*, p.255.

140 1942년 6월 18일 뢰벤탈이 호르크하이머에게 보낸 편지.

141 Benjamin, *Briefe*, vol.Ⅱ, p.786. 이는 아도르노가 베냐민 저작의 신학적 요소를 고무하려 했

연구소는 베냐민이 1920년대 중반에 받아들인 마르크스주의를 전적으로 환영하지 않았다. 베냐민은 1918년 베른에서 에른스트 블로흐와 친교를 나누며[142] 마르크스주의에 호기심이 생겼지만, 다른 회원들과 달리 전쟁 직후 마르크스주의의 영웅적 시기에 변증법적 유물론에 도달했다.[143] 루카치의 초기 작품, 특히《역사와 계급의식》과《소설의 이론》이 그를 마르크스주의로 이끄는 가교 역할을 했다.[144] 1924년 카프리에서 휴가를 보낸 베냐민은 브레히트의 〈에드워드 2세Edward Ⅱ〉를 공연하기 위해 극단과 함께 여행 중인 러시아인 감독이자 배우 아샤 라치스Asja Lācis를 만났다. 도라와 결혼 생활이 순탄하지 않던 베냐민은 라치스와 사랑에 빠진 것 같다. 라치스는 베냐민을 마르크스주의자 친구들에게 소개했고, 그가 1926~1927년 겨울에 모스크바 여행을 준비하는 데 도움을 줬다. 그는 소비에트의 수도에서 블라디미르 마야콥스키Vladimir Vladimirovich Mayakovsky와 비옐리Byeli를 만났다. 그들은 베냐민이 소비에트 백과사전에 괴테 항목을 쓰도록 주선했지만, 백과사전은 끝내 완성되지 못했다. 라치스는 1929년 베냐민이 마르크스주의자로 발전하는 데 가장 중요한 역할을 할 베르톨트 브레히트에게 소개했다.

브레히트와 베냐민의 관계는 최근 중요한 논쟁거리 중 하나다. 숄렘과 아도르노는 브레히트가 베냐민에게 유익하기보다 파괴적인 영향을

다는 다음 주장과 상치되는 듯 보일 것이다. Hildegaard Brenner. "Die Lesbarkeit der Bilder: Skizzen zum Passagenentwurf," *Alternative*, 59/60(April-June, 1968), p.56.

142 Bloch, "Erinnerungen an Walter Benjamin," p.38. 아도르노에 따르면 베냐민의 사회의식은 인플레이션이 시작된 해에 깨어났다고 한다(*Über Walter Benjamin*, p.57).

143 전쟁 직후 베냐민이 마르크스주의와 거리를 둔 이유로 짐작되는 것 중 하나로 마르크스주의는 그가 강하게 반발한 표현주의 미학과 연결된다는 점을 들 수 있다. 급진주의와 표현주의의 융합에 대해서는 다음을 보라. Lewis D. Wurgaft, "The Activist Movement: Cultural Politics on the German Left, 1914-1933"(Ph.D. diss., Harvard University, 1970). 표현주의에 대한 베냐민의 적대적 태도는 다음을 보라. Adorno, *Über Walter Benjamin*, pp.96~97.

144 베냐민은《일루미네이션》에 실린 〈이야기꾼: 니콜라이 레스코프의 작품에 대한 고찰〉(p.99)에서 루카치의《소설의 이론》(Berlin, 1920)을 인용했다.

끼쳤다고 평가했다.[145] 아도르노의 제자 롤프 티데만은 베냐민이 브레히트를 두려워했다는 점에서 두 사람은 지적이라기보다 심리적인 관계로 이해해야 한다고 주장한다.[146] 숄렘과 아도르노, 티데만은 특히 베냐민이 브레히트의 조잡하고 통속적인 유물론을 받아들인 것이 해가 됐다고 본다. 아도르노가 보기에 대중 예술과 기술 공학적 혁신의 혁명적 가능성에 대한 브레히트의 지나치게 낙관적인 태도를 베냐민이 받아들인 것도 불행한 일이었다. 베냐민이 브레히트의 영향 아래 있는 것을 그들이 못마땅하게 여긴 데는 확실히 개인적인 혐오감도 개입됐다. 프랑크푸르트학파는 브레히트의 문학적 업적을 존경했지만, 정치적 문제에서는 결코 그와 상종할 수 없었다는 점을 주의해야 한다. 브레히트도 같은 감정이었다. 베냐민이 죽고 한참 뒤 브레히트가 캘리포니아로 이주했을 때, 호르크하이머와 아도르노는 종종 그와 허물없이 만났다. 그러나 브레히트의 일기에 적힌 대로[147] 해묵은 적대감은 줄지 않았다. 브레히트는 연구소가 미국 재단의 원조를 받기 위해 매춘부처럼 자신을 팔아먹는 '투이국Tui-intellectuals'의 어용 지식인이나 다름없었다고 일기에 남겼다(투이국은 완성하지 못했지만 브레히트가 집필하려던 소설에 등장하는 허구적인 중국 왕성의 이름이다). 연구소 회원들은 브레히트를 **거들먹거리는poseur** 프티부르주아이자 스탈린주의 옹호자로 봤다.

반면 베냐민에게 브레히트는 매우 매력적이었다. 그는 1933년 이렇

145 숄렘은 〈발터 베냐민Walter Benjamin〉(p.18)에서 브레히트의 영향이 "해로운 것이며, 어떤 점에서는 치명적이다"라고 했다. 아도르노는 베냐민에게 브레히트를 비판적인 태도로 대하라고 자주 경고했다. 예를 들어 다음 편지를 보라. Benjamin, *Briefe*, vol.Ⅱ, p.676.

146 Tiedemann, *Studien zur Philosophie: Walter Benjamins*, p.89.

147 Iring Fetscher, "Bertolt Brecht and America," in *The Legacy of the German Refugee Intellectuals, Salmagundi*, 10/11(Fall, 1969-Winter, 1970)의 인용문을 보라. 예를 들어 브레히트는 1942년 5월 12일 일기에 다음과 같이 썼다. "호르크하이머 집에서 아이슬러와 점심. 식사 뒤 아이슬러가 투이 소설에 관해 이야기: 프랑크푸르트 사회연구소의 이야기를 쓴다는 것이었다. 부유한 늙은이가 세상의 고통에 대해 근심하고 죽으면서, 불행의 근원을 탐구하는 연구소를 설립하도록 상당한 돈을 남긴다. 불행의 근원은 바로 부유한 노인 자신이었다"(p.264).

게 썼다. "브레히트 작품에 대한 공감은 내 전체 입장에서 가장 중요하고 강한 요소다."[148] 1930년대 파리에서 베냐민을 안 한나 아렌트는 그가 브레히트의 '투박한 사고방식'[149]에서 매력을 느꼈다고 평가했는데, 아도르노는 브레히트의 이런 사고가 변증법적 정교성을 거부한다고 혐오했다. 아렌트에 따르면 베냐민은 브레히트의 직접적인 유물론이 "실천이 아니라 현실에 대한 언급이라고 봤으며, 그에게 이런 현실은 속담과 일상 언어의 관용어에서 가장 직접적으로 나타난다"[150]고 이해했다. 베냐민이 브레히트에게 매료됐음을 지적한 사람은 아렌트뿐만 아니다. 연구소보다 좌파적인 입장에서 연구소를 비판한 사람들은 아도르노와 숄렘이 자신의 목적을 위해 브레히트의 중요성을 고의로 최소화한다고 비난하기도 했다.[151] 아도르노-숄렘 진영으로 간주되고, 1966년에 베냐민이 쓴 브레히트 관계 논문과 평론을 엮어내기도 한 티데만은 좀 다르다.[152] 그러나 베냐민과 브레히트의 관계가 무익하다고 생각했다는 점은 부인할 수 없다. 베냐민이 브레히트를 깊이 흠모했음에도 그들의 우정에는 서먹서먹하고 조심스러운 감정이 있었다. 그 때문인지 베냐민은 브레히트가 덴마크 스벤보르Svendborg로 망명하면서 함께 파리를 떠나자는 제의를 거절했다.[153] 한편 브레히트는 베냐민이 죽을 때까지 헌신적인 우정을 보였다. 그는 1940년 베냐민의 죽음에 관한 시 두 편을

---

148 *Briefe*, vol. Ⅱ, p.594.

149 《일루미네이션》 서문(p.15). **투박한 사고방식das plumpe Denken**은 브레히트가 자신의 사고방식을 서술하며 사용한 구절이다. 베냐민은 브레히트의 《서푼짜리 소설Dreigroschenroman》을 논하는 자리에서 이 구절을 인용했다[Benjamin, *Versuche über Brecht*, ed., Rolf Tiedemann (Frankfurt, 1966), p.90].

150 《일루미네이션》 서문(p.15).

151 예를 들어 《아도르노 이후의 신좌파Die neue Linke nach Adorno》에 실린 힐데가드 브레나Hildegaard Brenner의 논문을 보라.

152 Benjamin, *Versuche über Brecht*.

153 *Briefe*, vol. Ⅱ, p.657. 베냐민은 스벤보르로 이주하기 위해 파리를 떠날 수 없는 이유로 프랑스국립도서관을 들었다.

썼다.[154]

아도르노는 베냐민이 브레히트의 통속적인 유물론을 받아들이는 과정에 비변증법적 특징이 있음을 간파했는데, 아마도 이는 베냐민과 연구소 다른 회원들의 지적 배경 차이에서 비롯된 것 같다. 베냐민은 베를린과 프라이부르크, 베른에서 대학 교육을 받았으며, 전시 베른에서 독일 낭만주의자에 관한 논문으로 학위를 받았다.[155] 신칸트주의는 그의 사고에 가장 중요한 철학적 영향을 미쳤다. 베냐민은 사망하기 얼마 전, 아도르노에게 쓴 편지에서 자신이 가장 큰 영향을 받은 스승은 하인리히 리케르트Heinrich Rickert라고 밝혔다.[156] 그는 처음부터 본체noumena와 현상phenomena을 구분하는 칸트의 불가지론적 이원론에 불만을 느낀 것 같다. 베냐민은 초기 에세이에서 다음과 같이 썼다. "앞으로 인식론의 과제는 주체와 객체라는 개념에 관한 총체적인 중립성의 영역을 발견하는 것이다. 달리 말해 주체와 객체라는 형이상학적 실체의 관계를 의미하지 않는 자율적이고 독창적인 영역을 확인하는 것이다."[157] 이런 진술은 호르크하이머와 마르쿠제, 아도르노에 가까운 철학적 기반에 있다. 베냐민에게 헤겔의 영향이 상대적으로 적다는 점이 다르다. 그는 철학적 전문용어에서 벗어나려고 노력했으며, 전문용어는 **뚜쟁이들의 수다Zuhältersprache**[158]에 불과하다고 매도했다. 주고받은 편지에 나타나듯 베냐민은 이 점에서 호르크하이머와 달랐다.[159]

베냐민과 아도르노가 갈등한 또 다른 원천은 잠재적 비판성이 있는

154 Bertolt Brecht, "An Walter Benjamin, der sich auf der Flucht vor Hitler Entleibte" and "Zum Freitod der Flüchtlings W.B.," *Gedichte* Ⅵ(Frankfurt, 1964).

155 Benjamin, *Der Begriff der Kunstkritik in der deutschen Romantik*(Bern, 1920).

156 *Briefe*, vol. Ⅱ, p.857.

157 Benjamin, "Uber das Programm die kommenden Philosophie," *Zur Kritik der Gewalt und andere Aufsätze*(Frankfurt, 1965), pp.15~16.

158 Adorno, *Prisms*, p.232에서 인용.

159 *Briefe*, vol. Ⅱ, p.726~727.

매체로서 음악에 대해 베냐민이 비교적 무관심했다는 점이다. 아도르노에 따르면[160] 베냐민은 청년 시절부터 음악에 적대적이었고, 이 적대감은 결코 완전히 극복되지 않았다고 한다. 베냐민은 브레히트의 영향이 최고조에 이르렀을 때 쓴 〈생산자로서 작가The Author as Producer〉[161]에서 음악에 어떤 정치적 내용이 부여되려면 언어가 추가돼야 한다고 제안했다. 그는 브레히트와 한스 아이슬러가 만든 〈강구된 조치The Measures Taken〉를 모델로 선택한 것이다. 현대음악의 더 까다로운 형식에 대한 아도르노의 취향이나 음악의 비재현적 성질의 중요성에 대한 그의 신념에 과연 베냐민이 어느 정도 동조했는지는 그의 작품에서 거의 나타나지 않는다.

더욱이 베냐민의 사고방식은 호르크하이머나 아도르노보다 훨씬 유비類比적이고, 특수한 것에 내재한 보편적인 것에 더 많은 관심을 둔 편이다. 비판 이론은 총체성과 각 부분의 상호작용에 깊은 관심이 있지만, 호르크하이머와 연구소 회원들은 아무런 유보 조건 없이 "역사 유물론자는 역사적 주체를 오로지 모나드라고 마주하면서 접근한다"[162]는 베냐민의 주장에 쉽게 수긍하지 않았다. 비판 이론가의 사유 방식은 베냐민보다 설명적이고, 다양한 사회현상 속의 비연속성과 중재를 발견하려 애썼다. 베냐민은 동료들과 달리 비동일성을 그리 중요하게 생각지 않았고, 그 결과 주체성의 구원을 염두에 두지 않았다. 베냐민의 '정지 상태의 변증법Dialekktik im Stillstand'[163]은 비판 이론보다 훨씬 정태적이고 직접적이었다. 그러나 아도르노는 변증법적 아이러니가 결여됐다고 자주 비웃은 현상학자 계열에 베냐민을 포함하려 하지 않았다.

---

160 Adorno, *Alban Berg: Der Meister des kleinsten Übergangs*(Wien, 1968), p.32.

161 Benjamin, "The Author as Producer," *New Left Review*, 62(July-August, 1970).

162 *Illuminations*. p.265. 그레텔 아도르노는 1970년 1월 27일 내게 보낸 편지에서 아도르노의 후기 사유에 유비적 계기가 있음을 단호히 부인했다.

163 Adorno, *Prisms*, p.234에서 인용.

베냐민에게서 나타나는 체계나 고정된 이론적 기반의 결여를 그와 '직관'이나 에이도스 따위를 말하는 현상학의 대변자를 연계할 수 있는 충분한 이유가 된다고 해석하면…… 베냐민의 가장 좋은 점을 간과하는 것이다. 절대자의 매개 없는 직접적 보유를 주장하는 것은 그의 관점이 아니다. 오히려 베냐민이 사물을 바라보는 방식은 시야 전체가 변한다는 것이다. 확대의 기술은 경직된 것을 움직이게 하고, 역동적인 것을 쉬게 한다.[164]

독특한 시야는 베냐민이 비판 이론에서 멀어지게 했고, 성공적인 학문 생활을 할 기회도 훼손했다. 호프만슈탈은 베냐민이 1924~1925년에 집필한 괴테의 《친화력》에 관한 비평적 연구가 출판될 수 있도록 후원했다.[165] 베냐민은 이 책에서 슈테판 게오르게 서클의 이데올로기를 노골적으로 비판했고, 이들이 영향력을 행사하는 학문적 세계에서 추방당했다.[166] 이후 프랑크푸르트대학교에서 **교수자격 청구논문**Habilitation 통과를 위한 시도 역시 성과가 없었다. 베냐민은 독일 바로크 극에 관한 논문을 제출했는데, 거기서 알레고리의 범주를 '구출'하려고 했다. 심사위원은 이 논문이 너무 난해하다고 생각했다. 프랑크푸르트대학교 문학부 학장 프란츠 슐츠Franz Schulz와 미학 분야의 권위자이자 연구소 회원들의 스승인 한스 코르넬리우스 등이 심사위원이었다.[167] 《독일 비극의 기원》이 1928년에 비로소 출판됐지만, 베냐민은 대학의 위계 구조 속에 한 자리를 차지할 수 없었다. 아버지가 더는 그를 지원할 수 없다고 통보하는 바람에, 베냐민은 비평가이자 이따금 프루스트 같은 작가를 번역하며

164 *Ibid.*, p.240.

165 이 글은 다음 책에 실렸다. Hofmannsthal, *Neue Deutsche Beiträge* Ⅱ, 1(April, 1924).

166 《일루미네이션》 서문(pp.8~9)에 있는 한나 아렌트의 주장을 보라.

167 *Briefe*, vol.I, p.379.

생계를 꾸려가야 했다.[168] 1920년대와 1930년대 초반에는 《문학 세계 Literarische Welt》 같은 잡지나 《프랑크푸르트자이퉁Frankfurter Zeitung》에 기고하기도 했다. 친구 에른스트 쇼엔Ernst Schoen이 책임자로 있는 프랑크푸르트 라디오 방송국에 평론을 쓰기도 했다.[169] 그는 매우 수준 높은 글을 썼지만 거의 주목받지 못했다. 나중에 출판된 유년의 회상록 《1900년 무렵 베를린의 유년 시절Berliner Kindheit um Neunzehnhundert》[170]도 《프랑크푸르트자이퉁Frankfurter Zeitung》에 연재한 것이다.

나치 정권이 등장하자 그나마 얼마 되지 않던 베냐민의 수입원이 끊겼다. '데틀레프 홀츠Detlef Holz'나 'C. 콘라트C. Conrad'라는 필명으로 글을 쓰려 한 시도마저 실패하자, 그는 이민할 수밖에 없다고 생각했다. 그는 전에 몇 차례 방문했을 때 편안함을 느낀 파리를 피난처로 선택했다. 여러 면에서 모던한 도시는 그의 작품에 중요한 초점이었는데, 파리는 당시 유럽의 메트로폴리스 **자체par excellence**였다.[171] 베냐민은 1927년에 부르주아 문화를 분석하는 19세기 **선사Urgeschichte**에 대해 쓰기 시작했는데, 파리를 중심적 메타포로 사용했다. 그는 《파사젠아르바이트 Passagenarbeit》[Passagen은 파리의 아케이드를 지칭한다. (한국어에서는 파사주 프로젝트라 불리우기도 한다—옮긴이)]라 불리는 이 책을 쓰는 데 나머지 생을 바쳤다. 초고가 수천 쪽에 달하는데, 그는 극히 일부를 만족스럽게 끝맺을 수 있었다.

이 연구 과제의 진전에 연구소가 한 역할은 또 다른 논쟁의 기원이기

---

168 베냐민은 1920년대에 프란츠 헤셀Franz Hessel과 함께 프루스트의 《잃어버린 시간을 찾아서À la recherche du temps perdu》, 2권 《꽃핀 소녀들의 그늘에서À l'ombre des jeunes filles en fleurs》, 3권 《게르망트 쪽Le côtéde Guermantes》을 번역했다.

169 1970년 11월 4일 그레텔 아도르노가 내게 보낸 편지.

170 Benjamin, *Berliner Kindheit um Neunzehnhundert*(Frankfurt, 1950).

171 베냐민이 일찍이 카프카에 대해 한 말은 자신에게 적용될 수도 있다. "카프카의 작품은 한편 신비스런 경험(특히 전통의 경험)으로, 다른 한편 현대 도시 주민의 경험으로 결정되는, 두 초점이 멀리 떨어진 타원과 같다"(*Illuminations*, pp.144~145).

도 하다. 베냐민은 1935년 말 이후 파리에서 주로 연구소의 도움으로 생계를 유지했다. 그가 스위스에서 '데틀레프 홀츠'라는 필명으로 출판한 서간집[172]으로 어느 정도 수입이 있었지만, 편지에 썼듯이 별로 큰 수입은 되지 못했다. 베냐민은 아도르노와 1923년 프랑크푸르트에서 만난 뒤 줄곧 알고 지내왔다.[173] 그가 1934년 독일에서 탈출하자, 아도르노는 호르크하이머를 설득해 그의 작품이《사회연구》지에 실리도록 했다. 베냐민이《사회연구》지에 처음 기고한 에세이는 현대 프랑스 작가의 사회적 위치에 관한 연구로, 그해 첫 호에 실렸다.[174] 그다음 에세이는 언어사회학에 관한 개관으로, 베냐민은 언어와 언어가 내포하는 폭넓은 의미에 관해 평생 쏟아온 관심을 드러냈다. 호르크하이머는 에세이가 실리자마자 베냐민에게 미국의 연구소에 합류해달라는 초대장을 보냈다. 베냐민은 1935년 4월 "내 작업을 연구소의 작업과 가능한 한 알차고 생산적으로 연결하는 것만큼 다급한 일은 없다"[175]고 썼으면서도 정작 호르크하이머의 제안을 사양했다. 베냐민은 그해 말부터 연구소의 파리 분실 준연구원이 되어 정기적으로 급여를 받기 시작했다. 급여가 넉넉하

---

172 Benjamin(Detlef Holz), *Deutsche Menschen: Eine Folge von Briefen*(Lucerne, 1936).

173 아도르노의 기억에 따르면, 두 사람은 지그프리트 크라카우어가 주선했거나 고트프리트 살로몬-델라투어Gottfried Salomon-Delatour가 프랑크푸르트에서 연 사회학 세미나에서 만난 것 같다. 다음을 보라. "Erinnerungen an Walter Benjamin". *Der Monat* XVIII, 216(September, 1966). 베냐민은 나중에 아도르노와 결혼하는 마게리트 (그레텔) 카플루스Marguerite (Gretel) Karplus와 1928년에 만났다.《편지Briefe》에 실린 많은 편지가 베냐민이 그녀를 부르던 애칭 '펠리치타Felizitas에게'라고 씌어 있다. 아도르노는《발터 베냐민에 관하여Über Walter Benjamin》(p.98)에 베냐민이 1928년경 연구소 핵심 회원이 됐다고 썼지만, 베냐민은 연구소와 밀접한 회원이 아니었다. 그는 1938년까지 호르크하이머를 개인적으로 만난 적 없다.

174 Benjamin, "Zum gegenwärtigen gesellschaftlichen Standort des französischen Schriftstellers," *ZfS* III, 1(1934), 베냐민은 모리스 바레스Maurice Barrès부터 앙드레 지드André Gide까지 프랑스 작가를 논하면서 마르크스주의 미학의 레닌주의적 경향과 거리를 두고 있음을 보여준다. 예를 들어 초현실주의는 비록 기욤 아폴리네르Guillaume Apollinaire 이후 탈정치적이 되지만, 브르통André Breton과 루이 아라공Louis Aragon의 작품에는 정치적 **프락시스**와 화해를 향한 움직임이 있다고 주장했다(p.73).

175 *Briefe*, vol. II, p.652.

진 않았으나 그가 "당장의 짐은 벗게 해줬다."[176]

베냐민이 연구소의 재정적 지원을 받아들였기 때문에 잡지《대안》 동인들은 뉴욕에 있는 연구소 편집자가 그의 글을 대폭 수정하거나 심지어 검열했다고 주장했다. 베냐민의 극도로 복합적인 텍스트상 문제를 일일이 조사하지 않더라도 몇 가지 과격한 어투가 완곡하게 수정된 것은 사실인 듯하다. 분명한 예가 그의 논문〈기술 복제 시대의 예술 작품 L'Oeuvre de l'art à l'époque de sa reproduction mécanisée〉이다. 베냐민의 원문은 "이것이 파시즘이 행하는 정치의 예술화 상황이다. 공산주의는 예술을 정치화함으로써 이에 응한다"고 돼 있다. 베냐민의 영역판《일루미네이션》(p.244)에도 이 문장 그대로 실렸다. 그러나《사회연구》지에서 '파시즘'은 '전체주의적 교리'로, '공산주의'는 '인류의 건설적 힘'(p.66)으로 바뀌었다. 같은 쪽에 '제국주의 전쟁'은 '현대의 전쟁'으로 바뀌었다.[177]

이런 수정은 대체로 베냐민과 상의를 거쳤다. 그가 연구소 뉴욕 분실에 완성된 원고를 보낸 뒤에는 수정되지 않았다. 수정은 베냐민을 비판 이론의 도그마로 끌어들이기 위한 노력이 아니라,《사회연구》지가 정치적 곤경에서 자신을 보호하기 위해 빈번히 사용한 우의寓意적인 언어 용법임을 이해해야 할 것이다. 다른 망명 학자들이 뉴스쿨을 공격한 것, 아도르노가 한스 아이슬러와 공동 작업을 나중에 피한 것, 그로스만의 책 제목이 영역판에서 미묘하게 바뀐 점 등은 모두 앞에서 언급했다. 연구소는 미국에서 불안감이 들었고, 가능한 한 자신의 처지를 곤경에 빠뜨리지 않으려고 노력했다. 호르크하이머는 망명하기 훨씬 전에《여명》에 다음과 같이 썼다. "조만간 정치적 난민의 망명권이 실제로 사라질 것이다. ……국제 자본가계급이 러시아나 **민족주의적** 테러리스트에 관심을

176 *Ibid.*, p.689.

177 이런 변화는 헬가 갈라스Helga Gallas가 알려줬다. "Wie es zu den Eingriffen in Benjamins Texte kam oder über die Herstellbarkeit von Einständnis," *Alternative*, 59/60, p.80.

기울이지 않는 순간, 망명권은 국제 자본가계급의 공통 관심에서 사라질 것이다."[178] 한 대륙에서 떠나올 수밖에 없던 그들은 다시 유사한 운명에 빠지고 싶지 않았다.

뢰벤탈이 호르크하이머와 주고받는 편지에도 이런 두려움은 분명히 나타난다. 예를 들어 뢰벤탈은 1939년 7월 30일에 쓴 편지에, 상원에서 폭넓게 논의되던 새로운 추방법을 언급한다. 그는 호르크하이머에게 준비 중인 논문에서 '자유주의' 앞에 '유럽의'라는 단어를 추가하라고 충고했다. 1940년 7월 30일과 8월 4일 편지에는 경찰이 연구소를 몇 차례 방문한 사실을 언급한다. 경찰 방문은 의례적이기도 하지만, 왠지 불길한 느낌이 들기에 충분했다. 호르크하이머는 1944년 7월 26일 편지에서 미국 노동계의 반유대주의를 연구하는 연구소에 대해 미국 우익이 "한 줌도 안 되는 외국 태생 지식인이 자기들과 상관없는 미국 노동자의 문제에 끼어들려 한다"고 반발하지 않을까 걱정했다. 정치적 기구가 아니라 '학문적' 기구로 남기를 바란 연구소의 전통적 욕구와 이런 불안감 때문에 베냐민의 글에서 다소 선동적인 구절을 수정한 것이다.

반면 호르크하이머와 아도르노가 완전히 동의할 수 없는 베냐민의 글이 《사회연구》지에 게재됐다는 사실을 분명히 해야 한다. 〈기술 복제 시대의 예술 작품〉과 〈에두아르트 푹스, 수집가와 역사가Eduard Fuchs, the Collector and Historian〉[179]는 그들의 취향에 지나치게 급진적이었다. 게재된 글이 얼마나 수정됐는지는 분명치 않다.[180] 베냐민의 《파사젠아르바이트》에서 중요한 부분이 완전히 빠진 것은 기본적으로 아도르노의 조심스러운 태도 때문인 듯하다. 베냐민은 1936년에 19세기 프랑스 혁명가

---

178 Horkheimer(Regius), *Dämmerung*, p.178.

179 Benjamin, "L'Oeuvre de l'art à l'époque de sa reproduction mécanisée," *ZfS* V, 1(1936) and "Eduard Fuchs, der Sammler und der Historiker," *ZfS* VI, 2(1937).

180 힐데가드 브레나는 동독의 포츠담중앙아키아브Potsdam Zentralarchiv에 있는 원본에 따르면 수정된 내용이 상당하다고 주장했다. 《아도르노 이후의 신좌파》에 실린 그녀의 논문을 보라.

루이 블랑키Louis Auguste Blanqui의 별로 알려지지 않은 우주론의 명상을 읽고 크게 감명받았다. 이 글은 블랑키의 《별이 만든 영원L'Éternité par les astres》에 실렸다.[181] 베냐민이 보기에 블랑키의 기계론적 자연관은 일종의 영겁회귀 개념에 지배받는 사회질서관과 연관된 것 같았다. 베냐민은 〈보들레르에서 제2제정기의 파리The Paris of the Second Empire in Baudelaire〉에 자신의 전체 저작에서 중요한 시인 샤를 보들레르Charles Pierre Baudelaire와 블랑키의 숨은 관계를 발전시키려고 시도했다. 이 에세이는 《파사젠아르바이트》의 축약판 판본이라 할 수 있는 《19세기의 수도, 파리Paris, the Capital of the Nineteenth Century》라고 임시로 부르던 3부작 연구의 둘째 부분으로 계획됐다. 베냐민은 첫 번째 부분에 알레고리 시인으로서 보들레르에 관해 논했고, 두 번째 부분에는 방금 언급한 것처럼 첫 부분의 반대명제로 시인을 사회적으로 해석하려 했으며, 셋째 부분에는 상품을 시의 대상으로 분석해 앞의 두 부분을 종합하려 했다.[182]

아도르노는 〈보들레르에서 제2제정기의 파리〉 원고를 처음 읽고 비판적이었다. 그는 나치 집권 후에도 가끔 독일에 들렀는데, 1935년 여름 슈바르츠발트Schwartzwald의 호른베르크Hornberg에서 피서하다가 베냐민에게 자신의 반론을 개괄한 긴 편지를 보냈다.[183] 아도르노의 전체적인 비판은 베냐민이 상품 물신주의 같은 범주를 비변증법적으로 사용한다는 점이었다. 앞에서 아도르노는 인간이 객관화할 때 약간의 물화는 불가피한 요소라고 봤다. 그는 베냐민이 상품을 '태고의archaic' 것이라고 다루는 데 반대했다.

아도르노의 이런 비판적 태도에는 베냐민이 역사 과정의 객관적 결정체를 **'변증법적 이미지dialektische Bilder'**라는 개념으로 표현한 것에 대한

181 *Briefe*, vol.Ⅱ, p.742.
182 이것은 적어도 가능한 작업 계획의 하나이긴 했다. *Briefe*, vol.Ⅱ, p.774를 보라.
183 *Briefe*, vol.Ⅱ, pp.671~683.

불만이 있었다. 아도르노는 편지에서 베냐민의 변증법적 이미지는 사회적 현실을 지나치게 가까이에서 반영한다고 주장했다. "변증법적 이미지는 사회 생산물의 모델이 아니라 사회적 조건이 자신을 드러내는 객관적 짜임 관계라 할 수 있습니다. 따라서 변증법적 이미지는 이데올로기나 일반적으로 사회적 '생산물'이라고 생각할 수 없겠지요."[184]는 것이다. 게다가 베냐민이 이따금 변증법적 이미지를 융의 의미에서 집단 무의식으로 환원하는 것은 개인의 중요성을 무시하는 것이었다. 아도르노는 다음과 같이 설명했다.

> 집단 무의식 개념 사용을 거부한 것은 집단 무의식 개념이 '부르주아적 개인'이 실제의 기층이 되는 것을 허용하지 않기 때문입니다. 내면(이것은 아도르노가 키르케고르 연구에서 사용한 용어이다: 마틴 제이의 주석)이 사실은 사회적 기능을 지님을 명백히 밝히고, 집단 무의식이라는 포괄적 개념이 환영에 불과함을 폭로하기 위해서입니다. 실체화된 집단의식에 대립한다는 의미에서의 환영이 아니라 실제 사회 과정 그 자체가 환영이라는 것이지요. '개인'은 신화화돼선 안 되며, 단지 **지양될**aufgehoben 수 있는 변증법적인 **전이 도구**Durchgangsinstrument일 뿐입니다.[185]

아도르노는 11월에 보낸 그다음 편지에서 보들레르와 파리에 관한 에세이의 진전에 실망했음을 밝혔다.[186] 그는 베냐민의 신학적·언어학적 접근 태도가 비변증법적이라는 반론을 명확히 펼쳐 보인다. "사물에 이름을 부여하려는 신학적 동기가 단순한 사실성에 대한 걱정스러운 서

---

184 *Ibid.*, p.678.

185 *Ibid.*, pp.681~682. 베냐민이 주체적 개인에 관심을 보이지 않은 사실은 가끔 지적됐다. 언젠가 그는 아도르노에게 "나는 인간에는 관심 없고 그저 사물에 관심이 있다"고 실토하기도 했다 (Adorno, Introduction to Benjamin's *Schriften,* vol.I, p.17).

186 *Briefe*, vol.Ⅱ, pp.782~790.

술로 전환되었다고 표현할 수 있을 것입니다. 당신의 작업은 마술과 실증주의의 교차로에 있다고 단호하게 말할 수도 있을 것입니다. 이 갈림길에서 마법에 걸릴 수도 있습니다. 오직 이론이 그 마술적 힘을 이겨낼 수 있습니다. 당신의 무자비하고 탁월한 명상적 이론만이 이겨낼 수 있죠."[187] 뢰벤탈은 베냐민의 에세이를 일부라도 출간하자고 했지만, 유보하는 태도를 보인 아도르노는 베냐민에게 보낸 편지에서 에세이의 발행을 보류하라고 충고했다. "이 작업이 당신을 표현해야 하는 방식 그대로 표현할 수 없기"[188] 때문이라고 이유를 설명했다.

그 말에 어느 정도 수긍했지만, 완전히 이해하지 못한 베냐민은 자신을 옹호하는 답신을 보냈다.[189] 주된 내용은 에세이에 사용한 언어학적 접근 태도를 옹호하는 것이었다.

> 언어학적 탐구를 따라다니며 연구자에게 마법을 씌우는 폐쇄된 사실성이라는 현상은 연구 대상을 역사의 관점에서 구성하면 사라질 것입니다. 역사의 관점에서 구성할 때 우리의 역사적 경험은 구성의 기준선입니다. 그리하여 대상은 자신을 하나의 모나드로 구성할 것입니다. 모나드에서는 텍스트에 신화적으로 고착된 모든 것이 되살아날 것입니다. ……당신이 나의 다른 글을 다시 살펴보면 언어학적 입장에 대한 비판이 내게는 오래된 문제임을, 내적으로는 신화에 대한 비판과 같음을 알 것입니다.[190]

아도르노는 그 에세이의 변증법적 가치에 의심을 거두지 않았고, 연구소는 끝내 에세이를 출판하지 않았다.[191] 그 뒤 이어진 편지에서 두 사

187 *Ibid.*, p.786.

188 *Ibid.*, p.788.

189 *Ibid.*, pp.790~799.

190 *Ibid.*, pp.794~795.

191 번역본 〈파리: 19세기의 수도Paris: Capital of the Nineteenth Century〉가 《이의》 XⅦ,

람은 베냐민이 말하는 19세기 '선사prehistory'의 진보에 대해 계속 논의했다. 마침내 1939년《사회연구》지 첫 호에 베냐민이〈보들레르에서 몇 가지 모티프On Certain Motifs in Baudelaire〉의 '테제'라고 생각한《19세기의 수도, 파리》 일부가 게재됐다. 베냐민은 이 에세이에서 앞서 언급한 전체 연구의 여러 기본 테제를 제시한다. 인간의 경험을 통합된 **경험**Erfahrungen과 원자적 **체험**Erlebnisse으로 구분한 것도 이런 테마 중 하나다. 베냐민은 프루스트와 베르그송, 프로이트의 통찰에 따라 진정한 경험에서 전통이 차지하는 위치를 옹호했다. "경험은 사생활뿐만 아니라 집단 존재 양식에서도 전통의 문제에 맥락이 닿는다. 그것은 기억에 단단히 고정된 사실의 산물이 아니라, 누적된 때론 무의식적인 사실이 기억에 수렴된 결과다."[192] 아도르노 역시 전통의 관련성을 강조했다. 그가 쇤베르크의 음악에는 명백한 새로움에도 전통이 살아 있다고 해석한 부분을 상기하면 될 것이다. 아도르노와 베냐민은 현대 생활의 특징은 진정한 **경험**Erfahrungen의 소멸이라고 생각했다. 베냐민이 제시한 사례 하나는 커뮤니케이션 양식이다. 그는 현대사회의 커뮤니케이션 양식에서 분절화된 정보가 일관성 있는 서사를 대체하며 지배적인 것으로 부상한다고 해석한다. 에른스트 크레네크도 라디오 음악에 관한 에세이에서 이런 사례를 사용했다. 베냐민이 제시한 또 다른 사례는 현대 생활에서 정신적 외상에 따른 충격 같은 자극이 증가한다는 점으로,[193] 연구소의 다양한 사회심리학적 연구에 반영된다. 세 번째 사례는 보들레르의 작품에 나타난 군중의 역할 분석으로, 연구소의 대중문화 연구에서 빈번한 모티프다. 베냐민이 군중을 이해하는 보들레르의 방식에 비판적이었음을

5(September-October, 1970)에 실렸다. 더 완벽한 번역본은 독일에서 나왔다. *Charles Baudelaier: Ein Lyriker im Zeitalter des Hochkapitalismus*(Frankfurt, 1969).

192 "Über einige Motive bei Baudelaire," *ZfS* Ⅷ 1/2(1939), *Illuminations* p.159에 번역됨.

193 베냐민은 보들레르에게 창조적 과정이 정신적 외상에 따른 충격과 결투하는 것과 흡사하며, 예술가는 온 힘을 다해 그 충격을 피하려 한다고 주장했다(*Illuminations*, p.165).

잊지 말아야 한다. "보들레르는 군중 속의 사람을 **플라뇌르**flâneur와 같은 것이라 여겼다. 이는 받아들이기 어렵다. 군중 속의 사람은 **플라뇌르**가 아니다."[194]

베냐민이 파리 거리를 빈둥거리며 산책하는 **플라뇌르**에 매혹됐기 때문에 그의 작품에는 정태적 요소가 있음을 강조하는 평론가들도 있다.[195] 그가 예술이 드러내는 **교감**correspondances을 보존하려는 보들레르의 시도에 관심을 보였다는 사실이 이런 평가를 강력하게 뒷받침한다. 베냐민은 '보들레르적 의미의 **교감**'을 아리송하게 설명한다.

> 보들레르적 의미의 **교감**은 위기에 강한 형식으로 자신을 확립하려는 경험이라고 묘사될 수도 있을 것이다. 이것은 오직 의식儀式의 영역에서 가능하다. 이 영역을 초월하면 그것은 아름다움으로 자신을 드러낸다. 아름다움에서 예술의 의식적 가치가 나타난다. **교감**은 역사의 자료가 아니라 기억의 자료, 즉 선사prehistory의 자료다.[196]

어디선가 베냐민은 괴테가 말한 **원현상**Urphänomene, 즉 역사 전체에 걸쳐 지속되는 영원한 형식에도 매혹을 느꼈음을 보여줬다.[197] 이 모든 것은 그의 사상에 있는 신학적 뿌리를 분명히 드러낸다.

베냐민의 사상이 마르크스주의와 접촉해서 강화된 역사주의적 계기도 이해돼야 한다. 그는 보들레르론에서 호르크하이머의 베르그송론과 비슷하게 베르그송은 시간 속의 지속이라는 개념에서 죽음을 배제했다

---

194 *Ibid.*, p.174.

195 《일루미네이션》에 실린 아렌트의 서문은 베냐민에 대한 이런 해석에 근거한다.

196 *Illuminations*, p.184.

197 다음을 보라. Benjamin, *Ursprung des deutschen Trauerspiels*. 티데만은 《발터 베냐민 철학 연구 Studien zur Philosophie Walter Benjamins》(pp.59f.)에서 베냐민이 괴테의 **원현상**을 **기능 전환 Umfunktionierung** 했음을 지속적으로 강조한다.

고 비판했다.[198] "죽음이 제거된 **지속**durée은 두루마리처럼 비참한 무한성이 있다. 전통은 지속에서 제거된다. 경험이라는 빌린 옷을 입고 여기저기 뽐내며 걷는 것은 스쳐 가는 순간 **체험**Erlebnis의 본질이다."[199] 티데만이 지적했듯이,[200] 베냐민은 자연현상에 적용된 괴테의 **원현상**을 역사로 옮겨놨다. 《파사젠아르바이트》는 인류의 전 역사가 아니라 19세기의 '선사'일 뿐이다. 베냐민이 좋아했고 〈역사철학에 관한 테제〉에서 인용한[201] 카를 크라우스의 "기원이 목표"라는 말도 플라톤이나 괴테가 말한 근원적 형상Urform으로 복귀하려는 욕망을 의미한다고 이해될 순 없다. **기원**Ursprung은 새로움을 의미할 수 있다.[202] 베냐민에게 신화의 기본적 특성은 반복적이고 비창조적인 동일성이었다. **언제나 같음**Immergleiche은 소외된 자본주의사회가 낳는 신화적 감수성의 특징 가운데 하나다.

베냐민 사고에서 정태적 요소를 강조하는 사람들에게 공평하려면 그가 쓴 많은 글에는 **교감**과 결부한 의식적 가치에 대한 일종의 노스탤지어가 드러난다는 사실을 덧붙여야겠다.[203] 이런 노스탤지어는 〈보들레르에서 몇 가지 모티프〉의 마지막 부분에서 '예술적 재생산의 위기'[204]에 대해 언급할 때도 분명히 나타난다. 베냐민이 《사회연구》지에 발표한 초기 에세이 〈기술 복제 시대의 예술 작품〉에서는 노스탤지어를 더 명료하

198 Horkheimer, "Zu Bergsons Metaphysik der Zeit," *ZfS* Ⅲ, 3(1934).

199 *Illuminations*, p.187.

200 *Studien zur Philosophie Walter Benjamins*, p.69.

201 *Illuminations*, p.263.

202 기원에 대한 크라우스의 관심은 다음을 보라. Hans Mayer, *Der Repräsentant und der Märtyrer*, pp.51~52.

203 프레드릭 제임슨은 *The Legacy of the German Refugee Intellectuals, Salmagundi*, 10/11(Fall, 1969-Winter, 1970)에 실린 논문 제목을 "Walter Benjamin, or Nostalgia"라고 했으며, 페테르 손디Péter Szondi는 *Zeugunisse: Theodore W. Adorno zum Sechzigsten Geburtstag*(Frankfurt, 1963)에 실린 "Hoffnung im Vergangenen"에서 베냐민이 자신의 유토피아를 과거에서 찾는다고 주장했다.

204 "On Certain Motifs in Baudelaire," *Illuminations*, p.189.

게 표명했다. 이 에세이에서 베냐민은 연구소의 문화 분석에 자주 사용되는 '아우라' 개념을 발전시켰다. 앞서 언급했듯이 아우라는 예술 작품 원본을 둘러싼 독특한 분위기를 의미한다. 그것은 예술품에 진정성을 부여하는 **여기 그리고 지금**hic et nune이라는 특수한 감각이다. 베냐민이 시사한 바에 따르면, 자연에 "아무리 가까워도 거리라는 독특한 현상"이 존재한다.[205] 예술에서 이런 접근 불가능성은 작품에 스민 아우라의 본질적인 요소이며, 아우라는 예술의 기원인 의식적義式的이고 마술적인 맥락과 연관된 것이다. 진정한 예술 작품의 독특한 아우라는 일단 작품이 복제되면 보존될 수 없다. 아도르노와 크레네크가 라디오 음악에서 논의했듯이 음악에도 아우라가 있으나, 베냐민은 아우라를 음악이나 드라마보다 조형예술에 관련시킨 것이 분명하다.

베냐민은 아우라에 딸린 선사적先史的이고 의식적인 성질이 뭐든 **교감**을 넘어선 역사적인 요소를 인정했다. "한 사물의 진정성이란 그 시초부터 전달 가능한 모든 것의 진수, 물질적 지속성에서 그것이 경험한 역사를 증거하는 데 이르기까지 모든 것의 진수를 뜻한다."[206] 베냐민은 같은 논문에 이렇게 썼다. "예술 작품의 일회적인 독특성은 그것이 전통에 뿌리박고 있다는 사실과 분리할 수 없다."[207] 따라서 대량 복제 시대에 예술의 '아우라'의 종말은 예술적 **교감**의 상실뿐만 아니라 진정한 **경험**Erfahrung(전통에 뿌리박은 경험)의 종말을 의미한다. 현대사회가 겪는 문화적 위기의 이런 국면에 베냐민과 연구소 동료들은 의견을 같이했다. 그들은 베냐민이 아우라의 상실에서 이끌어낸 결론도 받아들였다. "진정성이라는 기준이 예술 생산에 적용되지 못하는 순간, 예술의 전체적 기능이 뒤집힌다. 예술은 이제 의식儀式에 기초하지 않고 다른 차원의 실천,

---

205 *Ibid.*, p.224.

206 *Ibid.*, p.223.

207 *Ibid.*, p.225.

즉 정치에 기반을 두기 시작한다."[208] 기술적 복제가 나타나면서 예술의 전시적 가치가 의식적 가치를 대체한다. 베냐민은 영화가 이에 대한 가장 좋은 본보기라고 말했다.

연구소의 다른 회원들, 특히 아도르노는 이런 변화가 불러일으킨 반향에 대한 평가에서 베냐민과 의견을 달리했다. 그들은 무엇보다 예술은 정치적 기능이 있다고 생각했다. 예술은 현재 상황이 부인하는 '다른' 사회의 예시를 제공한다. 그들은 대중 예술의 정치적 기능이 전통적으로 예술이 지녔던 '부정적' 기능에서 어긋나는 것을 두려워했다. 기술적 복제 시대의 예술은 대중을 현상 유지에 적응시키는 데 이바지한다. 베냐민의 생각은 달랐다. 그는 한편으로 아우라의 상실을 애석하게 생각하면서도 정치화되고 집단화된 예술의 진보적 가능성에 희망을 걸었다. 이 점에서 베냐민은 브레히트를 따랐다고 할 수 있다. 브레히트는 영화 산업에서 실망스러운 경험을 했지만, 영화의 혁명적 기능에는 여전히 낙관적이었다.[209] 베냐민은 다음과 같이 말했다.

> 예술의 기술적 복제는 대중의 반응을 변화시킨다. 피카소Pablo Picasso의 그림에 반동적인 태도가 채플린의 영화에는 진보적인 반응으로 변한다. 진보적인 반응은 시각적이고 정서적인 향수享受가 전문가의 의도와 직접적으로 친밀하게 결합하는 특징이 있다. ……스크린에 관한 한 대중의 비

---

208 *Ibid.*, p.226.

209 브레히트는 1931년 영화화된 〈서푼짜리 오페라Dreigroschenoper〉에 실망했다. 그는 이 경험으로 지식인들이 자신을 프롤레타리아화했다고 주장했다. 베냐민은 1934년에 집필해 《브레히트론Versuche über Brecht》에 실린 〈생산자로서의 작가Der Autor als Produzent〉에서 프롤레타리아화에 대해 언급했다. 그는 쿠르트 힐러와 행동주의자들이 제시한 독립적인 지식인을 뜻하는 **Logokratie**를 반동적이라고 비판한다. 베냐민은 전위예술과 노동계급의 대중문화를 대립시키는 아도르노의 미학 경향에도 은근히 의문을 제기한다. 그는 논문 끝에 이렇게 썼다. "혁명 투쟁은 자본주의와 **정신Geist**(이것은 행동주의자의 중심 단어다) 사이에서 일어나지 않고 자본주의와 프롤레타리아트 사이에서 일어난다"(*Versuche über Brecht*, p.116).

평적인 태도와 수용적인 태도는 일치한다.[210]

아도르노는 항상 청취자나 감상자의 주의 집중을 강조한다. 우리는 진정한 미적 체험에서 **프락시스**를 강조하는 그에 대해 언급했다. 베냐민은 정신 분산distraction의 긍정적 함축에 공감했다. "역사의 전환점에서 인간의 지각기관이 직면한 과제는…… 관조만으로 해결될 수 없다. 인간은 습관을 통해 직면한 과제에 숙달할 수 있다. ……주의가 분산된 상태에서도 어떤 과제를 완전히 익힐 수 있다는 점은 과제 해결이 습관의 문제임을 증명한다."[211] 베냐민은 이런 가정을 기초로 자신이 언급한 파시스트에 의한 '정치의 미학화'에 대한 답으로 예술의 공산주의적 정치화를 요청하면서 끝맺는다.[212]

우리가 살펴본 것처럼 아도르노는 정신 분산의 긍정적 함축에 훨씬 비판적이었으며, 〈음악의 물신적 성격과 청음의 퇴행〉이라는 논문으로 베냐민에게 답했다. 베냐민은 다음과 같이 써서 논쟁을 덮어두려고 했다. "당신이 부정적인 면을 드러내는 것처럼 나는 작업을 통해 긍정적인 측면을 구체화하려고 노력했습니다. 따라서 당신이 수행한 작업의 강점이 내 작업의 약점을 겨냥하고 있음을 압니다."[213] 그는 이어 발성영화 때문에 영화의 혁명적 잠재력이 쇠퇴한다고 지적하며, 아도르노에게 발성영화의 효과를 함께 연구해보자고 제안했다. 이 제안은 베냐민의 죽음으로 실현되지 못했다. 이제 우리가 살펴볼 1940년대 연구소의 대중문

---

210 *Illuminations*, p.236.

211 *Ibid.*, p.242.

212 *Ibid.*, p.244.

213 *Briefe*, vol.Ⅱ, p.798. 아도르노는 베냐민의 입장에 여전히 회의적이었다. 그는 다음 문헌에서 베냐민의 입장을 '침략자와 동일화'라고 불렀다. Introduction to the *Briefe*, vol.I, p.16. '침략자와 동일화'는 정신분석학의 고전적 방어기제 가운데 하나다. Anna Freud, *The Ego and Mechanisms of Defense*, rev., ed.(New York, 1966), pp.109f.

화 연구는 베냐민의 연구처럼 낙관적인 믿음을 찾아볼 수 없다. 연구소의 작업을 관통하는 정신은 지금 유명해진 초기 베냐민의 말에 표현된 정신과 극히 흡사하다(마르쿠제는 이 말을 《일차원적 인간》의 결말에 사용하기도 했다). "희망은 희망 없는 자에게만 주어진다."[214]

연구소 회원들은 1940년대에 미국 대중문화를 분석했다. 1941년 《철학과 사회과학 연구》지는 현재 컬럼비아에 있는 라자스펠드의 라디오연구소와 합동으로 매스컴에 대한 특집호를 발행했다. 특집호는 영어로 쓰인 것 중에 비판 이론의 원리를 가장 정확하게 담았다고 할 수 있는 호르크하이머의 〈연구소 활동에 관한 노트Notes on Institute Activities〉로 시작된다. 라자스펠드도 〈행정과 비판 커뮤니케이션 연구Administrative and Critical Communications Research〉를 기고했는데, 그는 두 형태 커뮤니케이션의 양립 가능성을 강조했다. 헤르타 헤어초크, 해럴드 라스웰, 윌리암 디터를레, 찰스 시프먼Charles A. Siepmann, 아도르노도 논문을 기고했다.[215] 호르크하이머는 마지막 호가 된 다음 호에서 모티머 애들러Mortimer Adler의 《예술과 신중함Art and Prudence》을 대중문화 비판을 위해 이용하는데,[216] 그의 논지는 이 시기 연구소 활동을 다루면서 언급했다.

대중문화 분석에 가장 폭넓게 열중한 사람은 뢰벤탈이다. 그는 1929년부터 베를린과 프랑크푸르트에서 연극 비평과 극단 볼크스뷔네의 미학 문제에 관한 논문을 정기적으로 썼다. 뢰벤탈이 《사회연구》지에 발표한 초기 논문은 입센과 마이어 같은 인물에 관한 글이지만, 전쟁 전 독일

---

214 이 말은 *Neue Deutsche Beiträge*, Ⅱ, 1(April, 1924)에 실린 괴테의 《친화력》에 대한 베냐민의 연구에 수록됐다. 마르쿠제가 《일차원적 인간》(Boston, 1964)에도 인용했다(p.257).

215 Herta Herzog, "On Borrowed Experience: An Analysis of Listening to Daytime Sketches"; Harold Lasswell, "Radio as an Instrument of Reducing Personal Insecurity"; Charles A. Siepmann, "Radio and Education"; 아도르노가 조지 심슨의 도움을 받아 쓴 "On popular Music," 모두 *SPSS* Ⅸ, 1(1941)에 실렸다.

216 Horkheimer, "Art and mass Culture," *SPSS* Ⅸ, 1(1941).

에서 도스토옙스키가 왜 많이 읽혔는지 분석한 에세이가 보여주듯이 고급문화의 대중적 수용에 관심이 있었다. 그는 1940년대 들어 대중 예술에 더 직접적으로 관심을 돌렸다. 라자스펠드 프로젝트의 도움으로 필라델피아에서 뉴스 논평가와 뉴스 프로그램을 분석했는데, 이 원고는 미출간 상태다. 제1차세계대전 이후 독일에서 인기를 끈 전기물의 내용도 분석했는데, 이 글은 한참 뒤 마르쿠제를 위한 **기념논문집**에 수록됐다.[217] 미국 잡지에 실린 전기물에 관한 비슷한 연구가 라자스펠드의《라디오 조사 1942~1943Radio Research: 1942-1943》에 실렸다.[218] 뢰벤탈은 나중에《계몽의 변증법》에 수록된 **문화 산업**Kulturindustrie 편을 낳은 토론에 참여하기도 했다. 뢰벤탈은 1940년대나 연구소와 관계가 끊어진 뒤에도 대중문화 탐구를 계속했고, 그 노력은 1961년에 출간된 평론집《문학, 대중문화와 사회Literature, Popular Culture and Society》로 완성됐다.

호르크하이머가 캘리포니아로 이주한 뒤 뢰벤탈과 주고받은 편지 몇몇 구절에 연구소가 생각한 대중문화 개념이 잘 나타나 인용할 가치가 있다. 뢰벤탈은 1942년 2월 3일 앞으로 쓸 잡지 전기물 관련 에세이에 대해 다음과 같이 썼다.

> 한편으로 대중에게 제공되는 역사에 관한 정보는 거미줄처럼 뒤엉킨 거짓말에 중요하지 않은 사실과 인물에 관한 터무니없는 이야기 덩어리인데도 대중은 푹 빠졌고, '소비'하면서 보내는 소박한 삶을 동경하고 있음을 보여줍니다. 항구적인 변화와 탈바꿈, 기계와 조직에 의한 인간과 자

---

217 Leo Löwenthal, "German Popular Biographies: Culture's Bargain Counter," in *The Critical Spirit: Essays in Honor of Herbert Marcuse*, ed., Kurt H. Wolff and Barrington Moore, Jr.(Boston, 1967).

218 Lowenthal, "Biographies in Popular Magazines," *Radio Research: 1942-1943*, ed., Paul F. Lazarsfeld and Frank Stanton(New York, 1944). 나중에 뢰벤탈의《문학, 대중문화와 사회》에 〈대중 우상의 승리The Triumph of Mass Idols〉로 다시 실렸다.

연의 끊임없는 부대낌이라는 의미에서 생산이라는 관념이 대다수 사람의 무의식적이고 심지어 의식적인 삶에서 혐오감을 불러일으킨다는 것은 나 자신의 내적 삶에서 점점 더 분명히 연역할 수 있습니다. 내가 앞서 몇 년간 연구한 독일의 전기물과 미국의 전기물은 어떤 점에서 매우 유사합니다. 독일의 전기물은 형이상학적이고 심리학적인 환상의 매혹적인 그물로 역사를 거짓되게 만들며, 미국의 전기물은 역사를 심각하게 받아들이는 게 아니라 오히려 우스운 것으로 받아들이도록 합니다(원문 그대로 인용). 이들은 모두 우리가 긍정적으로 전망하는 인간 개념에 대한 왜곡된 유토피아를 제시합니다. 실제로 살아 있고 존재하는 개인이면 누구나 무조건 중요하고, 존엄하고 행복했다고 말입니다.

호르크하이머는 몇 달 뒤 보낸 편지에서 뢰벤탈의 에세이에 대해 언급했다. 그는 6월 2일에 자신의《계몽의 변증법》에 대해 이야기하며 다음과 같이 썼다.

나는 특히 '반복'에 관한 구절이 반가웠습니다. 반복이라는 범주는 아마 책 전체에서 가장 결정적인 역할을 할 것입니다. 당신은 삶과 예술에서 영원한 반복에 맞서는 저항이 결여됐다고 지적했는데, 이것이야말로 현대인의 나쁜 체념이라 할 수 있습니다. 현대인의 이런 체념은 행간에 숨은 핵심 주제일 것이며, 우리 책의 기본 개념 가운데 하나입니다. ……우리는 생산보다 사적인 영역과 소비 영역에 관심이 많다는 이유로 사람들을 비난할 수 없습니다. 이 태도는 유토피아적 요소를 포함합니다. 유토피아에서는 생산이 결정적이지 않습니다. 유토피아는 젖과 꿀이 흐르는 땅입니다. 예술과 시가 언제나 소비 친화적이었음은 깊은 의미가 있다고 생각합니다.

호르크하이머는 10월 4일에 쓴 편지에서 뢰벤탈의 논문에 관한 토론에 많은 부분을 할애한다.

> 당신은 능동성과 수동성, 생산 영역과 소비 영역의 구분을 지나치게 강조했습니다. 당신은 독자의 생활이 자기가 하는 일이 아니라 자기가 얻는 것에 의해 설계되고 조종된다고 말했습니다. 그러나 이 사회에서는 하는 것과 얻는 것이 완전히 동일시되고 있습니다. 여가에 사람을 통제하는 메커니즘은 근무시간에 그 사람을 통제하는 것과 똑같습니다. 나는 오히려 소비 영역에서 사람의 행동 양식을 이해하려면 기업에서 사람의 상황, 공장에서 그의 스케줄, 사무실과 일터의 조직이 결정적이라고 말하고 싶습니다. 소비는 오늘날 사라지고 있습니다. 이렇게 말해볼까요? 먹는 것, 마시는 것, 보는 것, 사랑하는 것, 잠자는 것이 '소비'가 됐다고. 소비란 사람이 일터뿐만 아니라 그 바깥에서도 기계가 됐다는 의미니까요.
>
> 당신은 어떤 영화에서 본 끔찍한 장면을 기억하실 겁니다. 수년에 걸친 주인공의 삶이 연속된 숏으로 촬영돼 1~2분에 불과한 장면으로 그가 어떻게 성장하고 늙었는지, 어떻게 전쟁이 일어나고 지나갔는지 등을 보여주는 장면 말입니다. 한 존재가 도식적으로 묘사된 몇몇 하찮은 순간으로 정리되는 것은 인간이 관리될 수 있는 요소로 해체됐음을 상징합니다. 대중문화는 여러 분야에서 베르그송이 '지속'이라고 적절하게 이름 붙인 인간 고유의 실체에서 인간이 쫓겨나고 있음을 반영합니다. …… 대중문화에 맞서는 반대 흐름은 고작해야 대중문화에서 도피로 표현됩니다. 깨어 있는 동안 세부적으로 규제되는 시대에 살기에, 대중문화에서 도피하려면 잠들거나 미쳐야 합니다. 아니 대중문화에서 도피는 결함이나 약점으로 취급됩니다. 영화에 저항하려면 영화를 신랄하게 비판하는 게 아니라, 극장에서 영화를 보지 않고 자거나 애정 표현을 하는 것 아닐까요.

뢰벤탈은 마지막으로 10월 22일 호르크하이머에게 보낸 답장에 다음과 같이 썼다.

> 영화에서 인생의 이야기가 몽타주 되는 것에 대한 당신의 언급을 통해 많은 것을 깨달았습니다. 유년기와 성년기의 행복과 불행을 단편적인 시퀀스로 관찰하는 내게 빛이 보였기 때문입니다. 이 모든 것은 사랑의 결여라는 개념에 결부되는 것으로 보입니다. 사랑의 기준은 지속성인데, 지속성이 인정되지 않아 나타나는 현상일 테니까요. 대중문화는 섹스뿐만 아니라 사랑도 부인하는 전면적인 음모입니다. 대중문화의 관객은 지속적으로 배신당하고, 사디즘적인 술책으로 진정한 쾌락을 빼앗겼다는 당신의 관찰은 정곡을 찌른 지적이라고 생각합니다. 사디즘은 심리적·생리적으로 '전희Vorlust'를 차단하는 특수한 기능이 있습니다. 최근 영화 〈휴일의 여관Holiday Inn〉에서 발레 장면을 예로 들어보겠습니다. 한 쌍이 미뉴에트 댄스를 시작합니다. 관객은 미뉴에트가 더 열정적인 상황으로 발전해 춤추는 남녀가 입맞춤하는 것으로 끝나리라고 상상합니다. 그 순간 감미롭고 듣기 좋은 음악이 갑자기 재즈로 바뀝니다. 춤추는 사람이 거세당하는 것과 마찬가지입니다. 테디(아도르노)가 재즈와 거세의 연관성에 관해 쓴 해박한 지적과 일치하는 것입니다.

지금까지 살펴본 편지에는 연구소의 대중문화 비판의 많은 특징이 분명하게 드러난다. 진정한 행복에 대한 그들의 관심은 뚜렷하다. 프랑크푸르트학파는 대중문화에 보수적인 비평가와 달리, 물질적 관심에서 유리된 채 그 자체가 목적이 되는 고급문화 옹호를 거부했다. 그들이 인정했듯이 대중문화 분석에 선구적인 공헌을 한 니체와 마찬가지로, 호르크하이머와 그의 동료들은 물질적 삶을 넘어선 초월적 문화 개념과 심리적 금욕주의에 내밀한 연관이 있다고 봤다. 그들은 예를 들어 올더스 헉슬리처럼 청교도적 관점에서 대중문화를 비판하는 비평가를 공격했다.[219] 오르테가이가세트 같은 엘리트주의 비평가의 향수 어린 동경도 맹렬하게 비판했다. 호르크하이머는 "노스탤지어, 초월적 지식, 위험한 삶 따위를 요구할 권리는 정당화될 수 없다. 대중문화에 대한 투쟁은 오직 그것이 사회적 불의不義의 영속에 연관된다는 점을 지적하는 데 있다"고 썼다.[220] 마르쿠제가 1937년에 논했듯이 문화생활을 물질적 기초에서 격리하는 것은 사람들이 암암리에 물질적 조건의 불평등을 체념적으로 감수케 하는 데 이바지할 따름이다. 이런 의미에서 이상주의적 부르주아 문화는 '긍정적'이다.

위의 편지들은 연구소가 마르크스주의적 경향을 띠었음에도 전통의 가치를 높이 평가했음을 보여준다. 앞에 살펴봤듯이 아도르노는 쇤베르크 음악이 비록 혁명적으로 보여도 그의 음악에는 전통적인 요소가 있다고 말했다. 베냐민은 전통을 예술 작품 아우라의 일부로 파악한다. 뢰벤탈은 10월 22일에 쓴 답신에서 대중문화가 인간의 **지속**durée을 박탈했다는 호르크하이머 편지의 주장을 따르면서 '사랑의 기준'이 지속성이라고 언급하기도 했다. 그러나 연구소가 의미한 전통은 '진보'의 지속이라는 계몽주의의 이해 방식과 달랐음을 알아야 한다. 이것은 5장에서 살펴본 논문 〈권위주의 국가〉나 곧 살펴볼 《계몽의 변증법》에 분명히 드러난다. 프랑크푸르트학파가 강조하는 전통이란 연구소 회원들이 **경험**Erfahrung이라 부른 통합된 경험을 의미한다. 이른바 '진보'는 이 경험을 파괴하는 것이다.

위의 편지들은 프랑크푸르트학파의 개인적인 경험이 분석에 영향을

219 Adorno, *Prisms*, pp.103~104. 이것은 연구소가 현실 도피를 공격했다는 이유로 청교도적이라 부른 다음 비평가의 분석을 반박하는 자료가 된다. Edward Shils, "Daydreams and Nightmares: Reflections on the Criticism of Mass Culture," *Sewanee Review* LXV, 4(Autumn, 1957).

220 *Prisms*, p.109에서 인용.

미쳤음을 보여준다. 그들도 이런 연관을 부인하지 않았다. 호르크하이머가 어느 편지에서 프로이트에 관해 말했듯이, "한 작품이 위대할수록 구체적인 역사적 상황에 더욱 깊이 뿌리내리고 있다."[221] 중유럽에 있는 풍부한 문화적 유산이 제공할 수 있는 모든 여건 속에 교육을 받은 그들은 망명객이 되자 새로운 환경의 세련되지 못한 분위기에서 마음이 편할 수 없었다. 망명객으로 느끼는 소외는 미국 대중문화에 내재한 자발적 요소를 제대로 이해하지 못하게 만들었다. 예컨대 재즈에 대한 아도르노의 줄기찬 적대감은 어떤 선험적인 무감각의 결과였다. 이런 소외는 그 문화에서 비평적 거리를 유지할 기회도 부여했다. 연구소는 이런 거리 유지 덕분에 대중문화와 진정한 민주주의를 구분할 수 있었다. 마르쿠제가 나중에 현대 문화의 사이비 해방의 성격을 규정짓는 범주로 발전시킨 '억압적 역승화repressive desublimation'[222] 개념은 연구소 회원들의 개인적 경험에 싹트고 있었다. 그들은 대안적인 문화 환경을 잘 알기에 **행복의 약속**을 문화 산업이 제공하는 악화惡貨와 맞바꿀 수 없었다.

아도르노가 나중에 설명했듯이,[223] 그와 호르크하이머는《계몽의 변증법》에서 '문화 산업'이라는 표현이 포퓰리즘에 반하는 뜻을 내포하기에 선택했다. 프랑크푸르트학파는 대중문화가 민주주의적이지 않기 때문에 혐오했다. 그들은 '대중적' 문화라는 관념 자체가 이데올로기적이라고 주장했다. 문화 산업은 진정한 문화가 아니라 비자발적이고 물화된 가짜 문화를 관리한다. 고급문화와 저급 문화라는 오래된 구분은 대중문화의 '양식화된 야만주의'[224]에서 사실상 사라졌다. 가장 '부정적'인 고전적 예술마저 마르쿠제가 나중에 '일차원적'이라고 부른 표면 속으

221 3장 207쪽을 보라.

222 Marcuse, *Eros and Civilization*, p.ix.

223 Adorno, "Resumé über Kulturindustrie," *Ohne Leitbild*(Frankfurt, 1967), p.60.

224 이 용어는 원래 니체가 사용한 것이다. 아도르노와 호르크하이머가《계몽의 변증법》(Amsterdam, 1947)에서 인용(p.153).

로 흡수됐다. 한때 저항을 뜻하던 비극은 이제 위안을 뜻한다. 예술로 인정되는 거의 모든 것이 우리 잠재의식에 호소하는 메시지는 순응주의와 체념뿐이다.

연구소는 다른 많은 영역에서 그런 것처럼 자율적 개인의 보존에 관한 자유주의적 상투어는 사회 변화로 진부해졌다고 믿었다. 칸트는 예술을 '목적이 없는 목적'이라고 형식주의적으로 정의했지만, 현대사회에서 예술은 시장이 명령하는 '목적을 위한 무목적성'이 됐다.[225] 아도르노와 호르크하이머는 베냐민이 지지한 민중예술의 오락 기능도 의심했다. 여가는 다른 수단에 의한 노동의 연속에 불과했다. 문화 산업이 허용하는 웃음은 다른 사람의 불운에서 **쾌감**Schadenfreude을 느끼는 비웃음일 뿐이다. 억압이 승화를 대체하고, 욕망은 오로지 부인되기 위해 자극된다. 간단히 말해 대중문화는 탄탈로스Tantalos의 의식을 따른다.[226]

연구소는 문화 산업이 지난 시대의 투박한 지배 방법보다 훨씬 교묘하고 효과적인 방식으로 사람들을 노예로 만든다고 점점 더 분명히 느꼈다. 특수와 보편의 거짓된 조화는 사람들을 잠재워 수동적인 수용으로 이끌 수 있기에, 어떤 점에서 사회적 모순의 충돌보다 해롭다. 사회에서 중재 세력이 붕괴함에 따라 부정적 저항이 발전할 기회도 사라진다. 연구소는 중재 세력의 붕괴에 대해 사회화 과정에서 가족 역할의 약화를 다룬 초기 연구에 의존한다. 기술공학이 유럽에서 독재 정부의 통제 기술을 강화하는 데 도움을 줬듯이, 미국에서는 문화 산업을 돕는다. 호르크하이머와 아도르노는 인쇄술과 종교개혁의 관계처럼 라디오는 파시즘 형성에 영향을 끼쳤다고 주장한다.

요컨대 마르쿠제의 《일차원적 인간》에 등장하는 잘 알려진 비관론은 《계몽의 변증법》의 문화 산업론에서 예견됐다. 아도르노와 호르크하

---

225 *Ibid.*, p.187.

226 *Ibid.*, pp.166~167.

이머는 대중문화에 남았을 수 있는 부정의 흔적은 지적인 예술이 아니라 육체를 매체로 하는 예술에서 찾을 수 있다고 봤다. 예를 들어 완전히 물화된 몸을 지닌 서커스 공연자는 물화를 극단으로까지 수행하고 그럼으로써 감춰져 있던 것을 폭로하여 대중문화의 상품적 성격을 돌파하겠다고 약속한다.[227] 이 외에 연구소는 베냐민 기념논문집에 실린 에세이에서 여전히 가능하다고 인용되는 '역사라는 연속체의 폭발'이 일어나지 않아 미래에 변화가 일어날 가능성이 사라지지 않을까 염려했다.

많은 점에서 연구소의 대중문화 비판과 그것과 연결된 미국의 잠재적인 권위주의에 대한 분석은 그들이 미국에서 한 모든 연구 중 미국 지성계에 가장 큰 영향을 끼쳤다.[228] 대중문화 비판에 관한 에세이는 1930년대 이론적 논문과 달리 영어로 쓰였다는 점도 미국 지성계에 영향을 끼친 중요한 원인이다. 미국인이 알렉시 샤를 앙리 모리스 클레렐 드 토크빌Alexis Charles Henri Maurice Clérel de Tocqueville 이래 외국인 방문객이 줄곧 지적해온 대중민주주의에 관한 불길한 예언이 실현될지도 모른다고 두려워하기 시작했다는 점이 더 중요한 원인일 것이다.[229] 제2차세계대전 전 시카고대학교의 로버트 파크Robert Park나 그의 제자 허버트 블루머Herbert Blumer 같은 사회학자는 대중사회에 관한 기초 연구에 열중했고, 희망적인 결론을 내렸으나 연구 결과는 공유되지 못했다. 1940년대 중반에 이르러 이런 종류의 분석에 관한 관심이 대학 사회 안팎에서 고조

---

227 *Ibid.*, p.170. 마르쿠제는 《부정》에서 같은 예를 들었다(p.116). 그는 "인간은 가장 극심한 물화를 겪음으로써 물화를 극복한다"고 말했다. 이것은 그가 사르트르에게서 발견한 생각이기도 하다. "Existentialism Remarks on Jean-Paul Sartre's *L'Être et le néant*," *Philosophy and Phenomenological Research* Ⅷ, 3(March, 1948).

228 이 점에 대한 더 폭넓은 논의는 내가 쓴 다음 문헌을 보라. "The Frankfurt School in Exile," *Perspectives in American History*, vol.Ⅵ(Cambridge, 1972).

229 대중문화 비판의 역사는 다음을 보라. Leon Bramson, *The Political Context of Sociology* (Princeton, 1961); William Kornhauser, *The Politics of Mass Society*(Glencoe, Ill., 1959); Bernard Rosenberg and David Manning White, *Mass Culture: The Popular Arts in America*(London, 1957); Löwenthal, *Literature, Popular Culture, and Society*.

되기 시작했다. 클레멘트 그린버그Clement Greenberg와 드와이트 맥도널드Dwight MacDonald는 대중문화 비판을 광범위한 대중에게 전파했다(특히 맥도널드는 그의 영향력 있는 잡지《정치Politics》를 통해). 데이비드 리스먼David Riesman 같은 사회학자는 대중문화 비판에 대한 학계의 관심을 끌었다.[230] 리처드 호가트Richard Hoggart도 대서양 너머 영어를 사용하는 독자를 위해 같은 일을 했다.[231] 대중문화는 이로 인해 처음 보수 진영이 아니라 진보 진영에게 공격을 받았다. 연구소와 프롬처럼 한때 연구소 회원이던 사람들의 영향력이 대중문화 비판에 내용과 깊이를 더하는 데 중요한 역할을 했음은 널리 인정된 바다.

대중문화에 대한 급진적 비판은 암암리에 정치적 색채를 풍겼다. 연구소의 관심이 하부구조에서 상부구조로 이동했다고 해서 연구소가 초기의 이념을 포기했다고 해석하면 잘못이다. 전통적인 '부정적' 문화의 붕괴는 단순히 지식인의 문제가 아니었다. 대중문화는 정치적 전체주의가 자랄 수 있는 온상이다. 호르크하이머와 주변 사람들은 문화와 정치의 중재 메커니즘이 심리사회적 측면으로 잘 파악될 수 있다고 느꼈다. 따라서 그들의 대중문화 연구는 1940년대 미국에서 나타나기 시작한 잠재적 권위주의 연구와 연결됐다. 이런 연구는 비판 이론이라는 포괄적인 전제에 기초를 두지만, 기본적으로 심리학적 분석으로 진행됐다. 미국의 논평가들이 비판 이론의 전제를 제대로 이해하지 못했기에 〈편견에 관한 연구〉는 흔히 심리학적인 것으로 오해되기도 했다. 다음 장에서 보겠지만 이는 사실이 아니다. 아도르노가 1935년에 베냐민에게 설명했듯이 부르주아적 개인은 단순히 변증법적 **전이 도구**, 즉 통로였다.

---

230 예를 들어 르엘 데니Reuel Denny, 나탄 글레이저Nathan Glazer와 함께 집필한 데이비드 리스먼의《외로운 군중The Lonely Crowd》(New Haven, 1950)을 참고하라. 세 저자는 뢰벤탈의 대중 전기물 연구의 영향을 분명히 시인했다(p.239).

231 Richard Hoggart, *The Uses of Literacy*(London, 1957). 드와이트 맥도널드의 대중문화에 관한 논문 몇 편은 다음 책에 실렸다. *Against the American Grain*(New York, 1962).

다시 말해 총체성이 핵심적인 실재다. 대중문화와 심리적 권위주의에 관한 연구에서 연구소가 투쟁적인 개인으로 후퇴하는 것처럼 보인다면, 그들이 추구하는 유토피아적 대안이 문화적 아웃사이더들의 '상처 받은 삶'[232]에 보존됐기 때문이다.

232 아도르노는《미니마 모랄리아》의 부제에 자신의 삶을 '**상처 받은beschädigten**' 존재라고 했다.

07

1940년대 사회연구소의 경험 연구

작업의 핵심 주제는 비교적 새로운 개념인 권위주의적
인간 유형이라 부르는 '인간학적' 종種의 대두다.
—막스 호르크하이머

연구소는 전쟁이 일어나자 목표를 진지하게 재평가하고, 연구 조직도 점진적으로 재편해야 했다. 호르크하이머가 순환기 질환 때문에 캘리포니아로 이주해야 했고, 연구소 회원들이 공직에 더 많이 관여하면서 1934년부터 이어진 컬럼비아대학교와 유대 관계도 불가능해졌다. 게다가 대학 사회학과 내부에서 미래에 잠재적인 말썽거리가 될 새로운 내적 요인이 생겼다. 로버트 매키버가 이끄는 학과 내 사변적인 파와 로버트 린드 주변 경험주의파의 주도권 쟁탈전은 경험주의파에 유리한 방향으로 진행됐다. 적어도 뢰벤탈이 1942년 1월 23일 호르크하이머에게 보낸 편지에 따르면 그렇다. 호르크하이머가 전쟁과 자신의 병 때문에 초래된 컬럼비아대학교와 연구소의 유대 관계 약화를 기꺼이 허용한 것은 놀랍지 않다. 그는 린드와 매키버의 갈등이 해결되기 전인 1941년 5월, 뢰벤탈에게 컬럼비아대학교와 관계를 유지할 경우 생기는 결과에 대한 착잡한 심정[1]을 표현했다. 연구소 지도부는 연구소가 제도적 정체성을 유지해야 한다고 생각했지만, 과잉 제도화에 따른 정치화의 가능성은 늘 경계했다.

전쟁이 끝나도 모닝사이드하이츠의 연구소를 유지하려는 시도가 있었다. 호르크하이머는 병이 위급한 상태를 벗어나자, 1944~1945년에 장기간 뉴욕으로 돌아갈 수 있었다. 마르쿠제 같은 일부 회원은 공직에 남기를 선택했지만, 나머지 회원들은 학문적 활동에 전념하기를 간절히 원했다. 컬럼비아대학교 내부에서는 연구소가 어느 정도 규모로 유지되기를 기대하는 분위기가 여전했다. 연구소와 관계를 되살리려는 주요한 노력은 뜻밖에 경험주의파 사회학자 쪽에서 먼저 나왔다. 라디오연구소를 응용사회조사실Bureau of Applied Social Resarch[2]로 개편한 폴 라자스펠드는 사회연구소와 응용사회조사실의 통합을 제안했다. 라자스펠드는 전쟁 전에 아도르노와 협력하는 데 실패했음에도 자신의 독특한 '행정 조사'와 비판 이론의 상호작용에 낙관적이었다.[3] 그는 테오도르 아벨Theodore Abel과 로버트 머튼Robert Merton 같은 학자에게 보낸 편지에서 연구소의 업적을 격찬했다. 1946년 2월 5일 아벨에게 보낸 편지에서 컬럼비아대학교 사회학과가 연구소에 부당한 일을 했는데, 학과의 안목이 짧은 탓은 아니라며 다음과 같이 썼다.

> 이 모든 혼란은 연구소의 어리석음 때문에 벌어졌습니다. 나는 그들에게 독일어로 출판하면 결국 파멸할 것이라고 여러 해 동안 말해왔습니다.

---

1 호르크하이머는 1941년 5월 3일 뢰벤탈에게 보낸 편지에 뉴욕에서 보낸 기간이 완전히 부정적이진 않지만, 그들은 연구소가 제반 문제를 처리하는 **기업Betrieb**(연구 기업)이 되도록 압력을 가했다고 썼다(뢰벤탈 소장).

2 Paul F. Lazarsfeld, "An Episode in the History of Social Research: A Memoir," in *The Intellectual Migration: Europe and America, 1930-1960*, ed., Donald Flemming and Bernard Bailyn(Cambridge, Mass., 1969).

3 라자스펠드는《철학과 사회과학 연구》의 매스컴에 관한 논쟁(IX, 1, 1941)에서 두 연구 스타일의 상호작용을 매우 낙관적으로 평가했다.

그들은 미국에 남은 독일 문화의 마지막 섬을 지킨다면 미국에 대한 그들의 공헌이 더 클 것이라는 고정관념이 있었습니다. 연구소가 발행하는 《사회연구》지는 그들의 기대가 사실임을 보여줍니다. 나는 전임 편집자 뢰벤탈에게 미국에서 출간된 《사회연구》지 10권의 내용을 간략하게 정리해달라고 요청했습니다. 그 속에 얼마나 많은 가치가 있는지 알면 모두 놀랄 것입니다.[4]

라자스펠드는 해결책으로 연구소의 경험주의파가 응용사회조사실에 편입되기를 제의했다. 뢰벤탈과 마싱, 마르쿠제는 풀타임, 폴록과 노이만은 파트타임으로 고용한다는 조건이었다. 건강이 좋지 않은 호르크하이머와 아도르노는 캘리포니아에 남아 연구소의 이론적인 부분을 담당하기로 했다. 라자스펠드는 호르크하이머가 건강을 회복한다면 연구소로 돌아올 수 있도록 여지를 남겼다. 라자스펠드의 추천으로 컬럼비아대학교 사회학과가 호르크하이머를 연구소로 초청했지만, 호르크하이머는 결국 건강을 이유로 거절했다.[5] 전쟁 이후 연구소 회원 중 컬럼비아대학교로 돌아가는 것을 선택한 사람은 노이만뿐이었다.

연구소가 제안을 거절한 이유 중 하나는 재정 형편이 나아졌기 때문이기도 하다. 앞서 언급한 바와 같이 1938년에는 재정투자에 실패하고,

4 연구소의 출판물에 포함된 내용 분석 결과는 부속 제안서에 있는데, 여기에 다시 실을 가치가 충분하다.

단행본	16
논문	91
강의와 세미나에서 사용된 수고	38
연구 보고서	2
총계	147

주제 분야별 발표물	발표 수	백분율
권위에 관한 연구	76	40
철학	43	22
문학·음악·예술 분야 연구	38	18
사회적 편견	17	9
기타	22	11
계	196	100

5 호르크하이머가 1946년 6월 10일 라자스펠드에게 보낸 편지(뢰벤탈 소장).

새로운 망명객을 지원하기 위해 자금의 용도가 확대돼 연구소의 재원이 고갈된 상태였다. 이후 수년 동안 독일 문화 연구에 대한 기금을 지원받지 못했고, 재정 문제로《철학과 사회과학 연구》도 계속 발행하지 못했다. 재정 상황이 심각해진 나머지 호르크하이머는 뢰벤탈에게 보낸 편지에서 후원자가 나타나지 않으면 연구소 해체도 생각한다고 털어놓을 정도였다. "기부금을 반드시 얻어야 합니다. 기부금을 얻지 못하면 우리가 사는 이유이기도 하고 당신의 목적이자 나의 목적이기도 한 연구뿐만 아니라 특별한 임무와 책임이 있는 학자의 삶조차 파괴될 것입니다. 사는 데 필요한 물질적 기반도 파괴되겠지요."[6] 호르크하이머는 1942년 여름 미국유대인위원회와 접촉했고, 그해 10월 미국유대인위원회 존 슬로슨John Slawson 부회장과 면담을 통해 성과를 거뒀다. 연구소는 1939년부터 반유대주의 연구를 계획했으며, 이 연구는 마지막에서 두 번째로 발행된《철학과 사회과학 연구》에 실렸다.[7] 미국유대인위원회가 유럽에서 벌어진 반유대주의 물결이 미국에서 일어나지 않도록 연구소의 계획에 관심을 보인 것은 놀랄 일이 아니다. 위원회는 상당한 규모로 기부했다. 이 기부로 연구소는 존속뿐만 아니라 지금까지 시도된 편견에 관한 연구 중에서 가장 방대한 연구의 재정까지 도움을 받았다. 1944년 5월 뉴욕에서 편견에 대한 학술회의가 이틀간 개최돼, 야심 찬 연구 계획의 윤곽이 잡혔다. 동시에 미국유대인위원회에 학술조사부가 설립되고, 호르크하이머가 책임자가 됐다. 사회적 선입관을 여러 가지 방법론으로 접근한《편견에 관한 연구》가 공식적으로 시작됐다. 연구소의 가장 방대하고 지속적인 경험 조사가 이렇게 시작된 것이다.

동시에 호르크하이머와 아도르노가 대단히 이론적인 연구에 몰두했고, 비판 이론에 수많은 새로운 기여를 했다는 점을 잊어선 안 된다. 이

6 호르크하이머가 1942년 10월 31일 뢰벤탈에게 보낸 편지(뢰벤탈 소장).

7 *SPSS* IX, 1(1941), 이 계획은 2년 전에 시작됐다.

가운데 중요한 것을 꼽자면 공동 집필한《계몽의 변증법》, 호르크하이머의《이성의 몰락》, 아도르노의《미니마 모랄리아》를 들 수 있다. 이 저작들은 연구소가 미국에서 보낸 마지막 10년 동안 이론적 시각의 변화를 다룰 다음 장의 주제이기도 하다. 이 장에서 다루는 경험 연구에서 그들의 새로운 아이디어는 중요한 역할을 했다. 물론 그들의 새로운 아이디어는 마지막 장에서 연구소의 대중문화 비평을 다룰 때 수시로 언급할 것이다.

《편견에 관한 연구》의 자세한 분석을 하기 전에 경험 조사의 적합한 역할에 대한 연구소의 기본적 태도를 다시 명확히 밝혀야 한다. 일차적으로 프랑크푸르트학파는 귀납 지향적인 경험주의 사회과학에 내포된 환원주의적 경향reductionist tendency에 비판적이었음을 상기해야 한다. 프랑크푸르트학파는 마치 정치에서 이론이 **프락시스**에 선행한다고 간주한 것처럼, 사회현상 탐구에서 이론이 '사실'의 수집에 선행한다고 생각했다. 동시에 이들은 모호한 독일 사회학파처럼 결과의 양화量化를 포함해 모든 경험적 조사를 부인하진 않았다. 프랑크푸르트학파는 프롬의 독일 노동자에 관한 연구와《권위와 가족에 관한 연구》에서 나타나듯이, 이론적 명제를 풍부하게 하고 수정하고 지지하는(결코 검증이 아니다) 경험적 방법을 사용하려 했다. 비록 연구소가 망명 전에 사용한 조사 기법이 원시적 수준이었지만, 시간이 지남에 따라 정교해졌다. 그래서 미라 코마로프스키의《실업자와 그의 가족》같은 연구를 기꺼이 지원했으며, 미국의 조사 기술을 대중문화 연구에 응용하려 했다.

경험 조사의 어려움은 라디오연구소에서 아도르노의 경험처럼 예상보다 크다는 것이 입증되기도 했다. 앞에 살펴본 음악 청취 유형 변화에 대한 아도르노의 생각을 검증 가능한 가설로 변환하는 것은 불가능함이 입증됐다. 단순히 기술적인 문제에 따른 불가능은 아니었다. 아도르노는 30년 뒤에 다음과 같이 썼다.

문화 영역에서 지각 심리학이 단순히 '자극'이라고 간주하는 것은 질적으로 규정하면 '객관 정신'의 문제고, 객관성을 통해서만 알 수 있는 것이라고 설득당하고 있다. 나는 효과를 이런 '자극'과 연관시키지 않고 기술하고 측정하는 것에 반대한다. 문화 산업의 소비자, 라디오 청취자들이 반응하는 객관적인 내용이 자극이다. …… 피조사자들이 사회학적 지식의 원초적이고 궁극적인 원천인 듯 여기고 피조사자의 반응에서 시작하는 것은 내게 완전히 피상적이고 잘못된 것으로 보인다.[8]

아도르노는 새로운 미국 동료들이 문화 현상을 양적인 데이터로 주저 없이 변환하는 것을 보고 아주 스트레스를 받았다. 그는 문화를 측정 가능한 양量으로 등식화하는 것은 모든 것을 물질적인 것으로 바꾸는 대중문화의 전형적인 특징이라고 생각했다. 그는 나중에 회고했다. "'문화를 측정'하라는 요구에 직면했을 때, 문화란 엄밀히 말해 문화를 측정할 수 있다고 간주하는 정신을 배제하는 상태라고 생각했다."[9] 라자스펠드의 '행정 조사'는 엄밀한 수량적 방법을 기반으로 하기에, 아도르노와 협업은 출발부터 성공하기 어려웠다. 1939년 여름, 아도르노와 라자스펠드에게 이 사실이 분명해졌다.

라자스펠드는 아도르노에게 5쪽이나 되는 편지를 보내 그들의 협업 결과에 극단적인 실망을 표현했다.[10] 가시 돋친 어조에 때로 신랄하기까지 했다. 라자스펠드는 불만을 완곡하게 표현할 때는 지났다고 느꼈다. 그는 아도르노의 글을 하나 언급하면서 다음과 같이 썼다.

---

8 Theodor, W. Adorno, "Scientific Experiences of a European Scholar in America," in *The Intellectual Migration*, p.343.

9 *Ibid.*, p.347.

10 라자스펠드가 아도르노에게 보낸 편지, 일자 불명(라자스펠드 소장). 라자스펠드는 이 편지를 1939년 여름에 썼다고 기억한다. 다음의 모든 인용은 같은 편지에서 인용했다.

당신은 다른 사람들이 신경질적이고 물신숭배에 빠졌다고 공격하는 것을 자랑으로 압니다. 당신이라고 그러지 않으리란 법은 없습니다. 당신도 그런 공격에 노출돼 있습니다. …… 텍스트 내내 라틴어 단어를 쓰는 당신이야말로 완벽한 물신숭배라고 생각하지 않습니까? …… 나는 당신에게 한층 책임 있는 언어를 사용해달라고 거듭 간절히 부탁했는데, 당신은 심리적으로 내 충고를 따를 능력이 없는 듯 보입니다.

편지의 다른 부분에서 개인적 비판을 넘어 아도르노가 "기본적인 논리적 단계를 심각히 결여"하고 있다고 공격하기도 했다. 그는 검증 테크닉에 대한 아도르노의 언급은 교만하고 유치하다고 비난했다. "당신의 텍스트를 읽어보면 가정이 어떻게 경험적으로 검증되는지 전혀 이해하지 못한다고 의심할 수밖에 없어서, 당신의 생각 외에 다른 생각이 있을 수 있음을 믿지 않는 당신이 심히 걱정스럽습니다." 그는 마지막으로 아도르노 글의 형식적 결함에 극단적인 유감을 표했다. 정확한 언어의 중요성을 늘 역설한 아도르노의 관점에서 이런 지적은 매우 이상하게 들렸다.

라자스펠드 편지의 마지막 부분은 전부 인용할 가치가 있다. 마지막 구절은 의지가 강하지만 견해가 다른 최고의 지성 두 학자 사이에 전개된 갈등의 실마리를 찾을 수 있게 해줄 뿐 아니라, 연구소 역사에서 중심 역할을 한 인물의 복합적 성격도 이해할 수 있도록 해주기 때문이다. 아도르노를 아는 사람 중 그의 지적 명석함과 창조력을 의심하는 사람은 거의 없으며(호르크하이머는 예외다), 같이 일하기 쉬운 사람이라고 말하는 사람은 더욱 드물다. 라자스펠드는 "이 편지를 쓰는 것이 즐겁지 않다"고 결론을 내렸다.

당신이 스스로 전체 상황을 생각하도록 하는 게 우리의 연구 계획에 결정적으로 중요하다고 느끼지 않았다면 이 편지를 쓰는 데 꼬박 이틀이 걸리지 않았을 것입니다. 당신의 지적 업적은 훌륭하지만, 당신은 어떤 부분에서 옳기에 언제나 옳다고 생각합니다. 그러나 당신은 어떤 점에서 옳기에 다른 점에서는 형편없다는 사실을 간과하고 있으며, 최종적인 독자는 자신이 쉽게 접할 수 있는 당신의 연구가 모든 부분에서 형편없으니 당신은 완전히 불가능한 사람이라 생각할 것입니다. 내가 쓴 편지가 당신에게도 유익하리라 확신하며…… 당신에 대한 존경과 우정, 정성은 변함이 없다는 것을 확약합니다.

록펠러재단이 1939년 가을 라디오연구프로젝트 지원을 재검토할 때, 음악 프로젝트는 예산에서 삭제됐다. 나중에 마음이 누그러진 라자스펠드는 아도르노와 협력 실패를 곰곰이 생각했다.[11] 《권위주의적 성격》의 성공은 비판 이론과 양적 접근 방법이 음악 프로젝트라고 양립할 수 없는 것은 아님을 보여줬다. 라자스펠드는 관대하게 썼다. "프린스턴대학교에서 수행한 여러 프로젝트 관련 임무 때문에 나와 아도르노가 애초에 설정한 목표를 달성하는 데 필요한 시간과 관심을 기울이지 못한 점을 생각하면 마음이 편치 않다."[12]

진짜 이유가 뭐든 조사가 완성되자 사회과학의 고전에 오른《권위주의적 성격》과 달리 음악 프로젝트는 성공하지 못했다.《권위주의적 성격》의 성공과 음악 프로젝트의 실패는 아도르노가 이룬 발전만으로 설명할 수 없다. 그는《권위주의적 성격》 조사에 참여한 수많은 연구원 가운데 한 명일 뿐이지만, 시간이 지남에 따라 귀중한 방법론적 경험을 쌓았고, 미국의 조사 기술에 대한 애초의 적대감을 수정했다. '객관 정신'에 대한 주관적 반응 측정을 '객관 정신' 파악보다 강조하던 경향은 1940년

11 Lazarsfeld, "An Episode in the History of Social Research: A Memoir," p.325.

12 *Ibid*.

대 후반 이후 줄어들었다. 앞으로 살펴보겠지만 편견의 '객관적' 차원은 무시되지 않았지만, 아도르노와 연구소의 주관적 분석 작업에 완전히 통합되지 않았다. 문화는 측정할 수 없는 것일지 모르지만, 편견을 측정하기는 더 쉬웠다.

아도르노만 1940년대 초반에 방법론적 경험을 얻진 않았다. 연구소 뉴욕 분실은 전쟁 중에 활동을 축소했지만, 기능이 중지되진 않았다.《철학과 사회과학 연구》 발행이 중단된 후, 몇몇 회원은 경험적 연구에 더 많은 시간을 할애했다. 그들의 프로젝트 중 하나가 히틀러에게 희생된 유대인을 돕는 독일 비유대인의 유형 연구였다. 토마스 만의 유력한 후원을 받아 독일어로 발행되는 망명자 신문《아우프바우》 광고를 통해 자료가 수집됐다. 출판되지 못했지만, 이 연구에서 신교도나 자유주의자보다 가톨릭 신자와 보수주의자가 많이 지원했음이 밝혀졌다. 파울 마싱에 따르면, 호르크하이머는 나중에 이 결론을 보수주의자가 자유주의자보다 비판적 사상이 있다[13]는 자기주장을 입증하는 데 사용했다.

한층 더 야심적인 경험적 조사는 미국 노동자의 반유대 감정을 다루는 대규모 연구로, 1943년에 시작해 2년간 수행했다. 미국유대인위원회가 지원을 확대하겠다고 제의한 것과 거의 동시에 아돌프 헬트Adolph Held가 의장인 유대인노동위원회가 자기들의 특별한 관심 영역에 대한 조사비로 상당한 액수를 내놨다. 유대인노동위원회 찰스 치머만Charles S. Zimmerman을 수장으로 한 반유대주의대책위원회Committee to Combat Anti-Semitism는 반유대주의 문제의 과학적 분석을 착수하고 싶어 했다. 반유대주의대책위원회는 미국노동총동맹American Federation of Labor, AFL, 산업별조직회의congress of the Industrial organization, CIO, 기타 여러 독립 노조와 접촉해 뉴욕, 캘리포니아, 디트로이트에서 자료를 수집하도록 주선했다.

13 1970년 11월 25일 뉴욕에서 마싱과 진행한 인터뷰.

엄청난 자료가 축적돼 연구소는 출판을 위해 자료를 정리하는 데 어려움을 겪을 정도였다. 1944년 4권 1300쪽에 달하는 보고서를 유대인 노동위원회에 제출했으나, 출판할 수 있는 분량으로 축소하는 데 실패했다. 구를란트, 마싱, 뢰벤탈, 폴록, 바일이 1차 자료 분석을 맡았다. 응용사회조사부의 헤르타 헤어초크가 자료를 수량화하는 작업을 도왔고, 아도르노는 전체 진행 과정의 방법론이나 내용에 대해 자주 언급했다. 그러나 출판을 위해 자료를 분류하고 편집하는 문제는 극복될 수 없었다. 연구 결과를 몇 년 동안 활용하지 못하다가, 1949년에 폴 라자스펠드와 앨런 바턴Allen Barton이 방법론에 관한 서문을 썼다. 1953년에는 글렌코Glencoe의 프리프레스Free Press사가 보고서의 내용을 소개하며 반유대주의적 신념의 여러 유형을 질적으로 분석한 책을 출간할 예정이라고 알렸다. 그러나 연구 결과가 출판할 가치가 있는지 연구소 내부 이견이 거의 10년이나 계속돼 결국 출판하지 못했다.[14]

그 사이에 《편견에 관한 연구》가 출판돼 노동자 프로젝트에서 발견한 사실은 새롭지 않은 듯 보였다. 따라서 조사의 목적이 바뀌었다. 아도르노가 언급했듯이 조사의 목적은 "최종 결과를 얻는 게 아니라 반유대주의를 연구할 방법을 찾아내는 것"[15]이 됐다. 여기서 다시 여러 권으로 출간된 《편견에 관한 연구》가 이룩한 방법론적 업적은 이전의 조사 보고서에서 개발된 초보적인 방법을 뛰어넘었음이 분명해졌다. 연구소는 또 다른 이유로 조사 결과 발표를 주저했다. 폴록의 회고에 따르면 연구소는 매사에 신중한 편이었지만, 미국 노동자들이 받아들이기 힘든 결론이 나왔기에 연구 결과 발표를 망설였다는 것이다.[16] 앞서 언급한 바와

---

14 마싱이 1953년 5월 31일 뢰벤탈에게 보낸 편지(뢰벤탈 소장).

15 1944년 12월 1일 메모. 나는 노동 프로젝트와 관련해서 몇 가지 유용한 메모를 할 때 라자스펠드의 도움을 받았다.

16 1969년 3월 28일 스위스 몬타뇰라에서 폴록과 진행한 인터뷰.

같이 호르크하이머는 1944년 7월, "외국에서 태어난 지식인들이 미국 노동자의 사생활에 코를 처박고 있다"[17]는 미국 여론의 반발을 우려했다. 조사에 응한 노동자 반수 이상이 한두 가지 반유대적 편견을 보였으나,[18] 1953년에 연구소 지도층은 이런 조사 결과가 좀 더 유연하게 표현되기 원했다. 게다가 보고서를 간략하게 만들려다 보니 결과적으로 지나친 요약이 됐다. 마싱은 이런 변경에 분개하는 편지를 뢰벤탈에게 보냈다.

> 이 '결론'에 진심으로 반대합니다. 이는 사회-정치적 연구로 시작한 것이 순수 심리적인 것으로 바뀌었음을 보여줍니다. 지금의 보고서에 '위험 신호'라든가 교육이 필요하다는 등 낡은 언급이 있어선 안 되며, '미국 노동자'에 대한 언급은 솔직히 어이없습니다. 지금 나온 보고서 1부에서 미국 노동자는 반유대적입니다.

그가 비난한 연구 보고서 1부는 연구를 망쳤다. "읽어보면 마치 고등학생 습작 같습니다. 자가당착적이고 광범위한 심리학적 개념 2~3개가 사용되며 무한 반복됩니다……."[19] 라자스펠드와 함께 방법론에 대한 서문을 쓴 바턴도 같은 심정이었을 것이다.[20] 호르크하이머는 이 모든 이유로 결국 출판 포기를 결정했다.

그럼에도 아도르노의 연구 제안서에서 표현한 연구 목적은 상당히 달성했다. 연구소는 가능한 한 간접적으로 반유대주의에 접근할 필요성이 있음을 배웠다. 태평양과 대서양 연안, 중서부에 있는 공장 노동자 표

---

17 호르크하이머가 1944년 7월 26일 뢰벤탈에게 보낸 편지(뢰벤탈 소장).

18 1970년 11월 25일 뉴욕에서 마싱과 진행한 인터뷰.

19 마싱이 1953년 5월 31일 뢰벤탈에게 보낸 편지.

20 마싱의 편지에 첨부된 메모. 알리스 마이어의 이니셜 처리.

본은 기본적으로 같은 방법으로 조사했다. 설문지를 배부하거나 직접 면담하는 대신, 가능한 한 조사 목적을 은폐하는 '장막 면접법screened interviews'을 개발했다. 여러 공장에서 노동자 270여 명을 조사원으로 선발했다. 그들은 반유대적이거나 이와 관련된 사건이 발생했을 때 노동자들의 반응을 알아내는 데 사용할 질문을 암기하도록 지시받았다. 모두 566회 면접을 진행했으며, 결과는 인종적 배경과 노동조합 가입 여부, 미국노동총동맹이나 산업별조직회의 등의 범주로 분류했다. 이런 방법으로 많은 자료를 수집했으며, 설문 중 일부는 나중에《권위주의적 성격》[21] 조사의 면접에 사용했다. 더구나 발견된 사실의 개념적 구조화conceptual structuring는 뒷날 연구에서 개발된 분류법을 가다듬는 데 기여했다. 어떤 의미에서 연구는 무산됐지만, 연구소가 미국유대인위원회를 위해 더 야심적인 작업을 하는 데 이 조사가 중요한 시험장임이 입증됐다.

《편견에 관한 연구》를 구성하는 개별적 연구를 다루기 전에 이 연구와 연구소의 일반적 견해의 관계를 언급해야 한다. 표면적으로《편견에 관한 연구》는 비판 이론의 기본적 입장에서 급격히 이탈한 듯 보인다. 이것은 어느 정도 사실이다. 연구소가 미국에서 여러 번에 걸쳐 보인 조심성은 1940년대 경험 연구에도 분명히 나타난다. 예를 들어 '권위주의적 성격'의 반대 유형을《권위와 가족에 관한 연구》에서는 '혁명적' 성격이라 표현했는데, 1940년대 경험 연구에서는 대신 '민주적' 성격 유형이라는 표현을 사용했다.《권위와 가족에 관한 연구》에 관여했지만 특히 연구소의 사고방식에 생소했던 연구자는 마르크주의적이거나 급진적이라기보다 자유주의적이고 뉴딜적인 가치를 지녔었다. 혁명적 변화를 위한 **프락시스**가 아니라 관용을 교육하는 것이 조사의 표면적 목표였기에,

21 Adorno et al., *The Authoritarian Personality,* vol.Ⅱ, p.605.

브레히트 같은 정통 마르크스주의자는 이 조사를 경멸했다.[22] 호르크하이머와 사무엘 플라워맨Samuel Flowerman은《편견에 관한 연구》서문에 다음과 같이 썼다. "우리는 단순히 편견을 묘사하는 게 아니라 편견을 소멸하는 데 도움을 주기 위해 편견을 설명하는 것을 목표로 삼는다. 이것이 우리가 당면한 과제다. 편견의 소멸은 과학적인 이해를 기초로 계획된 재교육을 의미한다. 엄격한 의미에서 교육은 그 성격상 개인적이고 심리적인 것이 될 수밖에 없다."[23] 연구 보고서 어느 부분에도 프로이트에 관한 프롬의 저술에서 처음 나타났고 나중에 아도르노와 마르쿠제가 반복한 관용을 위한 관용에 대한 비판은 보이지 않는다.

그러나 아마도 가장 두드러진 변화는 편견을 사회학적이 아니라 심리학적으로 설명하는 것에 대한 이례적인 강조였다. 심리학적인 설명이 강조되면서 당연히 연구는 교육적 목적과 관련되어 행해졌다.[24] 심리학적 설명이 너무나 강조된 나머지《권위주의적 성격》을 가장 신랄하게 비판한 허버트 하이만Herbert H. Hyman과 폴 시츨리Paul B. Sheatsley는 보고서 집필자가 "사회질서의 비합리성을 응답자에게 전가했다. 그리고 이런 바꿔치기를 통해 편견을 가진 응답자는 비합리적 방법으로 판단 내린다고 결정했다"고 주장했다.[25] 이들의 주장이 사실이라면 비판 이론은 본래 입장에서 멀리 벗어났다고도 볼 수 있을 것이다. 실제로 사용된 심리학적 분석 유형에서 급진적 요소가 희미해졌다는 증거는 여러 곳에서 발

---

22 Iring Fetscher, "Bertolt Brecht and America," *The Legacy of the German Refugee Intellectuals, Salmagundi,* 10/11(Fall, 1969-Winter, 1970).

23 *The Authoritarian Personality*, vol.I, p.vii. 이 구절은 F 척도에서 높은 점수를 받은 사람에게서 특징적으로 나타나는 '사회변혁보다 교육'이라는 징후에 관한 아도르노의 논의와 비교해야 한다(vol. II, pp.700f).

24 *Ibid.*, vol.I, p.vii.

25 Herbert H. Hyman and Paul B. Sheatsley, "*The Authoritarian Personality*—a Methodological Critique," in *Studies in the Scope and Method of "The Authoritarian Personality,"* ed., Richard Christie and Marie Jahoda(Glencoe, Ill., 1954), p.109.

견할 수 있다. 기본적인 관점은 프로이트적이었지만, 프로이트의 분석 틀에 자아심리학의 분석 틀이 더해졌다. 더해진 분석 틀은 아도르노가 순응주의적 의미가 내포됐다고 비판한 하르트만과 크리스의 자아심리학과 같은 것이다.[26] 이와 비슷하게《권위주의적 성격》에서 사용된 성격 분류는 언뜻 아도르노와 프롬의 성격 분류 비판과 모순되는 듯 보인다.[27] 그와 동료들은 통합된 성격유형을 묘사하면서 비판 이론의 중심적 주장인 비동일성 강조를 포기한 듯 보인다. 확실히 아도르노는 역사적 근거를 가지고 유형학을 옹호함으로써 이런 비판에 응답하려고 했다.

> 유형학적 접근 방법이 지속적으로 설득력 있는 까닭은 생물학적이지 않고 오히려 동태적이고 사회적이기 때문이다. ……사회적 억압은 개인의 영혼에 자취를 남긴다. ……인간 말살에 반대되는 개인주의는 **실제로** 비인간적인 사회에서 결국 이데올로기적 가면이 될 수 있다. ……다른 말로 표현하면 유형학 비판은 많은 사람이 전통적인 19세기 철학의 의미에서 '개인'이 아니며, 그런 적도 없었다는 사실을 잊어선 안 된다.[28]

이는 물화된 성격유형을 설명하기 위한 유형론으로 사용될 수 있겠지만, 진정한 주체성을 아직 보존한 사람을 설명할 순 없다. 이들이 더 관용적일 텐데, 아도르노는 유형론을 사용해 그들을 잘 묘사했다.

실제 상황은《편견에 관한 연구》를 대충 읽고 짐작할 수 있는 것보다 한층 복잡했다. 다음 장에서 검토하겠지만, 무엇보다 연구소의 마르크스주의적 학풍은 완전히 사라지지 않았다. 마르크스주의는 연구 작업을

---

26 아도르노가 후기 논문에 시사했듯이, 자아심리학의 확산은 개인이 자동기계 장치의 일부가 돼가는 경향을 반영한다. Adorno, "Sociology and Psychology," pt.2. *New Left Review*, 47(January-February, 1968), p.95.

27 이런 비판에 관해서는 3장 208쪽을 보라.

28 *The Authoritarian Personality*, vol. Ⅱ, p.747.

벗어나서도 지속됐다. 예를 들어 한 연구소 구성원은 막 시작된 냉전에 가담하는 데 거부감이 있었다고 언급하기도 했다. 1946년에 호르크하이머는 나중에 유치하게 보일 어조로 말했다. "현재 어떤 반유대주의도 찾아볼 수 없는 유일한 국가는 러시아다. 이유는 명백하다. 러시아에서는 반유대주의를 규제하는 법률이 통과됐고 실제로 집행되며, 처벌이 매우 가혹하다."[29] 그는 거의 비슷한 시기에 뢰벤탈에게 무엇이 중요한지 명확히 정의함으로써 '이런 역사적 시기에 이론의 임무'를 다음과 같이 표현했다.

> 독일이나 러시아 전제주의의 공포를 지적하는 것도 중요하겠지만, 개념적으로 사고하려는 노력은 제 생각으로는 산업화한 사회의 전체적 사회 발전과 연관시켜 심사숙고되어야 할 것 같습니다. 공포를 생각하는 것은 어둠 속을 보는 것과 마찬가지로 무서운 것입니다. 인간세계의 공포는 특정한 형태의 사회적 자기 보존을 위한 판단으로 이해해야 할 것입니다. 오늘날 세계는 고립된 세력 집단이 나머지 문명 세계와 비교할 때 좋다 나쁘다 아니면 더 좋다 더 나쁘다고 정당화할 정도로 전체화됐습니다. 이런 절차는 실제적인 측면에서 정당화될 수 있겠지만, 이론적 사고에서는 그렇지 않습니다. 이론적 절차에서는 차선의 악을 선택하는 것이 정치보다 훨씬 위험하다고 말할 수밖에 없겠네요.[30]

간명히 표현하면 연구소는 스탈린주의가 역사의 새로운 발전 단계를 의미하지 않는다고 판단했기에 스탈린주의를 변명하기 거부했지만, "신은 실패했다"며 전향한 왕년 마르크스주의자의 합창에 가담하기도

---

29 Horkheimer, "Sociological Background of the Psychoanalytic Approach," *Anti-Semitism: A Social Disease*, ed., E. Simmel(New York, 1946), p.3.

30 호르크하이머가 1946년 10월 2일 뢰벤탈에게 보낸 편지.

거부했다. 연구소의 비판은 미국도 분명히 포함된 '산업화한 사회 전체로 확대됐다.

방법론적 관점으로 보면《편견에 관한 연구》에서 심리적 요소를 강조했다고 해서 일부 좌파 비판가들이 주장하듯 비판 이론과 결별을 나타내는 것이 아니라는 점이 중요하다. 실제로《편견에 관한 연구》곳곳, 특히 아도르노가 집필한 부분에서 편견은 개인적인 문제가 아니라 사회적 문제로 이해해야 한다는 주장이 수없이 나타난다. 예를 들어 아도르노는 정치의 개인화를 논하며 다음과 같이 썼다. "사회과정이 계속 익명화되고 모호해짐에 따라 인간의 개인적 생활 경험이라는 제한된 영역을 객관적인 사회동학과 통합하기는 더욱 어려워진다. 사회적 소외는 정반대되는 표면적인 현상이 강조됨에 따라 오히려 숨겨진다. 오늘날 모든 불행의 밑바닥에 깔린 사회적 영역의 비인간화를 보상받으려는 듯 정치적 태도와 관습은 개인화된다."[31] 프랑크푸르트학파는 하이만과 시츨리의 주장에도 사회구조는 본래 비합리적이라는 관점을 유지했다. 어떤 경우에도 심리학적 접근 방법으로 충분하다는 의견이 제시되지 않았다. 편견 현상을 분석하는 데 사회학과 심리학에 적합한 역할은 문젯거리였고, 많은 혼란을 일으켰다. 비록《편견에 관한 연구》에 명시적으로 나타나지 않았지만, 연구소는 (공동 연구자들은 그렇지 않았으나) 편견의 해석에서 사회학과 심리학의 정확한 관계를 심각하게 고려했다. 프롬이 1940년대 저작에서 심리학과 사회학을 섣불리 결합했다고 연구소가 비판한 점을 상기해야 한다. 아도르노와 다른 회원들은 프로이트의 비타협적인 '생물학주의biologism'가 보존한 비동일성의 흔적을 프롬이 제거했다고 주장했다. 연구소는 한편으로 이론과 **프락시스**의 통일, 다른 한편으로 이론과 경험적 검증의 통일에 도전했는데, 프롬은 사회학과 심리학이 거

31 *The Authoritarian Personality*, vol. Ⅱ, p.671.

대한 이론으로 통합될 가능성을 무시했다는 것이다. 이는 아도르노가 1944년 노동 프로젝트를 위해 쓴 메모에 뚜렷이 나타난다. 그는 최종 보고서에 포함될 방법론적 원칙을 제시했다.

a) 사회-경제적 요인의 영향을 심리적 요인의 영향이라고 하지 말아야 한다. 사회-경제적 요인은 합리적 레벨이기 때문이다. 사회-경제적 요인은 강박적인 심리적 힘이라기보다 동기를 부여하는 관념이다.
b) 심리적이라는 용어는 **확실히**prima facie 비합리적인 특성이 있는 대상에 사용해야 한다. 이런 이분법은 우리가 프롬류의 사회심리학적 접근을 지지하지 못함을 의미한다. 합리적 동기와 비합리적 동기는 본질적으로 구별돼야 한다.
c) 방법론적으로 보면 심리학적 분석을 할수록 명백하고 합리적인 사회-경제적 요인을 회피하게 된다. 무의식은 한층 간접적이고 복잡한 방식으로 사회와 연관된다고 취급할 때, 경제학적·사회학적인 표면적 인과관계를 성급히 논하지 않으면서 심리학적 범주의 맨 밑바닥에서 사회적 요소를 재발견할 수 있을 것이다.[32]

합리적인 것이 사회-경제적인 것이고 비합리적인 것이 심리적인 것이라는 단순한 등식이 연구소의 분석에 적용되지 않았으나, 두 가지 방법론적 접근의 이분법은 일반적이었다.

따라서 연구소는 반유대주의와 편견 문제에 한층 사회학적인 해석을 내렸다. 연구소는 편견을 단순한 개인적·주관적 환상이 아니라 '객관정신'의 구성 요소로 취급했다. 《계몽의 변증법》에는 〈반유대주의적 요소Elemente des Antisemitismus〉라는 절節이 있다. 이 절은 불행히도 독일어로

32 1944년 11월 3일 노동 프로젝트에 관한 아도르노의 메모(라자스펠드 소장), pp.43~44.

만 출판됐기에 편견에 대한 연구소의 업적이 미국에서 알려지지 못하는 불균형을 바로잡지 못했다. 이 절에 대한 완전한 평가는 다음 장에서《계몽의 변증법》을 포괄적으로 개괄한 뒤에야 가능하지만, 우리가 앞으로 다룰 심리학적 연구 절차를 돋보이게 할 몇 가지 요점은 언급해야겠다.

〈반유대주의적 요소〉에서 호르크하이머와 아도르노는 반유대주의에 대한 반응을 넘어 서구 문명에서 유대인의 기능까지 논했다. 그들은 마르크스가 유대인 문제에 관해 쓴 논문[33]과 마찬가지로, 유대인은 다른 사람과 종교적인 측면에서 차이가 날 뿐이라는 자유주의적 주장을 거부했다. 그들은 과거에 유대인에게 강요됐고 비합리적 욕구에 의존해 현재까지 유지되는 유대인다움을 사회-경제적인 범주라고 주장했다. 그들은 "부르주아적 반유대주의는 생산에서 지배를 은폐하는 경제적 근거가 있다"고 썼다.[34] 어떤 의미에서 반유대주의는 유대인에게 투사된 부르주아의 자기혐오이며, 유대인은 실제로 무력했고, 생산이 아니라 대부분 유통 분야에 국한됐다. 자본주의적 모순이 지속됨에 따라 유대인이나 그들과 같은 집단은 억압된 갈등과 공격성의 배출구로써 필요했다. 유대인이 서구 문화에 동화될 수 있다는 자유주의적 희망은 사실상 사기였다. 자유주의는 인류가 현재 사회-경제적 조건에서도 하나가 될 잠재성이 있다고 주장하기 때문이다. 호르크하이머와 아도르노는 자유주의가 유대인과 대중에게 권력 없는 행복을 약속했다고 지적했다. 그러나 행복과 권력을 모두 부인당한 대중은 자신이 빼앗긴 것이 유대인에게 주어졌다는 잘못된 믿음에서 분노를 그들에게 돌린다는 것이다.

이런 분석은 그들이 마르크스주의 전통 안에 있음을 보여준다. 하지만 호르크하이머와 아도르노는 여러 방면에서 마르크스를 넘어섰다. 첫

33 Marx, "On the Jewish Question," *Karl Marx: Early Writtings,* trans., and ed., T. B. Bottomore, foreword by Erich Fromm(New York, 1964).

34 Horkheimer and Adorno, *Dialektik der Aufklärung*(Amsterdam, 1947), p.204.

째, 그들은 반유대주의의 '객관 정신'을 논하면서 인식론적·사회학적 맥락에서 편집증과 투사 같은 심리학적 범주를 사용했다. 그들은 예를 들어 편집증이 단순한 망상이 아니라고 주장했다. 편집증은 주어진 것을 거부하고 직접성을 매개한다는 점에서 세계에 대한 소박한 실증주의적 이해理解를 초월한다.[35] 모든 진정한 사고에는 편집증적 요소라고 불릴 수 있는 것이 포함되게 마련이다. 편집증적 사고는 내적 공포와 욕망을 외부 대상에 투사함으로써 비록 왜곡된 방식이라도 개별과 보편의 결합을 억압하는 데 항의한다. 부르주아사회는 개별과 보편의 결합을 억압하는 보편성이라는 간판을 내세우고 뒤에서 영속화한다.

물론 호르크하이머와 아도르노는 편집증적 항의에 담긴 왜곡을 부정하지 않았다. 편집증은 근본적으로 환상이며, '지식의 그림자'다.[36] 그들에 따르면 진정한 지식은 지적 투사와 감정적 투사를 구별하는 능력을 의미한다. 편집증은 실제로 교육이 부족한half-educated 사람들의 세계 인식이다. 이들은 직접성을 넘어서 현실을 물화된 공식으로 축소한다. 내적 생활과 외적 생활, 겉모습과 본질, 개인적 운명과 사회적 리얼리티의 이분법을 견디지 못하고 편집증에 걸린 사람은 자신의 자율성autonomy을 희생해서 조화를 획득한다. 그들은 후기 자본주의에서 이런 조건이 일반화됐다고 주장한다. 반유대주의 같은 집단적 투사가 개인적 투사를 대신했으며, 그 결과 교육이 부족한 사람의 세계 인식이 객관 정신이 됐다.[37] 최종적으로 파시즘에서는 자율적 자아autonomous ego가 집단적 투사의 지배로 완전히 파괴됐다. 편집증에 걸린 자들의 환상적 세계 인식의 전체성은 파시스트 사회의 전체주의에 대응한다.

호르크하이머와 아도르노는 반유대주의가 자본주의나 자유주의보

---

35 *Ibid.*, p.228.

36 *Ibid.*, p.230.

37 *Ibid.*, p.233.

다 거슬러 올라가는 어떤 고대적인 근원이 있음을 제시해서 마르크스를 넘어섰다. 비록 그들이 논문에서 기독교인이 반유대주의 확산에 기여한 바에 상당한 관심을 기울였지만, 반유대주의는 종교적 기원 이상을 의미했다. 반유대주의의 근원은 서구의 선사시대까지 거슬러 올라간다. 아도르노는 1940년에 쓴 미발표 논문[38]에서 반은 역사적이고 반은 초역사적인meta-historical 사변적 가설을 제시했다. 그는 디아스포라 이전의 유대인은 유목 생활을 하는 민족이었으며, '역사의 숨겨진 집시'[39]라고 주장했다. 그들은 농업이 발달함에 따라 등장하는 정착 생활을 포기한 결과, 무서운 대가를 치렀다. 노동과 억압에 대한 서구적 개념은 인간이 유목 생활 이후 흙에 밀착해서 산 것과 관계가 있다. 그렇지만 방황하는 유대인이라는 은밀한 기억은 서구 문화에서 지속됐다. 아도르노에 따르면 이런 유대인의 이미지는 "노동을 모르는 인간 부류를 대표하며, 뒷날 유대인의 기생적이고 소비적인 성격에 대한 공격은 합리화"일 뿐이다.[40] 다른 말로 하면 유대인은 노고 없이도 만족을 얻는 꿈을 상징한다. 이런 꿈이 실현되지 않았을 때 생기는 분노는 꿈의 약속을 이룬 사람에게 전이된다.

호르크하이머는 1944년 뢰벤탈에게 보낸 편지[41]에서 묘하게 얽힌 유대인과 독일인의 운명을 비슷한 관점으로 언급한다. 그는 디아스포라 이전의 방랑자 유대인이 아니라 추방된 후 타국에 정착한 유대인의 역사를 이야기한다.

> 독일인과 유대인 모두 과격한 애국심을 보여줍니다. 유대인의 애국심

---

38 Adorno, "Note on Anti-Semitism," September 30, 1940(뢰벤탈 소장).

39 *Ibid*., p.1. 아도르노는 디아스포라 이후 유대인의 조건을 훨씬 이전 시기 유대인의 조건에 투사한 듯 보인다. 역사적 현실로서 이에 대한 구체적인 증거는 제시하지 않았다.

40 *Ibid*., p.1.

41 호르크하이머가 1944년 7월 24일 뢰벤탈에게 보낸 편지(뢰벤탈 소장).

이 잃어버린 땅에 대한 그리움이라는 특징이 있다면, 독일인은 가져보지 않은 땅을 얻고 싶어 하는 게 아닐까요. 그들은 스스로 노력하지 않고 흙에서 나오는 과일을 따려는 꿈을 꾼다는 점에서 무의식적으로 유사하다고 할 수 있습니다. 젖과 꿀이 흐르는 땅이 독일인의 정신에서는 남쪽 나라에 대한 노스탤지어로 나타납니다.

〈반유대주의적 요소〉를 마무리하면서 이런 일반적 생각이 현대에 적용됐다. 호르크하이머와 아도르노는 유대인이 은근한 시기를 받아왔기 때문에 증오의 대상이 됐다고 주장한다. 중간상인의 경제적 기능마저 상실한 유대인은 노동하지 않고 얻은 부, 권력 없이 생긴 행운, 국경 없는 조국, 신화 없는 종교처럼 시기의 대상이 될 만한 특성을 구현하는 듯 보였다.[42]

한편 유대인은 계몽사상의 중요한 요소인 노동 윤리와 도구적 합리성에 함축된 지배에 대한 자연의 반작용을 특유한 방법으로 구현했다. 그들은 계몽의 기획이 함축한 자연 지배에 대한 반작용을 독특한 방식으로 표현했다. 《계몽의 변증법》을 구성하는 중요한 주제 중 하나인 자연 지배는 다음 장에서 살펴볼 것이다. 여기서 유대인은 나치의 **적대적 인종**Gegenrasse[43]이며, 사이비 자연주의pseudo-naturalism는 억압되지 않은 자연을 구현한 것처럼 보이는 유대인에 대한 왜곡된 생각이자 부분적인 모방이다. 나치 이데올로기에 따르면 **적대적 인종**은 일종의 사생아나 마찬가지인 열등한 인종이다. 호르크하이머와 아도르노는 **적대적 인종**이 나치의 특성이 역설적으로 반영된 것을 의미한다고 해석했다.

다른 한편 유대인은 계몽주의의 자유주의적이고 합리적인 전통과 동일시됐다. 호르크하이머가 〈유대인과 유럽〉에서 주장했듯이, 유대인

---

42 Horkheimer and Adorno, *Dialektik der Aufklärung,* p.234.

43 *Ibid.*, p.199.

의 해방은 부르주아사회의 등장과 밀접하게 연관된다. 20세기에 부르주아사회가 몰락함에 따라 유대인의 위치도 극단적으로 취약해졌다. 그 결과 부르주아사회의 몰락과 유대인의 위치는 매우 극단적으로 서로 연결되게 되었다. 유대인은 위에서 언급한 '자연적natural' 유대인 이미지에도 불구하고 여러 세기에 걸쳐 '세계가 주술에서 벗어나는 것'과 주술에서 벗어나는 것을 내포하는 자연 지배에 크게 기여했다. 호르크하이머는 1946년 7월 뢰벤탈에게 보낸 편지에 이 과정에서 유대인이 행한 언어의 도구화에 대해 다음과 같이 썼다.

> 파시스트 선동의 뿌리는 언어가 부패했다는 점입니다. 제가 염두에 둔 부패한 언어는…… 유대교에서 하느님의 이름을 부르려는 시도에 대한 심판과 바벨탑의 이야기에 표현된 현상입니다. 언어의 타락은 천국에서 추방이라는 전설에도 나타나는데, 그곳에서는 아담이 모든 피조물에 이름을 붙였지요. 우리는 파시스트적인 언어 사용법이 우리 사회에서 근본적으로 새로운 것임을 깨달아야 합니다. ……농부가 말을 뻰지르르하게 잘하는 도시인을 불신하는 것은 부분적으로 정당합니다. 이런 불신이 반유대주의의 한 요소이며, 언어를 아주 능란하게 구사하는 유대인은 당신이 언어의 파시스트적 취급이라고 설명하는 선사prehistory의 죄에서 자유롭지 못합니다. 이런 점에 비춰보면 유대인은 자본주의의 선구자라 할 수 있습니다.[44]

간단히 말해 유대인은 계몽사상과 동일시되고, 정반대 것과도 동일시됐다는 점이 딜레마다. 인간으로서 유대인의 진정한 해방은 자본주의의 지배이자 근본적으로 도구적이고 조작적인 형식의 지배가 종식돼야

---

44 호르크하이머가 1946년 7월 5일 뢰벤탈에게 보낸 편지(뢰벤탈 소장).

가능하다. 역설적으로 유대 신앙의 최고 가치인 화해[45]가 사회적 영역에서 실현돼야 반유대주의가 종식될 수 있다. 시온주의[46]나 동화assimilation 같은 부분적 해결책은 실패할 운명에 처했다.

마지막으로 호르크하이머와 아도르노는 연합국이 히틀러에 승리했으니 반유대주의가 '패배'했다고 마음을 놓지 않았다. 히틀러가 패하면서 유대인에 대한 공공연한 적대는 사라진 것처럼 보여도, 반유대주의 밑바탕에 있는 원인은 '티켓 사고방식ticket mentality'(집단화된 편견에 사로잡힌 사고방식을 의미함—옮긴이)에 남아 서구 문화의 모든 개인성의 흔적이 파괴될 위협에 처했다. 아도르노와 호르크하이머는 "반유대적 심리는 파시스트가 공인한 후보와 호전적인 중공업의 구호에 단순히 '찬성'을 표하는 것으로 대체됐다"고 썼다.[47] 물론 이런 티켓 사고방식은 미국을 포함한 서구의 모든 산업사회에 적용될 수 있다. 호르크하이머가 뢰벤탈에게 보낸 편지에 썼듯이 "차선의 악이 더 위험한 원리는 정치보다" 이론적 고찰에서이다. 히틀러의 정복자는 반유대주의의 명백한 효과를 제거하는 데 성공했는지 모르지만, 반유대주의의 근본 요인을 파괴하는 데는 별로 기여하지 못했다. 다음 장에서 살펴볼《계몽의 변증법》은 크게 보면, 반유대주의의 근본 원인에서 발생한 대체적 전환alternative displacements의 현상학이다.

이것이 반유대주의의 객관적 차원에 관한 일반적인 분석이다. 이 일반적 분석은 연구소가 반유대주의의 주관적 측면을 경험적으로 조사할 때 사고의 방향을 알려줬다. 그러나 이 분석은 독일어로나 개별적으로 주고받은 편지에서 표현됐다. 결과적으로 아도르노의 방법론 가운데 한

---

45 영어 단어 'atonement(속죄)'는 'at-one-moment'로 이해될 때 의미를 얻을 수 있다. Yom Kippur는 우리에게 '속죄의 날Day of Atonement'로 알려졌다.

46 호르크하이머는 1945년 11월 17일 뢰벤탈에게 보낸 편지에서 이스라엘의 창건은 "유대교 전체가 시오니즘의 오류에 대한 도덕적 책임을 지기 위해서"라는 대안적 해석을 지지한다.

47 *Dialektik der Aufklärung*, p.236.

부분이 대중에게 알려지지 않았기에, 마치 반유대주의에 관한 연구가 심리학적 환원주의psychological reductionism에 빠지거나 비판 이론의 전체성에 대한 강조를 포기한 듯 보이게 했다. 아도르노는 수년 뒤 궁금해하는 독자에게 〈반유대주의적 요소〉[48]에 대해 언급했지만, 《편견에 관한 연구》가 나왔을 때 이런 충고를 알아채는 독자는 거의 없었다. 미국 독자 중 가장 급진적인 독자를 배반하지 않을까 염려한 연구소의 신중함이 빚은 손해 중 하나다.

물론 연구소가 가장 심혈을 기울인 《권위주의적 성격》을 포함한 일련의 연구는 시작할 때부터 공동 연구였음을 반드시 기억해야 한다. 연구소 회원이 아닌 경우 정신분석적인 방법을 훈련받았지만, 비판 이론의 폭넓은 관점에는 익숙하지 못했다. 그랬기에 호르크하이머가 프로젝트의 책임자였어도 예전처럼 방향을 결정하는 지도력을 행사할 수 없었다. 그가 건강 때문에 캘리포니아로 돌아가고 1946년 사무엘 플라워맨이 프로젝트의 책임자가 된 이후에는 더욱 그랬다. 뢰벤탈과 호르크하이머가 주고받은 편지에는 미국유대인위원회와 관계가 원만하지 못했음을 생생하게 증명하는 내용이 있다. 원만하지 못한 관계는 조사가 끝날 무렵에 더 심해졌다. 개인적인 마찰도 있지만, 이론적 불일치도 분명히 있었다.

《편견에 관한 연구》는 1944년 뉴욕 회의에서 본래 두 가지 연구 형태로 구성됐다. 첫 번째는 교육기관에 관한 특정 문제를 다루는 더 제한적인 연구였다. 두 번째 연구는 시야가 한층 넓었고, 문제점도 더 포괄적이었다. 학제적인 방법을 따르며 크고 작은 범위 연구가 모두 진행됐다. 《편견에 관한 연구》가 1940년대 말에 최종적으로 출판됐을 때 그 형태는 달라졌다. 5권 중 3권은 편견을 기본적으로 주관적인 현상으로 다룬

48 Adorno, "Scientific Experiences of a European Scholar in America," p.356.

다. 브루노 베텔하임Bruno Bettelheim과 모리스 자노위츠Morris Janowitz[49]의 《편견의 동학: 제대군인에 대한 심리학적·사회학적 연구Dynamics of Prejudice: A Psychological and Sociological Study of Veterans》, 네이선 애커먼Nathan W. Ackerman과 마리 야호다Marie Jahoda[50]의 《반유대주의와 감정적 혼란: 정신분석학적 해석Anti-Semitism and Emotional Disorder: A Psychoanalytic Interpretation》, T.W. 아도르노와 엘제 프렌켈-브룬스비크Else Frenkel-Brunswik, 대니얼 레빈슨Daniel J. Levinson, 네빗 샌퍼드R. Nebitt Sanford의 《권위주의적 성격》이 여기에 해당한다. 4권은 선동 기술을 분석한 뢰벤탈과 노르베르트 구테르만Norbert Guterman[51]의 《기만의 예언자》, 5권은 독일 반유대주의를 직설적이고 역사적으로 설명한 파울 마싱의 《파괴 예행연습Rehearsal for Destruction》[52]이다.

주관적으로 지향된 세 연구 가운데 《권위주의적 성격》이 연구소의 경험적 작업을 분석하는 데 가장 적절하지만, 나머지 두 권에 대해서도 간략한 언급이 필요하다. 엄밀한 의미에서 정신분석적인 연구는 애커먼-야호다의 연구다. 애커먼은 컬럼비아대학교에 있는 훈련과연구를위한정신분석진료소Psychoanalytic Clinic for Training and Research의 임상 분석가다. 그는 직업적으로 프로이트학파를 지향했으나 자아심리학을 받아들이면서 정통주의를 수정했다. 애커먼은 미국유대인위원회에 학술조사부가 설치되기 전에 존 슬로슨에게 반유대주의를 프로이트적으로 연구할 가능성을 타진했다. 이 제안은 《편견에 관한 연구》가 시작됐을 때 프로젝트의 기초 가운데 하나가 됐다. 그의 동료 마리 야호다는 주로 연구

49 Bruno Bettelheim and Morris Janowitz, *Dynamics of Prejudice: A Psychological and Sociological Study of Veterans*(New York, 1950).

50 Nathan W. Ackerman and Marie Jahoda, *Anti-Semitism and Emotional Disorder: A Psychoanalytic Interpretation*(New York, 1950).

51 Leo Lowenthal and Norbert Guterman, *Prophets of Deceit*(New York, 1949).

52 Paul Massing, *Rehearsal for Destruction*(New York, 1949).

소와 간접적 관계를 맺으면서 같이 일했다. 야호다는 폴 라자스펠드의 동료이자《마리엔살의 실업자들Die Arbeitlosen von Marienthal》[53]의 공동 집필자며, 전쟁 전 빈에서 한동안 라자스펠드의 아내이기도 했다. 야호다는 영국에서 8년 동안 망명 생활을 한 뒤 1945년 미국으로 이주해 미국유대인위원회 준연구원이 됐다. 사회심리학자로 훈련받았지만, 정신분석을 받은 적이 있기에 프로이트 이론에 친숙했다.

연구를 위한 자료 수집은 1945년 말에 시작했다. 주로 뉴욕에서 정신분석가 25명에게 임상에서 얻은 자료를 제공해달라고 요청했다. 최종적으로 제공된 40개 개별 연구를 통해 밝혀진 패턴은 일체 수량화 없이 요약됐다. 특정한 감정적 혼란emotional disorder을 편견의 형태와 연관시키기 위해 주의를 기울였다. 연구를 통해 일반화될 수 있는 결론은 나오지 않았지만, 연구에 기술된 내용은 상당히 시사적이었다. 이 연구에서 사회학적 고려는 전혀 논의되지 않았다.

역시 프로이트 이론에 근거를 둔 사회적 편견의 주관적 차원에 대한 두 번째 연구인《편견의 동학》은 통계분석과 사회학적 안목을 기꺼이 도입하려는 점에서 애커먼-야호다의 책보다 뛰어나다. 브루노 베텔하임은 미국의 가장 빛나는 심리학자[54]로 만든 업적을 내기 전인 1939년, 빈에서 이주했다. 그는 미국유대인위원회에서 일할 당시 시카고대학교 조교수로 있다가 교육심리학과 부교수가 됐다. 같은 대학에 있던 동료 사회학자 모리스 자노위츠는 정치사회학에 특별히 관심이 있었다.

《편견의 동학》은 시카고의 남자 제대군인 150명을 상대로 4~7시간에 걸쳐 실시한 면접을 토대로 결론을 도출했다. 제대군인을 선택한 이

---

53 *Die Arbeitlosen Von Marienthal*(Leibzig, 1932).

54 이들 중에 더 잘 알려진 것은 다음과 같다. *Love Is Not Enough*(Glencoe, Ill., 1950), *Symbolic Wounds*(Glencoe, Ill., 1954), *The Empty Fortress*(New York, 1967), *The Informed Heart*(Glencoe, Ill., 1968), *The Children of the Dream*(New York, 1969).

유는 제1차세계대전 이후 유럽의 제대군인이 파시즘의 매력에 민감하게 반응했기 때문이다. 베텔하임과 자노위츠는 제2차세계대전 이후 제대군인이 사회에 제대로 통합되지 못하는 것과 유사한 상황이 미국에서도 벌어지는지 살펴보려 했다. 그들은 자아가 강하지 못하면 좌절과 미래에 대한 불안을 외부 집단에 투사한다는 심리학적 가설을 탐색했다. 그들은 인종적 편협성과 개인의 사회적 동학의 관계를 밝히고, 반유대 감정과 반니그로 감정의 관계도 찾으려 했다. 그들은 편협한 성격의 일반적 증상은 탐색하지 않았는데, 이는 버클리 집단의 핵심 연구 목표였기 때문이다.

베텔하임과 자노위츠는 다음과 같은 결론에 도달했다. 관용은 자아의 강력성, 외부 권위의 수용 같은 변수와 확고한 긍정적인 상관관계가 있다(수용과 굴복은 다르다. 하지만 어떤 용어를 사용하든《편견의 동학》은《권위주의적 성격》과 상충하는 결론에 도달했다). 유대인에 대한 편견과 흑인에 대한 편견도 관계가 있는 것으로 밝혀졌다. 유대인에 대한 편견과 흑인에 대한 편견에는 차이도 있는데 소외된 초자아의 특성이 유대인에 투사되는 반면(예를 들어 유대인이 국가를 지배한다), 소외된 이드의 성격은 흑인에게 투사된다(예를 들어 흑인은 더럽고 성적으로 문란하다). 이 연구를 통해 미국의 흑인에 대한 편견은 유럽의 반유대주의와 매우 다름이 밝혀졌다. 유럽에서는 유대인이 두 가지 형태 모두의 투사 대상이었다.

불관용과 가족 관계를 포함한 사회-경제적 조건의 상관관계를 증명하기는 어렵다. 급속한 사회이동(특히 하향 사회이동)이 일어나면 편견도 증가한다는 결론은 도출될 수 있다. 하지만 편견 증가에 기여하는 핵심 결정 요인은 개인의 객관적 경험이 아니라 주관적인 박탈감feeling of deprivation이다. 어린 시절의 경험으로 강한 자아를 제대로 발전시키지 못한 사람은 사회가 급변하면서 개인이 감당해야 하는 부담을 제대로 처리할 수 없다. 그래서 "퍼스낼리티가 약할수록 사회적 영역의 영향력이 강해진다."[55] 돌이켜보면《권위와 가족에 관한 연구》와 매우 유사한 결론이다.《권위와 가족에 관한 연구》가 연약한 자아의 근원이 가족의 몰락이라고 파악했다면, 이번 연구는 연약한 자아의 발생 이유를 발달한 자본주의사회에서 중간 매개적 요소의 소멸이라는 폭넓은 맥락에서 찾았다는 점이 다르다. 베텔하임과 자노위츠는 이런 거대한 맥락의 사유를 견디지 못했다. 그래서인지《편견의 동학》은 마지막 부분에 자유주의적 틀을 벗어나지 못한 제안을 제시한다. 제안은 통합된 퍼스낼리티를 창조하기 위해 개선된 부모들의 교육, 외부에서 가해지는 사회통제의 기본 상징으로 이해되는 사법제도의 강화, 입학하기 전 관용에 대한 교육 늘리기 등이었다.

베텔하임과 자노위츠가 나중에 언급했듯이[56] 그들의 작업은 버클리에서 작업하는 이들과 여러 가지로 달랐다.《편견의 동학》은 사회에 저항적이고 사회적 가치를 거부하는 집단에 불관용적 태도가 널리 퍼졌다고 결론 내렸는데, 캘리포니아 연구자들이 발견한 편견과 순응에 관한 상관관계와 정반대 결론이다. 나탄 글레이저에 따르면,[57] 이 차이는 두 프로젝트에서 사용한 표본이 일치하지 않기 때문에 생겼다고 볼 수 있다. 시카고에서 주로 하층계급과 하층 중산계급을 조사한 반면, 버클리는 중산계급에 한정했다. 이런 차이가 발생한 실제 원인은《편견의 동학》에《권위주의적 성격》과 같은 사회적 총체성social totality에 대한 비판이 결여됐기 때문일 것이다.

뢰벤탈이 중심적 역할을 맡아 집필한《기만의 예언자》는 기대한 바와 같이 비판 이론의 전통에 훨씬 가깝다. 뢰벤탈과 노르베르트 구테르

---

55 Bettelheim and Janowitz, *Dynamics of Prejudice*, p.171.

56 Bruno Bettelheim and Morris Janowitz, *Social Change and Prejudice*(New York, 1964), pp.74f.《편견의 동학》에 자료를 추가해서 재편집한 것이다.

57 Nathan Glazer, "The *Authoritarian Personality* in Profile: Report on a Major Study of Race Hatred," *Commentary*, Ⅳ, 6(June, 1950).

만은 연구소에서 수행한 초기 작업에서 내용 분석 이론 기본 기법을 문학과 대중적인 전기물 분석에 적용했다. 이들의 설명에 따르면[58] 이 연구가 참조한 이전 연구는 호르크하이머의 〈이기주의와 자유 운동〉에 실린 리엔치와 사보나롤라, 로베스피에르 같은 과거의 선동가에 대한 분석이었다. 현대사회는 자유로운 선택이 아니라 조작으로 지배된다는 이 연구의 기본 전제는 연구소가 수행한 대중문화 연구의 기초를 닦는 데 이바지했다. 이 연구는 프랑크푸르트학파의 모든 초기 연구와 마찬가지로 겉모습을 넘어서 연구하는 현상의 '객관적' 내용의 정체를 드러내는 시도를 했다. 그래서 뢰벤탈과 구테르만은 "선동가를 연구할 때는 선동가의 즉각적인 효용성이 아니라 현재의 사회와 사회적 동학이라는 맥락에 놓인 **잠재적** 효용성에 비춰 연구해야 한다"[59]고 쓸 수 있었다. 이는 개인이 대중 선동에 민감하게 반응하는 것 이상의 문제가 있을 수 있고, 사회 전체의 잠재적 경향도 중요하다는 의미다.

뢰벤탈과 구테르만은 정치 선동 현상을 쓰면서 이전에 출판되지 않은 마싱의 조셉 맥윌리엄스Joseph E. McWilliams 연구, 아도르노의 마틴 루터 토마스 연구, 뢰벤탈 자신이 수행한 조지 앨리슨 펠프스George Allison Phelps 연구의 도움을 받았다. 그들은 또 《편견에 관한 연구》에서 편견의 주관적 요소를 다룬 필자들의 작업 덕을 봤다. 다른 연구가 주로 대중적 선전 선동에 많이 노출된 사람의 반응에 초점을 맞췄다면, 《기만의 예언자》는 이런 반응을 유발하려고 사용한 수단을 조사했다. 집필자들은 선동가의 언어는 일종의 정신적 모스부호처럼 해독해야 한다고 주장했다.[60] 예상할 수 있는 것처럼 정신분석에 기초해 부호를 해독했다. 덕분

58 Lowenthal and Guterman, *Prophets of Deceit*, p.xvi. Horkheimer, "Egoismus und Freiheitsbewegung," *ZfS* V, 2(1936).

59 *Ibid*., p.xii.

60 *Ibid*., p.140.

에 아도르노는 2년 뒤에 쓴 글에서 파시스트의 선전을 한층 이론적으로 분석할 수 있었다.[61]

뢰벤탈과 구테르만은 망명객 에릭 에릭슨의 연구를 도입해 프로이트의 기본적 안목을 보완했다. 에릭슨은 〈히틀러의 상상과 독일 청년Hitler's Imagery and German Youth〉[62]이라는 논문에서 히틀러는 권위주의적인 아버지뿐만 아니라 반항적인 빅 브라더를 구현한 것이라고 주장했다. 이는 권위를 추구하면서도 권위를 거부하는 파시즘 특유의 역설 탐색을 가능하게 했다. 에릭슨은 파시스트의 퍼스낼리티를 혼란스러운 반항이라고 파악했는데, 이는 프롬이《권위와 가족에 관한 연구》에서 발전시킨 '반항rebel'에 정확히 대응한다. 나아가 독일의 아버지들은 "문화적 이상과 교육 수단의 통합이 빚어내는 진정한 내적 권위의 본질적 결여에서 고통을 받는다"[63]는 언급은 가족 유대의 파괴에 대한《권위와 가족에 관한 연구》의 관찰과 부합된다. 그러나 표면적으로 독일 가족에 대한 에릭슨의 견해는 일부 논평가가 이해하는 바에 따르면, 권위주의적 잠재성을 배양하는 데 가장 알맞은 가족 구조에 관한《권위주의적 성격》에서 제시된 주장에 모순된 것으로 보였다.[64]

그런 모순이 실제로 존재했는지 논의하기 전에《편견에 관한 연구》에서 가장 중요한 부분인 프로젝트의 기원과 사용된 방법론을 분명히 밝혀야 할 것이다. 호르크하이머는 연구소의 많은 다른 업무와 마찬가

---

61 Adorno, "Freudian Theory and the Pattern of Fascist Propaganda," in *Psychoanalysis and the Social Sciences*, ed., Geza Roheim(New York, 1951). 아도르노가 주요 논점으로 삼은 프로이트 계통의 텍스트는《집단심리학과 자아분석》이다. 그는 파시즘에 관한 에릭슨의 연구도 참고했다(각주 62를 보라).

62 Erik Erikson, "Hitler's Imagery and German Youth," *Psychiatry* V, 4(November 1942). 이하 문장은《유년기와 사회Childhood and Society》(New York, 1950)에 다시 실린 것으로 인용했다.

63 *Ibid*., pp.332~333.

64 Leon Bramson, *The Political Context of Sociology*(Princeton, 1961).

지로 이 연구에서도 강한 지도적 영향력을 행사했다.[65] 그는 집필에 직접 참여하지 않았기에 공동 집필자 명단에 없다. 호르크하이머는 1944년 네빗 샌퍼드와 대니얼 레빈슨, 엘제 프렌켈-브룬스비크가 포함된 버클리의 사회심리학자 집단과 접촉했다.[66] 그는 샌퍼드가 주관한 비관주의 연구에 관심이 있었다.[67] 이 연구는 비관주의의 기본적 비합리성이 비관주의에 숨은 퍼스낼리티의 특성이거나 비관주의적 퍼스낼리티 특성의 근원임을 제시했다. 이는 연구소가 수행한 초기 연구 결과와 일치하는 방향이었다. 호르크하이머는 미국유대인위원회에서 받은 기부금으로 연구소와 샌퍼드 주변 사회과학자들(버클리여론연구집단Berkeley Public Opinion Study Group)의 공동 연구를 제안했다. 그의 제안이 받아들여지고, 이듬해부터 《권위주의적 성격》 관련 연구가 시작됐다.

아도르노와 샌퍼드가 프로젝트의 공동책임자, 레빈슨과 프렌켈-브룬스비크가 수석보조원이 됐다. 이 시니어 연구원 4명은 프로젝트의 다양한 부분에서 협력했지만, 각자 중요한 책임을 나눴다.[68] 샌퍼드는 주로 조사 기술과 상세히 다룬 2개 사례 연구를 책임졌다. 아도르노는 면접으로 얻은 데이터를 폭넓은 사회학적 틀로 바꾸는 일을 담당했는데, 이 과정에서 인터뷰의 이데올로기적 성격이 강조됐다. 프렌켈-브룬스비크는 퍼스낼리티와 관련된 일부 변수를 조사했으며, 면접 자료 분류와 수량화를 책임졌다. 마지막으로 레빈슨이 프로젝트의 규모, 면접 통계와

---

65 아도르노도 다음 문헌에서 그렇게 보고한다. Adorno, "Scientific Experiences of a European Scholar in America," p.358.

66 프렌켈-브룬스비크는 빈 출신 망명자로, 저명한 심리학자 이곤 브룬스비크Egon Brunswik의 아내다. 이들이 미국 심리학에 기여한 바를 좀 더 자세히 알려면 다음을 보라. Jean Matter Mandler and George Mandler, "The Diaspora of Experimentalist Psychology: The Gestaltists and Others," in *The Intellectual Migration*, pp.411~413. 레빈슨은 나중에 예일대학교 의대 심리학 교수가, 샌퍼드는 스탠퍼드대학교 심리학과 교수가 됐다.

67 R. Nevitt Sanford and H. S. Conrad, "Some Personality Correlates of Morale," *Journal of Abnormal and Social Psychology* XXXVIII, 1 (January, 1943).

68 *The Authoritarian Personality*, p.xii.

질문의 심리학적 해석, 전체적인 통계학적 방법론을 담당했다.

전쟁이 끝날 무렵 태평양 연안으로 이주한 폴록이 로스앤젤레스에서 브라운C. F. Brown과 캐럴 크리든Carol Creedon으로 구성된 보조 조사팀을 조직할 사람으로 선택됐다. 뢰벤탈도 자신의 연구로 분주했지만, 프로젝트 최종 결과에서 아도르노가 책임진 부분의 내용 분석을 도왔다. 버클리여론연구집단의 베티 애런Betty Aron은 주제통각검사Thematic Apperception Test(피험자에게 모호한 그림을 보여주고 그림에 대해 자유로운 이야기를 꾸미게 해서 성격과 심리적 특성, 동기 등을 이해하는 검사—옮긴이), 마리아 헤르츠 레빈슨Maria Hertz Levinson은 정신병 환자, 윌리엄 머로William R. Morrow는 재소자에 관한 단행본으로 기여했다.

모든 연구의 기본 목표는 '새로운 인간학적 유형'[69]인 권위주의적 성격 탐구였다. 예측할 수 있는 것처럼 권위주의적 성격의 특성은 프롬이 《권위와 가족에 관한 연구》에서 구성한 가학-피학적 성격유형과 비슷하다. 권위주의적 성격은 나치 심리학자 에리히 옌슈Erich Rudolf Jaensch가 1938년에 개발한 이른바 J 유형과도 유사한 점[70]이 있지만, 권위주의 연구의 저자와 옌슈는 전혀 다른 맥락에 있다. J 유형은 흔들리지 않는 경직성이 특징이다. 옌슈는 J 유형의 반대를 S 유형이라 했는데, S 유형은 감각을 혼동하게 하는 능력인 공감각共感覺, synaesthesia이 특징이다. 옌슈는 이것을 연약하고 동요되기 쉬운 민주적 정신과 동일시했다. 권위주의적 성격은 프로젝트가 진행되는 동안 출판된 《반유대주의와 유대인Anti-Semite and Jew》에서 사르트르가 그려낸 반유대주의에 대한 초상과도 놀라울 정도로 닮았다.[71] 빌헬름 라이히와 에이브러햄 매슬로Abraham Maslow

---

69 *Ibid.*, p.ix.

70 로저 브라운Roger Brown이 《사회심리학Social Psychology》(New York and London, 1965)에서 유사성을 지적했다.

71 《반유대주의와 유대인》 부분은 1946년 《파르티잔 리뷰Partisan Review》에 실렸다. 1948년 베커G. J. Becker가 완전히 번역했다.

역시 질병적 증상syndrome을 구성한 선구자로 인정받았다.[72] 호르크하이머의 표현을 빌리면, 권위주의적 성격은 최종적으로 다음 특성이 있는 것으로 이해됐다.

> 관습적 가치에 기계적 복종, 모든 반대자와 국외자에 대한 맹목적 증오와 결합한 권위에 맹목적 복종, 반내성적antiintrospectiveness, 경직된 편견에 의존하는 사고, 미신에 이끌림, 인간성에 대한 반은 도덕적이고 반은 냉소적인 비화, 투사성projectivity.[73]

그런 유형이 실제로 존재한다는 게 문제는 아니었다. 아도르노는 나중에 다음과 같이 인정했다.

> 우리는 결코 이론을 단순히 가설의 체계로 간주하지 않았으며, 어떤 의미에서는 자립적인 것으로 봤다. 그랬기에 우리는 발견한 사실로 이론을 입증하거나 기각하려 하지 않았다. 이론으로 탐구해야 하는 구체적인 문제를 유도하려 했을 뿐이다. 구체적인 문제는 그 자체의 가치에 따라 판단해야 하며, 마땅히 일반적인 사회-심리학적 구조를 명확하게 드러내야 한다.[74]

연구소는 미국식 경험주의적·통계적 기술을 사용했음에도 비판 이론을 포기하지 않았다. 연구소는 호르크하이머가 〈전통 이론과 비판 이론〉에 약술한 방법론적 입장을 충실히 지켰다. 중요한 변화도 있었다. 프

---

72 Wilhelm Reich, *The Mass Psychology of Fascism*(New York, 1946), and Abraham H. Maslow, "The Authoritarian Character Structure," *Journal of Social Psychology* 18(1943).

73 Horkheimer, "The Lessons of Fascism," *Tensions That Cause War*(Urbana, Ill., 1950), p.230.

74 Adorno, "Scientific Experiences of a European Scholar in America," p.363.

락시스가 더는 이론의 타당성을 검증할 수 있는 시험장으로 강조되지 않았다. 그러나 가설-검증-결론이라는 사회조사 모형에 대한 연구소의 비판은 여전히 유효했다. 연구소는 통상적인 의미의 귀납법을 받아들이지 않았다. 호르크하이머는 1941년《철학과 사회과학 연구》에 다음과 같이 썼다.

> 전통적인 귀납적 방법과 정반대되는 귀납적 과정을 통해 범주가 형성돼야 한다. 전통적인 귀납적 방법은 개별적 경험이 보편적 법칙의 비중을 차지할 때까지 개별적 경험을 수집해 가설을 검증했다. 사회 이론의 귀납법은 전통적인 귀납적인 방법과 반대로 특수의 위[上]나 그 사이가 아니라 특수 안[內]에서 보편을 찾아야 한다. 한 특수에서 다른 특수로 그리고 고도의 추상으로 움직일 게 아니라 특수 속으로 깊이 파고들어 그 안에서 보편적 법칙을 발견해야 한다.[75]

따라서《권위주의적 성격》은 개별 면접 결과를 통계적 조사의 중요한 보충물로 여겼다. 편견이 심한 응답자 맥Mack과 편견이 덜한 응답자 래리Larry의 면접 사례가 자세히 기재됐는데, 사례는 추상적 유형의 예라기보다 보편적인 것을 구체화하는 특별한 모나드를 의미했다. 이는 개별성을 강조하고 추상적 법칙을 거부한다는 점에서 베버의 '이념형'과 크게 다르지 않았다.

샌퍼드의 버클리 여론연구 집단의 전문성으로 과거 연구소가 수행한 어떤 프로젝트보다 세련된 통계학이 도입됐다.《권위와 가족에 관한 연구》와 비관주의에 대한 샌퍼드의 버클리 여론연구 집단의 이전 작업과 마찬가지로 이 조사에서도 잠재적이거나 명시적인 서로 다른 퍼스낼

---

75 Horkheimer, "Notes on Institute Activities," *SPSS* IX, 1(1941), p.123.

리티 수준이 있다는 것을 전제로 삼았다. 프로젝트는 편견에 사로잡힌 이데올로기의 표면적 표현이나 향후 편견 이데올로기가 받아들여질 잠재성 저변에 있는 심리적 동학을 드러내는 것을 목표로 삼았다. 명료하게 신념을 구분해서 작성한 여론조사 설문지는 두 가지 이유로 사용되지 않았다. 첫째 이런 설문지는 일관된 여론의 상태를 밝히는 데 실패했고, 둘째 이런 설문지로 여론의 상태와 대응될 수 있는 심리적 성향을 조사할 수 없다는 판단 때문이었다.[76] 이 프로젝트는 권위주의적 신념과 권위주의적일 수 있는 행동을 촉진하는 저변에 있는 심리 구조의 존재를 측정할 비교적 간단한 도구 개발을 목표로 삼았다.

프로젝트는 대학생 집단 700명에게 사실에 대한 질문, 의견과 태도에 관한 척도, 투사적projective이고 응답이 개방된 질문이 포함된 설문지 배부로 시작됐다. 많은 질문이 이전에《권위와 가족에 관한 연구》와 노동 프로젝트에 사용된 것들이었다. 의견-태도 척도는 반유대주의(A~S 척도), 자기 민족 중심주의(E 척도), 정치적·경제적 보수주의(PEC 척도)를 수량적으로 평가해 밝히도록 설계됐다. 조사가 진행되면서 척도는 더 가다듬어졌고, 각각의 주제에 관한 특정 항목은 한층 일반적인 의견을 파악할 수 있는 신뢰성 있는 지표가 됐다. "그 과정은 가설과 임상적 경험을 통해 퍼스낼리티 안에 비교적 깊숙이 깔려 있어 '은연 중에 진실을 드러내는 것'과 의식하지 않은 채 표현되는 성향 혹은 파시스트 이념의 영향을 받은 것을 하나의 척도 항목으로 모으는 것이었다."[77] 최종 피험자는 2099명이고, 여러 집단으로 구성됐다. 그러나 피험자는 모두 백인으로 미국에서 태어났고, 유대인이 아닌 중산계급 미국인이었다. 설문지에서 나온 통계자료를 명확히 하기 위해 태도 분포곡선 최상

---

76 에른스트 샤흐텔은 비슷한 이유로 퍼스낼리티 검사를 비판했다. "Zum Begriff und zur Diagnose der Persönlichkeit in den 'Personality Tests'," *ZfS* VI, 3(1937).

77 *The Authoritarian Personality*, p.15.

부와 최하부에 위치한 사람들을 선발, 임상 면접과 주제통각검사를 실시했다. 인터뷰는 90분가량 진행했고, 이데올로기적 부분과 임상적-유전적 부분으로 구분했다. 노동 프로젝트와 마찬가지로 피험자는 어떤 질문이 나올지 알지 못한 채 인터뷰에 임했다. 면접자 9명이 인터뷰 결과를 해석할 때 도움을 주기 위해 프렌켈-브룬스비크의 지도로 90개 범주와 하위 범주로 구성된 평점 부과 매뉴얼이 작성됐다. 인터뷰를 위해 선택된 남녀 각 40명에게 '잠재적' 질문과 '명시적' 질문을 제시했다. 같은 피험자에게 주제통각검사도 실시했다. 두 가지 경우 모두 면접 결과에 대한 양화를 시도했다.

연구 과정에서 다양한 조사 기법이 '확장'되고 '축약'됐다.

> 반민주적 이데올로기의 더 많은 모습을 생생히 나타나게 하려는 시도와 전체적인 것을 파헤치기 위해 잠재적으로 반민주적인 퍼스낼리티의 많은 단면을 파헤치려고 시도하면서 기법의 확장이 일어났다. 축약은 이론적으로 더 명확해져 중대한 연관성이 간단한 기법을 사용해도 나타나도록 요약할 수 있게 됨에 따라 양적인 작업 절차에서 이뤄졌다.[78]

루이스 서스턴Louis Leon Thurstone이 만든 예전의 기법을 개량해 1932년 렌시스 리커트Rensis Likert가 개발한 척도법이 조사에 사용됐다.[79] 리커트의 척도나 서스턴의 척도 모두 질문에 +3에서 -3까지 찬성과 반대를 답하되, 중립적인 0은 가능한 한 답변에서 제외됐다. 일반적 평점과 연관성이 없거나 변별성이 결여된 항목을 없애는 방법으로 척도를 가다듬었다. 리커트 척도의 중요한 결점은 다른 반응 유형이 최종적 평점에

78 *Ibid.*, p.18.

79 두 척도에 대한 논의는 다음을 보라. Marie Jahoda, Morton Deutsch, and Stuart W. Cook, *Research Methods in Social Relations*, vol.I (New York, 1951), pp.190~197.

서 같아질 가능성이다.[80] 인터뷰는 이런 잠재적 문제점을 극복하기 위해 개별 사례에서 특정한 신념을 명확히 드러내도록 고안됐다.

이 프로젝트에서 도달한 가장 가치 있는 방법론적 성취는 고유한 태도 척도 3개를 잠재적인 심리적 수준에서 권위주의적 가능성을 측정할 질문 1개 체계로 축약한 것이었다. 새로운 측정 방안이 그 유명한 'F 척도'다.[81] 다양한 선동가의 책략에 관한 내용 분석, 《권위와 가족에 관한 연구》에서 경험적 작업에 대한 사전 경험, 뉴욕에서 진행한 노동자의 반유대주의에 관한 연구가 F 척도를 만드는 데 기여했다. F 척도는 9개 기본 퍼스낼리티 변수를 시험하려 시도했다.

- 인습주의: 인습과 중간계급의 가치에 완고하게 집착하는 것.
- 권위주의적 복종: 내집단의 이상화된 도덕적 권위에 복종적이고 무비판적인 태도.
- 권위주의적 공격: 인습적인 가치를 부정하는 사람을 경계하고 비난하고 배척하고 처벌하는 경향.
- 반내향성: 주관적이고 상상적이며 관념적인 것에 반대.
- 미신과 정형화된 사고: 개인의 운명에 대한 신비적 결정을 믿음. 경직된 범주에 따라 생각하려는 경향.
- 권력과 '거침': 지배-복종, 강자-약자, 지도자-추종자 차원에 사로잡혀 있음. 권력자와 자신을 동일시함. 자아의 통속적 속성을 지나치게 강조. 힘과 거침을 과장되게 주장.
- 파괴성과 냉소주의: 일반화된 적대감과 인간을 비방.
- 투사성: 야만적이고 위험한 일이 세상에 횡행한다고 믿는 성향. 무의식적인 감정적 충동을 외부로 투사.

---

80 *Ibid.*, p.196.

81 *The Authoritarian Personality*, vol.I. chap.7.

• 섹스: 성적 '행실'에 과장된 관심.[82]

많은 질문이 가능한 한 간접적으로 각각의 변수에 대한 피험자의 입장을 나타내도록 고안됐다. 어떤 소수집단도 명백히 언급되지 않았다. 거듭된 실험 결과 F 척도와 E 척도의 상관관계는 약 0.75에 달했다. 이는 실험의 성공을 나타내는 것으로 간주됐다. 그러나 F 척도와 PEC 척도의 상관관계가 0.57인 것은 문제였다. 이런 실패를 설명하기 위해 진정한 보수주의자와 사이비 보수주의자의 구분이 도입됐고, 진정한 보수주의자만 권위주의적인 성격으로 분류했다. F 척도와 A~S척도의 상관관계는 조사하지 않았다(조사하지 않았거나 최소한 최종 결과가 보고서에 포함되지 않았다). 표본 인구의 하부집단 내부에서 특정한 상관관계는 모든 다른 집단을 통해 상당한 일관성을 나타냈다. 그리고 앞에 언급한 것처럼 척도로 발견한 바를 실증하기 위해 임상 면접을 사용했다. 임상 면접 결과는 F 척도의 정확성을 뒷받침했다.

이후 수년간 권위주의적 잠재성의 지표로서 F 척도의 성공은 맹렬한 논쟁거리가 됐다. 하이만과 시츨리는 이 연구의 영향만 다루는 책에서 F 척도의 효용성을 가장 집요하게 비판했다.[83] 일반적으로 그들은 매우 비판적이었는데, 많은 경우 그들의 비판이 타당했다. 반면 아도르노와 협력할 때 비판 이론을 경험적 문제에 적용하는 데 명확히 회의를 보인 폴라자스펠드는 F 척도를 매우 긍정적으로 평가했다. 그는 1959년에 F 척도의 개인적 지표는 "저변에 깔린 특성을 표현하는 역할을, 그리고 특성을 설명해야 하는 관찰 결과에는 예견적 역할을 수행한다"고 썼다.[84] 이

---

82 *Ibid.*, p.228.

83 Hebert H. Hyman and Paul B. Sheatsley, "*The Authoritarian Personality*—a Methodological Critique."

84 Lazarsfeld, "Problems in Methodology," in *Sociology Today*, ed., Robert K. Merton, Leonard Broom, Leonard S. Cottrell, Jr.(New York, 1959), p.50.

프로젝트를 더 신랄하게 비판한 로저 브라운은 "실질적으로 설문지에 의한 작업이 정확하다는 것이 최고의 결론이 될 가능성이 있다"는 것을 인정하면서 분석을 끝냈다.[85]

면접 자료 해석에 대한 비판적 평가는 다양했다. 면접자는 6개 포괄적인 영역(직업, 소득, 종교, 병력, 정치, 소수집단과 '인종')을 염두에 두고 특정한 질문으로 시작해서 답변이 충분하다는 생각이 들 때까지 간접적으로 파고들었다. 면접자가 개별 응답자의 척도상에서 평점 관련 사전 정보를 갖고 있으므로 면접자가 피험자에 대해 '너무 알고 있다'[86]는 비판이 제기됐다. 인터뷰 결과를 코드화하는 것에 대한 비판도 있었다. 프렌켈-브룬스비크가 평점을 매기는 매뉴얼을 만들었음에도 면접 결과를 코드화하는 사람의 해석상 편차가 상당했다. 순환논증에 따른 해석이 있다는 비판도 제기됐다.[87] 경직성rigidity을 모호성에 대한 비관용으로 설명했는데, 다시 비관용은 경직성으로 설명한 것이 순환논증의 한 사례였다. 중간에 있는 집단보다 평점이 높은 응답자와 낮은 응답자를 선택해 면접한 점도 공격을 받았다. 면접은 표본 집단을 대표할 수 있는 중간치가 아니라 자료를 보완하기 위해 고안된 절차에 불과하다는 것이다.[88]

비판은 방법론에 국한되지 않았다. 프로젝트의 결론 내용도 마찬가지였다. 예를 들어 폴 케치케메티Paul Kecskemeti는 일반적으로 편견, 특히 반유대주의가 민주주의 체제의 완전한 전복을 예고하는 것이라는 암묵적인 전제를 문제 삼았다. 그는 이런 '파국적 전망'이 너무 경악스럽다고 주장했다.[89] 권위주의에 대한 유전학적 설명 같은 특정한 문제에 의문을

---

85 Brown, *Social Psychology*, p.523.

86 *Ibid.*, p.515.

87 *Ibid.*, p.506.

88 Hyman and Sheatsley, "*The Authoritarian Personality*—a Methodological Critique," p.65.

89 Paul Kecskemeti, "The Study of Man: Prejudice in the Catastrophic Perspective," *Commentary* Ⅱ, 3(March, 1951).

제기하는 사람도 있었다. 유감스럽게도 퍼스낼리티 유형이 어린 시절에 기원을 둔다는 것에 대한 모든 자료는 아동을 실제로 관찰한 게 아니라 어른의 기억에서 나왔다. 프렌켈-브룬스비크는 후속 연구에서 이 문제를 언급했으나, 이 연구는 아쉽게도 1958년 그녀가 요절해 완성되지 못했다.[90] 인터뷰 자료를 통해 밝혀진 바와 같이, 권위주의적 성격은 엄격하면서도 때로 자의적인 규율이 있는 가족에서 가장 생기기 쉽다. 이런 가족의 부모는 대개 매우 통속적이고 경직되며 외부 지향적인 가치를 지향한다. 결과적으로 그런 가치는 자녀에게는 자아소외ego-alien의 형태로 이전될 가능성이 높고, 자녀의 통합된 퍼스낼리티의 발달을 저해한다. 부모의 가혹함에 대한 증오는 수시로 다른 사람에게 전이되며, 부모의 외부적 이미지는 고도로 이상화된다. F 척도 평점이 높은 사람의 인터뷰에서 빈번히 나타나는 '엄격하고 어려운'[91] 아버지는 자녀에게 억압된 공격성이나 적대성과 결합한 수동적 성격을 길러준다. 이런 특성은 프롬이 《권위와 가족에 관한 연구》에서 발전시킨 가학-피학적 유형을 연상시킨다. 이와 달리 F 척도 평점이 낮은 사람은 자신의 부모가 순응적이거나 지위에 집착하지 않으며 멋대로 요구하지 않았다고 기억한다. 이들의 부모는 오히려 양가적이고 감정을 잘 드러내며 다정한 편이었다. 자녀들이 부모를 기억하는 이미지는 이상적이지 않고 현실적이다. 도덕규범의 자아소외가 두드러지지 않을수록 통합된 퍼스낼리티에 속

90 그 일부가 다음에 발표됐다. Else Frankel-Brunswik, "A Study of Prejudice in Children," in *Human Relations* I, 3(1948). 아도르노가 〈유럽 지식인의 미국에서의 과학 경험Scientific Experiences of a European Scholar in America〉에서 인정했듯이(p.364) 이 프로젝트의 결론 중 하나가 수정돼 《권위주의적 성격》에 실렸다. 그는 프렌켈-브룬스비크의 연구 결과를 다음과 같이 평가했다. "관례와 권위주의적 기질을 세련되게 구별했다. '좋은', 즉 인습주의적 어린이는 공격에서 **벗어나며**, 권위주의적 퍼스낼리티의 기본 특징에서도 벗어난다. 그 역도 성립한다." 어린아이를 이해하는 것처럼 어른도 이해할 수 있다면, 이는 버클리 그룹보다 베텔하임의 경험적 확증을 지시한다고 볼 수 있다.

91 *The Authoritarian Personality*, p.359.

한 가능성이 매우 높다는 점이 가장 중요하다.

뒷날 비평가가 많이 제기한 질문은 권위주의적 가족에 대한 연구소의 이런 관점과 현대사회에서 가족이 몰락하고 있다는 연구소 주장의 양립 가능성 문제다. 리온 브람슨Leon Bramson이 이 점을 가장 집요하게 비판했다. 그는 가족이 몰락한다는 주장은 "초기 프롬과 버클리 그룹의 연구와 직접적으로 모순된다"(그는《권위와 가족에 관한 연구》가 있는 것을 모른 채 마르쿠제의《에로스와 문명》만 문제 삼는 실수를 저질렀다)고 했다.[92] 이 연구는 브람슨의 주장처럼 권위주의적 가족이 계속 우세함을 보여주는 듯 보이기도 한다. 그러나 자세히 검토하면 브람슨이 믿는 바와 같이 두 가지 해석이 결코 양립 불가능한 것은 아님을 볼 수 있다.

첫째, 앞서 언급한 바와 같이 연구소는 아버지의 진정한 내적 권위가 결여됐다는 에릭슨이 묘사한 독일 가족의 모습을 깊이 염두에 뒀다. 프롬이 '반항'이라 부른 유사 반란은 사실상 새로운 권위를 찾는 것이었다. 가족 내에 적극적인 권위 모형이 없었기에 부분적으로 가능한 일이었다. 이는《권위주의적 성격》에서 분명히 밝혀진 증상이며, 아도르노는 '고득점' 성격유형을 분석할 때 이 점을 제대로 다뤘다.

가장 빈번한 증상인 강한 아버지에 반항하지 않고 아버지에 동일시하는 것이 지배적인 사례에서도《권위와 가족에 관한 연구》에 나타난 분석과 배치되지 않았다. 실제로 아도르노는 '권위주의적 증상'[93]을 묘사하면서 프롬의 가학-피학적 성격에 대해 언급하며 그 기원을 설명하기 위해 프로이트의 오이디푸스콤플렉스 개념을 사용했다.[94] 오이디푸스적 갈등이 어린 시절에 해소되지 않으면 아버지에 관한 공격성이 피학

---

92 Bramson, *The Political Context of Sociology*, p.137.

93 *The Authoritarian Personality*, pp.759f.

94 프롬은 가학-피학적 성격에 대한 성애적 해석을 포기했다. 그는《권위와 가족에 관한 연구》에서 성애적 해석을 더 '실존주의적' 접근이라 부르기도 했다. 3장 201쪽을 보라.

적 복종이나 가학적 적대감으로 바뀐다는 것이다. 이런 순수한 심리학적 설명과 《권위와 가족에 관한 연구》에서 보이는 더 사회학적인 안목과 연결한 것이 호르크하이머의 이론이었다. "외부의 사회적 억압은 내적으로 충동의 억압을 수반한다. 사회가 개인에게 요구하는 것만큼 개인이 사회에게 요구하기를 허락하지 않는 사회적 통제의 내면화에 도달하기 위해 개인의 권위와 권위의 심리적 대리물, 슈퍼에고에 대한 태도는 비합리적인 측면이 있다."[95] 아도르노는 이것이 유럽의 하층 중산계급에서 많이 나타나는 증상이며, 미국에서는 "자기가 기대하는 지위와 실제 지위가 다른 사람들 사이에 나타날 것"[96]이라고 결론 내렸다. 간단히 말하면 전형적인 권위주의적 증상은 강력한 가부장적 인물에 대한 단순한 동일시를 의미하는 게 아니라, 가부장적 인물과 양가적이고 갈등을 내포한 관계를 함축한다. 외적 억압이 강해지면 제대로 해결되지 않은 오이디푸스적 상황에 잠재된 긴장 관계가 활성화된다.

아도르노는 이런 양가성ambivalence을 드러내는 다른 증상을 열거했다. '표면적 원한', '기행', '조작적 유형manipulative type'이 이런 증상에 포함된다. 평점이 높은 사람 사이에서 나타나는 다른 증상은 '관습성'인데, 관습성은 부모와 사회 가치를 갈등을 겪지 않으면서 내면화하는 것에 가장 가깝다. 이 유형은 부모의 권위가 아직 손상되지 않은 가부장적 가족 구조에 가장 어울린다.

인터뷰 자료에서 나타나는 권위주의적 가족은 그 자체로 증대하는 외적 압력을 반영한다. 가족의 지위를 불안해하며, 자발적으로 지켜지지 않는 가치에 경직된 태도로 집착하는 권위주의적 가족은 분명히 핵심부에 있는 공허감을 과잉 보상받으려 한다. 그러나 권위주의적 가족이 광적으로 지키려는 권위는 합리적이지 않다. 호르크하이머가 1949

95 *The Authoritarian Personality*, p.759.

96 *Ibid.*, p.760.

년에 쓴 논문에서 주장했듯이[97] 가족의 경제적·사회적 기능이 붕괴할수록 권위주의적 가족은 시대착오적이고 통속적인 형태를 맹렬히 강조한다. 따듯함과 보호로 가부장적 세계의 독단적인 가혹성에 완충 역할을 해온 어머니(여기서 프롬의 모권사회 비난이 반복된다)도 예전과 같은 방식으로 기능할 수 없다. 호르크하이머는 "'엄마'(따듯함과 보호를 상징하는 어머니 호칭—옮긴이)는 어머니의 데스마스크"라고 썼다.[98] 《권위주의적 성격》에서 밝혀진 바에 따르면 "이와 대조적으로 전형적으로 평점이 낮은 사람의 가족에서는 전형적으로 지배하지 않고 사랑을 주는 것이 주된 기능인 연약하거나 순종적이지 않은 어머니가 중심에 있다."[99]

권위주의적 성격이 보통 모성적인 연민을 느끼지 못하는 것은 놀랍지 않다. 프로파간다와 달리 나치가 가족의 기초를 파괴한 것도 우연은 아니다. 권위주의적 가족이 권위주의적인 자녀를 만들지 못하는 이유는 자의적 지배의 모델만 제공하기 때문이다. 권위주의적 가족은 가족 외적 주체에 의한 사회화의 요구에서 개인을 보호하지 못하기 때문이기도 하다. 그래서 《권위주의적 성격》이 가족 내부에 기원을 둔 '새로운 인간학적 유형' 분석에 집중했지만, 분석 결과는 오히려 사회로 향한다. 연구소가 초기에 가족의 몰락을 강조한 데 브람슨은 반대 의견을 드러내지만, 이후 연구에서 묘사된 권위주의적 가족의 모습에는 가족의 몰락을 강조한 초기의 모습이 보존됐다.

이 문제에 관한 혼란은 용어상의 모호함으로 생겼을 것이다. 많은 평론가가 지적했듯이[100] 권위주의와 전체주의에는 중요한 차이점이 있다.

---

97 Horkheimer, "Authoritarianism and the Family Today," *The Family: Its Function and Destiny*, ed., Ruth Nanda Anshen(New York, 1949).

98 *Ibid.*, p.367.

99 *The Authoritarian Personality*, p.371.

100 Ralf Dahrendorf, *Society and Democracy in Germany*(London, 1968), p.371; Hannah Arendt, *Between Past and Future*(Cleveland, 1963), p.97.

예를 들어 복종의 유형에 근거해서 보면 빌헬름 황제 시대 독일과 나치 독일은 근본적으로 다르다.《권위주의적 성격》이 연구한 것은 권위주의적 사회라기보다 전체주의적 사회의 성격유형이었다. 따라서 이런 새로운 증상이 전통적인 아버지의 권위가 무너지는 가족 위기에 의해 촉진됐다는 것은 놀라운 일이 아닐 수밖에 없다. 권위주의와 전체주의를 명백히 구별했다면 언어적이면서 개념적인 많은 어려움을 피할 수 있었을 것이다.

에드워드 실스Edward Shils는 연구에 더 신랄한 비판을 했는데, 이 비판은 사람들에게 호응을 얻었다.[101] 그들은 프로젝트 책임자의 정치적 편견이 발견한 사실을 왜곡했다고 주장했다. 그들은 권위주의가 파시즘과 관계있고 공산주의와는 관계없는지 의문시했다. 어째서 'C 척도'나 최소한 'A 척도'가 아니고 F 척도였는가? 왜 정치적·경제적 보수주의는 권위주의와 연결되는데, 국가사회주의에 대한 요구와 연결되지 않는가? 간단히 말해 진짜 대립은 자유주의적 민주주의와 전체주의라는 양극단 사이에 있는데, 왜 오래된 좌파와 우파라는 구분을 유지하는가?

연구소가 미국유대인위원회의 지원을 받아 일하면서 많은 급진적인 사고를 포기했음을 감안하면, 이런 비판은 매우 아이러니하다. 우리가 봐왔듯이《편견에 관한 연구》는 자유주의와 민주주의라는 기본 전제에 바탕을 두고 있다. 폴 케치케메티처럼 연구를 적대적으로 비판한 사람조차 "집필자들의 자유주의는 미국의 헌정 정치 전통에 관한 한 명백히 보수적이다"[102]라고 쓸 정도였다. 관용 자체가 프랑크푸르트학파의 목적인 적은 없었으며, 비권위주의적 퍼스낼리티는 다원성에 독단적이지

---

101 Edward Shils, "Authoritarianism: 'Right' and 'Left'," in *Studies in the Scope and Method of the "Authoritarian Personality."* 브람슨은《사회학의 정치적 맥락The Political Context of Sociology》에서 이 주장을 반복한다(pp.122f).

102 Kecskemeti, "The Study of Man: Prejudice in the Catastrophic Perspective," p.290.

않고 관용적인 인간으로 제시됐다. 연구소가 항상 두려워한 것은 관용을 수단이 아니라 목적으로 물신화하는 것이었다. 간접적이지만 이것의 좋은 예는 베텔하임과 자노위츠의 《사회변동과 편견Social Change and Prejudice》이다. 베텔하임과 자노위츠는 버클리 집단이 가치를 부여한 체제에 순응하지 않으며 비권위주의적인 성격을 다음과 같이 비판했다. "일부 체제에 순응하지 않는 사람이 고도의 관용을 보여준다면 권위와 만족스러운 관계를 맺지 못해서 생겨난 적대감에 따른 반작용이거나 전이된 적대감일 것이다. 이런 사람은 허위 관용을 보여준다. 그들은 소수자에 관용적일 수 있으면서도 종종 다수가 받아들인 사회생활 방식에 비관용적이다."[103]

대의제 형식의 정치적 민주주의도 연구소의 최종 목표가 아니었다. 연구소의 초기 작업에서 나타난 '부르주아 민주주의'에 대한 전통적인 마르크스주의자의 비판은《권위주의적 성격》에서 찾아보기 힘들다. 오래된 좌파-우파의 이분법이 시대착오적이라는 실스의 주장은 더 큰 아이러니다. 앞서 언급한 바와 같이 호르크하이머는 파시스트든, 명목상 사회주의든, 기타 어떤 정치형태든 지배를 폭로하는 것이 필요함을 강조했다. 연구소는 프랑크푸르트에서 처음 수년간 소비에트의 실험에 회의적이었다. 시간이 지나면서 회의는 철저한 환멸로 변했다. 폴록의 주장처럼 소련은 국가사회주의 체제에 지나지 않았으며, 서구의 유사한 체제와 별로 차이가 없었다. 실스나 기타 미국 사상가와 연구소의 차이는 연구소가 개인주의자, 자유주의자, 몰이념적 다원주의를 전체주의와 대비하기를 거부한 것이다. 연구소가 서구의 대중문화를 취급하는 데서 봤듯이, 연구소는 다양성이라는 은폐 장벽 뒤에서 지배가 진정한 개인성을 파괴하기 위해 새롭고 교묘한 방식으로 작용하는 것을 봤다.《계몽

103 Bettelheim and Janowitz, *Social Change and Prejudice*, p.75.

의 변증법》은 현대의 경향에 대한 암울한 분석을 모든 현대사회로 확대했다. 프랑크푸르트학파는 좌파-우파의 이분법이 실제 정치 구조로 구체화됐을 때는 중요하지 않다는 데 합의했다. 물론 좌파에 대한 예전의 호감이 근본적으로 유지되는지와 관련된 이론 차원에서는 차이가 분명 남아 있었다.

《권위주의적 성격》은 이런 비관론을 직접 제시하지 않았다. 《권위주의적 성격》은 제한된 표본으로 사회 전체에 권위주의가 만연하다고 결론 내리는 것을 자제했다. 《권위주의적 성격》은 표본 집단 중에서 가장 높은 점수와 낮은 점수의 비중은 제시했지만 출판되지 않은 노동 프로젝트만큼도 나아가지 않았다. 《권위주의적 성격》은 유형별 빈도는 제시하지 않은 채 권위주의적 성격과 비권위주의적 성격에 대한 기술적인 유형만 제공했다. 하지만 권위주의적 퍼스낼리티의 범위를 암시하는 표본도 있었다. 예를 들면 아도르노는 "우리 연구의 유쾌하지 않은 결과 중 하나지만 직시해야 할 것은 유사 보수주의가 오랜 시간을 거쳐 사회적으로 받아들여졌다는 점이다. 유사 보수주의는 확고한 대중 기반을 확보했다"고 썼다.[104] 하지만 《권위주의적 성격》은 전체적으로 "다수의 인구가 극단적이 아니며, 우리 용어로 표현하면 '중간'"[105]이라는 견해를 보였다.

잠재적인 정치적 편견에 대한 실스의 비판은 보수주의와 권위주의는 어떻게든 관련 있다는 연구의 함축적 가정을 염두에 두는 한 타당하다고 할 수밖에 없다. F 척도와 PEC 척도에 유의미한 상관관계가 없었기에, 진정한 보수주의자와 유사 보수주의자를 구별하려고 시도했다. 진정한 보수주의자는 "정치적 견해가 어떻든 미국 민주주의 전통에서

104 *The Authoritarian Personality*, p.676.

105 *Ibid.*, p.976.

가장 중요한 것을 발전시키는 데 관여하는"[106] 사람으로 규정됐다. 유사 보수주의자는 겉으로 보수주의자일 뿐이며, 잠정적으로 파시즘의 영향을 받기 쉬운 퍼스낼리티를 숨기고 있다. 이 구분은 우파 이데올로기와 권위주의적 퍼스낼리티 구조를 단순히 동일시하는 한계를 극복하려고 고안됐지만 불완전했다. 이런 구분을 확장해 유사 자유주의나 급진적 권위주의와 같은 유형학을 발전시키려는 노력이 없었기 때문이다. 보수적이 아닌 이데올로기를 섬세하게 구분하려는 실제적인 시도가 전혀 없었다. 전형적인 자유주의자는 "진보적인 사회 변화를 능동적으로 추구하고 완전히 거부하진 않더라도 현재의 종전 질서에 급진적으로 비판적이며, 여러 가지 보수주의적 가치와 신념을 반대하거나 평가절하 하고…… 노동자의 세력과 정부의 경제적 기능을 증대해 기업의 권력을 감소하는 사람"[107]이며, 진정한 보수주의나 유사 보수주의가 자랄 수 있는 주된 토양으로 간주됐다. 이런 묘사가 얼마나 문제가 많은지는 뉴딜 자유주의 자체가 현상 유지를 지향하는 이데올로기라고 강한 공격을 받는 다음 세대에 와서 명백해졌다.

《권위주의적 성격》이 좌파의 권위주의를 설명하려고 시도했다면, 아주 모호하게 정의된 '경직적인 낮은 평점을 받은 사람'[108]이라는 범주를 통해 행해졌다. 나중에 아도르노는 실스 같은 비판자에 대한 답변으로 이 하부 유형을 언급했다.[109] 자세히 따져보면 이것은 납득할 만한 반응이 되지 않음이 입증된다. PEC 척도의 경우 의식적 견해와 잠재의식적 퍼스낼리티 구조의 괴리는 F 척도와 부적절한 상관관계로 설명될 수

---

106 *Ibid.*, p.182. '유사 보수주의'라는 개념을 1950년대의 다른 학자들도 채택하였다. 예를 들어 다음 책을 참고하라. Richard Hofstadter, "The Pseudo-Conservative Revolt," in the Radical Right, ed., Daniel Bell(New York, 1963).

107 *The Authoritarian Personality*, p.176.

108 *Ibid.*, p.771.

109 1969년 3월 7일 프랑크푸르트에서 아도르노와 진행한 인터뷰.

있다. 하지만 F 척도는 잠재의식적 퍼스낼리티의 경향을 측정하려고 고안됐기에 그런 괴리가 있을 수 없었다. 따라서 평점이 낮은 사람들이 경직됐다고 말한다면 F 척도가 평점이 높은 사람에게서 나타나는 증상인 경직성, '스테레오타입'과 순응성을 측정하는 데 실패했다는 뜻이 된다. 이런 실패는 의식적 이데올로기 밑에 숨은 권위주의적 잠재성의 존재를 측정하는 도구를 개발하려는 프로젝트 목적에 배치되는 것이었다. 분명히 좌파의 권위주의에는 더 많은 연구를 수행해야 했다. 미국의 다른 연구자가 이후 수년간 그 연구를 수행했다.[110]

《권위주의적 성격》의 방법론과 결론의 또 다른 난점을 언급할 수도 있지만, 난점에 머무르면 전체적인 연구의 위대한 업적을 놓친다. 아도르노는 나중에 "《권위주의적 성격》이 뭔가 기여했다면, 실증적인 안목의 절대적인 타당성이나 통계가 아니라 문제를 제시했다는 데서 찾을 수 있을 것이다. 《권위주의적 성격》은 진정한 사회적 관심으로 유발됐고, 이론과 관련되지만 이런 양적인 조사로 번역된 적이 없는 이슈를 제시했다"고 인정했다.[111] 1000쪽에 달하는 분량이지만, 저자들은 《권위주의적 성격》의 최종본을 '파일럿 연구'에 불과하다고 이해했다. 파일럿 연구가 진정한 목적이었다면 《권위주의적 성격》은 의심할 바 없이 성공한 셈이다. 《편견에 관한 연구》 전권을 검토한 사람 중 한 명이 "사회과학에서 새로운 시대를 개척한 사건"[112]이라 한 것은 옳다. 《편견에 관한 연구》 이후 특히 버클리 집단의 연구에서 자극받은 연구가 홍수를 이뤘다

---

110 M. Rokeach, *The Open and Closed Mind*(New York, 1960). 로키치는 좌파 권위주의를 측정하기 위해 '교조주의 척도 D'를 개발하려고 했다. 시모어 립셋Seymour Martin Lipset은 노동계급에서 권위주의와 신경증은 반비례할 거라고 주장했다. Lipset, *Political Man*(New York, 1960), p.96.

111 Adorno, "Scientific Experiences of a European Scholar in America," p.361.

112 J. F. Brown, *Studies in Prejudice* in *Annals of the American Academy of Political and Social Science*, CCVXX(July, 1950), p.178.

는 점이 그것을 증명한다.[113]

연구소가 수행한 경험적 연구의 영향력은 미국에 국한되지 않았다는 점을 덧붙이고 싶다. 연구소는 1950년대 초 독일로 돌아갈 때, 뉴욕과 캘리포니아에서 습득한 사회과학적 기술도 가져갔다. 연구소가 다시 정착하고 수행한 첫 번째 공동 작업은 1955년 폴록의 이름으로 출판된 집단 상호작용에 관한 연구로, 독일 청중에게 미국식 방법론을 소개하는 것이 기본 목적이었다.[114] 심지어 아도르노까지 앵글로·색슨의 실증주의적 냄새가 나는 모든 것에 대한 전통적인 독일인의 적대감에 대응하기 위해 경험적 테크닉을 장려하는 바라지 않던 처지에 놓이기도 했다. 1952년 쾰른에서 열린 사회학대회에서 아도르노는 사회학이 더는 **정신과학/문화과학**Geisteswissenschaft으로 간주돼선 안 된다고 주장했다. 물화가 지배적인 세계는 '해석해야 할 것이 많은 것'으로 이해될 수 없기 때문이다. 그는 청중에게 말했다. "경험적 방법이 남용한 비인간성은 비인간적인 것의 인간화보다 항상 더 인간적이다."[115] 따라서 행정 조사 방법도 비판적 틀에서라면 사회현상을 탐구하기 위해 사용될 수 있다. 이론은 경험적 검증으로 입증되거나 부정될 수 없지만(이것이 아도르노가 포기하지 않은 비판 이론의 교리였다), 이론이 연구 질문으로 변형되면 이론적 사고는 굉장히 풍부해질 수 있다. 그래서 예를 들면 정신분석도 처음에 만들어질 때 귀납적이었으나 경험적 질문으로 변용되면서 뚜렷하게 발전한 것이다.

---

113 초기의 노력을 정리한 것으로 다음을 보라. Richard Christie, "Authoritarianism Reexamined," in *Studies in the Scope and Method of "The Authoritarian Personality."* 이후 추가된 것으로는 로저 브라운의 《사회심리학》에 실린 참고 문헌을 보라.

114 Friedrich Pollock, ed., *Gruppenexperiment: Ein Studienbericht*(Frankfurt, 1955). 이것은 아도르노와 발터 디억스Walter Dirks가 편집한 연구소의 《프랑크푸르트 사회학 논집》 2권으로 발간됐다.

115 Adorno, "Zur gegenwärtigen Stellung der empirischen Sozialforschung in Deutschland," *Empirische Sozialforschung*(Frankfurt, 1952), p.31.

하지만 1950년대 말 경험주의에 대한 연구소의 태도는 중대한 강조점의 변화를 거쳤다.[116] 독일 사회과학자에게 미국식 방법론의 관심을 끄는 것이 성공적이었기 때문이다. 그래서 다시 경험적 방법론으로 남용된 환원주의에 대한 프랑크푸르트학파의 민감성이 전면에 나타났다. 현재 우리가 다루는 연대기적 틀에서 잠시 벗어나면, 독일 사회학은 1960년대에 변증법적 방법론자와 경험적 방법론자라는 적대적인 두 진영으로 갈라졌다. 이 논쟁은 빌헬름 황제 시대의 **방법론 논쟁**Methodenstreit을 연상시킬 정도로 치열했다.[117] 연구소와 프랑크푸르트대학교의 위르겐 하버마스 같은 동맹자가 변증법적 입장의 주요 대변자였지만, 그들은 연구소가 미국에서 습득한 테크닉을 통째로 거부하는 것은 조심스럽게 피했다.

이론의 우선성을 강조하는 진정으로 비판적인 접근 방법과 이런 테크닉을 통합하는 것은 중요한 문제였다. 우리가 봐온 바와 같이 이것은 단순한 방법론적 딜레마 이상의 의미가 있다. 이 문제는 사회 전체 내부에서 실제 분화와 모순을 반영했다. 《편견에 관한 연구》의 성공은 부분적으로 문제를 회피했기에 가능한 결과였다고 주장할 수도 있다. 《권위주의적 성격》과 〈반유대주의적 요소〉에서 반유대주의 분석은 실제로 조화를 이룰 수 없다. 《권위주의적 성격》은 주관적 차원을 다루고, 〈반유대주의적 요소〉는 객관적 측면에 더 치중하기 때문이다. 버클리 프로젝트는 성공했는데 아도르노와 라자스펠드의 협력이 실패한 이유 중 하나는

116 예를 들어 다음을 보라. Adorno, "Contemporary German Sociology," *Transactions of the Fourth World Congress of Sociology*, vol.I (London, 1959).

117 논쟁에 참여한 사람들이 표현한 여러 관점은 다음을 보라. Ernst Topitsch, ed., *Logik der Sozialwissenschaften*(Köln and Berlin, 1965). 아도르노의 기여는 사후 출간된 다음 책에 집대성됐다. *Aufsätze zur Gesellschaftstheorie und Methodologie*(Frankfurt, 1970). 영어로 된 최근 문헌은 다음에 정리됐다. "Dialectical Methodology: Marx of Webber," *The Times Literary Supplement*(London, March 12, 1970). 이 문헌은 익명으로 간행됐지만, 게오르게 리히트하임이 썼다.

버클리에서는 현대사회의 '객관 정신'을 고려하지 않았기 때문이다. 프랑크푸르트학파가 그런 객관적 경향을 추측했을 때, 그 예측은 절망적이었다. 그들이 얼마나 절망적 예측을 했는지는 미국에서 마지막 10년 동안 이룬 연구소의 이론적 작업을 다루는 다음 장에서 알게 될 것이다.

08

역사에 관한 철학을 위하여: 계몽 비판

계몽과 지적 진보가 악의 세력과 악령, 요정, 맹목적 운명에 대한 미신에서 인간 해방을 의미한다면, 한마디로 공포에서 해방을 의미한다면, 사회에서 보통 이성이라 간주하는 것을 규명하고 고발하는 것이야말로 이성의 최대 공헌일 것이다.
—막스 호르크하이머

연속성의 상실 문제는 1940년대 비판 이론의 중심적 딜레마였다. 다시 상기하면 연구소는 다양한 분야의 학문을 종합하려 했다. 연구소 설립자들은 사변과 경험적 연구 방법을 통합하려고 했다. 최종적으로는 그들은 통합을 통해 사변적 사유를 논쟁을 위한 수단으로 전락시키지 않으면서도, 비판 이론의 실천적 의미를 통해 아카데미의 고립된 처지를 극복하고자 했다. 요약하면 비판 이론은 정통 마르크스주의의 타당성을 비판했지만, 비판 이론과 혁명적 실천의 궁극적 통합이라는 야심 찬 계획을 포기하지 않았다. 1940년대에 이르자, 프랑크푸르트학파는 이 통합 가능성을 진지하게 의심하기 시작했다. 프랑크푸르트학파의 관심은 여전히 학제적이었지만, 이론과 연구소의 경험적 연구, 정치적 **프락시스**의 매개는 점점 문제가 됐다.

7장에서 지적했듯이《편견에 관한 연구》는 곳곳에 연구소 회원들의 영향이 드러나지만, 그들이《사회연구》지에서 천명한 비판 이론의 교리에서 벗어났다. 《권위주의적 성격》의 반유대주의 분석은 《계몽의 변증법》에 등장하는 반유대주의 분석과 명백히 다르다. 이런 차이는 부분적으로 《편견에 관한 연구》에 버클리 집단이 참여했기 때문이기도 하지만, 근본적으로는 이론 자체의 발전을 반영한다고 할 수 있다. 정치적 행동주의에 대한 연구소의 명확한 입장을 반영하기도 한다. 비판 이론은 초기부터 마르크스주의를 승인된 진리의 집합체로 간주하는 입장을 거부했다. 호르크하이머와 동료들은 구체적 사회 현실이 변하면 그것을 인식하기 위한 이론 구성도 변해야 한다고 주장했다. 전쟁이 끝나고 파시즘이 패배하면서 새로운 사회 현실이 나타났으니, 이에 대응하는 새로운 이론이 요구된다는 것이다. 프랑크푸르트학파는 미국에서 마지막 10년 동안 이 과제에 직면했다. 우리는 이들의 이론에 나타난 변화를 면밀히 검토함으로써, 프랑크푸르트학파를 연구하는 이후 세대가 의아하게 여기는 이론의 연속성이 상실된 이유에 대한 이해를 돕고자 한다.

검토는 다음과 같이 진행할 것이다. 먼저 비판 이론에서 나타나는 기본적인 변화인 인간과 자연의 관계 변화를 강조하는 것의 의미를 탐색할 것이다. 탐색의 첫 단계는 서양사를 관통하는 인간과 자연의 관계 해석에 대한 프랑크푸르트학파의 비판에 집중될 것이다. 그다음에 이 비판이 제기하는 더 근본적인 문제 요소와 비판 이론이 제시하는 대안 문제를 논의할 것이다. 그리고 연구소가 제시한 대안과 변함없이 강조한 합리성과 철학적 사유의 연관성을 파헤칠 것이다. 마지막으로 우리는 **프락시스**, 주관성, 유토피아에 대한 연구소의 이론적 변화에 있는 의미를 검토할 것이다.

1940년대 후반까지 비판 이론의 새로운 요소는 분명히 드러나지 않았지만, 호르크하이머는 전쟁 전부터 프랑크푸르트학파의 몇 가지 기본 이념을 재고해야 한다고 인식했다. 그는 자신이 맡은 연구소의 제도적 책임을 감당할 수 없었기에 뉴욕을 떠나고 싶어 했다. 호르크하이머는 연구소 지도자가 된 이래 자신이 맡은 책임 때문에 방대한 연구 내용을 소화하고 해석할 수 없었다. 그는 1938년 초, 계몽의 변증법적 발전에 관한 책을 저술하고 싶다는 욕심을 토로했다.[1] 호르크하이머는 순환기 계통의 병 때문에 뉴욕을 떠나면서 연구소 직책을 내놓았고, 오랫동안 미룬 이론적 종합 작업을 비로소 시작할 수 있었다. 그는 캘리포니아에서 아도르노와 가장 빈번히 교류했고, 둘의 사상은 예전보다 훨씬 비슷해졌다. 1940년대 이론서 중 하나인《계몽의 변증법》은 두 사람의 공동 저작으로 발표됐고,《이성의 몰락》과《미니마 모랄리아》역시 공동 연구의 영향이 강하게 드러난다.

호르크하이머는 아도르노와 달리 다작하는 저술가가 아니고, 당시 그는 큰 어려움에 봉착했던 것 같다. 그는 1942년 1월 20일 뢰벤탈에게 "전달될 수 있는 근거를 상실한 철학적 주장은 제겐 이제 불가능한 것처럼 보인다"고 썼다. 호르크하이머는 여전히 전통 이론과 비판 이론을 구별하지만, 비판 이론 역시 전통 이론만큼이나 곤란에 봉착했다고 생각했다. 그는 11월 27일 뢰벤탈에게 보낸 편지에서 다음과 같이 썼다. "또다시 작업에 몰두하고 있습니다. 이번처럼 어려운 작업은 없었습니다. 이 시도는 내 능력에 부치는 일 같습니다. 오늘 폴록에게도 편지를 썼는데, 나는 후설이《논리 연구》를 저술하는 데 약 10년이,《순수현상학과 현상학적 철학의 이념들Ideen zu einer Reinen Phänomenologie und Phänomenologischen Philosophie》을 발간할 때까지 약 13년이 필요했다는 사실을 상기시켰습니다." 그는 이듬해 2월 20일, 공허함과 고립감을 표현하며 다음과 같이 썼다.

철학은 기가 찰 정도로 복잡하지만, 그 진척은 실망할 정도로 느립니

1 아도르노는 1939년 11월 10일 베냐민에게 보낸 편지에서 이 사실을 알렸다, Theodor W. Adorno, *Über Walter Benjamin*(Frankfurt, 1970), p.143.

다. 당신이 최소한 나만큼이나 우리가 존재하는 이유를 잘 알고 앞으로도 그럴 것이라는 생각은 항상 용기를 북돋우고, 언제나 그 이상의 의미가 있습니다. 지금 하는 일의 토대이기도 한 연대감은 나를 든든하게 합니다. 우리와 같이 느끼고 생각하는 사람이 우리 서너 명 외에도 많겠지만, 우리는 그들을 만날 수 없습니다. 아마도 그들은 자신의 의견을 표현하지 못하게 방해받고 있을지도 모르겠습니다.

사상적 고립에 대한 호르크하이머의 염려는 사실상 맞았다. 그가 1940년대 말에 출판한 저작은《편견에 관한 연구》에 비해 영향력이 미약했다. 전쟁 중 집필한《계몽의 변증법》은 1947년에야 네덜란드의 출판사에서 독일어로 출판했다.[2]《이성의 몰락》은 같은 해 옥스퍼드대학교출판부에서 출간해 영어권 독자는 이 책에 접근할 수 있었으나, 비평이 거의 없었으며[3] 상업적으로도 성공하지 못했다.《계몽의 변증법》은 1960년대 독일에서 지하의 고전이 됐다(1970년에 공식 출판될 때까지 해적판으로 널리 유포됐다). 호르크하이머의《이성의 몰락》이《도구적 이성 비판》[4]의 일부로 독일어로 번역되고 나서야 독자층을 얻었고, 아도르노의《미니마 모랄리아》는 영어로 번역되지 않았기에 미국에 거의 영향을 끼치지 못했다.

이 저작들이 보여주는 프랑크푸르트학파의 비판적인 관점 변화는 그들이 미국에 체류한 마지막 10년 동안 일어났다. 그렇기에 연구소의 미국 체험에 관한 연구로 책을 마무리하는 건 적절하다 할 수 있다. 호르

2 Max Horkheimer and Theodor W. Adorno, *Dialektik der Aufklärung*(Amsterdam, 1947).

3 나는 전문 잡지에 실린 서평 2편을 찾았다. J. D. Mabbott in *Philosophy*, XXⅢ, 87(October, 1948). 이 서평은 대체로 우호적인 입장이다. John R. Everett in *Journal of Philosophy*. XLV, 22(October 21, 1948). 이 서평은 호르크하이머의 입장에 냉담한 반응을 보였다. 뢰벤탈은 우리 인터뷰에서 그 책의 판매 실적이 실망스러웠다고 말했다.

4 Horkheimer, *Kritik der instrumentellen Vernunft*, trans., Alfred Schmidt(Frankfurt, 1967).

크하이머와 아도르노가 독일로 돌아간 뒤 이 책들이 함축하는 바를 부연한 것 외에 업적이 없다고 하면(이 말은 열정적으로 저술 활동을 계속한 아도르노를 생각하면 오해를 불러일으킬 수도 있다) 부당하게 보이지만, 이런 주장에는 일면 타당한 점이 있다.《계몽의 변증법》,《이성의 몰락》,《미니마 모랄리아》 등은 서구 사회와 사상을 철저하고도 포괄적으로 비판했기에, 이후의 저술은 그 입장을 분명히 밝히는 일에 지나지 않았다. 이 연구의 범위를 벗어난 마르쿠제의 미국에서 후기 저작조차 비록 뉘앙스는 약간 다르지만, 새로운 근거를 제시한다고 할 순 없다. 우리가 몇 번 살펴봤듯이《에로스와 문명》,《일차원적 인간》 등에서 마르쿠제가 발전시킨 많은 논점의 싹은 그와 다른 학자들이《사회연구》지에 기고한 글에 있다고 할 수 있다. 이 점은 우리가 분석하려고 하는 그의 동료들 저작에서도 나타난다.

호르크하이머와 아도르노의 비판을 '근본적radical'이라고 말한다면, '근본적'이라는 단어는 문제의 근원까지 파고든다는 뜻으로 이해돼야 한다. 나중에 '급진적radical' 정치에 대한 프랑크푸르트학파의 불신이 강화됐다는 점을 고려하면 '근본적'이라는 단어에 대한 이런 이해가 특히 중요하다. 역설적으로 비판 이론이 더 근본적으로 갈수록 연구소는 급진적인 정치적 **프락시스**와 연결점을 찾기 힘들어졌다. 호르크하이머가 전쟁 중에 쓴 논문 〈권위주의 국가〉에서 엿볼 수 있는 희망에 대한 필사적인 기대는 의미 있는 변화를 기대할 가능성이 사라졌다는 실망으로 대체됐다. 소련에 대한 환멸, 서유럽 노동계급에게 기대할 수 없는 상황, 대중문화의 획일적인 힘에 대한 경악 등은 프랑크푸르트학파가 정통 마르크스주의에서 발길을 돌리게 했다.

연구소가 모든 진정한 마르크스주의 이론의 주춧돌 격인 계급 갈등을 다른 역사 동인으로 대체했다는 점은 이런 변화를 가장 명확히 설명해준다. 역사의 동력에 대한 초점은 인간과 내적이며 동시에 외적인 자연의 광범위한 갈등에 맞춰졌다. 이 갈등의 기원은 자본주의 이전 시대까지 소급되며, 설령 자본주의가 종식돼도 갈등은 강화된 형태로 계속될 수 있다. 강조점이 바뀌었다는 징후는 전쟁 동안 연구소 회원들 사이에 전개된 파시즘 논쟁에서 나타났다. 호르크하이머, 폴록, 아도르노, 뢰벤탈 등에게 지배는 점차 직접적이고 비경제적인 형태를 띠는 것으로 보였다. 거시적인 관점으로 보면 자본주의적 착취 양식은 역사 속에서 서구 부르주아 시대의 특수하고 역사적인 지배 형태로 간주됐다. 국가자본주의와 권위주의 국가가 출현함으로써 자본주의적 체계는 종지부를 찍었거나 최소한 근본적으로 변형됐다. 그들은 현대의 지배 현상은 부르주아사회의 특징을 구성하는 매개체가 없는데도 더 직접적이고 지독하게 전개된다고 주장했다. 어떤 의미에서 이런 지배는 서구인이 수세대에 걸쳐 자연을 잔인하게 이용한 것에 대한 자연의 보복이기도 하다는 것이다.

돌이켜보면 비록 부차적인 역할이었다고 해도 연구소의 수많은 초기 작품에서 이와 유사한 논제를 찾아볼 수 있다.[5] 아도르노는 키르케고르 연구[6]와 연구소에 가담하기 전에 쓴 음악 논문[7]에서 이런 논제를 채용했다. 《여명》[8]에는 《계몽의 변증법》을 예견하는 듯한 동물에 대한 잔혹 행위와 노동 윤리의 금욕적 전제 등을 공격하는 아포리즘 몇 편이 실렸다. 뢰벤탈도 자연 지배에 대한 크누트 함순의 왜곡된 저항을 비판하면

---

5 예란 테르보른Göran Therborn의 반대되는 주장은 내가 보기에 오류 같다. "Frankfurt Marxism: A Critique," *New Left Review*, 63(September-October, 1970), p.76. 그는 이 논문에서 "자연의 비지배 사상은 처음부터 프랑크푸르트학파에 존재하지 않았다. 더욱이 이 사상은 그들의 불구대천 원수 하이데거가 제공한 것이다"라고 썼다.

6 Adorno, *Kierkegaard: Konstruktion des Aesthetischen*, rev., ed.(Frankfurt, 1966), p.97.

7 아도르노는 〈마탄의 사수Der Freischütz〉에 관한 초기 논문에서 (**구원**은) 오직 화해된 자연에서 찾을 수 있다고 했다. *Moments Musicaux*(Frankfurt, 1964), p.46.

8 Horkheimer(Heinrich Regius). *Dämmerung*(Zürich, 1934), 동물에 관해서는 p.185 이후를, 윤리 문제에 관해서는 p.181을 보라. 호르크하이머와 아도르노는 《계몽의 변증법》에 '인간과 동물Mensch und Tier'에 관한 긴 아포리즘을 실었다. pp.295f.

서[9] 자유주의적 관념을 토로했다. 프롬의 모계문화론母系文化論은 여성의 지위를 자연적 비합리성과 동일시함으로써 조장된 가부장적 사회에서 여성에 대한 지배 현상에 문제를 제기한다.[10]

이 모티프는 호르크하이머의 **교수자격 청구논문**인《부르주아 역사철학의 기원》[11]에서 가장 명료하게 나타난다. 호르크하이머는 이 논문에서 르네상스적 과학·기술 관점을 정치 지배와 직접 연결했다. 그는 자연세계를 인간이 이용하고 통제할 수 있는 영역으로 보는 르네상스적 과학·기술 관점은 인간 자신을 지배의 대상으로 보는 관념에 상응한다고 간파했다. 호르크하이머가 보기에 정치적 도구주의로 부상한 부르주아 국가에 이바지하는 마키아벨리는 이런 관점을 가장 분명하게 대변하는 사람이다. 그는 인간을 자연에서 분리하고, 이 구별을 실체화하는 비변증법적인 태도가 마키아벨리의 정치학을 뒷받침한다고 주장했다. 그는 마키아벨리를 비판하며 '자연'은 사실상 두 가지 방식으로 인간에 의존한다고 주장했다. 문명은 자연을 변화시키며, 자연 그 자체에 대한 인간의 개념도 변화한다는 것이다. 호르크하이머에 따르면 역사와 자연이 화해할 길 없이 대립하는 것은 아니다.

하지만 인간과 자연은 전적으로 동일하지 않다. 홉스와 후기 계몽주의 사상가들은 자연을 새로운 과학의 대상으로 만드는 것과 마찬가지로 인간을 대상으로 만들어 인간을 자연에 동화시켰다. 그들의 관점에서 보면 인간과 자연은 기계에 불과했다. 그 결과 자연은 반복적으로 인간에게 투사되며, 인간의 주관성과 긴밀히 결합된 역사적 발전 가능성은 부정된다. 이 '과학적' 인간관은 진보적인 의도에도 불구하고 현재의 영

---

9 Leo Lowenthal, *Literature and the Image of Man*(Boston, 1957), p.197.

10 Erich Fromm, "Die sozialpsychologische Bedeutung der Mutterrechtstheorie," *ZfS* Ⅲ, 2(1934), p.206. 프롬은 여기서 바흐오펜을 인용하며 가부장적 사회의 승리는 정신과 자연의 단절 현상, 동방에 대한 로마의 승리에 대응한다고 말했다.

11 Horkheimer, *Die Anfänge der bürgerlichen Geschichtsphilosophie*(Stuttgart, 1930).

원회귀를 함축한다.

그러나 호르크하이머가 근세 초기 역사철학 연구를 끝맺기 위해 선택한 잠바티스타 비코는 구별되는 사례였다. 비코는 데카르트 형이상학과 수학의 검증적 우상화를 공격했다는 점에서 동시대인과 달랐다. 인간은 역사를 창조하기 때문에 자연 세계보다 역사에 대해 잘 안다는 그의 통찰 역시 동시대인과 구별되는 점이었다. 비코는 신화의 기원에 대한 계몽주의적 해석의 한계도 극복했다. 그는 신화의 기원을 성직자의 장난이 아니라 인간의 욕망이 자연에 투사된 것으로 봤다. 비코는 신화를 이렇게 해석함으로써 마르크스주의자의 이데올로기 개념을 예견했다. 그는 마키아벨리와 유사하게 문명의 발전과 쇠락을 순환 이론으로 제시했음에도 인간의 행동이 역사 발전을 이해하는 데 결정적이라고 간주했다는 점에서 독특했다. 비코는 **프락시스**와 자연 지배를 동일하게 여기지 않았다. 그는 인간과 자연 중 어느 것을 우위에 올려놓지 않기 위해 분리했다. 그는 인간의 주관성을 주장하면서도 주관적 자연의 잠재성을 보존했다.

호르크하이머는 이후 저작에서 비코 연구에 시간을 더 할애하지 않았지만, 비코를 통한 계몽주의 비판은 계속 다룬 주제다. 그는《사회연구》지에 기고한 각종 논문에서 데카르트적 이원론이 서구 사상에 물려준 유산을 비판했다. 인간과 자연의 비동일성에 대한 비판 이론의 강조는 주체와 객체의 절대적 구분을 의미하지 않았다. 프랑크푸르트학파는 주체와 객체의 절대적 구분은 상승기에 놓인 자본주의적 질서의 필요에 부합하는 것이라고 주장했다. 호르크하이머는 〈이성과 자기 보존〉이라는 논문에 다음과 같이 썼다. "데카르트 이래 부르주아 철학은 지식을 지배적인 생산수단에 봉사하게 하려는 시도와 다름없었다. 이 시도는 헤겔과 그 일파가 비로소 극복했다."[12] 전쟁 전에는 상부구조와 하부구조

12 Horkheimer, "Vernunft und Selbsterhaltung," in "Walter Benjamin zum Gedächtnis"(미출간, 1942), p.43. 몬타뇰라의 프리드리히 폴록 소장.

를 이런 이원론에 따라 파악하는 것이 프랑크푸르트학파 연구의 주된 특징이었다. 그러나 당시에도 지식과 자본주의의 정확한 관련 체계는 명료하게 해명되지 않았다.[13] 이런 해명 작업은 매우 어려운 일이다. 합리주의적 유물론자 홉스, 경험론자 흄, 관념론자 칸트도 서로 다른 시대에 각기 다른 방식으로 자본주의에 공헌한 것처럼 보이기 때문이다. 1940년대 중반에 이르자 전통적인 마르크스주의 이데올로기는 연구소 작업에서 거의 사용되지 않았다. 앞서 지적했듯이《계몽의 변증법》중 반유대주의에 관한 장은 마르크스라면 분명 거부했을 방식으로 자본주의 이전 단계에서 반유대주의의 고전적 기원을 검토한다. 계몽의 개념도 1940년대에 근본적인 변화를 겪었다. 계몽은 상승하는 부르주아와 문화적으로 연결하는 것을 넘어, 서구 사상의 전 영역을 포함하는 것으로 확대해석 되기 시작했다. 호르크하이머는 1942년 뢰벤탈에게 "여기서 계몽이란 부르주아적 사유, 아니 사유 일반과 동일시된다. 도시에서는 이보다 적절한 표현이 없기 때문이다"라고 썼다.[14] 그는《이성의 몰락》에서 더 나아가 "만물의 영장이라는 인간의 이런 정신적 태도(이것이 계몽적 관점의 정수다)는〈창세기〉1장까지 소급될 수 있다"고 말했다.[15]

비록 호르크하이머와 아도르노가 '교환 원칙'[16]처럼 마르크스주의를 연상시키는 용어를 여전히 사용하고 이런 용어가 그들의 분석에서 중요한 역할을 한다 해도, 그들은 사회의 물질적 하부구조에서 상부구조에 해당하는 문화 문제의 해결 방안을 찾으려 하지 않았다. 사실상 그

13 연구소는 딱 한 번 사상가의 작품과 그의 생애를 연결해보려고 했다. 아도르노가 키르케고르의 역할을 **금리생활자**로 규정한 연구가 그 예다. *Kierkegaard: Konstruktion des Aesthetischen*, p.88.

14 호르크하이머가 1942년 5월 23일 뢰벤탈에게 보낸 편지(뢰벤탈 소장).

15 Horkheimer, *Eclipse of Reason*(New York, 1947), p.104.

16 테르보른은 다음과 같이 면밀하게 관찰했다. 루카치가 물화를 자본주의의 본질적 의미로 강조하고 초기 마르쿠제와 프롬 같은 학자는 소외를 강조한 데 반해, 호르크하이머와 아도르노는 교환 원칙을 자본주의의 본질로 간주했다. "Frankfurt Marxism: A Critique," p.79.

들이 서구 사회를 이해할 수 있는 열쇠로 교환 원칙을 분석한 것은 마르크스의 《자본론》만큼이나 니체의 《도덕의 계보학Zur Genealogie der Moral: Eine Streitschrift》[17]을 연상시킨다.

프랑크푸르트학파는 정통 마르크스주의 이데올로기와 완전히 결별했을 뿐만 아니라, 은연중 마르크스를 계몽의 전통에 포함했다.[18] 호르크하이머는 일찍이 《여명》에서 인간의 자기실현 양식이라며 노동에 중심성을 부여하고 노동을 지나치게 강조하는 마르크스를 문제 삼았다. 그는 인간을 **노동하는 동물animal laborans**[19]로 환원하는 입장에는 은연중 자연을 인간 착취 영역으로 물화하는 의미가 있다고 경고했다. 마르크스가 이런 입장을 유지한다면 세계 전체는 '거대한 작업장'[20]으로 변모하고 말 것이다. 마르크스의 후계라고 자처한 자들이 20세기에 침투시킨 억압적인 기술에 대한 공포는 마르크스 저작의 논리와 전혀 무관하다고 할 수 없다.

《계몽의 변증법》이 겨냥한 주요 공격 목표는 마르크스가 아니었다. 호르크하이머와 아도르노는 훨씬 더 야심에 차 있었다. 막스 베버가 **세계의 탈주술화die Entzauberung der Welt**라고 명명한 주술에서 해방 과정인 계몽의 모든 전통이 그들의 진정한 공격 목표였다. 아도르노와 호르크하이머는 계몽의 전통에 대해 루카치가 《역사와 계급의식》에서 표출한 입장을 따랐다. 루카치는 베버의 합리화 개념을 물화 개념과 연결해서 예리하게 비판했다.[21] 호르크하이머는 베버의 책을 언제나 관심 있게 읽어

17 Friedrich Nietzsche, *Genealogy of Morals*, trans., Francis Golffing(New York, 1956), p.202.

18 훨씬 뒤에 프랑크푸르트학파 2세대 학자 중 하나가 이 논점을 확장했다. Albrecht Wellmer, *Critical Theory of Society*(New York, 1971).

19 이 구절은 한나 아렌트가 마르크스를 비판하는 데 사용했다. *The Human Condition*(Chicago, 1958). 아렌트는 **노동하는 동물animal laborans**로서 인간과 **호모파베르Homo faber**를 구별하는데, 프랑크푸르트학파는 이미 구별하고 있었다.

20 아도르노는 1969년 3월 15일 프랑크푸르트에서 인터뷰할 때 이 구절을 사용했다.

21 루카치는 1913~1914년 하이델베르크의 베버 연구 모임에 관여했다. 루카치와 베버의 관계에

왔다. 그는 〈이성과 자기 보존〉에서 베버의《프로테스탄트 윤리와 자본주의 정신Die Protestantische Ethik und der Geist des Kapitalismus》의 기본적인 분석을 자신의 목적에 맞게 응용했다. "개신교는 냉정하고 합리적인 개인주의를 확대한 가장 강력한 세력이었다. ……노동을 위한 노동, 이윤을 위한 이윤이 구원을 위한 노동 대신 나타났다. 전체 세계가 그야말로 물질적으로 변했다. ……레오나르도부터 헨리 포드Henry Ford까지 종교적 내향성religious introversion 외에 다른 길은 존재하지 않았다."[22] 그는 장 칼뱅Jean Calvin의 신학적 비합리론은 '기술 지배 이성의 간계'를 담았다고 주장했다.[23]

베버가 스토아적 체념에 사로잡혀 탈주술화 과정을 연구했다면, 프랑크푸르트학파는 역사적 연속성의 단절에 희망을 걸었다. 이는 1940년대 초에 더 분명히 나타났다. 다시 말하지만 〈권위주의 국가〉는 희망 걸기의 절정으로 간주해야 한다. 물론 전쟁 이후 이 태도가 사라졌다고 할 순 없다. 이런 신중한 낙관론의 주된 배경은 비판 이론에 남은 **이성**Vernunft의 궁극적 타당성에 대한 끈질긴 신념이었다. **이성**이란 앞서 지적한 바와 같이 인간과 자연의 모순과 대립을 포함한 모든 모순과 대립의 해결을 의미한다. 호르크하이머와 동료들은 절대적 동일성 이론을 불신했음에도 도구화된 '주관적 이성'의 일방적인 횡포를 방지하는 '객관적 이성'의 중요성을 강조했다. 호르크하이머는 다음과 같이 썼다. "두 이성 개념의 대립이 이율배반이라 할지라도, 두 개념은 정신이 분리된 별개의 전개 방향을 의미하지 않는다. 철학의 과제는 하나를 다른 하나에 대립하도록 완고하게 작동하는 게 아니라, 상호 비판을 촉진해 가능하면 지식

관한 토론은 다음을 보라. George Lichtheim, *George Lukács*(New York, 1970).

22 Horkheimer, "Vernunft und Selbsterhaltung," p.33.

23 *Ibid*., p.34.

세계 안에 양자의 실제적인 결합을 마련하는 것이다."[24]

이는 실천이성과 이론이성이 결합될 수 없다는 신칸트학파적 회의론을 지닌 베버에게는 기대할 수 없는 희망이었다. 베버는 이른바 '실질적' 이성이 형식적 이성으로 대체되는 것을 인정했음에도 실질적 이성의 복구 가능성을 생각할 수 없었다. 현대 세계의 '합리화'는 단지 비본질적인 의미로 생각된 것이다. 베버는 낭만적인 동시대인과 달리 시계를 거꾸로 돌리려고 하지 않았다. 그는 세계의 각성을 덤덤히 맞아들였다.

물론 프랑크푸르트학파는 달랐다. 그들은 세계는 실제로 별반 '합리적'이지 않았다고 지적했다. 호르크하이머의 책 제목처럼 이성은 거의 완전히 몰락했다. 합리적 분석을 통해 신화적인 혼란을 극복했다는 계몽의 자기주장과 달리 계몽은 새로운 미신의 제물로 전락하고 말았다. 이것이《계몽의 변증법》의 주요 주제 중 하나다. 호르크하이머와 아도르노는 신이 세계를 통제한다는 종교적 신념이 세속화되는 과정이 계몽에 의한 지배의 근원이라고 고발했다. 그 결과 인간 주체는 자연의 대상을 인간보다 열등한 외부적 타자로 취급하기에 이른다. 최소한 원시적 애니미즘은 비록 자기의식이 결여됐지만, 인간과 자연 두 분야가 상통함을 표현했다. 이런 의식은 계몽적 사유에서 전적으로 사라진다. 계몽적 사유방식에서 세계는 대체 가능한 생명 없는 원자로 구성된 것에 불과하다. "애니미즘이 대상을 정신화했다면, 산업주의는 정신을 물질적으로 객체화했다."[25]

최소한 헤겔적 의미의 개념적 사유는 주체와 객체의 매개 과정에 대한 원시적 감각을 보존하고 있었다. 독일어 **Begriff**(개념)는 동사 **greifen**(붙잡다)과 관련된다. 따라서 **Begriff**는 긍정적이든 부정적이든 대상의 내용을 모두 포착했다는 뜻이다. 인간과 동물의 주요 차이점은 인간은

24 Horkheimer, *Eclipse of Reason*, p.174.

25 Horkheimer and Adorno, *Dialektik der Aufklärung*, p.41.

개념적으로 사유할 수 있지만, 동물은 직접적인 감각 지각을 넘어설 수 없다는 점이다. 인간의 자기의식과 통시적인 동일성에 대한 감각은 현실성과 가능성을 포괄하는 개념적 능력의 산물이다. 개념을 공식으로 대체하는 것이 계몽의 주요 인식론적 경향이다. 그러나 개념을 대체한 공식은 형식논리적 직접성의 한계를 극복할 수 없었다. 호르크하이머와 아도르노는 "계몽 앞에서 개념은 거대 산업과 직면한 **금리생활자** 같다. **금리생활자**는 안심할 수 없다"고 썼다.[26] 더구나 논리적 형식주의를 과장하고 모든 참된 사유는 수학적 조건에 접근한다는 계몽의 주장은 신화적 시간이 정태적으로 반복돼 역사의 동태적인 발전 가능성을 왜곡함을 의미한다.

아도르노와 호르크하이머는 계몽의 자연 지배가 인간의 상호작용에 미치는 영향은 무엇보다 위험하다고 생각했다. 그들은 이 주장을 발전시키면서 마르쿠제의 논문 〈전체주의적 국가관에서 자유주의에 대한 투쟁〉[27]에 표현된 사상을 이어받았다. 전체주의는 자유주의와 계몽의 가치관을 거부하는 게 아니라 자유주의와 계몽의 내재적인 역동성을 소진한다는 것이다. 자연이 대체 가능한 원자로 구성된다는 계몽적 이해 방식을 뒷받침하는 교환 원칙은 점점 원자화되는 현대인에게도 적용된다. 인간의 원자화에서 전체주의의 억압적 평등성은 정점에 도달한다. 인간에 의한 자연의 도구적 조작은 불가피하게 인간 사이의 도구적 조작 관계로 귀결된다. 계몽적 세계관에서 주체와 객체의 메울 수 없는 괴리는 근대 권위주의 국가에서 통치자와 피통치자의 상대적 지위에 상응한다. 세계의 객관화는 인간관계에도 유사한 결과를 초래한다. 비록 마르크스는 자본주의 세계에 국한해 언급했지만, 죽은 과거가 살아 있는 현재를 지배하는 것이다.

---

26 *Ibid.*, p.35.

27 Marcuse, *Negations*, trans., Jeremy J. Shapiro(Boston, 1968).

가장 기본적인 문화적 창조물인 언어는 이 모든 변화를 반영한다. 앞서 언급했듯이 발터 베냐민은 언어활동의 신학적 차원에 매우 관심 있었다.[28] 그의 언어 이론에는 세계가 하나님의 말씀에 따라 창조됐다는 신념이 있었다. 베냐민에게 "태초에 말씀이 있었다"는 하나님의 창조 행위가 부분적으로 이름을 부여하는 것으로 이뤄졌음을 의미했다. 하나님이 부여한 이름은 대상을 완전히 규정한다. 하나님의 형상을 모방해서 인간을 만들었기에 인간도 이름을 부여하는 독특한 능력이 있다. 그러나 인간의 이름은 하나님의 이름에 미치지 못한다. 그 결과 이름과 사물에 간격이 벌어졌고, 신적인 언어활동의 절대적 적합성은 상실됐다. 베냐민은 형식논리가 천국의 언어와 인간의 언어를 분리하는 장벽이라고 생각했다. 인간은 사물을 추상화하고 일반화함으로써 사물에 정확한 이름을 부여하지 못한다는 것이다. "번역자의 과제는 다른 언어의 마법에 갇힌 순수 언어를 자신의 언어로 해방하는 것, 즉 어떤 작품에 감금된 언어를 재창조된 작품에서 해방하는 것이다."[29] 마찬가지로 문화 비판의 기능은 인간의 취약한 근사치 언어를 해독해서 잃어버린 신적인 언어활동의 차원을 재발견하는 것이다.

우리가 살펴봤듯이 베냐민의 순수 언어 탐색은 유대 신비주의 탐닉에 뿌리가 있다. 그가 조예 깊었던 프랑스 상징주의 시의 영향도 반영한다. 베냐민은 번역에 관한 에세이에서 스테판 말라르메Stéphane Mallarmé를 인용했다. "지상에 존재하는 다양한 관용어가 있기에 어떤 경우에도 단

28 "Über Sprache überhaupt und über die Sprache des Menschen," in Walter Benjamin, *Schriften*, ed., Theodor W. Adorno and Gershom Scholem, vol. II (Frankfurt, 1955). 언어 이론에 관한 베냐민의 논의는 다음을 보라. Hans Heinz Holz, "Philosophie als Interpretation," *Alternative*, 56/57(October-December, 1967), Anon., "Walter Benjamin: Towards a Philosophy of Language," *The Times Library Supplement*(London, August 23, 1968).

29 Benjamin, "The Task of the Translator," *Illuminations*, ed., with an introduction by Hannah Arendt, trans., Harry Zohn(New York, 1968), p.80.

박에 진리로 나타날 수 있는 단어를 소리 내지 말아야 한다."[30] 끝으로 일부 비평가의 주장처럼[31] 독일 관념론 전통 밑바닥에 있는 슈바벤 경건주의Schwaben Pietism의 잔해가 그의 언어 이론에 영향을 미쳤을 가능성도 있다. 기원이 무엇이든 베냐민이 성서의 문장구조보다 단어에 훨씬 관심이 있었다는 점을 이해하는 것이 중요하다. 이런 점에서 베냐민을 **'시대를 앞선**avant la lettre 구조주의자'[32]라고 부르는 것은 옳지 않다.

아도르노와 호르크하이머는 의식적으로 베냐민 언어 이론의 신학적 토대를 받아들이지 않았지만, '순수' 언어가 타락했다는 그의 생각은 받아들였다.[33] 호르크하이머는《이성의 몰락》에 "철학이란 인간의 모든 지식과 통찰을 만물이 정당한 이름으로 불리는 언어 구조에 넣으려는 의도적인 노력이다"라고 썼다.[34] 그는 계속해서 모든 진정한 의미의 철학에서 진리라는 개념은 "이름과 사물의 일치"[35]라고 했다. 다시 비판 이론의 유토피아적 취향 근저에는 **이성**에 의한 화해라는 테마가 자리 잡고 있음을 보여주는 것이다.

호르크하이머와 아도르노는 1940년대 저작에서 유토피아적 취향을 강조했지만, 앞서 우리가 살펴본 비판 이론이 시작됐을 때부터 핵심적 전제 중 하나인 '타자'에 이름을 부여하거나 타자를 묘사하지 않으려는 태도를 포기하지 않았다. 사실상 타자에 이름을 붙이거나 묘사하려 하지 않는 태도는 거룩한 자의 이름을 발설해선 안 된다는 유대교의 금기

30 *Ibid.*, p.77.

31 위르겐 하버마스는 1969년 3월 7일 프랑크푸르트에서 인터뷰할 때 이 점을 지적했다.

32 익명의 저술가가 〈발터 베냐민: 언어의 철학을 위하여Walter Benjamin: Towards a Philosophy of Language〉에서 베냐민의 입장을 묘사하기 위해 이 구절을 사용했다. 베냐민은 〈번역가의 과제The Task of the Translator〉라는 논문에서 "문장보다 단어를 번역가의 으뜸가는 요소로 입증하는 통사syntax의 축자역逐字譯, literal rendering에 의해" 순수 언어의 투명성에 도달할 수 있다고 썼다(p.79).

33 7장 413쪽 호르크하이머가 뢰벤탈에게 보낸 편지를 보라.

34 *Eclipse of Reason*, p.179.

35 *Ibid.*, p.180.

와도 관련된다. 유대인은 하나님의 진짜 이름을 부르지 않는다. 메시아의 시대가 오지 않았기에 신의 이름을 부르는 일은 시기상조이기 때문이다. 마찬가지로 프랑크푸르트학파가 유토피아적 전망에 대해 개괄적으로 언급하지 않으려 한 것은, 진정한 화해란 철학 혼자 힘으로 성취될 수 없다는 구성원들의 신념을 반영한 것이다. 마르크스가 주장했듯이 자유롭지 않은 사람은 '자유의 왕국'을 상상할 수 없다. 사회 조건이 철저하게 변하지 않았다면 철학은 제한된 역할만 맡을 수 있다. "주체와 객체, 언어와 사물이 현재 조건 아래 통합될 수 없는 한, 우리는 부정의 원리에 따라 가짜에 불과한 절대적인 것의 파편으로부터 상대적인 진리를 건져내려 노력할 수밖에 없다."[36] 아도르노는 사물에 올바른 이름을 부여하려는 베냐민의 노력을 마술과 실증주의의 결합이라고 비난했다.[37] 《계몽의 변증법》 문화 산업에 관한 장에서 아도르노와 호르크하이머는 대중문화에 의해 만들어진 이데올로기적이고 도구적인 언어를 기술하기 위해 서로 적대하는 개념을 같은 방식으로 결합했다.[38] 부정이 때 이른 해결 모색보다 진정한 진리의 도피처였다.

계몽적 정신의 가장 큰 실패는 이름과 사물이 정당하게 결합되는 사회 조건을 창조할 수 없었다는 것이 아니고, 언어에서 부정을 체계적으로 배제했다는 점이다. 개념이 공식에 의해 대체되면 궁극적으로 파괴적일 수밖에 없는 것도 이 이유 때문이다. 계몽의 철학은 실재론적이라기보다 억압적인 유명론이었다. 베냐민식으로 말하면 계몽의 철학은 하느님의 말씀을 무시하고 인간의 언어만 인정했다. 인간이 이름을 부여하는 유일한 존재였고, 이는 인간의 자연 지배에 상응하는 역할이었다.

---

36 *Ibid.*, p.183.

37 Walter Benjamin, *Briefe*, ed., Theodor W. Adorno and Gershom Scholem(Frankfurt, 1966), vol.Ⅱ, p.786.

38 *Dialektik der Aufklärung*, p.195.

언어는 마르쿠제의 후기 용어를 사용하면 일차원적으로 변했다.[39] 언어는 부정을 표출할 수 없기에 억눌린 저항의 목소리를 말할 수 없었다. 언어는 진실한 의미를 발표하는 대신 사회 지배 세력의 도구로 전락했다.

이런 언어 타락의 조짐은 호르크하이머와 아도르노가 《계몽의 변증법》 첫 번째 보론에서 그 의미를 탐색하기 위해 선택한 호메로스Homeros의 《오디세이아Odysseia》부터 명백히 나타났다. 오디세우스Odysseus는 애꾸눈 키클롭스Cyclops에게 자신을 '아무도 아니다Udeis'라고 부르게 한다. 이는 자기동일성을 부정하는 것이다. 원시적인 계몽 이전의 정신 단계에 있는 키클롭스는 오디세우스가 '아무도 아니다'라는 이름과 동일하다고 여긴다. 그런데 오디세우스가 사용한 이 계략은 사실 오디세우스를 향해 던져진 셈이었다. 서양인은 현상 유지 수단으로 작동하는 언어를 개념 파악과 부정의 가능성이 있는 언어로 대체하면서 자기동일성을 상실했기 때문이다.

다른 관점에서 보면 호메로스 서사시는 정확히 말해 절반은 신화적 서사고 절반은 합리적인 소설 형식으로, 계몽의 주요 주제를 예견한다. 한 가지 사례가 주관적 합리성의 대가인 자기부정과 체념이다. 호르크하이머의 〈이기주의와 자유 운동〉과 마르쿠제의 〈쾌락주의에 대한 비판〉 등 연구소 초기 저작을 논한 2장에서 지적했듯이, 비판 이론의 주된 공격 목표는 모든 금욕주의였다. 《계몽의 변증법》에서 금욕주의에 대한 비판이 확대됐다. "문명사란 자기희생의 역사, 다른 말로 하면 자기 포기의 역사다."[40] 사실상 인간과 자연의 합일성에 대한 최초의 부정은 그 결과 야기된 문명의 불안성의 근원이 됐다. 《오디세이아》는 서구 사상에

---

39 마르쿠제는 《일차원적 인간》(Boston, 1964)에서 '담론으로 구성된 우주의 폐쇄'에 대해 깊이 있는 논의를 한다. pp.85f.

40 *Dialektik der Aufklärung*, p.71. 마르쿠제는 《에로스와 문명》에 "탁월한 문화-영웅은 문화를 창조한 대가로 항구적인 고통을 겪는 신에 대한 적대자다"(p.146)라고 썼다. 그는 오디세우스보다 프로메테우스Prometheus를 문화-영웅의 원형으로 간주했다.

표출된 자기 체념과 자기 보존의 고유한 관계에 관한 사례를 풍부하게 보여준다. 오디세우스가 로투스Lotus나 히페리온Hyperion의 가축을 먹지 않는 것, 키르케Circe에게서 그를 돼지로 바꾸지 않겠다는 맹세를 받은 뒤에야 동침한 일, 세이렌Seiren의 노래를 듣고 유혹되지 않기 위해 자기 몸을 돛대에 묶게 한 것 등이다.

이 마지막 에피소드는 호르크하이머와 아도르노에게 특별한 상징적 의미가 있었다.[41] 오디세우스는 세이렌의 노랫소리를 듣지 못하도록 뱃사공의 귀를 밀랍으로 막게 했다. 뱃사공은 근대 노동자처럼 땀 흘려 노동하기 위해 쾌락을 억누르는 것이다. 한편 오디세우스는 노동자가 아니기에 세이렌의 노랫소리는 들을 수 있지만, 세이렌의 유혹에는 응답할 수 없는 조건에 처했다. 오디세우스 같은 특권층에게도 문화는 성취될 수 없는 **'행복의 약속'**이었다. 여기서 오디세우스는 현실과 이상의 분리를 경험한다. 현실과 이상의 분리는 연구소가 명명한 '긍정의 문화'의 특징이다.

오디세우스식 합리성 해석은 더 근본적으로 다가올 불길한 일을 예시한다. 오디세우스는 맹목적 운명과 투쟁하면서 총체성과 자신의 합일성을 부정했다. 오디세우스는 자기 보존을 위해 주관적 합리성을 발전시켜야 했다. 그는 로빈슨 크루소Robinson Crusoe처럼 적대적인 환경에서 기지를 발휘해 살아가는 원자화되고 고립된 개별 인간이었다. 그의 합리성은 속임수와 도구성을 기초로 한다. 호르크하이머와 아도르노는 오디세우스를 근대 '경제인', 즉 계몽적 가치관을 갖춘 인간의 전형으로 봤다. 그의 속임수는 이윤을 도덕적으로 정당화하는 투기 자본 부르주아 이데올로기를 예견한다고 할 수 있다. 오디세우스와 아내 페넬로페Penelope의 결혼 관계에도 교환 원칙이 개입된다. 오디세우스가 고향을 떠

41 *Dialektik der Aufklärung*, pp.76f.

난 동안 페넬로페가 지킨 정조와 구혼의 거절이 그의 귀환과 교환되는 것이다.

호메로스의 서사시에는 계몽의 중요한 초기적 형태가 나타나지만, 향수병(즉 화해에 대한 욕망)이라는 강력한 요소도 포함된다. 그러나 오디세우스가 돌아가고 싶어 한 고향은 여전히 자연에서 소외돼 있다. 진정한 향수병이란 노발리스Novalis가 깨달은 것처럼 돌아갈 '고향'이 자연을 의미할 때 정당화되는 법이다. 호르크하이머와 아도르노는 《계몽의 변증법》의 두 번째 보론 〈줄리엣 혹은 계몽주의와 도덕Juliette oder Aufklärung und Moral〉에서 계몽의 저변에 흐르는 왜곡된 형태의 자연으로 '회귀'를 상세히 검토했다. 회귀는 야수가 된 자연의 앙갚음이라는 20세기 야만에서 절정에 이른 현상을 의미했다. 파시즘의 거짓 자연주의를 다루는 연구소의 초기 저작(특히 크누트 함순에 대한 뢰벤탈의 신랄한 에세이)이 논의의 배경이 된다.

호르크하이머와 아도르노는 다시 칸트에 의해 상징되는 부르주아 자유주의와 사드와 부분적으로 니체가 대표하는 전체주의의 연속성을 강조한다. 그들은 윤리학을 오로지 실천이성에 자리 잡게 하려 한 칸트의 노력은 근본적으로 실패라고 주장했다. 인간을 수단이 아니라 목적으로 간주하라는 칸트의 훈계에도 자연, 더 나아가 인간을 대상으로 취급하는 계몽의 태도는 근본적으로 정언명령의 극단적 형식주의와 일치한다. 계몽의 태도를 논리적인 극단까지 밀어붙이면 결국 계산적이고 도구적이며 형식적인 합리성은 우리를 20세기 야만으로 이끈다. 사드는 이 여정에서 거쳐야 하는 경유지다. 그가 쓴 《악덕의 번영Histoire de Juliette, ou les Prospérités du vice》은 어떤 기관도 쉬게 해선 안 되며, 어떤 구멍도 열어둬선 안 된다는 기능적 합리성의 전형이다. "줄리엣은 과학을 신조로 삼는다. ……그녀는 현대 실증주의처럼 의미론과 논리적 구문론을 가지고 활동했다. 그러나 사유와 철학에 대항해 언어를 비판하는 현대 행정에

고용된 자들과 달리, 줄리엣은 종교와 싸움을 벌이는 계몽의 딸이다."[42] 《소돔의 120일Les Cent Vingt Journées de Sodome》에서 사드는 칸트의 학문 체계를 조롱하며 정반대 입장을 취한다. 《미덕의 불운Justine, ou les malheurs de la vertu》은 신화론의 마지막 흔적을 제거한 호메로스의 서사시다. 사드는 사랑의 영적인 면과 육체적인 면을 무자비하게 갈라놓음으로써 데카르트적 이원론의 함축적 의미를 잘 이해한 셈이다. 더욱이 여성을 잔인하게 억눌러야 한다는 그의 사상에는 계몽 특유의 자연 지배 사상이 은연중 내포됐다.[43] 여성은 주체성이 박탈된 단순한 생물학적 기능으로 환원된다. 사드는 교회의 동정녀 숭배는 부분적으로 모성의 따뜻함과 화해를 인정한 것이기에 잘못됐다고 생각한다. 근대 초기 마녀재판은 외적으로 여성해방을 지지하는 듯 보여도 실제로 여성에 대한 계몽적 태도를 은연중 상징하는 것이다. 사드의 뻔뻔한 야수성은 더 광범위한 현상의 가장 뚜렷한 사례일 뿐이다. 사실상 '약한 성별'에 대한 계몽적 사디즘은 후대의 유대인 박해를 예견케 해준다. 여성과 유대인은 지배의 대상이 됐다.

니체의 권력의지는 칸트의 정언명령 못지않게 이런 사상 발전의 전조를 보여주는데, 그는 인간의 지위를 외부의 힘에서 독립된 자리에 놓았다. 니체의 인간 중심적 교만은 칸트가 계몽의 첫 번째 목표라고 한 '성숙' 개념의 뿌리이기도 하다. 칸트에 따르면 이 개념은 계몽주의의 주된 목표 중 하나였다. 만물의 척도로서 인간은 본질적으로 자연 지배자로서 인간을 의미했다. 그런데 인간 자율성의 지나친 강조는 역설적이게 인간의 예속을 초래했다. 자연의 운명이 인간의 운명이 되는 것이다. 사실 파시즘은 인간의 지배에 대한 자연의 반란을 사악한 통치 목적을 위

42 *Ibid.*, p.117~118.

43 이 점은 '인간과 동물'에 관한 아포리즘에서 발전됐다. *Ibid.*, pp.297f.

해 이용했다.[44] 일방적인 지배는 마땅히 그 반대 방향으로 뒤집혀야 했다. 진정한 자연으로 '회귀'는 파시스트의 거짓된 자연주의와 본질적으로 다른 것이었다.

사족을 달자면 호르크하이머와 아도르노는 인간의 완전한 자율성을 크게 강조하지 않았으며, 초기 비판 이론의 특징이기도 한 적극적인 인간학을 명시적으로 정의하기를 거부했다. 그들은 인간학을 적극적으로 정의하려는 시도는 자연 세계를 훼손하는 인간 중심주의를 받아들인다는 의미라고 말하려는 것처럼 보인다. 비판 이론은 비록 세계의 비합리성을 측정하는 기준을 손에 쥐고 있다 해도 본질적인 면에서 철저한 인간중심주의radical humanism는 아니었다.[45] 말년에 전면에 나타난 호르크하이머의 종교적 관심은 언뜻 보기에 느껴지는 것처럼 초기 저작의 전제에서 벗어나지 않았다.

호르크하이머와 아도르노는《계몽의 변증법》의 나머지 부분에서 문화산업과 반유대주의에 스민 계몽적 정신을 철저히 규명하려고 했다. 우리는 두 가지 현상을 6장에서 논의했다. 그들은《계몽의 변증법》마지막 부분에 육체의 알려지지 않은 역사부터 유령론까지 별개 주제를 다루는 아포리즘을 포함했다. 수차례 언급했듯이 이 책에 흐르는 분위기는 비관적이며, 전망은 침울하다. 현재 서구 문명 위기의 핵심인 자연에서 인간의 소외 현상은 그 흐름을 되돌릴 수 없는 듯 보인다. 호르크하이

---

44 *Dialektik der Aufklärung*, p.218. 호르크하이머는《이성의 몰락》에서 이 점을 충분히 검토했다(pp.121f.).

45 알프레트 슈미트는 '진짜 휴머니스트' 아도르노와 다른 전통적 휴머니스트를 구별하려고 노력했다. '진짜 휴머니스트'라는 용어는 1845년 마르크스의《신성 가족Die heilige Familie》에 처음 나타나며, 포이어바흐의 추상적 · 비역사적 휴머니즘을 반대하기 위해 사용했다. 아도르노는 '반휴머니스트'로 불리는 것을 좋아했다. 그가 정태적인 인간 규정이 함축하는 실증적 의미를 싫어했기도 했지만, 인간중심주의에 따라 자연이 훼손될 것을 두려워했기 때문이다. 슈미트의 주장은 다음을 보라. "Adorno—ein Philosoph des realen Humanismus," *Neue Rundschau*, LXXX, 4(1969). 내가 쓴 논문도 보라. "The Frankfurt School's Critique Marxist Humanism," *Social Research* XXXIX, 2(Summer, 1972).

머와 아도르노는 역사철학에 헌정한 아포리즘에서 기독교, 헤겔 관념론, 유물사관의 낙관적 전제를 분명히 거부한다. 더 나은 조건에 대한 희망은 완전히 허황한 환상이 아니라면 희망에 도달할 수 있다는 보장이 아니라 현존하는 것을 결정적으로 거부하는 데 달렸다. 그러나 이성은 그 투쟁 과정을 이끌어가는 데 도움이 되는 어떤 **프락시스**도 실시하지 못했다.[46]

프랑크푸르트학파는 철학이 제시한 약속을 실현하려는 모든 시도를 도구화라고 간주했다. 호르크하이머와 아도르노는 프로파간다에 관한 아포리즘에서 철학과 언어를 사회변화를 유발하는 도구로 사용하는 태도를 통렬하게 비난했다. 호르크하이머는《이성의 몰락》에서 비슷한 점을 지적했다. "그런데 과연 행동주의, 특히 정치적 행동주의가 정당하게 규정된 유일한 성취 수단일까? 나는 그렇게 말하기 망설여진다. 우리 시대는 행동을 촉진하는 자극이 필요하지 않다. 철학은 어떤 훌륭한 목적을 위해서도 프로파간다로 둔갑해선 안 된다."[47]

결과적으로 1940년대 프랑크푸르트학파의 저작에서는 사회 변화 방법에 대한 어떤 실용적 조언도 분명히 제시되지 않는다. (프랑크푸르트학파가 이전에는 구체적인 사회 변화 방법에 대한 조언을 제시했다는 뜻이 아니다. 그러나 최소한 **프락시스**에 대한 요구는 연구소 초기 저작의 주된 요소였다.) 자연과 화해가 뚜렷한 목표였지만, 그것이 무엇을 의미하는지는 명확히 제시되지 않았다. 그것이 실체화된 자연적 힘에 인간이 종속돼야 함을 의미하지 않음은 분명하다. 프랑크푸르트학파는 엥겔스의 유치한 자연변증법을 재생하려 하지 않았다. 그들은 뢰벤탈이 크누트 함순에 관한 논문에서 철저하게 폭로한 자연을 신격화하는 우파의 입장에 굴복하려고 하지도 않았다. 그들은 독일 지성사에 빈번히 나타나는 계몽에 대한 비판에서 자신

46 *Dialektik der Aufklärung*, p.267.

47 *Eclipse of Reason*, p.184.

을 구별하려 했다. 이런 비판은 이상화된 '자연 상태'에 대한 향수 어린 동경에 불과했다.

호르크하이머와 아도르노는 자연 자체는 선하지도 악하지도 않다고 생각했다. 게다가 완전한 일치라는 의미에서 자연과 완전한 조화는 매개되지 않은 상태로 퇴행을 의미할 뿐이다. 비판 이론은 주체가 객체로 환원된다거나, 그 반대 경우를 배제하는 방식으로 양자의 비동일성을 계속 강조했다. 이 점에서 호르크하이머와 아도르노는 베냐민이나 에른스트 블로흐와 입장을 달리한다. 블로흐의 희망의 철학은 주체와 객체의 구별을 배제하는 듯한 방식으로 자연적 주체의 소생에 대해 언급한다.[48] 호르크하이머와 아도르노는 투사에 대해 언급하면서 조화된 희망은 객관과 지각의 통합이 아니라, 양자의 반성적 대립에서 보존된다고 주장했다.[49] 그들은 다른 글에서 지배에 적대하는 것은 자연 자체가 아니라 자연에 대한 **기억**임을 분명히 밝혔다.[50]

기억 개념은 프랑크푸르트학파가 근대 문명의 위기를 이해하는 데 중심적인 역할을 한다. 여기서 비판 이론의 프로이트적 요소를 확인할 수 있다.[51] 호르크하이머와 아도르노는 한 아포리즘에 인간이 진보의 대가로 치른 가장 큰 희생은 자연 지배로 야기된 고통의 억압이라고 썼다. 그들에 따르면 자연은 인간 밖에 존재하는 것일 뿐 아니라, 인간의 내적

48 이 점을 강조하는 블로흐에 관한 매우 비판적인 문서가 있다. 예를 들어 다음을 보라. Jürgen Habermas, "Ernst Bloch—A Marxist Romantic," in *The Legacy of The German Refugee Intellectuals, Salmagundi*, 10/11(Fall, 1969-Winter, 1970).

49 *Dialektik der Aufklärung*, p.223.

50 *Ibid.*, p.305.

51 마르쿠제는 《에로스와 문명》에서 "기억의 올바른 회복은 해방의 매개체로써 사유의 고귀한 과제 중 하나다. 이런 기능을 하는 **기억**Erinnerung은 헤겔의 《정신현상학》 결론과 프로이트 이론에도 나타난다"(p.212)고 썼다. 마르쿠제에게 산산이 부서진 것을 '재수습하는 일re-membering'의 중요성은 그가 완전히 포기하지 않은 동일성 이론과 밀접히 연관돼 있다. 하버마스도 《인식과 관심》(Frankfurt, 1968)의 정신분석학에 관한 뛰어난 분석을 한 장章에서 기억의 해방 기능을 강조했다(pp.262f.).

존재로도 이해돼야 한다. 그들은 "물화 그 자체가 망각이다"라고 지적했다.[52] 앞에 언급했듯이 과거를 완전히 회복하면서 해방된 미래를 모색하는 일이야말로 발터 베냐민의 주요 주제 중 하나였다. 베냐민의 경험 이론과 유년기의 기억할만한 사건에 대한 관심[53]은 이런 관심을 반영한다. 아도르노는 "물화 그 자체가 망각이다"라는 표현을 1940년 베냐민에게 쓴 편지에 처음 사용했다.[54] 베냐민은 이에 자극을 받고 보들레르에 관한 논문을《사회연구》지에 기고했는데, 여기서 그는 통합된 **경험**Erfahrungen과 프루스트의 **무의지적 기억**mémoire involontaire을 검토했다.

그들은 해방 과정을 부분적으로 자아의식의 발달과 잃어버린 과거의 회복으로 이해한다. 비판 이론의 헤겔적 뿌리가 명백히 드러나는 지점이다. 헤겔에게 역사 과정은 정신이 소외된 객관화를 자각하는 정신의 흐름이었다. 그러나 호르크하이머와 아도르노는 첫째로 주관성을 개인보다 우위의 초월적 실재로 실체화하지 않았고, 둘째로 이를 객관적 실재의 유일한 원천으로 여기지 않는다는 점에서 헤겔과 입장을 달리했다. 프랑크푸르트학파는 세계가 의식의 창조물이라는 관념론적 개념으로 되돌아가지 않았다. 아도르노가 1940년 2월 29일 베냐민에게 보낸 편지에서 지적한 바와 같이, 다소간의 망각은 불가피한 것이며 나아가 다소간의 물화도 불가피하다. 성찰하는 주체와 성찰의 대상인 객체가 완전히 동일해질 수는 없다.[55]

프랑크푸르트학파는 의식이 이론적으로 '객관적'일지라도 의식을

---

52 *Dialektik der Aufklärung*, p.274.

53 Benjamin, *Berliner Kindheit um Neunzehnhundert*(Frankfurt, 1950).

54 아도르노가 1940년 2월 29일 베냐민에게 보낸 편지. Adorno, *Über Walter Benjamin*, p.159.

55 아도르노는 헉슬리에 관한 논문에서 약간의 물화는 문화 자체의 필연적 요소라고 옹호했다. 이 책 6장 325쪽을 보라. 호르크하이머는 다른 글에서 딜타이와 그의 후계자들이 역사를 과거 사건의 **죽은 삶**Nacherleben으로 환원했다고 비판했다. 그는 주체로서 역사가와 객체로서 사건의 완전한 동일성은 불가능하다고 논증했다. 이 책 2장 119쪽을 보라.

강조하는 관념론에는 인간 중심적인 충동이 존재한다고 간파했다. 호르크하이머는 1945년 자신이 책에서 다룬 주제에 관한 시리즈 강연을 위해 컬럼비아대학교로 돌아갔다. 그는 강연에서[56] 독일고전철학이 인간과 신의 이원론을 극복하려 했다고 비난하며, 결국 이런 의도로 철학 체계에 악마적인 요소가 포함됐다고 말했다. 이원론을 극복하려다가 라이프니츠와 헤겔 등의 정적주의를 포함한 신정론神正論(악의 존재조차 신의 뜻이라는 주장—옮긴이)을 낳았다는 것이다. 모든 고전 철학자의 저작에는 은총 관념이 없다. 그들의 교만을 의미한다. 프랑크푸르트학파는 이를 피하기 위해 자연적 대상과 인간 주체의 상호작용을 무시하지 않는 한, 자연적 대상의 자율적 성격이 어느 정도 보존돼야 한다고 생각했다. 마르크스가 말한 '자연의 인간화'와 '인간의 자연화'[57]는 필요하지만, 자연과 인간의 고유한 차이가 제거돼선 안 된다는 것이다.

물론 1940년대 연구소는 자연과 인간의 필연적 차이의 보존보다 양자의 화해를 강조했음을 이해해야 한다. 그들의 연구 계획에는 딜타이와 그 후계자들이 19세기 말에 자연과학과 사회과학의 간격을 궁극적으로 메우려고 기울인 노력이 은연중 내포됐다. 이는 1920년대에 이르기까지 마르크스 이론에도 영향을 끼친 이분법이었다.[58] 루카치는 이러한 이분법을 마르크스주의를 자연과학으로 환원하려는 엥겔스와 카우츠키, 제2인터내셔널이 그들의 후계자에 대항하는 동안 수용했다. 청년 마르쿠제도 연구소에 합류하기 전에는 역사와 자연에 연결될 수 없는 간

56 1945년 4월 17일 컬럼비아대학교 강연. 호르크하이머는 다음 주에 다른 강연 3개를 했다. 이 강연은《이성의 몰락》을 뒷받침하는 1944년 강연과 비슷하지만 같지는 않았다(뢰벤탈 소장).

57 *Karl Marx: Early Writings,* trans., and ed., T. B. Bottomore(New York, 1963), p.155.

58 마르크스는 하나의 과학을 희망했다. "인간 과학이 자연과학과 결합하는 것과 똑같이 자연과학도 언젠가 인간 과학과 결합할 것이다. 이때는 **하나의** 과학만 존재할 것이다"(*Early Writings,* p.164). 마르크스의 후계자들은 '하나의 과학만 존재할 것'이라는 구절을 잊어버렸고, 마르크스가 말한 '언젠가' 인간과 자연의 통일과학이 존재할 것이라는 점도 무시했다.

극이 있음을 강조했다. 마르쿠제는 1930년 "역사성과 비역사성의 구분은 존재론적인 구분이다"라고 썼다.[59] 호르크하이머도 비코와 데카르트에 관한 비교 연구에서 인간의 연구와 자연의 연구는 완전히 같지 않다는 관점을 지지했다.

이런 관점을 대놓고 부인하진 않았지만, 1940년대 프랑크푸르트학파는 인간과 자연을 항구적으로 갈라놓는 태도를 공격해서 이 관점에 의문을 제기했다. 이런 문제 제기가 루이 알튀세르[60]와 그 제자들 같은 후기 마르크스주의자에게서 나타나는 이른바 '과학적' 역사관으로 되돌아갔음을 뜻하진 않지만, **정신과학**Geisteswissenschaften과 **자연과학**Naturwissenschaften의 엄격한 이분법을 수정하려는 것임은 분명하다. 인간과 자연의 화해 필요성에 대한 언급은 자연과 인간의 동일성을 의미하지 않으며, 역사성과 비역사성에 '존재론적 경계'가 있다는 신념과도 일치하지 않는다. 그러나 연구소 저작에서는 이것이 미래 인간 과학을 위해 정확히 무엇을 의미하는지 나타나지 않는다.

자연과 인간의 화해가 이루어지는 심리학적 차원 역시 문제시될 수 있다. 프랑크푸르트학파는 심리적 차원에 미메시스라는 개념을 도입했다. 모방은 사회 활동을 설명하기 위해 사회 이론가들이 선호한 개념이다. 예를 들어 뒤르켐은《자살론Le suicide》에서 가브리엘 타르드Gabriel Tarde 같은 이전 세대의 모방 개념을 비판하는 데 전력을 기울였다.[61] 프로이트도《집단심리학과 자아분석》에서 타르드의 업적을 검토했지만, 그는 모방 개념을 귀스타브 르봉Gustave Le Bon이 채용한 '연상suggestion' 개념

59 Marcuse. "Zum Problem der Dialektik," *Die Gesellschaft* Ⅶ, 1(January, 1930), p.26.

60 예를 들어 다음을 보라. Louis Althusser, *For Marx*, trans., Ben Brewster(New York, 1969). 알튀세르파 예란 테르보른이 프랑크푸르트학파에 관해 쓴 논문은 위에서 언급했다.

61 Emile Durkheim, *Suicide*, trans., John A. Spaulding and George Simpson(New York, 1951), pp.123~142. 타르드의 주요 저작은《모방의 법칙Les Lois de l'imitation》(Paris, 1890)이다.

에 편입했다.[62] 이런 이론가들은 특정 양식의 집단행동, 특히 대중 혹은 군중의 행동 양식을 설명하기 위해 모방 개념을 사용했다. 프랑크푸르트학파도 이런 목적으로 모방 개념을 사용했지만, 이 개념을 또 다른 분야에서도 발전시켰다.

1941년 반유대주의에 관한 연구소의 프로젝트 초안에서 아동기 미메시스의 중요성을 소개했는데, 나치의 종족 형질 유전론을 반박하기 위해서였다.[63] 호르크하이머는 컬럼비아대학교 강연과 《이성의 몰락》에서 최초의 설명을 확장했다. 그는 모방이 유년기의 기본적인 학습법 가운데 하나라고 주장했다. 어린아이는 이후 사회화 과정을 통해 단순 모방을 그만두고 합리적이고 목적 지향적인 행동을 하도록 교육받는다. 이런 개체 발달과 유사한 계통 발달은 계몽의 중요 발전 양식 중 하나였다. 서구 '문명'은 미메시스와 더불어 시작됐으나, 결국 미메시스를 초월한다. "의도적인 적응과 그에 따른 지배가 여러 가지 형식의 미메시스를 극복한다. 과학의 진보란 이런 변화가 이론적으로 표현된 것이다. 공식이 이미지를 몰아내고, 계산기가 의례의 춤을 몰아낸다. 적응한다는 것은 자기 보존을 위해 자신을 대상 세계와 유사하게 한다는 뜻이다."[64] 그러나 미메시스는 서구 문명에서 완전히 극복되지 않았다. 호르크하이머는 다음과 같이 경고했다.

> 모방하려는 충동의 궁극적인 배제가 인간의 잠재 능력을 충분히 개발하도록 유도하지 못한다면, 모방하려는 충동은 파괴적인 힘으로 용솟음치기를 기다리며 웅크리고 있을 것이다. 즉 현상을 유지하려는 것 외에 다

---

62 Sigumund Freud, *Group Psychology and the Analysis of the Ego*, trans., James Strachey(New York, 1960), p.27.

63 "Research Project on Anti-Semitism," *SPSS* IX, 1(1941), p.139.

64 Horkheimer, *Eclipse of Reason*, p.115.

른 규범이 존재하지 않는다면, 이성이 제공할 수 있는 모든 행복의 희망이 단지 현존하는 자체를 보존하고 그 억압이 가중된다면 실제로 모방하려는 충동은 결코 극복된 것이 아니다. 사람들은 퇴행적이거나 왜곡된 형식으로 이 모방하려는 충동으로 후퇴한다.[65]

현대의 박해자들은 희생자들의 애처로운 제스처를 종종 모방한다. 선동정치가는 선동하는 대상에 대한 풍자만화처럼 빈번히 나타난다.[66] 선동만큼 악질적으로 보이지 않는 대중문화도 현상 유지를 반복하면서 일종의 가학적 요소를 표출한다. 아도르노는 이런 점을 재즈 연구에서 관찰했다.

그러나 미메시스 자체가 악의 근원은 아니다. 호르크하이머는 모방이 자연의 생명 긍정적 차원, 즉 모성적인 따듯함과 보호를 모방할 때 바람직하다고 생각했다. 그는 컬럼비아대학교 강연[67]에서 철학의 과제란 유년기 이후 사회화 과정에 희미해진 유년기의 미메시스에 대한 기억을 다시 일깨우는 것이라고 주장했다. 그러므로 가정이 해체되는 경향은 극복돼야 하며, 가장 외적인 요인에 굳어진 어린아이의 모방 충동만이라도 가정의 기본적인 목적으로 회복돼야 한다는 것이다. 여기에 한마디 덧붙인다면 모방 충동의 회복이라는 목표는 순수 언어에서 경험된 언어와 사물의 일치성과 긴밀한 관계가 있다. 호르크하이머가 주장한 것처럼 "언어는 억압된 자와 곤경에 처한 자연의 갈망을 반영한다. 즉 언어는 모방하려는 충동을 방출한다. 이 충동을 파괴적인 행동으로 변형하지 않고 보편적인 언어 매개체로 변형하는 일은 잠재된 허무주의적

---

65 *Ibid.*, p.116.

66 뢰벤탈과 구테르만은《기만의 예언자》(New York, 1949)에서 반유대주의 선동자들이 흔히 유대인의 행동 양식을 모방했다고 언급했다(p.79).

67 1949년 4월 24일(뢰벤탈 소장).

폭력 에너지가 화해를 위해 작용한다는 의미다."[68] 개체발생적으로 보자면 이런 조건은 모든 명사가 어떤 의미에서 고유명사처럼 느껴지는 두 살배기 아이의 의식에 존재한다.

목표가 인간 발달에서 이 단계를 회복하거나 이 단계의 더 나은 특성을 회복하는 것이라면, 프로이트를 따르자면 이후 단계로까지 발달한 발달한 자아에게 어떤 일이 일어날까? 호르크하이머와 아도르노는 1940년대 사변적인 저작에서 자아를 검토할 때,《편견에 관한 연구》와 전혀 다른 논조를 취했다. 그들은 자아 분리 상태의 성향을 소수 속죄양에게 투사하는 통합된 자아의 필요성을 강조하기는커녕 자아발달을 자연 지배와 관련시켰다. 호르크하이머는《이성의 몰락》에서 다음과 같이 주장했다.

> 원칙상 자아는 일반적으로 자연과 투쟁에서, 특수하게 타인과 투쟁에서 그리고 자신의 충동과 투쟁에서 이기려고 하기 때문에 지배, 명령, 조직화 등의 기능과 결부된다고 생각할 수 있다. ……자아의 지배는 가부장 시대에서 명백히 나타난다. ……자아 성장이라는 관점에서 서술하면 서양 문명사는 자기-규율이라는 점에서 자아를 능가하는 주인의 명령을 내면화하고 잠재의식화하는 것이기 때문이다. ……지금까지 자아 개념은 사회 지배 체제가 기원이라는 오점에서 벗어난 적 없었다.[69]

더욱이 외적 자연과 내적 자연에 대항하는 주관적 합리성을 갖춘 자아의 투쟁은 완전히 반대되는 것을 만든다. 호르크하이머는 다음과 같이 결론 내렸다. "도덕은 평범하다. 자아의 신격화와 자기 보존의 원리는

68 *Eclipse of Reason*, p.179.
69 *Ibid.*, pp.105~107.

개인의 완전한 불안정, 즉 개인의 완전한 부정으로 귀결될 것이다."[70]

여기서 자아 개념은 부분적으로 철학적 의미가 있지만(데카르트에서 후설까지 **생각하는 자아**ego cogito는 연구소의 본래 공격 목표였다[71]), 동시에 심리학적 의미가 있었다. 마르쿠제가 서구 사회 고유의 실제 원리로 주장한 '실행 원리performance principle'는 지배 도구로써 자아에 대한 이런 비판에 근거를 뒀다. 그는《에로스와 문명》에서 이 새로운 실제 원리의 윤곽을 제시하려고 했다. 반면 호르크하이머와 아도르노는 새로운 대안을 제시하지 않고 전통적인 자아 개념을 비판하는 데 만족해서, 하버마스 같은 프랑크푸르트학파 지지자를 난처하게 만들었다.[72]

호르크하이머와 아도르노의 주장에 원시적인 이론이 잠재적으로 내포됐음에도 그들은 자연의 단순성으로 복귀를 내포하는 입장이라면 뭐든 거부했다. 우리가 앞서 본 바와 같이 그들은 보수적인 문화 비평가에 의해 부각된 노스탤지어 개념을 거부했다. 마찬가지로 인류의 잃어버린 청년기에 대한 노스탤지어도 프랑크푸르트학파의 핵심적인 감성은 아니었다. 이는 호르크하이머가《이성의 몰락》에서 복잡하게 검토한 이성과 자연 관계에 명확히 나타난다. 우리가 종종 목격했듯이 연구소는 현대 세계에서 이성으로 통용되는 것에 매우 비판적이었다. 그들은 도구적·주관적·조작적 이성이 기술 지배의 하수인이라고 주장했다. 합리적인 목표가 없으면 모든 상호 행위는 불가피하게 권력 관계로 환원된다. 세계의 탈주술화는 이성 자체가 본래 내용을 상실할 정도로 진전됐다는 것이다.

호르크하이머와 동료들만 이런 주장을 펴진 않았다. 사실상 여타의

---

70 *Ibid*., p.122.

71 예를 들어 다음을 보라. Marcuse, *Negations: Essays in Critical Theory*, trans., Jeremy J. Shapiro(Boston, 1968), pp.32, 47.

72 1969년 3월 프랑크푸르트에서 하버마스와 진행한 인터뷰.

문제에는 의견이 일치하지 않을 다양한 사상가들이 이성에 관한 염려에서 일치했다. 프리츠 링거가 지적한 바와 같이 바이마르공화국 시대의 '만다린'은 세계의 합리화와 그 결과라는 주제에 집착했다.[73] 예를 들어 막스 셸러는 1926년에 자연의 합리적 지배를 비판했다.[74] 셸러의 반대 진영에 속한 하이데거도 같은 주장을 했고, 마르쿠제의 초기 저작에 나타나는 반테크놀로지 경향은 하이데거의 영향이라고 종종 인용되기도 한다.[75] 1940년대에는 사상적 배경이 전혀 다른 보수적 저술가들도 도구적 합리성과 그 영향에 열띤 공격을 퍼부었다. 마이클 오크쇼트Michael Oakeshott의 훌륭한 논문 〈정치적 합리주의Rationalism in Politics〉[76]는 《계몽의 변증법》, 《이성의 몰락》과 같은 해에 출판됐다.

우리가 앞에서 본 바와 같이 프랑크푸르트학파는 이런 사상가들과 달리 이성의 다양성을 고집했다. 어떤 이성은 자연과 충돌을 피할 수 있다는 것이다. 그들은 이 형태의 이성이 사회적으로 직접 실현될 가능성을 거부한다는 점에서 다른 사상가와 구별된다. 비적대적인 이성 개념은 항상 하나의 희망 사항이지만, 그 존재는 현상 유지에 대한 부정으로 자연의 무비판적 신격화를 방지할 것이다. 호르크하이머는 자연으로 '회귀'와 도구적 합리성의 밀접한 관련성을 논증하기 위해 《이성의 몰락》 한 장을 바쳤다. 논점 전개는 《계몽의 변증법》에서 사드를 검토할 때와 똑같다. 호르크하이머는 다음과 같이 주장했다.

---

73 Fritz Ringer, *The Decline of the German Mandarins*(Cambridge, Mass., 1969).

74 Max Scheler, *Die Wissensformen und die Gesellschaft*(Leipzig, 1926), pp.234~235.

75 이 입장에 대한 최근의 가장 포괄적인 옹호는 다음 논문에서 찾아볼 수 있다. Rolf Ahlers, "Is Technology Intrinsically Repressive?," *Continuum* Ⅷ, 1/2(Spring-Summer, 1970); Paul Piccone and Alexander Delfini, "Marcuse's Heideggerian Marxism," *Telos* 6(Fall, 1970).

76 이 논문은 다음에 다시 수록됐다. Michael Oakeshott, *Rationalism in Politics and Other Essays*(London, 1962). 오크쇼트는 합리주의를 자신의 도구적 변수와 같은 것으로 간주했고, "정치학과 공학의 결합은 합리주의적 정치학의 신화라고 불릴 만하다"(p.4)고 썼다.

합리성의 증대에 대항하는 자연적 인간(사회 구성원 중에서 뒤처진 계층이라는 의미)의 반란은 실제로 이성의 형식화를 조장했고, 자연에서 벗어나기는커녕 자연의 억압을 촉진했다. 우리는 이런 점에서 파시즘을 이성과 자연의 악마적인 결합이라고 규정해도 무방할 것이다. 철학이 언제가 꿈꿔온 양극의 화해와 정반대 일이 벌어진 것이다.[77]

다윈의 진화론은 최소한 그 사회적인 의미에서 볼 때, 자연의 저항과 지배를 결합시킬 수 있는 징후로 간주됐다. 호르크하이머가 보기에 다윈의 본래 생각에는 인간과 자연의 합일에 대한 통찰이 있지만, 사회적 다윈주의는 자연과 인간의 화해 가능성을 뒤집었다. "적자생존이란 개념은 형식화된 이성을 자연의 역사에 알맞은 용어로 바꾼 것에 불과하다."[78] 호르크하이머가 **혐오한**bêtes noires 실용주의를 진화론의 한 분파로 간주한 것도 이상한 일은 아니다.[79] 베냐민은 에두아르트 푹스에 대한 논문에서 이미 다윈의 진화론과 베른슈타인파 사회주의자의 편협한 낙관주의의 관계를 규명했다.[80] 이런 이성과 자연의 화해는 이성을 자연의 일부로 환원하는 것이기에 해결책이 될 수 없었다. 계몽 이전의 '자연주의'로 퇴행은 경악할 만한 결과를 초래하는 명백한 오류였다. 호르크하이머는 "자연을 돕는 유일한 방법은 이런 견해에 대립하는 독립적 사고를 자유롭게 해방하는 것이다"[81]라고 주장했다.

물론 '독립적 사고'란 완전히 자율적인 사색이라는 마르크스 이전의 개념으로 되돌아가는 것을 뜻하진 않았다. 호르크하이머는《이성의 몰락》에서 과거의 형이상학 체계를 부활하려는 시도를 명백히 거부했다.

---

77 *Eclipse of Reason,* p.122~123.

78 *Ibid.*, p.125.

79 *Ibid.*, p.123. 이 책은 시드니 훅과 존 듀이에 대한 폭넓은 비판도 포함한다.

80 Benjamin, "Eduard Fuchs, der Sammler und der Historiker," *ZfS* VI, 2(1937), p.364.

81 *Eclipse of Reason,* p.127.

1940년대 후반에 높은 관심을 일으킨 신토마스주의는 그의 주요 공격 목표였다. 호르크하이머는 절대적인 교리를 추구하는 신토마스주의가 명령으로 상대주의를 극복하려는 시도라고 비난했다. 그는 신토마스주의자가 아퀴나스의 가르침을 현대 세계에 적당히 맞추고자 하는 희망은 동조적이고 긍정주의적인 처사라고 비꼬았다. 호르크하이머가 보기에 신토마스주의는 부정을 무시한다는 점에서 실용주의와 근본적으로 똑같았다. 그는 다음과 같이 비난했다. "토마스주의는 실천 가능성이 없었기 때문이 아니라 실용주의적 목표를 묵인했기에 실패했다. 어떤 교리가 부정의 가능성을 배제하는 고립된 원리를 실체화하면 역설적으로 타협주의적 경향을 띤다."[82] 모든 실증주의 체계가 그렇듯이, 토마스주의의 내적 결함은 "진리와 선을 현실적 실재와 일치시키려는 데 있다."[83]

전후에 나타난 '독립적 사고'를 위한 또 다른 시도는 실존주의 운동이다. 연구소는 실존주의가 일시적으로 유행하기 전부터 나중에 실존주의의 지도적 대변자가 된 사상가들과 대립적인 관계였다. 아도르노의 키르케고르 비판이 가장 포괄적인 공격이었지만, 호르크하이머도 야스퍼스에 비판적인 논문을 썼고,[84] 마르쿠제도 연구소에 합류한 뒤 하이데거의 저작[85]과 카를 슈미트의 정치적 실존주의[86]를 비판했다. 전후 실존주의 운동의 가장 중요한 저작은 사르트르의《존재와 무》다. 호르크하이머는 1946년 이 책을 접하고 뢰벤탈에게 편지를 썼다.

나는 사르트르의 글을 읽어보고 우리 책을 가능한 한 빨리 발간하는 것

82 *Ibid.*, p.87.

83 *Ibid.*, p.90.

84 Horkheimer, "Bemerkungen zu Jaspers 'Nietzsche'," *ZfS* VI, 2(1937). 그는 1946년 5월 2일 뢰벤탈에게 보낸 편지에서도 야스퍼스를 모독적으로 비판했다(뢰벤탈 소장).

85 Marcuse, *Negations*, p.41.

86 *Ibid.*, pp.31~42.

이 우리 의무임을 깊이 확신했습니다. 마음속에서 치밀어 오르는 것을 눌러가며 사르트르의 책을 대부분 다 읽었어요. ……이것은 새로운 종류의 철학적 대중소설에 불과합니다. ……철학적인 관점에서 가장 놀라운 점은 변증법적 개념을 나약하게 물화했다는 것입니다. ……변증법적 사유의 세련성과 복잡성은 번쩍거리는 철제 기계로 둔갑했습니다. '즉자l'être en soi'와 '대자l'être pour soi' 같은 낱말은 일종의 피스톤처럼 기능합니다. 범주를 물질적으로 다루는 점은 흐늘흐늘하는 이탤릭체를 도저히 참을 수 없을 만큼 자주 사용한 데서도 나타납니다. 모든 개념은 문자 그대로 **기술적인 용어termini technici**에 불과합니다.[87]

그러나 《이성의 몰락》에서 실존주의는 전혀 언급되지 않는다. 실존주의를 분쇄하는 과제는 마르쿠제에게 넘어갔는데, 그는 전쟁 후 미국 국무부에 재직하는 동안 유일하게 발간한 논문에서 실존주의를 비판했다.[88] 마르쿠제는 《존재와 무》에 대해 호르크하이머보다 덜 비판적이었다. 그의 논리 전개는 몇 가지 점에서 사르트르의 후기 자기비판을 예견하는 것이기도 했다.[89] 마르쿠제가 보기에 사르트르는 역사적 조건보다 존재론적 조건에서 터무니없는 오류를 범했다. 그 결과 사르트르는 자유를 외부에 있는 타율적 세계와 대립하는 어떤 것으로 내면화하며 관념론적 입장으로 전락하고 말았다. 그에게 혁명적 의도가 있었지만, 그가 공언한 정치학과 철학은 엉뚱했다. 사르트르는 자유를 **대자존재pour-soi**(헤

87 호르크하이머가 1946년 8월 19일 뢰벤탈에게 보낸 편지(뢰벤탈 소장).

88 Marcuse, "Existentialism: Remarks on Jean-Paul Sartre's *L'Être et néant*," *Philosophy and Phenomenological Research* Ⅷ, 3(March, 1948).

89 사르트르는 《변증법적 이성 비판Critique de la Raison dialectique》(Paris, 1960)에서 《존재와 무》 상당 부분을 비판했다. 마르쿠제는 오히려 《존재와 무》에 호의적이었다. 《존재와 무》에 관한 논문 독일어판에 덧붙인 그의 문장을 보라. *Kultur und Gesellschaft*, vol. Ⅱ (Frankfurt, 1965), pp.83~84.

겔의 **대자** für-sich에 해당) 자리에 놓고, 대자존재가 **즉자존재**en-soi(혹은 **즉자** an-sich)될 가능성을 부정하고 유토피아적 가능성으로 화해의 가능성을 부정함으로써 주관성을 객관성에서 단절했다. 사르트르는 주체의 자유를 지나치게 강조하고 역사 조건에 따라 생기는 제약을 무시함으로써, 부지불식간에 현상 유지를 변호하는 사람이 됐다. 인간의 운명은 비록 끔찍하지만, 그래도 인간은 자기 운명을 선택했다는 사르트르의 주장은 터무니없었다.

> 존재론적 실존주의의 인간 개념이나 자유 개념으로 박해받는 유대인과 사형당하는 사람이 완전히 자유로우며 스스로 책임질 수 있는 선택을 한 사람이라는 사실을 철학이 증명할 수 있다면, 그때 이런 철학적 개념은 억압하고 사형을 집행하는 자를 손쉽게 정당화하는 한갓 이데올로기 수준으로 전락할 것이다.[90]

마르쿠제에게 선험적인 본질 관념 없이는 '실존주의' 철학의 모든 체계가 성립할 수 없는 것처럼 보였다. 사르트르의 책은 그의 의도와 반대로 다음과 같은 사실을 논증했다. 완전한 자유가 있는 **대자존재**는 경험적 조건이 아니라 인간의 일반 상황을 규범적으로 기술한다는 것이다. 사르트르는 부정의 계기를 이런 긍정적인 인간관에 흡수함으로써 본질적인 철학의 변증법적 긴장을 잃어버리고 말았다. 일률적인 행동과 항구적인 자기 창조로서 **대자존재** 개념은 부르주아사회에서 특수한 긍정적 기능이 있었다. 마르쿠제는 "자유경쟁, 자유로운 주도권, 기회균등의 이데올로기가 실존주의의 허무주의적 언어 너머로 슬금슬금 기어가고 있다"[91]고 고발했다. 슈티르너의 무정부주의적 자아 개념과 흡사한 사르

---

90 Marcuse, "Existentialism," p.322.

91 *Ibid*., p.323.

트르의 주체 개념은 계몽적 전통인 자연 지배 사상에 깊이 뿌리박고 있다는 것이다.[92]

마르쿠제가 마지못해 인정한 《존재와 무》의 유일한 요소는 섹슈얼리티에 관한 사르트르의 논의이다. 폴 로빈슨이 지적했듯이[93] 이 문제에 관한 마르쿠제의 관심은 그가 후기에 프로이트에 몰두하게 만든 경유지다. 이런 관심은 10년 전 《사회연구》지에 전개한 논쟁과 관련된다.[94] 마르쿠제는 사르트르의 섹슈얼리티 논의에서 성적 욕망에 은연중 내포된 '부정의 부정' 원리에 충격을 받았다. 성적 욕망 속에 내포된 부정은 극단까지 수행되면 **대자존재**의 활동까지도 부정하게 된다. 섹슈얼리티에서 신체는 지배적인 현실 원칙보다 오직 쾌락원칙에 통제되는 완전히 물화한 수동적 대상으로 변하는 경향이 있다. 마르쿠제는 1937년에 다음과 같이 썼다.

> 신체가 하나의 대상, 즉 아름다운 물체가 돼야 새로운 행복의 전조가 나타날 수 있다. 인간은 가장 극단적인 물화를 경험할 때, 물화를 극복할 수 있다. 오늘날 서커스, 희가극burlesque, 버라이어티 쇼vaudeville 등에서 공연되는 아름다운 육체의 묘기, 부드럽고 민첩한 동작, 나른한 휴식 등은 인간이 관념적인 육체에서 해방될 때 맛볼 쾌락을 제시한다. 이때 인류는 진정한 주체가 되어 사물을 지배하는 데 성공한다.[95]

마르쿠제는 이제 '사물의 지배'라는 견지에서 말하지 않았지만, 섹슈

---

92 자연에서 소외에 대한 실존주의적 해석에 관한 후기 토론은 다음을 보라. Albert William Levi, "The Concept of Nature," in *The Origins of Modern Consciousness,* ed., John Weiss(Detroit, 1965), pp.57f.

93 Paul Robinson, *The Freudian Left*(New York, 1969), pp.192f.

94 Marcuse, "The Affirmative Character of Culture," *Negations*, p.116.

95 *Ibid*.

얼리티를 완전히 물화하는 수동적인 자유야말로 적극적인 **대자존재**의 활동으로 자유를 위축하는 실존주의적 입장을 부정한다는 생각에는 변함없었다. 이런 태도는 자신의 철학에서 급진적 정치를 추출하려 한 사르트르의 시도[96]보다 사회변혁 가능성에 대한 폭넓은 시각을 제공한다. 여기서 **대자존재**는 마르쿠제의 후기 개념인 '실행 원리'에 따라 작동하는 것으로 볼 수 있다[97]의 부정은 비록 자연과 화해를 위한 작은 발걸음에 불과해도 자연과 화해를 암시한다. 완전한 물화는 자아 지배의 측면은 물론 자아의 비지배적 측면까지 부정하는 것이다. 호르크하이머와 아도르노는《계몽의 변증법》에서 신체의 물화를 다룰 때 이 점에 관심을 가졌다.[98]

전후 프랑크푸르트학파는 주관성이라는 요소를 철저히 제거할 것인가 하는 문제로 압박을 받았다. 연구소의 대중문화론과 권위주의 성격에 관한 연구를 검토할 때 지적한 바와 같이, 진정한 개인의 존재는 위험 수준으로 몰락한 상태였다. 물론 연구소는 지배 성향을 띠는 자아가 있는 낡은 부르주아적 개인을 재생하려고 하지 않았다. 그러나 그들은 개인이 조작된 대중으로 대체되는 것은 몇 가지 점에서 자유의 상실을 의미한다고 생각했다. 아도르노가 베냐민에게 썼듯이[99] '개인'이란 개념은 신격화될 수 없지만, 더 높은 종합 단계에서 보존돼야 할 **전이 도구**Durchgangsinstrument다. 전체성에 대립하는 것으로 정의된 부르주아적 개인은 완전히 자유롭지 않았다. 앞서 몇 번 지적한 바와 같이 프랑크푸르트학파가 암묵적으로 추구한 적극적 자유라는 목적은 특별한 이해와 보편적

---

96 이런 사상은《존재와 무》가 아니라 다음 논문에 나타난다. "Materialisme et révolution," *Les Temps moderns* I, 1 and 2, 2(1946). 사르트르는 이 논문에서 마르크스주의의 유물론적 전제를 거부하면서도 혁명적인 입장을 고수하려고 했다.

97 Marcuse, *Eros and Civilization*, pp.40f.

98 *Dialektik der Aufklärung*, pp.280~281.

99 Benjamin, *Briefe*, vol.Ⅱ, p.681~682.

이해의 통합에 근거가 있다. 그러나 다른 한편 소극적 자유는 변증법적 전체의 한 계기에 불과해서, 부르주아적 주체는 자유로운 동시에 자유롭지 않다. 사회적 전체성과 통합되도록 강요받는 대중에게 자유는 전혀 존재하지 않는다. 최소한 초기 부르주아사회는 그 사회의 지배적 경향을 거부하는 명확한 모순을 내포했다. 호르크하이머는 모순과 대립의 진정한 화해 속에 보존될 개인의 행복이라는 계기를 인정하기 위해 이기주의를 수호했다. 마르쿠제도 쾌락주의 철학을 조건으로 수호하면서 같은 논점을 제시했다.

오늘날 사회주의가 자본주의를 대체하지 않았다 해도 모순이 존재한다는 자체 혹은 최소한 모순이 존재한다는 의식마저 위기에 처한 듯 보인다.[100] 나중에 마르쿠제를 유명하게 만든 '일차원적' 사회에는 부정 개념을 회복할 능력이 전혀 존재하지 않는다. 부정 개념 대신 적극적 자유에 대한 꿈이라는 어설픈 패러디만 남았다. 아이러니하게도 인간을 해방하려고 한 계몽은 전보다 훨씬 효과적인 수단으로 인간을 노예화하는 데 이바지했다. 행동할 권한조차 없으므로 사람을 마비시키는 문화산업에서 벗어날 길은 아직 남은 부정의 흔적을 보존하고 배양하는 일뿐이었다. 호르크하이머는 다음과 같이 경고했다. "철학 이론 자체가 야만적 경향과 인본주의적 경향 가운데 무엇이 미래에 지배적일지 결정할 수 없다. 그러나 특정한 시대에 현실을 절대적으로 지배한 관념(예컨대 부르주아 시대를 지배한 개인이라는 관념)도 역사 과정에서 퇴락한 관념을 올바르게 평가함으로써 교정 수단의 기능을 수행할 수 있다."[101]

아도르노는 이 과제를 자신의 가장 개인적이고 독특한 책《미니마 모

---

100 프랑크푸르트학파에 대한 더 정통적인 마르크스주의 비판은 항상 자본주의에서 모순과 대립이 지속된다는 점에 집중됐다. 예컨대 다음을 보라. Paul Mattick, "The Limits of Integration," in *The Critical Spirit: Essays in Honor of Hebert Marcuse*, ed., Kurt H. Wolff and Barrington Moore, Jr.(Boston, 1967).

101 *Eclipse of Reason*, p.186.

랄리아》에서 수행했다. 1940년대에 틈틈이 집필하다가 1951년에 발간했는데, 이 책의 단편적이고 아포리즘적 스타일은 우연이 아니었다. 아도르노는 부정과 그 부정이 불완전하게 보존하는 진리는 오직 임시적이고 불완전한 방식으로 표현될 수 있다고 생각했다.《미니마 모랄리아》에서는 체계화된 구조에 대한 비판 이론의 근본적인 불신을 극단까지 추구했다. 이제 철학적 통찰은 헤겔 시대처럼 추상적이고 일관되고 건축구조 같은 체계가 아니라, 오히려 주관적이고 사적인 성찰 속에 자리 잡아야 한다. 아도르노는 이 책 서론에 아포리즘을 '대화'[102]로 용인한 헤겔 철학의 관대한 측면에서 철학이 얼마나 멀어졌는지 강조했다. 헤겔은 주관성의 **대자적 존재für-sich sein**를 불충분하다고 공격했다는 점에서 잘못을 범했다. 그는 당대에 사는 부르주아적 개인과 시민사회를 바꿀 수 없는 현실로 고정함으로써 전체성에 주의를 집중했다. 그러나 헤겔 시대 이래 전체성이 취약한 개념임은 폭넓게 확인됐다. 20세기 중반에 이르자 사회적 전체성의 힘은 막강하게 성장해, 부르주아든 혹은 무엇이든 주관성은 치명적인 위기에 봉착했다. 아도르노는 이렇게 썼다. "**의미 있는 것은 차이의 배제라고 소리치는welche die Ausmerzung der Differenz unmittelbar als Sinn ausschreit**, 전체주의적 통일에 직면한 사회를 해방하려는 세력은 개인의 영역에 집중할 수밖에 없다. 비판 이론은 개인의 영역에 거리낌 없이 머물러 있다."[103] 즉 빈번하게 인용되는 아도르노의 경구처럼 "**전체는 진리가 아니다Das Ganze ist das Unwahre**".[104]

《미니마 모랄리아》의 주요 부분은 책의 부제처럼 아도르노의 '상처받은 삶'에 대한 체험과 성찰의 결정체로 구성된다. 이 책은 프랑크푸르

102 *Adorno, Minima Moralia,* p.10.

103 *Ibid.*, p.13.

104 *Ibid.*, p.80. 그는 같은 정신으로 "현대 예술의 과제는 무질서를 질서로 바꾸는 것"(p.428)이라고 썼다.

트학파의 모든 작품처럼 인식론이나 윤리학 같은 전통 철학의 좁은 테두리에 얽매이지 않는다. 아도르노는 다른 글에서 다음과 같이 썼다. "지성이란 개념은 도덕적 범주다. 감정과 이해를 분리하는 입장은 어리석은 사람도 마음대로 쾌활하게 이야기할 수 있도록 하지만, 인간을 기능별로 분류하는 역사적인 분리를 실체화한다."[105] 철학은 '올바른 삶을 가르친다'[106]는 본래 취지로 돌아가야 한다. 그러나 현재 조건에서는 니체가 희망한 바와 같이 '즐거운' 학문보다 '우울한 학문'이 지배적일 수밖에 없다. 즐거운 학문이 성공할 기회는 너무나 빈약하다. 더욱이 철학은 위안을 주기보다 신경을 건드린다. "당신의 눈 속에 있는 가시가 가장 훌륭한 확대경이다."[107]

아도르노는《미니마 모랄리아》의 마지막 아포리즘에서 자신이 궁극적인 화해라는 희망이 실현될 수 있다는 믿음에서 얼마나 멀리 벗어났는지 보여준다. 그는 의도적으로 신학적 용어를 선택해서 글을 썼다. 철학은 "만물을 **구원**Erlösung이라는 관점에서 생각하려고 노력함으로써" 다시 그 임무를 맡을 수 있다. "지식에는 구원으로부터 세상을 비추는 빛 이외의 다른 빛이 없다. 그렇지 못한 지식은 **뒤늦은**post facto 재구성에서 소진되어 기술의 일부로 머물고 말 것이다."[108] 그러나 아도르노는 구원이 실제로 성취될 수 있다고 생각하지 않는다. 다시 말해 그는 유한하고 일시적인 것을 부정하지 않으면서 절대적인 것을 실현할 수 있다는 입장을 부인한 것이다. 그는 역설적으로 사유는 실제적 가능성을 위해 이런 불가능성을 파악하지 않으면 안 된다고 주장했다. "이것이 실현됨으로써 파생되는 문제들에 비해 구원의 현실성이나 비현실성 문제는 거의

105 Adorno, "Reflexionen," *Aufklärung* IV, 1(June, 1951), p.86.
106 *Minima Moralia*, p.7.
107 *Ibid.*, p.80.
108 *Ibid.*, p.480.

중요하지 않다."[109]

베냐민은 죽기 직전에 "우리의 행복관은 구원관과 뗄 수 없이 결합됐다. ……우리보다 앞서간 여러 세대 인간들처럼 **미약한** 메시아의 힘이 있을 뿐이다"라고 썼다.[110] 아도르노는《미니마 모랄리아》에서 구원과 행복의 관련성을 시인했으나, 자신의 시대에 메시아의 능력이 약해졌다는 주장은 거부했다. 그는 적극적인 자유가 약속한 진정한 화해는 지상에서 실현될 수 없는 유토피아적 희망으로 영원히 남으리라고 생각했다. 헤겔과 마르크스에게 자극을 준 부정의 부정, 즉 소외 상태에서 자기 자신에게 복귀할 수 있다는 꿈은 좌절되고 말았다. 이후 발간한 책 제목이 가리키듯(아도르노의《부정변증법》을 의미한다—옮긴이) 이 변증법은 부정적일 수밖에 없었다.[111] 호르크하이머가 나중에 쇼펜하우어에 관심을 표한 것은 비판 이론의 초점이 변했음을 확인시켜준다. 호르크하이머가 "냉혹한 영원성과 대조되는 일시성을 지지하는 것이야말로 쇼펜하우어의 의미에서 볼 때 도덕이다"[112]라고 썼을 때, 그는《미니마 모랄리아》에서 아도르노가 관찰한 사실, 즉 전체성의 요구는 유한하고 임시적인 것을 파괴하지 않고는 충족될 수 없다는 사실을 지지한 것뿐이다.

프랑크푸르트학파는 이와 동시에 유토피아적 희망은 비록 완전히 실현될 수 없다 해도 반드시 보존돼야 한다는 주장을 굽히지 않았다. 역설적이게도 오직 이런 희망이 역사가 신화학神話學으로 퇴락하는 것을 방지할 수 있다. 호르크하이머는 1943년에 나치의 역사의식에 관해 뢰벤탈에게 다음과 같이 썼다.

---

109 *Ibid.*, p.481.

110 Benjamin, *Illuminations,* p.256.

111 Adorno, *Negative Dialektik*(Frankfurt, 1966).

112 Horkheimer, "Schopenhauer Today," in *The Critical Spirit*, p.70.

그들의 역사 개념은 요컨대 기념비 숭배로 변질되고 있습니다. 당신이 지적한 바와 같이 그들에게 결여된 것은 유토피아적 정신이며, 유토피아적 정신이 없다면 역사는 역사로 성립될 수 없습니다. 파시즘은 과거만 찬양하기 때문에 반反역사적입니다. 나치가 역사에 관해 이야기하는 것은 반드시 힘센 자가 통치해야 하며, 인류를 이끌어온 이 법칙에서 벗어날 수 없다는 것을 말하는 데 불과합니다. 그들은 역사를 말할 때 정작 역사와 정반대되는 신화를 뜻하는 것입니다.[113]

프랑크푸르트학파는 이런 논지를 펴면서 유토피아적 환상은 행동의 청사진이라기보다 현실의 중력에서 일정한 비판적 거리를 유지하도록 하는 원천이라고 생각하는 사상가들에게 자신을 편입했다.[114]

1940년대에 걸쳐 미묘하지만 중요하게 진행된 연구소의 이론적 목적의 변화야말로 앞에서 언급한 두 번째로 방향을 바꾸는 주된 이유였다. 연구소의 강조점이 계급투쟁에서 인간과 자연의 갈등 문제로 바뀜에 따라 혁명의 시대를 예고하는 역사적 주체의 존재 가능성은 사라졌다. 이른바 연구소의 절정기를 구성한 **프락시스**의 절대적 요청은 이제 프랑크푸르트학파의 사상을 구성하는 요소가 아니었다. 1969년 아도르노가 죽기 직전에 "내가 고유의 이론 모델을 만들었을 때, 사람들이 화염병을 들고 그 이론 모델을 실현하겠다고 시도하리라는 생각은 하지 못했다"[115]고 한 말은 자기 사상의 실제 의미를 잘못 평가한 사람의 탄식이 아니다. 이 말은 이론 자체의 근본적인 결론, 즉 부정은 참으로 부정될 수 없다는 것을 반영한다. 아도르노는《미니마 모랄리아》에 이르러 혹은 그

---

113 호르크하이머가 1943년 12월 2일 뢰벤탈에게 보낸 편지(뢰벤탈 소장).

114 최근에 유토피아 문제와 루소를 연구하는 유디트 스클라Judith N. Shklar가 자신의 책에서 이 점을 지적했다. *Men and Citizens: A Study of Rousseau's Social Theory*(Cambridge, 1969), p.2.

115 *Die Süddeutsche Zeitung*(April 26-27, 1969), p.10에서 인용.

전에 "낡은 것이 된 듯 보이는 철학은 철학이 실현될 수 있는 때를 놓쳤다는 사실 때문에 생기를 되찾았다"[116]며 우울한 현실을 인정했다.

어떤 형태의 **프락시스**가 추구됐는지는 분명하지 않다. 호르크하이머가《이성의 몰락》에서 경고한 바와 같이 합리성은 정치적 실천에 어떤 지침도 제공하지 않는다. 비판 이론의 급진화radicalization는 이른바 급진적 **프락시스**로 간주되는 것에서 거리가 멀어졌다. 프랑크푸르트학파는 자유주의나 보수주의 중 하나를 선택할 수밖에 없는 상황으로 퇴각하지도 않았다. 비동일성과 부정의 계기를 보존하는 것은 다원적 자유주의처럼 보이기도 하지만, 연구소는 대중사회에서 경쟁하는 집단의 현실을 믿지 않았다. 다른 면에서 볼 때 이들은 계몽의 아들인 자유주의와 어울릴 수 없었다. 호르크하이머와 동료들은 점진적 진보, 자연의 기술적 지배, 목적 자체로서 관용 같은 자유주의적 신념을 받아들일 수 없었다. 버크적 보수주의의 비합리적 전제를 마이클 오크쇼트 같은 버크적 보수주의의 현대적 대변자가 도구적 합리주의를 열렬하게 비판했음에도 프랑크푸르트학파는 받아들이지 않았다. 현존하는 세계의 합리성을 믿은 보수주의적 헤겔 우파의 긍정주의적 진부한 주장도 그들에게는 별로 매력적이지 않았다. 비판 이론은 비판적 **프락시스**를 제시할 수 없었다. 적극적 자유 개념 자체의 내적 긴장은 무시할 수 없을 정도로 강력했다. 이성으로서 자유와 자기실현 행동으로서 자유의 통합 가능성은 완전히 붕괴했다. 프랑크푸르트학파는 본래 속성에 따라 비록 이성이 20세기의 가공할 관리 체계 속에서 변질된 부정적 형태를 취해도 이성을 선택할 수밖에 없었다. 호르크하이머와 동료들은 이론은 정직한 이들에게 여전히 개방된 유일한 **프락시스** 형태라고 말하는 것인지도 모른다.[117]

---

116 Adorno, *Negative Dialektik*, p.13.

117 아도르노에 대한 최근의 비판가들은 이 주제를 상세히 검토했다. Manfred Clemenz, "Theorie als Praxis?," *Neue politische Literatur* XIII, 2(1968).

에필로그

뢰벤탈은 1946년 봄, 독일에서 호르크하이머에게 고무적인 소식을 보냈다.

> 요제프 마이어(알리스 마이어의 남편이자 전에는 연구소 연구원이었으며, 이후 뉴욕 분실의 행정 책임자였음)가 아내에게 보낸 편지에서 독일의 훌륭한 학생과 지식인들이 밥 먹는 것보다 우리의 글을 읽는 데 심취하고 있다고 알려왔습니다. 이 의미를 잘 아시리라 믿습니다. 요제프 마이어에 따르면 모든 대학이 《사회연구》지를 구하려 한다는군요.[1]

프랑크푸르트학파가 독일어로 글쓰기를 고집하면서 오랫동안 기다리던 독자가 가시적으로 나타나기 시작했다. 마이어에게 편지가 온 지 몇 달 뒤 장관 고문 클링겔회퍼Klingelhöfer, 대학교 총장 발터 할슈타인Walter Hallstein과 학장 자우어만Sauermann 등 프랑크푸르트시 중요 인물들이 연구소가 탄생한 프랑크푸르트로 복귀하기를 구체적으로 요청하며 접촉했다.[2]

---

1 뢰벤탈이 1946년 5월 12일 호르크하이머에게 보낸 편지(뢰벤탈 소장).

2 펠릭스 바일과 폴록이 편지로 처음 접촉했으며, 그에 따라 뢰벤탈이 1946년 10월 19일 호르크하이머에게 편지를 보냈다(뢰벤탈 소장).

호르크하이머는 즉각 긍정적인 답변을 하지 못했다.《편견에 관한 연구》는 아직 완성되지 않았고, 수년간 미국에서 수행할 연구 계획이 대단히 방대했기에 결정을 미룰 수밖에 없었다. 1947년 4월경에 이르자, 호르크하이머의 생각이 변하기 시작했음을 알 수 있는 신호가 나타났다. 그는 뢰벤탈에게 보낸 편지[3]에서 미국인의 독일인에 대한 편견을 연구하려면 프랑크푸르트에 있는 분실이 유용할 것이라고 했다. 연구소가 지나치게 사색적인 측면에 비중을 두는 독일의 전통적인 학풍을 극복하기 위해 독일 학생들에게 미국의 사회과학적 테크닉을 가르쳐야 할지 모른다고 말하기도 했다. 연구소 본부의 이전에 대한 언급은 아직 없었다. 사실상 1947년 8월까지 로스앤젤레스 지역의 대학과 연합 가능성이 검토되기도 했다.[4]

호르크하이머는 이듬해 봄, 1933년 독일에서 피신한 뒤 처음으로 고국을 방문했다. 프랑크푸르트 의회 100주년 기념식에 초대된 것이다. 프랑크푸르트시는 그를 손님으로 따뜻하게 환영했으며, 대학에서 진행한 시리즈 강연도 좋은 반응을 얻었다. 연구소를 다시 유치해 나치 이전의 유명한 학자를 맞아들이고자 하는 프랑크푸르트시 관리의 열망은 대단했다. 마침내 그들의 노력은 결실을 얻었다. 프랑크푸르트시는 점령군 각료 존 매클로이John J. McCloy의 협조를 얻어 호르크하이머가 거절할 수 없는 제안을 했다. 호르크하이머는 9월에 귀환을 결정했고, 클링겔회퍼에게 이 사실을 알리자 즉시 동의했다. 1949년 7월 13일에는 16년 전에 그를 축출한 프랑크푸르트대학교에 다시 그의 자리가 마련됐다. 사회철학과 교수였던 전과 달리 이번엔 사회학과와 철학과 소속으로 바뀌었다. 호르크하이머와 함께 연구소의 기금과 도서관도 이전했다. 나중에

---

3 호르크하이머가 1947년 4월 12일 뢰벤탈에게 보낸 편지(뢰벤탈 소장).

4 호르크하이머는 1947년 8월 4일 라자스펠드에게 보낸 편지에서 캘리포니아대학교 로스앤젤레스캠퍼스, 서던캘리포니아대학교, 옥시덴털대학과 연합 가능성을 언급했다.

그가 회고한 바에 따르면,[5] 연구소를 이전하고 재건했다고 해서 독일 정부가 회개하는 마음으로 제공한 **보상**Wiedergutmachung을 연구소가 받아들였다고 이해해선 안 된다. 호르크하이머는 그간 독일이 지은 죄는 무엇으로도 대가를 치를 수 없다고 생각했다. 오히려 학파의 독일 귀환은 유대인을 도와줌으로써 히틀러에게 항거한 독일인을 찬양하기 위한 제스처라고 봤다.

독일 학생들 앞에서 다시 연설할 기회가 생기자, 호르크하이머의 결심은 확고해졌다. 그는 2월에 뢰벤탈에게 편지를 썼다. "1933년까지 유럽 지식인들의 마음에 심어준 (연구소의) 영향이 얼마나 깊고 확고지 놀랄 지경입니다. 이 영향은 제3제국 기간(나치 통치 기간을 의미—옮긴이)에도 무너지지 않았습니다. 여기에 확신을 제시하고 앞으로 더 깊이 심어주는 것이야말로 우리의 임무라 생각합니다."[6] 학생들이 너무나 열심이어서 호르크하이머는 더욱 열정적으로 나서야 한다는 자극을 받았다. 그는 4월에 편지를 썼다. "지난 두 달 동안 말 그대로 밤낮을 가리지 않고 학문과 씨름했습니다. 가르치는 일은 역시 가장 아름답습니다. 우리는 방학 중에도 학생들과 모여서 이야기했습니다."[7] 호르크하이머의 훌륭한 강의와 온화한 분위기로 세미나를 이끌어가는 모습에 감동을 받은 학생들이 몰려들었다. 당시 프랑크푸르트를 방문한 에버렛 휴즈 교수는 이제껏 독일어를 그토록 훌륭하게 구사하는 사람을 본 적이 없다고 찬사를 보냈다.[8] 성공적으로 안착하자, 호르크하이머와 뜻을 같이한 사람들은 귀환한 결정을 후회하지 않았다. 심지어 다른 망명 학자도 이 길을 따르리라 생각했다.

---

5 1969년 3월 12일 스위스 몬타뇰라에서 호르크하이머와 진행한 인터뷰.
6 호르크하이머가 1950년 2월 18일 뢰벤탈에게 보낸 편지(뢰벤탈 소장).
7 호르크하이머가 1950년 4월 8일 뢰벤탈에게 보낸 편지(뢰벤탈 소장).
8 1971년 7월 21일 매사추세츠 케임브리지에서 에버렛 휴즈 교수와 대담.

독일 귀환이 성공적임을 증명하기 전, 호르크하이머가 왜 오랫동안 귀환을 망설였는지 이해하기는 어렵지 않다. 박해받고 추방당한 곳으로 선뜻 돌아가려는 사람은 없다. 그밖에도 연구소가 돌아온 뒤 상당 기간 불안정한 위치였다는 점, 유네스코의 지원을 받으려 한 계획이 개인적 원한 관계 때문에 실패했다는 점도 귀환을 망설이게 한 원인이다. 한편 연구소는 미국에 매우 비판적인 글을 썼지만, 연구소 회원들은 개별적으로 미국에 좋은 인상이 있었다. 1934년 니컬러스 버틀러부터[9] 10년 가까이 지나 존 슬로슨까지 미국의 다양한 단체와 인물에게 지원과 격려를 받았다. 대다수 망명 학자들과 마찬가지로 프랑크푸르트학파 구성원도 그들이 만난 수많은 '선의의 독지가'[10]에 감격했다. 그들은 히틀러와 싸운다는 유대감으로 미국 정부를 적극적으로 도왔다. 그 결과 호르크하이머와 다른 학자들은 약 15년 동안 자기 집처럼 일한 미국과 관계를 그냥 끊어버리기가 쉽지 않았다. 호르크하이머도 독일에서 다시 시민권을 보장하겠다는 확약을 받고야 귀환을 완전히 결정했다. 매클로이가 추진한 특별법에 1952년 7월 해리 트루먼Harry S. Truman 대통령이 서명함에 따라, 호르크하이머는 독일로 돌아가도 미국 시민권을 유지할 수 있었다.[11]

연구소가 귀환하면서 봉착한 어려움 중에 가장 큰 고민은 모든 회원이 호르크하이머와 함께 독일로 돌아가지 않으리라는 전망이었다. 연구소 회원 중 아도르노만 귀환을 진정으로 원했다. 아도르노는 나중에 귀환의 욕망을 다음과 같이 설명했다.

---

9 호르크하이머는 1968년 11월 22일 내게 처음 보낸 편지에서 버틀러에 관해 이야기했다. "뉴욕에 도착하고 몇 주 뒤 버틀러 씨를 처음 만났습니다. 그는 매우 친절하고 이해심이 있었으며, 우리에게 베풀어준 호의는 언제까지 잊을 수 없습니다."

10 '선의의 독지가'는 1969년 3월 루가노에서 폴록과 대담에 나온 말이다.

11 이 혜택은 베르너 리히터Werner Richter에게도 주어졌다. 호르크하이머는 이를 인정하는 문서를 스크랩북에 보관했으며, 내가 몬타뇰라에 갔을 때 호의를 베풀어 보여줬다.

독일로 돌아가자는 결정은 단순히 향수병 같은 주관적인 필요 때문이 아니었다. 그보다 명백한 객관적 이유가 있었다. 언어의 문제였다. 누구도 새로운 언어로는 모국어와 달리 사유의 미묘한 차이와 리듬을 제대로 표현할 수 없다. 반면 독일어는 철학 하기에, 철학의 사색적 순간에 선택적 **친화성**Wahlverwandtschaft이 있음이 분명하다.[12]

폴록은 미국에 염증이 나서가 아니라 호르크하이머와 친분, 연구소에 대한 열성 때문에 돌아가려 했다.

연구소의 모든 핵심 회원이 폴록과 같지 않았고, 특히 독일 대학의 교수직이 보장되지 않는다는 사실이 명백해지자 차이는 분명해졌다. 뢰벤탈은 1946년 2월 8일 호르크하이머에게 보낸 편지에서 이렇게 밝혔다. "나는 매우 묘한 입장입니다. 1938년에는 우리의 조직적 구조를 해소해야 한다고 가장 열렬하게 주장했는데, 지금은 어느 때보다 조직이 깨질 위험을 걱정하고 있습니다." 그러나 연구소가 실제로 귀환할 때 뢰벤탈은 이런 감정을 지킬 수 없었다. 그는 당시 미국의 심리학자 마조리 피스크Marjorie Fiske와 결혼을 앞두고 있었기 때문이다. 1949년에는 미국의소리Voice of America 연구부장 자리를 맡아달라는 제안을 수락해, 23년간 몸담았던 연구소와 관계가 끊어졌다. 7년 뒤에는 캘리포니아대학교 버클리캠퍼스의 사회학과 교수로 취임했다.

1940년대에 들어서면서 연구소와 관계가 점차 멀어진 마르쿠제는 컬럼비아대학교 사회학과 교수와 러시아연구소 연구위원으로 근무했으며, 1950년까지 미국 국무부에 남기로 했다. 그는 이후 2년 동안 하버드대학교 러시아연구센터에서 연구를 계속했으며, 연구 결과는《소비

---

12 Theodor W. Adorno, "*Auf die Frage*: Was ist deutsch," *Stichworte: Kritische Modelle 2*(Frankfurt, 1969), p.110. 다른 곳에서 아도르노는 이렇게 쓰기도 했다. "망명 동안 단 한순간도 귀환이라는 희망을 포기한 적이 없었다."

에트 마르크스주의Soviet Marxism》[13]라는 책으로 발표되었다. 마르쿠제는 1954년 브랜다이스대학교의 사상사 프로그램에 참여해,《에로스와 문명》,《일차원적 인간》으로 지하에서 그의 명성이 조금씩 퍼져가는 동안 11년이나 그곳에 머물렀다. 이후 매사추세츠 월섬을 떠나 1965년에는 캘리포니아대학교 샌디에이고캠퍼스로 옮겼다. 거기서 그는 이제 꽃피기 시작한 신좌파의 국제적인 정신적 지주로 변모했다.

오토 키르히하이머 역시 전쟁 후에도 미국 정부와 계속 일했다. 처음에는 국무부 유럽 조사과 분석 요원이었으며, 1950~1955년에는 중유럽 분실 실장으로 근무했다. 그 후 7년 동안 연구소의 오래된 경쟁자인 뉴스쿨의 대학원 과정 교수로도 근무했다. 1961년에는 그의 방대한 저서《정치적 정의Political Justice》가 출판됐다. 그는 1965년에 60회 생일을 맞고 얼마 후 사망했는데, 그때까지 컬럼비아대학교 정치학부에서 강의했다. 연구소 다른 회원들도 미국 대학에서 각자 자리를 얻었다. 노이만은 컬럼비아대학교에서, 게르하르트 마이어는 시카고대학교에서, 마싱은 요제프 마이어와 핀리도 가르쳤던 러트거스대학교에서 강의했다. 쿠르트 만델바움은 이름을 마틴Martin으로 바꾸고 영국 맨체스터대학교 경제학 교수가 됐다. 앞서 언급한 것처럼 그로스만은 독일로 돌아갔지만, 연구소와 결합하지 않았다. 대신 소비에트 지역에서 몇 년간 머물렀으며, 1950년 라이프치히에서 사망할 때까지 불우한 생활을 했다. 구를란트는 1950년 베를린 정치학교Hochschule für Politik in Berlin로 돌아왔다가 나중에 다름슈타트공과대학교 교수가 됐다.

비트포겔은 약간의 논평이 필요한 중요한 선회를 했다. 1947년 워싱턴대학교와 컬럼비아대학교의 지원을 받아 중국사 프로젝트에 착수했으며, 이를 계기로 연구소에서 완전히 분리됐다. 4년 뒤 정부 기관과 학

13 Herbert Marcuse, *Soviet Marxism*(New York, 1958).

술 기관에 공산주의자 색출 선풍이 불어닥칠 때, 상원사법위원회Senate Judiciary Committee 안보소분과위원회Internal Security Subcommittee의 팻 매캐런 Pat McCarran 상원 의원이 그에게 출두 명령을 내렸다.[14] 비트포겔은 망설이다가 출두했으며, 1951년 8월 7일에 자신이 한 증언은 당시 공산주의에 대한 병적인 거부반응을 부채질했다고 나중에 술회했다.[15] 그는 연구소 설립 당시 태평양문제조사회와 관계를 상당히 길게 증언했다. 5일 전 헤데 마싱의 증언에서 공산당원이라고 밝혀진 율리안 굼페르츠는 간첩으로 낙인찍혔다. 비트포겔의 증언에서 나온 연구소 주변 인물로 문제가 된 사람은 핀리뿐이다. 그가 미국을 떠나 영국으로 이주한 데는 비트포겔의 증언이 크게 작용했을 것이다. 우리 논의와 상관없는 이야기지만, 핀리는 영국으로 가길 잘했다. 그는 1960년대 말 케임브리지대학교 고대사학 교수가 됐다.

자신이 반공주의자라고 공언하자 학계와 관계가 모두 끊어지고 말았다는 비트포겔의 증언에는 애처로운 의미가 깃들었다. 연구소 동료들은 반공주의자라는 그의 태도를 일종의 파문이라 여겼음이 분명하다. 그는 과거의 개인적인 정치적인 관련 문제까지 폭로했다. 비트포겔이 부인했지만, 동료들은 그가 매캐런위원회의 마녀사냥에 협력했기에 그 파급력이 상당할 것이라 확신했다. 진실이 무엇이든 비트포겔은 이후 프랑크푸르트학파뿐만 아니라 미국 내 다른 학계 인사들 사이에서도 **환영받지 못하는 사람persona non grata**이었다. 호르크하이머도 연구소 회원들이 미국에 남겠다고 결정하면 실망했는데, 비트포겔이 미국에 남는다고 하자 전혀 실망하지 않을 정도였다.

연구소는 회원이 매우 축소된 상태로 프랑크푸르트에 돌아왔다. 그럼에도 연구소에 대한 지원은 막대했다. 1949년 6월, 연구소 개소 요청

14 Records of the Senate Judiciary Committee, 82nd Congress, 1951-1952, vol.Ⅲ.
15 1971년 6월 21일 뉴욕에서 비트포겔과 대담.

이 빛발쳤다. 연구소 재설립을 요구하는 청원서에 서명한 명단은 연구소가 많은 학계 동료들에게 높은 평가를 받고 있었음을 매우 인상적으로 알려준다. 서명한 학자는 고든 올포트Gordon Allport, 레몽 아롱, 조지 콜George Douglas Howard Cole, 조지 구치George Peabody Gooch, 모리스 긴즈버그, 오이겐 코곤Eugen Kogon, 폴 라자스펠드, 로버트 린드, 탤컷 파슨스Talcott Parsons, 파울 틸리히, 로버트 매키버, 제임스 쇼트웰James Shotwell 등이 있다. 청원서의 한 부분은 다음과 같다. "재건된 프랑크푸르트 분실, 본래 사회연구소는 두 가지 기능을 수행해야 한다. 연구 프로젝트를 계획하고 실행해야 하며, 더 중요한 것은 독일 학생들에게 발전된 현대 사회과학을 가르쳐야 한다."[16] 재정적인 지원도 여러 곳에서 답지했다. 매클로이 기금McCloy Funds이 23만 6000마르크를 제공했는데, 이는 재설립에 필요한 재정의 절반에 달하는 거액이었다. 연구소 기금을 관리하던 사회연구협회에 남은 재정을 모두 교부했는데, 전체의 3분의 1에 해당하는 금액이었다. 나머지는 프랑크푸르트시와 개인의 기부금으로 충당했다. 참고로 펠릭스 바일은 아르헨티나의 인플레이션 때문에 더는 기금을 낼 수 없었다.[17]

1950년 8월 아도르노를 부소장으로 삼고(그는 5년 뒤 호르크하이머와 같은 소장으로 승격한다) 젠켄베르겐라거Senckenberganlage에 있는 **관리부Kuratorium**의 방과 원래 연구소 건물 맞은편에 폭격으로 손상됐으나 남은 건물을 이용해 다시 활동을 시작했다.[18] 이듬해 11월 14일에는 옛 건물이 있던 거리에서 별로 떨어지지 않는 곳에 새로운 건물이 기증됐다. 알로이스 가이퍼Alois Geifer는 프란츠 뢰클이 **신즉물주의Neue Sachlichkeit** 양식으로 지은 옛 건물과 유사하게 검소하고 기능적인 건물을 설계했다. 준공식에

16 뢰벤탈이 소장한 청원서에서 인용.

17 바일이 1971년 3월 30일 내게 보낸 편지.

18 연구소 귀환과 관련된 글은 호르크하이머의 스크랩북을 주로 참고했다.

서는 당시 뛰어난 사회학자 르니 쾨니히René König와 레오폴트 폰 비제가 펠릭스 바일과 함께 연설했다. 준공식은 쇤베르크의 음악과 함께 시작했다. 새로 결합한 학생들 사이에서 '카페 막스Café Max'라 불리던 연구소는 이제 완전히 기능을 발휘하게 됐다. 카페 막스는 연구소 소장 막스 호르크하이머에서 따온 것이기도 하지만, 연구소가 제2차세계대전 이전에 '카페 마르크스Café Marx'라고 불리던 것과 연결된 별명이다. Marx에서 'r'이 빠진 것은 연구소가 미국 체류 기간 중 급진적인 경향에서 돌아선 것을 상징하기도 했다. 의미심장하게도 연구소는《편견에 관한 연구》에 실린 여러 논문을 독일어로 번역하는 것부터 시작했다.《사회연구》지는 부활하지 않았지만, 곧바로《프랑크푸르트 사회학 논집》시리즈가 출판되기 시작했으며, 1권은 호르크하이머의 60세 **기념논문집**으로 발표했다.[19]

호르크하이머는 초기 몇 년 동안 연구소 재조직과 대학교에서 학술적인 업무에 주로 시간을 빼앗겼다.[20] 그는 1950년에 철학부 학장으로 선출됐으며, 이듬해 11월에는 프랑크푸르트대학교 총장에 선임됐다.[21] 일주일 전에 본대학교 총장으로 선임된 베르너 리히터가 미국에 귀화한 사람 중 처음 독일 대학의 총장이 됐고, 호르크하이머가 두 번째다. 호르크하이머가 전후 유대인 가운데 처음 대학 총장에 올랐다는 점이 그보다 의미 있다. 총장 자리는 1952년에 12개월 연장됐다. 그는 임기가 끝났을 때 프랑크푸르트시에서 수여하는 가장 명예로운 상인 괴테상을 받았다. 그가 7년 뒤 은퇴해서 스위스로 갈 때 프랑크푸르트시는 명예 시민권을 수여했다.

---

19 *Sociologica I*(Frankfurt, 1955).

20 그의 학술 활동에 관한 강연 내용은 다음 책으로 출판됐다. Horkheimer, "Gegenwärtige Probleme der Universität," *Frankfurt Universitätsreden* Ⅷ(Frankfurt, 1953).

21 호르크하이머의 총장 취임 연설은 다음에 발표됐다. "Zum Begriff der Vernunft," *Frankfurt Universitätsreden* Ⅶ(Frankfurt, 1952).

호르크하이머는 미국과 긴밀한 관계를 이어갔다. 연구소 뉴욕 분실은 별다른 활동이 없었음에도 이후 20여 년간 알리스 마이어가 유지했다. 호르크하이머는 미국 의회의 외국인 자문위원으로 근무하며 《서독의 사회과학에 대한 연구Survey of the social sciences in Western Germany》라는 책을 준비했다.[22] 1954년에는 잠시 미국으로 건너가 시카고대학교 시간제 교수로 일했으며, 이후 5년간 양국을 자주 오갔다. 아도르노는 프랑크푸르트에 머무르면서 다시는 미국으로 가지 않았다. 1953년 로스앤젤레스에 있는 해커재단에 잠시 들렀을 뿐이다. 1958년 호르크하이머와 폴록이 은퇴해서 스위스 몬타뇰라에 루가노 호수가 내려다보이는 곳에 자리 잡았을 때, 아도르노가 연구소의 지도권을 쥐었다. 호르크하이머와 폴록은 1960년대까지 연구소 업무에 적극적인 관심을 표명했다. 연구소 통계 부문을 지도하던 루돌프 군체르트Rudolf Gunzert와 경험적 연구 부문을 지도하던 루트비히 폰 프리드부르크가 행정 업무를 볼 때까지 그랬다. 호르크하이머는 비록 전보다 속도가 느려도 저술 활동을 계속했다. 그의 새로운 논문은 알프레트 슈미트가 1967년 《이성의 몰락》을 번역해서 《도구적 이성 비판》으로 출판할 때 같이 발표됐다. 호르크하이머는 《사회연구》지에 실린 논문을 다시 발간하자는 요구를 처음에 거절했다. 그는 1965년 6월 피셔출판사S. Fischer Verlag에 보낸 편지에서 논문을 쓰던 당시와 현재 상황이 다르기에 오늘날 발표하면 오해될 수밖에 없다고 그 이유를 밝혔다.[23] 그러나 1968년에 그가 양보해서 오랫동안 기대되던 책이 《비판 이론》 두 권으로 출판됐다. 이 책은 연구소 초기 역사에 관심을 불러일으키는 중요한 계기가 됐다. 이 연구도 그런 관심의 결과라 하겠다.

22 Horkheimer, *Survey of the Social Sciences in Western Germany*(Washington, D.C., 1952).

23 이 편지는 다음 책에 공개됐다. Horkheimer, *Kritische Theorie*, ed., Alfred Schmidt(Frankfurt, 1968), vol. Ⅱ.

현재로서는 연구소가 독일로 돌아온 이후 역사나 핵심 회원에 관해 이 이상 도식적으로 요약할 수 없다. 1950년대 초부터 1969년 여름 아도르노가 사망할 때까지 그가 발표한 저작에 관한 논의도 지금은 곤란하다.[24] 마르쿠제가 1960년대에 미국 독자들에게 프랑크푸르트학파의 저작을 전파함으로써 미친 영향 분석 역시 마찬가지다.[25] 연구 범위를 1950년 이전으로 제한했기에 연구소가 막대한 영향력을 행사한 시기를 빠뜨린 점은 아쉽지만, 대신 연구소의 창조적인 작업이 최고조에 달한 미국 망명 시절을 집중적으로 다룰 수 있었다.

사실상 그렇게 훌륭한 창조적 업적을 쌓아 올릴 수 있던 것은 그 기간에 프랑크푸르트학파가 상대적으로 고립됐기 때문이기도 하다. 연구소가 1950년대 초반에 다시 기반을 닦자, 호르크하이머는 프랑크푸르트 사회에서 바이마르공화국 시대의 문화를 재건하는 인물로 열렬히 떠받들어졌다. 그는 콘라트 아데나워Konrad Adenauer와 교제하며, 라디오와 신문 그리고 텔레비전에도 자주 모습을 나타냈다.[26] 그가 뢰벤탈에게 보낸 편지에서 말한 시절은 완전히 사라졌다. "우리 서너 명 말고도 같은 생각을 하는 사람이 있을 거라고 확신합니다. 단지 우리가 그들을 만날 수 없기에 그들이 자기 의견을 발표할 수 없는 것뿐이라고요."[27]

연구소가 아웃사이더였기에 더 강해질 수밖에 없던 비판의 칼날은 사회적으로 인정되고 갈채를 받자 점차 무뎌졌다. '프랑크푸르트학파'

---

24 주어캄프출판사Suhrkamp Verlag가 아도르노의 저작을 20권 전집으로 출간 준비하고 있다. 7권에는 그가 죽은 뒤에 출판된《미학 이론Ästhetische Theorie》(Frankfurt, 1970)을, 5권에는《인식론의 메타비판Zur Metakritik der Erkenntnistheorie》(Frankfurt, 1971)을 싣는다.

25 이 점은 다음 논문에 언급된다. Paul Breines, "Marcuse and New Left in America," *Antworten auf Herbert Marcuse*, ed., Jürgen Habermas(Frankfurt, 1968). 나도 다음 책에서 연구소가 1950년 이후 미국에 미친 영향에 대해 폭넓은 분석을 시도했다. "The Frankfurt School in Exile," *Perspectives in American History*, vol.Ⅵ(Cambridge, 1972).

26 호르크하이머의 스크랩북에는 대중매체에 나온 그에 대한 글이 많다.

27 호르크하이머가 1943년 2월 2일 뢰벤탈에게 보낸 편지(뢰벤탈 소장).

라는 이름 아래 나름의 엄격성을 가지고 유지되던 고유성이 굳어지기 시작했다. 아도르노에 따르면 "쇤베르크에게 진리는 12음계에 대한 정면 도전이었다".[28] 비판 이론이 본래 정신을 유지하려면 연구소 비판론자의 주장처럼 '프랑크푸르트학파'가 물신화를 경계해야 했다.[29] 연구소의 급진적인 젊은 세대는 이런 변화가 반영된 이데올로기에 실망했다. 호르크하이머와 다른 사람들이 1940년대에 강력하게 투쟁한 냉전 시대의 정신이 1950~1960년대에 점차 내부로 스며들기 시작했다.[30] 이런 차이가 발생함에 따라 여전히 좌파로 의연하게 남은 호르크하이머와 아도르노는 마르쿠제와 점차 갈라섰다. 사회적인 유대 관계는 유지했기에 이런 불화가 대외적으로 노출되지 않았지만, 개인적인 불일치는 첨예했다. 마르쿠제는 국가원수와 동석할 정도인 미국 주요 대학의 총장과도 비교할 수 없는 명성을 얻었다. 사실 마르쿠제와 프랑크푸르트학파의 관계는 대외적으로 의미가 없었다. 마르쿠제는 여러 미국 대학에 교수로 있는 외에 다른 사회적 관계를 맺지 않았기에, 그를 기다리는 대중에게 권위 있는 얼굴을 내밀어야 하는 압박이 없었다. 마르쿠제가 이전의 동료들과 갈라선 것이 그가 유명해졌기 때문이라면 과장이겠지만, 상당한 영향을 미쳤음에 틀림없다.

1950년 이후 프랑크푸르트학파에서 제도적 결집력이 중요하다는 지적은 이전에 제도적 결집력이 없었다는 뜻이 아니다. 에드워드 실스

---

28 Adorno, *Prisms*, trans., Samuel and Shierry Weber(London, 1967), p. 166.

29 예를 들어 다음을 보라. Claus Grossner, "Frankfurter Schule am Ende," *Die Zeit*(Hamburg, May 12, 1970), p.5.

30 호르크하이머는 빌헬름 2세가 "오늘날 황색인종의 위협이 매우 심각해지고 있다"고 말한 것을 인용해 중국공산당에 대한 경고를 표현했다. "On the Concept of Freedom," *Diogenes*, 53(Paris 1966). 이듬해 프랑크푸르트의 뢰마광장Romerplatz에서 열린 독일-미국친선주간을 축하하기 위해 호르크하이머가 나타나자, 베트남전쟁에 반대하는 학생들이 미국의 정책과 거리를 두라는 압력을 행사하기 위해 "호르크하이머는 꺼져라"라는 구호를 외쳤다. 학생들은 실패했다.

가 지적했듯이[31] 고립돼 있던 카를 만하임 같은 학자와 달리, 프랑크푸르트학파는 반세기 동안 제도적 연속성을 지속했기에 영향력을 행사할 수 있었다. 호르크하이머는 연구소 행정이라는 평범한 업무를 맡고 싶어 하지 않았지만, 그의 조직 능력은 탁월했고 재정적 지원에도 수완을 발휘했다. 연구소 행정 업무를 담당한 경제학자 폴록이 연구소 기금 운영에서는 자신이 철학자 호르크하이머를 따라가지 못했다고 농담할 정도였다.[32] 스스로 '경영 능력이 있는 학자'[33]라고 평가한 호르크하이머의 옛 친구 폴 라자스펠드는 겉으로 드러나지 않지만, 호르크하이머에게도 그런 능력이 있다고 인정했다.[34] 연구소가 여기저기로 옮겨 다녔음에도 끈질기게, 성공적으로 집합 정체성을 유지한 것은 호르크하이머의 복합적인 성격과 학문적인 탁월성, 실제적이고 조직적인 성격에 기인한 바가 컸음에 틀림없다. 폴록은 호르크하이머의 영향력을 다음과 같이 말했다. "연구소 역사와 회원들 저작에 대한 호르크하이머의 영향력이 얼마나 막대했는지 생각조차 못 하실 겁니다. 그가 없었다면 우리는 전혀 다른 방향으로 나갔을 것입니다."[35] 호르크하이머는 프롬과 노이만처럼 의견 차이를 설득하는 데 실패하면 연구소에서 이견을 주장하도록 허락하지 않고 축출했다. 파울 마싱은 호르크하이머에 대한 연구소 회원들의 충성심을 기술하면서 프리드리히 실러의 《발렌슈타인Wallenstein》을 인용했다. 거칠게 번역하면 "나는 그(호르크하이머)에 필적할 주제가 못 되

---

31 Edward Shils, "Tradition, Ecology, and Institution in the History of Sociology," *Daedalus* LXXXXIX, 4(Fall, 1970).

32 1968년 6월 18일 매사추세츠 케임브리지에서 마르쿠제와 진행한 인터뷰.

33 이 말은 라자스펠드가 했다. Paul Lazarsfeld, "An Episode in the History of Social Research: A Memoir," in *The Intellectual Migration: Europe and America, 1930-1960*, ed., Donald Fleming and Bernard Bailyn(Cambridge, Mass., 1969), p.286.

34 1971년 1월 3일 뉴욕에서 라자스펠드와 대담.

35 1969년 3월 14일 스위스 몬타뇰라에서 폴록과 진행한 인터뷰.

기에 언제까지나 그를 따를 것이다"[36] 정도가 될 것이다. 연구소 핵심 회원들이 호르크하이머를 둘러싸는 위성에 불과하다고 깎아내릴 순 없겠지만, 그의 탁월한 위력에 어떤 회원도 의문을 제기하지 못했다. 그의 동료 중 아도르노가 그에게 받은 영향만큼 반대로 영향력을 행사할 수 있었을 뿐이다.

미국의 프랑크푸르트 연구소와 프랑크푸르트의 제2의 프랑크푸르트 연구소의 다른 점은 조직의 결집력 차이만은 아니었다. 연구소의 사회적·지적 환경과 상호작용 속에서 조직 자체가 그런 역할을 했다. 연구소 조직 형태가 미국에서 호르크하이머와 동료들이 외부 세계에서 고립되도록 작용했다. 연구소 건물이 변두리(117번가)에 자리 잡았기에 경제적으로 독립돼 있으면서 이론적 연구에 집중하는 한, 외부적인 압력이나 간섭을 거의 받지 않을 수 있었다. 벤저민 넬슨Benjamin Nelson과 핀리 같은 미국 태생 학생을 많이 배출하기도 했지만, 모닝사이드하이츠에서 연구소가 진정한 '프랑크푸르트학파'로 발전한 것은 아니다. 연구소는 컬럼비아대학교나 미국유대인위원회 같은 유명한 후원자와 관계를 맺었지만, 그 때문에 대외적인 지위가 흔들리지 않았다.

물론 이에 따른 손실도 명백했다. 컬럼비아대학교 교수진과 자주 접촉했지만, 프랑크푸르트학파는 전반적으로 미국 학계의 중심에서 벗어나 있었다. 미국 학계를 잘 몰랐기에 프래그머티즘과 실증주의를 동일하게 취급하는 엉뚱한 가정에 도달하기도 했다. 연구소는 조지 허버트 미드George Herbert Mead[37]처럼 미국의 학문 전통을 물려받은 학자와 연합 가능성을 배제했다. 그런 상황을 의도한 것은 아니지만, 미국 독자가 영

---

36 1970년 11월 25일 뉴욕에서 마싱과 진행한 인터뷰.

37 1943년 11월 12일에 뢰벤탈이 호르크하이머에게 보낸 편지에 "당신이 사회과학 사전을 찾아보면 이 (조지 허버트) 미드라는 사람이 진정한 문제를 볼 줄 아는 철학자이고 사회학자인 듯 쓰인 것을 발견할 것입니다"라고 썼다(뢰벤탈 소장). 미드는 이 편지에 한 번 언급되고 연구소의 어떤 저작에도 이름조차 등장하지 않는다.

국에서 출판된 프랑크푸르트학파의 저작을 근거로 왜곡된 견해를 갖도록 만들었다.

쉽사리 미국 사회에 동화된 다른 망명 학자들과 달리 연구소가 이를 신중하게 거절한 이유는 복잡하다. 그 정도와 사례가 다르지만, 바이마르공화국 내 급진주의 경향에 경도됐다 해도 정치와는 직접 관계를 맺지 않은 인물들로 연구소가 구성된 점을 주목해야 한다. 초기 몇몇 회원이 정당 활동에 참여했지만, 연구소는 어떤 정규 정치집단과도 관계를 맺지 않았다. 게다가 연구소는 프랑크푸르트대학교와 느슨하나마 관계를 맺었지만, 초기부터 통상적인 독일 대학의 학문적인 위계와도 의도적으로 거리를 두었다. 끝으로 대다수 회원이 동화된 유대인 가족 출신이지만(정통 유대인 가족 배경을 지닌 프롬은 예외다), 독일 사회에서 유대인의 주변성을 완전히 극복할 수 없었다. 프랑크푸르트학파는 많은 망명 학자와 달리 독일을 떠나야 할 상황에 처하기 전부터 아웃사이더였다.

나치 집권에 따른 트라우마가 연구소의 소외 상황을 강화했음은 놀라운 일은 아니다. 회원들이 때때로 필명을 사용할 수밖에 없었음은 매우 상징적이다. 호르크하이머는 '하인리히 레기우스', 아도르노는 '헥토르 로트바일러', 베냐민은 '데틀레프 홀츠'나 'C. 콘라트', 비트포겔은 '클라우스 힌리히스'나 '카를 페터슨', 키르히하이머는 '하인리히 자이츠 Heinrich Seitz', 마싱은 '카를 빌링거', 보르케나우는 '프리츠 융만', 만델바움은 '쿠르트 바우만'이라는 필명을 사용했다. 연구소와 다양한 방식으로 관련 있는 사람들의 삶은 나치에 의해 심각하게 파괴됐다. 나치에 처형된 사람은 안드리에스 슈테른하임, 카를 란다우어, 파울 루트비히 란츠베르크가 있으며, 발터 베냐민도 간접적으로 여기에 해당한다. 비트포겔과 마싱은 수용소에 갇혔으나 다행히 석방됐다. 연구소 회원들이 미국으로 이주한 뒤에도 오랫동안 불안감에 시달린 것은 의문의 여지가 없다. 이런 불안 때문에 연구소는 더욱 내부 지향적으로 변했다. 호르크하이머는 1946년 뢰벤탈에게 보낸 편지에서 애드거 앨런 포Edgar Allen Poe의 글을 인용하기도 했다.

> 이와 유사하게 오직 진실을 말한다는 **느낌**을 주는 **아주** 고결한 정신은 필연적으로 여러 가지 면에서, 심지어 그 동기까지 오해받고 의심받는 일을 피할 수 없습니다. 지나치게 똑똑하면 어리석게 느껴지고, 여성에게 과도한 친절을 베푸는 기사도가 천해 보이는 것과 같습니다. 다른 여러 가지 선량한 덕德도 마찬가지입니다. 이것이야말로 가장 가슴 아픈 주제입니다. 몇몇 개인이 자기 민족보다 훨씬 뛰어난 것은 거의 문제가 되지 않을 수 있습니다. 그러나 그들 민족이 살아온 역사를 돌아보며 감옥이나 정신병원 혹은 단두대에서 죽어간 불쌍한 사람들의 하찮은 기록을 세밀하게 조사하면 '착하고 위대한 사람들'의 일대기를 발견합니다.

그는 다음과 같이 덧붙였다. "나는 지금까지 이만큼 내 생각을 그대로 대변하는 글을 보지 못했습니다."[38]

프랑크푸르트로 돌아오자 모든 것이 달라졌다. 연구소는 어떤 결정을 내릴 때 독일의 새로운 학생 세대에게 미칠 영향을 고려해야 했다. 이런 점은 연구소가 터를 잡은 대학 공동체의 통상적인 아카데미의 삶에 더 깊이 참여함을 의미했다. 프랑크푸르트학파는 상대적인 고립 속에 발전하는 대신 독일 사회학과 철학 사상의 주류에 속했다. 그들의 이론적 연구는 무시되기는커녕 열띤 논쟁을 유발했다. 프랑크푸르트학파가 유발한 논쟁은 앞서 언급했듯이 반세기 전 독일의 사회사상을 갈라놓은 **방법론 논쟁**Methodenstreit에 필적할 만큼 열띠게 진행됐다. 연구소 사상이 확산하는 것을 막는 언어 장벽도 없었기에, 그들이 주는 충격은 과거와

38 호르크하이머가 1946년 7월 17일 뢰벤탈에게 보낸 편지(뢰벤탈 소장). 이 인용문 중 일부는 호르크하이머의 《이성의 몰락》(New Yo가, 1970)에서도 볼 수 있다(p.160).

완전히 딴판이었다. 심지어 사회과학 중 가장 보수적이라는 역사학까지 비판 이론의 영향을 받았다.[39] 전후 독일의 학문은 황폐해졌기에 프랑크푸르트학파는 바이마르공화국 시절이었다면 누리지 못했을 파격적인 지위를 차지했다. 한마디로 1950년 이후 프랑크푸르트학파를 제도적으로 구체화한 연구소는 회원들의 사상과 전체 사회를 적극적으로 연결하는 매개체로 작용했다. 연구소는 고립된 위치에 새로운 맥락에서 발전된 비판 이론을 확산하기 위한 플랫폼이 됐다.

우리 목표는 연구소가 프랑크푸르트로 돌아온 뒤 부분적으로 재통합되는 과정을 곱씹는 것이 아니라, 미국에서 고립된 위치에 있던 상황과 복귀한 뒤의 차이를 비교하는 것이다. 비판 이론의 내용과 그 이론을 주장한 사람의 경험을 직접적으로 연결하지 않으면서 프랑크푸르트학파가 강조한 부정negation, 비동일성nonidentity, 통상 사용하는 표현을 빌리면 **휩쓸리지 않는 것**nicht mitzumachen이 그들의 경험과 조화를 이루고 있음을 살펴보는 것이 우리 목표다.

실패를 폭로하려는 목적으로 이런 일을 한다면 부질없는 짓이다. 프랑크푸르트학파도 같은 결론에 도달했음은 분명하다. 철학은 '상처 받은 삶의 성찰'에 불과하다고 본 아도르노는《미니마 모랄리아》에서 이를 명료하게 설명했다. 연구소는 만하임이 찬양한 '자유롭게 부유하는 지식인' 개념을 받아들이지 않았다. 아도르노는 다음과 같이 썼다. "자유롭게 부유하는 지식인을 숭배하는 만하임에 대한 대답을 '존재 구속성'이라는 반동적인 사변에서 찾을 순 없다. 그 대답은 자유롭게 부유하는 척하는 지식인은 그들이 비판하는 척하지만, 근본적으로 변해야 하는 조건에 구속된 존재임을 잊지 않는 데서 찾을 수 있다."[40]

---

39 Hans Mommsen, "Historical Scholarship in Transition: The Situation in the Federal Republic of Germany," *Daedalus*, C, 2(Spring, 1971), p.498.

40 Adorno, *Prisms*, p.48.

연구소는 오히려 아웃사이더의 위치를 지키고자 했다. 그 위치가 이론적 연구에서 비판적 자세를 유지하기 위한 필수 조건이라고 생각했기 때문이다. 그러나 아웃사이더의 위치는 통상의 정치와 학술 기관, 대중문화에서 자율성뿐만 아니라, 부정의 구체화를 요구하는 사회 세력에서 자율성도 의미했다. 프랑크푸르트학파는 정통 마르크스주의자들과 달리 노동자와 지식인의 개인적인 접촉은 좋지 않다고 생각했다. 호르크하이머는 1937년 〈전통 이론과 비판 이론〉을 통해 급진 이론과 프롤레타리아트의 필연적 관계가 필요하지 않다면서, 대신 '진실을 말하는' 모든 '진보' 세력의 연합이 필요하다고 주장했다.[41] 아도르노는 1951년에 집합적 존재가 진리를 수호할 가능성을 단호히 배제하고, 진보적인 사회적 힘의 유산은 비판적인 개인에게 있다고 했다. 이 주장은 나중에 급진적인 학생과 이제 막 생겨나는 다른 '부정적negative' 단체가 진정한 변동을 지원하는 정당한 사회 세력임을 부정하는 것으로 발전했다. 1950년 이후 연구소는 재통합 가능성이 있었지만, 연구소 설립 초기 회원이나 그들을 계승한 사람의 재통합을 의미하지 않았다. 프랑크푸르트학파는 자유롭게 부유하는 지식인이라는 만하임의 개념을 조롱했지만, 연구소 회원들은 점차 그의 지식인 모델을 닮아갔다.

연구소의 모든 저작을 회원들의 소외된 개인 경험에 관련지어 설명한다면 충분하지 못하다. 프랑크푸르트학파가 당대 문화적 환경에서 소외됐다면 그것은 특정한 역사적 전통과 밀접한 관계가 있음을 의미하기 때문이다. 베냐민은 1938년에 다음과 같이 썼다. "사회연구소 회원은 부르주아적 의식 비판에 집중했다. 이는 외부에 대한 비판이 아니라 자아비판으로 형성된 것이다."[42] 호르크하이머와 그의 친구들이 젊은 시절 사회주의에 심취했지만, 연구소 회원들은 분명 상류 부르주아 가족의

41 Horkheimer, "Traditionelle und kritische Theorie," *ZfS* VI, 2(1937), p.269.

42 Walter Benjamin, "Zeitschrift für Sozialforschung," *Mass und Wert* I, 5(May-June, 1938), p.820.

자손이었다. 어떤 면에서 그들은 당시 대다수 중산층 출신 지식인의 반反부르주아 정서를 공유했다. 하지만 그들은 토마스 만이《부덴브로크가의 사람들Buddenbrooks》에서 투명하게 표현한 전통적 가족 관계(1세대가 돈을 벌면 2세대는 사회적 지위를 다지고, 3세대는 미학적 불만에 심리적 불안에 침잠한다)가 아니라 다른 유형을 따랐다. 프랑크푸르트학파는 부를 얻고 나서 지적 우상파괴주의와 결합한 사회적 책임감에 대한 감각이 바로 뒤를 이었다. 그들은 사회적으로 존경받는 이전 세대가 없었기 때문에 부르주아의 반부르주아적 자녀들이 그랬듯이 반항적인 생활 방식으로 독립성을 주장할 필요를 느끼지 못했다. 호르크하이머와 다른 사람들은 직전 세대인 표현주의 세대의 주관적인 방종을 피하기 위해 모든 비판적인 노력을 비교적 비인격적인 사회사상의 일반적인 영역에 집중했다. 초기의 종교적 신앙을 상실한 프롬과 뢰벤탈 같은 예외적 경우를 제외하면 그들은 이른바 정체성의 위기에서 벗어난 것으로 보인다. 프랑크푸르트학파는 표현주의자에게서 나타나는 특유의 **변형**Wandlung을 경험하지 않았다. 표현주의적 변형은 에른스트 톨러Ernst Toller의 희곡《변화Die Wandlung》에 가장 잘 나타난다. 그들은 바이마르공화국이나 미국에서 일상적으로 되풀이되는 불합리한 여러 가지 일과 거리를 뒀기에 쿠르트 투홀스키Kurt Tucholsky(독일의 시인이자 비평가. 1924년 독일을 떠나 파리에서, 그다음엔 스웨덴에서 보냈다. 나치는 1933년 그의 시를 금지했고, 1935년 자살로 삶을 마감했다—옮긴이) 같은 좌파 지식인이 그런 일에 휩싸여 겪은 고통과 불안에서 벗어날 수 있었다. 프랑크푸르트학파 같은 아웃사이더는 그런 고통과 불안에서 해방돼 비교적 안정을 누렸다. 베냐민은 일상생활과 연구생활이 불운으로 점철된 독특한 인물로, 삶과 저작이 분리될 수 없다면 성격의 기이한 요소 때문에 자신의 저작에서 분노를 표현했을 것이다.[43]

---

43 아도르노는 베냐민에 대한 논문에서 다음과 같이 말했다. "정신을 강조하는 성향이 그의 심리 상태를 매우 불안하게 만들었다. ……그는 동물의 체온을 터부로 생각했다. 친구도 그의 어깨

다른 회원들은 태어날 때부터 몸에 밴 상류 부르주아의 생활양식에 더 집착하는 방법으로 불안에 대처했다.

연구소 회원들은 이런 생활양식과 그에 상응하는 문화적 가치를 어느 정도 유지했다. 그들의 태도는 프리츠 링거가《독일 만다린의 몰락》[44]에서 추적한 부유한 독일 만다린의 생활 태도와 유사하다. 연구소는 그륀베르크가 **만다린 기구**Mandarinanstalten라고 부른 체제의 나쁜 영향을 배제하도록 조직됐다.[45] 그러나 그륀베르크와 링거는 '만다린'을 아주 다르게 정의했다. 그륀베르크에게 만다린은 현상 유지를 위해 자신의 능력을 사용하는 기술적인 지식인이지만, 링거에게는 막스 베버가 "조상에게서 물려받은 권력이나 재산이 아니라 학문적 능력으로 지위를 얻는 사회적·문화적 엘리트"라고 말한 중국의 지식층과 유사한 사람들이다.[46] 토지를 가진 엘리트가 몰락하고 산업 부르주아지가 아직 완전히 부상하지 못한 19세기 말 공백기에 링거가 말하는 '만다린'이 득세했다. 그러나 1890년경 **농업국가**Agrarstaat가 **산업국가**Industriestaat로 변함에 따라 산업 부르주아가 토지를 가진 엘리트를 누르고 승리하자, 앞서 말한 만다린은 그런 변화에 위협받았다. 그들은 부상하는 근대적인 대중사회에 공격적이고 엄격한 자세를 취했다.

어떤 점에서 프랑크푸르트학파는 링거의 모델에 부합한다고 볼 수 있다. 그들은 만다린과 유사하고 정통 사회주의자와 다르게 기대와 희망이 아니라 상실과 몰락의 정서가 스민 저작을 써냈다. 그들은 대중사회와 대중사회가 만든 심리적이고 실용적인 가치를 거부한다는 점 역시

에 손조차 올려놓지 못했다." Adorno, *Über Walter Benjamin*(Frankfurt, 1970), p.50.

44 Fritz Ringer, *The Decline of the German Mandarins*(Cambridge, Mass., 1969).

45 Carl Grünberg, "Festrede gehalten zur Einweihung des Instituts für Sozialforschung an der Universität Frankfurt a.M. am 22 Juni 1924," *Frankfurter Universitätsreden,* XX(Frankfurt, 1924), p.4.

46 Ringer, *The Decline of the German Mandarins*, p.5.

만다린의 태도와 비슷했다. 그들은 현대의 지적 생활 속으로 파고든 전문화 경향에도 반대했다. 링거가 만다린에 대해 언급한 글은 연구소에도 쉽게 적용될 수 있다. "그들은 **서로** 학문적으로 고립되는 것이 아니라 학문 사이의 분리, 학문과 철학의 분리를 진정으로 두려워했다."[47] 프랑크푸르트학파는 독일의 만다린이 전통적인 독일의 **문화**Kultur를 고수한 것처럼 계몽을 거부했다. 그들은 망명한 동안 만다린이 그랬듯이 자신이 **문화 보유자**Kulturträger로서 투쟁하고 있다고 생각했다. 마지막으로 연구 활동에서 **프락시스**가 불가피한 순간에도 유지된 그들의 비정치적인 태도는 이해관계에 매달리는 정치를 사소한 말장난이라고 거만스럽게 경멸한 만다린들의 태도와 비교된다.

이런 유사성에도 프랑크푸르트학파는 자신을 망명 만다린으로 취급하기를 거부했다. 첫째, 링거가 말하는 만다린은 기본적으로 아카데미의 내부자, 즉 자리 잡은 지적 엘리트다. 반면 앞에서 봤듯이 연구소는 자신을 전통적인 대학 사회에서 분리하고자 했다. 그들은 대학 사회의 고자세와 엘리트주의를 신랄하게 비판했다. 둘째, 연구소 회원들이 소중하게 여기는 가치의 역사적 시간은 만다린과 달랐다. "만다린이 물려받은 학문적 유산 가운데 중요한 요소는 칸트의 비판 이론, 관념론의 여러 가지 이론, 독일의 역사적 전통이다."[48] 반면 프랑크푸르트학파의 사고방식은 1840년대 헤겔 좌파와 비슷했다. 그들은 대다수 만다린과 달리 조잡한 유물론에 대항하기 위해 조잡한 관념론을 옹호하지 않았다. 앞에 살펴봤듯이 비판 이론은 종래의 전통적인 관념론-유물론의 이분법을 변증법적으로 극복하면서 출발했다. 유물론과 실증주의는 이 둘을 같다고 여긴 만다린과 결코 같지 않았다. 셋째, 프랑크푸르트학파가 문화적 가치를 옹호했다고 그들이 문화적 가치를 물질적 이해와 전혀 다

47 *Ibid.*, p.106.
48 *Ibid.*, p.90.

를 뿐만 아니라 그보다 우월한 가치로 실체화했음을 의미하지는 않는다. 연구소는 그들이 '긍정적 문화'라고 배척한 것과 이 점에서 달랐다. 물질적·육체적 행복에 대한 연구소의 관심은 금욕적 성격을 띠는 만다린의 관념론과 전혀 달랐다. 어떤 의미에서 당연하겠지만 호르크하이머와 동료들이 비판 이론에 통합하려고 한 정신분석 이론도 만다린에게는 별로 필요하지 않았다.[49]

호르크하이머와 동료들은 시대에 뒤떨어진 만다린의 가치를 아쉬워하지 않으면서도, 낡은 가치를 부정할 수밖에 없도록 만다린의 가치를 절대화하는 방법을 통해 현대사회를 비판했다는 점에서 독특했다. 아도르노는 다음과 같이 주장했다.

> 굳이 최고를 뽑자면 발레리에 불과한 문화 비평이 보수주의로 기울어진 이유는 후기 자본주의 시대에 주식시장의 변동과 무관한 안정적인 소유 형식을 지향하는 문화의 개념에 무의식적으로 집착하기 때문이다. 이런 문화 개념은 보편적인 변동 가운데 보편적인 안전을 확보하기 위해 체계의 질서에서 떨어져 나올 것을 주장한다.[50]

마지막으로 프랑크푸르트학파는 현대사회의 모순을 직접적으로 극복할 수 있는 만병통치 해결 방안을 모색하지 않았다는 점에서 엘리트주의적 만다린과 구별된다. 연구소는 공동체나 '민족성peoplehood'을 감상적으로 미화하지 않으면서 이런 개념에 내재한 때 이른 조화 속 위험을 폭로하고자 했다. 나치의 **민족 공동체Volksgemeinschaft**와 전후 미국의 '일

---

49 링거는 다음과 같이 썼다. "당시 학술 서적에서 프로이트의 연구에 대해 긍정적인 논평을 한 것은 한 번밖에 못 봤다. 그것도 급진적인 비평가 에른스트 폰 아스터Ernst von Aster의 글이었다"(*Ibid.*, p.383).

50 Adorno, *Prisms*, p.22.

차원적 사회'는 모두 정당하지 못한 이데올로기적 합의라는 명목으로 주관성을 제거하는 것을 의미한다.

간단히 말해 연구소 회원들은 엘리트적 관료의 전통 속에 태어났고 그 가치를 흡수했지만, 초기에는 프로이트 그리고 마르크스 이론을 접하면서 받은 영향이 그들에게 더 중요했다. 20세기 마르크스주의 역사에서 연구소의 역할은 문제가 있었음은 분명하다. 비록 그들이 노동계급의 잠재적인 혁명 능력, 역사의 원동력으로서 계급투쟁,[51] 모든 사회 분석의 핵심으로서 경제적 하부구조 등 마르크스주의의 여러 기본 이론을 궁극적으로 배격했다 해도 프랑크푸르트학파는 초기에 마르크스주의에 커다란 공헌을 했다. 호르크하이머와 동료들은 스탈린주의가 만연한 때 마르크스의 자유주의적 요소를 보존함으로써 스탈린주의가 끝난 뒤 급진주의자가 마르크스의 자유주의적 요소를 회복하는 데 중요한 기여를 했다. 그리고 마르크스 이론의 철학적 가정에 끊임없이 의문을 제기해 마르크스주의 진영에서 토론의 수준을 높였으며, 외부 세계에서도 진지한 토론이 일어날 수 있도록 도왔다. 역사 유물론을 주어진 진리가 아니라 끊임없이 비판해야 할 개방된 것으로 여겼기에, 역사 유물론이 경직된 교리로 굳어버릴 위험을 막고 생명력을 불어넣었다. 연구소의 새로운 기반을 찾아 나섰기에 정신분석처럼 얼핏 보기에 마르크스주의와 어울리지 않을 것 같은 두 이론 체계를 효과적으로 결합했다. 마지막으로 프랑크푸르트학파는 상상력을 발휘해 마르크스의 이론에 내포된 논리를 문화 현상에 솜씨 좋게 적용함으로써 사회주의리얼리즘의 메마른 도식주의에서 유물론적 문화 비평을 구출하는 데 도움이 됐다.

---

51 계급투쟁이 계속돼왔음을 프랑크푸르트학파가 부인한다는 의미는 아니다. 아도르노에 따르면, "오늘날 사회에도 계급투쟁이라는 개념이 생겨난 시대와 똑같이 계급투쟁이 존재한다". Adorno, "Society," *The Legacy of the German Refugee Intellectuals, Salmagundi,* 10/11(Fall, 1969-Winter, 1970), p.149. 이런 사실이 그들의 분석에 핵심적인 위치를 차지하진 않았다.

결과적으로 연구소가 제시한 마르크스주의 수정안은 매우 근본적이어서 마르크스주의의 여러 분파 중 하나로 포함될 수 있는 위치를 상실하기도 했다. 연구소는 합리적 사회를 실현할 수 있는 역사적 주체가 존재한다는 전제에 반론을 제기하면서 결국 마르크스 저작의 핵심인 이론과 **프락시스**의 통합을 포기하지 않을 수 없었다. 연구소 회원들과 1960년대 독일 신좌파의 마찰은 이전의 이런 변형에서 유래한 것일 뿐이다. 심지어 마르쿠제의 '위대한 거부'도 정통 마르크스주의자에게는 정치적 행동을 위한 애매모호한 자극이나 현상 유지를 '막연히 부정'하는 무정부주의적 전통에 불과해 보였다.[52] 루카치는 1962년에 프랑크푸르트학파를 '**혼돈** 그랜드 호텔Grand Hotel **Abgrund**'이라고 평가함으로써 마르크스주의자의 경멸을 대변했다.[53] 이후 마르쿠제의 인기나 마르쿠제에 의한 비판 이론의 급진적인 변형조차 마르크스주의자에겐 경멸의 대상이었다. 물론 이런 경향은 새롭지 않았다. 예를 들어 펠릭스 바일은 1929년 공산당 중앙위원회 위원의 심기를 거슬리는 일을 하자 이런 말을 들었다. "펠릭스 씨, 당신이 공산당원이 아닌 점이 애석하군요. 공산당원이었다면 당장 제명했을 텐데 말입니다."[54] (그들은 1932년 투홀스키에게도 같은 말을 했다.)[55] 새로운 점이 있다면 1950년 이후 프랑크푸르트학파와 유물론의 결별이 점점 명백히 드러났다는 것이다. 유물론과 거리 두기는 마르크스주의자에게 마르크스주의에 대한 위협으로 받아들여졌기에, 그들은 프랑크푸르트학파를 더 신랄하게 비난했다.

마찬가지로 연구소가 망명 기간 미국에 끼친 전체적인 영향력은 여러 생각할 거리를 준다. 연구소가 도움을 준 학자의 명단을 공개하기 전

---

52 예를 들어 다음을 보라. Hans Heinz Holz, *Utopie und Anarchismus: Zur Kritik der kritischen Theorie Herbert Marcuses*(Köln, 1968), pp.60f.

53 이 논평은 호르크하이머의 스크랩북에 나온다.

54 바일이 1971년 1월 31일 내게 보낸 편지에서 인용.

55 Harold Poor, *Kurt Tucholsky and the ordeal of Germany, 1914-1935*(New York, 1968), p.137.

에는 미국으로 망명한 학자에 대한 지원 규모를 정확히 알 수 없지만, 연구소의 노력은 상당했던 듯하다. 연구소를 통해 미국에서 대학교수가 된 사람은 50여 명에 달하며,[56] 그중에는 파울 호니스하임과 한스 거스, 폴 배런 같은 인물도 있다. 버클리여론연구집단 같은 단체와 공동 연구 역시 부인할 수 없는 영향을 미쳤다.

연구소가 행사한 학문적 영향력은 불균등했다. 앞에 살펴봤듯이 연구소는 1940년대 경험적 연구에 상당한 영향을 끼쳤고, 대중문화 비판 역시 그랬다. 그러나 전반적으로 연구소의 이론적 연구는 반향을 얻지 못했다. 철학이 실증주의적 사회과학으로 전락하는 것을 방지하려던 연구소의 노력은 결실을 거두지 못했다. 이런 실패는 비판을 극단적인 용어로 표현하던 연구소의 경향을 반영한다고 할 수 있다. 아도르노는 "정신분석에서는 과장된 주장만이 옳다"고 썼다.[57] 비판 이론은 종종 이 원칙을 따르는 듯 보였다. 예를 들어 미국 사회에 대한 프랑크푸르트학파의 비판에서는 나치의 억압과 미국의 '문화 산업'이 사실상 거의 구별되지 않는다. 나치의 경험이 너무나 큰 상처를 남겨서 그들은 오직 파시즘이 생겨날 잠재적 가능성 측면에서 미국을 평가했다는 비판이 충분히 제기될 수 있다.[58] 그들은 미국에서도 전과 같이 외부와 접촉하지 않았기에, 유럽의 자본주의나 대중사회와 다른 미국의 발달한 자본주의와 대중사회를 만든 고유의 역사적 요인을 찾아내지 못했다. 연구소는 자유주의가 전체주의의 반대가 아니라, 자유주의가 확대되면 전체주의가

---

56 1969년 3월 몬타놀라에서 대담을 나누던 중 폴록이 한 말이다.

57 Adorno, *Minima Moralia*(Frankfurt, 1951), p.98.

58 예란 테르보른은 "프랑크푸르트학파에게 파시즘은 메두사의 머리처럼 느껴졌다. 그들은 파시즘을 과학적으로 분석하면서 혁명적 정치 활동에 참여하는 대신 **얼어붙었다**"고 썼다. Therborn, "Frankfurt Marxism: A Critique," *New Left Review*, 63(September-October, 1970), p.94. 그의 비판은 좌파의 비판이지만, 자유주의자들도 프랑크푸르트학파가 파시즘의 강박관념에 사로잡혔다고 지적했다. Leon Bramson, *The Political Context of Sociology*(Princeton, 1961), p.129, David Riesman, *Individualism Reconsidered and Other Essays*(Glencoe, Ill., 1954), p.477.

등장한다고 주장했다. 하지만 그들은 미국에 자유주의가 전체주의로 변형되는 것에 반대하는 자유주의적 부르주아사회가 있었음을 인정하지 않았다. 연구소는 그 원인을 깊이 탐구하지 않았다. 회원들은 미국과 유럽의 유사점을 열심히 탐구했지만, 차이점에는 거의 눈을 돌리지 않았다.

연구소가 미국에서 거둔 제한적인 성공은 물론 자신의 책임이다. 그러나 복합적 요인이 작용한 결과이기도 하다. 프랑크푸르트학파가 미국 사회사상의 인습적인 흐름에 가한 자극의 중대한 의미를 이해할 필요가 있다. 내가 다른 글에서 주장했듯이[59] 미국은 망명 학자를 매우 선택적으로 받아들였다. 예외가 없진 않았지만, 바이마르공화국 전성기에 유행한 **신즉물주의**Neue Sachlichkeit에 유사한 사상을 가진 자들이 도착하면 가장 따뜻한 환영을 받았다. 건축은 바우하우스Bauhaus가, 철학은 빈학파가, 사회학은 라자스펠드의 양적 연구가, 순수 객관성과 기술 진보라는 윤리가 미국 지식인 세계에서 활발한 반응을 얻었다. 연구소의 첫 번째 건물은 신즉물주의 디자인이었지만, 연구소는 초기부터 **신즉물주의**에 비판적이었다.[60] 호르크하이머와 다른 회원들에게 신즉물주의는 주관성의 제거와 현대 생활에 포함된 모순의 불완전한 극복이 양식적으로 나타난 것에 불과했다. 그들은 이제 신즉물주의 스타일을 깊이 고려하지 않았지만, 신즉물주의 정신에 따라 작업하는 사람은 지속적으로 비판했다. 1930~1940년대에는 신즉물주의적 경향을 명백히 거부했다. 미국 독자들은 어느 정도 시간이 흐른 뒤에야 현대성의 해악에 대한 그들의 비난을 이해하기 시작했다. 프랑크푸르트학파에서 한 세대 전에 세련되게 다룬 생태학, 도구적 이성, 여성해방 같은 논제가 이해되는 데

59 Martin Jay, review of *The Intellectual Migration*, ed., Donald Fleming and Bernard Bailyn, and *The Bauhaus*, by Hans Wingler, in *Commentary*, XXXXIX, 3(March, 1970).

60 Horkheimer(Heinrich Regius), *Dämmerung*(Zürich, 1934), p.216.

수십 년이 걸린 것이다.

연구소가 미국에 남았다면 그들이 미국 지식인 세계에서 커다란 세력으로 성공했을지는 논의해볼 만하다. 미국에 남기로 선택한 회원들은 성공을 확신했다.[61] 마르쿠제는 1960년대에 돌연 인기를 얻었다. 마르쿠제 저작의 일반적인 방향은 프랑크푸르트학파의 초기 연구에 기초하기 때문에, 그의 인기는 연구소가 미국에 남았다면 성공하리라는 추측이 타당함을 보여준다. 호르크하이머는 전후 미국에서 알려지지 않은 인물이지만, 연구소 역사에 중심적 위치를 차지하지 않은 프롬과 노이만, 비트포겔은 상당한 반응을 얻었다.

일어날 수도 있었던 일을 추측하는 것은 역사학자의 임무와 너무나 거리가 멀다. 연구소는 유럽 근대사에서 유사한 사례를 찾아볼 수 없는 유일한 사건이다. 연구소는 공통된 학문적 근거에서 출발해 여러 가지 문제를 연구하며 결합한 학자들의 유일한 집합체다. 망명 기간에는 분산되는 것이 보통인데 그들은 흩어지지 않았다. 더 나아가 그들은 살아남기 위해 망명했다가 돌아와서 독일의 문화적 과거와 나치 이후 현재를 연결해준 바이마르 문화의 유일한 집합적 대표자다. 연구소가 프랑크푸르트에 재건됐을 때 그들은 미국에서 배운 방법론적 테크닉을 가르쳤을 뿐만 아니라, 히틀러가 파괴한 풍부한 유산이 단절되지 않도록 복구했다. 그들은 미국에 이식하려 한 독일 문화를 다시 독일로 가져왔다. 1970년대 들어 연구소의 옛 지도자들이 죽고 학생들 사이에 과격한 소요가 증가함에 따라 연구소의 제도적인 존립이 위태로워졌다고 해도, 위르겐 하버마스와 알프레트 슈미트(아도르노에게 연구소 소장 자리를 물려받았다.) 오스카 넥트, 알브레히트 벨머 같은 후계자를 통해서 연구소의 영향은 계속될 것이다.

---

61 마르쿠제는 1968년 6월 18일 매사추세츠 케임브리지에서 인터뷰하는 동안 이런 확신을 내비쳤다.

독일로 귀환하면서 지리적으로 고향에 돌아왔어도 프랑크푸르트학파의 소외는 끝나지 않았다는 결정적인 사실을 제외하면, 정신은 결국 자신에게 돌아온다는 헤겔의 정신 개념이 암시하는 은유는 연구소를 표현하기에 적절해 보인다. 연구소의 재통합은 부분적으로 불완전한 과정이었다. 아도르노는 씁쓸한 기분으로 "아우슈비츠Auschwitz 이후에 서정시를 쓰는 것은 야만적이다"라고 썼다.[62] 부정의 충동이 유지될 때 사회이론을 서술하고 과학적 연구를 수행하는 것이 용인될 수 있다. 프랑크푸르트학파가 늘 주장했듯이 시를 쓰는 게 야만적 행동이 되지 않을 가능성은 현실 찬양을 거부해야 보존될 수 있다.

---

62 Adorno, *Prisms*, p.34.

참고문헌

이 책에서는 다음과 같은 약어가 사용되었다.

《그륀베르크 아카이브Grünbergs Archiv》: Archiv für die Geschichte des Sozialismus und der Arbeiterbewegung

SPSS: Studies in Philosophy and Social Sciences

《사회연구지ZfS》: Zeitschrift für Sozialforschung

연구소의 출판물

연구소와 연관되어 있거나 연구소가 출판한 저널의 목록은 다음과 같다.

Archiv für die Geschichte des Sozialismus und der Arbeiterbewegung, vols. 1-XV(1910-1930).

Zeitschrift für Sozialforschung, vols. 1-VIII, 2(1932-1939).

Studies in Philosophy and Social Science, vol.VIII, 3-IX, 3(1939-1941).

《그륀베르크 아카이브》의 개별 부록은 저자의 이름에 따라 목록을 작성하였으며, 연구소의 집단 작업 목록은 다음과 같다.

Studien über Autorität und Familie(Paris, 1936).

"Anti-Semitism within American Labor: A Report to the Jewish Labor Commitee," 4 vols. Unpublished, 1945; in Pollock's collection.

연구소의 역사에 대해서는 다음과 같은 문헌들이 있다.

Institut für Sozialforschung an der Universität Frankfurt am Main(Frankfurt, 1925).

International Institute of Social Research: A Short Description of Its History and Aims(New York, 1935).

International Institute of Social Research: A Report on Its History and Activities, 1933-

1938(New York, 1938).
"Institute of Social Research(Columbia University), Supplementary Memorandum on the Activities of the Institute from 1939 to 1941." Unpublished, 1941; in Pollock's collection.
"Supplement to the History of the Institute of Social Research." Unpublished, 1942; in Pollock's collection.
"Ten Years on Morningside Heights: A Report on the Institute's History, 1934 to 1944," Unpublished, 1944; in Lowenthal's collection and in Pollock's collection.
Institut für Sozialforschung an der Johann Wolfgang Goethe-Universität Frankfurt am Main; Ein Bericht über die Feier seiner Wiedereröffnung, seiner Geschichte und seine Arbeiten(Frankfurt, 1952).

레오 뢰벤탈, 프리드리히 폴록 그리고 폴 라자스펠드가 소유하고 있던 문서, 편지, 발표되지 않은 논문들, 비망록과 강의록 모음 등도 사용되었다. 1950년 이후에 수집된 막스 호르크하이머의 아주 방대한 스크랩북 또한 참조되었다. 내가 이 자료들을 열람한 이후 뢰벤탈 콜렉션의 편지들은 하버드대학의 휴턴도서관이 보관하고 있다.

연구소 구성원들의 연구소 역사와 연관된 개별저작

네이선 애커먼과 마리 야호다

*Anti-Semitism and Emotional Disorder: A Psychoanalytic Interpretation(*New York, 1950).

테오도어 아도르노

이 책을 집필하는 동안 주어캄프출판사Suhrkamp Verlag가 아도르노 전집을 출간하였다. 전집 7권 *Ästhetische Theorie*(Frankfurt, 1970)와 5권 *Zur Metakritik der Erkenntnistheorie*(Frankfurt, 1971)는 이미 간행되었다. 이 책에서는 전집 출간 이전 1956년판 *Zu Metakritik*를 인용했다. 이 책에서 다룬 세부적인 아도르노의 저작은 다음과 같다.

Alban Berg: Der Meister des kleinsten Übergangs(Vienna, 1968).
"Auf die Frage: Was ist deutsch," *Stichworte: Kritische Modelle 2*(Frankfurt, 1969).
Aufsätze zur Gesellschaftstheorie und Methodologie(Frankfurt, 1970).
The Authoritarian Personality, with Else Frenkel-Brunswik, Daniel J. Levinson, and Nevitt Sanford(New York, 1950).
"Der Begriff der Unbewussten in der transzendentalen Seelenlehre." Unpublished, in University of Frankfurt library.
"Contemporary German Sociology," Transactions of the Fourth World Congress of

Sociology, vol.I(London, 1959).
"Currents of Music: Elements of a Radio Theory." Unpublished, 1939; in Lazarsfeld collection.
Diatektik der Aufklärung, with Max Horkheimer(Amsterdam, 1947). 번역판: 《계몽의 변증법》, 김유동 역, 문학과 지성사, 2001.
Dissonanzen: Musik in der verwalteten Welt(Frankfurt, 1956).
"Erpresste Versöhnung," *Noten zur Literatur II*(Frankfurt, 1961).
"Fragmente über Wagner," *ZfS* VIII, 1 /2(1939).
"Freudian Theory and the Pattern of Fascist Propaganda," in *Psychoanalysis and the Social Sciences*, ed., Geza Roheim(New York, 1951).
Der getreue Korrepetitor(Frankfurt, 1963).
"How to Look at Television," with Bernice T. Eiduson. Paper read at Hacker Foundation, Los Angeles, April 13, 1953; in Löwenthal's collection.
"Husserl and the Problem of Idealism," *Journal of Philosophy* XXVII, I(January 4,).
Kierkegaard: Konstruktion des Aesthetischen(Tübingen, 1933), rev., ed.(Frankfurt, 1966).
Minima Moralia: Reflexionen aus dem beschädigten Leben(Frankfurt, 1951). 번역판: 《미니마 모랄리아》, 김유동 역, 길, 2005.
Moments Musicaux(Frankfurt, 1964).
Negative Dialektik(Frankfurt, 1966). 번역판: 《부정변증법》, 홍승용 역, 한길사, 1999.
Ohne Leitbild(Frankfurt, 1967).
"On Kierkegaard's Doctrine of Love," *SPSS* VIII, 3(1939).
"On Popular Music," with the assistance of George Simpson, *Philosophie der neuen Musik*(Frankfurt, 1949).
Prismen(Frankfurt, 1955); in English as Prisms, trans., Samuel and Shierry Weber 1967). 번역판: 《프리즘》, 홍승용 역, 문학동네, 2004.
"Reflexionen," Aufklärung IV(June, 1951).
"Scientific Experiences of a European Scholar in America," in *The Intellectual Migration: Europe and America, 1930-1960*, ed., Donald Fleming and Bernard Bailyn(Cambridge, Mass., 1969).
"A Social Critique of Radio Music," *Kenyon Review* VII, 2(Spring, 1945)
"Social Science and Sociological Tendencies in Psychoanalysis." Unpublished, Los April 27, 1946; in Löwenthal's collection.
"Sociology and Psychology," *New Left Review*, 46(November-December, 1967) and (January-February, 1968).
"The Stars Down to Earth: The Los Angeles Times Astrology Column: A Study in Superstition," *Jahrbuch für Amerikastudien*, vol.II(Heidelberg, 1957).

"Thesen zur Kunstsoziologie," *Kölner Zeitschrift für Soziologie und Sozialpsychologie*, XIX, I(March, 1967).
"Theses upon Art and Religion Today," *Kenyon Review* VII, 4(Autumn, 1945)
"Über den Fetischcharakter in der Musik und die Regression des Hörens," *ZfS* VII, 3(1938).
헥토르 로트바일러Hektor Rottweiler라는 가명으로, "Über Jazz," *ZfS* V, 2(1936).
Über Walter Benjamin(Frankfurt, 1970).
"Veblen's Attack on Culture," *SPSS* IX, 3(1941).
Versuch über Wagner(Frankfurt, 1952).
"Wagner, Hitler, and Nietzsche," *Kenyon Review* IX, I(1947).
"Zur gegenwärtigen Stellung der empirischen Sozialforschung in Deutschland," in *Empirische Sozialforschung, Schriftenreihe des Instituts zur Förderung Öffenttichen Angelegenheiten* e.v., vol.XIV(Frankfurt, 1952).

발터 베냐민

Berliner Kindheit um Neunzehnhundert(Frankfurt, 1950). 번역판:《1900년무렵 베를린의 유년 시절》, 윤미애 역, 길, 2007.
Briefe, ed., Gershom Scholem and Theodor W. Adorno. 2 vols.(Frankfurt, 1966).
Charles Baudelaire: Ein Lyriker im Zeitalter des Hochkapitalismus(Frankfurt, 1969). 번역판:《발터 벤야민의 문예이론》, 반성완 역, 민음사, 1983.
Deutsche Menschen: Eine Folge von Briefe, 데틀레프 홀츠Detlef Holz라는 필명으로 발표(Lucerne, 1936).
"Eduard Fuchs, der Sammler und der Historiker," *ZfS* VI, 2(1937).
Illuminations: Essays and Reflections, ed., with introduction by Hannah Arendt, Harry Zohn(New York, 1968). 번역판:《발터 벤야민의 문예이론》, 반성완 역, 민음사, 1983.
"L'Oeuvre d'art a l'Úpoque de sa reproduction mÚcanisÚe," *ZfS* V, 1(1936).
"Paris, Capital of the Nineteenth Century," *Dissent* XVII, 5(September-October, 1970)
"Probleme der Sprachsoziologie," *ZfS* IV, 3(1935).
Schriften, ed., Theodor W. Adorno and Gershom Scholem. 2 vols.(Frankfurt, 1955).
Versuche über Brecht, ed., Rolf Tiedemann(Frankfurt, 1966).
"Zeitschrift für Sozialforschung," *Mass und Wert* l, 5(May-June, 1938).
"Zum gegenwärtigen gesellschaftlichen Standort des fransözischen Schriftstellers," *ZfS* III, 1(1934).
Zur Kritik der Gewalt und andere Aufsätze(Frankfurt, 1965).

브루노 베텔하임과 모리스 자노위츠

Dynamics of Prejudice: A Psychological and Sociological Study of Veterans(New York, 1950).

Social Change and Prejudice(New York, 1964).

프란츠 보르케나우

Der Übergang vom feudalen zum bürgerlichen Weltbild(Paris, 1934).

"Zur Soziologie des mechanistischen Weltbildes," *ZfS* I, 3(1932).

에리히 프롬

Beyond the Chains of Illusion: My Encounter with Marx and Freud(New York, 1962).

"A Counter-Rebuttal," *Dissent* III, I(Winter, 1956).

The Crisis of Psychoanalysis(New York, 1970).

The Dogma of Christ, and Other Essays on Religion, Psychology, and Culture(New York, 1963).

Fear of Freedom(London, 1942). 번역판: 《자유로부터의 도피》, 김석희 역, 휴머니스트, 2012.

"Die gesellschaftliche Bedingtheit der psychoanalytischen Therapie," *ZfS* IV, 3(1935)

The Heart of Man(New York, 1964). 번역판: 《인간의 마음》, 황문수 역, 문예출판사, 1977.

"The Human. Implications of Instinctive 'Radicalism'," Dissent II, 4(Autumn, 1955).

Sigmund Freud's Mission(New York, 1963).

Man for Himself(New York, 1947). 번역판: 《자기를 위한 인간》, 강주헌 역, 나무생각, 2018.

Marx's Concept of Man(New York, 1961). 번역판: 《마르크스의 인간관》, 김창호 역, 동녘, 1983.

"Die psychoanalytische Charakterologie und ihre Bedeutung fir die Sozialpsychologie," *ZfS* I, 3(1932).

"Der Sabbath," *Imago* XIII, 2, 3, 4(1927).

The Sane Society(New York, 1955). 번역: 《건전한 사회》, 김병익 역, 범우사, 1999.

Social Character in a Mexican Village, with Michael Maccoby(Englewood Cliffs, 1970).

"Die sozialpsychologische Bedeutung der Mutterrechtstheorie," *ZfS* III, 2(1934).

"Sozialpsychologischer Teil," in *Studien über Autorität und Familie*(Paris, 1936).

"Über Methode und Aufgabe einer analytischen Sozialpsychologie," *ZfS* I, 1/2(1932).

Zen Buddhism and Psychoanalysis with D. T. Suzuki and R. de Martino(New York, 1960).

"Zum Gefühl der Ohnmacht," *ZfS* VI, 1(1937).

헨리크 그로스만

Das Akkumulations-und Zusammenbruchsgesetz des kapitalistischen Systems(Leipzig, 1929).
"Die gesellschaftlichen Grundlagen der mechanistischen Philosophie und die Manufaktur," ZfS IV, 2(1935).
Marx, die klassische Nationatökonomie und das Problem der Dynamik, afterword by Paul Mattick(Frankfurt, 1969).
"Die Wert-Preis-Transformation bei Marx und das Krisisproblem," *ZfS* I, 1/2(1932).

카를 그륀베르크

"Festrede gehalten zur Einweihung des Instituts für Sozialforschung an der Universität Frankfurt a.M. am 22 Juni 1924," Frankfurter Universitätsreden, vol.XX(Frankfurt, 1924).

율리안 굼페르츠

"Zur Soziologie des amerikanischen Parteiensystems," *ZfS* I, 3(1932).
"Recent Social Trends," *ZfS* II, 1(1933).

아르카디 구를란트

"Die Dialektik der Geschichte und die Geschichtsauffassung Karl Kautskys," *Klassenkampf* (Berlin, September 1, 1929).
The Fate of Small Business in Nazi Germany, with Franz Neumann and Otto Kirchheimer (Washington, D.C., 1943).
"Die K. P. D. und die rechte Gefahr," *Klassenkampf*(Berlin, December 1, 1928).
"Technological Trends and Economic Structure under National Socialism," *SPSS* IX, 2(1941).

막스 호르크하이머

《사회연구지》에 발표한 대부분의 호르크하이머 에세이들은 알프레트 슈미트Alfred Schmidt가 편집한 2권으로 된 《비판 이론Kritische Theorie》이라는 책에 수록되어 있다. 《사회연구지》에 수록된 다른 에세이들은 다음과 같다.

"Allgemeiner Teil," *Studien über Autorität und Familie*(Paris, 1936).
Anfänge der bürgerlichen Geschichtsphilosophie(Stuttgart, 1930).
"Art and Mass Culture," *SPSS* IX, 2(194,).
"Auf das Andere Hoffen," Interview in *Der Spiegel*(January 5, 1970).

"Authoritarianism and the Family Today," in *The Family: Its Function and Destiny*, Ruth Nanda Anshen(New York, 1949).
"Autoritärer Staat," in "Walter Benjamin zum Gedächtnis." Unpublished 1942; in Pollock's collection.
"Bemerkungen über Wissenschaft und Krise," *ZfS* I, 1/2(1932).
"Bemerkungen zu Jaspers 'Nietzsche'," *ZfS* VI, 2(1937).
"Bemerkungen zur philosophischen Anthropologie," *ZfS* IV, 1(1935).
Dämmerung, 하인리히 레기우스라는 필명으로 집필(Zürich, 1934).
Diatektik der Aufklärung, with Theodor W. Adorno(Amsterdam, 1947). 번역판: 《계몽의 변증법》, 김유동 역, 문학과 지성사, 2001.
Eclipse of Reason(New York, 1947).
"Egoismus und Freiheitsbewegung," *ZfS* V, 2(1936).
"Die Gegenwärtige Lage der Sozialphilosophie und die Aufgaben eines Instituts für Sozialforschung." *Frankfurter Universitätsreden*, vol.XXVII(Frankfurt, 1931).
"Geschichte und Psychologie," *ZfS* I, 1/2(1932).
"Hegel und die Metaphysik," Festschrift für Cart Grünberg: zum 70. Geburtstag (Leipzig, 1932).
"Die Juden und Europa," *ZfS* VIII, 1/2(1939).
Kants Kritik der Urteitskraft als Bindeglied zwischen theoretischer und praktischer Philosophie(Stuttgart, 1925).
"The Lessons of Fascism," in *Tensions That Cause Wars*, ed., Hadley Cantril(Urbana, Ill., 1950).
"Materialismus und Metaphysik," *ZfS* II, 1(1933).
"Materialismus und Moral," *ZfS* II, 2(1933).
"Montaigne und die Funktion der Skepsis," *ZfS* VII, 1(1938).
"Ein neuer Ideologiebegriff?," *Grünbergs Archiv* XV, 1(1930).
"Der neueste Angriff auf die Metaphysik," *ZfS* VI, 1(1937).
"Notes on Institute Activities," *SPSS* IX, 1(1941).
"On the Concept of Freedom," *Diogenes* 53(Paris, 1966).
"Die Philosophie der absoluten Konzentration," *ZfS* VII, 3(1938).
"Philosophie und kritische Theorie," ZfS VI, 3(1937).
Preface, *SPSS* IX, 2(1941).
"The Relation between Psychology and Sociology in the Work of Wilhelm Dilthey," SPSS IX, 3(1939).
"Schopenhauer Today," *The Critical Spirit; Essays in Honor of Herbert Marcuse*, ed., H. Wolff and Barrington Moore, Jr.(Boston, 1967).
"The Social Function of Philosophy," *SPSS* VIII, 3(1939).

"Sociological Background of the Psychoanalytic Approach," in *Anti-Semitism: A Social Disease*, ed., Ernst Simmel(New York, 1946).
Survey of the Social Sciences in Western Germany(Washington, D.C., 1952).
"Traditionelle und kritische Theorie," *ZfS* VI, 2(1937).
"Vernunft und Selbsterhaltung," in "Walter Benjamin zum Gedächtnis." Unpublished 1942; in Pollock's Collection.
"Zu Bergsons Metaphysik der Zeit," *ZfS* III, 3(1934).
"Zum Begriff der Vernunft," *Frankfurter Universitätsreden*, vol.VII(Frankfurt, 1952).
"Zum Problem der Voraussage in den Sozialwissenschaften," *ZfS* II, 3(1933).
"Zum Problem der Wahrheit," *ZfS* IV, 3(1935).
"Zum Rationalismusstreit in der gegenwärtigen Philosophie," *ZfS* III, 1(1934).
Zur Kritik der instrumentellen Vernunft(Frankfurt, 1967). 번역판: 《도구적 이성비판》, 이하준 역, 커뮤니케이션북스, 2016.

오토 키르히하이머

"Criminal Law in National Socialist Germany," SPSS VIII, 3(1939).
The Fate of Small Business in Nazi Germany, with Arcadius R. L. Gurland and Franz (Washington, D.C., 1943).
"Franz Neumann: An Appreciation," *Dissent* IV, 4(Autumn, 1957).
Political Justice: The Use of Legal Procedure for Political Ends(Princeton, 1961).
Politics, Law, and Social Change: Selected Essays of Otto Kirchheimer, ed., Frederic S. and Kurt L. Shell(New York and London, 1969). Contains a selected Bibliography.
Punishment and Social Structure, with George Rusche(New York, 1939).

미라 코마로프스키

The Unemployed Man and His Family(New York, 1940).

에른스트 크레네크

"Bemerkungen zur Rundfunkmusik," *ZfS* VII, 1/2(1938).

올가 랑

Chinese Family and Society(New Haven, 1946).

폴 라자스펠트

"An Episode in the History of Social Research: A Memoir," in *The Intellectual Migration: Europe and America, 1930-1960*, ed., Donald Fleming and Bernard Bailyn(Cambridge, Mass., 1969).

"Problems in Methodology," in *Sociology Today*, ed., Robert K. Merton, Leonard Broom, and Leonard S. Cottrell, Jr.(New York, 1959).

"Remarks on Administrative and Critical Communications Research," *SPSS* IX, I(1941).

"Some Remarks on the Typological Procedures in Social Research," *ZfS* VI, 1(1937).

레오 뢰벤탈

"Die Auffassung Dostojewskis in Vorkriegsdeutschland," *ZfS* III, 3(1934); 영어판은 *The Arts in Society*, ed., Robert N. Wilson(Englewood Cliffs, N.J., 1964)에 실려 있다.

"Conrad Ferdinand Meyers heroische Geschichtsauffassung," *ZfS* II, 1(1933).

"Das Dämonische," in *Gabe Herrn Rabbiner Dr. Nobel zum 50. Geburtstag*(Frankfurt, 1921).

Erzählkunst und Gesellschaft: Die Gesellschaftsproblematik in der deutschen Literatur des 19. Jahrhunderts, with an intro., by Frederic C. Tubach(Neuwied and Berlin, 1971).

"German Popular Biographies: Culture's Bargain Counter," in *The Critical Spirit: Essays in Honor of Herbert Marcuse*, ed., Kurt H. Wolff and Barrington Moore, Jr.(Boston, 1967).

"Historical Perspectives of Popular Culture," in *Mass Culture: The Popular Arts in America*, ed., Bernard Rosenberg and David Manning White(Glencoe, Ill. and London, 1957).

Literature and the Image of Man(Boston, 1957).

Literature, Popular Culture, and Society(Englewood Cliffs, N.J., 1961).

Prophets of Deceit, with Norbert Guterman(New York, 1949).

"Terror's Atomization of Man," *Commentary*, I, 3(January, 1946).

"Zugtier und Sklaverei," ZfS II, I(1933).

"Zur gesellschaftlichen Lage der Literatur," *ZfS* I, 1 / 2(1932).

리하르트 뢰벤탈(파울 제링)

"Zu Marshals neuklassischer Ökonomie," *ZfS* VI, 3(1937).

쿠르트 만델바움

(쿠르트 바우만이라는 필명으로) "Autarkie und Planwirtschaft," *ZfS* II, i(1 933)

(에리히 바우만이라는 필명으로) "Keynes Revision der liberalistischen Nationalökonomie," *ZfS* V, 3(1936).

"Neuere Literatur über technologische Arbeitslosigkeit," ZfS V, 1(1936).

"Zur Theorie der Planwirtschaft," with Gerhard Meyer, *ZfS* lII, 2(1934).

허버트 마르쿠제

1967년까지의 마르쿠제의 저작목록에 대해서는 다음을 참조. *The Critical Spirit: Essays in Honor of Herbert Marcuse*, ed., Kurt H. Wolff and Barrington Moore, Jr.(Boston, 1967), p.427~433. 이 책에 실린 마르쿠제의 저작목록은 다음과 같다.

"Beiträge zu einer Phänomenologie des historischen Materialismus," *Philosophische Hefte* I, I(1928).

"Der Einfluss der deutschen Emigranten auf das amerikanische Geistesleben: Philosophie und Soziologie," *Jahrbuch für Amerikastudien*, vol.X(Heidelberg, 1965).

Eros and Civilization(Boston, 1955). 번역판: 《에로스와 문명》, 김인환 역, 나남출판사, 1999.

An Essay on Liberation(Boston, 1969). 번역판: 《해방론》, 김택 역, 울력, 2004.

"Existentialism: Remarks on Jean-Paul Sartre's L'Être et te néant," *Philosophy and Phenomenological Research* VIII, 3'(March, 1949).

Five Lectures, trans., Jeremy J. Shapiro and Shierry M. Weber(Boston, 1970).

Hegels Ontologie und die Grundlegung einer Theorie der Geschichtlichkeit(Frankfurt, 1932).

"Ideengeschichtler Teil," in *Studien über Autoritöt und Familie*(Paris, 1936).

"An Introduction to Hegel's Philosophy," *SPSS* VIII, 3(1939).

"Der Kampf gegen den Liberalismus in der totalitören Staatsauffassung," ZfS III, I(1934).

Kultur und Gesellschaft, 2 vols.(Frankfurt, 1965).

Negations: Essays in Critical Theory, trans., Jeremy J. Shapiro(Boston, 1968).

"Neue Quellen zur Grundlegung des historischen Materialismus," *Die Geseltschaft* 8(August, 1932).

"The Obsolescence of Marxism," in *Marx and the Western Wortd*, ed., Nicholas(Notre Dame, Indiana, 1967).

One-Dimensional Man: Studies in the Ideology of Advanced Industrial Society(Boston, 1964). 번역판: 《일차원적 인간》, 박병진 역, 한마음사, 2009.

"Philosophie und kritische Theorie," *ZfS* VI, 3(1937).

"Das Problem der geschichtlichen Wirklichkeit," *Die Gesellschaft* VII, 4(April, 1931).

Psychoanalyse und Politik(Frankfurt, 1968).

Reason and Revolution: Hegel and the Rise of Social Theory, rev., ed., (Boston, 1960). 번역판: 《이성과 혁명》, 김현일 역, 중원문화, 2011.

"A Reply to Erich Fromm," *Dissent* III, 1(Winter, 1956).

"Repressive Tolerance," *A Critique of Pure Tolerance*, with Robert Paul Wolff and Moore, Jr.(Boston, 1965).
"Some Social Implications of Modern Technology," *SPSS* IX, 3(1941).
Soviet Marxism: A Critical Analysis(New York, 1958). 번역판: 《소비에트 마르크스주의》, 문헌병 역, 동녘, 2000.
"Über den affirmativen Charakter der Kultur," *ZfS* VI, I(1937).
"Über die philosophischen Grundlagen des wirtschaftswissenschaftlichen Arbeitsbegriff," *Archiv für Sozialwissenschaft und Sozialpoliti*k, LXIX, 3(June, 1933).
"Zum Begriff des Wesens," *ZfS* V, 1(1936).
"Zum Problem der Dialektik," *Die Gesellschaft* VII; I(January, 1930).
"Zur Kritik des Hedonismus," *ZfS* VII, 1(1938).
"Wahrheitsproblematik der soziologischen Methode," *Die Gesellschaft* VI, 10(October, 1929).

파울 마싱

Rehearsal for Destruction(New York, 1949).
(카를 빌링거Karl Billinger라는 필명으로), *Schutzhaftling 880: Aus einem deutschen Konzentrationstager*(Paris, 1935); trans., as *Fathertand*, intro., by Lincoln Steffens (New York, 1935).

게르하르트 마이어

"Krisenpolitik und Planwirtschaft," *ZfS* IV, 3(1935).
"Neue englische Literatur zur Planwirtschaft," *ZfS* II, 2(1933).
"Neuere Literatur über Planwirtschaft," *ZfS* I, 3(1932).
"Zur Theorie der Planwirtschaft"(with Kurt Mandelbaum), ZfS, III, 2(1934).

프란츠 노이만

Behemoth: The Structure and Practice of National Socialism, 1933-1944, rev., ed.(New York, 1944).
The Democratic and the Authoritarian State: Essays in Potitical and Legal Theory, ed., with a preface by Herbert Marcuse(New York, 1957). Contains a selected bibliography.
The Fate of Smatl Business in Nazi Germany, with Arcadius R. L. Gurland and Otto Kirchheimer(Washington, 1943).
'The Social Sciences," *The Cultural Migration: The European Scholar in America*, with Henri Peyre, Erwin Panofsky, Wolfgang Köhler, and Paul Tillich, intro., by W. Rexford Crawford(Philadelphia, 1953).

프리드리히 폴록

The Economic and Social Consequences of Automation, trans., W. O. Henderson and W. H. Chalmer(Oxford, 1957).

"Die gegenwärtige Lage des Kapitalismus und die Aussichten einer planwirtschaftlichen Neuordnung," *ZfS* I, 1/2(1933)

Ed. *Gruppenexperiment: Ein Studienbericht; Frankfurter Beiträge zur Soziologie*, vol. II(Frankfurt, 1955).

"Is National Socialism a Nerv Order?," *SPSS* IX, 3(1941).

Die planwirtschaftlichen Versuche in der Sowjetunion, 1917-1927(Leipzig, 1929).

Sombarts "Widerlegung" des Marxismus(Leipzig, 1926).

"Sozialismus und Landwirtschaft," in *Festschrift für Carl Grünberg: zum 70. Geburtstag* (Leipzig, 1932).

"State Capitalism: Its Possibilities and Limitations," *SPSS* IX, 2(1941).

"Zu dem Aufsatz von Hannah Arendt über Walter Benjamin," *Merkur* XXII, 6(1968).

에른스트 샤흐텔

"Zum Begriff und zur Diagnose der Persönlichkeit in den 'Personality Tests'," *ZfS* VI, 3(1937)

안드리에스 슈테른하임

"Zum Problem der Freizeitgestaltung," *ZfS* I, 3(1932).

펠릭스 바일

The Argentine Riddle(New York, 1944).

"Neuere Literatur zum 'New Deal'," *ZfS* V, 3(1936).

"Neuere Literatur zur deutschen Wehrwirtschaft," *ZfS* VII, 1/2(1938).

Sozialisierung: Versuch einer begrifflichen Grundlegung(Nebst einer Kritik der Sozialisierungspläne). (Berlin-Fichtenau, 1921).

카를 아우구스트 비트포겔

Das Erwachende China(Vienna, 1926).

"The Foundations and Stages of Chinese Economic History," *ZfS* IV, I(1935).

Geschichte der bürgerlichen Gesellschaft(Vienna, 1924).

Oriental Despotism: A Comparative Study of Total Power(New Haven, London, and York, 1957).

Testimony in front of the Internal Security Subcommittee of the Senate Judiciary (August 7, 1951). 82nd Congress, 1951-1952, vol.III.

"Die Theorie der orientalischen Gesellschaft," *ZfS* VII, I(1938).
Wirtschaft und Gesellschaft Chinas(Leipzig, 1931).
Die Wissenschaft der bürgerlichen Gesellschaft(Berlin, 1922).

연구소와 연구소 구성원과 직접적으로 관련되는 사람들의 저작

Arendt, Hannah, Introduction to *Illuminations: Essays and Reflections*(New York, 1968); reprinted in Hannah Arendt, *Men in Dark Times* as "Walter Benjamin: 1892-1940"(New York, 1968). 번역판: 《발터 벤야민의 문예이론》, 반성완 역, 민음사, 1983.

Axelos, Kostas, "Adorno et l'école de Francfort," *Arguments*, III, 14(1959).

Bernsdorf, Wilhelm, *Internationalen Soziologen Lexikon*(Stuttgart, 1965).

Bloch, Ernst, "Erinnerungen an Walter Benjamin," *Der Monat* XVIII, 216(September, 1966).

Boehmer, Konrad, "Adorno, Musik, Gesellschaft," in *Die neue Linke nach Adorno*, Wilfried F. Schoeller(Munich, 1969).

Braeuer, Walter, "Henryk Grossman als Nationalökonom," *Arbeit und Wissenschaft* VIII(1954).

Bramson, Leon, *The Political Context of Sociology*(Princeton, 1961).

Braunthal, Alfred, "Der Zusammenbruch der Zusammenbruchstheorie," *Die Gesellschaft* VI, 10(October, 1929).

Brecht, Bertolt, *Gedichte* VI(Frankfurt, 1964).

Breines, Paul, ed., *Critical Interruptions: New Left Perspectives on Herbert Marcuse* (New York, 1970).

Brenner, Hildegaard, "Die Lesbarkeit der Bilder: Skizzen zum Passagenentwurf," *Alternative* 59/60(April-June, 1968).

Brenner, Hildegaard, "Theodor W. Adorno als Sachwalter des Benjaminschen Werkes," in *Die neue Linke nach Adorno*, ed., Wilfried F. Schoeller(Munich, 1969).

Brown, Roger, *Social Psychology*(New York, 1965).

Christie, Richard, and Marie Jahoda, *Studies in the Scope and Method of "The Authoritarian Personality"*(Glencoe, Ill., 1954).

Claussen, Detlev, "Zum emanzipativen Gehalt der materialistischen Dialektik in Konzeption der kritischen Theorie," *Neue Kritik* 55/56(1970).

Clemenz, Manfred, "Theorie als Praxis?," *Neue Politische Literatur* XIII, 2(1968).

Cohen, Jerry, "The Philosophy of Marcuse," *New Left Review*, 57(September-October 1969).

Colletti, Lucio, "Von Hegel zu Marcuse," *Alternative*, 72/73(June-August, 1970).

Continuum VIII, 1/2(Spring-Summer, 1970).
Dahrendorf, Ralf, *Society and Democracy in Germany*(London, 1968).
Deakin, F. W., and G. R. Storry, *The Case of Richard Sorge*(London, 1966).
"Dialectical Methodology; Marx or Weber; the New Methodenstreit in Postwar Philosophy," *The Times Literary Supplement*(London, March 12, 1970).
Fermi, Laura, *Illustrious Immigrants*(Chicago, 1968).
Fetscher, Iring, "Asien im Lichte des Marxismus: Zu Karl Wittfogels Forschungen über die orientalischen Despotie," *Merkur* XX, 3(March, 1966).
_______, "Ein Kämpfer ohne Illusion," *Die Zeit*(Hamburg, August 19, 1969).
_______, "Bertolt Brecht and America," in *The Legacy of the German Refugee Intellectuals, Salmagundi*, 10/11(Fall, 1969-Winter, 1970).
Fingarette, Herbert, "Eros and Utopia," *The Review of Metaphysics* X, 4(June, 1957).
Fleming, Donald, and Bernard Bailyn, eds., *The Intellectual Migration: Europe and America, 1930-1960*(Cambridge, Mass., 1969).
Friedenberg, Edgar, "Neo-Freudianism and Erich Fromm," *Commentary* XXXIV, 4(October, 1962).
"From Historicism to Marxist Humanism," *The Times Literary Supplement*(London June 5, 1969).
Gay, Peter, *Weimar Culture: The Outsider as Insider*(New York, 1968).
Giltay, H., "Psychoanalyse und sozial-kulturelle Erneuerung," *Psychoanalytische Bewegung* IV, 5(September-October, 1932).
Glazer, Nathan, "The Authoritarian Personality in Profile: Report on a Major Study Race Hatred," *Commentary* IV, 6(June, 1950).
Goldmann, Lucien, "La Pensée de Herbert Marcuse," *La Nef*, 36(January-March, 1969).
Graubard, Allen, "One-dimensional Pessimism," *Dissent*, XV, 3(May-June, 1968).
Grossner, Claus, "Frankfurter Schule am Ende," *Die Zeit*(Hamburg, May 12, 1970).
Gruchot, Piet, "Konstruktive Sabotage: Walter Benjamin und der bürgerlichen Intellektuelle," In *Alternative* 56/57(October-December, 1967).
Habermas, Jürgen, ed., *Antworten auf Herbert Marcuse*(Frankfurt, 1968).
_______, *Philosophisch politische Profile*(Frankfurt, 1971).
Hammond, Guyton B., *Man in Estrangement*(Nashville, 1965).
Heise, Rosemarie, "Der Benjamin-Nachlass in Potsdam," interview with Hildegaard *Alternative* 56/57(October-December, 1967).
_______, "Nachbemerkungen zu einer Polemik oder Widerlegbare Behauptungen der Benjamin- Herausgeber," *Alternative* 59/60(April-June, 1968).
Herz, John H., and Erich Hula, "Otto Kirchheimer: An Introduction to his Life and

Work" in *Politics, Law, and Social Change: Selected Essays* by Otto Kirchheimer, ed., Frederic S. Burin and Kurt L. Shell(New York and London, 1969).

______, "Otto Kirchheimer," *The Legacy of the German Refugee Intellectuals, Salmagundi* 10/11(Fall, 1969-Winter, 1970).

Hans Heinz, ""Philosophie als Interpretation," *Alternative* 56/57(October-December, 1967).

______, *Utopie und Anarchismus: Zur Kritik der Kritischen Theorie Herbert Marcuses* (Colgne, 1968).

Howard, Dick, and Karl Klare, ed., *The Unknown Dimension: European Marxism Since Lenin*(New York and London, 1972).

H. Stuart, "Franz Neumann between Marxism and Liberal Democracy," in *The Intellectual Migration: Europe and America, 1930-1960*, ed., Donald Fleming and Bernard Bailyn(Cambridge, Mass., 1969).

Jameson, Fredric, "T. W. Adorno, or Historical Tropes," *Salmagundi* II, 1(Spring, 1967).

______, "Walter Benjamin, or Nostalgia," *The Legacy of the German Refugee Intellectuals, Salmagundi*, 10/11(Fall, 1969-Winter, 1970).

Martin, Jay, "The Frankfurt School in Exile," *Perspectives in American History*, vol. VI(Cambridge, 1972).

______, "The Frankfurt School's Critique of Marxist Humanism," *Social Research* XXXIX, 2(Summer, 1972).

______, "The Metapolitics of Utopianism," *Dissent* XVII, 4(July-August, 1970) reprinted in The Revival of American Socialism, ed., George Fischer et al.(New York, 1971).

______, "The Permanent Exile of Theodor W. Adorno," *Midstream* XV, 10(December, 1969).

Kecskemeti, Paul, "The Study of Man: Prejudice in the Catastrophic Perspective," *Commentary* XI, 3(March, 1951).

Kettler, David, "Dilemmas of Radicalism," *Dissent* IV, 4(Autumn, 1957).

Kittsteiner, Heinz-Dieter, "Die 'geschichtsphilosophischen' Thesen," *Alternative* /57(October-December, 1967).

Koestler, Arthur, *Arrow in the Blue*(New York, 1952).

______, *The Invisible Writing*(London, 1954).

König, René, "Soziologie der Familie," *in Handbuch der empirischen Sozialforschung*, vol. II(Stuttgart, 1969).

______, "On Some Recent Developments in the Relation Between Theory and Research in *Transactions of the 4th World Congress of Sociology*, vol. II(London,

1959).

Laplanche, Jean, "Notes sur Marcuse et le Psychoanalyse," *La Nef* 36(January-1969).

Lefebvre, Henri, "Eros et Logos," *La Nef* 36(January-March, 1969).

Leibowitz, René, "Der Komponist Theodor W. Adorno," *Zeugnisse: Theodor W. Adorno zum sechzigsten Geburtstag*(Frankfurt, 1963).

Lethen, Helmut, "Zur materialistischen Kunsttheorie Benjamins," *Alternative* 56/57 (December, 1967).

Livera, Alain de, "Le Critique de Hegel," *La Nef* 36(January-March, 1969).

Lichtmein, George, "From Marx to Hegel: Reflections on Georg Lukács, T. W. Adorno, and Herbert Marcuse," *Tri-Quarterly*, 12(Spring, 1968).

Lipshire, Sidney S., "Herbert Marcuse: From Marx to Freud and Beyond," Ph.D. diss., University of Connecticut, 1971.

Lück, Helmut, "Anmerkungen zu Theodor W. Adornos Zusammenarbeit mit Harms Eisler," *Die neue Linke nach Adorno*, ed., Wilfried F. Schoeller(Munich, 1969).

MacIntyre, Alasdair, *Herbert Marcuse: An Exposition and a Polemic*(New York, 1970).

_______, "Herbert Marcuse," *Survey* 62(January, 1967).

_______, "Modern Society: An End to Revolt?," *Dissent* X11, 2(Spring, 1965).

Mann, Thomas, *The Story of a Novel: The Genesis of Doctor Faustus*, trans., Richard and Clara Winston(New York, 1961).

_______, *Letters of Thomas Mann, 1889-1955*, selected and trans., Richard and Clara Winston, intro. by Richard Winston(New York, 1971).

Marks, Robert W., *The Meaning of Marcuse*(New York, 1970).

Massing, Hede, *This Deception*(New York, 1951).

Mayer, Gustav, *Erinnerungen*(Zürich and Vienna, 1949).

Mayer, Hans, *Der Repräsentant und der Märtyrer: Konstellationen der Literatur* (Frankfurt, 1971).

Müller-Strömsdörfer, Ilse, "Die 'helfende Kraft bestimmter Negation,'" *Philosophische Rundschau* VIII, 2/3(January, 1961).

Oppens, Kurt, et al., *Über Theodor W. Adorno*(Frankfurt, 1968).

Piccone, Paul, and Alexander Delfini, "Marcuse's Heideggerian Marxism," Telos VI(Fall, 1970).

Picht, Georg, "Atonale Philosophie. Theodor W. Adorno zum Gedächtnis," Merkur X, 13(October, 1969).

Pross, Helge, *Die deutsche akademische Emigration nach den Vereinigten Staaten, 1933-1941*(Berlin, 1955).

Radkau, Joachim, *Die deutsche Emigration in den USA: Ihr Einfluss auf die amerikanische Europapolitik, 1933-1945*(Düsseldorf, 1971).

Riesman, David, and Nathan Glazer, *Faces in the Crowd*(New Haven, 1952).

_______, *Individualism Reconsidered and Other Essays*(Glencoe, Ill., 1954).

_______, and Reuel Denney and Nathan Glazer, *The Lonely Crowd*(New Haven, 1950). 번역판:《고독한 군중》, 이상률 역, 문예출판사, 1999.

Robinson, Paul, *The Freudian Left*(New York, 1969).

Rosenberg, Bernard, and David Manning White, eds., *Mass Culture: The Popular Arts in America*(London, 1957).

Rusconi, Gian Enrico, *La Teoria Critica della Societa*(Bologna, 1968).

Rychner, Max, "Erinnerungen an Walter Benjamin," *Der Monat* XVIII, 216 (September, 1966).

Schaar, John H., *Escape from Authority: The Perspectives of Erich Fromm(*New York, 1961).

Schmidt, Alfred, "Adorno—ein Philosoph des realen Humanismus," *Neue Rundschau* LXXX, 4(1969).

_______, "Nachwort des Herausgebers: Zur Idee der kritischen Theorie," in *Kritische Theorie*, vol.II(Frankfurt, 1968).

_______, *Die "Zeitschrift für Sozialforschung": Geschichte und gegenwärtige Bedeutung* (Munich 1970).

Scholem, Gershom, "Erinnerungen an Walter Benjamin," *Der Monat* XVIIl 216 (September, 1966).

_______, "Walter Benjamin," *The Leo Baeck Institute Yearbook*(New York, 1965).

Sedgwick, Peter, "Natural Science and Human Theory," *The Socialist Register*(London, 1966).

Shils, Edward, "Daydreams and Nightmares: Reflections on the Criticism of Mass Culture," *Sewanee Review*, LXV, 4(Autumn, 1957).

_______, "Tradition, Ecology, and Institution in the History of Sociology," *Daedalus* LXXXIX, 4(Fall, 1970).

Silbermann, Alphons, "Anmerkungen zur Musiksoziologie," *Kölner Zeitschrift für Soziologie und Sozialpsychologie* XIX, 3(September, 1967).

Stourzh, Gerald, "Die deutschsprachige Emigration in den Vereinigten Staaten: und Politische Wissenschaft," *Jahrbuch für Amerikastudien* X(Heidelberg, 1965).

Sweezy, Paul, "Paul Alexander Baran: A Personal Memoir," *Monthly Review* XVI, 11(March, 1965).

Szondi, Peter, "Hoffnung im Vergangenen," in *Zeugnisse: Theodor W. Adorno zum sechzigsten Geburtstag*(Frankfurt, 1963).

_______, "Nachwort," *Städtebilder*, by Walter Benjamin(Frankfurt, 1963).

Therborn, Göran, "Frankfurt Marxism: A Critique," *New Left Review*, 63(September-

October, 1970).
"Theodor Adorno," *The Times Literary Supplement*(London, September 28, 1967).
Tiedemann, Rolf, *Studien zur Philosophie Walter Benjamins(*Frankfurt, 1965).
_______, "Zur 'Beschlagnahme' Walter Benjamins, oder Wie Man mit der Philologie Schlitten fährt," *Das Argument* X, 1/2(March, 1968).
Trottman, Martin, *Zur Interpretation und Kritik der Zusammenbruchstheorie von Henryk Grossmann*(Zurich, 1956).
Unseld, Siegfried, "Zur Kritik an den Editionen Walter Benjamins," *Frankfurter Rundschau*(January, 1968).
"Walter Benjamin Towards a Philosophy of Language," *The Times Literary Supplement*(London, January 8, 1971).
Wellmer, Albrecht, *Critical Theory of Society*(New York, 1971).
Werckmeister, O. K., "Das Kunstwerk als Negation; Zur Kunsttheorie Theodor W." *Die Neue Rundschau* LXXIII, 1(1962).
"When Dogma Bites Dogma, or The Difficult Marriage of Marx and Freud," *The Times Literary Supplement*(London, January 8, 1971).
Wilden, Anthony, "Marcuse and the Freudian Model: Energy, Information, and Phantasie," *The Legacy of the German Refugee Intetlectuals*, *Salmagundi*, 10/1(Fall, 1969-Winter, 1970).
Wolff, Kurt H., and Barrington Moore, Jr., eds., *The Critical Spirit: Essays in Honor of Herbert Marcuse*(Boston, 1967).

다른 저작들

Althusser, Louis, *For Marx*, trans., Ben Brewster(New York, 1969). 번역판: 《마르크스를 위하여》, 서관모 역, 후마니타스, 2017.
Arendt, Hannah, *Between Past and Future*(Cleveland and New York, 1961).
_______, *The Human Condition(Chicago, 1958).* 번역판: 《인간의 조건》, 이진우 역, 한길사, 2017.
_______, *The Origins of Totalitarianism(Cleveland, 1958).* 번역판: 《전체주의의 기원》, 박미애·이진우 역, 한길사, 2006.
Aron, Raymond, *German Sociology*(Glencoe, Ill., 1964).
Avineri, Shlomo, *The Social and Political Thought of Karl Marx*(Cambridge, 1968).
Berlin, Isaiah, *Four Essays on Liberty*(Oxford, 1969).
Bottomore, T. B., trans., and ed., *Karl Marx: Early Writings*(New York, 1963).
Brown, Norman O., *Life Against Death*(New York, 1959).
Butler, E. M., *The Tyranny of Greece over Germany(*Cambridge, 1935).

Cornelius, Hans, "Leben and Lehre," in *Die Philosophie der Gegenwart in Setbstdarstellungen*, ed., Raymund Schmidt, vol.II(Leipzig, 1923).

Deak, Istvan, *Weimar Germany's Left-Wing Intellectuals: A Politica/History of the Weltbühne and Its Circle*(Berkeley and Los Angeles, 1968).

Dodge, Peter, *Beyond Marxism: The Faith and Works of Hendrik de Man*(The 1966).

Duggan, Stephen, and Betty Drury, *The Rescue of Science and Learning(*New York, 1948).

Erikson, Erik, *Childhood and Society*(New York, 1950). 번역판: 《유년기와 사회》, 송제훈 역, 연암서가, 2014.

Findlay, J. N., *Hegel: A Reexamination*(New York, 1958).

Friedemann, Adolf, "Heinrich Meng, Psychoanalysis and Mental Hygiene," *Psychoanatytic Pioneers*, ed., Franz Alexander, Samuel Eisenstein, and Martin Grotjahn(New York and London, 1966).

Goldmann, Lucien, "The Early Writings of George Lukács," *Tri-Quarterly*, 9(Spring, 1967).

Grossman, Carl M., and Sylvia Grossman, *The Wild Analyst: The Life and Work of Georg Groddeck*(New York, 1965).

Hoggart, Richard, *The Uses of Literacy*(London, 1957). 번역판: 《교양의 효용》, 이규탁 역, 오월의봄, 2016.

Jahoda, Marie, Paul F. Lazarsfeld, and Hans Zeisel, *Die Arbeitslosen von Marienthal* (Leipzig, 1932).

Jahoda, Marie, Morton Deutsch, and Stuart W. Cook, *Research Methods in Social Relations*, vol. I(New York, 1951).

Habermas, Jürgen, *Knowledge and Human Interests*, trans., Jeremy J. Shapiro(Boston 1971). 번역판: 《인식과 관심》, 강영계 역, 고려원, 1996.

_______, *Technik und Wissenschaft als "Ideologie"*(Frankfurt, i968).

_______, *Theorie und Praxis*(Neuwied, 1963). 번역판: 《이론과 실천》, 홍윤기 역, 종로서적, 1989.

_______, *Toward a Rational Society*, trans., Jeremy J. Shapiro(Boston, 1970). 번역판 : 《이성적인 사회를 향하여》, 장일조 역, 종로서적, 1987.

Honigsheim, Paul, "Reminiscences of the Durkheim School," *Emile Durkheim, 1858-1917*, ed., Kurt H. Wolff(Columbus, Ohio, 1960).

H. Stuart, *Consciousness and Society*(New York, 1958).

Kockelmans, Joseph J., ed., *Phenomenology(*New York, 1967).

Kornhauser, William, *The Politics of Mass Society*(Glencoe, Ill., 1959).

Korsch, Karl, *Marxismus und Philosophie*, ed., and intro., by Erich Gerlach(Frankfurt, 1966).

Kracauer, Siegfried, *From Caligari to Hitler*(Princeton, 1947).
Leser, Norbert, *Zwischen Reformismus und Bolschewismus: Der Austromarxismus als Theorie und Praxis(*Vienna, Frankfurt, and Zurich, 1968).
Lichtheim, George, *The Concept of Ideology*(New York, i967).
_______, *George Lukács(*New York, 1970).
_______, *Marxism: An Historical and Critical Study*(New York and London, 196i).
_______, *The Origins of Socialism*(New York, 1969).
Seymour M., *Political Man*(New York, 1960).
Lobkowicz, Nicholas, ed., *Marx and the Western World*(Notre Dame, Ind., 1967).
_______, *Theory and Practice: History of a Concept From Aristotle to Marx*(Notre Dame, Ind., 1967).
Lorei, Madlen, and Richard Kirn, *Frankfurt und die goldenen zwanziger Jahre* (Frankfurt, 1966).
Löwith, Karl, *From Hegel to Nietzsche*(New York, 1964).
Lukács, Georg, *Essays on Thomas Mann*, trans., Stanley Mitchell(New York, 1964).
_______, *History and Class Consciousness*, trans., Rodney Livingston(Cambridge, Mass., 1971). 번역판:《역사와 계급의식》, 조만영 박정호 역, 지만지, 2015.
_______, *The Historical Novel*, trans., Hannah and Stanley Mitchell(Boston, 1963). 번역판:《역사소설론》, 이영욱 역, 거름, 1993.
_______, *Die Zerstörung der Vernunft*, in Werke, vol. IX(Neuwied, 1961). 번역판:《이성의 파괴》, 변상출 역, 백의, 1996.
Macdonald, Dwight, *Against the American* Grain(New York, 1962).
Maclver, Robert M. *As a Tale That Is Told(*Chicago, 1968).
Marcuse, Ludwig, *Mein zwanzigstes Jahrhundert*(Munich, 1960).
Maslow, Abraham H., "The Authoritarian Character Structure," *The Journal of Social Psychology* XVIII, 2(November, 1943).
Mason, T. W., "The Primacy of Politics: Politics and Economics in National Socialist Germany," *The Nature of Fascism*, ed., S. J. Woolf(New York, 1968).
Maus, Heinz, "Bericht über die Soziologie in Deutschland 1933 bis 1945," *Kölner Zeitschrift füir Soziologie und Sozialpsychologie* II, 1(1959).
Merton, Robert, *Social Theory and Social Structure*, rev., ed.(Glencoe, Ill., 1957).
Meyer, Gladys, The Magic Circle(New York, 1944).
Mitscherlich, Alexander, *Society without the Father*, trans., Eric Mosbacher(New York, 1970).
Negt, Oskar, ed., *Aktualität und Folgen der Philosophie Hegels*(Frankfurt, 1970).
Oakeshott, Michael, *Rationalism in Politics and Other Essays*(London, 1962).
Oberschall, Anthony, *Empirical Social Research in Germany*(Paris and The Hague,

1965).
Parkinson, G. H. R., ed., *Georg Lukács: The Man, His Work, and His Ideas(*New York, 1970).
Popper, Karl, *The Poverty of Historicism*(London, 1957).
Reich, Wilhelm, *The Mass Psychology of Fascism(*New York, 1946).
Rief, Philip, *Freud: The Mind of the Moralist*(New York, 1959).
_______, ed., *On Intellectuals*(New York, 1970).
Riemer, Svend, "Die Emigration der deutschen Soziologen nach den Vereinigten Staaten," Kölner Zeitschrift für Soziologie und Sozialpsychologie II, I(1959).
Ringer, Fritz, *The Decline of the German Mandarins*(Cambridge, Mass., 1969).
Rokeach, M., *The Open and Closed Mind(*New York, 1960).
Sanford, Nevitt, and H. S. Conrad, "Some Personality Correlates of Morale," *Journal of Abnormal and Social Psychology* XXXVIII, 1(January, 1943).
Scheler, Max, *Die Wissensformen und die Gesellschaft(*Leipzig, 1926).
Schmidt, Alfred, *Der Begriff der Natur in der Lehre von Marx*(Frankfurt, 1962).
Schoenbaum, David, *Hitler's Social Revolution*(Garden City, N.Y., 1966).
Shklar, Judith N., *Men and Citizens: A Study of Rousseau's Social Theory*(Cambridge, 1969).
Speier, Hans, "The Social Condition of the Intellectual Exile," *Social Order and the Risks of War: Papers in Political Sociology*(New York, 1952).
Steiner, George, *Language and Silence: Essays on Language, Literature, and the Inhuman*(New York, 1967).
Werk und Wirken Paul Tillichs: Ein Gedenkbuch(Stuttgart, 1967).
Topitsch, Ernst, *Logik der Sozialwissenschaften(*Cologne and Berlin, 1965).
Turd, Adrien, *Bachofen-Freud: Zur Emanzipation des Mannes vom Reich der Mutter(*Bern, 1939).
Weber, Max, *The Theory of Social and Economic Organization*, trans. A. M. Henderson and Talcott Parsons(New York, 1947).
Wolin, Sheldon, *Politics and Vision*(Boston, i960).
Wurgaft, Lewis D., "The Activist Movement: Cultural Politics on the German Left, 1914-1933." Ph.D. diss., Harvard University, 1970.